Robert Lubbock Bensly

The Four Gospels in Syriac

Robert Lubbock Bensly

The Four Gospels in Syriac

ISBN/EAN: 9783337246174

Printed in Europe, USA, Canada, Australia, Japan

Cover: Foto ©Lupo / pixelio.de

More available books at **www.hansebooks.com**

THE

FOUR GOSPELS IN SYRIAC

TRANSCRIBED FROM

THE SINAITIC PALIMPSEST

BY THE LATE

ROBERT L. BENSLY M.A.

LORD ALMONER'S PROFESSOR OF ARABIC
IN THE UNIVERSITY OF CAMBRIDGE

AND BY

J. RENDEL HARRIS M.A.

HON. LITT.D. DUBLIN LECTURER IN PALAEOGRAPHY
IN THE UNIVERSITY OF CAMBRIDGE

AND BY

F CRAWFORD BURKITT M.A.

WITH AN INTRODUCTION

BY

AGNES SMITH LEWIS

EDITED FOR THE SYNDICS OF THE UNIVERSITY PRESS

CAMBRIDGE
AT THE UNIVERSITY PRESS
1894

Cambridge:
PRINTED BY C. J. CLAY, M.A. AND SONS,
AT THE UNIVERSITY PRESS.

INTRODUCTION.

§ 1. *Discovery and Decipherment of the MS.*

THE manuscript from which this version of the Four Gospels has been transcribed was found by me in the Convent of St Catharine, on Mount Sinai, in the month of February, 1892. It was shown to me by the late Librarian, Galaktion, amongst a number of other Syriac MSS. and I was attracted by its look of venerable antiquity, also still more by the fact that, as nearly all its leaves were glued together, my eyes were undoubtedly the first which had gazed intelligently on it for centuries. On separating the leaves with my fingers I saw that it was a palimpsest; that the upper, or later writing, was a Martyrology, or collection of lives of women-saints, and that the under, or earlier one, contained a good portion of the Synoptic Gospels[1]. This I judged from the titles, and from the initial or final words of the lines which I could decipher along the margins. I therefore resolved, with the help of my sister, Mrs James Young Gibson, to photograph the whole book and thus take a complete copy home to Cambridge. During the process of development the first pages were shown to several Syriac scholars, whose eyes were, like my own, not sufficiently keen to read between the lines of writing in the photographs; but presently more favourable specimens appeared, and in the month of July 1892 some of these were deciphered by Professor Bensly and by Mr F. C. Burkitt, and were pronounced by them to belong to a version nearly allied to the so-called Curetonian, which has hitherto been known only from a single imperfect copy.

It was now apparent that the manuscript was of great importance for Biblical criticism, but that the work of extracting the ancient text from it would be a very arduous one. Prof. Bensly and Mr Burkitt continued to work at the photographs, and some thirty pages were deciphered in the course of the autumn. But they soon perceived that a direct inspection of the MS. was necessary, and prepared to travel to Sinai for this purpose, accompanied by their wives. At my request, they were joined by Mr J. Rendel Harris. To him, indeed, we owed our first introduction to both monks and manuscripts. He had gained the goodwill of the former in 1889, when he discovered the *Apology* of Aristides; and he had not only instructed me how to obtain the rare privilege of access to these Syriac books, but had taught me the art of photography.

[1] I did not, at the first examination, recognize any part of the Gospel of John.

My sister and I accompanied the party, in order that there might be no risk of failure on the part of our friends in getting control of the manuscript. We received a hearty welcome from the monks, especially from Galaktion, who was then Hegoumenos or Abbot. He at once gave the palimpsest into my keeping, and thus, during a period of forty days (8 Feb. to 20 March 1893), Messrs Bensly, Harris, and Burkitt transcribed the text of the Four Gospels, now printed in this volume. The pages which had been done previously from my photographs by Mr Burkitt were of course re-read with the MS.

The name of each transcriber is signified by his initials at the foot of the pages for which he is responsible; where two names appear, they denote that the page has been revised by these two transcribers; and where the initials appear in square brackets, it denotes pages that have been read from my photographs since our return. The printed text reproduces that of the MS. line for line.

§ 2. *Description of the MS. The present condition of the volume, and the contents of the upper writing.*

Our manuscript is numbered 30 in the Syriac catalogue of the Sinai Library, and is throughout a palimpsest. The volume consists of 182 leaves of vellum, including a leaf pasted in the cover; the quires are quinions (*i.e.* each consists of five pairs of conjugate leaves), except the eighteenth and last which has six pairs; and they are numbered doubly, *viz.* with Syriac quire numbers running in the usual order, and with Georgian signatures running the opposite way, which my sister was the first to observe. The vellum was once stout, but is now disposed to crumble. The leaves measure $8\frac{5}{8}$ inches by $6\frac{1}{4}$. When I first saw them they were covered with the dust of centuries, and were stained in parts with a greasy substance, so that the steam of the kettle had to be used, by the Librarian's direction, to separate some of them. The whole book had apparently undergone a cleansing process during the interval between my two visits to the Convent.

The upper writing (which, as already stated, is a Martyrology) is in a single column, in strong clear characters, with 26 lines on each page. The first leaf is in the binding, so that only the verso can be easily seen; this, like the recto of the second leaf, is covered by a pattern of painted circles, beneath which the earlier writing occasionally appears. On the verso of the second leaf, *i.e.* on the fourth page, is the preface to the Martyrology. It runs thus:

ܒ: ܚܝܠܗ: ܕܡܪܢ: ܝܫܘܥ: ܡܫܝܚܐ: (ܒܪ)ܗ: ܕܐܠܗܐ: ܚܝܐ:
ܡܫܪܐ: ܐܢܐ: ܐܢܐ: ܚܛܝܐ: ܝܘܚܢܢ: ܚܒܝܫܐ: ܕܒܝܬ. ܡܪܝ: ܡܓܒܝܐ: ܕܐܟܬܘܒ:
ܬܫܥܝܬܐ ܡܓܒܝܬܐ: ܕܥܠ: ܢܫܐ ܩܕܝܫܬܐ: ܘܩܕܡܐܝܬ ܟܬܒܐ: ܕܛܘܒܢܝܬܐ
ܡܪܬܝ ܬܩܠܐ: ܬܠܡܝܕܬܗ ܕܦܘܠܘܣ: ܫܠܝܚܐ: ܛܘܒܢܐ: ܐܚܝ ܨܠܘ ܥܠܝ:

By the strength of our Lord Jesus Christ, (the son) of the Living God, I begin, I the sinner, John the Recluse of Beth-Mari Ḳaddish, to write select narratives about the holy women, first, the writings about the Blessed Lady Thecla, disciple of Paul, the Blessed Apostle. Brethren, pray for me.

The story of Thecla ends on fol. 21. On the same leaf begins

ܕܘܒܪ̈ܝܗ̇: ܘܣܗܕܘܬܗ̇: ܕܛܘܒܢܝܬܐ: ܐܘܓܢܝܐ: ܘܕ[ܐ]ܒܘܗ̇: ܦܝܠܝܦܘܣ:
ܘܕܟܠܗܘܢ: ܕܐܣܬܗܕܘ: ܥܡܗܘܢ.

The acts and martyrdom of the Blessed Eugenia and of Philip her father, and all those who were martyred with them.

This ends on fol. 52. On fol. 53 begins

ܬܫܥܝܬܐ: ܕܕܘܒܪ̈ܐ: ܡܝܬܪ̈ܐ: ܕܬܠܡܝܕܘܬܗ̇: ܕܦܠܓܝܐ: ܙܢܝܬܐ: ܕܡܢ:
ܐܢܛܝܘܟܝܐ: ܡܕܝܢܬܐ: ܕܣܘܪܝܐ:

The story of the virtuous acts of the discipleship of Pelagia the harlot of Antioch, a city of Syria.

This ends on the 69th leaf. On the same leaf begins

ܬܘܒ: ܬܫܥܝܬܐ: ܕܛܘܒܢܝܬܐ: ܡܪܝܐ: ܕܡܬܩܪܝܐ: ܡܪܝܢܘܣ:

Again, the story of the Blessed Mary, who is called Marinus.

This ends on fol. 76 and on the same leaf begins

ܬܘܒ: ܬܫܥܝܬܐ: ܕܐܘܦܪܘܣܘܢܐ: ܒܐܠܟܣܢܕܪܝܐ.

Again, the story of Euphrosyne in Alexandria.

This ends on fol. 84, and on the same leaf begins

ܬܫܥܝܬܐ: ܬܘܒ: ܕܛܘܒܢܝܬܐ: ܐܢܣܝܡܘܣ

The story, again, of the Blessed Onesimus.

This ends on fol. 91. On the same leaf begins

ܬܘܒ: ܣܗܕܘܬܐ ܕܩܕܝܫܬܐ ܕܪܘܣܝܣ: ܘܐܝܠܝܢ: ܕܣܗܕܘ: ܗܘܘ:
ܥܡܗ̇: ܒܐܢܛܝܘܟܝܐ:

Again, the martyrdom of St Drusis and of those who witnessed with her at Antioch.

This ends on fol. 95. On the same leaf begins

ܬܘܒ: ܬܫܥܝܬܐ: ܕܩܕܝܫܬܐ: ܒܪܒܪܐ: ܒܡܕܝܢܬܐ: ܒܥܠܒܟ:

Again, the story of St Barbara in the city of Heliopolis.

On fol. 100 begins

ܬܘܒ: ܣܗܕܘܬܐ: ܕܡܪܝܐ ܛܘܒܢܝܬܐ:

Again, the martyrdom of the Blessed Mary.

On fol. 105

ܬܘܒ: ܬܫܥܝܬܐ: ܕܐܝܪܝܢܐ: ܩܕܝܫܬܐ.

Again, the story of St Irene.

On fol. 137

ܬܘܒ: ܣܗܕܘܬܐ: ܕܐܘܦܝܡܝܐ: ܛܘܒܢܝܬܐ: ܕܗܘܬ: ܥܠ: ܡܝܠܐ: ܡܢ
ܟܠܩܝܕܘܢ: ܡܕܝܢܬܐ: ܒܝܘܡܝ: ܐܘܛܘܩܪܛܘܪ: ܛܪܝܐܢܘܣ: ܩܣܪ:

Again, the martyrdom of the Blessed Euphemia, which took place a mile from the town of Chalcedon in the days of the Emperor Trajan Cæsar.

This ends on fol. 148.

On fol. 149 begins

ܬܘܒ: ܣܗܕܘܬܐ: ܕܣܘܦܝܐ: ܘܕܬܠܬ: ܒܢܬܗ̇: ܒܬܘܠܬܐ: ܦܝܣܛܝܣ:
ܘܐܠܦܝܣ: ܘܐܓܦܐ.

Again, the martyrdom of Sophia and of her three daughters, virgins, Pistis, and Elpis, and Agápe.

On fol. 159 begins

ܬܘܒ: ܣܗܕܘܬܐ: ܕܬܐܘܕܘܣܝܐ: ܒܬܘܠܬܐ:

Again, the martyrdom of Theodosia the virgin.

On fol. 160 begins

ܬܘܒ: ܣܗܕܘܬܐ: ܕܬܐܘܕܘܛܐ: ܙܢܝܬܐ:

Again, the martyrdom of Theodota the harlot.

On fol. 163 *b* begins

ܬܘܒ: ܡܦܩܐ: ܒܪܘܚܐ: ܕܟܠ: ܐ̈ܦܝ: ܗܝܡܢܘܬܐ:
ܡܗܝܡܢܝܢ ܐܢܐ ܒܚܝܠܐ ܬܠܝܬܝܘܬܐ ܩܕܝܫܬܐ
ܕܐܒܐ ܘܒܪܐ ܘܪܘܚܐ ܕܩܘܕܫܐ ܐܝܬܘܬܐ
ܡܫܒܚܬܐ ܘܐܠܗܘܬܐ ܡܫܒܪܬܐ. ܒܪܐ
[ܕ]ܠܐ ܠܐܠܦ ܡܢ ܐܒܘܗܝ. ܘܐܒܐ ܕܠܐ ܡܫܚ
ܡܢ ܠܒܪܗ. ܘܪܘܚܐ ܕܩܘܕܫܐ ܢܦܩܐ. ܒܪ ܒܢܝܐ
[ܕܐܒ]ܐ ܘܕܒܪܐ ܚܕܐ ܬܠܝܬܝܘܬܐ ܡܫܒܚܬܐ
[ܒ]ܠ ܦܪܘܫܘܬܐ ܕܩܢܘ̈ܡܐ. ܚܕ ܕܝܢ ܐܠܗܐ
[ܒ]ܠ ܫܘܚܠܦܬܐ ܕܟܝܢܐ. ܚܕ ܗܘ ܓܝܪ ܚܝܠܐ

[ܚܙ] ܫܘܠܛܢܐ. ܚܙܐ ܡܠܟܘܬܐ. ܚܙܐ ܡܫܪܘܬܐ
[ܚܙ]ܐ ܦܘܩܕܢܘܬܐ. ܚܙ[1] ܐܠܗܘܬܐ. ܕܠܝܬ ܒܗ
ܪܒܘ ܐܘ ܙܥܘܪ. ܘܠܐ ܕܦܘܫ ܘܡܬܦܫܢ ܘܠܐ
ܡܚܣܝܢ ܘܡܣܬܟܠܢ ܡܢܚܝܢ ܚܢܢ ܕܝܢ ܡܛܠ ܕܒܨܝܪ
[ܗ]ܘ ܝܕܥ ܒܢܝܢܢ ܐܢܫ ܡܢ ܢܦܘܪ̈ܬܐ ܕܦܘܩܕܢܐ
ܐܠܗ̈ܝܐ. ܐܫܬܡܥ ܠܡܠܟܘܬܗ ܕܫܡܝܐ ܢܩܘܠܗ
[ܘ]ܕܟܡܐ ܠܗܘ ܕܗܕܪܗ ܒܟܠ ܬܫܒ̈ܘܚܬܐ ܦܫܝ̈ܩܬܐ
[ܘ]ܒܟܠ ܗܘ ܠܗ ܬܫܡܫܬ ܡܫܪܘܬܐ ܕܡܫܘܬܐ
ܘܫܘܠܛܢܐ ܘܚܝܠܬܢܘܬܐ. ܘܠܝܬ ܗܘܐ ܐܢܫ ܡܢ ܡܠܩܕܡܘܗܝ.
ܕܡܫܒܚ ܗܘܐ ܕܠܦܪܘܣܘܗܝ. ܟܠ ܗܕܐ ܚܙ fol. 164 *a*
ܗܘ ܒܪܘܚܗ ܕܢܒܝܘܬܐ: ܐܝܟܐ ܘܩܪܐ ܕܟܠ: ܟܠ
ܠܥܠܡ ܕܠܐ ܢܐܒܕ. ܘܒܢܝ ܠܒܢܘܗܝ ܚܝܒܝܬܐ.
ܡܠܟܘܬܐ ܐܠܗܝܐ ܕܠܐ ܒܚܝܠܐ ܕܡܪܝܗ. ܡܛܠܬ
ܘܡܛܠ ܦܘܪܩܡ[2] ܘܚܝܘܬ ܡܢ ܦܘܪܥܢܐ ܥܡܝܠܐ.
ܟܕ ܡܢ ܚܘܒܐ ܚܢܝܢܐ ܕܐܒܘܗܝ ܠܐ ܐܬܦܪܫ
ܘܦܪܩܐ ܒܡܪܒܝܐ ܕܟܝܢܐ ܘܦܫܝܛܐ ܕܒܬܘܠܬܐ
ܘܦܫܝܛܬܐ ܘܡܫܒܚܬܐ ܡܪܝܐ. ܪܫܡ ܡܠܬ
ܐܠܗܐ. ܗܘ ܕܐܬܝܠܕ ܡܢ ܙܪܥܐ ܕܒܝܬ ܕܘܝܕ
ܘܒܗ ܘܡܢܗ ܐܬܓܠܝ ܘܐܬܒܪܝ. ܘܦܩܐ
ܒܡܪܒܝܬܗ ܕܟܝܢܐ ܘܦܫܝܛܐ. ܚܕ̈ܝܢܐ ܬܡ̈ܝܗܐ
ܐܝܟ ܥܘܪܐ ܕܥܠܘܗܝ ܒܩܠܐ. ܘܐܬܚܠܠ
ܐܝܟ ܚܝܐ ܠܟܠ ܡܢ ܚܝܐ. ܟܕ ܠܐ ܥܒܪ ܒܬܘܠܐ
ܒܡܦܩܗ. ܘܗܘܠ ܒܥܪ̈ܐ ܕܡܪܢܐ ܕ . .
ܐܡܗ ܒܠܕܗ ܘܦܬ̈ܟܡ ܬ̈ܚܘܠܝܗ. ܠܐ . . [ܗܘܐ]
ܒܬܘܠܘܬܗ ܒܥܒܪܬ ܠܒܛܢܗ. ܘܠܐ ܡܠܕܗ
ܫܪܐ ܒܬܘܠܘܬܗ. ܐܠܐ ܒܬܘܠܘܬܐ ܗܘ

[1] Read ܚܙܐ [2] Read ܦܘܪܩܢ

ܒܫܘܫܬܐ ܘܐܣܘܪܐ ܒܫܝܪܐ. ܗܟܝܢܐ ܘܠܕܝ[ܐ]
ܡܫܝܚܐ ܕܐܬܝܠܕ. ܡܢܗ̇ ܒܬܫܡܫܬܐ ܐܠܗܐ
ܗܘ ܒܫܘܫܬܐ. ܘܗܘ ܟܕ ܗܘ ܒܝܪܚܐ ܐܝܪ
ܫܢܬ ܡܢ ܫܢܝܬܐ. ܡܫܠܡܢܐ ܒܐܠܗܘܬܗ
ܘܗܘ ܟܕ ܗܘ ܡܫܠܡܢܐ ܒܐܢܫܘܬܗ. ܗ[ܘ]
ܒܪ ܫܢܝܐ ܕܐܒܐ ܒܐܠܗܘܬܗ. ܘܗܘ ܟܕ
ܗܘ ܒܪ ܫܢܝܐ ܕܐܡܗ ܒܐܢܫܘܬܗ. ܗܘ
ܐܪܝܟܐ. ܘܗܘ ܫܒܝܩܐ. ܗܘ ܪܚܡ ܠܫ[ܒܝܩܐ]
ܘܠܐܪܟܐ ܒܪܝܪܐ ܕܝܘܒܢܗ. ܘܗܘ ܐܬܒܪܟ fol. 164 *b*
ܒܫܪܘܪܐ ܒܫܡܪ ܒܫܡܬ ܠܢܫܝ ܕܫܘܪܝܐ ܗܘ
ܐܬܩܪܪ ܒܫܡܪ ܐܢܫ ܠܡܣܟܢܐ ܕܩܫܝܐ. ܘܗܘ
ܕܒܐܠܗܘܬܗ ܚܘܒ ܠܟܠܗܐ ܕܥܘܪܬܐ ܠܕܟܝܬ
ܐܒܪܗܡ. ܗܘ ܟܢܫ ܐܬܚܙܝ. ܘܗܘ ܟܕ ܗܘ
ܦܫܛ ܐܠܗܐ ܐܠܗܘܬܗ ܗܘ ܕܡܫܝܚ ܒܐܠܗܐ
ܐܬܚܙܝ. ܘܗܘ ܟܕ ܗܘ ܐܒܐ ܒܫܡܝܐ ܘܐܫܬܕܪ.
ܗܘ ܩܡ ܫܡܝܐ ܒܫܘܪ ܘܡܣܟܢܐ ܫܡܝܐ ܠܡܫܪܝܬܐ
ܘܗܘ ܢܦܫ ܠܗ̇ ܫܡܝܐ ܫܡܝܐ ܕܠܐ ܠܐ ܡܬܦܢܐ
ܗܘ ܐܬܚܙܝ ܒܦܓܪܐ ܟܠ ܡܕܪܗ ܕܠܟܠ ܘܗܘ
ܐܠܗܘܬܗ ܐܦܫܦܫܗ ܡܢ ܟܝܢܗ ܡܫܝܚܬܐ. ܗܘ
ܕܫܠܡ ܟܠܗܘܢ ܕܠܡܐ. ܚܕ ܘܐܬܓܠܝ. ܚܠܦܝܢ
ܒܫܘܪ ܒܢܘܫܐ ܦܘܠܦܠܐ ܦܘܠܦܠܘܗ: ܘܡܫܚܬ
ܘܐܬܦܫܪ ܘܦܫܡ ܡܢ ܟܝܢܗ ܡܫܝܚܬܐ ܒܫܡܝܐ
ܬܠܬܝܢ. ܘܫܠܘ ܠܫܡܝܐ. ܘܢܦܩ ܡܢ ܡܫܝܚܐ
[ܕܐܠܗ]ܘܬܐ ܒܡܫܪܝܬܐ ܚܠܝܐ ܘܗܘܐ ܡܫܬܠܛ
[ܘܡܫ]ܬܒܚ ܡܢ ܚܠܝܐ ܘܬܫܒܘܚܬܐ ܘܡܫܡܫܝܢ ܚܝܠ
ܠܡܬܚܬܝܗ ܕܬܚܬܝܢ ܗ̇ܘ ܕܗܘܢܐ ܒܫܡܝܢܐ
ܡܢ ܒܗ̇ ܠܡܬܚܬܝܐ ܘܠܬܚܬܝܐ. ܘܡܫܝܪܝܢ

ܒܦܘܡܗܘܢ ܘܒܠܒܗܘܢ. ܠܢܘܦܪܣ ܘܠܐܦܣܩܘܦܐ
ܘܠܩܠܝܪܘܣ. ܘܠܡܗܝܡܢܝܗܘܢ ܪܚܡܝܐ ܘܠܟܠ ܡܢ
ܕܗܘ ܕܐܘܣܦ ܐܘ ܒܨܪ ܐܘ ܚܠܦ ܡܢܗ
ܡܢ ܗܝܡܢܘܬܐ ܗܝ ܕܬܠܡܝܕܘܬܐ ܘܬܫܒܘܚܬ ܕܟܢ̈ܫܪ (sic)
ܘܗܝ ܕܡܐܐ ܘܚܡܫܝܢ ܐܒܗ̈ܬܐ ܡܗ̈ܝܡܢܐ
ܘܗܝ ܕܡܐܬܝ̈ܢ. ܘܗܝ ܪܒܬܐ ܘܬܐܒܠܝܬܐ
ܕܫܬܡܐܐ ܘܬܠܬܝܢ ܘܫܬܐ: ܘܟܠ ܡܢ ܕܠܐ
ܡܘܕܐ ܠܗ̇ ܠܒܬܘܠܬܐ ܡܪܝܡ ܝܠܕܬ ܐܠܗܐ
ܢܗܘܐ ܡܢ ܦܘܫܬ ܒܢ̈ܝܐ ܗܝ ܕܡܫܝܚܐ ܠܥܠܡܝܢ fol. 165 *a*
ܕܡܫܝܚܝܢ ܬܪܓܡܬ. ܘܟܠ ܡܢ ܕܗܘ ܕܡܢ
ܥܒܕܬܐ ܕܗܒܪܗ ܡܠܐܟܐ ܡܢܚܫܐ: ܠܒܬܘܠܬܐ
ܡܢܚܫܬܐ ܘܐܡܪ ܠܗ̇. ܫܠܡ ܠܟܝ ܡܠܝܬ ܛܝܒܘܬܐ
ܡܪܢ ܥܡܟܝ ܒܪܝܟܐ ܐܢܬܝ ܒܢܫ̈ܐ: ܘܒܪܝܟ ܗܘ ܦܐܪܐ
ܕܡܘܕܝܢܐ ܢܫ̈ܬܐ ܘܫܠܡܗ ܕܡܠܐܟܐ ܢܚܬ ܠܥܠܡܐ.
ܡܛܠ ܕܗܘ ܕܡܬܝܠܕ ܡܢܟܝ ܩܕܝܫܐ ܗܘ ܘܒܪܗ
ܕܐܠܗܐ ܢܬܩܪܐ. ܟܠ ܡܢ ܕܡܦܪܫ ܐܠܗܘܬܗ
ܡܢ ܐܢܫܘܬܗ: ܐܘ ܡܚܠܠ ܠܗ: ܐܘ ܡܦܠܓ
ܠܗ: ܘܐܡܪ ܐܠܗܐ ܠܚܘܕ. ܘܒܪܢܫܐ ܠܚܘܕܐ
ܐܚܪܢܐ: ܚܪܡܗ ܕܡܪܝܐ ܦܘܠܘܣ ܢܗܘܐ
ܥܠܘܗܝ: ܘܟܠ ܡܢ ܕܐܡܪ ܠܗ ܠܡܫܝܚܐ ܒܪܢܫܐ
ܫܚܝܡܐ: ܐܘ ܐܠܗܐ ܕܠܐ ܦܓܪܐ. ܡܬ̈ܪܬܗ
ܕܗܘܝܐ ܦܘܪܫܢܐ ܠܐܢܫ̈ܝܢ. ܘܗܘ ܟܕ ܗܘ
ܚܕܪܐ ܢܗ̇ܘܐ. ܟܠ ܟܠ ܡܢ ܕܐܡܪ ܕܟܝ̈ܢܐ
ܐܠܗܐ ܚܕ. ܒܩܢܘܡܐ ܬܪܝܢ ܕܠܗ ܚܕ. ܗܘ
ܒܪܐ ܡܫܝܚܐ ܕܐܠܗܐ. ܡܢ ܬܪܝܢ ܝܕܘܥ ܡܫܝܚܐ
ܕܝܠܗ ܪ̈ܡܬܐ. ܡܛܠ ܕܐܝܬܘܗܝ ܐܠܗܐ
ܘܕܝܠܗ ܡܟܐ̈ܒܬܐ. ܡܛܠ ܕܐܝܬܘܗܝ ܗܘ ܒܪ

ܗܘ ܒܪܢܫܐ. ܕܠܗ ܡܫܡܫܢܘܬܐ ܘܓܡܝܪܘܬܐ

ܠܐ ܫܪܝܐ ܘܫܪܝܐ ܚܕ. ܘܟܠ ܡܢ ܕܗܘ ܐܚܪܬ

ܠܗ ܚܝܐ ܠܟܠܗ ܘܐܚܪܝܬܐ ܒܡܫܡܗ. ܬܘܒܐ

ܠܗ ܡܫܝܚܬܐ ܡܢ ܗܠܝܢ ܕܡܢܗ ܟܠ ܡܫܝܚܐ

ܒܪܗ ܕܐܠܗܐ ܠܓܘܫܡܗ. ܠܓܘܫܡܗ. ܗܠܝܢ

ܒܬܪܬܐ ܠܡܫܒܚܘ ܒܬܫܝܢ. ܠܡܫܒܪܢܐ

ܕܠܟܘܢ ܘܠܡܫܡܫܢܘܬܐ ܕܡܫܡܫܢܐ. ܗܘܝܘ ܕܡܢ

ܗܘܦܟܢܐ. ܗܘܝܘ ܕܗܘܐ ܒܦܘܪܩܢܐ ܗܢܘܢ ܡܢ[ܟܠ]

ܕܡܫܝܚܐ ܘܡܠܟܘܬܢܐ ܗܢܘܢ ܡܢ ܕܡܟܠܡܐ. ܕܐܠܗܐ fol. 165b

ܒܦܠܓܘܬܗ ܢܦܫܐ ܐܝܟ ܠܡܕܒܪܬܐ ܕܡܢܪܐ

ܘܟܠ ܟܠ ܢܣܟܡܗ ܠܟܠܗ ܟܠܡܝܢ ܐܡܝܢ:

ܫܠܡ: ܟܬܒ: ܒܪܝܐ: ܕܟܠ: ܐܦܢ: ܗܝܡܢܘܬܐ:

Again, an Apology concerning the Faith.

"I believe in one Holy Trinity, of the Father, and of the Son, and of the Holy Ghost, a glorious essence, and an exalted Godhead. The Son, who is not younger than His Father; and the Father, who is not older than His offspring; and the Holy Ghost, proceeding, of the same substance as the Father and the Son. We confess one Trinity with distinction of Persons, but one God with equality of nature.

"For there is one power, and one authority, one worship, one lordship, one government, one Godhead, wherein there is neither greater nor lesser, nor commanding, nor commanded, nor weaker, nor more powerful.

"But we know that because the head of our race, Adam, lapsed from the observance of the divine commandments, he listened to the counsel of the Wicked One, his deceiver, and clave to him who decorated him with all beautiful ornaments, and subjugated him beneath the dominion of death, of Satan, and of sin. And there was not a man of his offspring who could deliver him, therefore He, the Creator of [his] nature, the Father and Lord of all, spared His image, that it should not perish; and He sent His beloved Son, the Word, God the offspring of His nature[1], for us, and for our salvation. And He came down from the Heavenly throne, without separating from the hidden bosom of His Father, and dwelt in the pure and holy womb of a holy and glorious virgin, our Lady Mary, the God-bearing, she who was of the seed of the house of David; and in her and from her He took a body, and became man, and was in her pure and holy womb nine months, like other infants; and He was born according to nature and transcending nature without destroying her virginity by His coming forth. And

[1] Literally, natural offspring that was from Him.

this is in truth a marvel; His mother keeping .... and her virginity in giving Him birth. Her virginity did not prevent her conception, and her giving birth did not destroy her virginity; but she is a virgin in truth and a mother in reality, thus the holy Child who was born from her by a miracle, is God in truth; and the same is true man apart from sin, perfect in His Godhead; and the same is perfect in His manhood; of the same substance with the Father in his Godhead; and He likewise of the same substance as His mother in His manhood. He is of the earth, and He is of heaven. He enwraps heaven and earth by the nod of His will, and He was wrapped in swaddling-clothes in the flesh in Bethlehem of Judæa. He was circumcised in the flesh according to the law of Moses, He who in His Godhead gave the seal of circumcision to those of the house of Abraham. He was hungry, like a man, and He Himself fed thousands as a God. He slept in the ship like a man, and He Himself rebuked the sea and it was still; He thirsted for water in the flesh, and sought water from the Samaritan woman, and He gave her living water that she should never thirst. He wept as a man at the grave of Lazarus, and He raised him as a God from amongst the dead. He to whom all these things belong suffered and was crucified for our sakes in the flesh, in the days of Pontius Pilate, and He died and was buried, and rose from amongst the dead on the third day, and ascended to Heaven, and sat on the right hand of the Godhead in the highest heavens; and He is worshipped and glorified in the heights and the depths, and we look for His second coming, which shall be with glory to judge therein the dead and the living.

"And we anathematize with our mouth and with our heart, and with our tongue, Nestorius, and Eutyches, and Dioscurus, and their wicked doctrine, and whosoever he be, who adds to or diminishes or changes anything of this faith of the three hundred and eighteen, and that of the hundred and of the fifty holy fathers, and that of the two hundred, and that great and œcumenical one of the six hundred and thirty-six; and whosoever doth not confess the Blessed Mary, the God-bearing, let him fall from the adoption of sons, which is promised to those who believe rightly. And whosoever he be who from the hour that the holy angel announced to the holy virgin, and said to her: Hail to thee, thou blessed among women, our Lord is with thee, thou who art full of grace; for the Holy Spirit shall come, and the power of the Highest shall overshadow thee, because that which shall be born of thee is holy, and shall be called the Son of the Highest; whosoever, [I say] who shall separate His Godhead from His manhood, or shall confound it, or shall mix it, and shall say, God on the one hand, and man on the other side, the anathema of Saint Paul shall be upon him. And whosoever calls the Christ a common man, or God without a body, shall inherit the inheritance of Judas Iscariot, and the same anathema shall be upon every one who shall say that He suffered in the Divine nature; for in His own flesh He suffered, He, the only Son of God, Our Lord Jesus the Christ, whose are the heights, because He is God, and whose are the humiliations, because He is at the same time man; His are the glorious things and the base things. * * * *

'And whosoever shall have one thing in his heart and another in his mouth, his part shall be with those who called out against the Christ, the Son of God, 'Crucify Him, crucify Him.'

"These things we have written in sorrow, for your love, for your glory and for the confutation of accusers.

"These then are heretics, those who rejoice in schisms rather than in quiet, and in disturbance rather than in peace; whom may God in His grace bring back to the knowledge of the truth, and upon all be His mercies for ever and ever. The Apology concerning the Faith is ended."

On fol. 165 begins

ܬܘܒ: ܟܬܒܝܢ: ܟܬܒܐ: ܕܫܘܫܢ.

Again, we write the book of Susan.

On fol. 170 begins

ܬܘܒ: ܣܗܕܘܬܐ: ܕܩܘܦܪܝܢܐ: ܚܪܫܐ: ܘܕܝܘܣܛܐ: ܒܬܘܠܬܐ.

Again, the martyrdom of Cyprian the magician and Justa the virgin.

On fol. 180 begins

ܬܘܒ: ܬ̈ܘܢܐ: ܕܡܪܝ: ܐܦܪܝܡ: ܡܢ ܡܕܪ̈ܫܐ: ܕܦܪܕܝܣܐ.

Again, mansions of Paradise from the madrāshē of Mar Ephrem.

On the recto of fol. 181 is

ܫܘܒܚܐ: ܠܐܒܐ: ܘܠܒܪܐ: ܘܠܪܘܚܐ: ܕܩܘܕܫܐ: ܗܫܐ: ܘܒܟܠ
ܙܒܢ: ܘܠܥܠܡ: ܥܠܡܝܢ: ܐܡܝܢ: ܫܠܡ: ܟܬܒܐ: ܗܢܐ: ܬܫܥܝ̈ܬܐ:
ܡܓܒ̈ܝܬܐ: ܩܕܡܝܬ: ܕܛܘܒܢܝܬܐ: ܬܩܠܐ: ܕܬܪ̈ܬܝܢ: ܕܐܘܓܢܝܐ:
ܕܬܠܬ: ܕܦܠܓܝܐ: ܕܐܪ̈ܒܥ (sic!) ܕܡܪܝܢܘܣ: ܕܚܡܫ: ܕܐܘܦܪܘܣܝܢܐ:
ܕܫܬ: ܕܐܢܝܣܝܡܐ: ܕܫܒܥ: ܕܕܪܘܣܝܣ: ܕܬܡ̈ܢܝܐ: ܕܒܪܒܪܐ: ܕܬܫܥ:
ܕܡܪܝܐ: ܕܥܣܪ: ܕܐܝܪܢܐ: ܕܚܕܥܣܪܐ: ܕܐܘܦܡܝܐ: ܕܬܪ̈ܬܥܣܪܐ:
ܕܣܘܦܝܐ: ܕܬܠܬܥܣܪܐ: ܕܬܐܕܘܣܝܐ: ܕܐܪܒܥܣܪܐ: ܕܬܐܕܘܛܐ:
ܕܥܠ ܗܝܡܢܘܬܐ: ܕܚܡܫܬܥܣܪܐ: ܕܫܘܫܢ: ܕܫܬܬܥܣܪܐ: ܕܩܘܦܪܝܢܐ
ܘܕܝܘܣܛܐ: ܕܫܒܥܬܥܣܪܐ: ܕܬ̈ܘܢܐ ܕܥܠ ܦܪܕܝܣܐ.

"Glory be to the Father, and to the Son, and to the Holy Ghost, now and always, and for ever and ever. Amen. The end of this book, Select Narratives. First, of the Blessed Thecla; second, of Eugenia; third, of Pelagia; fourth, of Marinus; fifth, of Euphrosyne; sixth, of Onesima; seventh, of Drusis; eighth, of Barbara; ninth, of Mary; tenth, of Irene; eleventh, of Euphemia; twelfth, of Sophia; thirteenth, of Theodosia; fourteenth, of Theodota; concerning the Faith; fifteenth, of Susan; sixteenth, of Cyprian and Justa; seventeenth, of the Mansions in Paradise."

The date of the upper writing is at the top of the verso on fol. 181. It occupies a few lines, of which only a few words are legible, the rest of the page, which was probably written with red ink, being completely faded. It had distinctly suffered somewhat during the period between my two visits, and I therefore give it as I transcribed it in 1892.

ܐܫܬܠܡ ܕܝܢ ܟܬܒܐ ܒܫܢܬܐ ܐܠܦ ܘܬܫܥ . .
ܕܐܠܟܣܢܕܪܘ[ܣ] . ܡܩܕܘܢܝܐ ܒܪ ܦ . ܗܘ . . . [1]
ܬܡܘܙ: ܒܝܘܡ ܬܠܬܐ . . . .
ܕܝܘܡܐ . . . .
ܢܗܘܘܢ: . . . ܠܚܘܬܐ ܕܟܬܒ ܟܬܒܐ: . . ܘܥܡ
. . ܥܠܡܐ . . . ܕܥܠܡܝܢ: ܐܝܢ ܘܐܡܝܢ.

"The book was finished in the year a thousand and nine.. of Alexander the Macedonian son [of Philip]....[in the month] Tammuz; on the third day..... .... of the day .... may they be .... who wrote the book .... yea, and amen."

I at first thought that this date ought to read,

ܐܠܦ ܘܬܫܥ ܕܐܠܟܣܢܕܪܘܣ.

I therefore gave the date as 697. A second inspection in 1893, however, has made me see that a hole which occurs in the vellum immediately after the word ܬܫܥ may be filled in either by ܡܐܐ 100, or by ܝܢ the termination of ܬܫܥܝܢ 90. The first would bring it down to the sixteenth century, which is manifestly absurd, and therefore we are almost shut up to the conclusion that it is ܬܫܥܝܢ, which gives A.D. 778. With this coincides the opinion of Professor Bensly, who was alike skilful and cautious in matters of Syriac Palaeography, and who assigned the upper writing to the eighth century.

§ 3. *The older books which were pulled to pieces to supply the scribe with vellum for the Martyrology.*

The scribe of the Martyrology did not write on new vellum, but supplied himself with material by pulling old volumes to pieces and cleaning off the original writing. But, as the obliteration was not perfect, we can discover what the old books sacrificed to his purpose were, and a great part of their contents can still be deciphered. The first volume which he attacked was an ancient copy of the Four Gospels in Syriac—the subject of the present publication—which supplied

[1] We should expect ܒܪ ܦܝܠܝܦܘܣ ܡܩܕܘܢܝܐ

the vellum for the first fourteen quires and one pair of leaves in the fifteenth quire, or 142 leaves in all. Of course the Gospel MS. had to be picked to pieces when the writing was washed off and was reduced to a mere heap of pairs of leaves, out of which John the Recluse formed his new quires at random, without the least reference to the original order. Thus with every new leaf the decipherers of the old writing found themselves in a different part of the gospels, and the decipherment had to be followed by a reconstruction of the old quiring and original order of the leaves. The results of this reconstruction and the present order of the leaves are exhibited in the tables (*infra*, pp. xxv ff.) which will make the matter clearer than any mere verbal description.

But the Syriac MS. of the Gospels did not suffice for the needs of John the Recluse. When he reached his fifteenth quire only two leaves of it were left, and to make up the quinion he borrowed four leaves from a Greek MS., identified by Mr Burkitt as containing part of the Gospel of John, belonging to the fourth century; and four leaves out of a Syriac volume of Apocrypha.

The fifteenth quire was composed as follows:

Syriac (Acts of Thomas)
Greek (Gospel)
Syriac (Gospel)
Greek (Gospel)
Syriac (Apocryphal)

} together with their five conjugate leaves in the reverse order.

The MS. of the Syriac Gospels was now apparently exhausted, and the scribe continued with leaves from the volume of Syriac Apocrypha (Acts of Thomas and Repose of the Virgin, as identified by Mr Burkitt).

Thus the sixteenth quire was composed as follows:

Syriac (Repose of Mary)
Syriac (Acts of Thomas)
Syriac (Acts of Thomas)
Syriac (Acts of Thomas)
Syriac (Repose of Mary)

} together with their five conjugate leaves.

The vellum of this MS. is coarser than that of the Gospels. The seventeenth quire is taken entirely from it. In the eighteenth a fourth MS. is employed, a Greek one, in sloping uncials of the eighth century; the scribe thus destroying a text almost contemporary with himself. From this MS. (the contents of which have not yet been identified) he took six double leaves, including a leaf which is pasted in the cover: thus completing a volume of 182 leaves.

Before leaving this point it is interesting to observe that some further leaves of the MS. of Syriac Apocrypha are, perhaps, extant in the Sinai library. The importance of this observation, which I owe to Mr Harris, lies in the fact that the coincidence, if established, renders it almost certain that the MS. of the Martyrology was actually written at Sinai, although in his preface the scribe calls himself John of Beth Mari Ḳaddish. How else would the stray leaves of the destroyed MS. of Syriac Apocrypha have found their way thither?

Mr Harris thinks that the remainder of the MS. of Apocrypha was employed in the palimpsest Arabic MS. which is numbered 588 in the Catalogue of the Sinai Arabic Codices. This identification rests (1) on the similarity of the vellum, (2) on the probable agreement in size, the leaves of the Syriac Apocryphal text used by John the Recluse having been slightly cut at the edges in order to harmonize with the rest of the volume, (3) on the character of the script, and (4) on the coincidence of the contents. In confirmation we subjoin the following extract from Mr Harris's transcripts, which clearly belongs to some form of the tract known as the Repose of the Virgin:

Cod. Sin. Arab. 588. *Fol. 6b from the end.*

Col. 1, l. 17.

ܢܦܩܬ ܡܢ ܥܠܡܐ
ܗܢܐ ܘܐܢܐ ܝܥܩܘܒ
ܣܗܕ ܐܢܐ ܕܐܬܘ
ܫܠܝ̈ܚܐ ܕܚܝܝܢ ܘܕܩܒܝܪܝܢ
ܐܬܢܚܡܘ ܘܒܪ̈ܝܬܐ
ܥܠܝ̈ܬܐ ܥܡ ܬܚ̈ܬܝܬܐ
ܐܬܘ ܠܫܠܡܗ̇ ܕܛܘܒܢܝܬܐ
ܘܟܢ ܢܦܩܬ ܡܢ ܥܠܡܐ
ܗܢܐ ܘܐܬܟܬܒܘ
ܐܫ̈ܬܐ ܣܦܪ̈ܝܢ ܟܠ

Col. 2, l. 1.

ܣܦܪܐ ܬܪ̈ܝܢ ܫܠܝܚܝܢ
ܟܬܒܘܗܝ . . . . .

. . . .

Col. 2, l. 17.

. . . . . .

ܗܘ ܛܥܝܢ ܗܘܐ ܠܗܘܢ
ܘܕܟܠܗܘܢ ܫܠܝ̈ܚܐ
ܚܬܡܬ ܐܝ̈ܕܝܗܘܢ ܕܐܝܬ
ܒܣܦܪ̈ܐ ܗܠܝܢ ܕܟܬܒܘ
ܘܫܒܚܘܗ̇ ܠܡܪܬܢ
ܡܪܝܡ . . . .
ܠܗ̇ ܩܘܪ̈ܒܢܐ ܘܕܘܟܪ̈ܢܐ
ܠܛܘܒܢܝܬܐ ܬܠܬ ܙܒ̈ܢܝܢ
ܒܫܢܬܐ. ܘܦܘܠܘܣ
ܘܦܛܪܘܣ ܘܝܘܚܢܢ ܙܥܘܪܐ

end of page.

She departed from this world; and I James bear witness that the apostles came, those who were living, and those who were buried rose again, and things created, the things above and the things below, came to salute the Blessed One, and so she departed from this world. And six books were written: two apostles wrote each book ....
he was carrying them, and of all the apostles their signatures which were in these books which they had written. And they extolled Our Lady Mary .....
...... to the Blessed One offerings and memorials three times a year. And Paul and Peter and John the Less.

Cod. 588 also contains in its palimpsest portion the *Protevangelium* or *Gospel of the Infancy* and the *Boyhood of Jesus* or *Gospel of Thomas* in a very early form; the text of the latter agrees fairly with the fragments given by Wright[1] from a sixth century MS. which in the judgment of B. H. Cowper contain "a more ancient text than any other now extant complete." As it is possible that some more of this early text may be rendered accessible from the Sinai MSS. we add a specimen:

Cod. Sin. Arab. 588. *Fol. 3a from the end.*

Col. 1.

ܗܘ ܕܝܗܒ ܠܝ
ܚܟܡܬܐ ܕܐܟܬܘܒ
ܟܬܒܐ ܗܢܐ ✣ ✣

Rubric
ܫܠܡ ܒܝܬ ܝܠܕܐ
ܕܡܒܪܟܬܐ ܡܪܬܢ
ܡܪܝܡ ܝܠܕܬ ܐܠܗܐ.
✣ ✣ ✣
ܠܫܘܒܚܗ ܕܝܫܘܥ

ܟܕ ܗܘܐ ܒܪ ܫܒܥ
ܫܢܝܢ ܡܫܬܥܐ ܗܘܐ
ܥܠ ܡܥܒܪܬܐ ܕܬܒܐ
ܕܝܠܕܐ ܘܡܫܒܚ ܗܘܐ
ܘܡܫܠܡܐ ܗܘܐ ܠܗܘܢ
ܠܝܠܕܐ ܘܬܪܝܢ ܗܘܐ
ܠܗܘܢ ܒܝܠܕܐ. .

ܠܗܘܢ . ܠܡܒܢܝܬܐ.
. . . . . .
. . . . . .
ܠܝܠܕܐ ܪܒܝܐ ܟܠܗ
ܓܒܪܐ ܬܪܬܝܢܣܪܐ
ܐܬܝܬܗ ܗܘܬ ܕܝܢ
ܫܒܬܐ . . . .
ܘܟܠܝܐ ܐܝܬ ܗܘܐ
ܫܡܗ
. . . . . .

Col. 2 incipit.

ܗܠܝܢ ܘܐܡܪ ܠܘܬ
ܝܘܣܦ ܐܒܘܗܝ
ܘܟܪܝܗ ܟܠ ܝܘܡܐ
ܘܐܡܪ ܠܗ ܕܡܥܒܕܬܐ
ܟܠ ܠܝܠܕܐ ܘܬܘܒ
. . . . . .

He who gave me wisdom to write this book. The Nativity of Our Blessed Lady Mary Deipara is ended.

✣ ✣ ✣

[1] *Contributions to the Apocryphal Literature of the New Testament;* London, 1865. The text of Wright is taken from Cod. Mus. Brit., Add. 14,484.

The Boyhood of Jesus. The boy Jesus, the Christ, when he was five years old was playing by the ford of a stream of water, and he was taking and damming up the water, and was directing it in channels . . . . into a pool . . . . soft clay he moulded twelve sparrows. Now it was the sabbath, and there was a great . . . . . with him . . . . . these things and went to Joseph his father, and incited him against Jesus, and said to him, On the sabbath he has moulded clay and made . . . .

The Greek text which comes nearest to this is the one printed by Tischendorf as *Ev. Thomae*, rec. A (ed. 2, 1876, p. 140 f.): the corresponding passage of which is

Τοῦτο τὸ παιδίον Ἰησοῦς πενταέτης γενόμενος παίζων ἦν ἐν διαβάσει ῥύακος, καὶ τὰ ῥέοντα ὕδατα συνήγαγεν εἰς λάκκους, καὶ ἐποίει αὐτὰ εὐθέως καθαρά, καὶ λόγῳ μόνῳ ἐπέταξεν αὐτά. Καὶ ποιήσας πηλὸν τρυφερὸν ἔπλασεν ἐξ αὐτοῦ στρουθία ιβ'· καὶ ἦν σάββατον ὅτε ταῦτα ἐποίησεν. ἦσαν δὲ καὶ ἄλλα παιδία πολλὰ παίζοντα σὺν αὐτῷ κ.τ.λ.

It is quite likely, however, that the Syriac Version is older than either of the existing forms of the Greek text.

§ 4. *Description of the ancient MS. of the Gospels in Syriac which was broken up to furnish vellum for John the Recluse.*

We have already seen (*supra*, p. xv) that 142 leaves of this valuable codex are still extant. Twenty-two leaves have disappeared, but five of these, two at the beginning and three at the end, did not contain any part of the Gospel text. The whole book originally consisted of 17 quires, all of which were quinions, or quires of ten leaves, except the sixth, the fifteenth and the sixteenth, which were quaternions, or quires of eight.

In two places the decipherers seemed to find traces of signatures to the original quires. In the corner of a leaf which according to the table of reconstruction (p. xxv) proves to be the first of the fourth quire Mr Harris found a letter which he read (with some hesitation) as ܒ. And on the last leaf of the fifth quire Prof. Bensly and Mr Burkitt found a very distinct signature ܓ, which as Mr Burkitt observes may be either the letter ܓ, and signify "quire three," or the Syriac arithmetical figure denoting "five." Either interpretation is possible; for old Syriac MSS. sometimes have their quires signed with letters, sometimes with figures, sometimes with both; and if this ܓ stood alone one would not hesitate to interpret it as 5 (which is correct) and not as 3 (which is incorrect). Mr Harris's ܒ, though not quite certain, speaks for the other interpretation; it is, however, a curious anomaly that the fourth and fifth quires should be numbered 2 and 3 respectively.

We give in tabular form (*infra* pp. xxv ff.), the contents of the successive pages of the MS., first following the order of the book as at present arranged, and then adding a supplementary table to shew the order of the palimpsest gospels before they were adjusted to the more modern volume.

These tables have been drawn up for me by Mr Harris.

The writing of the Gospels is in two columns with an uncertain number of lines in each. There are no lines ruled for the text, but vertical ones existed on the side of each page in the original manuscript. The writing is very distinct in some places, but in others it is so faded that it could not have been read, had I not obtained permission to make use of a re-agent, hydrosulphide of ammonia, recommended to me by Mr Scott, Keeper of the MSS. in the British Museum. I trust that the friends who accomplished the very difficult work of transcription have forgiven all the evil scents which they endured from this compound in consideration of its having added about a sixth more to the words which they were able to copy out. Those who have had practical experience of palimpsests will understand that with all our pains it was not possible to restore every part of the writing to legibility.

It was under my brush that the colophons of the Gospels appeared. They are of the highest importance, and had for the most part wholly disappeared, but a touch of the brush brought them up in rich brown colour. The sense of the final and most important colophon may be expressed as follows: "Here ends the Gospel of the *Mĕpharrĕshē*, four books (or writers): glory to God and to His Christ and to His Holy Spirit. Let every one that reads and hears and observes and does, pray for the sinner that wrote it, that God may have mercy on him, and remit him his sins in both worlds. Amen and Amen."

This colophon was followed on the same page by a column of writing, probably in some different coloured ink, perhaps yellow or green, on which all my efforts to employ the re-agent between the lines of the Martyrology brought up only a few isolated letters. The loss is the more to be regretted, as the supplementary matter would have certainly added to our knowledge of the history of the text.

We have not succeeded in finding a date to the original MS. of the Gospels. I have little doubt that one exists in the column which I have just described. If I am right in supposing that this part of the colophon was written with a different kind of ink to that employed for the first sentence, it may possibly yet reveal its secret to the hand that shall touch it with another re-agent.

With regard to the punctuation, it is important to observe (with Mr Harris) that the division into paragraphs in our text and in the Cureton MS. is often identical. Not only so, but in many places there is a line for line agreement. In illustration of this I would cite the following passages:

Matt. v. 3—10 sixteen lines agree, with only one break.
Matt. xii. 43 six lines agree.
Matt. xiii. 10, 11 six lines.
Matt. xxii. 1—3 eight lines.
Matt. xxii. 14—16 six lines.
Matt. xxiii. 22—23 seven lines.
Luke vii. 34—38 twenty-one lines agree with two breaks.
Luke vii. 41—43 eight lines agree.
Luke vii. 44 five lines.
Luke vii. 48—viii. 1 eight lines.
Luke viii. 16 five lines.

Luke viii. 30, 31 five lines.
Luke viii. 34, 35 ten lines.
Luke ix. 3—5 eleven lines.
Luke xiii. 31, 32 nine lines.
Luke xx. 44—46 eight lines.
Luke xx. 47—xxi. 2 eight lines.
Luke xxi. 29, 30 six lines.
Luke xxiii. 46, 47 seven lines.
Luke xxiii. 56—xxiv. 4 fourteen lines.

Mr Harris says that the paragraphs are divided into short sentences by stops, which, where they can be traced in the palimpsest writing, agree frequently with the red stops in the Cureton MS. This shows us that the linear and colometric arrangement of the MS. from which they were both taken, may be of very high antiquity[1] Mr Harris also suspects that the MS. may be in parts doubly palimpsest. There are traces of an earlier and smaller Syriac hand, especially on page 63, but our re-agent failed to produce any effect in making it legible.

§ 5. *Concluding Remarks.*

Before the discovery of the Sinai Codex the Old Syriac Version, which stands side by side with the Old Latin in antiquity and importance for New Testament criticism, was represented by a single mutilated copy, written *circa* 450—470, and formerly the property of S. Maria Deipara in the Nitrian desert. Of this codex 82½ leaves are now in the British Museum (Add. 14,451; No. cxix. of Wright's Catalogue). Their contents were published by Cureton in 1858. Three other leaves are in the Royal Library at Berlin, having been used as fly-leaves in a volume emanating from the same convent, which came to the library through the well-known Egyptologist Dr Brugsch (Brugsch Pasha). The contents of these leaves were published by Rödiger in the *Monatsberichte* of the Berlin Academy for July 1872, and were also privately printed in a very small edition by the late Prof. W. Wright.

In this MS. the order of the Gospels is Matthew, Mark, John, Luke. All that exists of them is[2]:

Matthew i. 1—viii. 22; x. 32—xxiii. 25*.
Mark xvi. 17*—20.
John i. 1—42*; iii. 5*—viii. 19*; xiv. 10*—12*; 15*—19*; 21*—23*; 26*—29*.
Luke ii. 48*—iii. 16*; vii. 33*—xvi. 12; xvii. 1*—xxiv. 44*.

[1] Mr Burkitt, however, does not take the same view.
[2] The asterisks denote that only part of the verse is preserved.

In the Sinai Codex, as we have seen, 22 leaves out of 164 are missing; thus the following verses are altogether lost from it:

> Matt. vi. 10—viii. 3; xvi. 15—xvii. 11; xx. 25—xxi. 19; xxviii. 8—Mark i. 12; i. 44—ii. 20; iv. 18—v. 1; v. 27—vi. 4; Luke i. 16—38; v. 29—vi. 11; John i. 1—24; i. 47—ii. 15; iv. 38—v. 5; v. 27—45; xviii. 32—xix. 48.

Of the remaining 142 leaves some are practically illegible, so that only isolated letters or at most isolated words can be made out; but by far the greater part of the pages have been more or less fully deciphered. Thus in the Sinai Codex large portions of this ancient version which appeared to be entirely lost have been happily recovered; and, what is not less important, we have now two authorities for a considerable part of the Gospels, and thus for the first time possess evidence as to the nature and range of the variations which existed between different copies of this version. Thus, to give but one striking example, the disputed verses at the end of Mark's Gospel were present in the Nitrian MS. (though only the closing verses of the passage are preserved) but are lacking in the Sinai Codex.

To speak further of the many interesting readings of the new manuscript would carry us beyond the scope of the present Introduction; they must for the present be left to the reader's own study. But those who approach this volume without previous familiarity with the Old Syriac Version and the learned discussions to which it has given rise, may be glad to have under their eyes a brief statement by the most competent authority of the place which this version, as hitherto known, holds among the documents for the history of the Gospel text. This I take from the *Introduction* to Westcott and Hort's *New Testament in Greek* (London 1882) p. 84.

"The principal [Syriac version] is the great popular version commonly called the Peshito or *Simple*. External evidence as to its date and history is entirely wanting: but there is no reason to doubt that it is at least as old as the Latin Version. Till recently it has been known only in the form which it finally received by an evidently authoritative revision, a Syriac 'Vulgate,' answering to the Latin 'Vulgate.' The impossibility of treating this present form of the version as a true representation of its original text, without neglecting the clearest internal evidence, was perceived by Griesbach and Hug about the beginning of this century: it must, they saw, have undergone subsequent revision in conformity with Greek MSS. In other words, an Old Syriac must have existed as well as an Old Latin. Within the last few years the surmise has been verified. An imperfect Old Syriac copy of the Gospels, assigned to the fifth century, was found by Cureton among MSS brought to the British Museum from Egypt in 1842, and was published by him in 1858. The character of the fundamental text confirms the great antiquity of the version in its original form; while many readings suggest that, like the Latin version, it degenerated by transcription and perhaps also by irregular revision. The rapid variation which we know the Greek and Latin texts to have undergone in the earliest centuries would hardly be absent in Syria; so that a single MS cannot be expected to tell us more of the Old Syriac generally than we should learn from any one average Old Latin MS respecting Old Latin texts generally. But even this partially corrupted text is not only itself a valuable authority but, renders the comparatively late and 'revised' character of the Syriac Vulgate a matter of certainty. The authoritative revision seems to have taken place either in the latter part of the third or in the fourth century.'

One of the most interesting features of the Sinai Codex is the way in which it bears out the conjecture of Drs Westcott and Hort as to the probable range of variations between copy and copy of this version.

Of late years there has been a good deal of discussion as to the relation between the Old Syriac Gospels and the *Diaṭessarōn* of Tatian, and in these controversies the title *Evangelion da-Mĕpharrĕshē*, which, as we have seen, occurs in the colophon of the Sinai Codex, has played no small part. On this subject it may not be out of place to cite the words of a very eminent authority, the late Prof. W. Wright, whose statement in the *Encyclopaedia Britannica*, 9th ed., Art. "Syriac Literature," sums up what was known on the subject before the discovery of the Sinai Codex.

"As to the Pĕshīṭtā version of the Gospels (P)," says Dr Wright, "a variety of critical questions arise when we consider it in connexion with two other works, the *Dia-ṭessarōn* of Tatian (T) and the *Curetonian Gospels* (Sc). Tatian, the friend of Justin Martyr, afterwards counted a heretic, composed out of the four Gospels a work which received the title of τὸ διὰ τεσσάρων εὐαγγέλιον, in Syriac more briefly *Dia-ṭessarōn*, or *Evangelion da-Mĕḥallĕṭē*, the 'Gospel of the Mixed.' It is a subject of controversy whether Tatian wrote this work in Greek or in Syriac, and whether he compiled it from the Greek Gospels or from a previous Syriac version. According to Zahn and Baethgen, the author's language was Syriac, his sources Greek. They hold this was the only Gospel in use in the Syrian Church for nearly a century, but that about the year 250, under the influence of Western MSS. of the Greek text...a version of 'the Separate Gospels,' *Evangelion da-Mĕpharrĕshē*, was introduced. The translator, according to Baethgen, made use of T as far as he could; and of this text Sc. is, in the opinion of these scholars, the solitary survival in our days. The evidence for this view does not, however, appear to be conclusive. It seems that a Syriac version of the four Gospels, as well as of the other parts of the New Testament, must have existed in the 2nd century, perhaps even before the version of the Old Testament. From this Tatian may have compiled his *Dia-ṭessarōn*, or he may have written that work in Greek and others may have done it into Syriac. Be that as it may, T certainly gained great popularity in the early Syrian Church, and almost superseded the Separate Gospels. Aphraates quoted it; Ephraim wrote a commentary upon it; the *Doctrine of Addai* or Addaeus (in its present shape a work of the latter half of the 4th century), transfers it to the apostolic times; Rabbūlā, bishop of Edessa (411—435), promulgated an order, that 'the priests and deacons should take care that in every church there should be a copy of the Separate Gospels (*Evangelion da-Mĕpharrĕshē*), and that it should be read'; and Theodoret, bishop of Cyrrhus (423—457), swept up more than two hundred copies of Tatian in churches of his diocese, and introduced the Four Gospels in their place: τὰ τῶν τεττάρων εὐαγγελιστῶν ἀντεισήγαγον εὐαγγέλια. The result of these and other well-meant efforts is that not a single copy of T has come down to our times. Both Aphraates and Ephraim, however, made use of the Separate Gospels. The former seems to have employed a text which Baethgen calls a slightly revised form of Sc; we would rather speak of it as a revised form of the old Syriac Gospels of the 2nd century. The latter made use of a more thorough Edessene revision, closely approaching in form to, if not identical with, P (Baethgen, p. 95; Zahn, p. 63)."

This work has been completed under the shadow of much sorrow. One of its transcribers, who held a foremost place amongst European scholars, he on whose accurate learning and ripe judgment we relied for its final revision, Professor Bensly, has been called to his reward in another world. The loss for this edition is great, but it will be still more severely felt when the critical text of the Old Syriac version from the two manuscripts comes to be written. Moreover, while these sheets are passing through the Press another great Semitic scholar, Professor W. Robertson Smith, a man distinguished for the wonderful scope both of his sympathies and of his learning, and who presided over the arrangements for publishing this edition, has been taken from our midst. Of the work done by Professor Bensly, by Mr Rendel Harris and by Mr Burkitt I can only speak with sincere admiration, and my cordial thanks are due to the friends who have helped us with their advice, and to the Rev. R. H. Kennett, University Lecturer in Aramaic, who has kindly assisted me in revising the Syriac extracts in this Introduction. I wish also to record my sense of gratitude to Porphyrios, Archbishop of Mt. Sinai, and to the community of monks, for the great cordiality with which they seconded the efforts of their late lamented abbot, Father Galaktion, to make our work in their Library pleasant and successful. Nor must I forget my sister, Mrs James Y. Gibson, without whose constant aid my photographs of the manuscript would probably never have been produced.

AGNES SMITH LEWIS.

CASTLE-BRAE,
CAMBRIDGE,
October, 1894.

TABLE A.

Present Quire.	Leaf of Quire.	Pages.	Contents.	Quire of Original Gospels.	Leaf of Original Quire.
I.	1	1, 2	Matt. xiv. 1—31	II.	10
	2	3, 4	Luke viii. 1—22	IX.	5
	3	5, 6	John xiv. 1—24	XVI.	2
	4	7, 8	Luke vii. 28—viii. 1	IX.	4
	5	9, 10	Luke x. 33—xi. 13	X.	2
	6	11, 12	Luke xiii. 22—xiv. 5	X.	9
	7	13, 14	Luke viii. 40—ix. 6	IX.	7
	8	15, 16	John xvii. 20—xviii. [24]	XVI.	7
	9	17, 18	Luke viii. 22—40	IX.	6
	10	19, 20	Matt. viii. 3—30	II.	1
II.	1	21, 22	John xiii. 19—38	XVI.	1
	2	23, 24	Mark xiii. 24—xiv. 10	VII.	5
	3	25, 26	Luke xvi. 2—21	XI.	3
	4	27, 28	Matt. xix. 3—28	III.	6
	5	29, 30	John vii. 39—viii. 21	XIV.	6
	6	31, 32	John vii. 21—39	XIV.	5
	7	33, 34	Matt. xviii. 9—xix. 3	III.	5
	8	35, 36	Luke xviii. 40—xix. 22	XI.	8
	9	37, 38	Mark xiv. 10—36	VII.	6
	10	39, 40	John xviii. 14—31	XVI.	8
III.	1	41, 42	Mark iv. 41—v. 26	V.	8
	2	43, 44	Luke xxiv. 26—fin.	XII.	10
	3	45, 46	Mark xvi. 1—Luke i. 16	VII.	10
	4	47, 48	Matt. xiv. 31—xv. 27	III.	1
	5	49, 50	Mark vi. 54—vii. 23	VI.	2
	6	51, 52	Mark x. 2—27	VI.	7
	7	53, 54	Matt. xxi. 43—xxii. 27	III.	10
	8	55, 56	Mark xi. 1—27	VII.	1
	9	57, 58	Luke xx. 21—44	XII.	1
	10	59, 60	Mark i. 12—44	V.	3

Present Quire.	Leaf of Quire.	Pages.	Contents.	Quire of Original Gospels.	Leaf of Original Quire.
IV.	1	61, 62	Matt. xv. 27—xvi. 15	III.	2
	2	63, 64	Luke xxii. 59—xxiii. 14	XII.	6
	3	65, 66	Luke xvi. 21—xvii. 9	XI.	4
	4	67, 68	Matt. xii. 31—xiii. 5	II.	7
	5	69, 70	John xx. 17—xxi. 2	XVII.	5
	6	71, 72	John xxi. 2—17	XVII.	6
	7	73, 74	Matt. x. 15—xi. 1	II.	4
	8	75, 76	Luke xviii. 17—40	XI.	7
	9	77, 78	Luke xxii. 34—59	XII.	5
	10	79, 80	Matt. xxi. 20—43	III.	9
V.	1	81, 82	Mark vii. 23—viii. 14	VI.	3
	2	83, 84	Matt. ii. 15—iii. 17	I.	5
	3	85, 86	Mark xiv. 36—63	VII.	7
	4	87, 88	Luke ix. 27—49	IX.	9
	5	89, 90	Matt. xxii. 28—xxiii. 15	IV.	1
	6	91, 92	Matt. xxvii. 20—47	IV.	10
	7	93, 94	Luke vi. 35—vii. 6	IX.	2
	8	95, 96	Mark xii. 42—xiii. 23	VII.	4
	9	97, 98	Matt. iii. 17—v. 1	I.	6
	10	99, 100	Mark ix. 25—x. 2	VI.	6
VI.	1	101, 102	Luke ii. 40—iii. 9	VIII.	5
	2	103, 104	Luke xiv. 24—xv. 12	XI.	1
	3	105, 106	Mark vi. 28—54	VI.	1
	4	107, 108	John xi. 5—31	XV.	3
	5	109, 110	Matt. v. 1—26	I.	7
	6	111, 112	Matt. i. 17—ii. 15	I.	4
	7	113, 114	John xii. 7—28	XV.	6
	8	115, 116	Mark x. 27—xi. 1	VI.	8
	9	117, 118	Luke xix. 45—xx. 21	XI.	10
	10	119, 120	Luke iii. 9—iv. 1	VIII.	6
VII.	1	121, 122	John xi. 31—48	XV.	4
	2	123, 124	John v. 46—vi. 19	XIV.	1
	3	125, 126	Luke xi. 13—32	X.	3
	4	127, 128	Mark xi. 27—xii. 19	VII.	2
	5	129, 130	Luke xii. 42—xiii. 3	X.	7
	6	131, 132	Luke xi. 32—52	X.	4
	7	133, 134	Mark xv. 19—47	VII.	9
	8	135, 136	Luke xiii. 3—22	X.	8
	9	137, 138	John ix. 21—x. 1	XIV.	10
	10	139, 140	John xi. 48—xii. 7	XV.	5

Present Quire.	Leaf of Quire.	Pages.	Contents.	Quire of Original Gospels.	Leaf of Original Quire.
VIII.	1	141, 142	Matt. xvii. 11—xviii. 8	III.	4
	2	143, 144	Luke iv. 1—26	VIII.	7
	3	145, 146	John x. 1—23	XV.	1
	4	147, 148	Matt. xxv. 12—37	IV.	5
	5	149, 150	Matt. viii. 30—ix. 23	II.	2
	6	151, 152	Matt. xiii. 31—xiv. 1	II.	9
	7	153, 154	Matt. xxv. 37—xxvi. 17	IV.	6
	8	155, 156	John xii. 49—xiii. 18	XV.	8
	9	157, 158	Luke ii. 18—40	VIII.	4
	10	159, 160	Matt. xix. 28—xx. 24	III.	7
IX.	1	161, 162	Luke xv. 13—xvi. 2	XI.	2
	2	163, 164	Matt. i. 1—17	I.	3
	3	165, 166	Luke xvii. 33—xviii. 16	XI.	6
	4	167, 168	Luke xxiii. 14—38	XII.	7
	5	169, 170	Luke xxi. 23—xxii. 8	XII.	3
	6	171, 172	Luke xxiii. 38—xxiv. 5	XII.	8
	7	173, 174	Luke xxii. 8—34	XII.	4
	8	175, 176	Luke xvii. 9—33	XI.	5
	9	177, 178	Matt. v. 26—vi. 10	I.	8
	10	179, 180	Luke xix. 22—45	XI.	9
X.	1	181, 182	Matt. xxvi. 17—44	IV.	7
	2	183, 184	Luke i. 38—73	VIII.	2
	3	185, 186	John iii. 11—31	XIII.	5
	4	187, 188	Mark viii. 14—38	VI.	4
	5	189, 190	Matt. xii. 1—31	II.	6
	6	191, 192	Matt. xi. 1—30	II.	5
	7	193, 194	Mark viii. 38—ix. 25	VI.	5
	8	195, 196	John iii. 31—iv. 15	XIII.	6
	9	197, 198	Luke v. 6—28	VIII.	9
	10	199, 200	Matt. xxiv. 31—xxv. 12	IV.	4
XI.	1	201, 202	Mark ii. 21—iii. 21	V.	5
	2	203, 204	John i. 25—47	XIII.	2
	3	205, 206	Luke vii. 7—28	IX.	3
	4	207, 208	Luke ix. 49—x. 11	IX.	10
	5	209, 210	John x. 23—xi. 5	XV.	2
	6	211, 212	John xii. 28—49	XV.	7
	7	213, 214	Luke vi. 12—35	IX.	1
	8	215, 216	Luke ix. 6—27	IX.	8
	9	217, 218	John v. 6—	XIII.	9
	10	219, 220	Mark iii. 21—iv. 17	V.	6

Present Quire.	Leaf of Quire.	Pages.	Contents.	Quire of Original Gospels.	Leaf of Original Quire.
XII.	1	221, 222	Luke xi. 52—xii. 21	X.	5
	2	223, 224	John xvi. 10—32	XVI.	5
	3	225, 226	Matt. xxiv. 2—31	IV.	3
	4	227, 228	John xvi. 32—xvii. 20	XVI.	6
	5	229, 230	Matt. ix. 23—x. 15	II.	3
	6	231, 232	Matt. xiii. 6—31	II.	8
	7	233, 234	John xiv. 24—xv. 15	XVI.	3
	8	235, 236	Matt. xxvi. 44—67	IV.	8
	9	237, 238	John xv. 15—xvi. 10	XVI.	4
	10	239, 240	Luke xii. 21—42	X.	6
XIII.	1	241, 242	Luke xx. 44—xxi. 23	XII.	2
	2	243, 244	Luke x. 11—33	X.	1
	3	245, 246	John vi. 20—44	XIV.	2
	4	247, 248	John vi. 69—vii. 21	XIV.	4
	5	249, 250	John vi. 44—69	XIV.	3
	6	251, 252	John viii. 41—ix. 1	XIV.	8
	7	253, 254	John viii. 21—41	XIV.	7
	8	255, 256	John ix. 1—21	XIV.	9
	9	257, 258	Luke xiv. 5—23	X.	10
	10	259, 260	Luke xxiv. 5—26	XII.	9
XIV.	1	261, 262	John iv. 15—37	XIII.	7
	2	263, 264	John xix. 40—xx. 17	XVII.	4
	3	265, 266	Luke iv. 26—v. 6	VIII.	8
	4	267, 268	Matt. xxvii. 47—xxviii. 7	V.	1
	5	269, 270	Matt. xxiii. 15—xxiv. 2	IV.	2
	6	271, 272	Matt. xxvi. 67—xxvii. 19	IV.	9
	7	273, 274	Mark vi. 5—28	V.	10
	8	275, 276	Luke i. 73—ii. 18	VIII.	3
	9	277, 278	John xxi. 17—end	XVII.	7
	10	279, 280	John ii. 16—iii. 11	XIII.	4
XV.	1	281, 282	Acts of Thomas		
	2	283, 284	Greek Gospel		
	3	285, 286	Mark xiv. 64—xv. 19	VII.	8
	4	287, 288	Greek Gospel		
	5	289, 290	Syriac Apocrypha		
	6	291, 292	Syriac Apocrypha		
	7	293, 294	Greek Gospel		
	8	295, 296	Mark xii. 19—42	VII.	3
	9	297, 298	Greek Gospel		
	10	299, 300	Acts of Thomas		

Present Quire.	Leaf of Quire.	Pages.	Contents.	Quire of Original Gospels.	Leaf of Original Quire.
XVI.	1	301, 302	Repose of Mary		
	2	303, 304	Acts of Thomas		
	3	305, 306	Acts of Thomas		
	4	307, 308	Acts of Thomas		
	5	309, 310	Repose of Mary		
	6	311, 312	Repose of Mary		
	7	313, 314	Acts of Thomas		
	8	315, 316	Acts of Thomas		
	9	317, 318	Acts of Thomas		
	10	319, 320	Repose of Mary		
XVII.	1	321, 322	Syriac Apocrypha		
	2	323, 324	Acts of Thomas		
	3	325, 326	Acts of Thomas		
	4	327, 328	Acts of Thomas		
	5	329, 330	Syriac Apocrypha		
	6	331, 332	Syriac Apocrypha		
	7	333, 334	Acts of Thomas		
	8	335, 336	Acts of Thomas		
	9	337, 338	Acts of Thomas		
	10	339, 340	Syriac Apocrypha		
XVIII.	1	341, 342	Greek		
	2	343, 344	Greek		
	3	345, 346	Greek		
	4	347, 348	Greek		
	5	349, 350	Greek		
	6	351, 352	Greek		
	7	353, 354	Greek		
	8	355, 356	Greek		
	9	357, 358	Greek		
	10	359, 360	Greek		
	11	361, 362	Greek		
	12	363, 364	Greek		

TABLE B:

Shewing the relation of the primitive quires to the modern arrangement.

Ancient Quire and Leaf.		Contents.	Modern Quire and Leaf.	
I.	1	*	....	
	2	*	....	
	3	Matt. i. 1—17	IX.	2
	4	Matt. i. 17—ii. 15	VI.	6
	5	Matt. ii. 15—iii. 17	V.	2
	6	Matt. iii. 17—v. 1	V.	9
	7	Matt. v. 1—26	VI.	5
	8	Matt. v. 26—vi. 10	IX.	9
	9	Matt. vi. 10—vii.	....	
	10	Matt. vii. —viii. 3	....	
II.	1	Matt. viii. 3—30	I.	10
	2	Matt. viii. 30—ix. 23	VIII.	5
	3	Matt. ix. 23—x. 15	XII.	5
	4	Matt. x. 15—xi. 1	IV.	7
	5	Matt. xi. 1—30	X.	6
	6	Matt. xii. 1—31	X.	5
	7	Matt. xii. 31—xiii. 5	IV.	4
	8	Matt. xiii. 6—31	XII.	6
	9	Matt. xiii. 31—xiv. 1	VIII.	6
	10	Matt. xiv. 1—31	I.	1
III.	1	Matt. xiv. 31—xv. 27	III.	4
	2	Matt. xv. 27—xvi. 15	IV.	1
	3	Matt. xvi. 15—xvii. 11	....	
	4	Matt. xvii. 11—xviii. 8	VIII.	1
	5	Matt. xviii. 9—xix. 3	II.	7
	6	Matt. xix. 3—28	II.	4
	7	Matt. xix. 28—xx. 24	VIII.	10
	8	Matt. xx. 24—xxi. 20	....	
	9	Matt. xxi. 20—43	IV.	10
	10	Matt. xxi. 43—xxii. 27	III.	7

Ancient Quire and Leaf.		Contents.	Modern Quire and Leaf.	
IV.	1	Matt. xxii. 28—xxiii. 15	V.	5
	2	Matt. xxiii. 15—xxiv. 2	XIV.	5
	3	Matt. xxiv. 2—31	XII.	3
	4	Matt. xxiv. 31—xxv. 12	X.	10
	5	Matt. xxv. 12—37	VIII.	4
	6	Matt. xxv. 37—xxvi. 17	VIII.	7
	7	Matt. xxvi. 17—44	X.	1
	8	Matt. xxvi. 44—67	XII.	8
	9	Matt. xxvi. 67—xxvii. 19	XIV.	6
	10	Matt. xxvii. 20—47	V.	6
V.	1	Matt. xxvii. 47—xxviii. 7	XIV.	4
	2	Matt. xxviii. 7—Mark i. 12	....	
	3	Mark i. 12—44	III.	10
	4	Mark i. 44—ii. 21	....	
	5	Mark ii. 21—iii. 21	XI.	1
	6	Mark iii. 21—iv. 17	XI.	10
	7	Mark iv. 17—iv. 41	....	
	8	Mark iv. 41—v. 26	III.	1
	9	Mark v. 26—vi. 5	....	
	10	Mark vi. 5—28	XIV.	7
VI.	1	Mark vi. 28—54	VI.	3
	2	Mark vi. 54—vii. 23	III.	5
	3	Mark vii. 23—viii. 14	V.	1
	4	Mark viii. 14—38	X.	4
	5	Mark viii. 38—ix. 25	X.	7
	6	Mark ix. 25—x. 2	V.	10
	7	Mark x. 2—27	III.	6
	8	Mark x. 27—xi. 1	VI.	8
VII.	1	Mark xi. 1—27	III.	8
	2	Mark xi. 27—xii. 19	VII.	4
	3	Mark xii. 19—42	XV.	8
	4	Mark xii. 42—xiii. 23	V.	8
	5	Mark xiii. 24—xiv. 10	II.	2
	6	Mark xiv. 10—36	II.	9
	7	Mark xiv. 36—63	V.	3
	8	Mark xiv. 64—xv. 19	XV.	3
	9	Mark xv. 19—47	VII.	7
	10	Mark xvi. 1—Luke i. 16	III.	3

Ancient Quire and Leaf.		Contents.	Modern Quire and Leaf.	
VIII.	1	Luke i. 16—38	....	
	2	Luke i. 38—73	X.	2
	3	Luke i. 73—ii. 18	XIV.	8
	4	Luke ii. 18—40	VIII.	9
	5	Luke ii. 40—iii. 9	VI.	1
	6	Luke iii. 9—iv. 1	VI.	10
	7	Luke iv. 1—26	VIII.	2
	8	Luke iv. 26—v. 6	XIV.	3
	9	Luke v. 6—28	X.	9
	10	Luke v. 28—vi. 11	....	
IX.	1	Luke vi. 12—35	XI.	7
	2	Luke vi. 35—vii. 6	V.	7
	3	Luke vii. 7—28	XI.	3
	4	Luke vii. 28—viii. 1	I.	4
	5	Luke viii. 1—22	I.	2
	6	Luke viii. 22—40	I.	9
	7	Luke viii. 40—ix. 6	I.	7
	8	Luke ix. 6—27	XI.	8
	9	Luke ix. 27—49	V.	4
	10	Luke ix. 49—x. 11	XI.	4
X.	1	Luke x. 11—33	XIII.	2
	2	Luke x. 33—xi. 13	I.	5
	3	Luke xi. 13—32	VII.	3
	4	Luke xi. 32—52	VII.	6
	5	Luke xi. 52—xii. 21	XII.	1
	6	Luke xii. 21—42	XII.	10
	7	Luke xii. 42—xiii. 3	VII.	5
	8	Luke xiii. 3—22	VII.	8
	9	Luke xiii. 22—xiv. 5	I.	6
	10	Luke xiv. 5—23	XIII.	9
XI.	1	Luke xiv. 24—xv. 12	VI.	2
	2	Luke xv. 13—xvi. 2	IX.	1
	3	Luke xvi. 2—21	II.	3
	4	Luke xvi. 21—xvii. 9	IV.	3
	5	Luke xvii. 9—33	IX.	8
	6	Luke xvii. 33—xviii. 16	IX.	3
	7	Luke xviii. 17—40	IV.	8
	8	Luke xviii. 40—xix. 22	II.	8
	9	Luke xix. 22—45	IX.	10
	10	Luke xix. 45—xx. 21	VI.	9

Ancient Quire and Leaf.		Contents.	Modern Quire and Leaf.	
XII.	1	Luke xx. 21—44	III.	9
	2	Luke xx. 44—xxi. 23	XIII.	1
	3	Luke xxi. 23—xxii. 8	IX.	5
	4	Luke xxii. 8—34	IX.	7
	5	Luke xxii. 34—59	IV.	9
	6	Luke xxii. 59—xxiii. 14	IV.	2
	7	Luke xxiii. 14—38	IX.	4
	8	Luke xxiii. 38—xxiv. 5	IX.	6
	9	Luke xxiv. 5—26	XIII.	10
	10	Luke xxiv. 26—fin.	III.	2
XIII.	1	John i. 1—25	....	
	2	John i. 25—47	XI.	2
	3	John i. 47—ii. 15	....	
	4	John ii. 16—iii. 11	XIV.	10
	5	John iii. 11—31	X.	3
	6	John iii. 31—iv. 15	X.	8
	7	John iv. 15—37	XIV.	1
	8	John iv. 38—v. 6	....	
	9	John v. 6—	XI.	9
	10	John v. —46	....	
XIV.	1	John v. 46—vi. 19	VII.	2
	2	John vi. 20—44	XIII.	3
	3	John vi. 44—69	XIII.	5
	4	John vi. 69—vii. 21	XIII.	4
	5	John vii. 21—39	II.	6
	6	John vii. 39—viii. 21	II.	5
	7	John viii. 21—41	XIII.	7
	8	John viii. 41—ix. 1	XIII.	6
	9	John ix. 1—21	XIII.	8
	10	John ix. 21—x. 1	VII.	9
XV.	1	John x. 1—23	VIII.	3
	2	John x. 23—xi. 5	XI.	5
	3	John xi. 5—31	VI.	4
	4	John xi. 31—48	VII.	1
	5	John xi. 48—xii. 7	VII.	10
	6	John xii. 7—28	VI.	7
	7	John xii. 28—49	XI.	6
	8	John xii. 49—xiii. 18	VIII.	8

TABLE B.

Ancient Quire and Leaf.		Contents.	Modern Quire and Leaf.	
XVI.	1	John xiii. 19—38	II.	1
	2	John xiv. 1—24	I.	3
	3	John xiv. 24—xv. 15	XII.	7
	4	John xv. 15—xvi. 10	XII.	9
	5	John xvi. 10—32	XII.	2
	6	John xvi. 32—xvii. 20	XII.	4
	7	John xvii. 20—xviii. [24]	I.	8
	8	John xviii. 14—31	II.	10
XVII.	1	John xviii. 31—xix.	....	
	2	John xix. —	....	
	3	John xix. —40	....	
	4	John xix. 40—xx. 17	XIV.	2
	5	John xx. 17—xxi. 2	IV.	5
	6	John xxi. 2—17	IV.	6
	7	John xxi. 17—fin.	XIV.	9
	8	*	....	
	9	*	....	
	10	*	....	

(1) NOTES BY J. R. H.

The transcripts made by me on Mount Sinai have been verified, as far as possible, from Mrs Lewis' photographs. It often happens in the reading of a palimpsest, that the photograph of it will bring up some details of the faded writing with greater clearness than is attainable in direct reading. I have not, however, made any distinction between letters or words transcribed from the MS and those few additional details which may have been deciphered from the photograph.

Where the text shews some peculiarity of spelling, I have not thought it necessary to add a justifying note at every point; and I hope that as I have made a careful search for printers' errors, the results of which investigation are given in the table of errata, that the pages which I have printed may be taken as a true representation of what I read in the Codex.

I am much indebted to Mr Kennett for his assistance in reading the proof-sheets, and for many valuable suggestions.

S. MATTHEW

p. 5 *b* 19 (Mt iii 2) — I am very doubtful over the word ܩܕܒܬ. I printed it because I read it and took it to be a copyist's error for ܩܪܒܬ. But it is quite possible that a closer scrutiny of the passage will shew that the error is my own.

p. 8 *a* 2 (Mt iv 14) — A point should, I think, be added after ܢܒܝܐ, if one may judge from the photograph.

p. 8 *a* 15 (Mt iv 18) — Probably the missing word before ܡܨܕܬܗ is ܪܡܝܢ, but I cannot read it clearly enough to print it.

p. 18 — In many places of this page the writing has been scraped out with a knife.

p. 26 *a* 2 (Mt xi 18) — The text is clearly ܘܐܡܪܝܢ and not ܘܐܡܪܝܢ ܐܢܬܘܢ.

p. 35 *a* 9 (Mt xiv 3) — The spelling ܦܝܠܦܘܣ is not clear; it looks somewhat like ܦܠܠܦܘܣ; the whole of this page is hard to read, for it is covered with a diagram of painted circles, and the text can hardly be read unless the paint were washed off. The left-hand margin of the page is also much broken and a good many letters are carried away.

p. 36 — More of this page can be read by detaching the flap of the binding: but this I hesitated to do, for fear of damaging the book.

p. 37 *a* 2 (Mt xiv 32) — The word ܣܘܦܬ is not certain: probably it would have been better to 'star' the place. The letters ܣ and ܬ are, I think, right; and the word is not ܫܠܬ in my judgment, which is what one would have expected.

p. 40 — In the right-hand top corner there is a small hole in the vellum which has destroyed a couple of letters. In *v.* 12 after ܦܪ̈ܝܫܐ there is another small hole, but nothing is here lost, as far as I can see.

p. 54 *a* — There are some scribe's errors in this page: in Mt xxi 32 he reads ܗܡܢܬܘܢ for ܗܝܡܢܬܘܢ and lower down has ܕܬܗܡܢܘܢ for ܕܬܗܝܡܢܘܢ.

p. 56 *b* 2 (Mt xxii 19) — Two letters are lost, through a hole in the vellum.

S. MARK

p. 82 *a* 10 (Mk i 29) — We should have expected ܘܐܢܕܪܐܘܣ, but the word has evidently puzzled the scribe. The photograph shews some traces of the missing ܘ.

p. 91 *a* 15 (Mk v 5) — I am not quite clear over the word ܘܡܫܡܫܐ; probably it would have been better to put it in brackets.

p. 100 *b* 8 (Mk vii 18) — In the MS ܟܘܠ seems to be written ܒܘܠ.

p. 101 *a* 11 (Mk vii 26) — ܐܪܡܠܬܐ is, of course, a scribe's blunder for ܐܪܡܝܬܐ.

p. 121 *a* 6 (Mk xiii 25) — The missing word is probably ܘܢܦܘܠܘܢ; in fact I read all the letters except ܦ.

p. 123 *a* 5 (Mk xiv 11) — The MS is clear for ܦܠܐ.

p. 131 *a* 14 (Mk xvi 4) — The final yud in ܘܐܙܠܝ is quite clear in the MS.

p. 131 *b* (Mk xvi 7, 8) — It is very difficult in these verses to determine whether the feminine verbs have the final yud. My copy has in *v.* 8 ܥܪܩܝ and ܢܦܩܝ, but not ܐܙܠܝ; and in the last line after ܐܡܪ the MS shews what may be a mark of punctuation or a final yud. Probably it would have been better to mark the final letters with suspicion.

S. LUKE

p. 155 *b* 19, 20 (Lk vi 44)	I suspect that the ܐ in ܬܐܢܐ is absent from the text. In the same verse ܡܢ has dropped out before ܟܘ̈ܒܐ.
p. 156 *a* 9 (Lk vi 47)	ܐܚܘܟܘܢ *sic!*
p. 156 *a* 17 (Lk vi 48)	The ܝ at the end of ܕܫܬܐܣܘܗܝ is, I think, not in the MS; at all events, the photograph shews no sign of it, and it should probably be removed.
p. 160 *a* 23 (Lk vii 44)	ܚܙܬ; so, apparently, without a ܝ.
pp. 161, 162	These pages suffer from the loss of a large part of the margins, the leaf being much broken.
p. 166 *b* 2 (Lk ix 1)	The error ܚܝܠܐ for ܫܝܠܐ is curious; I print the MS, however, as it appears.
p. 169 *a* 17 (Lk ix 32)	The MS is clear for ܡܥܝܪܘ.
p. 169 *b* 10 (Lk ix 35)	We have probably printed ܗܢܐ by error for ܗܢܘ.
p. 170 *b* 7 (Lk ix 45)	I do not print ܕܟܣܝܐ, for there is no sign of ܝ in the MS.
p. 189 *a* 14 (Lk xiii 25)	ܬܪܥܐ is, I think, ܬܪܥܗ in the MS: at all events the last letter should be marked doubtful. In the same verse ܘܡܩܫܩܫܝܢ is not quite certain.
p. 190 *a* 11 (Lk xiii 32)	ܡܥܒܐ is in the MS.
p. 205 *b* 1 (Lk xviii 22)	ܘܬܥܡ *sic!*
p. 224 *b* 10 (Lk xxiii 8)	ܠܡܚܙܝܘܗܝ is quite clear in the MS.

S. JOHN

p. 289 *a* 19 (Jn xiii 22)	The form ܗܟܢ is peculiar, but I can make nothing else of it. I tested it with re-agent for ܗܟܡ but could not detect the letter I was in search of.
p. 291 *a* 4 (Jn xiv 1)	ܘܗ is the reading of the MS.
p. 291 *a* 20 (Jn xiv 5)	The scribe seems to have dropped the ܘ in ܐܘܪܚܐ.
p. 292 *a* 14 (Jn xiv 17)	I think I see traces of a point over ܗ in ܚܙܝܗ; indicating the feminine (ܪܘܚܐ).

p. 303 *b* 15 (Jn xviii 16) — A word appears to have been lost after ܥܠ; perhaps ܬܪܥܐ. In the same verse and in the next, we have twice ܢܛܪ where we should have expected a feminine.

p. 304 *b* 21 (Jn xviii 31) — The reading after ܕܢܡܘܣ is not quite clear. I incline to think that it is ܕܢܡܘܣܐ: it is, however, possible that the use of a re-agent would bring up ܕܢܡܘܣܟܘܢ.

p. 313 *a* 1 (Jn xx 17) — The feminine termination in ܙܠܝ is quite clear.

p. 313 *b* — The last line is illegible to me; and the last but one difficult; it is possible that ܘܡܩܒܠ is followed by ܐܢܐ: the suspicion is indicated by the addition of a star.

p. 315 *a* 15 (Jn xxi 5) — There is a little space after ܠܡܐܟܠܗ which appears to contain a couple of letters, and the application of a reagent brought up traces of the word ܒܗ. But I do not see the force of the word and have marked it with suspicion.

p. 316 *b* 15 (Jn xxi 16) — In the word ܝܬܒܘܢ, the last five letters are clear, and form a regularly spelt word; but there is a decided trace of another letter at the beginning, which can hardly be anything else than a yud. Accordingly I print it, but with some hesitation.

p. 316 *b* 24 (Jn xxi 17) — There is a small hole in the vellum which affects the reading of a couple of letters in the last line.

(2) NOTES BY F. C. B.

On the death of the late Professor Bensly two days after his return to England from Mount Sinai, the transcript of his share of the MS was handed over to me by his widow to prepare for publication. He had not had time to correct his work and many pages therefore were far from being in the state in which he would have wished his work to see the light. I have since carefully revised Professor Bensly's and my own transcripts from the photographs of the MS taken by Mrs Lewis, and by this means—especially by the photographs taken in 1893—I have been able to fill up in some measure many important blanks. In the cases where the text as printed differs from what Professor Bensly appears to have regarded as the reading of the MS, I have given his reading in the notes, but I have not here enumerated mere slips, nor the many minor additions of words or single lines gained from the photograph.

The pages read by both Professor Bensly and myself at Sinai, which were therefore revised from the MS itself, are signed with the initials of both of us without brackets, while those pages which have been deciphered from the photograph alone by me since our return from Sinai bear my initials in brackets. In certain cases where Professor Bensly had only time at Sinai to read a few words, but where I have been able to add a considerable number of lines from the photograph, the page bears Professor Bensly's initials in round brackets with mine in square brackets below.

In the notes which follow I have chiefly tried to indicate my belief that certain readings which might appear to be errors in that part of the edition for which I am responsible are really the readings of the MS. With regard to the suffixes of the Imperfect, it will suffice to say that while many examples of the ordinary form in ܢܗܝ are found in clean pages, all the irregular forms in ܘܗܝ and most of those in ܗܝ have been verified from the photograph.

I am very glad to have this opportunity of expressing my thanks to my friend the Rev. R. H. Kennett, who most kindly read through the proofs of the parts for which I am responsible. In not a few instances his accurate knowledge of Syriac led him to make suggestions which on examination of the photographs I have been able to accept as the reading of the MS.

S. MATTHEW

p. 2 *a* 6 (Mt i 2) ܘܐܚܘܗܝ] possibly my error for ܘܠܐܚܘܗܝ; the photograph is illegible.

p. 2 *a* 19, 20 (Mt i 6, 7) ܫܠܡܘܢ ... ܠܫܠܡܘܢ] *sic*

p. 4 *a* 6 (Mt ii 6) ܗܘܝܬ] *sic.*

p. 4 *b* 10 (Mt ii 12) ܠܗ ܗܪܘܕܣ] *sic.*

p. 9 *b* 2 (Mt v 11) ܢܗܘܡ] the word is more like ܢܗܘܝ; it is not ܢܗܘܘܢ, and it does not look like ܢܗܘܢ.

p. 11 *a* 15 (Mt v 31) ܕܕܘܠܐ] *sic*; photograph illegible.

p. 12 *a* 17, 18 (Mt v 48) ܐܝܟܢܐ is squeezed in between the lines by the original scribe.

p. 12 *a* 26 (Mt vi 2) ܢܫܒܚܡ] *sic.*

p. 20 *b* 17 (Mt ix 20) ܕܟܪ̈ܣܦܛܐ appears to have been originally written, and changed at once into ܕܟܪ̈ܣܦܛܗ.

p. 44 *b* 25 (Mt xviii 8) ܛܒ ܐܢ] the ܐܢ appears to have been washed out.

p. 50 *a* 6 (Mt xx 14) ܫܘܠ] there appears to be room for one letter only in the blot between the ܫ and the ܠ.

p. 50 *b* 19 (Mt xx 23) ܗܘܝ] changed by the original scribe into ܗܘܐ.

p. 60 *a* 2 (Mt xxiii 28) ܡܠܝܢ . .] in Prof. Bensly's transcript the line runs

ܡܠܝܢ ܢܟܠܐ ܘܡܣܒܐܘܬܐ . .

but with marks of doubt. In the photograph the left half of the line is illegible, but the word after ܡܠܝܢ looks to me more like ܢܟ[ܠܐ].

p. 70 *a* 14 (Mt xxvi 36) ܓܕܣܡܣܢ] *sic.*

p. 73 *a* 9 (Mt xxvi 69) ܓܠܝܠܐ] *sic.*

p. 74 *b* 13 (Mt xxvii 16) ܘܒܛܠ] *sic.*

p. 78 *a* 23 (Mt xxvii 65) ܩܣܛܘܕܝ] *sic.*

p. 78 *b* 1 (Mt xxvii 66) ܘܚܬܡܗ] *sic*, but the photograph is illegible.

p. 78 *b* 18 (Mt xxviii 5) ܬܕܚܠ . .] ܬܕܚܠܝܢ transcript; photograph illegible.

S. MARK

p. 86 *a* 24 (Mk iii 11) ܡܫܝܚܐܘܬܐ] *sic.*

p. 86 *b* 2 (Mk iii 12) ܢܓܠܘܢܗ] *sic.*

p. 86 *b* 5 (Mk iii 14) ܘܠܒܟܐ] this word appears to have been corrected in the MS.

p. 88 *b* 1 (Mk iv 11) ܝܗܒ] *sic.*

p. 95 *a* 21 (Mk vi 9) ܟܘܬܘܢܝܢ] *sic.*

p. 96 The signature ܠ is quite distinct in the photograph.

p. 97 *a* 7 (Mk vi 30) ܕܒܕܪ ܘܐܟܠ] *sic.*

p. 97 *b* 9 (Mk vi 36) ܕܚܕܪܪܝܢ] *sic*, but it is possible that the second ܪ was intended for a ܗ (the scribe having begun to write ܚܕܪܝܗܘܢ), and that the dot over it is a mark of deletion.

p. 105 *a* 12 (Mk ix 2) ܫܬ] *sic* transcript, probably through my mistake; photograph illegible.

p. 106 *a* 4 (Mk ix 12) ܠܐ] *sic.*

p. 111 *a* 6 (Mk x 29) ܕܟܠ] *sic.*

p. 112 *a* 8 (Mk x 40) ܠܐܚܪܝܢ] *sic.*

p. 115 *b* 7 (Mk xii 1) ܟܪܡܬܐ] ܪ added above the line by the scribe.

p. 118 *a* 21, 22 (Mk xii 34) ܘܐܢܫ ܘܬܘܒ] *sic.*

p. 127 *b* 1 (Mk xiv 70) ܕܓܠܝܠܐ] *sic.*

p. 129 *b* 4 (Mk xv 29) ܡܢܝܢܝܢ] *sic* transcript, but very probably my mistake for ܡܢܝܕܝܢ; photograph illegible.

p. 129 *b* 5 (Mk xv 29) ܐܘ] *sic*; photograph illegible.

p. 130 *a* 21 (Mk xv 40) ܕܚܘܡܝܢ] *sic.*

S. LUKE

p. 135 *b* 21 (Lk i 53) ܣܦܩܝܢ] or ܣܪܩܝܢ.

p. 136 *b* 1 (Lk i 65) ܘܬܫܒܚܗܘ] *sic.*

p. 137 *a* 17 (Lk i 79) ܬܫܗܪ] the only instance in this MS where ܪ seems clearly undotted.

p. 138 The greater part of this page has been read from the photograph only, but Prof. Bensly read *vv.* 12—14.

p. 140 *a* 5 (Lk ii 30) ܥܢܢܝ] the first ܢ is quite clear.

p. 140 *a* 20 (Lk ii 35) ܬܥܒܪܝܗ] *sic.*

p. 144 *b* 8, 9 (Lk iii 33) The half illegible line has been squeezed in by the original scribe.

p. 145 *a* 20 (Lk iv 6) ܡܫܠܡܝܢ] *sic* transcript; photograph illegible.

f 2

p. 145*a* 23 (Lk iv 6) · ܝܗܒ] there is certainly no letter between the ܗ and the ܒ but I cannot say whether there is a letter or not in the place of the asterisk.

p. 145*b* 4 (Lk iv 9) ܘܐܬܚܙܝܬܘܢ] *sic.*

p. 146*a* 5 (Lk iv 17) ܘܝܗܒ] *sic.*

p. 146*a* 10, 11, 13 (Lk iv 18) The variation in the suffixes is quite clear.

p. 147*a* 14 (Lk iv 29) ܠܗܪܢ] of this word ܠܗ is perfectly distinct; the third letter is either ܕ or ܪ, and there are fairly clear traces of the right-hand portion of the final ܢ

p. 148*a* 2 (Lk iv 40) ܡܣܝܪܒܐ] *sic* transcript, Professor Bensly not marking the reading as doubtful; the last letter is illegible in the photograph.

p. 148*b* 6 (Lk v 1) ܝܡܢܐ] *sic* transcript; photograph illegible.

p. 153*a* 1 (Lk vi 12) ܝܡܬܐ] *sic.*

p. 153*b* 5 (Lk vi 18) ܘܡܬܐܠܨܝܢ] *sic.*

p. 157*b* 12 (Lk vii 14, 15) The words ܩܘܡ and ܩܡ are too much spread out in the MS to admit of a whole word between them.

p. 158*b* 11 (Lk vii 25) ܘܡܫܩܝ̈ܪܐ] *sic.*

p. 168*b* 5 (Lk ix 23) ܒܐܬܪܝ] *sic.*

p. 171*a* 6 (Lk ix 50) It is possible that the line ending with ܠܘܩܒܠܟܘܢ was followed by a short line consisting of the word ܗܘ and a stop, but there is no indication of such an addition in Prof. Bensly's transcript, and the photograph is illegible.

p. 179*a* 19 (Lk xi 36) ܐܦ] *sic*; photograph illegible.

p. 179*b* 2 (Lk xi 37) ܘܥܕ] there is a stain over this word in the MS, but I could find no trace of the long stroke which I should have expected to be visible had the word been ܘܥܠ. All the letters in the next line are quite visible in the MS.

p. 179*b* 7 (Lk xi 39) ܠܒܪ] *sic.*

p. 180*a* 15 (Lk xi 46) ܕܐܠܦܣܝܡ] *sic.*

p. 181*a* 12 (Lk xii 1) ܢܕܥܘܢ] *sic.*

p. 181*b* 8 (Lk xii 5) ܐܢ] *sic.*

p. 181 *b* 10 (Lk xii 6) ܡܙܕܒܢ] ܟܕܪܐ Professor Bensly's transcript, but with an expression of doubt. The final ܢ is clear in the photograph of 1893.

p. 182 *b* 12 (Lk xii 18) The sign at the end is a flourish to fill up the line.

p. 185 *a* 5, 6 (Lk xii 43) ܒܐܬܐ is squeezed in between the lines by the original scribe.

p. 185 *b* 12 (Lk xii 49) ܕܢܓܒܐ] *sic.*

p. 186 *b* 14, 19, 21 (Lk xiii 1, 2) ܓܠܠܝܐ] *sic.*

p. 186 *b* 24 (Lk xiii 3) ܬܬܒܘܢ] *sic.*

p. 191 *b* 11 (Lk xiv 12) ܐܢܬ] expunged.

p. 195 *a* 12 (Lk xv 15) ܒܢ̈ܝ ܗܘ ܐܬܪܐ] *sic.*

p. 196 *a* 1 (Lk xv 23) ܘܐܝܬܘ] *sic.*

p. 201 *a* 1 (Lk xvii 9) ܕܦܩܝܕ] *sic.*

p. 202 *a* 8 (Lk xvii 23) ܬܪܗܛܘܢ] ܗ added above the line by the scribe.

p. 203 *a* 14 (Lk xvii 37) ܬܟܢܫܘܢ] *sic.*

p. 203 *b* 3 (Lk xviii 3) ܗܘܐ] *sic.*

p. 210 *b* 23 (Lk xix 44) ܕܣܘܥܪܢܟܝ] *sic.*

p. 212 *b* 3 (Lk xx 16) ܠܚܪ] *sic.*

p. 216 *a* 25 (Lk xxi 15) A flourish at the end as in Lk xii 18.

p. 217 *a* 6 (Lk xxi 24) ܕܫܘܪܒܐ] ܘ expunged by the scribe.

p. 217 *a* 15 (Lk xxi 25) ܘܪܘܥܠ] the ܠ at the end is quite distinct, and the disposition of the upper writing is such that the illegible letter can be hardly anything but ܪ.

p. 225 *b* 2 (Lk xxiii 21) ܙܩܘܦܝܗܝ ܙܩܘܦܗܝ] *sic.*

p. 228 *a* 8 (Lk xxiii 50) ܒܠܘܛܐ] *sic.*

p. 228 *b* 24 (Lk xxiv 4) The same flourish as in Lk xii 18 and xxi 15.

p. 229 *b* 12 (Lk xxiv 12) ܒܕܡ] *sic.*

p. 230 *a* 2 (Lk xxiv 16) ܐܚܝܕܝܢ ܗܘܝ] *sic.*

p. 230 *a* 3 (Lk xxiv 16) ܢܫܬܟܠܘܢܗܝ] *sic.*

S. JOHN

p. 236 *a* 14 (Jn i 39) — ܥܣܪ̈ܐ] *sic.*

p. 239 *b* 24 (Jn iii 2) — ܒܠܠܐ] *sic.*

p. 240 *b* 8 (Jn iii 8) — ܗ̈ܘ̈] expunged.

p. 241 *a* 14 (Jn iii 13) — ܡܢ] *sic.*

p. 242 *a* 7 (Jn iii 23) — ܢܘܢ] *sic.*

p. 243 *b* 4 (Jn iv 2) — ܒܠܣܘܕ] this word is doubtful. There is a smudge or erasure at the end of the line, and the first letter may be a ܒ. What is certain is the ܠ and a stroke following it which may be a ܝ or the first half of a ܫ.

p. 253 *a* 9 (Jn vi 1) — ܕܛܒܪܝܘܣ] *sic.*

p. 256 *b* 12 (Jn vi 40) and p. 257 *b* 16 (Jn vi 54) — ܘܐܩܝܡܝܘܗܝ] the spelling of this word is especially distinct even in the photograph.

p. 258 *a* 13 (Jn vi 60) — ܕܩܫܐ] *sic.*

p. 258 *b* 1 (Jn vi 63) — . . ܐ] the first letter of this word appears to be ܪ̇. The word does not look like ܪܘܚܐ; it is more like ܪܒܝܐ.

p. 260 *b* 24 (Jn vii 21) — ܠܚܝܒܘܢ] *sic.*

p. 267 *b* 16 (Jn viii 47) — *sic.*

p. 268 *b* 14 (Jn viii 57) — ܡܚܙܝܢ] *sic.*

p. 268 *b* 15 (Jn viii 57) — ܚܙܝܬ] the ܬ is in Professor Bensly's transcript; photograph illegible.

p. 269 *b* 9 (Jn ix 9) — Between ܕܐܡܪܝܢ and ܗܘܝܘ. there are marks which look somewhat like the letters ܒܪ.

p. 271 *b* and 272 *a* — The tops of these columns are lost through the MS being torn.

p. 273 *a* 7 (Jn x 3) — ܘܫܡܘܬܗ] the letters ܫܡ of this word are, as I have indicated, illegible; as however every letter of ܫܡܘܬܐ *ver.* 8 and all the letters of ܫܡܘܬܗ *ver.* 4 except the ܫ are clear even in the photograph, I have not hesitated to read ܘܫܡܘܬܗ instead of ܘܢܘܬܗ. (ܢܘܬܢ is assured in Jn x 26.)

p. 274 *b* 4, 5 (Jn x 18) ܕܐܣܝܡܝܗܝ ... ܐܫܩܠܝܗܝ] in each case the ܝ at the end is clear.

p. 274 *b* 18 (Jn x 21) ܕܕܝܘܐ] *sic.*

p. 275 *b* 18 (Jn x 33) ܘ ⁕ ܥܒܕ] the place corresponding to the asterisk is filled by two letters which look like ܥܠ. It is not impossible however from what is visible in the photograph that the scribe wrote ܥܒܕܥܒܕ by a dittography.

p. 275 *b* 19 (Jn x 33) ܐܠܗ.] there is clearly no ܐ after the ܗ.

p. 280 *b* 8 (Jn xi 45) ܠܘܬ ܡܪܝܡ] *sic.*

p. 280 *b* 11 (Jn xi 46) ܗܝܡܢܘܢ] *sic.*

p. 282 *a* 21 (Jn xii 3) ܕܠܝܛܪ] *sic.*

p. 283 *a* 7 (Jn xii 9) ܠܥܙܪ] *sic.*

p. 284 *a* 8 (Jn xii 20) ܗܘܐ] *sic.*

p. 284 *a* 15 (Jn xii 21) ܠܡܚܙܝܗ.] of this word the ܠ at the beginning and the ܗ and point at the end are quite distinct in the photograph: the ܡܚ is more covered by the upper writing. There hardly seems room however for two letters between the end of the ܚ and what is visible of the ܗ.

p. 285 *b* 18, 19 (Jn xii 36) The break here indicated is visible in the photograph, though the line preceding and the line following are illegible.

p. 286 *a* 7 (Jn xii 39) ܐܡܪ] *sic*, not ܕܐܡܪ.

p. 286 *a* 8 (Jn xii 40) ܥܝܢܗܘܢ] *sic*, not ܥܝܢܝܗܘܢ.

p. 288 *b* 7 (Jn xiii 15) ܕܘܝܬܘܢ] *sic.*

p. 288 *b* 10 (Jn xiii 16) ܐܡܪܢܐ is added above the line by the scribe.

p. 293 *b* 9 (Jn xiv 31) ܦܘܩܕܘ] the stroke at the end of this word is simply used to fill up the vacant space at the end of the line as in a few other places in this MS.

p. 295 *b* 23 (Jn xv 24) ܠܚܝܒܘܢ] *sic.*

p. 296 *b* 22 (Jn xvi 9) ܚ̈ܛܝܐ] *sic.*

p. 311 *a* 3 (Jn xix 40) ܣܘܕܪܬܐ] ܣܘܪܛܬܐ transcript.

p. 311 *a* 22 (Jn xx 1) ܕܡܥܪܬܐ] ܡܥܪܬܐ transcript, but with a mark of uncertainty.

p. 312 *b* 21 (Jn xx 16) — ܠܩܕܡ] the ܡ at the end of this word is not very clear.

p. 317 *a* 16 (Jn xxi 19) — . . . ܕ] the photograph is here blurred: if a certain mark be the top of a ܬ, the missing word may be ܢܫܬܘܕܐ; if however the mark be only an accidental stain, the word will be ܢܫܒܚ. A mark at the end of the blank space looks like the left-hand limb of a ܚ.

p. 318 *a* 18 (*Colophon*) — ܣܠܘܩܘܣ] the scribe appears to have misspelt this word, correcting it immediately.

p. 318 *b* — This column is occupied by 24 lines of illegible Estrangela writing (comp. Mrs Lewis' *Introduction*, p. xx). The words ܗܠܝܢ ܐܘܠܐ . . appear to begin the first line. The writing is certainly not that of the scribe who wrote the rest of the MS, being somewhat smaller, the pen moreover being differently held. It may however be of about the same date.

ERRATA.

p. 5 *b* 3	Mt ii 21	for	ܕܐܝܣܕܝܠ	read	ܕܐܝܣܪܝܠ
p. 5 *b* 6	Mt ii 22	„	ܗܪܘܕܝܣ	„	ܗܪܘܕܣ
p. 5 *b* 6	Mt ii 22	„	ܐܒܘܗ	„	ܐܒܘܗܝ

p. 18 *b* Mt viii 29 add a line of stars at the foot of the column.

p. 31 *a* 20	Mt xiii 11	for	ܪܡ	read	ܕܡ
p. 31 *b* 30	Mt xiii 19	„	ܪܐܙܕܪܥ	„	ܕܐܙܕܪܥ
p. 54 *b* 2	Mt xxi 36	„	ܗܘܒܬ	„	ܗܘܒܕܬ (sic !)
p. 63 *b* 28	Mt xxiv 45	„	ܦܪܢܣܗ	„	ܦܪܢܣܐ
p. 64 *b* 14	Mt xxv 8	„	ܠܡܦܪܝܢ	„	ܠܡܦܕܝܢ
p. 67 *a* 1	Mt xxv 37	„	ܝܗܬ	„	ܝܗ̈ܬ
p. 71 *a* 13	Mt xxvi 47	„	ܗܘܡܡܠܠ	„	ܗܘ ܡܡܠܠ
p. 71 *b* 15	Mt xxvi 53	„	ܐܒ	„	ܐܒ̈ܝ
p. 71 *b* 25	Mt xxvi 55	„	ܗܘܝ̇ܬ		ܗܘܝܬ
p. 73 *a* 21	Mt xxvi 73	„	ܡܢܗܘܢ	„	ܡܢܗܘܢ
p. 101 *b* 11	Mk vii 32	„	ܥܠܘܗ.	„	ܥܠܘܗܝ
p. 109 *b* 7	Mk x 13	„	ܘܟܐܘ ܠܗܘܢ	„	ܘܟܐܘ ܒܗܘܢ
p. 109 *b* 10, 11	Mk x 14	„	ܘܟܐܐ ܠܗܘܢ	„	ܘܟܐܐ ܒܗܘܢ
p. 110 *b* 7	Mk x 23	„	ܠܡܠܟܘܬܐ	„	ܠܡܠܟܘܬܗ
p. 110 *b* 14	Mk x 24	„	ܠܡܠܟܘܬܐ	„	ܠܡܠܟܘܬܗ
p. 111 *b* 27	Mk x 39	„	ܡܥܡܕܝܢ	„	ܡܥܡܕܝܢ
p. 118 *a* 10	Mk xii 32	„	ܐܚܪܢ	„	ܐܚܪܢ
p. 122 *a* 19	Mk xiv 3	„	ܕܢܪܕܝܢ	„	ܢܪܕܝܢ
p. 131 *b* 7	Mk xvi 8	„	ܘܐܙܠܝ	„	ܘܐܙܠ
p. 149 *a* 27	Lk v 11	„	ܐܠܝܢ	„	ܐܢܝܢ
p. 158 *b* 22	Lk vii 28	„	ܒܠܕܝ	„	ܒܝܠܕܝ
p. 174 *b* 13	Lk x 29	„	ܡܙܕܕܩ	„	ܡܙ̇ܕܕܩ
p. 189 *a* 14	Lk xiii 25	„	ܡܪܝܐ	„	ܡܪܝ̈ܗ
p. 215 *b* 8	Lk xxi 5	„	ܗܝܡܟܠܐ	„	ܗܝܟܠܐ
p. 258 *a* 4	Jn vi 58		ܠܥܠܡܐ	„	ܠܥܠܡܐ

ADDENDUM.

The later photograph (1893) corresponding to p. 10 having been accidentally misplaced, I did not see it until the sheet had already passed through the press. The following additional lines can be read by its aid (comp. p. 10, col. *b*, line 12).

Mt v 23 ܐܢ ܗܟܝܠ . . .
ܩܘܪܒܢܟ ܥܠ ܡܕܒܚܐ
ܘܬܡܢ ܬܬܥܗܕ . .
ܐܚܝܕ ܥܠܝܟ ܐܟܬܐ
24 ܫܒܘܩ ܬܡܢ ܥܠ
ܡܕܒܚܐ ܘܙܠ . .
ܐܬܪܥܝ ܥܡ ܐܚܘܟ
ܘܗܕܝܢ ܬܐ ܩܪܒ
25 ܩܘܪܒܢܟ ܗܘܝܬ
ܡܬܐܘܐ ܥܡ ܒܥܠܕܝܢܟ
ܒܥܓܠ ܥܕ . . .
ܒܐܘܪܚܐ . . .
. . . . . .
26 ܒܝܬ ܐܣܘܪܐ . .
. . . ܠܟ ܕܠܐ
″ . . ܡܢ ܬܡܢ ܥܕܡܐ

[F. C. B.]

ܟܬܒܐ ܕܬܘܠܕܬܗ ܕܝܫܘܥ· Mt 1 1
ܡܫܝܚܐ ܒܪܗ ܕܕܘܝܕ
ܒܪܗ ܕܐܒܪܗܡ ܐܒܪܗܡ 2
ܐܘܠܕ ܠܐܝܣܚܩ ܐܝܣܚܩ
ܐܘܠܕ ܠܝܥܩܘܒ· ܝܥܩܘܒ
ܐܘܠܕ ܠܝܗܘܕܐ ܘܠܐܚܘܗܝ
ܝܗܘܕܐ ܐܘܠܕ ܠܦܪܨ 3
ܘܠܙܪܚ ܡܢ ܬܡܪ ܦܪܨ
ܐܘܠܕ ܠܚܨܪܘܢ ܚܨܪܘܢ
ܐܘܠܕ ܠܐܪܡ ܐܪܡ 4
ܐܘܠܕ ܠܥܡܝܢܕܒ ܥܡܝܢܕܒ
ܐܘܠܕ ܠܢܚܫܘܢ ܢܚܫܘܢ
ܐܘܠܕ ܠܫܠܡܐ ܫܠܡܐ 5
ܐܘܠܕ ܠܒܘܥܙ ܡܢ ܪܚܒ
ܒܘܥܙ ܐܘܠܕ ܠܥܘܒܕ ܡܢ
ܪܥܘܬ ܥܘܒܕ ܐܘܠܕ
ܠܐܝܫܝ ܐܝܫܝ ܐܘܠܕ 6
ܠܕܘܝܕ ܡܠܟܐ ܕܘܝܕ
ܐܘܠܕ ܠܫܠܝܡܘܢ ܡܢ
ܐܢܬܬܗ ܕܐܘܪܝܐ ܫܠܝܡܘܢ 7
ܐܘܠܕ ܠܪܚܒܥܡ ܪܚܒܥܡ
ܐܘܠܕ ܠܐܒܝܐ ܐܒܝܐ
ܐܘܠܕ ܠܐܣܐ· ܐܣܐ 8
ܐܘܠܕ ܠܝܘܫܦܛ ܝܘܫܦܛ
ܐܘܠܕ ܠܝܘܪܡ ܝܘܪܡ
ܐܘܠܕ ܠܥܘܙܝܐ ܥܘܙܝܐ 9
ܐܘܠܕ ܠܝܘܬܡ. ܝܘܬܡ

ܐܘܠܕ ܠܐܚܙ ܐܚܙ Mt 1 9
ܐܘܠܕ ܠܚܙܩܝܐ. ܚܙܩܝܐ 10
ܐܘܠܕ ܠܡܢܫܐ ܡܢܫܐ
ܐܘܠܕ ܠܐܡܘܨ ܐܡܘܨ
ܐܘܠܕ ܠܝܘܫܝܐ ܝܘܫܝܐ 11
ܐܘܠܕ ܠܝܘܟܢܝܐ ܘܠܐܚܘܗܝ
ܒܓܠܘܬܐ ܕܒܒܠ ·̇·
ܡܢ ܒܬܪ ܓܠܘܬܐ ܕܝܢ 12
ܕܒܒܠ ܝܘܟܢܝܐ ܐܘܠܕ
ܠܫܠܬܐܝܠ ܫܠܬܐܝܠ
ܐܘܠܕ ܠܙܪܘܒܒܠ ܙܪܘܒܒܠ 13
ܐܘܠܕ ܠܐܒܝܘܕ ܐܒܝܘܕ
ܐܘܠܕ ܠܐܠܝܩܝܡ ܐܠܝܩܝܡ
ܐܘܠܕ ܠܥܙܘܪ· ܥܙܘܪ 14
ܐܘܠܕ ܠܨܕܘܩ ܨܕܘܩ
ܐܘܠܕ ܠܐܟܝܡ ܐܟܝܡ ܐܘܠܕ
ܠܐܠܝܘܕ· ܐܠܝܘܕ ܐܘܠܕ 15
ܠܐܠܝܥܙܪ ܐܠܝܥܙܪ ܐܘܠܕ
ܠܡܬܢ ܡܬܢ ܐܘܠܕ
ܠܝܥܩܘܒ. ܝܥܩܘܒ ܐܘܠܕ 16
ܠܝܘܣܦ ܝܘܣܦ ܕܡܟܝܪܐ
ܗܘܬ ܠܗ ܡܪܝܡ ܒܬܘܠܬܐ.
ܐܘܠܕ ܠܝܫܘܥ ܕܡܬܩܪܐ
ܡܫܝܚܐ ·̇· ·̇·
ܟܠܗܘܢ ܗܠܝܢ ܫܪܒܬܐ 17
ܡܢ ܐܒܪܗܡ ܥܕ ܕܘܝܕ
ܠܕܪܝܢ ܫܪ̈ܒܬܐ ܐܪܒܥܣܪܐ

Mt i 17 ܘܡܢ ܕܘܝܕ ܒܕܡܐ ܠܓܠܘܬܐ
ܕܒܒܠ ܫܪ̈ܒܬܐ ܐܪܒܥܣܪ̈ܐ
ܘܡܢ ܓܠܘܬܐ ܕܒܒܠ
ܒܕܡܐ ܠܡܫܝܚܐ
ܫܪ̈ܒܬܐ ܐܪܒܥܣܪ̈ܐ.

18 ܝܠܕܗ ܕܝܢ ܕܡܫܝܚܐ
ܗܟܢܐ ܗܘܐ ܟܕ ܡܟܝܪܐ
ܗܘܬ ܡܪܝܡ ܐܡܗ
ܠܝܘܣܦ ܟܕ ܠܐ ܢܬܩܪܒܘܢ
ܚܕ ܠܘܬ ܚܕ ܐܫܬܟܚܬ
ܒܛܢܐ ܡܢ ܪܘܚܐ ܕܩܘܕܫܐ
19 ܝܘܣܦ ܕܝܢ ܒܥܠܗ ܡܛܠ
ܕܟܐܢ ܗܘܐ ܠܐ ܨܒܐ
ܗܘܐ ܕܢܦܪܣܝܗ ܠܡܪܝܡ
ܘܐܬܪܥܝ ܕܒܫܠܝܐܝܬ
20 ܢܫܠܝܗ̇ ܟܕ ܗܠܝܢ ܕܝܢ
ܐܬܪܥܝ ܐܬܚܙܝ ܠܗ
ܡܠܐܟܐ ܕܡܪܝܐ ܒܚܠܡܐ
ܘܐܡܪ ܠܗ ܝܘܣܦ ܒܪܗ
ܕܕܘܝܕ ܠܐ ܬܕܚܠ ܠܡܣܒ.
ܠܡܪܝܡ ܐܢܬܬܟ ܗܘ
ܓܝܪ ܕ.ܬܬܝܠܕ ܡܢܗ
ܡܢ ܪܘܚܐ ܗܘ ܕܩܘܕܫܐ
21 ܬܐܠܕ ܠܟ ܕܝܢ ܒܪܐ
ܘܬܩܪܐ ܫܡܗ ܝܫܘܥ
ܗܘ ܓܝܪ ܢܚܝܘܗܝ ܠܥܡܗ
22 ܡܢ ܚܛ̈ܗܝܗܘܢ. ܗܕܐ

Mt i 22 ܕܝܢ ܕܗܘܬ ܕܢܬܡܠܐ
ܡܕܡ ܕܐܬܐܡܠܠ ܡܢ
ܡܪܝܐ ܒܐܫܥܝܐ ܢܒܝܐ
23 ܕܐܡܪ ܗܘܐ ܗܐ
ܒܬܘܠܬܐ ܬܒܛܢ ܘܬܐܠܕ
ܒܪܐ ܘܢܩܪܘܢ ܫܡܗ
ܥܡܢܘܐܝܠ ܕܡܬܪܓܡ
24 ܐܠܗܢ ܥܡܢ ܟܕ ܩܡ
ܕܝܢ ܝܘܣܦ ܡܢ ܫܢܬܗ
ܥܒܕ ܐܝܟ ܕܦܩܕ ܠܗ
ܡܠܐܟܐ ܕܡܪܝܐ ܘܢܣܒ
25 ܠܐܢܬܬܗ ܘܝܠܕܬ ܠܗ
ܒܪܐ ܘܩܪܐ ܫܡܗ ܝܫܘܥ

ii 1 ܘܟܕ ܐܬܝܠܕ ܝܫܘܥ ܒܒܝܬ
ܠܚܡ ܕܝܗܘܕܐ ܒܝܘ̈ܡܝ
ܗܪܘܕܣ ܡܠܟܐ ܗܘ̇ܐ
ܡ̈ܓܘܫܐ ܐܬܘ ܡܢ
2 ܡܕܢܚܐ ܠܐܘܪܫܠܡ ܘܐܡ̈ܪܘ
ܐܝܟܐ ܗܘ ܡܠܟܐ
ܕܝܗܘܕܝܐ ܕܐܬܝܠܕ
ܐܚܢܢ ܓܝܪ ܚܙܝܢ ܠܟܘܟܒܗ
ܡܢ ܡܕܢܚܐ ܘܐܬܝܢ
3 ܠܡܣܓܕ ܠܗ ܟܕ ܫܡܥ
ܕܝܢ ܗܪܘܕܣ ܡܠܟܐ
ܐܬܕܠܚ ܘܟܠܗ ܐܘܪܫܠܡ
4 ܥܡܗ ܘܟܢܫ ܟܠܗܘܢ ܪ̈ܒܝ
ܟܗܢܐ ܘܣܦܪ̈ܐ ܕܥܡܐ
ܘܐܡܪ ܠܗܘܢ ܕܐܝܟܐ

Mt ii 4, 5 ܡܬܝܠܕ ܡܫܝܚܐ. ܐܡܪܝܢ
ܠܗ ܒܝܬ ܠܚܡ ܕܝܗܘܕܐ.
ܗܟܢܐ ܓܝܪ ܟܬܝܒ
6 ܒܢܒܝܐ ܘܐܦ ܐܢܬܝ
ܒܝܬ ܠܚܡ ܕܝܗܘܕܐ
ܠܐ ܗܘܝܬ ܒܨܝܪܐ ܡܢ
ܡ̈ܠܟܐ ܕܝܗܘܕܐ ܡܢܟܝ
ܓܝܪ ܢܦܩ ܡܠܟܐ ܕܗܘ
ܢܪܥܝܘܢ ܠܥܡܝ ܐܝܣܪܐܝܠ
7 ܗܝܕܝܢ ܗܪܘܕܣ ܡܛܠܝܢܐܝܬ
ܩܪܐ ܠܗܘܢ ܠܡܓܘ̈ܫܐ
ܘܡܒܥܒܥ ܗܘܐ ܠܗܘܢ
ܙܒܢܐ ܒܐܝܢܐ ܙܒܢܐ
ܐܬܚܙܝ ܠܗܘܢ ܟܘܟܒܐ.
8 ܘܫܕܪ ܐܢܘܢ ܠܒܝܬ ܠܚܡ.
ܘܐܡܪ ܠܗܘܢ ܐܙܠܘ ܒܥܘ
ܥܠܘܗܝ ܥܠ ܛܠܝܐ. ܘܡܐ
ܕܐܫܟܚܬܘܢܝܗ ܬܘ
ܚܘܘܢܢܝ ܕܐܙܠ ܐܦ
9 ܐܢܐ ܐܣܓܘܕ ܠܗ ܗܢܘܢ
ܕܝܢ ܟܕ ܫܡܥܘ ܦܩܘܕܢܐ
ܕܡܠܟܐ ܐܙܠܘ ܘܐܬܚܙܝ
ܠܗܘܢ ܟܘܟܒܐ ܗܘ· ܕܚܙܘ
ܗܘܘ ܒܡܕܢܚܐ. ܐܙܠ
ܗܘܐ ܡܕܒܪ ܠܗܘܢ ܥܕܡܐ
ܕܐܬܐ ܩܡ ܐܬܪ ܕܗܘܐ
10 ܗܘܐ ܛܠܝܐ. ܗܢܘܢ ܕܝܢ

Mt ii 10 ܟܕ ܚܙܘܢܗ ܠܟܘܟܒܐ
ܚܕܘܬܐ ܪܒܬܐ ܚܕܝܘ
11 ܘܥܠܘ ܠܒܝܬܐ ܘܚܙܘܢܗ
ܠܛܠܝܐ ܥܡ ܡܪܝܡ
ܐܡܗ ܘܢܦܠܘ ܘܣܓܕܘ
ܠܗ. ܘܦܬܚܘ ܣܝܡܬܗܘܢ
ܘܩܪܒܘ ܠܗ ܩܘܪܒܢܐ
ܕܗܒܐ ܘܡܘܪܐ ܘܠܒܘܢܬܐ
12 ܘܐܬܚܙܝ ܠܗܘܢ ܒܚܠܡܐ
ܕܠܐ ܝܗܦܟܘܢ ܠܗ ܠܗܪܘܕܣ.
ܘܗܢܘܢ ܒܐܘܪܚܐ
ܐܚܪܬܐ ܐܙܠܘ ܠܐܬܪܗܘܢ
13 ܘܟܕ ܒܬܪܗܘܢ ܐܬܚܙܝ
ܠܝܘܣܦ ܡܠܐܟܐ ܕܡܪܝܐ
ܒܚܠܡܐ. ܘܐܡܪ ܠܗ
ܩܘܡ ܕܒܪ ܠܛܠܝܐ
ܘܠܐܡܗ ܘܥܪܘܩ
ܠܡܨܪܝܢ ܘܗܘܝܬ ܬܡܢ
ܥܕܡܐ ܕܐܡܪܢܐ ܠܟ
ܡܛܠ ܕܥܬܝܕ ܗܘ ܗܪܘܕܣ
ܠܡܒܥܝܗ ܠܛܠܝܐ ܐܘܒܕܐ
14 ܕܢܒܝܫܗܘܢ ܝܘܣܦ ܕܝܢ
ܩܡ ܕܒܪܗ ܠܛܠܝܐ
ܘܠܐܡܗ ܒܠܠܝܐ ܘܐܙܠ
15 ܠܗ ܠܡܨܪܝܢ. ܘܗܘܬ ܗܘܐ
ܬܡܢ ܥܕܡܐ ܕܡܝܬ ܗܪܘܕܣ
ܡܠܟܐ. ܕܢܬܡܠܐ ܡܕܡ
ܕܐܬܡܠܠ ܡܢ ܡܪܝܐ
ܒܦܘܡ ܐܫܥܝܐ ܢܒܝܐ.
ܕܐܡܪ ܗܘܐ ܡܢ ܡܨܪܝܢ

Mt ii 15 ܩܪܝܬ ܠܒܪܝ ܗܝܕܝܢ
16 ܗܪܘܕܣ ܟܕ ܚܙܐ
ܕܒܚܘ ܒܗ ܡܓܘܫܐ
ܐܬܚܡܬ ܠܚܕ ܘܫܕܪ
ܘܩܛܠ ܛܠܝܐ ܟܘܠ ܕܐܝܬ
ܒܒܝܬܠܚܡ. ܘܒܬܚܘܡܗ
ܡܢ ܒܪ ܬܪܬܝܢ ܫܢܝܢ
ܘܠܬܚܬ ܠܙܒܢܬܐ ܕܥܒܝܐ
ܕܐܡܪܘ ܠܗ ܡܓܘܫܐ
17 ܗܝܕܝܢ ܫܠܡܬ ܡܠܬܐ
ܕܐܡܪ ܗܘܐ ܐܪܡܝܐ
18 ܢܒܝܐ ܩܠܐ ܐܫܬܡܥ
ܒܪܡܬܐ ܐܠܝܐ ܘܒܟܝܐ
ܘܬܢܚܬܐ ܣܓܝܐܬܐ
ܘܠܐ ܪܚܝܠ ܕܒܟܝܐ
ܗܘܬ ܥܠ ܒܢܝܗ
ܘܠܐ ܨܒܝܐ ܗܘܬ
ܠܡܬܒܝܐܘ ܡܛܠ ܕܠܐ
ܐܝܬܝܗܘܢ ܀
19 ܟܕ ܡܝܬ ܕܝܢ ܗܪܘܕܣ
ܡܠܐܟܐ ܐܬܚܙܝ ܠܝܘܣܦ
ܒܡܨܪܝܢ ܡܠܐܟܐ
20 ܕܡܪܝܐ ܘܐܡܪ ܠܗ
ܒܚܠܡܐ ܩܘܡ ܫܩܘܠ
ܠܛܠܝܐ ܘܠܐܡܗ ܘܐܙܠ
ܠܐܪܥܐ ܕܐܝܣܪܝܠ
ܡܛܠ ܕܡܝܬܘ ܠܗܘܢ
ܗܘܢ ܕܒܥܝܢ ܗܘܘ
21 ܢܦܫܗ ܕܛܠܝܐ ܗܘ

Mt ii 21 ܕܝܢ ܩܡ ܫܩܠܗ ܠܛܠܝܐ
ܘܠܐܡܗ ܘܐܬܐ ܠܐܪܥܐ
22 ܕܐܝܣܪܝܠ ܟܕ ܫܡܥ
ܕܝܢ ܝܘܣܦ ܕܐܪܟܠܘܣ
ܗܘܐ ܡܠܟܐ ܒܝܗܘܕܬ
ܗܪܘܕܣ ܐܒܘܗ ܕܚܠ
ܠܡܐܙܠ ܠܬܡܢ ܘܐܬܚܙܝ
ܒܚܠܡܐ ܕܝܐܙܠ ܠܗ
23 ܠܐܬܪܐ ܕܓܠܝܠܐ ܘܐܬܐ
ܠܬܡܢ ܘܝܬܒ ܗܘܐ
ܒܡܕܝܢܬܐ ܕܡܬܩܪܝܐ
ܢܨܪܬ ܘܐܫܬܠܡܬ ܡܠܬܐ
ܕܐܡܪܝܐ ܒܢܒܝܐ
iii 1 ܕܢܨܪܝܐ ܢܬܩܪܐ. ܒܝܘܡܝܐ
ܗܢܘܢ ܐܬܐ ܝܘܚܢܢ
ܡܥܡܕܢܐ ܘܡܟܪܙ ܗܘܐ
ܒܡܕܒܪܐ ܕܝܗܘܕܐ.
2 ܘܐܡܪ ܗܘܐ ܕܬܘܒܘ
ܡܛܠ ܕܩܪܒܬ ܠܗ
ܡܠܟܘܬܐ ܕܫܡܝܐ.
3 ܗܢܐ ܕܐܬܐܡܪ ܥܠܘܗܝ
ܒܐܫܥܝܐ ܢܒܝܐ ܕܐܡܪ
ܗܘܐ ܕܦܢܝܢ ܐܘܪܚܐ
4 ܠܡܪܝܐ ܗܘ ܕܝܢ ܝܘܚܢܢ
ܠܒܫ ܗܘܐ ܠܒܘܫܐ ܕܣܥܪܐ
ܕܓܡܠܐ ܘܐܣܘܪ ܗܘܐ
ܒܚܨܘܗܝ ܒܪܨܘܬܐ
ܘܡܐܟܠܬܗ ܩܡܨܐ

Mt iii 4, 5 ܘܡܝܟܠܐ ܕܓܘܒܐ. ܗܝܕܝܢ
ܐܬܝܢ ܗܘܘ ܠܘܬܗ ܒܢܝ̈
ܐܘܪܫܠܡ ܘܟܠܗ ܝܗܘܕܐ
ܘܟܠܗ ܒܒܪܐ ܕܝܘܪܕܢ
6 ܢܗܪܐ ܘܡܬܥܡܕܝܢ ܗܘܐ
ܠܗܘܢ ܒܝܘܪܕܢ ܢܗܪܐ
ܟܕ ܡܘܕܝܢ ܗܘܘ ܐܢܫ
7 ܐܢܫ ܒܚܛܗܝܗܘܢ. ܟܕ
ܚܙܐ ܕܝܢ ܦܪܝܫܝܐ
ܕܐܬܝܢ ܠܡܥܡܘܕܝܬܗ ܡܢ
ܦܪ̈ܝܫܐ ܘܙܕܘܩܝܐ ܐܡܪ
ܠܗܘܢ ܝܠܕܐ ܕܐܟܕܢܐ
ܡܢܘ ܚܘܝ ܠܟܘܢ ܠܡܥܪܩ ܡܢ
ܪܘܓܙܐ ܕܥܬܝܕ ܠܡܐܬܐ
8 ܥܒܕܘ ܗܟܝܠ ܦܐܪܐ ܕܫܘܝܢ
9 ܠܬܝܒܘܬܐ ܘܠܐ ܬܐܡܪܘܢ
ܕܐܒܐ ܐܝܬ ܠܢ ܐܒܪܗܡ
ܐܡܪ ܐܢܐ ܠܟܘܢ ܓܝܪ
ܕܡܫܟܚ ܐܠܗܐ ܡܢ
ܗܠܝܢ ܟܐܦܐ ܠܡܩܡܘ ܒܢܝܐ
10 ܠܐܒܪܗܡ ܘܗܐ ܡܓܠܐ
ܠܗ ܢܪܓܐ ܥܠ ܥܩܪ̈ܝܗܘܢ
ܕܐܝܠܢܐ ܘܟܠ ܐܝܠܢܐ
ܕܦܐ̈ܪܐ ܠܐ ܥܒܕ
ܡܬܦܣܩ ܘܒܢܘܪܐ ܢܦܠ
11 ܐܢܐ ܕܝܢ ܡܥܡܕܢܐ
ܠܟܘܢ ܒܡܝܐ ܠܬܝܒܘܬܐ
ܗܘ ܕܝܢ ܐܢܐ ܕܐܬܐ

Mt iii 11 ܒܬܪܝ. ܪܒ ܗܘ ܡܢܝ.
ܐܢܐ ܕܠܐ ܫܘܐ
ܡܣܐܢܘܗܝ ܠܡܫܩܠ ܗܘ
ܢܥܡܕܟܘܢ ܒܢܘܪܐ ܘܒܪܘܚܐ
12 ܕܩܘܕܫܐ ܗܘ ܕܐܚܝܕ
ܪܦܫܐ ܒܐܝܕܗ ܘܡܕܟܐ
ܐܕܪܗ ܘܢ̈ܓܠܐ ܚܛܠ
ܒܐܘܨܪܗ ܘܬܒܢܐ
ܡܘܩܕ ܒܢܘܪܐ ܕܠܐ
ܕܥܟܐ ܀
13 ܗܝܕܝܢ ܐܬܐ ܝܫܘܥ ܡܢ
ܓܠܝܠܐ ܠܘܬ ܝܘܚܢܢ
ܕܝܥܡܕܝܘܗܝ ܒܝܘܪܕܢ
14 ܘܟܠܝܗ ܝܘܚܢܢ ܘܐܡܪ
ܠܗ ܐܢܐ ܨܪܝܟܐ ܕܐܢܬ
ܬܥܡܕܢܝ ܘܐܢܬ ܠܘܬܝ
15 ܐܬܬ ܥܢܐ ܝܫܘܥ
ܘܐܡܪ ܠܗ ܫܒܘܩ
ܕܗܫܐ ܡܝܠܠ ܕܗܟܢܐ
ܝܐܐ ܠܢ ܕܢܡܠܐ ܟܠܗ
ܟܐܢܘܬܐ ܗܝܕܝܢ ܫܒܩܗ
16 ܕܐܬܥܡܕ ܘܒܪ ܒܥܕ
ܘܣܠܩ ܡܢ ܡܝܐ ܘܗܐ
ܐܬܦܬܚܘ ܫܡܝܐ
ܘܚܙܐ ܪܘܚܐ ܕܐܠܗܐ
ܕܢܚܬܬ ܒܕܡܘܬܐ
ܕܝܘܢܐ ܘܫܪܬ ܥܠܘܗܝ
17 ܘܩܠܐ ܐܫܬܡܥ ܡܢ
ܫܡܝܐ ܕܐܡܪ ܠܗ
ܐܢܬ ܗܘ ܒܪܝ ܘܚܒܝܒܝ

Mt iv 7,8 ܠܡܪܝܐ ܐܠܗܟ. ܬܘܒ
ܕܒܪܗ ܣܛܢܐ ܘܐܣܩ
ܐܘܩܡܗ ܥܠ ܛܘܪܐ
ܐܝܢܐ ܕܛܒ ܪܡ
ܘܚܘܝܗ ܒܟܠܗܘܢ
ܡܠܟܘܬܐ ܕܥܠܡܐ ܗܢܐ
9 ܘܐܡܪ ܠܗ ܗܠܝܢ
ܡܠܟܘܬܐ ܘܫܘܒܚܝ̈ܗܘܢ
ܚܝܬ ܠܟ ܐܬܠ ܐܢܢ
ܐܢ ܬܦܠ ܬܣܓܘܕ ܠܝ
10 ܗܝܕܝܢ ܐܡܪ ܠܗ ܝܫܘܥ
ܐܠ ܠܒܣܬܪܟ ܣܛܢܐ
ܟܬܝܒ ܓܝܪ ܠܡܪܝܐ
ܐܠܗܟ ܬܣܓܘܕ ܘܠܗ
ܒܠܚܘܕܘܗܝ ܬܦܠܘܚ.
11 ܗܝܕܝܢ ܫܒܩ ܡܢ ܠܘܬܗ
ܢܣܝܘܢܐ ܥܕ ܙܒܢܐ
ܘܩܪܒܘ ܡܠܐܟܐ
ܘܡܫܡܫܝ̈ܢ ܗܘܘ ܠܗ
ܠܝܫܘܥ
12 ܘܟܕ ܫܡܥ ܕܝܢ ܕܝܘܚܢܢ
ܐܬܬܚܕ ܫܢܝ ܠܗ
13 ܠܓܠܝܠܐ ܘܫܒܩܗ ܠܢܨܪܬ
ܘܐܬܐ ܠܗ ܠܟܦܪܢܚܘܡ
ܗܝ ܕܐܝܬܝܗ ܥܠ ܓܢܒ
ܝܡܐ ܙܒܘܠܘܢ ܘܢܦܬܠܝ
14 ܕܬܬܡܠܐ ܡܠܬܐ

Mt iii 17 ܕܒܝ ܐܨܛܒܝܬ ○ ○
iv 1 ܗܝܕܝܢ ܝܫܘܥ ܐܬܕܒܪ ܡܢ
ܪܘܚܐ ܠܡܕܒܪܐ ܕܝܬܢܣܐ
2 ܡܢ ܐܟܠ ܩܪܨܐ. ܘܨܡ
ܒܬܪ ܐܪܒܥܝܢ ܝܘܡ̈ܝܢ
ܘܐܪܒܥܝܢ ܠܠܝ̈ܢ ܕܟܦܢ
3 ܗܘܐ. ܒܟܢ ܘܩܪܒ ܠܘܬܗ
ܢܣܝܘܢܐ ܘܐܡܪ ܠܗ ܐܢ
ܒܪܗ ܐܢܬ ܕܐܠܗܐ
ܐܡܪ ܠܗܠܝܢ ܟܐܦܐ ܕܝܗܘܘܢ
4 ܠܚܡܐ. ܥܢܐ ܝܫܘܥ
ܘܐܡܪ ܠܗ ܟܬܝܒ ܗܘ
ܕܠܐ ܒܠܚܡܐ ܒܠܚܘܕ
ܝܚܝܐ ܒܪ ܐܢܫܐ ܐܠܐ
ܒܟܠ ܡܠܝܢ ܕܢܦܩ ܡܢ
5 ܦܘܡܗ ܕܡܪܝܐ. ܗܝܕܝܢ
ܕܒܪܗ ܐܟܠ ܩܪܨܐ
ܘܐܬܝܗ ܠܡܕܝܢܬ ܩܘܕܫܐ
ܘܐܩܝܡܗ ܥܠ ܓܢܦܐ
6 ܕܗܝܟܠܐ. ܘܐܡܪ ܠܗ. ܐܢ
ܒܪܗ ܐܢܬ ܕܐܠܗܐ
ܦܠ ܡܢ ܗܪܟܐ ܟܬܝܒ
ܗܘ ܓܝܪ ܕܠܡܠܐܟܘܗܝ
ܢܦܩܕ ܥܠܝܟ ܕܝܛܪܘܢܟ
ܘܥܠ ܐܝܕܝܗܘܢ ܢܛܠܘܢܟ
ܕܠܐ ܬܬܩܠ ܒܪܓܠܟ
7 ܒܟܐܦܐ ܐܡܪ ܠܗ ܝܫܘܥ
ܟܬܝܒ ܗܘ ܕܠܐ ܬܢܣܐ

Mt iv 14 ܕܐܬܡܠܝܐ ܒܐܫܥܝܐ
15 ܢܒܝܐ ܕܐܡܪ ܐܪܥܐ
ܕܙܒܠܘܢ ܘܐܪܥܐ ܕܢܦܬܠܝ
ܐܘܪܚܐ ܕܝܡܐ ܘܒܥܒܪܗ
ܕܝܪܕܢ ܢܗܪܐ ܓܠܝܠܐ
16 ܕܥܡܡܝܐ ܥܡܐ ܕܝܬܒ
ܒܚܫܘܟܐ ܢܗܘܪܐ ܚܙܐ
ܘܕܝܬܒܝܢ ܒܐܬܪܐ
ܘܒܛܠܠܐ ܕܡܘܬܐ ܢܗܘܪܐ
17 ܕܢܚ ܥܠܝܗܘܢ ܡܢ ܗܕܝܢ
ܫܪܝ ܗܘܐ ܝܫܘܥ ܠܡܟܪܙܐ
ܘܐܡܪ ܕܩܪܒܬ ܠܗ
ܡܠܟܘܬܐ ܕܫܡܝܐ
18 ܘܐܟ . . . ܗܘܐ ܥܠ
. . ܣܦܬܗ ܕܝܡܐ
ܚܙܐ ܬ̈ܪܝܢ ܐܚܝܢ
ܫܡܥܘܢ ܘܐܢܕܪܝܐܣ
ܐܚܘܗܝ ܕܗ ܡܬܩܪܝܢ
ܡܨܝܕܬܗܘܢ ܘܪܡܝܢ ܗܘܘ
ܒܝܡܐ ܡܛܠ ܕܨܝܕܐ
19 ܗܘܘ ܕܢܘ̈ܢܐ ܐܡܪ ܠܗܘܢ
ܬܘ ܒܬܪܝ ܘܐܥܒܕܟܘܢ
20 ܨ̈ܝܕܐ ܕܒܢܝ ܐܢܫܐ ܗܢܘܢ
ܕܝܢ ܒܗ ܒܫܥܬܐ ܫܒܩܘ
ܡܨܝܕܬܗܘܢ ܘܐܬܘ
21 ܒܬܪܗ. ܘܥܒܪ ܬܘܒ.

Mt iv 21 ܘܚܙܐ ܬ̈ܪܝܢ ܐܚܝܢ
ܐܚܪ̈ܢܝܢ ܠܝܥܩܘܒ ܘܠܝܘܚܢܢ
ܟܕ ܝܬܒܝܢ ܒܣܦܝܢܬܐ.
ܥܡ ܙܒܕܝ ܐܒܘܗܘܢ
ܘܡܬܩܢܝܢ ܡܨܝܕܬܗܘܢ .
22 ܘܩܪܐ ܐܢܘܢ ܗܢܘܢ ܕܝܢ
ܫܒܩܘ ܠܐܒܘܗܘܢ
ܒܣܦܝܢܬܐ ܘܐܙܠܘ
23 ܒܬܪܗ ܘܡܬܟܪܟ
ܗܘܐ ܝܫܘܥ ܒܟܠܗ
ܓܠܝܠܐ ܘܡܠܦ ܗܘܐ
ܒܟܢܘ̈ܫܬܗܘܢ ܘܡܟܪܙ
ܗܘܐ ܣܒܪܬܐ ܕܡܠܟܘܬܐ
ܘܡܐܣܐ ܗܘܐ ܟܠ
ܟܐܒܐ ܘܟܠ ܟܘܪܗܢ
24 ܕܒܥܡܐ ܘܦܪܣܝܢ ܗܘܘ
ܠܗ ܣܘܪܝܐܐ ܕܡܝܬܝܢ
ܗܘܘ ܒܬܫܢܝܩܐ ܣ̈ܓܝܐܐ
ܘܒܟܪ̈ܗܢܐ ܣܓܝܐܐ ܘܟܠ
ܚܕ ܚܕ ܡܢܗܘܢ ܐܝܕܗ
ܐܣܐ ܗܘܐ ܘܠܟܠܗܘܢ
ܡܐܣܐ ܗܘܐ ⁘
25 ܘܒܬܪ ܗܘܐ ܟܢܫܐ ܣܓܝܐܐ.
ܕܡܢ ܓܠܝܠܐ ܘܡܢ ܒܥܣܪܬ
ܡܕܝܢܬܐ ܘܡܢ ܐܘܪܫܠܡ
ܘܡܢ ܝܗܘܕܐ ܘܡܢ
v 1 ܥܒܪܗ ܕܝܘܪܕܢ. ܟܕ
ܚܙܐ ܠܟܢܫܐ ܣܓܝܐܐ
ܣܠܩ ܠܗ ܠܛܘܪܐ ܘܟܕ

fol. 6 v (= 49 v). J. R. H.

Mt v 1 ܝܬܒ ܘܩܪܒܘ ܠܘܬܗ
2 ܬܠܡܝܕܘܗܝ ܘܫܪܝ ܠܡܐܡܪ.
ܠܗܘܢ ܀
3 ܛܘܒܝܗܘܢ ܠܡܣܟܢܝܐ
ܒܪܘܚܗܘܢ ܕܕܝܠܗܘܢ ܗܝ
ܡܠܟܘܬܐ ܕܫܡܝܐ ܆ ○
4 ܛܘܒܝܗܘܢ ܠܐܒ̈ܝܠܝܐ
ܕܗܢܘܢ ܡܬܒܐܝܘܢ ܀
5 ܛܘܒܝܗܘܢ ܠܡܟܝܟܝܐ
ܕܗܢܘܢ ܝܐܪܬܘܢ ܐܪܥܐ.
6 ܛܘܒܝܗܘܢ ܠܐܢܫܝܢ ܕܟܦܢܝܢ
ܘܨܗܝܢ ܠܟܐܢܘܬܐ ܕܗܢܘܢ
ܢܣܒܥܘܢ .
7 ܛܘܒܝܗܘܢ ܠܡܪ̈ܚܡܢܐ
ܕܥܠܝܗܘܢ ܢܗܘܘܢ ܪ̈ܚܡܐ.
8 ܛܘܒܝܗܘܢ ܠܐܢܫܝܢ ܕܕܟܝܢ
ܒܠܒܗܘܢ ܕܗܢܘܢ ܢܚܙܘܢ
ܠܐܠܗܐ ○ ○
9 ܛܘܒܝܗܘܢ ܠܥܒ̈ܕܝ ܫܠܡܐ
ܕܗܢܘܢ ܒܢܘܗܝ ܕܐܠܗܐ
ܢܬܩܪܘܢ ܀
10 ܛܘܒܝܗܘܢ ܠܐܢܫܝܢ
ܕܪ̈ܕܝܦܝܢ ܡܛܠ ܙܕܝܩܘܬܐ.
ܕܕܝܠܗܘܢ ܗܝ ܡܠܟܘܬܐ

Mt v 10 ܕܫܡܝܐ ܀
11 ܛܘܒܝܟܘܢ ܟܕ ܢܗܘܢ ܡܚܝܢ
ܠܟܘܢ ܒܢܝ ܐܢܫܐ ܘܪܕܦܝܢ
ܠܟܘܢ ܘܡܐ ܕܐܡܪܝܢ
ܥܠܝܟܘܢ ܕܒܝܫ ܡܛܠ
12 ܫܡܝ ܕܠܝ. ܐܢܬܘܢ ܕܝܢ
ܚܕܘ ܘܪܘܙܘ ܒܗܘ ܝܘܡܐ
ܕܐܓܪܟܘܢ ܣܓܝ ܗܘ
ܒܫܡܝܐ ܗܟܢܐ ܓܝܪ
ܪ̈ܕܦܝܢ ܗܘܘ ܐܒܗܬܗܘܢ
ܠܢܒܝܐ ܀
13 ܐܢܬܘܢ ܐܢܘܢ ܡܠܚܗ
ܕܐܪܥܐ ܐܢ ܡܠܚܐ
ܬܦܟܗ ܒܡܢܐ ܬܬܡܠܚ
ܠܡܕܡ ܠܐ ܐܝܠܐ ܐܠܐ
ܕܬܫܬܕܐ ܠܒܪ ܘܝܕܘܫܘܢ
ܕܝܫܡܝܢ ܠܗ ܒ̈ܢܝ ܐܢܫܐ.
14 ܐܢܬܘܢ ܐܢܘܢ ܢܗܘܪܗ
ܕܥܠܡܐ. ܘܠܐ ܡܫܟܚܐ
ܡܕܝܢܬܐ ܕܥܠ ܛܘܪܐ ܒܢܝܐ
15 ܕܬܛܫܐ ܘܠܐ ܐܢܫ ܡܢܗܪ
ܫܪܓܐ ܘܡܐܟܣ ܠܗ
ܬܚܝܬ ܣܐܬܐ ܐܠܐ
ܣܐܡ ܠܗ̈ ܠܥܠ ܡܢ
ܡܢܪܬܐ ܘܠܟܠ ܕܐܝܬ
16 ܒܒܝܬܐ ܡܢܗܪ. ܗܟܢܐ
ܢܢܗܪ ܢܘܗܪܟܘܢ ܠܩܕܡ

Mt v 16 ܒܢ̈ܝ ܐܢܫܐ ܕܢܚܙܘܢ
ܥܒ̈ܕܝܟܘܢ ܫܦܝܪ̈ܐ.
ܘܝܫܒܚܘܢ ܠܐܒܘܟܘܢ
ܕܒܫܡܝܐ ܀
17 ܠܐ ܬܣܒܪܘܢ ܕܐܬܝܬ
ܠܡܫܪܝܐ ܢܡܘܣܐ ܘܢܒ̈ܝܐ
ܠܐ ܐܬܝܬ ܕܐܫܪܝܐ
ܐܠܐ ܠܡܫܠܡܘ ܐܢܘܢ܇
18 ܐܡܝܢ ܓܝܪ ܐܡܪܢܐ ܠܟܘܢ܇
ܥܕܡܐ ܕܢܥܒܪܘܢ ܫܡܝܐ
ܘܐܪܥܐ. ܝܘܕ ܐܬܘܬܐ
ܚܕܐ ܠܐ ܬܥܒܪ ܡܢ
ܢܡܘܣܐ ܥܕܡܐ ܕܟܘܠ
19 ܢܗܘܐ ܘܡܢ ܕܝܫܪܐ ܚܕ
ܡܢ ܦܘܩ̈ܕܢܐ ܗ̈ܠܝܢ
ܙܥܘܪܝܐ ܘܝܠܦ ܗܟܢܐ
ܒܢܝ ܐܢܫܐ ܙܥܘܪܐ
ܬܬܩܪܐ ܒܡܠܟܘܬܐ ܕܫܡܝܐ
ܟܘܠ ܕܝܥܒܕ ܕܝܢ ܘܝܠܦ
ܗܟܢܐ ܗܢܐ . . .
ܬܝ . . . .
. 20
ܕܐܠܐ ܬܬܝܬܪ ܟܐܢܘܬܟܘܢ
ܡܢ . . . . .
. . . . . .
21 ܫܡܥܬܘܢ . . .

Mt v 21 ܠܩܕܡ̈ܝܐ ܠܐ ܬܩܛܠ
ܘܟܘܠ ܡܢ ܕܝܩܛܠ ܚܝܒ
22 ܒܕܝܢܐ. ܐܢܐ ܕܝܢ ܐܡܪܢܐ
ܠܟܘܢ ܕܟܘܠ ܡܢ ܕܪܓܙ ܥܠ
ܐܚܘܗܝ ܡܓܢܐ ܢܗܘܐ
ܚܝܒ ܒܕܝܢܐ ܘܟܘܠ
ܕܢܐܡܪ ܠܐܚܘܗܝ ܪܩܐ
ܚܝܒ ܗܘ ܒܟܢܘܫܬܐ.
ܘܡܢ ܕܢܐܡܪ ܠܐܚܘܗܝ
. . ܚܝܒ ܗܘ
ܠܓܗܢܐ ܕܢܘܪܐ
23 ܐܢ . . . . .
. . . . . .
. . . .
. . . . .
. . . . .
. . . .
. . . . .
. . .
. . . .
. . . . . .
. . . . . .
. . . . .
. . . . . .
. . . . .
. . . . .
. . . . .

fol. 7 v (= 55 r).

F. C. B.

Mt v 26 ܕܬܬܠ ܫܡܘܢܐ ܐܚܪܝܐ ܀
27 ܫܡܥܬܘܢ ܕܐܬܐܡܪ ܠܐ
28 ܬܓܘܪ ܐܢܐ ܕܝܢ ܐܡܪܢܐ
ܠܟܘܢ ܕܟܠ ܡܢ ܕܚܙܐ
ܐܢܬܬܐ ܘܪܓ ܠܗ .
29 ܓܪܗ ܒܠܒܗ ܐܢ ܕܝܢ
ܥܝܢܟ ܕܝܡܝܢܐ ܡܟܫܠܐ
ܠܟ ܚܨܝܗ ܫܕܝܗ
ܡܢܟ. ܦܩܚ ܠܟ ܓܝܪ
ܕܚܕ ܡܗܕܡܝܟ ܢܐܒܕ ܘܠܐ
ܟܘܠܗ ܦܓܪܟ ܢܐܙܠ
ܠܓܗܢܐ ܀
31 ܐܬܐܡܪ ܕܝܢ ܕܝܫܒܩ
ܐܢܬܬܗ ܝܬܠ ܠܗ
32 ܐܓܪܬܐ ܕܫܘܒܩܐ ܐܢܐ ܕܝܢ
ܐܡܪܢܐ ܠܟܘܢ ܕܡܢ ܕܫܪܐ
ܐܢ̈ܬܬܗ ܕܠܐ ܐܬܐܡܪ
ܒܠܒܗ ܓܘܪܐ ܗܘܐ
ܡܓܪܝ ܠܗ. ܘܡܢ ܕܢܣܒ
ܫܒܝܩܬܐ ܡܓܪ
ܓܐܪ ܀
33 ܫܡܥܬܘܢ ܕܐܬܐܡܪ ܕܠܐ
ܬܐܡܐ ܒܡܘܡܬ ܫܩܪܐ
ܐܠܐ ܬܬܠ ܠܡܪܝܐ ܡܘܡܬܐ
34 ܐܢܐ ܕܝܢ ܐܡܪܢܐ ܠܟܘܢ
ܕܠܡܐܡܘܢ ܠܐ ܬܐܡܘܢ:
ܠܐ ܒܫܡܝܐ ܕܟܘܪܣܝܗ

Mt v 34, 35 ܐܘܦ ܕܐܠܗܐ ܘܠܐ ܒܐܪܥܐ
ܕܒܘܫܐ ܗܝ ܬܚܘܬ
ܪ̈ܓܠܘܗܝ. ܘܠܐ ܒܐܘܪܫܠܡ
ܡܛܠ ܕܡܕܝܢܬܗ ܗܝ
36 ܕܡܠܟܐ ܪܒܐ. ܘܠܐ
ܒܪܫܟ ܬܐܡܐ. ܡܛܠ
ܕܠܐ ܡܫܟܚ ܐܢܬ
ܠܡܥܒܕ ܒܗ ܡܢܝܬܐ
ܚܕܐ ܕܣܥܪܐ ܐܘܟܡܬܐ
37 ܐܘ ܚܘܪܬܐ . ܐܠܐ
ܬܗܘܐ ܡܠܬܟܘܢ ܐܝܢ ܐܝܢ
ܘܠܐ ܠܐ. ܡܕܡ ܕܡܢ ܗܠܝܢ
ܝܬܝܪ ܡܢ ܒܝܫܐ ܗܘ ܀
38 ܫܡܥܬܘܢ ܕܐܬܐܡܪ ܕܥܝܢܐ
ܚܠܦ ܥܝܢܐ. ܘܫܢܐ
39 ܚܠܦ ܫܢܐ. ܐܢܐ ܕܝܢ
ܐܡܪܢܐ ܠܟܘܢ ܕܠܐ
ܬܩܘܡܘܢ ܠܩܒܠ ܒܝܫܐ.
ܐܠܐ ܡܢ ܕܡܚܐ ܠܟ
ܥܠ ܦܟܟ ܩܪܒ ܠܗ
40 ܐܚܪܢܐ. ܘܡܢ ܕܒܥܐ ܕܢܕܘܢ
ܥܡܟ ܘܠܡܣܒ ܟܘܬܝܢܟ
ܫܒܘܩ ܠܗ ܐܦ ܡܪܛܘܛܟ.
41 ܡܢ ܕܡܫܚܪ ܠܟ ܕܬܐܙܠ
ܥܡܗ ܡܝܠ ܐܙܠ ܥܡܗ
42 ܬܘܒ ܬܪ̈ܝܢ ܐܚܪܢܝܢ. ܘܡܢ
ܕܫܐܠ ܠܟ ܗܒ ܠܗ. ܘܡܢ
ܕܒܥܐ ܠܡܐܙܦ ܡܢܟ ܠܐ
ܬܟܠܝܘܗܝ ܘ ܀ ܀ ܘ

Mt v 43 ܫܡܥܬܘܢ ܕܐܬܐܡܪ
ܕܬܪܚܡ ܠܩܪܝܒܟ
44 ܘܬܣܢܐ ܠܒܥܠܕܒܒܟ. ܐܢܐ
ܕܝܢ ܐܡܪ ܐܢܐ ܠܟܘܢ
ܪ̈ܚܡܘ ܠܒܥܠܕܒܒܝܟܘܢ܆
ܘܨܠܘ ܥܠ ܐܝܠܝܢ ܕܪ̈ܕܦܝܢ
45 ܠܟܘܢ܆ ܐܝܟܢܐ ܕܬܗܘܘܢ
ܒܢ̈ܘܗܝ ܕܐܒܘܟܘܢ
ܕܒܫܡܝܐ ܗܘ ܕܡܕܢܚ
ܫܡܫܗ ܥܠ ܛ̈ܒܐ ܘܥܠ
ܒܝ̈ܫܐ. ܘܡܚܬ ܡܛܪܗ
ܥܠ ܙܕ̈ܝܩܐ ܘܥܠ ܥ̈ܘܠܐ.
46 ܐܢ ܓܝܪ ܬܪܚܡܘܢ ܐܝܠܝܢ
ܕܪܚܡܝܢ ܠܟܘܢ ܡܢܘ
(47) ܐܓܪܟܘܢ ܐܦ ܡܟ̈ܣܐ
48 ܗܟܢܐ ܥܒܕܝܢ. ܗܘܘ
ܗܟܝܠ ܐܢܬܘܢ ܓܡܝܪ̈ܐ
ܐܝܟܢܐ
ܕܐܒܘܟܘܢ ܕܒܫܡܝܐ ܓܡܝܪ
vi 1 ܗܘ. ܘܠܐ ܬܥܒܕܘܢ
ܙܕܩܬܟܘܢ ܠܩܕܡ ܒ̈ܢܝ ܐܢܫܐ
ܐܝܟ ܕܬܬܚܙܘܢ ܠܗܘܢ
ܕܠܐ ܐܓܪܐ ܠܝܬ ܠܟܘܢ ܠܘܬ
2 ܐܒܘܟܘܢ ܕܒܫܡܝܐ ܗܘ
ܕܒܥܒܕ ܐܢܬ ܙܕܩܬܐ ܠܐ
ܬܩܪܐ ܩܪܢܐ ܩܕܡܝܟ
ܐܝܟ ܕܥܒܕܝܢ ܢܣܒܝ
ܒܐ̈ܦܐ ܒܟܢܘ̈ܫܬܐ.

Mt vi 2 ܘܒܫܘ̈ܩܐ. ܕܢܫܬܒܚܘܢ
ܡܢ ܒ̈ܢܝ ܐܢܫܐ ܐܡܝܢ
ܐܡܪܢܐ ܠܟܘܢ ܕܩܒܠܘ
3 ܐܓܪܗܘܢ܆ ܐܢܬ ܕܝܢ ܡܐ
ܕܥܒܕ ܐܢܬ ܙܕܩܬܐ.
ܣܡܠܟ ܠܐ ܬܕܥ ܡܐ
4 ܥܒܕܐ. ܝܡܝܢܟ ܕܬܗܘܐ
ܙܕܩܬܟ ܒܛܘܫܝܐ.
ܘܐܒܐ ܕܚܙܐ ܒܛܘܫܝܐ
6 ܢܦܪܥܢܟ ܒܓܠܝܐ. ܐܢܬ
ܕܝܢ ܡܐ ܕܡ̈ܨܠܐ ܐܢܬ
ܥܘܠ ܠܟ ܠܬܘܢܐ ܘܐܚܘܕ
ܬܪܥܐ ܘܨܠܐ ܠܐܒܘܟ
ܒ̇ܛܘܫܝܐ ܘܐܒܘܟ ܕܚܙܐ
ܒܛܘܫܝܐ ܗܘ ܢܦܪܥܢܟ
7 ܘܡܐ ܕܡܨܠܝܢ ܐܢܬܘܢ ܠܐ
ܬܗܘܘܢ ܐܡܪ̈ܝܢ ܒܛܠܠܬܐ.
ܐܝܟܢܐ ܕܥ̈ܡܡܐ ܕܡܣܒܪܝܢ
ܕܒܡܡܠܠܐ ܗܘ ܫܡܝܥܐ.
8 ܡܫܬܡܥܝܢ ܠܐ ܗܟܝܠ
ܬܬܕܡܘܢ ܠܗܘܢ . ܝܕܥ
ܗܘ ܓܝܪ ܐܒܘܟܘܢ ܡܐ
ܐܢܬܘܢ ܠܐ ܬܫܐܠܘܢܗ
ܡܢܐ ܡܬܒܥܐ ܠܟܘܢ
9 ܐܢܬܘܢ ܗܟܝܠ ܗܟܢܐ
ܗܘܝܬܘܢ ܡܨܠܝܢ ܀
ܐܒܘܢ ܕܒܫܡܝܐ ܝܬܩܕܫ
10 ܫܡܟ. ܘܬܐܬܐ

[*Lost*]

fol. 9.

[*Lost*]

fol. 9.

[*Lost*]

fol. 10.

[*Lost*]

fol. 10.

Mt viii 3 ܐܝܕܗ ܡܪܢ ܘܩܪܒ
ܠܗ ܘܐܡܪ ܠܗ ܨܒܐ ܐܢܐ
ܐܬܕܟܐ ܘܗܘܐ ܒܫܥܬܐ
ܐܬܕܟܝ ܡܢܗ ܓܪܒܐ
4 ܐܡܪ ܠܗ ܡܪܢ ܕܠܡܐ
ܠܐܢܫ ܐܡܪ ܐܢܬ ܐܠܐ
ܐܙܠ ܚܘܐ ܢܦܫܟ ܠܟܗܢܐ
ܘܩܪܒ ܩܘܪܒܢܐ ܐܝܟ
ܕܦܩܕ ܡܘܫܐ ܕܬܗܘܐ
ܠܗܘܢ ܠܣܗܕܘܬܐ
5 ܒܬܪ ܗܠܝܢ ܩܪܒ ܠܗ
ܩܠܝܪܒܐ . . ܗܘܐ
6 ܡܢܗ ܘܐܡܪ ܒܒܥܝ.
ܡܫܪܝ ܘܪܡܐ ܒܒܝܬܐ
7 ܒܬܫܢܝܩܐ ܪܒܐ ܐܡܪ
ܠܗ ܐܢܐ ܐܬܐ . . .
8 ܥܢܐ ܗܘ ܩܠܝܪܒܐ ܘܐܡܪ
ܠܗ ܡܪܝ ܠܐ ܫܘܐ ܐܢܐ
ܕܬܥܘܠ ܬܚܝܬ ܡܛܠܠܝ
ܐܠܐ ܐܡܪ ܒܡܠܬܐ
ܘܬܐܣܐ ܛܠܝܝ ܐܦ
9 ܐܢܐ ܓܝܪ ܓܒܪܐ ܐܢܐ
ܕܐܝܬ ܠܝ ܫܠܛܢܐ
ܘܐܣܛܪܛܝܘܛܐ ܐܝܬ ܬܚܝܬ
ܐܝܕܝ. ܘܐܡܪ ܐܢܐ ܠܗܢܐ
. . . .

Mt viii 9 ܐܚܪܢܐ ܕܬܐ ܘܐܬܐ
ܘܠܥܒܕܝ ܐܡܪܐܢܐ ܕܥܒܕ
10 ܘܥܒܕ ܘܟܕ ܫܡܥ ܕܝܢ
ܡܪܢ ܐܬܕܡܪ ܘܐܡܪ
ܠܐܝܠܝܢ ܕܐܬܝܢ ܒܬܪܗ
ܐܡܝܢ ܐܡܪܢܐ ܠܟܘܢ
ܕܐܦܠܐ ܐܝܟ ܗܕܐ
ܗܝܡܢܘܬܐ ܐܫܟܚܬ ܒܝܬ
11 ܐܣܪܐܝܠ ܐܡܪܢܐ ܠܟܘܢ
ܕ . . ܢܐܬܘܢ ܡܢ
ܡܕܢܚܐ ܘܡܢ ܡܥܪܒܐ
ܘܝܬܡܟܢܘܢ ܥܡ ܐܒܪܗܡ
ܘܐܝܣܚܩ ܘܝܥܩܘܒ
ܒܡܠܟܘܬܐ ܕܫܡܝܐ
12 . . ܡܠܟܘܬܐ ܢܦܩܘܢ
ܠܚܫܘܟܐ ܒܪܝܐ ܬܡܢ
ܢܗܘܐ ܒܟܝܐ ܘܚܪܘܩ
13 ܫܢܐ ܗܝܕܝܢ ܐܡܪ ܡܪܢ
ܠܩܠܝܪܒܐ ܗܘ ܐܙܠ ܐܝܟܢܐ
ܕܗܝܡܢܬ ܢܗܘܐ ܠܟ
ܘܗܘ ܒܫܥܬܐ ܐܬܐܣܝ
ܛܠܝܗ ܀
14 ܘܐܬܐ ܝܫܘܥ ܠܒܝܬܗ
ܕܫܡܥܘܢ ܟܐܦܐ ܘܚܙܐ
ܠܚܡܬܗ ܕܪܡܝܐ ܘܐܚܕܐ
15 ܠܗ ܐܫܬܐ. ܘܩܪܒ
ܠܐܝܕܗ ܘܗܘܐ ܒܫܥܬܐ

Mt viii 15 ܫܒܩܬܗ ܐܫܬܐ ܘܩܡܬ
ܘܫܡܫܐ ܗܘܬ ܠܗܘܢ܀
16 ܡܚܣܪ . . . ܕܝܢ
ܩܪܒܘ ܠܗ ܟܠܗܘܢ ܐܝܠܝܢ
ܕܐܝܬ ܗܘܐ ܠܗܘܢ ܒܝܫܐ
ܘܐܣܒ ܐܢܘܢ ܒܡܠܬܐ
ܘܐܝܠܝܢ ܕ . . . . . .
17 ܐܝܟ ܐܢܘܢ ܕܝܬܡܠܐ
ܡܕܡ ܕܐܬܐܡܪ ܒܐܫܥܝܐ
ܕܐܡܪ ܗܘܐ ܕܗܘ ܢܣܒ
ܡܪ̈ܥܝܢ ܘܫܩܘܠ ܟܐܒ̈ܝܢ
18 ܟܕ ܚܙܐ ܕܝܢ ܡܪܢ ܟܢܫܐ
ܣܓܝܐܐ ܕܚܕܪ ܠܗ ܦܩܕ
ܕܝܐܙܠܘܢ ܠܗܘܢ ܠܥܒܪܐ
19 ܕܠܗܠ ܘܩܪܒ ܣܦܪܐ ܚܕ
ܘܐܡܪ ܠܗ ܪܒܝ ܐܬܐ
ܒܬܪܟ ܠܐܬܪ ܕܐܙܠ
20 ܐܢܬ. ܐܡܪ ܡܪܢ ܠܬܥܠܝܐ
ܢܩ̈ܒܝܢ ܐܝܬ ܠܗܘܢ
ܘܠܦܪܚܬܐ ܕܫܡܝܐ
ܡܛܠܠܐ. ܘܠܒܪܗ ܕܐܢܫܐ
ܠܝܬ ܠܗ ܐܬܪ ܕܝܣܡܘܟ
21 ܪܝܫܗ ܐܚܪܢܐ ܕܝܢ ܡܢ
ܬܠܡܝܕܘܗܝ ܐܡܪ ܠܗ
ܐܦܣ ܠܝ ܠܩܘܕܡ ܐܙܠ
ܐܩܒܘܪ ܠܐܒܝ ܘܐܬܐ
22 ܐܡܪ ܠܗ ܫܒܘܩ ܡܝ̈ܬܐ
ܩܒܪܝܢ ܡܝܬܝܗܘܢ
. . ܬܐ ܒܬܪܝ . . . .
23 ܘܣܠܩ . . . . . .

Mt viii 23 ܘܬܠܡܝܕܘܗܝ ܐܬܝܢ ܗܘܘ
24 ܒܬܪܗ ܘܗܘܐ ܡܙܝܥܘܠܐ
ܒ . . . . ܘܩܪܒܐ
ܗܘܬ ܠܡܬܛܡܫܐ ܒܓ̈ܠܠܐ.
ܗܘ ܕܝܢ ܕܡܟ ܗܘܐ
25 ܘܩܪܒܘ . . . .
ܘܐܒܝܪܘܗܝ . . . ܠܗ
ܡܪܢ ܐܝܢ ܡܛܠ ܕܗܐ
26 ܐܒܕܝܢ ܐܢܚܢܢ ܐܡܪ
. . . . . .
ܠܡܢܐ ܕܚܠܬܝܢ ܐܢܬܘܢ
ܗܝܕܝܢ ܩܡ ܘܟܐܐ
ܒܪܘܚܐ ܘܒܝܡܐ ܘܗܘܐ
27 ܫܠܝܐ ܪܒܐ ܗܢܘܢ ܕܝܢ
ܐܢܫܐ ܬܡܝܗܝܢ ܗܘܘ
ܘܐܡܪܝܢ . . . ܗܢܐ
ܕܝܡܐ ܘܪܘܚܐ ܡܫܬܡܥܝܢ
ܠܗ ◦ ◦
28 ܘܟܕ ܐܬܐ ܠܐܬܪܐ ܕܓܕܪ̈ܝܐ
ܦܓܥܘ ܒܗ ܬܪܝܢ ܓܒܪܝܢ
. . . . . .
ܫܐܕܐ ܘܒܝܫܐ ܗܘܘ ܛܒ
. . . . . .
ܕܠܐ ܐܢܫ ܡܫܟܚ
ܗܘܐ. ܠܡܥܒܪ ܒܗܝ ܐܘܪܚܐ
29 . . . . . .
. . . ܡܢܐ ܠܝ ܘܠܟ .
. . . ܕܐܠܗܐ. ܐܬܝܬ

Mt viii 30 ܪܚܝܩܐ ܗܘܬ ܠܗܠ ܡܢܗܘܢ
31 ܘܒܥܝܢ ܗܘܘ ܡܢܗ ܗܢܘܢ
ܫܐ̈ܕܐ ܘܐܡܪܝܢ ܐܢ
ܡܦܩ ܐܢܬ ܠܢ ܫܕܪܝܢ
ܠܡܪܥܝܬܐ ܗܝ ܕܚܙܝܪܐ
32 ܐܡܪ ܠܗܘܢ ܐܙܠܘ. ܗܢܘܢ ܕܝܢ
ܢܦܩܘ ܘܥܠܘ ܒܚܙܝܪ̈ܐ
ܘܪܗܛܬ ܗܝ ܒܟܠܗ
ܡܪܥܝܬܐ ܠܩܘܒܠܐ ܘܢܦܠܘ
33 ܠܝܡܐ ܡܝܐ ܘܥܪܩܘ ܪܥܘ̈ܬܐ
ܘܥܠܘ ܠܡܕܝܢܬܐ ܘܐܫܬܥܝܘ
ܟܠ . . . ܗܠܝܢ
34 ܕܫܐ̈ܕܐ . . . .
ܟܠܗ ܡܕܝܢܬܐ . . .
ܕ . . . . . .
. . . . . .
ܠܗ . . . . .
. . . . . .
. . . . . .
. . . . . .
. . . . . .
. . . . .
. . . . .
. . . . . .
. . . . . .
. . . . . .
. . . . . .
. . . . . .
. . . . . .
. . . . . .

Mt ix 5 ܐܝܢܐ ܦܫܝܛܐ ܠܡܐܡܪ
ܕܫܒܝܩܝܢ ܠܟ ܚܛܗ̈ܝܟ.
ܐܘ ܠܡܐܡܪ ܕܩܘܡ ܗܠܟ
6 ܕܬܕܥܘܢ ܕܝܢ ܕܫܠܝܛ ܗܘ
ܒܪܗ ܕܐܢܫܐ ܥܠ ܐܪܥܐ
ܠܡܫܒܩ ܚܛܗ̈ܐ ܗܝܕܝܢ
ܐܡܪ ܠܗܘ ܡܫܪܝܐ ܩܘܡ
ܫܩܘܠ ܥܪܣܟ ܘܐܙܠ
7 ܠܒܝܬܟ ܘܩܡ ܫܩܠ
ܥܪܣܗ ܘܐܙܠ ܠܒܝܬܗ
8 ܘܟܕ ܚܙܘ ܟܢܫ̈ܐ ܕܚܠܘ
ܘܡܫܒܚܝܢ ܗܘܘ ܠܐܠܗܐ
ܕܝܗܒ ܗܟܐ ܫܘܠܛܢܐ
ܠܒ̈ܢܝ ܐܢܫܐ ܀
9 ܘܥܒܪ ܡܢ ܬܡܢ ܘܟܕ ܥܒܪ
ܡܪܢ ܚܙܐ ܓܒܪܐ ܚܕ
ܕܝܬܒ ܒܝܬ ܡܟܣ̈ܐ
. . . . . .
. . . . . .
10 ܒܒܝܬܗ ܘܟܕ . . . .
. . . . . .
. . . . .
ܐ . . . . .
. . . .
11 . . . .
. .
. . . .
. . . . . .
12 ܗܘ ܕܝܢ ܟܕ ܫܡܥ ܐܡܪ
ܠܐ ܣܢܝܩܝܢ ܚܠܝܡܐ ܠܒ

Mt ix 12 ܐܣܝܐ . ܐܠܐ ܐܝܠܝܢ ܕܒܝܫ
13 ܒܝܫ ܒܒܝܫܝܢ ܐܙܠܘ ܕܝܢ
ܐܠܦܘ ܡܢܘ ܚܣܕܐ ܒܥܝܐ
ܘܠܐ ܕܒܚܬܐ ܠܐ ܓܝܪ
ܐܬܝܬ ܕܐܩܪܐ ܠܙܕܝܩܐ
ܐܠܐ ܠܚܛܝܐ ܠܬܝܒܘܬܐ
14 ܗܝܕܝܢ ܐܬܘ ܬܠܡܝܕܘܗܝ
ܕܝܘܚܢܢ ܘܐܡܪܝܢ ܡܢܘ
ܕܐܢܚܢܢ ܘܦܪܝܫܐ ܨܝܡܝܢ
ܐܢܚܢܢ ܣܓܝܐܬ.
ܘܬܠܡܝܕܝܟ ܠܐ ܨܝܡܝܢ
15 ܐܡܪ ܠܗܘܢ ܡܪܢ ܠܐ
ܡܫܟܚܝܢ ܒܢܝܗܘܢ ܕܓܢܘܢܐ
ܠܡܨܦܪ ܐܒܠܐ ܟܡܐ
ܕܚܬܢܐ ܥܡܗܘܢ ܐܬܝܢ
ܕܝܢ ܝܘܡܬܐ ܕܢܬܢܣܒ
ܡܢܗܘܢ ܚܬܢܐ ܘܗܝܕܝܢ
ܢܨܘܡܘܢ ܀ ܀
16 ܠܐ ܐܢܫ ܪܡܐ ܐܪܩܥܬܐ
ܚܕܬܐ ܥܠ ܠܒܘܫܐ
ܒܠܝܐ ܕܠܐ ܡܠܝܘܬܗ
ܕܚܕܬܐ ܡܢܬܒܐ ܡܫܠܘܬܗ
ܕܒܠܝܐ ܘܗܘܐ ܨܕܩܐ
17 ܒܝܫ ܡܢ ܡܕܡܝܐ ܘܐܦ
ܠܐ ܪܡܝܢ ܚܡܪܐ ܚܕܬܐ.
ܒܙܩܐ ܒܠܝܬܐ ܕܠܐ
ܚܡܪܐ ܡܨܪܐ ܠܗܘܢ
ܠܙܩܐ ܘܗܘ ܚܡܪܐ

Mt ix 17 ܡܬܐܫܕ ܘܙܩܐ ܐܒܕܝܢ .
ܐܠܐ ܪܡܝܢ ܚܡܪܐ
ܚܕܬܐ ܒܙܩܐ ܚܕܬܐ
ܘܬܪܝܗܘܢ ܡܬܢܛܪܝܢ.
18 ܒܕ ܗܘ ܕܝܢ ܡܡܠܠ
ܗܘܐ ܥܡܗܘܢ . ܘܗܐ
ܪܒ ܟܢܫܬܗܘܢ ܚܕ
ܐܬܐ ܢܦܠ ܗܘܐ ܩܕܡ
ܠܗ ܘܐܡܪ ܒܪܬܝ ܗܫܐ
ܡܝܬܬ ܐܠܐ ܣܡ
19 ܐܝܕܟ ܘܬܚܝܐ . ܘܩܡ
ܡܪܢ ܐܙܠ ܥܡܗ ܗܘ
20 ܘܬܠܡܝܕܘܗܝ . ܘܗܐ
ܐܢܬܬܐ ܕܪܕܐ ܗܘܐ
ܕܡܗ ܫܢܝܢ ܬܪܬܥܣܪܐ
ܘܐܬܬ ܘܩܪܒܬ ܠܟܢܦܐ
21 ܕܡܪܦܛܗ ܐܡܪܐ ܗܘܬ
ܠܡ ܒܝܢܗ ܘܠܒܫܗ.
ܕܐܦ ܠܠܒܘܫܗ ܩܪܒܐ
ܐܢܐ ܡܬܐܣܝܐ ܐܢܐ
22 ܗܘ ܕܝܢ ܐܬܦܢܝ ܠܗ
ܘܐܡܪ ܠܗ . . .
ܒܪܬܝ ܗܝܡܢܘܬܟܝ
ܐܚܝܬܟܝ ܘܡܢ ܗܝ
ܫܥܬܐ ܐܬܚܠܡܬ ܐܢܬܬܐ
23 ܗܝ . ܘܟܕ ܐܬܐ ܡܪܢ
ܠܒܝܬܗ ܕܗܘ ܪܒ
ܟܢܘܫܬܐ ܘܚܙܐ ܠܙܡܪܐ
ܘܠܟܢܫܐ ܗܘ ܕܡܬܪܓܫ

Mt ix 23, 24 ܗܘܘ ܐܡܪ ܠܗܘܢ ܫܒܘ
ܠܗܘܢ ܛܠܝܬܐ ܓܝܪ ܠܐ
ܡܝܬܬ ܐܠܐ ܕܡܟܐ
ܗܘ ܕܡܟܐ ܗܘܝܢ ܕܝܢ
ܓܚܟܝܢ ܗܘܘ ܥܠܘܗܝ.
25 ܟܕ ܕܝܢ ܐܦܩܘܗܝ ܠܟܢܫܐ
ܗܘ ܠܒܪ ܐܬܐ ܩܪܒ
ܠܐܝܕܗ ܘܩܪܒ ܥܒܕܬܗ
26 ܘܢܦܩܬ ܘܢܦܩ ܛܒܥܐ
ܗܢܐ ܒܟܠܗ ܐܪܥܐ ܗܝ
27 ܘܟܕ ܥܒܪ ܡܪܢ ܕܟܦܘܗܝ
ܬܪܝܢ ܣܡܝܐ ܩܥܝܢ ܒܩܠܐ
ܪܡܐ ܐܬܪܚܡ ܥܠܝܢ
28 ܒܪܗ ܕܕܘܝܕ ܘܟܕ ܐܬܐ
ܠܒܝܬܐ ܩܪܒܘ ܠܗ ܗܢܘܢ
ܣܡܝܐ ܐܡܪ ܠܗܘܢ
ܡܗܝܡܢܝܢ ܐܢܬܘܢ ܕܡܫܟܚ
ܐܢܐ ܕܐܥܒܕ ܗܕܐ.
ܐܡܪܝܢ ܠܗ ܐܝܢ ܡܪܢ
29 ܡܗܝܡܢܝܢ ܐܢܚܢܢ ܗܝܕܝܢ
ܩܪܒ ܠܥܝܢܝܗܘܢ ܘܐܡܪ
ܐܝܟܢܐ ܕܗܝܡܢܬܘܢ
30 ܢܗܘܐ ܠܟܘܢ ܘܒܗ
ܫܥܬܐ ܐܬܦܬܚܘ
ܥܝܢܝܗܘܢ. ܘܟܐܐ ܒܗܘܢ
ܡܪܢ ܘܐܡܪ ܠܗܘܢ ܗܘܐ
ܚܘ ܕܠܡܐ ܠܐܢܫ ܐܡܪܝܢ

Mt ix 30, 31 ܐܬܚܙܘ ܗܢܘܢ ܕܝܢ ܟܕ
ܢܦܩܘ ܠܟܠ ܐܢܫ
ܐܟܪܙܘ ܒܗ ܒܐܪܥܐ
32 ܗܝ ܘܡܢ ܒܬܪ ܕܢܦܩܘ
ܩܪܒܘ ܠܗ ܚܪܫܐ
ܚܕ ܕܪܘܚ ܠܗ ܫܐܕܐ
33 ܘܟܕ ܢܦܩ ܡܢܗ ܫܐܕܐ
ܡܠܠ ܚܪܫܐ ܗܘ.
ܘܡܬܕܡܪܝܢ ܗܘܘ ܟܢ̈ܫܐ
ܘܐܡܪ̈ܝܢ ܕܠܐ ܡܬܚܙܝ
ܐܬܚܙܝ ܗܟܢܐ ܒܝܬ
ܐܝܣܪܐܝܠ ܀
35 ܘܡܗܠܟ ܗܘܐ ܡܪܢ
ܒܡܕܝܢ̈ܬܐ ܘܒܩܘܪܝܐ
ܘܡܠܦ ܗܘܐ ܒܟܢܘܫܬܗܘܢ܆
ܘܡܟܪܙ ܗܘܐ ܣܒܪܬܐ
ܕܡܠܟܘܬܐ. ܘܡܐܣܐ
ܗܘܐ ܟܠ ܟܐܒ ܘܟܠ
36 ܟܘܪܗܢ. ܟܕ ܚܙܐ ܕܝܢ
ܟܢ̈ܫܐ ܐܬܪܚܡ ܥܠܝܗܘܢ
ܕܐܠܝܢ ܗܘܘ ܫܪܝܢ ܐܝܟ
ܥܢܐ ܕܠܝܬ ܠܗܘܢ ܪܥܝܐ
37 ܗܝܕܝܢ ܐܡܪ ܠܬܠܡܝܕܘܗܝ
ܚܨܕܐ ܣܓܝ ܘܦܥܠܐ
38 ܙܥܘܪܝܢ ܒܥܘ ܗܟܝܠ ܡܢ
ܡܪܗ ܕܚܨܕܐ ܕܢܦܩ
x 1 ܦܥ̈ܠܐ ܠܚܨܕܗ ܘܩܪܐ
ܠܬܪܥܣܪܬܗ ܘܝܗܒ
ܠܗܘܢ ܫܘܠܛܢܐ ܠܡܦܩܘ

R. L. B.
F. C. B.

fol. 13 r (= 115 v).

Mt x 1 ܪ̈ܘܚܐ ܠܦܩ̈ܬܐ ܘܠܡܐܣܝܐ
ܟܘܠ ܟܐܒ ܘܟܘܪܗܢ̇·
2 ܘܗ̈ܠܝܢ ܫܡܗܬܐ ܕܬܠ̈ܡܝܕܘܗܝ·
ܬܪ̈ܥܣܪ· ܩܕܡܝܐ ܫܡܥܘܢ̇
ܟܐܦܐ ܘܐܢܕܪܝܘܣ
ܐܚܘܗܝ ܘܝܥܩܘܒ ܘܝܘܚܢܢ
3 ܒ̈ܢܝ ܙܒܕܝ ܘܦܝܠܝܦܘܣ
ܘܒܪ ܬܘܠܡܝ ܘܬܐܘܡܐ
ܘܡܬܝ ܡܟܣܐ ܘܝܥܩܘܒ
4 ܒܪ ܚܠܦܝ ܘܫܡܥܘܢ̇
ܩܢܢܝܐ ܘܝܗܘܕܐ ܒܪ
ܫܡܥܘܢ ܘܝܗܘܕܐ
ܡܫܠܡܢܗ ܕܗܘ ܗܘܐ
5 ܫܠܝܡܢܐ· ܘܫܕܪ ܡܪܢ̇
ܗܠܝܢ ܬ̈ܪܥܣܪ ܬܠ̈ܡܝܕܘܗܝ·
ܘܦܩܕ ܐܢܘܢ̇ ܘܐܡܪ ܠܗܘܢ̇
ܒܐܘܪܚܐ ܕܥܡ̈ܡܐ ܠܐ
ܬܐܙܠܘܢ̇ ܘܠܩܪܝܐ ܕܫܡܪ̈ܝܐ
6 ܠܐ ܬܥܠܘܢ̇ ܐܠܐ ܐܙܠܘ
ܠܘ̇ܬ ܥܢܐ ܕܐܒܕܬ ܡܢ
7 ܒܝܬ ܐܝܣܪܐܠ ܘܟܕ
ܕܐܙܠܝܢ ܐܟܪܙܘ ܘܐܡܪܘ
ܩܪܒܬ ܡܠܟܘܬܐ ܕܫܡܝܐ
8 ܟܪ̈ܝܗܐ ܐܣܘ ܡܝ̈ܬܐ
ܐܩܝܡܘ ܓ̈ܪܒܐ ܕܟܘ
ܘܫ̈ܐܕܐ ܐܦܩܘ ܡܓܢ

Mt x 8 ܢܣܒܬܘܢ̇ ܡܓܢ ܗܒܘ
9 ܠܐ ܬܩܢܘܢ̇ ܠܟܘܢ̇ ܕܗܒܐ
ܘܟܣܦܐ ܘܐܦ ܠܐ
10 ܢܚܫܐ ܒܟܝܣܝܟܘܢ̇ ܘܠܐ
ܬܪܡܠܐ ܠܐܘܪܚܐ ܘܠܐ
ܬܪܬܝܢ ܟܘܬܝܢܝܢ ܘܠܐ
ܡܣܐܢܐ ܘܠܐ ܚܘܛܪܐ
ܫܘܐ ܗܘ ܓܝܪ ܦܥܠܐ
11 ܡܝܒܪܬܗ ܠܐܝܢܐ
ܩܪܝܐ ܕܥܠܝܢ ܐܢܬܘܢ̇
ܗܘܝܬܘܢ̇ ܫܐܠܝܢ ܡܢܘ
ܫܘܐ ܘܬܡܢ ܗܘܘ
ܒܒܝܬܐ ܕܢܦܩܝܢ ܐܢܬܘܢ̇
12 ܘܡܐ ܕܥܠܝܢ ܐܢܬܘܢ̇ ܠܗ
ܠܒܝܬܐ ܗܒܘ ܫܠܡܐ
13 ܠܒܝܬܐ ܗܘ ܘܐܢ̇ ܕܫܘܐ
ܒܝܬܐ ܗܘ ܫܠܡܟܘܢ̇
ܢܗܘܐ ܥܠܘܗܝ ܘܐܠܐ
ܫܠܡܟܘܢ̇ ܥܠܝܟܘܢ̇ ܝܬܘܒ
14 ܡܢ ܕܠܐ ܡܩܒܠ ܠܟܘܢ̇
ܘܠܐ ܫܡܥ ܡܠܝܟܘܢ̇ ܡܐ
ܕܢܦܩܝܢ ܐܢܬܘܢ̇ ܡܢ ܒܝܬܐ
ܗܘ ܐܘ ܡܢ ܡܕܝܢܬܐ ܗܝ
ܗܘܝܬܘܢ̇ ܢܦܨܝܢ ܚܠܐ
15 ܕܪ̈ܓܠܝܟܘܢ̇ ܘܐܡܝܢ ܐܡܪ
ܐܢܐ ܠܟܘܢ̇ ܕܠܐܪܥܐ
ܕܣܕܘܡ ܘܕܥܡܘܪܐ ܝܗܘܐ
ܦܫܝܛ ܒܝܘܡܐ ܕܕܝܢܐ

R. L. B.
F. C. B.

Mt x 15 ܣܬܘܪ ܡܢ ܕܠܩܪܬܐ
16 ܗܘ. ܗܐ ܐܢܐ ܡܫܕܪ
ܐܢܐ ܠܟܘܢ ܐܝܟ ܐܡܪܐ
ܒܝܢܝ ܕܐܒ̈ܐ. ܗܘܘ ܗܟܝܠ
ܚܟܝܡܝܢ ܐܝܟ ܚܘ̈ܘܬܐ
ܘܬܡܝܡܝܢ ܐܝܟ ܝܘ̈ܢܐ

17 ܐܙܕܗܪܘ ܡܢ ܒܢ̈ܝ ܐܢܫܐ
ܕܡܫܠܡܝܢ ܠܟܘܢ ܠܒܝܬ ܕܝܢܐ
ܘܒܣܢܗܕܪܝܗܘܢ ܒܟܢܘܫܬܗܘܢ
18 ܘܩܕܡ ܡ̈ܠܟܐ ܘܗܓ̈ܡܘܢܐ
ܬܬܩܪܒܘܢ؛ ܡܛܠ ܫܡܝ
ܘܠܣܗܕܘܬܗܘܢ ܕܠܗܘܢ
19 ܘܟܕ ܡܫܠ̈ܡܢܐ. ܗܐ ܕܡܫܠܡܝܢ
ܠܟܘܢ ܠܐ ܬܐܨܦܘܢ ܗܟܢܐ
ܬܐܡܪܘܢ ܡܬܝܗܒ ܠܟܘܢ
ܓܝܪ ܒܗܝ ܫܥܬܐ ܡܐ
20 ܕܬܐܡܪܘܢ ܠܐ ܗܘܐ ܓܝܪ
ܐܢܬܘܢ ܡܡܠܠܝܢ. ܐܠܐ
ܪܘܚܐ ܗ̈ܝ ܕܐܒܘܟܘܢ
21 ܡܡܠܠܐ ܒܟܘܢ؛ ܢܫܠܡ
ܓܝܪ ܐܚܐ ܠܐܚܘܗܝ
ܠܡܘܬܐ ܘܐܒܐ ܠܒܪܗ
ܠܡܘܬܐ ܘܢܩܘܡܘܢ ܒܢ̈ܝܐ
ܠܐܒܗܝܗܘܢ؛ ܘܢܡܝܬܘܢ
22 ܐܢܘܢ ܘܬܗܘܘܢ ܣܢܝܢ ܠܟܘܢ
ܟܠ ܐܢܫܐ ܡܛܠ ܫܡܝ
ܐܝܢܐ ܕܝܢ ܕܡܣܝܒܪ ܥܕܡܐ
ܠܚܪܬܐ ܗܘ ܢܚܐ ·܀· ·܀·

Mt x 23 ܡܐ ܕܪܕܦܝܢ ܠܟܘܢ ܒܗܕܐ
ܩܪܝܐ. ܥܪܘܩܘ ܠܟܘܢ
ܡܢܗ ܠܐܚܪܢܐ. ܘܐܢ
ܒܐܚܪܢܐ ܪܕܦܝܢ ܠܟܘܢ
ܥܪܘܩܘ ܠܟܘܢ ܠܐܚܪܢܐ.
ܘܐܡܝܢ ܓܝܪ ܐܡܪ ܐܢܐ
ܠܟܘܢ ܕܠܐ ܬܫܠܡܘܢ ܐܢܘܢ
ܒܟܠܗܘܢ ܩܪ̈ܝܐ ܕܒܝܬ
ܐܝܣܪܐܝܠ. ܥܕܡܐ
ܕܢܐܬܐ ܒܪܗ ܕܐܢܫܐ.
24 ܠܝܬ ܬܠܡܝܕܐ ܕܡܝܬܪ
25 ܡܢ ܪܒܗ. ܣܦܩ ܠܗ
ܠܬܠܡܝܕܐ ܕܢܗܘܐ ܐܝܟ
ܪܒܗ. ܘܠܥܒܕܐ ܐܝܟ
ܡܪܗ ܘܐܢ ܠܡܪܗ ܕܒܝܬܐ
ܩܪܘ ܒܥܠܙܒܘܒ ܠܒܢ̈ܝ
ܒܝܬܗ ܐܝܟܢܐ ܢܩܪܘܢ؛
26 ܠܐ ܗܟܝܠ ܬܕܚܠܘܢ
ܡܢܗܘܢ ܠܝܬ ܓܝܪ ܡܕܡ
ܕܟܣܐ ܕܠܐ ܢܬܓܠܐ.
ܘܠܐ ܕܡܛܫܝ. ܕܠܐ
27 ܢܬܝܕܥ ܡܕܡ ܕܐܡܪܢܐ
ܠܟܘܢ ܒܚܫܘܟܐ ܐܡܪܘܗܝ
ܐܢܬܘܢ ܒܢܘܗܪܐ. ܘܡܕܡ
ܕܫܡܥܝܢ ܐܢܬܘܢ
ܒܐܕܢܝܟܘܢ ܐܟܪܙܘ ܥܠ
28 ܐܓܪ̈ܐ. ܘܠܐ ܬܕܚܠܘܢ
ܡܢ ܐܝܠܝܢ ܕܩܛܠܝܢ ܦܓܪܐ
ܘܢܦܫܐ ܠܐ ܫܠܛܝܢ.

Mt x 28 ܠܡܩܛܠ. ܕܚܠܘ ܕܝܢ
ܝܬܝܪܐܝܬ ܡܢ ܗܘ
ܕܡܫܟܚ ܦܓܪܐ ܘܢܦܫܐ
29 ܠܡܘܒܕܗ ܒܓܗܢܐ. ܬܪ̈ܬܝܢ
ܨܦܪ̈ܝܢ ܡ-ܙܕܒܢܝܢ ܒܐܣܪ
ܘܚܕܐ ܡܢܗܘܢ ܒܠܒܕ
ܡܢ ܐܒܘܟܘܢ ܠܐ ܢܦܠܐ
30 ܥܠ ܐܪܥܐ. ܘܐܦ ܡܢ̈ܝܐ
ܕܣܥ̈ܪܟܘܢ ܟܠܗܘܢ ܡܢ̈ܝܢ
31 ܐܢ̈ܬܢ ܠܐ ܗܟܝܠ
ܬܕܚܠܘܢ ܡܛܠ ܡܢ
ܨܦܪ̈ܐ ܣܓܝܐܐ ܡܝܬܪ̈ܝܢ
32 ܐܢܬܘܢ ܟܠ ܐܢܫ ܕܝܘܕܐ
ܒܝ. ܐܦ ܐܘܕܐ ܒܗ
ܩܕܡ ܐܒܝ ܕܒܫܡܝܐ
33 ܘܡܢ ܕܢܟܦܘܪ ܒܝ ܩܕܡ
ܒܢܝ ܐܢܫܐ ܐܦ ܐܢܐ
ܐܟܦܘܪ ܒܗ ܩܕܡ
34 ܐܒܝ ܕܒܫܡܝܐ ܠܐ
ܬܣܒܪܘܢ ܕܫܝܢܐ ܐܬܝܬ
ܕܐܪܡܐ ܒܐܪܥܐ ܠܐ
ܐܬܝܬ ܕ[ܐܪܡ]ܐ ܫܝܢܐ
35 ܐܠܐ ܣܝܦܐ ܐܬܝܬ
ܓܒܪ ܕܐܦܠܓ ܒܪܐ
ܥܠ ܐܒܘܗܝ ܘܒܪܬܐ
ܥܠ ܐܡܗ ܘܟܠܬܐ
36 ܥܠ ܚܡܬܗ. ܘܒܥܠܕܒܒܘܗܝ

Mt x 36 ܕܓܒܪܐ ܒܢ̈ܝ ܒܝܬܗ.
37 ܡܢ ܕܪܚܡ ܕܝܢ ܠܐܒܘܗܝ
ܘܠܐܡܗ ܝܬܝܪ ܡܢ ܕܠܝ
ܗܘ ܠܐ ܫܘܐ ܠܝ. ܘܡܢ
ܕܪܚܡ ܒܪܗ ܐܘ ܒܪܬܗ.
ܝܬܝܪ ܡܢ ܕܠܝ ܗܘ ܠܐ
38 ܫܘܐ ܠܝ ܘܟܠ ܕܠܐ
ܫܩܠ ܙܩܝܦܗ ܘܐܬܐ
39 ܒܬܪܝ ܠܐ ܫܘܐ ܠܝ ܟܠ
ܕܢܫܟܚ ܓܒܪ ܢܦܫܗ.
ܢܘܒܕܝܗ ܘܟܠ ܕܢܘܒܕ
ܢܦܫܗ ܡܛܠܬܝ
40 ܢܫܟܚܝܗ. ܡܢ ܕܡܩܒܠ
ܠܟܘܢ ܠܝ ܗܘ ܡܩܒܠ.
ܘܡܢ ܕܠܝ ܡܩܒܠ ܡܩܒܠ
41 ܠܡܢ ܕܫܕܪܢܝ. ܡܢ ܕܡܩܒܠ
ܓܒܪ ܢܒܝܐ ܒܫܡ ܢܒܝܐ
ܐܓܪܐ ܕܢܒܝܐ ܡܩܒܠ
ܘܡܢ ܕܡܩܒܠ ܙܕܝܩܐ
ܒܫܡ ܙܕܝܩܐ ܐܓܪܐ
42 ܕܙܕܝܩܐ ܢܣܒ. ܘܟܠ ܡܢ
ܕܢܫܩܝܐ ܟܣܐ ܕܡ̈ܝܐ
ܩܪ̈ܝܪܐ ܠܚܕ ܡܢ ܗܠܝܢ
ܙܥܘ̈ܪܐ ܒܫܡܐ ܕܬܠܡܝܕܘܬܐ
ܐܡܝܢ ܐܡܪܢܐ ܠܟܘܢ
ܕܠܐ ܢܐܒܕ ܐܓܪܗ ܀
xi 1 ܘܗܘܐ ܕܟܕ ܫܠܡ ܡܪܢ
ܠܡܦܩܕܘ ܠܬܪ̈ܥܣܪ

fol. 14 v (= 37 r).

J. R. H.

Mt xi 1 ܬܠܡܝܕܘܗܝ ܫܢܐ ܠܗ
ܡܢ ܬܡܢ ܠ . . ܘܠܡܟܪܙܘ
2 ܘܫܡܥ . . . . .
. . . . . .
. . . ܕܡܫܝ ܫܕܪ
3 ܠܗ . . . . .
ܕܐܬܐ . . . .
. . . . . .
4 . . . . .
. . . . . .
. . ܡܣܒܪ . .
. . . . . .
. . . . . .
. . . . . .
. . . . . .
. . . . . .
. . . . . .
. . . . . .
7 . . . . . .
. ܠܡܐܡܪ ܠܟܢܫܐ
. . . . . .
. . . . . .
. . . . . .
. . . . . .
. . . . . .
. . . . . .
. . . . . .
. . . . . .

Mt xi 8, 9 ܡܠܟܘܬܐ ܐܢܘܢ ܘܐܠܐ ܡܢܐ
ܢܦܩܬܘܢ ܠܡܚܙܝܐ ܢܒܝܐ
ܐܝܢ ܐܡܪܢܐ ܠܟܘܢ ܕܡܝܬܪ
10 ܗܘ ܡܢ ܢܒܝܐ ܗܢܘ
ܕܥܠܘܗܝ ܟܬܝܒ ܕܗܐ
ܡܫܕܪܢܐ ܡܠܐܟܝ
ܩܕܡ ܐܦܝܟ ܕܝܬܩܢ
11 ܐܘܪܚܐ ܩܕܡܝܟ ܐܡܝܢ
ܐܡܪܢܐ ܠܟܘܢ ܕܠܐ ܩܡ
ܒܝܠܝܕܝ ܢܫܐ ܪܒ ܡܢ
ܝܘܚܢ ܡܥܡܕܢܐ ܘܙܥܘܪܐ
ܕܝܢ ܒܡܠܟܘܬܐ ܕܫܡܝܐ
12 ܪܒ ܗܘ ܡܢܗ ܡܢ
ܝܘܡܝ ܝܘܚܢ ܡܥܡܕܢܐ
ܥܕܡܐ ܠܗܫܐ ܐܠܝܨܐ
ܗܝ ܡܠܟܘܬܐ ܕܫܡܝܐ
ܘܐܠܝܨܝܗ . . ܝܢ ܠܗ
13 ܟܠܗܘܢ ܓܝܪ ܢܒܝܐ ܥܕܡܐ
14 ܠܝܘܚܢܢ . . . . .
. . . . ܠܡܣܒܠܗ
. . . . ܕܥܬܝܕ
15 . . ܡܢ ܕܐܝܬ ܠܗ
ܐܕܢܐ ܕܫܡܥ ܢܫܡܥ ܀
16 . . . . ܫܪܒܬܐ
ܗܕܐ. ܕܡܝܐ ܠܛܠܝܐ
ܕܝܬܒܝܢ ܒܫܘܩܐ ܘܩܪܝܢ
17 ܠܚܒܪܝܗܘܢ ܘܐܡܪܝܢ ܠܟܘܢ
ܘܠܐ ܪܩܕܬܘܢ ܘܐܠܝܢ ܠܟܘܢ
18 ܘܠܐ ܐܪܩܕܬܘܢ. ܐܬܐ

Mt xi 18 ܓܝܪ ܠܗ ܝܘܚܢܢ ܠܐ ܐܟܠ
ܘܠܐ ܫܬܐ ܘܐܡܪܝܢ
19 ܫܐܕܐ ⌜ܒܗ⌝ ܘܐܬܐ
ܒܪܗ ܕܐܢܫܐ ܐܟܠ
ܘܫܬܐ ܘܐܡܪܝܢ ܗܐ
ܓܒܪܐ ܐܟܘܠܐ ܘܫܬܝܐ
ܘܪܚܡܐ ܕܡܟܣܐ ܘܚ̈ܛܝܐ
ܘܐܙܕܕܩܬ ܚܟܡܬܐ
ܡܢ ܒܢܝܗ ܀
20 ܗܝܕܝܢ ܫܪܝ . .
ܠܡܚܣܕܘ . . .
ܐܠܝܢ . . .
. . . . .
ܬܘܒܘ . . . . .
21 . . . . . .
. . . . . .
ܒܨܝܕܢ . . . .
ܕܗܘܘ . . . . .
ܒܣ̈ܩܐ . . .
22 ܬܘܒܘ . . . . .
ܐܡܪܢܐ ܠܟܘܢ ⌜ܕܠܨܘܪ⌝
ܘܠܨܝܕܢ ⌜ܢܗܘܐ ܦܫܝܚ⌝
ܒܝܘܡܐ ⌜ܕܕܝܢܐ ܝܬܝܪ⌝
23 ܡܢ ⌜ܕܠܟܘܢ⌝ . . .
ܕܐܬܪ̈ܡܝܬܝ . . .
ܠܫܝܘܠ ܬܚܬܝܢ .
ܒܣܕܘܡ . . . .

Mt xi 23 ܚ̈ܝܠܝܐ ܕܒܟܝܢ ܐܬܥܒܕܘ
. . . . . .
. . . . . .
. . . . .
. . . . .
. . . . . .
. . . . . .
. . . . .
. . . . .
. . . . .
ܡܢ ܚܟܝܡܐ ܘܓܠܝܬ ܐܢܝܢ
26 ܠܛܠܝܐ . . . .
. . . . ⌜ܩ̈ܕܡܝܟ⌝
27 ܟܠ ܡܕܡ ܐܫܬܠܡ ܠܝ
ܡܢ ⌜ܐܒܝ ܘܠܐ ܐܢܫ⌝ ܝܕܥ
ܠܒܪܐ ܐܠܐ ܐܢ ܐܒܐ
ܘܠܐ ܠܐܒܐ ܐܢܫ . .
. . . . . .
. . . . . .
28 ܐܬܘ ܠܘܬܝ ܟܠܟܘܢ
. . . . ܡܘܒܠܐ
29 ܘܐܢܐ . . . . .
ܢܝܪܝ . . . ⌜ܘܝܠܦܘ⌝
. . . . ⌜ܡ̈ܢܝ⌝
ܐܢܐ ⌜ܒܠܒܝ⌝ . . .
30 ⌜ܢܝܚܐ⌝ ⌜ܠܢܦܫ̈ܬܟܘܢ⌝ ܢܝܪܝ
ܓܝܪ ܒܣܝܡ ܗܘ .
ܘܡܘܒܠܝ ܩܠܝܠܐ.

Mt xii 1 ܒܗܘ ܙܒܢܐ ܡܗܠܟ ܗܘܐ

. . . . . .
. . . . . .
. . . . . .
. . . . . .
. . . . . .
. . . . . .
. . . . . .
. . . . . .
. . . . . .
. . . . .
. . . . . .
. . . . . .
. . . . . .
. . . . . .
. . . . . .
. . . . . .
. . . . . .
. . . . . .
. . . . . .
. . . . . .
. 7
. . ܢܕܥܝܢ ܗܘܝܬܘܢ
. . . . ܡܢܐ ܗܝ
. . . . ܕܒܚܬܐ
. . . . . .
. 8
. . . . . .

Mt xii 9 . . . . .

. . . . .
. . . . .
. . . . .
. . . . .
. . . . .
. . . . .
. . . .
. . . . .
. . . . .
. . . . .
. ܘܠܐ ܢܚܕ ܡܩܝܡ
12 . . ܟܡܐ ܗܟܝܠ
. . ܐܢܫܐ ܡܢ
. . . ܥܢܐ
13 . ܗܝܕܝܢ ܐܡܪ
. . . ܠܓܒܪܐ
. ܐܝܕܟ ܘܦܫܛ
. ܘܬܩܢܬ ܐܝܟ
14 . . ܘܢܦܩܘ ܠܒܪ
. . . . .
. . . ܐܝܟܢܐ
15 . . . . .
. . . . .
. . . .
. . . . .
. . . . .
. . . . .

[F. C. B.]

ܕܕܘܟܐ ܟܕ ܚܙܐ ܕܝܢ Mt xii 25

. . . . . .

. . . . .

. . . . .

. . . .

. . .

. . . .

. . . . . .

. . . . .

. . . . .

. . . .

. . . . . .

. . . . . .

. . . . . .

. . . . . .

. . . .

. . . . . .

. . . . .

. . . . .

. . . . .

. . . . .

. . . .

. . . . .

. . . . . .

. . . . .

. . . . . .

. . . . . .

. . ܕܢܬܡܠܐ . . Mt xii 17

. . . . . .

. . . . .

. . . . . .

. . . . . .

. . . . . .

. . . . . .

. . . .

. . . . . .

. . . . . .

. . . . . .

. . . . . .

. . . . . .

. . . . . .

. . . . . .

. . . . . .

. . . . . .

. . . . .

. . . . . .

. . . . .

. . . . . .

. . . . . .

. . . . .

. 24

. . . ܫܡܥܘ

. . . ܫܐ̈ܕܐ ܠܐ

. . . . ܐܠܐ ܒ

fol. 16 v (= 95 r). [F. C. B.]

Mt xii 31 ܚ̈ܛܗܝܢ ܘܓܘܕܦܝܢ
ܢܫܬܒܩܘܢ ܠܒܢܝ ܐܢܫܐ.
ܟܠ ܡܢ ܕܥܠ ܪܘܚܐ ܕܝܢ
ܢܓܕܦ ܠܐ ܢܫܬܒܩ ܠܗ
32 ܘܟܠ ܕܝܐܡܪ ܡܠܬܐ ܥܠ
ܒܪܗ ܕܐܢܫܐ ܢܫܬܒܩ
ܠܗ ܟܠ ܕܥܠ ܪܘܚܐ ܕܝܢ
ܕܩܘܕܫܐ ܢܓܕܦ ܠܐ
ܢܫܬܒܩ ܠܗ. ܠܐ ܒܗܢܐ
ܥܠܡܐ ܘܠܐ ܒܥܠܡܐ
ܕܥܬܝܕ ܐܘ ܥܒܕܘ ܐܝܠܢܐ
ܛܒܐ ܘܦܐܪ̈ܘܗܝ ܛܒܝܢ.
33 ܐܘ ܥܒܕܘ ܐܝܠܢܐ ܒܝܫܐ
ܘܦܐܪ̈ܘܗܝ ܒܝܫܝܢ ܡܢ
ܦܐܪ̈ܘܗܝ ܓܝܪ ܡܬܝܕܥ
34 ܐܝܠܢܐ ܝܠܕܐ ܕܚ̈ܘܘܬܐ
ܐܝܟܢܐ ܡܫܟܚܝܢ ܐܢܬܘܢ
ܛܒܬܐ ܠܡܡܠܠܘ ܕܒܝ̈ܫܝܢ
ܐܢܬܘܢ ܡܢ ܝܬܘܬܪܐ ܗܘ
ܓܝܪ ܕܠܒܐ ܡܡܠܠ ܦܘܡܐ.
35 ܘܓܒܪܐ ܛܒܐ ܡܢ
ܣܝ̈ܡܬܐ ܛܒܬܐ ܕܠܒܗ
ܡܦܩ ܛܒܬܐ ܘܓܒܪܐ
ܒܝܫܐ ܡܢ ܣܝܡܬܐ
ܒܝ̈ܫܬܐ ܕܠܒܗ ܒܝ̈ܫܬܐ
36 ܡܡܠܠ. ܐܡܪܢܐ ܠܟܘܢ ܕܝܢ
ܕܟܠ ܡܠܐ ܒܛܠܬܐ

Mt xii 36 ܕܢܡܠܠܘܢ ܒܢ̈ܝ ܐܢܫܐ
ܦܬܓܡܐ ܢܬܠܘܢ ܒܝܘܡܐ
37 ܕܕܝܢܐ. ܡܢ ܡܠܝܟ ܓܝܪ
ܬܙܕܕܩ ܘܡܢ ܡ̈ܠܝܟ
ܬܬܚܝܒ ܀
38 ܗܝܕܝܢ ܐܡܪ̈ܝܢ ܠܗ ܐܢܫܐ
ܡܢ ܣܦܪ̈ܐ ܘܦܪ̈ܝܫܐ
ܡܠܦܢܐ ܒܥܝܢ ܐܢܚܢܢ
ܕܢܚܙܐ ܡܢܟ ܡܕܡ
39 ܐܬܐ ܗܘ ܕܝܢ ܥܢܐ
ܘܐܡܪ ܠܗܘܢ ܫܪܒܬܐ
ܒܝܫܬܐ ܘܓܝܪܬܐ ܒܥܝܐ
ܐܬܐ ܐܬܐ ܠܐ ܬܬܝܗܒ
ܠܗ ܐܠܐ ܐ ܐܬܗ
40 ܕܝܘܢܢ ܢܒܝܐ ܘܐܝܟܢܐ
ܕܗܘܐ ܝܘܢ ܢܘܢܐ ܒܟܪܣܗ
ܕܢܘܢܐ ܐܝܡ̈ܡܐ ܬܠܬܐ
ܘܠܝܠ̈ܘܬܐ ܬܠܬܐ ܗܟܢܐ
ܢܗܘܐ ܒܪܗ ܕܐܢܫܐ
ܒܠܒܗ ܕܐܪܥܐ ܬܠܬܐ
ܝܘܡܝܢ ܘܬܠܬܐ ܠܠܘ̈ܢ
41 ܓܒܪ̈ܐ ܒܢܝ ܢܝܢܘܐ
ܢܩܘܡܘܢ ܒܕܝܢܐ ܥܡ
ܫܪܒܬܐ ܗܕܐ ܘܢܚܝܒܘܢܗ
ܕܗܢܘܢ ܬܒܘ ܒܟܪܘܙܘܬܗ
ܕܝܘܢܢ. ܘܗܐ ܕܪܒ ܡܢ
42 ܝܘܢܢ ܗܪܟܐ ܡܠܟܬܐ
ܕܬܝܡܢܐ ܬܩܘܡ ܒܕܝܢܐ
ܥܡ ܫܪܒܬܐ ܗܕܐ

Mt xii 42 ܘܬܚܝܒܝܢܗ̇. ܕܐܬܬ ܡܢ
ܣܘܦܐ ܕܐܪܥܐ ܕܬܫܡܥ
ܚܟܡܬܐ ܕܫܠܝܡܘܢ
ܘܗܐ ܪܒ ܡܢ ܫܠܝܡܘܢ
ܗܪܟܐ. .

43 ܪܘܚܐ ܕܛܢܦܘܬܐ
ܡܐ ܕܢܦܩܬ ܡܢ ܒܪ
ܐܢܫܐ ܐܙܠܐ ܡܬܟܪܟܐ
ܒܐܬܪ̈ܘܬܐ ܕܡ̈ܝܝܐ
ܠܝܬ ܒܗܘܢ ܕܬܫܟܚ.
ܠܗ ܢܝܚܐ ܘܡܐ ܕܠܐ
44 ܐܫܟܚܬ ܐܡܪܐ ܐܗܦܘܟ
ܐܙܠ ܠܒܝܬܝ. ܡܢ ܐܬܪ
ܕܢܦܩܬ. ܘܐ ܐܬܬ
ܐܫܟܚܬܗ ܒܛ ܦܢܝܐ
ܘܡܚܡܡ ܘܡܨ̈ܒܬ
45 ܗܝܕܝܢ ܐܙܠܐ ܕܒܪܐ
ܫܒ̈ܥ ܪ̈ܘܚܐ ܕܒܝܫܢ
ܒܝܫ̈ܢ ܘܥܠܝܢ ܘܥܡܪܢ
ܒܗ. ܘܗܘܝܐ ܐܚܪܝܬܗ
ܕܓܒܪܐ ܒܝܫܐ ܡܢ
ܩܕܡܝܬܗ ܗܟܢܐ ܢܗܘܐ
ܠܗ ܠܫܪܒܬܐ ܗܕܐ
ܒܝܫܬܐ
46 ܘܟܕ ܗܘ ܡܡܠܠ ܠܟܢܫܝܐ
ܗܐ ܐܡܗ ܘܐܚܘܗܝ

Mt xii 46 ܩܝܡܝܢ ܠܒܪ ܘܒܥܝܢ
48 ܠܡܡܠܠܐ ܥܡܗ ܗܘ ܕܝܢ
ܥܢܐ ܘܐܡܪ ܠܗܘ ܕܐܡܪ
ܠܗ. ܡܢ ܐܡܝ ܘܐ ܐܚܝ
49 ܐܪ̈ܝܡ. ܘܦܫܛ ܐܝܕܗ
ܠܘܬ ܬܠܡܝܕܘܗܝ
ܘܐܡܪ ܗܠܝܢ ܐܡܝ ܘܐ
50 ܐܡܝ ܘܐܚ̈ܝ. ܟܘܠ ܡܢ
ܕܥܒܕ ܨܒܝܢܗ ܕܐܒܝ
ܕܒܫܡܝܐ ܗܘ ܐܚܝ
ܘܐܚܬܝ ܘܐܡܝ ܀
xiii 1 ܒܗܘ ܝܘܡܐ ܢܦܩ
ܗܘܐ ܝܫܘܥ ܝܬܒ ܥܠ
2 ܝܕ ܝܡܐ ܘܐܬܟܢܫܘ
ܠܘܬܗ ܟܢܫܐ ܣܓܝ̈ܐܐ
ܘܗܘ ܣܠܩ ܝܬܒ ܠܗ
ܒܣܦܝܢܬܐ ܘܟܘܠܗ
ܟܢܫܐ ܩܐܡ ܗܘܐ
ܥܠ ܣܦܪ ܝܡܐ
3 ܘܡܡܠܠ ܥܡܗܘܢ
ܣܓܝ ܒܦܠ̈ܬܐ ܘܐܡܪ
ܗܘܐ ܗܐ ܢܦܩ ܙܪܘܥܐ
4 ܠܡܙܪܥ ܙܪܥܐ. ܘܟܕ
ܙܪܥ. ܐܝܬ ܕܢܦܠ ܥܠ
ܝܕ ܐܘܪܚܐ. ܘܐܬܬ
ܚܝܘܬ ܒܪܐ ܠܩܛܬܗ
5 ܘܐܝܬ ܕܢܦܠ ܥܠ ܫܘܥܐ
ܘܡܛܠ ܕܕܝܚܐ ܗܘܐ
ܘܠܝܬ ܒܥܦܪܐ ܣܓܝܐܐ
ܒܪ ܫܥܬܗ ܫܘܚ

Mt xiii 6 ܘܒܡܕܢܚܐ ܕܫܡܫܐ
ܕܗܘܐ ܒܠܚܘܗ ܫܒ
ܘܡܛܠ ܕܠܐ ܐܝܬܗܘܢ ܥܩܪܐ
7 ܝܒܫ ܘܐܚܪܢܐ ܢܦܠ
ܒܝܢܬ ܟܘܒܝܐ ܘܣܠܩܘ
ܟܘܒܝܐ ܒܥܡܗ ܘܚܢܩܘܗܝ
8 ܘܐܚܪܢܐ ܕܝܢ ܢܦܠ ܒܐܪܥܐ
ܛܒܬܐ ܘܝܗܒ ܦܐܪܐ
ܐܝܬ ܕܡܐܐ ܘܐܝܬ
ܕܫܬܝܢ ܘܐܝܬ ܕܬܠܬܝܢ
9 ܟܠ ܕܐܝܬ ܠܗ ܐܕܢܐ
ܠܡܫܡܥ ܀
10 ܘܩܪܒܘ ܬܠܡܝܕܘܗܝ
ܘܐܡܪܝܢ ܠܗ ܡܢܐ ܗܘ
ܕܒܡܬܠܐ ܡܡܠܠ ܐܢܬ
11 ܥܢܗܘܢ · ܗܘ ܕܝܢ ܥܢܐ
ܘܐܡܪ ܠܗܘܢ ܡܛܠ
ܕܠܟܘܢ ܗܘ ܝܗܝܒ ܠܡܕܥ
ܐܪܙܐ ܕܡܠܟܘܬܐ ܕܫܡܝܐ
12 ܡܢ ܠܐ ܝܗܒ ܠܗܘܢ ܡܢ
ܕܐܝܬ ܠܒܪ ܢܬܝܗܒ
ܠܗ ܘܡܢ ܕܠܝܬ ܠܗ ܐܦ
ܗܘ ܡܕܡ ܕܐܝܬ ܠܗ
13 ܢܬܢܣܒ ܡܢܗ ܡܛܠ
ܗܢܐ ܒܡܬܠܐ ܡܡܠܠ
ܐܢܐ ܥܡܗܘܢ ܕܚܙܝܢ
ܕܚܙܝܢ ܠܐ ܚܙܝܢ ܘܫܡܥܝܢ
ܕܫܡܥܝܢ ܠܐ ܫܡܥܝܢ

Mt xiii 13 ܘܠܐ ܫܡܥܝܢ · ܘܠܐ
ܡܣܬܟܠܝܢ ܢܬܦܢܘܢ ·
14 ܕܬܫܠܡ ܒܗܘܢ ܢܒܝܘܬܗ
ܕܐܫܥܝܐ ܢܒܝܐ · ܕܐܡܪ
ܗܘܐ ܫܡܥܝܢ ܬܫܡܥܘܢ
ܘܠܐ ܬܬܣܬܟܠܘܢ · ܘܚܙܝܐ
ܬܚܙܘܢ ܘܠܐ ܬܚܙܘܢ
15 ܐܬܥܒܝ ܠܗ ܓܝܪ ܠܒܗ
ܕܥܡܐ ܗܢܐ ܘܐܕܢܝܗܘܢ
ܐܘܩܪܘ ܕܠܐ ܢܫܡܥܘܢ
ܘܥܝܢܝܗܘܢ ܥܡܨܘ ܕܠܐ
ܢܚܘܢ ܒܥܝܢܝܗܘܢ ܘܢܫܡܥܘܢ
ܒܐܕܢܝܗܘܢ ܘܢܣܬܟܠܘܢ
ܒܠܒܗܘܢ ܀ ܀
16 ܕܝܠܟܘܢ ܕܝܢ ܛܘܒܝܗܘܢ
ܠܥܝܢܝܟܘܢ ܕܚܙܝܢ · ܛܘܒܝܗܘܢ
17 ܠܐܕܢܝܟܘܢ ܕܫܡܥܝܢ ܐܡܝܢ
ܓܝܪ ܐܡܪ ܐܢܐ ܠܟܘܢ
ܕܣܓܝܐܐ ܢܒܝܐ ܘܙܕܝܩܐ
ܐܬܪܓܪܓܘ ܠܡܚܙܐ ܡܕܡ
ܕܐܢܬܘܢ ܚܙܝܢ ܘܠܐ
ܚܙܘ ܘܠܡܫܡܥ ܡܕܡ
ܕܐܢܬܘܢ ܫܡܥܝܢ ܘܠܐ
18 ܫܡܥܘ ܐܢܬܘܢ ܗܟܝܠ
ܫܡܥܘ ܡܬܠܐ ܕܙܪܘܥܐ
19 ܟܠ ܐܢܫ ܕܫܡܥ ܡܠܬܐ
ܕܡܠܟܘܬܐ ܘܠܐ ܡܣܬܟܠ
ܐܬܐ ܒܝܫܐ ܘܚܛܦ
ܠܗ ܠܙܪܥܐ ܡܢ ܠܒܗ
ܗܘܝ ܙܪܝܪܐ ܥܠ ܝܕ

R. L. B.
F. C. B.

Mt xiii 20 ܐܘܪܚܐ ܘܗܘ ܕܐܙܕܪܥ
ܥܠ ܫܘܥܐ ܗܘ ܕܫܡܥ
ܡܠܬܐ ܘܒܚܕܘܬܐ
21 ܡܩܒܠ ܠܗ. ܡܟܠܠ ܕܠܝܬ
ܠܗ ܥܩܪܐ ܒܗ ܐܠܐ
ܠܙܒܢ ܩܐܡ ܒܗ ܡܐ
ܕܗܘܐ ܕܝܢ ܐܘܠܨܢܐ ܐܘ
ܪܕܘܦܝܐ ܡܟܠܠ ܡܠܬܐ
22 ܒܟܠ ܡܬܟܫܠ ܘܗܘ
ܕܢܦܠ ܒܝܬ ܟܘܒܐ ܗܢܘ
ܕܫܡܥ ܡܠܬܐ ܘܒܪܢܝܐ
ܗܘ ܕܥܠܡܐ ܗܢܐ ܘܒܠܦܝܢ
ܕܥܘܬܪܐ. ܘܗܠܝܢ ܚܢܩܝܢ
ܠܗ ܘܕܠܐ ܦܐܪܝܢ ܗܘܐ·
23 ܘܗܘ ܕܢܦܠ ܒܐܪܥܐ
ܛܒܬܐ ܗܘ ܗܘ ܕܫܡܥ
ܡܠܬܐ ܘܡܣܬܟܠ ܒܗ
ܘܗܕܝܢ ܝܗܒ ܦܐܪܐ
ܘܥܒܕ ܐܝܬ ܕܡܐܐ
ܘܐܝܬ ܕܫܬܝܢ ܘܐܝܬ
ܕܬܠܬܝܢ
24 ܬܘܒ ܐܘܡܝ ܘܐܡܪ
ܠܗܘܢ ܡܬܠܐ ܐܚܪܢܐ
ܕܡܐ ܡܠܟܘܬܐ ܕܫܡܝܐ
ܠܓܒܪܐ ܕܙܪܥ ܙܪܥܐ ܛܒܐ
25 ܒܩܪܝܬܗ ܘܟܕ ܕܡܟܘ
ܐܢܫܐ ܐܬܐ ܒܥܠܕܒܒܐ
ܘܙܪܥ ܙܝܙܢܐ ܒܝܬ ܚܛܐ

Mt xiii 26 ܘܐܝܠ ܥܒܕ ܚܒܐ ܒܥܘܒܐ
ܘܥܒܕ ܦܐܪܐ ܐܬܚܙܝܘ
27 ܙܝܙܢܐ ܘܩܪܒܘ ܥܒܕܐ
ܠܘܬ ܡܪܗܘܢ ܘܐܡܪܝܢ
ܠܗ ܡܪܢ ܠܐ ܙܪܥܐ
ܛܒܐ ܙܪܥܬ ܒܩܪܝܬܟ
ܡܢ ܐܝܟܢܐ ܒܗ ܙܝܙܢܐ
28 ܐܡܪ ܠܗܘܢ ܓܒܪܐ
ܒܥܠܕܒܒܐ ܥܒܕ ܗܕܐ
ܐܡܪܝܢ ܠܗ ܥܒܕܘܗܝ
ܐ ܨܒܐ ܐܢܬ ܢܐܙܠ
29 ܢܠܩܛ ܐܘ ܐܡܪ
ܠܗܘܢ ܠܐ ܕܠܡܐ ܟܕ
ܠܩܛܝܢ ܐܢܬܘܢ ܙܝܙܢܐ
ܬܥܩܪܘܢ ܐܦ ܚܛܐ
30 ܥܡܗܘܢ. ܐܠܐ ܫܒܘܩܘ
ܪܒܝܢ ܐܟܚܕܐ ܥܕܡܐ
ܠܚܨܕܐ ܘܒܗܘ ܙܒܢܐ
ܕܚܨܕܐ ܐܡܪ ܐܢܐ
ܠܚܨܘܕܐ ܠܩܛܘ ܠܘܩܕܡ
ܙܝܙܢܐ ܘܐܣܪܘ ܐܢܘܢ
ܡܣܪܝܬܐ ܐܝܟ ܕܠܝܩܕܐ
ܘܚܛܐ ܟܢܫܘ ܐܢܚܝܢ
ܠܐܘܨܪܐ ○ ○
31 ܘܐܡܪ ܗܘܐ ܠܗܘܢ ܡܬܠܐ
ܐܚܪܢܐ ܕܡܝܐ ܡܠܟܘܬܐ
ܕܫܡܝܐ ܠܦܪܕܬܐ ܕܚܪܕܠܐ
ܕܢܣܒ ܓܒܪܐ ܙܪܥܗ

R. L. B.
F. C. B.

Mt xiii

ܒܩܪܝܬܗ ܘܙܥܘܪܐ ܗܝ 31, 32
ܡܢ ܟܠܗܘܢ ܙܪܥܘܢܐ. ܘܟܕ
ܕܪܒܬ ܪܒܐ ܗܝ ܡܢ
ܟܠܗܘܢ ܝܪ̈ܘܩܝܐ ܘܗܘܝܐ
ܐܝܠܢܐ ܘܐܬܝܐ ܦܪܚܬ
ܥܘܦܐ ܘܫܪܝܐ ܒܣܘܟܘܗܝ:
ܡܬܠܐ ܐܚܪܢܐ ܕܡܡܠܐ 33
ܡܠܟܘܬܐ ܕܫܡܝܐ
ܠܚܡܝܪܐ ܕܢܣܒܬ ܐܢܬܬܐ
ܐܛܫܬ ܒܬܠܬ ܣܐܝܢ
ܩܡܚܐ ܥܕܡܐ ܕܗܘܐ
ܟܘܠܗ ܚܡܝܪܐ ܗܠܝܢ 34
ܟܠܗܝܢ ܡܠܠ ܝܫܘܥ
ܠܟܢܫܝܐ ܒܡܬ̈ܠܐ ܘܕܠܐ
ܦܠܐܬܐ ܠܐ ܡܡܠܠ
ܗܘܐ ܥܡܗܘܢ ܕܬܬܡܠܐ 35
ܡܕܡ ܕܐܬܡܠܠ ܒܢܒܝܐ
ܕܐܡܪ ܐܗܘܐ ܐܦܬܚ
ܦܘܡܝ ܒܡܬ̈ܠܐ ܘܐܡܪ
ܒܛ̈ܘܬܐ ܕܡܢ ܩܕܝܡ ·܀·
ܗܝܕܝܢ ܫܒܩ ܠܟܢܫܝܐ 36
ܘܐܬܐ ܠܒ̈ܝܬܐ ܘܩܪܒܘ
ܬܠܡ̈ܝܕܘܗܝ ܘܐܡܪܝܢ ܠܗ
ܦܫܩ ܠܢ ܡܬܠܐ ܗܘ
ܕܙܝ̈ܙܢܐ ܕܩܪܝܬܐ ܗܘ ܕܝܢ 37
ܥܢܐ ܘܐܡܪ ܠܗܘܢ ܙܪܘܥܗ
ܕܙܪܥܐ ܛܒܐ ܒ̈ܪܗ ܗܘ
ܕܐܢܫ̈ܐ ܘܩܪܝܬܐ ܥܠܡܐ 38

Mt xiii

38 ܗܝ. ܘܙܪܥܐ ܛܒܐ ܗܠܝܢ
ܐܢܘܢ ܒܢ̈ܘܗ ܕܡܠܟܘܬܐ
ܘܙܝ̈ܙܢܐ ܒܢ̈ܘܗܝ ܐܢܘܢ
39 ܕܒܝܫܐ. ܘܙܪܘܥܗܘܢ ܗܘܐ
ܒܝܫܐ ܘܚܨܕܐ ܫܘܠܡܗ
ܕܥܠܡܐ ܘܚܨ̈ܘܕܐ
40 ܡܠܐܟܐ ܐܝܟܢܐ ܗܟܝܠ
ܕܡܬܠܩܛܝܢ ܙܝ̈ܙܢܐ ܘܡܬܝܩܕܝܢ
ܒܢܘܪܐ ܗܟܢܐ ܝܗܘܐ
ܒܫܘܠܡܗ ܕܥܠܡܐ.
41 ܝܫܕܪ ܒܪܗ ܕܐܢܫܐ
ܡܠܐܟܘܗܝ ܘܝܠܩܛܘܢ ܡܢ
ܒܝܬ ܡܠܟܘܬܗ ܟܘܠܗܘܢ
ܬܘܩܠܐ ܘܟܠܗܘܢ ܥ̈ܒܕܝ
42 ܥܘܠܐ ܘܝܪܡܘܢ ܐܢܘܢ
ܒܐܬܘܢܐ ܕܢܘܪܐ ܬܡܢ
ܝܗܘܐ ܒܟܝܐ ܘܚܘܪܩ
43 ܫ̈ܢܝܐ ܗܝܕܝܢ ܙܕܝ̈ܩܐ
ܝܢܗܪܘܢ ܒܡܠܟܘܬܐ
ܕܐܒܘܗܘܢ. ܡܢ ܕܐܝܬ
ܠܗ ܐܕܢܐ ܕܫܡܥ ܝܫܡܥ

44 ܕܡܝܐ ܡܠܟܘܬܐ ܕܫܡܝܐ
ܠܣܝܡܬܐ ܕܛܡܝܪܐ
ܒܩܪܝܬܐ. ܕܡܢ ܕܐܫܟܚܗ
ܛܫܝܗ. ܘܒܚܕܘܬܗ.
ܐܙܠ ܙܒܢ ܟܠ ܕܐܝܬ ܠܗ
ܘܙܒܢ ܠܗ ܠܩܪܝܬܐ ܗܝ ·܀·

45 ܬܘܒ ܕܡܝܐ ܡܠܟܘܬܐ

Mt xiii

45 ܕܫܡܝܐ ܠܓܒܪܐ ܬܓܪܐ
ܕܒܥܐ ܗܘܐ ܡܪܓܢܝܬܐ
46 ܘܟܕ ܐܫܟܚ ܡܪܓܢܝܬܐ
ܚܕܐ ܝܩܝܪܬܐ ܘܐܙܠܬ
ܕܡܢܝܐ ܐܙܠ ܙܒܢ ܟܠ ܡܐ
ܕܐܝܬ ܠܗ ܘܙܒܢܗ ܠܗ .܀.

47 ܬܘܒ ܕܡܝܐ ܡܠܟܘܬܐ
ܕܫܡܝܐ ܠܡܨܝܕܬܐ ܪܡܝܬܐ
ܕܢܦܠܬ ܒܝܡܐ ܘܡܢ ܟܠ
48 ܓܢܣ ܟܢܫܬ ܟܕ ܡܠܝܘܗ
ܕܡ ܢܓܕܘܗ ܠܣܦܪ. ܝܡܐ
ܘܝܬܒܘ ܓܒܘ ܢܩ̈ܪܐ
ܕܛ̈ܒܝܢ ܓܒܝܢ ܘܒܝܫܝܢ
49 ܟܕܘ ܐܢܘܢ ܠܒܪ ܗܟܢܐ
ܢܗܘܐ ܒܫܘܠܡܗ ܕܥܠܡܐ
ܢܦܩܘܢ ܡܠܐܟܐ ܘܢܦܪܫܘܢ
ܠܒܝܫ̈ܐ ܡܢ ܒܝܢܬ ܙܕܝ̈ܩܐ
50 ܘܢܪܡܘܢ ܐܢܘܢ ܒܐܬܘܢܐ
ܕܢܘܪܐ ܬܡܢ ܝܗܘܐ
ܒܟܝܐ ܘܚܘܪܩ ܫܢܝܐ
51 ܐܣܬܟܠܬܘܢ ܗܠܝܢ
ܟܠܗܝܢ ܐܡܪܝܢ ܠܗ ܐܝܢ
52 ܐܡܪ ܠܗܘܢ ܡܛܠ ܗܢܐ
ܟܠ ܣܦܪ ܕܡܬܠܡܕ
ܠܡܠܟܘܬ ܫܡܝܐ ܕܡܐ
ܠܓܒܪܐ ܡܪܝܬܐ ܕܒܝܬܐ

Mt xiii

52 ܡܢ ܣܝܡܬܗ ܚܕܬܐ
53 ܘܥܬܝܩܬܐ. ܘܟܕ ܫܠܡ
ܝܫܘܥ ܡܬܠܝܐ ܗܠܝܢ
ܫܢܐ ܠܗ ܡܢ ܬܡܢ
54 ܘܐܬܐ ܠܗ ܠܡܕܝܢܬܗ.
ܘܡܠܦ ܗܘܐ ܠܗܘܢ
ܒܟܢܫܬܗܘܢ ܐܝܟ
ܕܬܡܗܘܢ ܘܐܡܪܝܢ
ܐܝܡܟܐ ܠܗ ܠܗܢܐ
ܗܕܐ ܚܟܡܬܐ ܟܠܗ
55 ܘܚܝܠܐ ܠܐ ܗܘܐ ܗܢܐ
ܒܪ ܝܘܣܦ ܘܫܡܗ
ܠܐܡܗ ܡܪܝܡ ܘܐܚܘܗܝ
ܝܥܩܘܒ ܘܝܘܣܦ
ܘܫܡܥܘܢ ܘܝܗܘܕܐ
56 ܘܐܚܘܬܗ ܟܠܗܝܢ ܠܘܬܢ
ܡܢ ܐܝܡܟܐ ܠܗ ܗܠܝܢ
57 ܟܠܗܝܢ ܠܗܢܐ ܘܡܬܟܫܠܝܢ
ܗܘܘ ܒܗ ܝܫܘܥ ܕܝܢ
ܐܡܪ ܠܗܘܢ . . .
ܕܡܬܓܒܪ ܐܠܐ . .
ܘܒܒܝܬܗ . . .
58 . . . . . .
ܡܛܠ . . . . .
ܗܝܡܢܘܬܗܘܢ

xiv

1 ܒܙܒܢܐ . . ܫܡܥ
ܗܪܘܕܣ . . ܪܒܥܝܢܐ

Mt xiv 1, ܫܡܥܗ ܕܝܫܘܥ . ܘܐܡܪ
2 ܠܥ̈ܒܕܘܗܝ . . . ܝܘܚܢ
ܡܥܡܕܢܐ ܩܡ ܡܢ
ܒܝܬ ܡܝܬܝܐ ܡܛܠ ܗܕܐ
3 ܥܒܕ ܚܝܠܗ . ܗܪܘܕܣ
ܓܝܪ ܐܚܕܗ ܗܘܐ
ܠܝܘܚܢ ܘܐܣܪܗ ܒܒܝܬ
ܐܣܝܪܐ ܡܛܠ ܗܪܘܕܝܐ
ܐܢܬܬ ܦܝܠܝܦܘܣ ܐܚܘܗܝ.
4 ܐܡܪ ܗܘܐ ܠܗ ܓܝܪ
ܝܘܚܢ ܕܠܐ ܫܠܝܛ ܠܟ
5 ܠܡܣܒܗ. ܘܨܒܐ ܗܘܐ
ܠܡܩܛܠܗ ܘܕܚܠ ܗܘܐ
ܡܢ ܥܡܐ ܡܛܠ ܕܐܝܟ
ܕܠܢ̈ܒܝܐ ܐܚܝܕܝܢ ܗܘܘ ܠܗ
6 ܘܟܕ ܗܘܐ ܒܝܬ ܝܠܕܗ ܕܗܪܘܕܣ
ܚܠܬ ܪܩܕܬ ܒܪܬܗ
ܕܗܪܘܕܝܐ ܘܫܦܪܬ
7 ܠܗܪܘܕܣ ܘܐܫܬܒܥ ܠܗ
ܒܡܘܡܬܐ ܕܟܠ ܡܐ
ܕܬܫܐܠܝܢܗ ܝܬܠ ܠܗ
8 ܗ̇ܝ ܕܝܢ ܡܛܠ . . .
ܗܘܬ ܡܢ ܐܡܗ ܐܡܪܬ
ܗܒ ܠܝ ܗ̇ܪܟܐ ܒܦܝܢܟܐ
ܪܫܗ ܕܝܘܚܢ ܡܥܡܕܢܐ
9 . . . . ܘܡܛܠ
. . ܘܡܛܠ ܡܘܡܬܐ

Mt xiv 9 ܦܩܕ ܕܬܬܝܗܒ . .
10 ܘܫܕܪ ܫܩܠ ܪܫܗ
ܕܝܘܚܢ ܡܢ ܒܝܬ ܐܣܝܪܐ
11 ܘܐܝܬܝܘ ܪܫܗ ܕܝܘܚܢ
ܒܦܝܢܟܐ ܘܐܬܝܗܒ ܠܗ
ܠܛܠܝܬܐ ܘܗܝ ܐܘܒܠܬܗ
12 ܠܐܡܗ̇ ܘܩܪܒܘ ܬܠܡܝܕܘܗܝ
ܫܠܕܗ ܘܩܒܪܘܗܝ . .
13 ܘܚܘܘ ܠܝܫܘܥ. ܫܡܥ ܕܝܢ
ܟܕ ܫܡܥ ܫܢܝ ܡܢ
ܬܡܢ ܠܐܬܪܐ . . .
ܒܠܚܘܕܘܗܝ . .
ܟܢܫܐ ܕܡܢ . . . .
ܐܙܠܘ ܠܗ . . .
. . . . . .
. . . . . .
. . . . . .
. . . . . .
. . .
. . . .
. . .
ܕܢܙܒܢܘܢ ܠܗܘܢ .
16 ܐܡܪ ܠܗܘܢ . .
ܠܗܘܢ ܠܡܐܙܠ .
ܐܬܘܢ ܠܡܝܟܠܗܘܢ . .
17 ܠܗ ܠܝܬ . .
ܚܡܫ . . .

Mt xiv

. . . . .

18 ܐܝܬܘܢ . . . .

19 ܠܗ ܘܦܩܕ ܠܟܢܫܝܐ

ܕܝܣܬܡܟܘܢ ܥܠ ܥܣܒܐ

ܘܢܣܒ ܠܗܠܝܢ ܚܡܫ

ܓܪܝܨܢ ܘܬܪܝܢ ܢܘܢܝܢ

ܘܚܪ ܒܫܡܝܐ ܘܒܪܟ

ܘܩܨܐ ܠܚܡܐ ܘܝܗܒ

ܠܬܠܡܝܕܘܗܝ ܘܬܠܡܝܕܘܗܝ

20 ܗܒܘ ܠܟܢܫܝܐ ܘܐܟܠܘ

ܟܠܗܘܢ ܘܣܒܥܘ ܘܢܣܒܘ

ܕܦܝܫܐ ܡܢ . . .

. . . . . .

Mt xiv

. . . .

24 ܘܐܙܬܠܦܘ .

ܡܚܬܐ . . .

25 ܠܘܩܒܠܗܘܢ .

ܕܝܢ ܪܒܝܥܝܬܐ

ܐܬܐ ܠܘܬܗܘܢ

ܟܕ ܡܗܠܟ . .

26 ܟܕ ܚܙܘ ܕܡܗܠܟ

ܥܠ ܝܡܐ . .

ܘܐܡܪܝܢ . .

ܘܡܢ ܕܚܠܬܗܘܢ

27 ܩܠܐ · ܘܡܠܠ .

. . . .

Mt xiv 31, 32 ܐܬܦܠܓܬ ܘܟܕ ܣܠܩܘ
ܠܣܦܝܢܬܐ ܫܬܩܬ
33 ܪܘܚܐ ܘܐܝܠܝܢ ܗܘܘ
ܕܒܣܦܝܢܬܐ ܣܓܕܘ ܠܗ
ܘܐܡܪܝܢ ܫܪܝܪܐܝܬ ܐܢܬ
ܗܘ ܒܪܗ ܕܐܠܗܐ
34 ܘܟܕ ܥܒܪܘ ܠܝܒܫܐ ܐܬܘ
35 ܠܓܢܣܪ. ܘܐܫܬܘܕܥܘܢܗ
ܓܒܪ̈ܝ ܐܬܪܐ ܗܘ ܫܕܪܘ
ܠܐܬܪܘܗ܆ ܘܐܝܬܝܘ
ܠܗ ܟܠܗܘܢ ܐܝܠܝܢ ܕܒܝܫ
36 ܒܝܫ ܒܥܝܢ ܗܘܘ ܘܒܥܝܢ
ܗܘܘ ܡܢܗ ܕܝܩܪܒܘܢ
ܠܟܢܦܐ ܕܡܪܛܘܛܗ
ܒܠܚܘܕ. ܘܟܠ ܐܝܠܝܢ
ܕܩܪܒܝܢ ܗܘܘ ܚܝܝܢ
ܗܘܘ ∘ ∘
xv 1 ܗܝܕܝܢ ܩܪܒܘ ܠܗ ܡܢ
ܐܘܪܫܠܡ ܦܪ̈ܝܫܐ
ܘܣ̈ܦܪܐ ܘܐܡܪܝܢ ܠܗ.
2 ܠܡܢܐ ܥܒܪܝܢ ܬܠܡܝܕܝܟ
ܥܠ ܦܘܩܕܢܐ ܕܩܫܝܫܐ
ܠܐ ܡܫܝܓܝܢ ܐܝܕܝܗܘܢ
3 ܘܐܟܠܝܢ ܠܚܡܐ ܗܘ ܕܝܢ
ܥܢܐ ܘܐܡܪ ܠܗܘܢ ܠܡܢܐ
ܐܦ ܐܢܬܘܢ ܥܒܪܝܢ
ܐܢܬܘܢ ܥܠ ܦܘܩܕܢܐ

Mt xv 3 ܕܐܠܗܐ ܡܛܠ ܦܘܪܕܘܣܝܟܘܢ܆
4 ܐܠܗܐ ܓܝܪ ܐܡܪ ܝܩܪ
ܠܐܒܘܟ ܘܠܐܡܟ. ܘܡܢ
ܕܡܨܚܐ ܠܐܒܘܗܝ
ܘܠܐܡܗ ܡܡܬ ܝܡܘܬ.
5 ܐܢܬܘܢ ܕܝܢ ܐܡܪܝܢ.
ܐܢܬܘܢ ܕܡܢ ܕܝܐܡܪ
ܠܐܒܘܗܝ ܘܠܐܡܗ
ܩܘܪܒܢ ܐܢ ܬܬܗܢܐ
6 ܡܢܝ. ܘܗܢܐ ܠܐ ܠܐܒܘܗܝ
ܘܠܐ ܠܐܡܗ ܡܝܩܪ.
ܘܒܛܠܬܘܢ ܡܠܬܐ ܕܐܠܗܐ
7 ܡܛܠ ܦܘܪܕܘܣܝܟܘܢ܆ ܢܣܒܝ
ܒܐܦܐ ܫܦܝܪ ܐܬܢܒܝ
ܥܠܝܟܘܢ ܐܫܥܝܐ ܢܒܝܐ
8 ܕܐܡܪ ܗܘܐ ܥܡܐ ܗܢܐ
ܒܣܦܘܬܗ ܗܘ ܡܝܩܪ
ܠܝ. ܘܠܒܗ ܪܚܝܩ ܡܢܝ.
9 ܣܪܝܩܐܝܬ ܕܝܢ ܕܚܠܝܢ
ܠܝ ܡܠܦܝܢ ܝܘܠܦܢܐ
ܕܦܘܩܕܢܐ ܕܒܢܝ ܐܢܫܐ ⁘
10 ܘܩܪܐ ܠܟܢ̈ܫܐ ܘܐܡܪ
ܠܗܘܢ ܫܡܥܘ ܘܐܣܬܟܠܘ
11 ܕܠܐ ܗܘܐ ܡܕܡ ܕܥܐܠ
ܠܦܘܡܐ ܡܣܝܒ ܠܗ
ܠܒܪ ܐܢܫܐ ܐܠܐ ܡܕܡ
ܕܢܦܩ ܡܢ ܦܘܡܐ. ܗܘ
. . . ܠܒܪ ܐܢܫܐ

Mt xv 12 ܗܝܕܝܢ ܩܪܒܘ ܬܠܡܝܕܘܗܝ
ܘܐܡܪܝܢ ܠܗ ܝܕܥܬ
ܕܦܪܝܫܝ ܟܕ ܫܡܥܘ ܡܠܬܐ
13 ܗܕܐ ܐܬܟܫܠܘ. ܗܘ ܕܝܢ
ܥܢܐ ܘܐܡܪ ܥܠ ܢܨܒܬܐ
ܕܐܒܐ ܕܒܫܡܝܐ ܠܐ
14 ܢܨܒܗ ܬܬܥܩܪ ܫܒܘܩܘ
ܠܗܘܢ ܢܓܘܕܐ ܐܢܘܢ
ܕܣܡܝܐ. ܣܡܝܐ ܕܝܢ
ܕܠܣܡܝܐ ܡܕܒܪ ܒܬܪܗ
15 ܒܓܘܡܨܐ ܢܦܠ. ܥܢܐ
ܫܡܥܘܢ ܟܐܦܐ ܘܐܡܪ
ܠܗ ܦܫܩ ܠܝ ܡܬܠܐ ܗܢܐ
16 ܐܡܪ ܠܗ ܐܦܠܐ ܐܢܬܘܢ
ܒܕܡܐ ܠܗܫܐ
17 ܡܣܬܟܠܝܢ ܐܢܬܘܢ ܠܐ
ܝܕܥܝܢ ܐܢܬܘܢ ܕܟܠ ܡܕܡ
ܕܥܐܠ ܠܦܘܡܐ ܠܟܪܣܐ
ܗܘ ܐܙܠ. ܘܡܢ ܬܡܢ
ܡܫܬܕܐ ܒܡܬܕܝܬܐ
18 ܘܡܕܡ . . ܕܢܦܩ
ܡܢ ܦܘܡܐ . . ܢܦܩ
ܘܗܘ ܡܣܐܒ ܠܗ ܠܒܪ
19 ܐܢܫܐ ܡܢ ܠܒܐ ܗܘ ܓܝܪ
ܢܦܩܝܢ ܡܚܫܒܬܐ ܒܝܫܬܐ
ܕܩܛܠܐ ܘܓܘܪܐ ܘܙܢܝܘܬܐ
ܘܓܢܒܘܬܐ ܘܣܗܕܘܬܐ
20 ܕܫܘܩܪܐ ܘܓܘܕܦܐ ܗܠܝܢ
ܐܢܝܢ ܕܡܣܐܒܢ ܠܗ ܠܒܪ

Mt xv 20 ܐܢܫܐ ܟܕ ܐܢܫ ܓܝܪ
ܢܐܟܘܠ ܠܚܡܐ ܟܕ ܠܐ
ܡܫܝܓ ܐܝܕܘܗܝ ܠܐ
ܡܣܬܐܒ ܒܪ ܐܢܫܐ
21 ܘܢܦܩ ܝܫܘܥ ܡܢ ܬܡܢ
ܘܐܙܠ ܠܗ ܠܬܚܘܡܐ
22 ܕܨܘܪ ܘܨܝܕܢ. ܘܗܐ
ܐܢܬܬܐ ܟܢܥܢܝܬܐ
ܢܦܩܬ ܡܢܗܘܢ ܡܢ
ܬܚܘܡܐ ܗܢܘܢ ܘܓܥܬ · ܬ
ܘܐܡܪܐ ܪܚܡ ܥܠܝ ܡܪܝ
ܒܪܗ ܕܕܘܝܕ ܒܪܬܝ
ܒܝܫܐܝܬ ܡܬܕܒܪܐ
23 ܡܢ . . . . ܕܝܢ
ܠܐ ܝܗܒ ܠܗ ܦܬܓܡܐ
ܘܩܪܒܘ ܬܠܡܝܕܘܗܝ
ܘܒܥܘ ܡܢܗ . . .
. . . ܕܗܐ ܩܥܝܐ
24 ܘܐܬܝܐ ܒܬܪܢ ܗܘ ܕܝܢ
ܥܢܐ ܘܐܡܪ ܠܗܘܢ ܠܐ
ܐܫܬܕܪܬ ܐܠܐ ܠܘܬ
. . . ܕܐܒܕܝܢ ܡܢ
25 ܒܝܬ ܐܝܣܪܐܝܠ ܗܝ
ܕܝܢ ܩܪܒܬ ܣܓܕܬ ܠܘܬܗ
. . ܠܗ ܡܪܝ ܥܕܪܢܝ.
26 ܗܘ ܕܝܢ ܥܢܐ ܘܐܡܪ
ܠܗ ܠܐ ܘܠܐ ܠܡܣܒ
ܠܚܡܐ ܕܒܢܝܐ ܘܪܡܝܢ
27 ܠܟܠܒܝܐ ܐܡܪܐ ܠܗ ܐܝܢ
ܡܪܝ ܐܦ ܟܠܒܝܢ

Mt xv 27 ܐܟܠܝܢ ܡܢ ܦܬܘܬ̈ܐ
28 ܕܡܪ̈ܝܗܘܢ ܘܗܝܢ. ܝܫܘܥ
ܥܢܐ ܘܐܡܪ ܐܘ ܐܢܬܬܐ
ܪܒܐ ܗܝ ܗܝܡܢܘܬܟܝ
ܢܗܘܐ ܠܟܝ ܐܝܟ ܕܨܒܝܬܝ.
ܘܡܢ ܗܝ ܫܥܬܐ
29 ܐܬܐܣܝܬ ܒܪܬܗ ܘܫܢܝ
ܠܗ ܡܢ ܬܡܢ ܝܫܘܥ
ܘܐܬܐ ܠܗ ܥܠ ܝܕ
ܝܡܐ ܕܓܠܝܠܐ ܘܣܠܩ.
ܝܬܒ ܠܗ ܒܛܘܪܐ
30 ܘܩܪܒܘ ܠܗ ܟܢ̈ܫܐ
ܣܓܝ̈ܐܐ ܘܐܝܬ
ܒܗܘܢ ܚܓܝ̈ܪܐ
ܘܣܡܝ̈ܐ ܘܚܓ̈ܝܣܐ
ܘܚܪ̈ܫܐ ܘܦ̈ܟܝܐ
ܐܚܪ̈ܢܐ. ܘܫܕܘ ܐܢܘܢ
ܬܚܘܬ ܪ̈ܓܠܘܗܝ ܘܐܣܝܢ
31 ܐܢܘܢ ܘܐܬܕܡܪܘ ܗܘܘ
ܟܢܫܐ ܕܚܙܝܢ ܚܪ̈ܫܐ
ܕܡܡܠܠܝܢ ܘܚܓܝ̈ܪܐ
ܕܡܗܠܟܝܢ ܘܣܡܝܐ
ܕܚܙܝܢ ܘܡܫܒܚܝܢ ܗܘܘ
ܠܐܠܗܐ ܕܐܝܣܪܐܝܠ ܀
32 ܘܩܪܐ ܝܫܘܥ ܠܬܠܡܝܕܘܗܝ
ܘܐܡܪ ܡܬܪܚܡ ܐܢܐ
ܥܠ ܟܢܫܐ ܗܢܐ ܕܗܐ
ܬܠ̈ܬܐ ܝܘܡܝܢ ܘܩܘܝܢ

Mt xv 32 ܠܘܬܝ. ܘܠܝܬ ܠܗܘܢ ܡܕܡ
ܕܢܐܟܠܘܢ ܘܕܐܫܪܐ ܐܢܘܢ
ܟܕ ܨܝܡܝܢ ܠܐ ܨܒܝܢܐ.
ܕܠܐ ܢܦܫܘܢ ܠܗܘܢ
33 ܒܐܘܪܚܐ. ܐܡܪܝܢ ܠܗ
ܬܠܡܝܕܘܗܝ. ܡܢ ܐܝܟܐ
ܠܢ ܠܚܡܐ ܒܚܘܪܒܐ
ܠܡܣܒܥܘ ܠܟܠܗ ܟܢܫܐ
34 ܗܢܐ ܐܡܪ ܠܗܘܢ ܝܫܘܥ
ܟܡܐ ܠܚ̈ܡܝܢ ܐܝܬ
ܠܟܘܢ. ܐܡܪܝܢ ܫܒܥ
ܦܬ̈ܝܢ ܘܙܥܘܪܐ ܩܠܝܠ
35 ܘܦܩܕ ܠܟܢܫܐ ܕܢܣܬܡܟܘܢ:
36 ܥܠ ܐܪܥܐ ܘܢܣܒ
ܠܗܠܝܢ ܫܒܥ ܦܬ̈ܝܢ
ܘܢܘ̈ܢܐ. ܘܒܪܟ ܘܩܨܐ
ܘܝܗܒ ܠܬܠܡܝܕܘܗܝ
ܘܬܠܡܝܕܘܗܝ ܝܗܒܘ
37 ܠܟܢ̈ܫܐ ܘܐܟܠܘ ܟܠܗܘܢ
ܘܣܒܥܘ. ܘܫܩܠܘ ܡܢ
ܦܕܝܬܪܘܢ ܬܘܬ̈ܪܐ
ܕܩ̈ܨܝܐ ܫܒܥܐ ܣܦܪ̈ܝܢ
38 ܟܕ ܡ̈ܠܝܢ. ܗܘܝܢ ܗܘܘ ܕܝܢ
ܐܢܫܐ ܕܐܟܠܘ ܐܪܒܥܐ
ܐ̈ܠܦܝܢ ܒܪ ܡܢ ܢܫ̈ܐ
39 ܘܛܠܝܐ ܘܟܕ ܫܪܐ ܠܟܢܫܐ
ܣܠܩ ܝܬܒ ܠܗ ܒܣܦܝܢܬܐ
ܘܐܬܐ ܠܗ ܠܬܚܘܡܐ
ܕܡܓܕܢ.
xvi 1 ܘܩܪܒܘ ܦܪ̈ܝܫܐ ܘܙܕܘܩܝܐ

Mt xvi 1 ܡܢܣܝܢ ܠܗ ܘܫܐܠܝܢ ܠܗ
ܐܬܐ ܡܢ ܫܡܝܐ
2 ܕܢܚܘܝܐ ܐܘܢ̈ ܗܘ ܕܝܢ
4 ܕܪܐ ܒܝܫܐ ܘܐܡܪ ܡܥܪܒܬܐ
ܒܥܝܬܐ ܘܓܢܪܬܐ ܐܬܐ
ܒܥܝܐ. ܘܐܬܐ ܠܐ
ܬܬܝܗܒ ܠܗ. ܐܠܐ ܐ̄
ܐܬܗ ܕܝܘܢܢ ܢܒܝܐ
ܘܫܒܩ ܐܢܘܢ ܘܐܙܠ ܠܗ
5 ܘܟܕ ܐܬܘ ܠܥܒܪܐ ܛܥܘ
ܬܠܡܝܕܘܗܝ ܕܢܣܒܘܢ
6 ܠܚܡܗܘܢ ܠܝܫܘܥ ܐܡܪ
ܠܗܘܢ ܚܙܘ ܐܙܕܗܪܘ
ܡܢ ܚܡܝܪܐ ܕܦܪ̈ܝܫܐ
7 ܘܙܕ̈ܘܩܝܐ ܗܢܘܢ ܕܝܢ
ܡܬܚܫܒܝܢ ܗܘܘ
ܒܝܢܬܗܘܢ ܕܠܐ ܢܣܒܘ
8 ܠܚܡܗܘܢ ܠܝܫܘܥ ܝܕܥ
ܕܝܢ ܚܕ ܘܐܡܪ ܡܢܐ
ܡܬܚܫܒܝܢ ܐܢܬܘܢ
ܒܢܦܫܟܘܢ ܚܣܝܪܝ ܗܝܡܢܘܬܐ
ܕܠܐ ܢܣܒܬܘܢ ܠܚܡܐ
9 ܠܝܫܘܥ ܠܐ ܟܕܘ ܠܗܟܐ
ܡܣܬܟܠܝܢ ܐܢܬܘܢ ܠܐ
ܟܕܝܢ ܐܢܬܘܢ ܠܚܡܫܐ
ܠܚܡܝܢ ܘܚܡܫܐ ܐ̈ܠܦܝܢ
ܕܐܟܠܘ ܠܗܘܢ ܘܟܡܐ
ܩܘܦܝܢ ܢܣܒܬܘܢ ܡܢ

Mt xvi 9, 10 ܘܐܘܪܒܥܗܘܢ ̈ ܐܠܦܐ
ܠܗܘܢ ܫܒܥܐ ܠܚܡܝܢ
ܘ̈ . ܐܪܒܥܐ ܐ̈ܠܦܝܢ
ܕܐܟܠܘ ܡܢܗܘܢ ܘܟܡܐ
ܣܦܪܝܢ ܢܣܒܬܘܢ ܡܢ
11 ܘܟܝܢܗܘܢ ܐܝܟܢ ܠܐ
ܡܣܬܟܠܝܢ ܐܢܬܘܢ ܕܠܐ
ܗܘܐ ܥܠ ܠܚܡܐ ܐܡܪܬ
ܠܟܘܢ ܐܙܕܗܪܘ ܡܢ
ܚܡܝܪܐ ܕܦܪ̈ܝܫܐ ܘܙܕ̈ܘܩܝܐ
12 ܗܝܕܝܢ ܐܣܬܟܠܘ ܕܠܐ
ܗܘܐ ܡܢ ܚܡܝܪܐ
ܐܡܪ ܠܐܙܕܗܪܘ ܐܠܐ
ܡܢ ܝܘܠܦܢܗܘܢ ܕܦܪ̈ܝܫܐ
13 ܘܙܕ̈ܘܩܝܐ. ܘܟܕ ܐܬܐ
ܝܫܘܥ ܠܬܚܘܡܐ ܕܩܣܪܝܐ
ܕܦܝܠܝܦܘܣ ܡܫܐܠ
ܗܘܐ ܠܬܠܡܝܕܘܗܝ ܘܐܡܪ
ܡܢܐ ܐܡܪ̈ܝܢ ܥܠ ܐܢܫܐ
ܡܢܘ ܠܝ ܗܘܐ ܒܪܗ
14 ܕܐܢܫܐ ܐܡܪ̈ܝܢ ܠܗ
ܐܝܬ ܕܐܡܪ̈ܝܢ ܕܝܘܚܢܢ
ܗܘ ܡܥܡܕܢܐ. ܐܚܪ̈ܢܐ
ܐܡܪ̈ܝܢ ܕܐܠܝܐ ܗܘ
ܐܚܪ̈ܢܐ ܐܡܪ̈ܝܢ ܕܐܪܡܝܐ
ܗܘ. ܐܚܪ̈ܢܐ ܐܡܪ̈ܝܢ
ܕܚܕ ܡܢ ܢܒܝܐ ܗܘ
15 ܐܡܪ ܠܗܘܢ ܐܢܬܘܢ

[*Lost*]

[*Lost*]

fol. 23.

Mt xvii 11, 12 ܡܕܡ. ܐܡܪܢܐ ܠܗܘܢ ܕܝܢ
ܕܐܦ ܐܠܝܐ ܐܬܐ ܘܠܐ
ܝܕܥܘܗܝ ܐܠܐ ܥܒܕܘ
ܒܗ ܟܠ ܡܐ ܕܨܒܘ.
ܘܒܪܗ ܕܐܢܫܐ ܥܬܝܕ
ܗܘ ܕܢܚܫ ܡܢܗܘܢ.
13 ܗܝܕܝܢ ܐܣܬܟܠܘ ܬܠܡܝ̈ܕܘܗܝ
ܕܥܠ ܝܘܚܢܢ ܗܘ ܐܡܪ
ܠܗܘܢ ܀
14 ܘܟܕ ܐܬܐ ܝܫܘܥ ܠܘܬ
ܟܢܫܐ ܐܬܐ ܓܒܪܐ ܚܕ
ܢܦܠ ܥܠ ܒܘܪ̈ܟܘܗܝ.
15 ܘܐܡܪ ܐܬܪܚܡ ܥܠ
ܒܪܝ ܪܘܚ ܦܠܓܐ ܒܕܝܐ
ܥܠܘܗܝ ܘܡܫܢܢܐܝܬ
ܥܒܕ ܘܙܒܢܐ ܣܓܝܐܢ
ܓܒܪ ܒܢܘܪܐ ܢܦܠ
ܘܙܒܢܐ ܣܓܝܐܢ ܒܡ̈ܝܐ.
16 ܘܩܪܒܬܗ ܠܬܠܡܝ̈ܕܝܟ
ܘܠܐ ܐܫܟܚܘ ܠܡܐܣܝܘܬܗ
17 ܥܢܐ ܝܫܘܥ ܘܐܡܪ ܐܘ
ܫܪܒܬܐ ܡܥܩܡܬܐ
ܘܕܠܐ ܗܝܡܢܘ ܥܕܡܐ
ܠܐܡܬܝ ܐܗܘܐ
ܠܘܬܟܘܢ ܘܐܣܝܒܪܟܘܢ
ܐܝܬܝܘܗܝ ܠܝ ܠܗܪܟܐ

Mt xvii 17, 18 ܠܗܪܟܐ ܘܟܐܐ ܒܗ
ܝܫܘܥ ܘܢܦܩ ܡܢܗ
ܫܐܕܐ. ܘܡܢ ܗܝ
ܫܥܬܐ ܐܬܐܣܝ ܗܘ
19 ܛܠܝܐ ܗܝܕܝܢ ܩܪܒܘ
ܬܠܡܝ̈ܕܘܗܝ ܒܝܢܝܗܘܢ
ܠܗ. ܘܐܡܪܝܢ ܠܡܢܐ
ܠܐ ܐܫܟܚܢ ܐܢܚܢ
20 ܠܡܐܣܝܘܬܗ. ܐܡܪ
ܠܗܘܢ ܡܛܠ ܕܠܝܬ ܠܟܘܢ
ܗܝܡܢܘܬܐ. ܐܡܝܢ ܓܝܪ
ܐܡܪܢܐ ܠܟܘܢ ܕܐܠܘ
ܐܝܬ ܗܘܬ ܒܟܘܢ
ܗܝܡܢܘܬܐ ܐܝܟ ܦܪܕܬܐ
ܕܚܪܕܠܐ ܐܡܪܬܘܢ ܕܝܢ
ܠܛܘܪܐ ܗܢܐ ܕܐܫܬܢܐ
ܘܫܢܐ. ܘܡܕܡ ܠܐ
22 ܢܫܬܟܚ ܠܟܘܢ. ܘܟܕ ܗܘܘ
ܡܬܗܦܟܝܢ ܒܓܠܝܠܐ
ܐܡܪ ܠܗܘܢ ܝܫܘܥ
ܥܬܝܕ ܗܘ ܒܪܗ ܕܐܢܫܐ
ܕܢܫܬܠܡ ܒܐܝ̈ܕܝ ܒܢ̈ܝ
23 ܐܢܫܐ ܘܢܩܛܠܘܢܗ
ܘܡܢ ܒܬܪ ܬܠܬܐ ܝܘܡܝܢ
ܢܩܘܡ ܘܟܪܝܬ ܠܗܘܢ
24 ܛܒ ܘܟܕ ܐܬܘ
ܠܟܦܪܢܚܘܡ ܐܬܘ ܗܢܘܢ

ܕܓܒܝܢ ܗܘܐ ܘܐܡܪܝܢ Mt xvii 24
ܠܫܡܥܘܢ ܪܒܟ ܠܐ
ܝܗܒ ܕܝܪܕܘܢ. ܐܡܪ ܐܝܢ 25
ܘܟܕ ܥܠ ܠܒܝܬܗ ܩܕܡܗ
ܝܫܘܥ ܘܐܡܪ ܠܗ ܡܢܐ
ܡܬܚܙܐ ܠܟ ܫܡܥܘܢ܆
ܡ̈ܠܟܝܗ ܕܐܪܥܐ ܡܢ ܡܢ
ܢܣܒܝܢ ܡܟܣܐ. ܘܟܣܦ
ܪܫܐ. ܡܢ ܒܢܝܗܘܢ ܐܘ ܡܢ
ܢܘܟ̈ܪܝܐ. ܐܡܪ ܠܗ ܡܢ 26
ܢܘܟ̈ܪܝܐ ܐܡܪ ܠܗ ܝܫܘܥ
ܡܕܝܢ ܒ̈ܢܝ ܚܐܪܐ ܐܢܘܢ
ܒܢܝܐ. ܕܠܐ ܕܝܢ ܢܟܫܠ 27
ܐܢܘܢ. ܐܙܠ ܐܡܪܐ ܝܡܬܐ
ܒܡܝܐ ܘܢܘܢܐ ܩܕܡܝܐ
ܕܣܠܩ ܣܒ ܘܦܬܚ
ܦܘܡܗ. ܘܬܫܟܚ ܣܬܪ
ܐܣܬܪܐ ܗܒ ܠܗܘܢ
ܚܠܦܝ ܘܚܠܦܝܟ. ܒܗܘ xviii 1
ܫܥܬܐ ܩܪܒܘ ܬܠܡܝ̈ܕܘܗܝ
ܐܡܪܝܢ ܠܗ. ܡܢܘ ܟܝ
ܢܗܘܐ ܪܒ ܒܡܠܟܘܬܐ
ܕܫܡܝܐ. ܘܩܪܐ ܝܫܘܥ 2
ܠܛܠܝܐ ܚܕ ܘܐܩܝܡܗ
ܒܝܢܬܗܘܢ ܘܐܡܪ ܐܡܝܢ 3
ܐܡܪܢܐ ܠܟܘܢ ܕܐܠܐ
ܬܬܦܢܘܢ ܘܬܗܘܘܢ ܐܝܟ

ܛܠܝ̈ܐ. ܠܐ ܬܥܠܘܢ Mt xviii 3
ܠܡܠܟܘܬܐ ܕܫܡܝܐ. ܡܢ 4
ܕܡܟܝܟ ܟܢ ܢܦܫܗ ܐܝܟ
ܛܠܝܐ ܗܢܐ ܗܘ ܢܗܘܐ
ܪܒ ܒܡܠܟܘܬܐ ܕܫܡܝܐ
ܘܟܠ ܕܢܩܒܠ ܐܝܟ 5
ܚܕ ܡܢ ܗܠܝܢ ܛܠܝ̈ܐ
ܒܫܡܝ ܠܝ ܗܘ ܡܩܒܠ
ܘܟܠ ܕܢܟܫܠ ܠܚܕ ܡܢ 6
ܗܠܝܢ ܙܥܘܪ̈ܐ. ܕܡܗܝܡܢܝܢ
ܒܝ. ܦܩܚ ܗܘܐ ܠܗ
ܕܬܗܘܐ ܪܚܝܐ ܪܚܝܐ
ܕܚܡܪܐ ܒܨܘܪܗ
ܘܡܛܒܥ ܒܥܘܡܩܐ
ܕܝܡܐ ܀
ܘܝ ܠܗ ܠܥܠܡܐ ܡܢ 7
ܡܟܫܘ̈ܠܐ ܕܐܬܝܢ.
ܕܐܬܝܢ ܐܢܘܢ ܟܢ ܕܝܐܬܘܢ
ܡܟܫܘ̈ܠܐ ܐܠܐ ܘܝ
ܠܓܒܪܐ ܕܒܐܝܕܗ ܝܐܬܘܢ܆
ܐܢ ܕܝܢ ܐܝܕܟ ܐܘ ܪܓܠܟ 8
ܡܟܫܠܐ ܠܟ ܦܣܘܩ
ܫܕܝܗ ܡܢܟ. ܦܩܚ
ܠܟ ܓܝܪ ܕܬܐܬܐ
ܠܚ̈ܝܐ ܟܕ ܐܢ ܚܓܝܪ ܐܢܬ
ܐܘ ܟܕ ܚܓܝܡ ܘܠܐ ܟܕ
ܐܝܬ ܠܟ ܬܪ̈ܬܝܢ ܐܝ̈ܕܝܢ
ܐܘ ܬܪ̈ܬܝܢ ܪ̈ܓܠܝܢ
ܘܬܐܙܠ ܠܢܘܪܐ ܕܠܥܠܡ.

Mt xviii 9 ܐܝ ܛܒܝܢ ܕܡܥܠܐ ܠܟ
ܚܝܝܗ ܒܚܕܗ ܡܚܝܝܢ
ܦܘܫ ܠܟ ܓܒܪ ܕܬܦܘܠ
ܠܢܘܪܐ. ܒܕ ܐܝܬ . .
ܥܝܢܐ ܘܠܐ ܒܕ ܐܝܬ
ܬܪ̈ܬܝܢ ܕܬܐܙܠ ܠܓܗܢܐ
ܕܢܘܪܐ
10 ܚܘܘ ܕܠܡܐ ܬܒܣܘܢ ܚܕ
ܡܢ ܗܠܝܢ ܙܥܘ̈ܪܝܐ. ܐܡܝܢܐ
ܠܟܘܢ ܓܒܪ ܕܡܠܐܟܝܗܘܢ
ܒܫܡܝܢ ܚܙܝܢ ܐܦܘܗܝ.
12 ܕܐܒܝ ܕܒܫܡܝܐ ܐܝܢܐ
ܡܬܚܙܝܐ ܠܟܘܢ ܐܢ ܗܘܘܢ
ܠܓܒܪܐ ܡܐܐ ܥܢܐ
ܘܬܛܥܐ ܚܕܐ ܡܢܗܘܢ
ܘܠܐ ܫܒܩ ܬܫ̈ܥܝܢ
ܘܬܫܥ ܒܛܘܪܐ ܘܐܙܠ
13 ܒܥܐ ܠܗ. ܕܛܥܬ ܘܐܢ
ܕܐܫܟܚܗ . . ܐܡܝܢܐ
ܠܟܘܢ ܕܚܕܐ ܒܗ ܝܬܝܪ
ܡܢ ܗܠܝܢ ܬܫ̈ܥܝܢ ܘܬܫܥ
14 ܕܠܐ ܟܦܝܢ ܗܘܝܐ ܠܐ ܨܒܐ
ܐܒܐ ܕܒܫܡܝܐ. ܕܢܐܒܕ
ܚܕ ܡܢ ܗܠܝܢ ܙܥܘ̈ܪܝܐ ❖
15 ܐܢ ܕܝܢ ܢܣܟܠ ܒܟ
ܐܚܘܟ. ܐܟܣܝܗ ܒܝܢܟ
ܘܠܗ. ܐܢ ܫܡܥܟ ܬܪܬ
16 ܐܚܘܟ. ܐܢ ܕܝܢ ܠܐ
ܢܫܡܥܟ. ܕܒܪ ܥܡܟ

Mt xviii 16 ܬܘܒ ܚܕ ܐܘ ܬܪ̈ܝܢ
ܕܥܠ ܦܘܡ ܬܪ̈ܝܢ ܘܬ̈ܠܬܐ
ܣܗܕܝܢ ܬܩܘܡ ܟܠ
17 ܡܠܐ ܐܢ ܕܝܢ ܠܐ ܢܫܡܥ
ܐܘܦ ܐܡܪ ܠܟܢܘܫܬܐ
ܘܐܢ ܠܟܢܘܫܬܐ ܠܐ ܢܫܡܥ
ܢܬܚܫܒ ܠܟ ܐܝܟ
ܚܢܦܐ . . . ܡܟܣܐ
18 . . ܐܡܝܢܐ ܠܟܘܢ
ܡܕܡ ܕܬܐܣܪܘܢ ܒܐܪܥܐ
ܝܗܘܐ ܐܣܝܪ ܒܫܡܝܐ
ܘܡܕܡ ܕܬܫܪܘܢ ܒܐܪܥܐ
ܝܗܘܐ ܫܪܐ ܒܫܡܝܐ
19 ܬܘܒ ܐܡܝܢ ܐܡܪܢܐ ܠܟܘܢ
. . . . . ܟܠ
. . . ܕܫܐܠܘܢ
ܝܗܘܐ ܠܗܘܢ ܡܢ ܠܘܬ
20 ܐܒܝ ܕܒܫܡܝܐ ܠܝܬ ܓܒܪ
ܬܪ̈ܝܢ ܐܘ ܬܠܬܐ ܕܟܢܝܫܝܢ
ܒܫܡܝ. ܕܠܐ ܐܢܐ
ܒܝܢܬܗܘܢ ❖
21 ܗܝܕܝܢ ܩܪܒ ܫܡܥܘܢ
ܟܐܦܐ ܘܐܡܪ ܡܪܝ. ܟܡܐ
ܙܒ̈ܢܝܢ ܐܢ ܢܣܟܠ ܒܝ
ܐܚܝ. ܐܫܒܘܩ ܠܗ.
22 ܒܕܡܐ ܠܫ̈ܒܥ ܐܡܪ ܠܗ
ܠܐ ܫ̈ܒܥ ܐܠܐ ܥܠ

J. R. H.

Mt xviii 22 ܫܒܥܝܢ ܙܒܢܝܢ ܫ̈ܒܥ
ܫ̈ܒܥ ܀
23 ܡܛܠ ܗܢܐ ܕܡܝܐ ܡܠܟܘܬܐ
ܕܫܡܝܐ ܠܓܒܪܐ ܡܠܟܐ
ܕܒܥܐ ܠܡܣܒ ܚܘܫܒܢܐ
24 ܡܢ ܥܒܕܘܗܝ ܘܟܕ ܫܪܝ
ܠܡܣܒ ܩܪܒ ܠܗ
ܕܚܝܒ ܗܘܐ ܠܗ ܒܪܒܘ
25 ܒܟܪܝܢ ܘܟܕ ܠܝܬ ܗܘܐ
ܠܗ ܠܡܦܪܥ ܦܩܕ
ܕܢܙܒܢܘܢܗ · · · ·
ܘܠܒܢܘܗܝ ܘܠܐܢܬܬܗ
ܟܠ ܡܕܡ ܕܐܝܬ ܠܗ
26 ܢܦܠ · · · · ·
ܥܒܕܗ · · · · ·
ܪܘܚܐ· ܘܟܠܡܕܡ ܐܦܪܥ
27 ܐܬܪܚܡ ܡܪܗ ܥܠܘܗܝ ܘܫܪܝܗ
ܘܐܦ ܚܘܒܬܐ ܫܒܩ ܠܗ
28 ܢܦܩ ܗܘ ܥܒܕܐ ܘܐܫܟܚ
ܚܕ ܡܢ ܟܢ̈ܘܬܗ ܕܚܝܒ
ܗܘܐ ܠܗ ܕܝܢܪܐ ܡܐܐ
ܘܐܚܕܗ ܘܚܢܩ ܗܘܐ
ܠܗ. ܘܐܡܪ ܗܒ ܠܝ
ܡܐ ܕܚܝܒ ܐܢܬ ܠܝ.
29 ܘܢܦܠ ܗܘܐ ܦܢܝܬܗ
ܒܥܐ ܗܘܐ ܡܢܗ. ܘܐܡܪ
ܐܓܪ̈ ܥܠܝ ܪܘܚܐ ܘܐܦ
30 ܐܢܐ ܦܪܥܢܐ· ܗܘ ܕܝܢ

Mt xviii 30 ܠܐ ܨܒܐ ܒܥܘܬܗ. ܐܠܐ
ܐܙܠ ܐܪܡܝܗ ܒܝܬ ܐܣܝܪ̈ܐ
ܥܕܡܐ ܕܢܦܪܘܥ ܡܐ
31 ܕܚܝܒ ܟܕ ܚܙܘ ܕܝܢ
ܟܢܘܬܗ ܐܝܠܝܢ ܕܗܘܘ
ܟܪܝܬ ܠܗܘܢ ܘܐܬܘ
· ܠܡܪܗܘܢ ܟܠ
32 · · · ܕܗܘܐ ܗܝܕܝܢ
ܩܪܝܗܝ ܡܪܗ ܘܐܡܪ
ܠܗ ܥܒܕܐ ܒܝܫܐ ܗܐ
ܟܘܠܗ ܚܘܒܬܐ ܫܒܩܬ
ܠܟ ܡܛܠ ܕܒܥܝܬ ܡܢܝ
33 ܠܐ ܚܝܒ ܗܘܬ ܕܬܚܘܣ
ܠܟܢܬܟ. ܐܝܟܢܐ ܕܐܢܐ
34 ܚܢܬܟ ܘܪܓܙ ܥܠܘܗܝ
ܡܪܗ ܘܐܫܠܡܗ ܕܢܗܘܐ
ܡܬܢܓܕ ܥܕܡܐ ܕܢܦܪܘܥ
35 ܗܟܐ ܕܚܝܒ. ܗܟܢܐ
ܢܥܒܕ ܠܟܘܢ ܐܒܐ ܕܒܫܡܝܐ
ܐܠܐ ܬܫܒܩܘܢ ܐܢܫ
ܠܐܚܘܗܝ ܡܢ ܠܒܟܘܢ ܀
xix 1 ܘܗܘܐ ܕܟܕ ܫܠܡ ܝܫܘܥ
ܡܠܐ ܗܠܝܢ ܫܢܝ ܠܗ
ܡܢ ܓܠܝܠܐ ܘܐܬܐ ܠܗ
ܠܬܚܘܡܐ ܕܝܗܘܕ ܠܥܒܪܐ
2 ܕܝܘܪܕܢܝܢ. ܘܐܬܘ ܒܬܪܗ
ܟܢ̈ܫܐ ܣܓܝܐܐ ܘܐܣܝ
ܐܢܘܢ ܀
3 ܘܩܪܒܘ ܠܗ ܬܡܢ ܦܪ̈ܝܫܐ

fol. 25 v (= 17 r). J. R. H.

Mt xix 3 ܘܡܢܣܝܢ ܗܘܘ ܠܗ
ܘܐܡܪܝܢ ܐܢ ܫܠܝܛ
ܠܓܒܪܐ ܕܢܫܪܐ ܐܢܬܬܗ
4 ܥܠ ܟܘܠ ܥܠܐ ܗܘ ܕܝܢ
ܥܢܐ ܘܐܡܪ ܠܗܘܢ ܠܐ
ܩܪܝܬܘܢ ܕܡܢ ܕܒ̈ܪܐ
ܠܕܟܪܐ ܐܦ ܠܢܩܒܬܐ
5 ܗܘ ܒܪܐ ܡܛܠ ܗܢܐ
ܢܫܒܘܩ ܓܒܪܐ ܠܐܒܘܗܝ
ܘܠܐܡܗ ܘܢܩܦ ܠܐܢܬܬܗ
. . . ܬܪ̈ܝܗܘܢ ܚܕ
6 . . ܡܟܝܠ ܠܐ ܗܘܘ
ܬܪ̈ܝܢ ܐܠܐ ܚܕ . . . .
. . . . . ܙܘܓ
ܒܪ ܐܢܫܐ ܠܐ ܢܦܪܫ
7 ܐܡܪܝܢ ܠܗ ܡܢܘ ܕܡܘܫܐ
ܦܩܕ ܕܢܬܠ ܐܓܪܐ ܕܢܫܪܐ
ܐܢܬܬܗ ܢܬܠ ܠܗ̇
8 ܐܓܪܬܐ ܕܫܘܠܠܐ ܐܡܪ
ܠܗܘܢ ܡܘܫܐ ܡܛܠ ܩܫܝܘܬܐ
ܕܠܒܟܘܢ ܗܘ ܐܦܣ ܠܟܘܢ
ܕܬܫܪܘܢ ܢܫܝܟܘܢ ܡܢ ܒܪܫܝܬ
9 ܕܝܢ ܠܐ ܗܘܐ ܗܟܢܐ ܐܡܪܢܐ
ܠܟܘܢ ܕܝܢ ܕܡܢ ܕܢܫܪܐ
ܐܢܬܬܗ ܕܠܐ ܓܘܪܐ
ܘܢܣܒ ܐܚܪܬܐ ܡܓܪ
10 ܒܬܪ ܐܡܪܝܢ ܠܗ ܬܠܡܝܕܘܗܝ
ܐܢ ܗܟܢܐ ܐܝܬ ܥܠܬܐ
ܒܝܢ ܓܒܪܐ ܠܐܢܬܬܐ

Mt xix 10 ܠܐ ܦܩܚ ܠܡܣܒ
11 ܐܢܬܬܐ. ܐܡܪ ܠܗܘܢ ܠܐ
. ܟܠ ܐܢܫ . . ܠܗ̇
ܠܡܠܬܐ ܗܕܐ ܐܠܐ
ܐܝܠܝܢ ܕܝܗܝܒ ܠܗܘܢ
12 ܐܝܬ ܓܝܪ ܡܗܝܡܢܐ ܕܡܢ
ܟܪܣܐ ܕܐܡܗܘܢ
ܗܘܘ . . . ܐܝܬ
ܡܗܝܡܢܐ ܕܒܢ̈ܝ ܐܢܫܐ
ܥܒܕܘ ܐܢܘܢ ܘܐܝܬ ܕܗܢܘܢ
ܥܒܕܘ ܢܦܫܗܘܢ ܡܗܝܡܢܐ
ܡܛܠ ܡܠܟܘܬܐ ܕܫܡܝܐ
. . . ܒܚܝܠܐ
ܕܫܡܥ ܢܫܡܥ ܀
13 ܗܝܕܝܢ . . . . ܛܠܝ̈ܐ
ܕܢܣܝܡ ܐܝܕܗ ܥܠܝܗܘܢ
ܘܢܨܠܐ. ܘܟܐܠܘ ܒܗܘܢ
14 ܬܠܡܝܕܘܗܝ. ܐܡܪ ܠܗܘܢ
ܝܫܘܥ ܫܒܘܩܘ ܠܛܠܝܐ
ܐܬܝܢ ܠܘܬܝ ܘܠܐ ܬܟܠܘܢ
ܐܢܘܢ܆ ܐܝܠܝܢ ܓܝܪ ܕܐܝܟ
ܗܠܝܢ ܐܢܘܢ ܕܝܠܗܘܢ ܗܝ
15 ܡܠܟܘܬܐ ܕܫܡܝܐ ܘܣܡ
ܐܝܕܗ ܥܠܝܗܘܢ ܘܐܙܠ ܀
16 ܘܩܪܒ ܓܒܪܐ ܚܕ ܘܐܡܪ
ܠܗ ܡܠܦܢܐ ܛܒܐ ܡܢܐ
ܐܥܒܕ ܕܛܒ ܕܐܪܬ ܚ̈ܝܐ
17 ܕܠܥܠܡ ܐܡܪ ܠܗ ܡܢܐ

Mt xix
17 ܡܫܐܠ ܐܢܬ ܠܝ ܥܠ
ܛܒܐ ܚܕ ܗܘ ܓܒܪ ܛܒܐ
ܐܢ ܨܒܝܬ ܕܝܢ ܕܬܐܬܐ
ܠܚܝܐ . . .
18 ܐܡܪ ܠܗ ܐܝܠܝܢ ܐܡܪ
ܠܗ ܝܫܘܥ ܠܐ ܬܩܛܘܠ
ܠܐ ܬܓܘܪ . . . .
. . . . . .
19 . . . . .
. . . . . .
20 . . ܐܡܪ ܠܗ ܗܘ
. . . . . .
ܢܛܪܬ . . . . .
21 ܛܠܝܐ . . . . ܠܗ
ܝܫܘܥ ܐܢ ܨܒܝܬ ܕܬܗܘܐ
ܓܡܝܪ ܐܙܠ ܙܒܢ ܟܘܠ
ܡܕܡ ܕܐܝܬ ܠܟ ܘܗܒ
ܠܡܣܟܢܐ ܘܬܗܘܐ ܠܟ
ܣܝܡܬܐ ܒܫܡܝܐ
22 ܘܐܬܐ ܒ . . ܟܕ ܫܡܥ
ܗܘ ܥܠܝܡܐ ܡܠܬܐ
ܗܕܐ ܐܙܠ ܟܕ . . .
ܡܬܟܠ ܕܥܬܝܪ ܗܘܐ
ܒܢܟܣܐ ܣܓܝ . . .
23 ܝܫܘܥ . . . .
ܐܡܝܢ ܐܡܪܢܐ ܠܟܘܢ

Mt xix
23 ܕܥܛܠܐ ܗܝ ܠܥܬܝܪܐ
ܕܝܥܘܠ ܠܡܠܟܘܬܐ ܕܫܡܝܐ
24 ܬܘܒ ܕܝܢ ܐܡܪܢܐ ܠܟܘܢ
ܕܦܫܝܩ ܗܘ ܠܓܡܠܐ
. . . .
. . . .
25 . . . . .
ܬܠܡܝܕܐ . .
ܘܐܡܪܝܢ ܡܢ ܗܘ ܡܫܟܚ.
. . . . . .
26 ܘܐܡܪ ܠܗܘܢ . . . .
. . . . .
. . ܐܠܗܐ ܕܝܢ ܟܠ
ܡܕܡ . . . . .
27 ܗܝܕܝܢ . . . . .
ܟܐܦܐ ܘܐܡܪ ܠܗ
ܐܢܚܢ ܫܒܩܢ ܟܠܘܠ
ܡܕܡ . . . . .
28 ܡܢܐ . . ܠܟ . .
. . . . . .
. . . . .
. . . . .
. . ܒܪܗ ܕܐܢܫܐ
ܥܠ . . . ܕܫܘܒܚܗ.
. . . . . .
. . . . . .

Mt xix 28 ܠܬܪܬܥܣܪ̈ܐ ܫܒܛܝܢ
29 ܕܒܝܬ ܐܝܣܪܐܝܠ. ܘܟܠ
ܐܢܫ ܕܫܒܩ ܒܬ̈ܝܐ.
ܐܘ ܐܚ̈ܝܐ ܐܘ ܐܚ̈ܘܬܐ
ܐܘ ܐܡܐ ܐܘ ܒܢ̈ܝܐ.
ܐܘ ܩܘܪ̈ܝܐ ܡܛܠ ܫܡܝ.
ܚܕ ܒܡܐ̈ܐ ܢܩܒܠ
ܘܝܐܪܬ ܚܝ̈ܐ ܕܠܥܠܡ.
30 ܣܓܝܐ̈ܐ ܓܝܪ ܩܕ̈ܡܝܐ
ܕܝܗܘܘܢ ܐܚܪ̈ܝܐ. ܘܐܚܪ̈ܝܐ
ܕܝܗܘܘܢ ܩܕ̈ܡܝܐ ܀

XX 1 ܕܡܝܐ ܡܠܟܘܬܐ ܕܫܡܝܐ
ܠܓܒܪܐ ܡܪܒܝܬܐ ܕܢܦܩ
ܒܨܦܪܐ ܠܡܐܓܪ ܦܥ̈ܠܐ
2 ܠܟܪܡܗ. ܘܦܣܩ ܥܡܗܘܢ
ܡܢ ܕܝܢܪܐ ܚܕ ܠܝܘܡܐ
ܚܕ ܒܝܘܡܐ ܚܕ ܘܫܕܪ
3 ܐܢܘܢ ܠܟܪܡܗ ܘܢܦܩ
ܒܬ̈ܠܬ ܫܥܝܢ ܘܚܙܐ
ܐܚܪ̈ܢܐ ܕܩܝܡܝܢ ܒܫܘܩܐ
4 ܒܛܠܝܢ ܐܡܪ ܠܗܘܢ ܐܠܘ
ܐܦ ܐܢܬܘܢ ܠܟܪܡܐ
ܘܡܐ ܕܙܕܩ ܐܬܠ ܠܟܘܢ
5 ܘܢܦܩ ܬܘܒ ܒܫܬ ܫ̈ܥܝܢ
ܘܒܬ̈ܫܥ ܘܥܒܕ ܟܕܢ

Mt xx 6 ܘܢܦܩ ܒܚܕܥܣܪ̈ܐ
ܫܥܝܢ ܘܚܙܐ ܐܚܪ̈ܢܐ
ܕܩܝܡܝܢ ܐܡܪ ܠܗܘܢ
ܡܢܐ ܩܝܡܝܢ ܐܢܬܘܢ
ܗܪܟܐ ܒܛܠܝܢ ܟܘܠܗ
7 ܝܘܡܐ ܐܡܪ̈ܝܢ ܠܗ ܠܐ
ܐܢܫ ܐܓܪܢ ܐܡܪ ܠܗܘܢ
ܐܠܘ ܐܦ ܐܢܬܘܢ ܠܟܪܡܐ
8 ܕܠܝ ܘܟܕ ܗܘܐ ܕܝܢ
ܪܡܫܐ ܐܡܪ ܡܪܐ
ܠܪܒܝܬܗ ܩܪܝ ܐܢܘܢ
ܠܦܥ̈ܠܐ ܘܗܒ ܠܗܘܢ
ܐܓܪܗܘܢ ܘܫܪܝ ܡܢ
ܐܚܪ̈ܝܐ ܥܕܡܐ ܠܩܕ̈ܡܝܐ
9 ܘܟܕ ܐܬܘ ܗܢܘܢ
ܕܒܚܕܥܣܪ̈ܐ ܫ̈ܥܝܢ
10 ܫܩܠܘ ܕܝܢܪ ܕܝܢܪ. ܘܟܕ
ܐܬܘ ܩܕ̈ܡܝܐ ܣܒܪ̈ܝܢ
ܗܘܘ ܕܠܗܘܢ ܝܬܝܪ ܢܬܠ
ܘܢܣܒܘ ܐܦ ܗܢܘܢ
11 ܕܝܢܪ ܕܝܢܪ ܟܕ ܢܣܒܘ ܕܝܢ
ܪܛܢܝܢ ܥܠ ܡܪܒܝܬܐ
12 ܘܐܡܪ̈ܝܢ ܗܠܝܢ ܐܚܪ̈ܝܐ
ܕܢܣܒܐ ܗܘ ܫܥܐ ܦܠܚܘ
ܐܫܘܝܬ ܐܢܘܢ ܥܡܢ

Mt xx 12 ܕܫܩܠܢ ܝܘܩܪܗ ܕܝܘܡܐ.
13 ܒܫܘܒܐ. ܗܘ ܕܝܢ ܥܢܐ
ܘܐܡܪ ܠܚܕ ܡܢܗܘܢ
ܪܚܡܝ ܠܐ ܡܥܘܠ ܐܢܐ ܠܟ
ܠܐ ܗܘܐ ܒܕܝܢܪ ܦܣܩܬ
14 ܥܡܝ. ܫܩܘܠ ܕܕܝܢܪܟ
ܘܐܙܠ ܐܢ ܨܒܝܢܐ ܕܝܢ ܕܐܬܠ
ܠܗܢܐ ܐܚܪܝܐ ܐܝܟ ܕܠܟ.
15 ܠܐ ܫܠܝܛ ܐܢܐ ܒܕܝܠܝ
ܕܐܥܒܕ ܡܐ ܕܨܒܐ ܐܢܐ
ܐܘ ܥܝܢܟ ܒܝܫܐ ܕܐܢܐ
16 ܛܒ ܐܢܐ ܗܟܢܐ ܝܗܘܘܢ
ܐܚܪܝܐ ܩܕܡܝܐ ܘܩܕܡܝܐ
ܐܚܪܝܐ ܣܓܝܐܝܢ ܐܢܘܢ
ܩܪ̈ܝܐ ܘܙܥܘܪܝܢ ܓܒ̈ܝܝܐ ܀
17 ܘܟܕ ܣܠܩ ܗܘܐ ܝܫܘܥ
ܠܐܘܪܫܠܡ ܕܒܪ ܠܚܕܗ
ܠܬܪ̈ܥܣܪܬܗ ܒܐܘܪܚܐ
ܘܐܡܪ ܠܗܘܢ ܒܝܢܝܗܘܢ
18 ܘܠܗ ܗܐ ܣܠܩܝܢ ܐܢܚܢ
ܠܐܘܪܫܠܡ ܘܫܬܠܡ
ܒܪܗ ܕܐܢܫܐ ܠܪ̈ܒܢܝ ܟܗܢܐ
ܘܠܣ̈ܦܪܐ ܘܚܝܒܘܢܗ
19 ܠܡܘܬܐ ܘܫܠܡܘܢܗ
ܠܥܡܡܐ ܘܒܙܚܘܢ ܒܗ

Mt xx 19 ܘܢܓܕܦܘܢܗ ܘܢܨܠܒܘܢܗ.
ܘܠܝܘܡܐ ܕܬܠܬܐ ܝܩܘܡ ܀
20 ܗܝܕܝܢ ܩܪܒܬ ܠܗ
ܐܡܗܘܢ ܕܒ̈ܢܝ ܙܒܕܝ.
ܗܝ ܘܒ̈ܢܝܗ ܘܣܓܕܬ
ܦܪܟܬ ܠܗ. ܘܫܐܠܐ ܗܘܬ
21 ܠܗ ܡܕܡ. ܗܘ ܕܝܢ
ܐܡܪ ܠܗ ܡܢܐ ܨܒܝܬܝ.
ܐܡ̈ܪܐ ܠܗ ܡܪܝ ܕܝܬܒܘܢ
ܗܠܝܢ ܬܪ̈ܝܢ ܒ̈ܢܝ ܚܕ ܡܢ
ܝܡܝܢܟ ܘܚܕ ܡܢ ܣܡܠܟ
22 ܒܡܠܟܘܬܟ ܥܢܐ ܝܫܘܥ
ܘܐܡܪ ܠܗܘܢ ܠܐ ܝܕܥܝܢ
ܐܢܬܘܢ ܡܢܐ ܫܐ̈ܠܝܢ
ܐܢܬܘܢ ܡܫܟܚܝܢ ܐܢܬܘܢ
ܠܡܫܬܐ ܒܟܣܐ ܕܐܢܐ
ܥܬܝܕ ܠܡܫܬܐ. ܐܡܪ̈ܝܢ
23 ܡܫܟܚܝܢ ܐܢܚܢ ܐܡܪ
ܠܗܘܢ ܝܫܘܥ ܟܣܝ ܬܫܬܘܢ
ܐܢܬܘܢ ܕܬܬܥܡܕܘܢ ܕܝܢ ܡܢ
ܝܡܝܢܝ ܘܡܢ ܣܡܠܝ ܗܕܐ
ܠܐ ܗܘܬ ܠܝ ܕܐܬܠ
ܠܟܘܢ ܐܠܐ ܠܐܝܠܝܢ
ܕܡܬܩܢ ܠܗܘܢ ܐܒܝ.
24 ܟܕ ܫܡܥܘ ܥܣܪܐ ܪܓܙܘ
ܥܠ ܗܘܢ ܬܪ̈ܝܢ ܐܚ̈ܝܢ

[*Lost*]

[*Lost*]

fol. 28.

Mt xxi 20 ܬܠܡܝܕܝܐ ܐܬܕܡܪܘ
ܘܐܡܪܝܢ ܐܝܟܢܐ ܒܪܫܥܬܗ
21 ܝܒܫܬ ܬܬܐ ܗܝ. ܥܢܐ
ܝܫܘܥ ܘܐܡܪ ܠܗܘܢ ܐܡܝܢ
ܐܡܪܢܐ ܠܟܘܢ ܕܐܢ ܬܗܘܐ
ܒܟܘܢ ܗܝܡܢܘܬܐ ܘܠܐ
ܬܬܦܠܓܘܢ ܠܐ ܒܠܚܘܕ
ܐܝܟ ܗܕܐ ܬܬܐ ܬܥܒܕܘܢ
ܐܠܐ ܐܦ ܬܐܡܪܘܢ ܠܛܘܪܐ
ܗܢܐ ܕܐܬܥܩܪ ܘܦܠ
ܒܝܡܐ ܘܝܗܘܐ ܗܟܢܐ.
22 ܘܟܠ ܡܐ ܕܬܫܐܠܘܢ
ܒܨܠܘܬܐ. ܘܬܗܝܡܢܘܢ
ܬܣܒܘܢ ⁘ ∘ ∘
23 ܘܟܕ ܐܬܐ ܠܗܝܟܠܐ ܩܪܒܘ
ܠܗ ܪ̈ܒܝ ܟܗܢܐ ܘܣܒܝܐ
ܕܥܡܐ ܘܐܡܪ̈ܝܢ ܒܐܝܢܐ
ܫܘܠܛܢ ܗܠܝܢ ܥܒܕ ܐܢܬ
ܐܡܪ ܠܢ ܘܡܢܘ ܝܗܒ
ܠܟ ܫܘܠܛܢܐ ܗܢܐ.
24 ܥܢܐ ܝܫܘܥ ܘܐܡܪ ܠܗܘܢ
ܘܐܦ ܐܢܐ ܐܫܐܠܟܘܢ
ܡܠܬܐ ܚܕܐ ܕܬܐܡܪܘܢ
ܠܝ. ܘܐܡܪ ܠܟܘܢ ܒܐܝܢܐ
ܫܘܠܛܢ ܥܒܕܢܐ ܗܠܝܢ
25 ܡܥܡܘܕܝܬܗ ܕܝܘܚܢܢ ܡܢ
ܐܝܡܟܐ ܗܘܬ ܡܢ
ܫܡܝܐ ܐܘ ܡܢ ܒܢܝ ܐܢܫܐ
ܗܢܘܢ ܕܝܢ ܡܬܚܫܒܝܢ

Mt xxi 25 ܗܘܘ ܒܝܢܬܗܘܢ ܘܐܡܪ̈ܝܢ
ܕܐܢ ܢܐܡܪ ܕܡܢ ܫܡܝܐ
ܗܘ ܢܐܡܪ ܠܢ ܘܠܡܢܐ
26 ܠܐ ܗܝܡܢܬܘܢ ܒܗ. ܘܐܢ
ܢܐܡܪ ܕܡܢ ܒܢܝ ܐܢܫܐ
ܗܘ. ܕܚܠܝܢ ܐܢܚܢܢ ܡܢ
ܥܡܐ. ܕܟܠܗܘܢ ܓܒܪ ܐܝܟ
ܕܢܒܝܐ ܐܚܝܕܝܢ ܗܘܘ ܠܗ
27 ܠܝܘܚܢܢ ܘܥܢܘ ܘܐܡܪ̈ܝܢ
ܠܝܫܘܥ. ܠܐ ܝܕܥܝܢ
ܐܢܚܢܢ ܐܡܪ ܠܗܘܢ
ܐܦ ܗܘ ܐܦܠܐ ܐܢܐ
ܐܡܪܢܐ ܠܟܘܢ ܒܐܝܢܐ
ܫܘܠܛܢ ܥܒܕܢܐ ܗܠܝܢ
28 ܐܝܟܢܐ ܕܝܢ ܡܬܚܙܝܐ
ܠܟܘܢ ܠܓܒܪܐ ܕܝܢ ܚܕ
ܐܝܬ ܗܘܘ ܠܗ ܬܪ̈ܝܢ
ܒܢ̈ܝܢ. ܐܡܪ ܠܩܕܡܝܐ
ܐܙܠ ܒܪܝ ܥܒܕ ܥܒܕܐ
29 ܒܟܪܡܐ ܐܡܪ ܠܗ
ܠܐ ܨܒܝܢܐ ܘܒܐܚܪܝܬܐ
ܬܬܘܗ ܢܦܫܗ ܘܐܙܠ
30 ܠܟܪܡܐ. ܘܐܡܪ ܠܐܚܪܢܐ
ܗܟܘܬ. ܘܥܢܐ ܘܐܡܪ
ܐܝܢ ܡܪܝ ܘܠܐ ܐܙܠ
31 ܡܢܘ ܡܢ ܗܠܝܢ ܥܒܕ
ܨܒܝܢܐ ܕܐܒܘܗܝ..
ܐܡܪܝܢ ܠܗ ܗܘ ܐܚܪܝܐ.
ܐܡܪ ܠܗܘܢ ܝܫܘܥ ܐܡܝܢ

Mt xxi
31 ܐܡܪܢܐ ܠܟܘܢ ܕܡܟܣܝܐ
ܘܙܢܝܬܐ ܝܩܕܡܘܢܟܘܢ
ܠܡܠܟܘܬܐ ܕܐܠܗܐ.
32 ܐܬܐ ܓܝܪ ܠܘܬܟܘܢ
ܝܘܚܢܢ ܒܐܘܪܚܐ
ܕܟܐܢܘܬܐ ܘܠܐ ܗܝܡܢܬܘܢ
ܒܗ. ܡܟܣܝܐ ܕܝܢ
ܘܙܢܝܬܐ ܗܝܡܢܘܢܗ.
ܐܢܬܘܢ ܕܝܢ ܟܕ ܚܙܝܬܘܢ
ܒܐܚܪܝܬܐ ܬܬܘܒܘܢ
ܢܦܫܟܘܢ ܕܬܗܝܡܢܘܢ ܒܗ
33 ܫܡܥܘ ܡܬܠܐ. ܐܚܪܢܐ
ܓܒܪܐ ܚܕ ܡܪܒܝܬܐ
ܐܝܬ ܗܘܐ ܘܢܨܒ
ܟܪܡܐ ܘܚܕܪ ܠܗ
ܣܝܓܐ ܘܚܦܪ ܒܗ
ܡܥܨܪܬܐ ܘܒܢܐ ܒܗ
ܡܓܕܠܐ ܘܐܘܫܠܗ
34 ܠܦܠܚܐ ܘܐܙܠ ܟܕ ܗܘܐ
ܕܝܢ ܙܒܢܐ ܕܦܐܪܐ ܫܕܪ
ܥܒܕܘܗܝ ܠܘܬ ܦܠܚܐ
ܕܢܣܒܘܢ ܠܗ ܡܢ ܦܐܪܐ
35 ܘܐܚܕܘ ܦܠܚܐ ܠܥܒܕܘܗܝ
ܘܐܝܬ ܕܡܚܘܗܝ ܘܐܝܬ
ܕܩܛܠܘܗܝ ܘܐܝܬ
36 ܕܪܓܡܘܗܝ ܬܘܒ ܫܕܪ
ܥܒܕܐ ܐܚܪܢܐ ܕܣܓܝܐܝܢ

Mt xxi
36 ܡܢ ܩܕܡܝܐ ܘܥܒܕܘ
37 ܠܗܘܢ ܗܟܘܬ. ܒܐܚܪܝܬܐ
ܕܝܢ ܫܕܪ ܠܘܬܗܘܢ ܠܒܪܗ
ܘܐܡܪ ܝܒܪ ܢܒܗܬܘܢ
38 ܡܢ ܚܙܘ ܦܠܚܐ ܕܝܢ
ܟܕ ܚܙܘܗܝ ܠܒܪܗ
ܐܡܪܝܢ ܗܢܘ ܝܪܬܐ
ܬܘ ܢܩܛܠܝܘܗܝ. ܘܢܗܘܐ
39 ܝܪܬܐ ܕܝܠܢ. ܘܐܚܕܘ
ܐܦܩܘܗܝ ܠܒܪ ܡܢ
ܟܪܡܐ ܘܩܛܠܘܗܝ
40 ܐܡܬܝ ܗܟܝܠ ܕܝܐܬܐ
ܡܪܗ ܕܟܪܡܐ ܡܢܐ
ܢܥܒܕ ܠܗܘܢ ܦܠܚܐ
41 ܐܡܪܝܢ ܠܗ ܕܒܝܫܐ ܒܝܫ
ܢܘܒܕ ܐܢܘܢ ܘܟܪܡܐ
ܢܬܠ ܠܦܠܚܐ ܐܚܪܢܐ
ܕܝܗܒܝܢ ܦܐܪܐ
42 ܒܙܒܢܗܘܢ ܐܡܪ ܠܗܘܢ
ܝܫܘܥ ܠܐ ܩܪܝܬܘܢ
ܒܟܬܒܐ ܕܟܐܦܐ ܕܐܣܠܝܘ
ܒܢܝܐ ܗܝ ܗܘܬ ܠܪܫ
ܙܘܝܬܐ ܡܢ ܠܘܬ ܡܪܝܐ
ܗܘܬ ܗܕܐ ܘܬܕܡܘܪܬܐ
43 ܗܝ ܒܥܝܢܝܢ ܡܛܠ ܗܢܐ
ܐܡܪܢܐ ܠܟܘܢ ܕܬܫܬܩܠ
ܡܢܟܘܢ ܡܠܟܘܬܐ

Mt xxi 43 ܕܐܠܗܐ ܘܬܬܝܗܒ
ܠܥܡܐ ܕܥܒܕ ܦܐܪ̈ܝܐ
45 ܪܒܢ ܟܗ̈ܢܝܐ ܕܝܢ ܘܦܪ̈ܝܫܝܐ
ܟܕ ܫܡܥܘ ܦܠܐ̈ܬܗ
ܝܕܥܘ ܕܥܠܝܗܘܢ ܗܘ
46 ܐܡܪ ܘܒܥܘ ܠܡܐܚܕܗ
ܘܕܚܠܘ ܡܢ ܟܢܫܐ
ܕܐܝܟ ܕܠܢܒܝܐ ܐܚܝܕܝܢ
ܗܘܘ ܠܗ ܀
xxii 1 ܬܘܒ ܥܢܐ ܝܫܘܥ
ܘܐܡܪ ܠܗܘܢ ܒܦܠܐ̈ܬܐ
2 ܐܬܕܡܝܬ ܡܠܟܘܬܐ
ܕܫܡܝܐ ܠܓܒܪܐ ܡܠܟܐ.
ܕܥܒܕ ܡܫܬܘܬܐ
3 ܠܒܪܗ ܘܫܕܪ ܠܥܒܕܘܗܝ
ܕܝܩܪܘܢ ܠܗܘܢ ܕܙ̈ܡܝܢ
ܗܘܘ ܠܡܫܬܘܬܐ ܘܠܐ
4 ܨܒܘ ܠܡܐܬܐ ܬܘܒ
ܫܕܪ ܥܒ̈ܕܐ ܐܚܪ̈ܢܐ
ܘܐܡܪ ܐܡܪܘ ܠܗܘܢ
ܕܩܪ̈ܝܢ ܗܐ ܟܠ ܡܕܡ
ܡܛܝܒ ܗܘ ܐܬܘ ܠܚܕܘܬ
5 ܡܫܬܘܬܐ ܗܢܘܢ ܕܝܢ
ܒܣܘ ܘܐܝܬ ܕܐܙܠ
ܠܩܪܝܬܗ. ܘܐܝܬ ܕܐܙܠ
6 ܠܬܐܓܪܬܐ. ܘܫܪܟܐ

Mt xxii 6 ܕܝܢ ܕܐܫܬܚܪܘ ܐܚܕܘ
ܠܥܒܕܘܗܝ ܘܨܥܪܘ ܘܩܛܠܘ
7 ܐܘܦ ܘܪܓܙ ܗܘ ܡܠܟܐ
ܘܫܕܪ ܚܝ̈ܠܘܗܝ ܘܐܘܒܕܘ
ܠܩܛܘܠܐ ܗܢܘܢ ܘܡܕܝܢܬܗܘܢ
8 ܐܘܩܕܘ ܒܢܘܪܐ ܗܝܕܝܢ
ܐܡܪ ܠܥܒ̈ܕܘܗܝ
ܡܫܬܘܬܐ ܡܛܝܒܐ
ܗܝ ܘܗܢܘܢ ܕܩܪ̈ܝܢ ܠܐ
9 ܫܘܝܢ ܗܘܘ ܠܗ. ܡܟܝܠ
ܦܘܩܘ ܠܒܝܬ ܐܘܪ̈ܚܬܐ
ܘܟܠ ܕܡܫܟܚܝܢ ܐܢܬܘܢ
ܩܪܘܗܝ ܠܒܝܬ ܡܫܬܘܬܐ.
10 ܘܢܦܩܘ ܥܒ̈ܕܐ ܗܢܘܢ
ܠܒܝܬ ܐܘܪ̈ܚܬܐ ܘܟܢܫܘ
ܟܠ ܕܐܫܟܚܘ ܒܝ̈ܫܐ
ܘܛܒܐ ܘܐܬܡܠܝ ܒܝܬ
ܡܫܬܘܬܐ ܣܡ̈ܝܟܐ.
11 ܘܟܕ ܥܠ ܡܠܟܐ ܠܡܚܙܐ
ܣܡ̈ܝܟܐ ܚܙܐ ܬܡܢ
ܓܒܪܐ ܕܠܐ ܠܒܫ ܗܘܐ
ܠܒܘܫܐ ܕܡܫܬܘܬܐ.
12 ܐܡܪ ܠܗ ܪܚܡܝ ܐܝܟܢܐ
ܥܠܬ ܠܗܪܟܐ ܕܠܒܘܫܬܐ
ܕܡܫܬܘܬܐ ܠܝܬ ܠܟ
ܗܘ ܕܝܢ ܫܬܩ ܠܗ

Mt xxii 13 ܗܝܕܝܢ ܐܡܪ ܡܠܟܐ
ܠܡܫܡܫܢ̈ܝܐ ܐܘܣܪܘܗܝ
ܒܐܝ̈ܕܘܗܝ ܘܒܪ̈ܓܠܘܗܝ
ܘܐܦܩܘܗܝ ܠܚܫܘܟܐ
ܒܪܝܐ ܬܡܢ ܝܗܘܐ ܒܟܝܐ
14 ܘܚܘܪܩ ܫ̈ܢܝܐ ܣܓܝܐܝܢ
ܐܢܘܢ ܓܝܪ ܩܪܝܐ ܘܒܚܝ̈ܪܝܢ
ܙܥ̈ܪܝܐ ⁘
15 ܗܝܕܝܢ ܐܙܠܘ ܦܪ̈ܝܫܝܐ
ܢܣܒܘ ܡܠܟܐ ܕܐܝܢܐ
ܢܨܕܘܢܗ ܒܡܠܬܐ
16 ܘܫܕܪܘ ܠܘܬܗ ܬܠܡܝܕܝܗܘܢ
ܥܡ ܒܢ̈ܝܐ ܕܗܪܘܕܣ
ܘܐܡܪܝܢ ܠܗ ܡܠܦܢܐ ܝܕܥܝܢ
ܐܢܚܢܢ ܕܩܫܝܛ ܐܢܬ
ܘܐܘܪܚܗ ܕܐܠܗܐ
ܒܩܘܫܛܐ ܡܠܦ ܐܢܬ
ܘܠܐ ܒܛܠ ܠܟ ܒܐܢܫ
ܠܐ ܓܝܪ ܢܣܒ ܐܢܬ
ܒܐܦ̈ܝ ܒܢܝ̈ ܐܢܫܐ
17 ܐܡܝܢܐ ܕܝܢ ܡܣܬܒܪܐ
ܠܟ. ܘܠܐ ܠܡ ܕܢܬܠ
ܟܣܦ ܪܫܐ ܠܩܣܪ ܐܘ
18 ܠܐ. ܝܫܘܥ ܕܝܢ ܝܕܥ
ܒܝܫܘܬܗܘܢ ܐܡܪ ܠܗܘܢ
ܢܣ̈ܒܝ ܒܐܦ̈ܐ ܡܢܐ

Mt xxii 18 ܡܢܣܝܢ ܐܢܬܘܢ ܠܝ.
19 ܚܘܐܘܢܢ ܠܕܒܢܐ ܕܟܣܦ
ܪܝܫܐ ܘܐܘܬܝܘ ܠܗ
20 ܕܝܢܪܐ. ܐܡܪ ܠܗܘܢ ܝܫܘܥ.
ܨܠܡܐ ܗܢܐ ܘܟܬܒܬܐ
21 ܕܡܢܘ ܐܡܪܝܢ ܠܗ ܕܩܣܪ
ܗܝܕܝܢ ܐܡܪ ܠܗܘܢ ܗܒܘ
ܕܩܣܪ ܠܩܣܪ ܘܕܐܠܗܐ
22 ܠܐܠܗܐ. ܘܟܕ ܫܡܥܘ
ܐܬܡܗܘ ܘܫܒܩܘܗܝ
ܘܐܙܠܘ ⁘
23 ܘܒܗܘ ܝܘܡܐ ܩܪܒܘ
ܨܕܘܩܝܐ ܘܐܡܪܝܢ ܠܗ
ܠܝܬ ܚܝܬ ܡܝܬܐ
ܘܡܫܐܠܝܢ ܗܘܘ ܠܗ
24 ܘܐܡܪܝܢ ܡܠܦܢܐ ܡܘܫܐ
ܐܡܪ ܠܢ ܐܢ ܐܢܫ ܡܐܬ
ܘܠܝܬ ܠܗ ܒܪܐ ܬܗܘܐ
ܐܢܬܬܗ ܠܐܚܘܗܝ.
25 ܘܫܒܥܐ ܐܚܝܢ ܐܝܬ
ܗܘܘ. ܘܩܕܡܝܬ ܢܣܒܐ
ܘܠܐ ܥܒܕ ܡܢܗ ܒܪܐ
ܘܗܘܬ ܐܢܬܬܗ ܠܐܚܘܗܝ
26 ܘܐܦ ܐܚܪܢܐ ܗܟܘܬ.
ܘܐܦ ܕܬܠܬܐ ܥܕܡܐ
27 ܠܫܒܥܬܗܘܢ ܘܐܚܪܝܬܐ
ܕܟܠܗܘܢ ܡܝܬܬ ܗܝ

. . . . . . Mt xxii 28
. . . . . .
ܬܗܘܐ ܐܢܬܬܐ ܗܐ ܠܡܢ ܓܒܪ
ܟܠܗܘܢ ܢܣܒܘܗ ܥܢܐ 29
ܝܫܘܥ ܘܐܡܪ ܠܗܘܢ ܛܥܝܢ
. ܐܢܬܘܢ ܘܠܐ ܚܟܡܝܢ
. . . . . .
. 30
ܡܠܐ̈ܟܐ . . . . .
ܕܫܡܝܢ ܢܫܝܐ ܐܦ ܠܐ
. . . . . .
. . . . . .
. . ܥܠ ܩܝܡܬܐ 31
ܕܡܢ ܒܝܬ ܡܝܬܬܐ
ܠܐ ܩܪܝܬܘܢ . .
ܕܐܡܪ ܐܠܗܐ . . 32
ܐܠܗܗ ܕܐܒܪܗܡ
ܘܐܠܗܗ ܕܐܝܣܚܩ
ܘܐܠܗܗ ܕܝܥܩܘܒ ܗܘܐ
ܐܠܗܐ ܠܐ ܗܘܐ ܕܡܝܬܬܐ
ܐܠܐ ܕܚ̈ܝܐ ܘܟܕ ܫܡܥܘ 33
ܟܢܫܐ ܗܘܘ ܡܬܕܡܪܝܢ
ܗܘܘ ܒܝܠܦܢܗ ܦ̈ܪܝܫܐ 34
ܕܝܢ ܟܕ ܫܡܥܘ ܕܫܬܩ ܐܣܝܘ
ܠܨܕܘ̈ܩܝܐ ܐܬܟܢܫܘ
ܠܘܬܗ ܘܫܐܠ ܗܘܐ 35
ܚܕ ܡܢܗܘܢ ܟܕ ܡܢܣܐ

ܒ

ܠܗ ܘܐܡܪ ܠܗ ܡܠܦܢܐ Mt xxii 35, 36
ܐܝܢܐ ܦܘܩܕܢܐ ܪܒ
ܒܐܘܪܝܬܐ ܐܡܪ ܠܗ 37
ܝܫܘܥ ܕܬܪܚܡ ܠܡܪܝܐ
ܐܠܗܟ ܡܢ ܟܠܗ ܠܒܟ.
ܘܡܢ ܟܠܗ ܢ̈ܦܫܟ ܘܡܢ
ܟܠܗ ܚܝܠܟ ܗܢܘ 38
ܦܘܩܕܢܐ ܪܒܐ ܘܩܕܡܝܐ
. . . . ܕܕܡܐ 39
ܠܗ ܕܬܪܚܡ ܠܩܪܝܒܟ
. . . . ܒܗܠܝܢ 40
. . . . ܬܠܝܐ
ܐܘܪܝܬܐ . . . ܘܟܕ 41
ܟܢܝܫܝܢ ܗܘܘ ܦ̈ܪܝܫܐ
. . . ܠܗܘܢ
. 42
. . . . . ܥܠ
ܡܫܝܚܐ ܒܪ ܡܢܘ ܐܡܪܝܢ
ܠܗ . . . . .
. . . . . .
. . . . . .
. . . . .
. . . . . .
. . . . .
. . . . . .
ܘܐܢ ܕܘܝܕ . . . 45
ܠܗ ܐܡܪܝܐ ܩܪܗ . .
ܘܠܐ ܐܫܟܚܘ ܕܢܬܠܘܢ 46

Mt xxii 46 ܠܗ ܦܬܓܡܐ ܐܦܠܐ
ܐܢܫ ܐܡܪܚ ܡܢ ܗܘ
ܝܘܡܐ ܠܡܫܐܠܘܬܗ ܬܘܒ

xxiii 1 ܗܝܕܝܢ ܐܡܪ ܝܫܘܥ ܠܟܢܫܐ
2 ܘܠܬܠܡܝܕܘܗܝ ܥܠ
ܟܘܪܣܝܐ ܕܡܘܫܐ ܝܬܒܘ
3 ܣܦܪܐ ܘܦܪܝܫܐ ܘܟܠ
ܡܐ ܕܐܡܪܝܢ ܠܟܘܢ
ܗܘܝܬܘܢ ܥܒܕܝܢ ܐܝܟ
ܥܒܕܝܗܘܢ ܕܝܢ ܠܐ
ܬܥܒܕܘܢ ܐܡܪܝܢ ܓܝܪ
4 ܘܠܐ ܥܒܕܝܢ ܘܐܣܪܝܢ
ܡܘܒܠܐ ܝܩܝܪܬܐ
ܘܣܝܡܝܢ ܥܠ ܟܬܦܬܐ
ܕܒܢܝ ܐܢܫܐ. ܘܗܢܘܢ ܕܝܢ
5 ܠܐ ܪܥܝܢ ܠܗܘܢ ܘܟܠ
ܡܕܡ ܓܝܪ ܕܥܒܕܝܢ
ܕܝܬܚܙܘܢ ܠܒܢܝ ܐܢܫܐ
ܘܡܦܬܝܢ ܚܙܘܩܐ
ܕܬܦܠܝܢܗܘܢ ܘܡܘܪܟܝܢ
ܬܟܠܬܐ ܕܡܪܛܘܛܝܗܘܢ
6 ܘܪܚܡܝܢ ܪܝܫ ܣܡܟܐ
ܒܐܚܫܡܝܬܐ ܘܡܘܬܒܐ
ܡܩܕܡܝܐ ܒܟܢܘܫܬܐ
7 ܘܫܠܡܐ ܒܫܘܩܐ ܘܡܬܩܪܝܢ
ܕܢܗܘܘܢ ܩܪܝܢ ܠܗܘܢ
ܒܢܝ ܐܢܫܐ ܪܒܝ ܪܒܝ

Mt xxiii 8 ܐܢܬܘܢ ܠܐ ܬܬܩܪܘܢ ܪܒܝ
ܚܕ ܗܘ ܡܠܦܢܟܘܢ
ܘܐܢܬܘܢ ܟܠܟܘܢ ܐܚܝܐ
9 ܘܐܒܐ ܠܐ ܬܩܪܘܢ ܠܟܘܢ
ܒܐܪܥܐ ܚܕ ܗܘ ܓܝܪ
ܐܒܘܟܘܢ ܕܒܫܡܝܐ
10 ܘܐܦܠܐ ܬܬܩܪܘܢ ܡܠܦܢܐ
ܡܛܠ ܕܡܠܦܢܟܘܢ ܡܫܝܚܐ
11 ܗܘ. ܘܕܪܒܐ ܒܟܘܢ ܕܝܗܘܐ
ܝܗܘܐ ܠܟܘܢ
12 ܡܫܡܫܢܐ. ܟܠ ܕܝܪܝܡ
ܓܝܪ ܢܦܫܗ ܢܬܡܟܟ
ܘܟܠ ܕܢܡܟܟ ܢܦܫܗ
ܢܬܪܝܡ :o:
13 ܘܝ ܠܟܘܢ ܕܝܢ ܣܦܪܐ
ܘܦܪܝܫܐ ܢܣܒܝ ܒܐܦܐ
ܐܚܝܕܝܢ ܐܢܬܘܢ
ܐܠܝܕܐ ܕܡܠܟܘܬܐ
ܕܫܡܝܐ ܩܕܡ ܒܢܝ ܐܢܫܐ
ܠܐ ܓܝܪ ܐܢܬܘܢ ܥܠܝܢ.
ܘܠܐ ܠܐܥܠܝܢ ܕܐܬܝܢ
ܠܡܥܠ ܫܒܩܝܢ ܐܢܬܘܢ :

15 ܘܝ ܠܟܘܢ ܣܦܪܐ ܘܦܪܝܫܐ
ܢܣܒܝ ܒܐܦܐ ܕܡܬܦܪܫܝܢ
ܐܢܬܘܢ ܝܡܐ ܘܝܒܫܐ
ܕܬܥܒܕܘܢ ܚܕ ܓܝܘܪܐ
ܘܡܐ ܕܗܘܐ ܥܒܕܝܢ

Mt xxiii 15 ܐܢܬܘܢ ܠܗ ܒܪܗ ܕܓܗܢܐ
ܐܥܦܐ ܥܠܝܟܘܢ ܀
16 ܘܠܝܟܘܢ ܡܕܒܪܢܐ ܣܡܝܐ
ܕܐܡܪܝܢ ܐܢܬܘܢ ܕܡܢ
ܕܝܡܐ ܒܗܝܟܠܐ ܠܐ
ܡܕܡ ܗܘܝܢ ܕܝܡܐ
ܒܕܗܒܐ ܕܗܝܟܠܐ
17 ܣܟܠܐ ܣܡܝܐ ܘܡܕܝܢܐ
ܡܢܐ ܪܒ ܕܗܒܐ ܐܘ
ܗܝܟܠܐ ܕܗܘ ܡܩܕܫ
18 ܠܗ ܠܕܗܒܐ ܘܡܢ ܕܝܡܐ
ܒܡܕܒܚܐ ܠܐ ܡܕܡ
ܘܡܢ ܕܝܡܐ ܒܩܘܪܒܢܐ
ܕܥܠ ܡܕܒܚܐ ܚܝܒ
19 ܣܡܝܐ ܡܢܐ ܪܒ ܩܘܪܒܢܐ
ܐܘ ܡܕܒܚܐ ܕܗܘ
ܡܩܕܫ ܠܗ ܠܩܘܪܒܢܐ
20 ܡܢ ܕܝܡܐ ܗܟܝܠ
ܒܡܕܒܚܐ ܝܡܐ ܒܗ
ܘܒܟܠ ܡܐ ܕܐܝܬ
21 ܥܠܘܗܝ ܘܡܢ ܕܝܡܐ
ܒܗܝܟܠܐ ܝܡܐ ܒܗ
22 ܘܒܡܢ ܕܥܡܪ ܒܗ ܘܡܢ
ܕܝܡܐ ܒܫܡܝܐ ܝܡܐ
ܒܟܘܪܣܝܗ ܕܐܠܗܐ
ܘܒܡܢ ܕܝܬܒ ܥܠܘܗܝ
23 ܘܠܝܟܘܢ ܣܦܪܐ ܘܦܪܝܫܝܐ

Mt xxiii 23 ܢܣܒܝ ܒܐܦܐ ܕܡܥܣܪܝܢ
ܐܢܬܘܢ ܢܥܢܥܐ ܘܫܒܬܐ
ܘܟܡܘܢܐ ܘܫܒܩܬܘܢ
ܝܩܝܪܬܐ ܕܐܘܪܝܬܐ
ܕܝܢܐ ܘܚܣܕܐ ܘܗܝܡܢܘܬܐ.
ܗܠܝܢ ܕܝܢ ܚܙܬܘܢ ܘܗܠܝܢ
ܕܝܢ ܠܐ ܫܒܩܬܘܢ.
24 ܡܕܒܪܢܐ ܣܡܝܐ ܕܡܨܠܠܝܢ
ܐܢܬܘܢ ܡܢ ܒܩܐ ܘܒܠܥܝܢ
ܐܢܬܘܢ ܓܡܠܐ ܀ ܀

25 ܘܠܝܟܘܢ ܣܦܪܐ ܘܦܪܝܫܝܐ
ܢܣܒܝ ܒܐܦܐ ܕܡܕܟܝܢ
ܐܢܬܘܢ ܒܪ ܕܟܣܐ
ܘܕܦܝܢܟܐ ܘܡܢ ܠܓܘ ܡܠܝܢ
ܚܛܘܦܝܐ ܘܥܠ ܠܚܡܘܬܐ
26 ܦܪܝܫܐ ܣܡܝܐ ܕܟܝ
ܠܘܩܕܡ ܓܘܗ ܕܟܣܐ
ܘܐܦ ܒܪܗ ܕܝܗܘ ܗܘ ܀

27 ܘܠܝܟܘܢ ܣܦܪܐ ܘܦܪܝܫܝܐ
ܢܣܒܝ ܒܐܦܐ ܕܕܡܝܢ
ܐܢܬܘܢ ܠܩܒܪܐ ܕܡܢ ܠܒܪ
ܡܫܘܚܪܝܢ ܘܡܢ ܠܓܘ ܡܠܝܢ
ܓܪܡܐ ܕܡܝܬܐ ܘܟܠܗ
28 ܠܚܡܘܬܐ. ܗܟܢܐ ܐܦ
ܐܢܬܘܢ ܡܢ ܠܒܪ ܡܬܚܙܝܢ
ܐܢܬܘܢ ܠܒܢܝ ܐܢܫܐ ܐܝܟ

Mt xxiii 28 ܕܒܢܝܢܫܐ ܘܡܢ ܠܓܘ
ܡ̈ܠܝܢ . . . . .

29 ܘܝܠܟܘܢ ܣܦܪ̈ܐ ܘܦܪ̈ܝܫܐ
ܢܣ̈ܒܝ ܒܐܦ̈ܐ ܕܒܢܝܢ
ܐܢܬܘܢ ܩܒܪ̈ܐ ܕܢܒ̈ܝܐ
ܘܡܨܒܬܝܢ ܐܢܬܘܢ ܒܝܬ
30 ܩܒܘܪ̈ܐ ܕܙܕܝܩܝܐ ܘܐܡܪܝܢ
ܐܢܬܘܢ ܕܐܠܘ ܗܘܝܢ
ܒܝܘܡܝ ܐܒ̈ܗܝܢ ܠܐ
ܡܫ̈ܬܬܦܝܢ ܗܘܝܢ ܠܗܘܢ
31 ܒܕܡܐ ܕܢܒ̈ܝܐ· ܡܛܠ
ܡܣܗܕܝܢ ܐܢܬܘܢ ܕܒ̈ܢܝܐ
ܐܢܬܘܢ ܕܗܘܢ ܕܩܛܠܘ
32 ܠܢܒ̈ܝܐ· ܘܐܦ ܐܢܬܘܢ
. . ܘ ܡܫܘܚܬܐ
33 ܕܐܟܡ̈ܬܝܢ ܚܘ̈ܘܬܐ
ܠܝܬܐ ܕܐܦܢܐ ܐܝܟܢܐ
ܬܥܪܩܘܢ ܡܢ ܕܝܢܐ
34 ܕܓܗܢܐ . . . . .
ܐܢܐ ܡܫܕܪ ܠܘܬܟܘܢ
ܢ̈ܒܝܐ ܘܚܟܝ̈ܡܐ ܘܣܦܪ̈ܐ
ܡܢܗܘܢ ܬܩܛܠܘܢ
ܘܬܨܠܒܘܢ ܘܡܢܗܘܢ
ܬܢܓܕܘܢ ܒܟܢܘܫܬܟܘܢ
ܘܬܪܕܦܘܢ ܐܢܘܢ ܡܢ
35 ܡܕܝܢܐ ܠܡܕܝܢܐ. ܕܐܬܐ

Mt xxiii 35 ܥܠܝܟܘܢ ܕܡܐ ܒܟܠܗ
ܕܙܕܝܩܐ ܕܐܬܐܫܕ
ܥܠ ܐܪܥܐ. ܡܢ ܕܡܗ
ܕܗܒܝܠ ܙܕܝܩܐ ܘܥܕ ܕܡܐ
ܠܕܡܗ ܕܙܟܪܝܐ ܒܪ
ܒܪܟܝܐ ܗܘ ܕܩܛܠܬܘܢ
ܒܝܢ ܗܝܟܠܐ ܠܡܕܒܚܐ
36 ܐܡܢ ܐܡܪܢܐ ܠܟܘܢ
ܕܐܬܝܢ ܗܠܝܢ ܟܘܠܗܝܢ
ܥܠ ܫܪܒܬܐ ܗܕܐ.
37 ܐܘܪܫܠܡ ܐܘܪܫܠܡ
ܕܩܛܠܬ ܢܒܝܐ ܘܪܓܡܬ
ܠܐܝܠܝܢ ܕܫܠܝܚܝܢ · ·
ܠܘܬܟܘܢ . . .
ܙܒܢܝܢ . . .
ܠܒܢ̈ܝܟܝ . . . .
ܕܟܢܫܐ ܠܦܪܘܓܝܗ ܬܚܘܬ
ܓܦ̈ܝܗ ܘܠܐ ܨܒܝܬܘܢ
38 ܗܐ . . . . . .
39 ܐܡܪܢܐ ܠܟܘܢ ܓܝܪ ܕܠܐ
ܬܚܙܘܢܢܝ ܡܢ ܗܫܐ
ܥܕܡܐ ܕܬܐܡܪܘܢ ܒܪܝܟ
ܗܘ ܕܐܬܐ ܒܫܡܗ
ܕܡܪܝܐ
xxiv 1 . . ܢܦܩ ܝܫܘܥ ܡܢ
ܗܝܟܠܐ ܠܡܐܙܠ· ܘܩܪܒܘ
ܬܠܡܝܕܘܗܝ. ܡܚܘܝܢ ܠܗ
2 ܒܢܝܢܐ ܕܗܝܟܠܐ ܗܘ ܕܝܢ

Mt xxiv 2 ܥܢܐ ܘܐܡܪ ܠܗܘܢ
ܚܡܝܢ ܐܢܬܘܢ ܗܠܝܢ
ܟܠܗܝܢ ܒܢܝܢܐ ܐܡܝܢ
ܐܡܪܢܐ ܠܟܘܢ ܕܠܐ
ܬܫܬܒܩ . . ܟܐܦܐ
. . ܥܠ ܟܐܦܐ ܕܠܐ
ܬܫܬܪܐ ܀

3 ܘܟܕ ܝܬܒ ܥܠ ܛܘܪ ܙܝܬܐ
ܩܪܒܘ ܬܠܡܝܕܘܗܝ
ܘܐܡܪܝܢ ܠܗ .
ܠܐܡܬܝ . . . .
ܗܝ ܐܬܐ ܕܡܬܬܝܬ
ܘܫܘܠܡܗ ܕܥܠܡܐ

4 ܥܢܐ ܝܫܘܥ ܘܐܡܪ ܠܗܘܢ
. . . .
5 ܣܓܝܐܐ . . . . .
ܒܫܡܝ ܘܐܡܪܝܢ ܕܐܢܐ
ܐܢܐ ܡܫܝܚܐ ܘܣܓܝܐܐ
6 ܢܛܥܘܢ . . . .
ܕܝܢ ܠܡܫܡܥ . .
. . . . . .
ܕܝܢ ܕܩܪܒܐ . .
. . . . . .
. . . . . .
7 . . . .
. . . .

Mt xxiv 7 ܘܡܠܟܘܬܐ ܥܠ ܡܠܟܘܬܐ
ܘܢܗܘܘܢ ܟܦܢܐ ܘܙܘܥܐ
8 ܒܐܬܪܘܢ ܐܬܪܘܢ ܗܠܝܢ
ܕܝܢ ܟܠܗܝܢ ܪܫܐ ܐܢܝܢ
9 ܕܚܒܠܐ ܗܝܕܝܢ
ܢܫܠܡܘܢܟܘܢ ܠܐܘܠܨܢܐ
ܘܢܩܛܠܘܢܟܘܢ ܘܬܗܘܘܢ ܣܢܝܢ
ܠܟܘܢ ܟܠ ܐܢܫ ܡܛܠ
10 ܫܡܝ ܗܝܕܝܢ ܢܬܟܫܠܘܢ
ܣܓܝܐܐ ܘܚܕ ܠܚܕ ܢܫܠܡܘܢ
ܘܢܣܢܘܢ ܚܕ ܠܚܕ
11 . . . . ܫܘܩܪܐ
ܢܩܘܡܘܢ ܘܢܛܥܘܢ ܣܓܝܐܐ
12 . . . . ܥܘܠܐ
. . ܚܘܒܐ ܕܣܓܝܐܐ
13 . . . ܕܡܣܝܒܪ
ܥܕܡܐ ܠܚܪܬܐ ܗܘ
14 . . . . . ܗܢܐ
. . ܕܡܠܟܘܬܐ
. . . .
. . . . . .
. . . . .
. . . . . .
. . . .
. . . . .
. . .

fol. 33 r (= 113 r).

(R. L. B.)
[F. C. B.]

Mt xxiv
17 ܗܘ ܠܐ ܢܚܘܬ ܠܡܣܒ
18 ܡܢ ܒܝܬܗ. ܘܐܝܢܐ
ܕܒܚܩܠܬܐ ܗܘ ܠܐ
ܝܬܘܒ ܠܒܣܬܪܗ ܠܡܣܒ
ܡܐܢܘܗܝ ܀
19 ܘܝ ܕܝܢ ܠܒܛܢܬܐ . .
ܘܕܡܝܢܩܢ ܒܗܘܢ ܝܘܡܬܐ
20 ܗܘܨܠܘ ܕܝܢ ܡܨܠܝܢ
ܕܠܐ ܢܗܘܐ ܥܪܘܩܬܟܘܢ
ܒܣܬܘܐ ܘܠܐ ܒܫܒܬܐ
21 ܢܗܘܐ ܓܝܪ ܗܝܕܝܢ
ܐܘܠܨܢܐ ܪܒܐ . .
. . . . . .
. . ܕܡܐ ܠܡܘܢܐ
22 . . ܢܗܘܐ ܘܐܠܘ ܠܐ
. . ܡ ܗܘܘ ܝܘܡܬܐ
. . . ܚܝܐ ܗܘܐ
. . . ܡܛܠ ܓܒܝܐ
. . . ܝܘܡܬܐ
23 . . ܗܝܕܝܢ ܐܢ ܐܢܫ
. . . . . .
. . . . . .
. . . . . .
. . . . . .
24 . . . . . .
. . . . ܢܬܠܘܢ
ܐܬܘܬܐ ܪܘܪܒܬܐ
. . . .

Mt xxiv
24 ܡܛܥܝܝܐ ܐܦ ܠܓܒܝܐ
25 ܢܓܒܘܢ. ܗܐ ܩܕܡܬ
26 ܐܡܪܬ ܠܟܘܢ ܕܐܢ
ܢܐܡܪܘܢ ܠܟܘܢ ܗܐ
ܒܚܘܪܒܐ ܗܘ. ܠܐ
ܬܦܩܘܢ ܐܘ ܗܐ
ܒܬܘܢܐ ܗܘ ܠܐ ܬܗܝܡܢܘܢ
27 ܐܝܟܢܐ ܕܒܪܩܐ ܢܦܩ
. . . ܡܕܢܚܐ
ܘܡܬܚܙܝܐ ܒܡܥܪܒܐ
ܠܡܥܪܒܐ ܗܟܢܐ ܬܗܘܐ
ܡܬܝܬܗ ܕܒܪܗ ܕܐܢܫܐ
28 . . ܕܦܓܪܐ ܬܡܢ
ܢܫܪ̈ܐ ܀
29 . . ܡܢ ܒܬܪ
ܐܘܠܨܢܐ ܕܗܠܝܢ ܝܘܡܬܐ
. . ܫܡܫܐ ܘܣܗܪܗ
ܕܣܗܪܐ ܠܐ ܢܢܗܪ
ܘܟܘܟܒܝܢ ܒܫܡܝܐ ܡܢ
. . . . . .
. . . . . .
30 . . . . ܢܚܙܝܗ
ܕܒܪܗ ܕܐܢܫܐ ܒܫܡܝܐ
. . . . .
. . . . .
. . . ܚܝܠܐ
31 . . . . . .
ܡܠܐܟܘܗܝ ܒܩܠ ܩܪܢܐ
ܪܒܬܐ ܘ. .

Mt xxiv 31 ܠܓܒܝܘܗܝ ܡܢ ܐܪܒܥ
ܪܘܚܝܐ ܡܢ ܒܣܝܦܐ
ܕܫܡܝܐ ܒܫܡܝܐ ܠܣܦܪܐ
32 ܡܢ ܬܬܐ ܕܝܢ ܝܠܦܘ
ܦܠܐܬܐ ܕܡܐ ܕܪܟܘ
ܣܘܟܝܗ ܘܦܪܥܘ ܛܪܦܝܗ
ܝܕܥܝܢ ܐܢܬܘܢ ܕܩܪܝܒ
33 ܗܘ ܩܝܛܐ ܗܟܢܐ ܐܦ
ܐܢܬܘܢ ܟܕ ܕܚܙܝܬܘܢ
ܗܠܝܢ ܟܠܗܝܢ ܝܕܥܝܢ
ܐܢܬܘܢ ܕܩܪܝܒ ܠܬܪܥܐ
34 ܐܡܝܢ ܐܡܪ ܐܢܐ ܠܟܘܢ
ܕܠܐ ܬܥܒܪ ܫܪܒܬܐ
ܗܕܐ ܥܕܡܐ ܕܗܠܝܢ
35 ܟܠܗܝܢ ܝܗܘܝܢ ܫܡܝܐ
ܘܐܪܥܐ ܝܥܒܪܘܢ ܘܡܠܝ
ܠܐ ܝܥܒܪܘܢ ܀
36 ܥܠ ܝܘܡܐ ܕܝܢ ܘܥܠ
ܫܥܬܐ ܗܝ ܐܢܫ ܠܐ
ܝܕܥ ܘܐܦܠܐ ܡܠܐܟܝ
ܫܡܝܐ ܐܠܐ ܐܒܐ
37 ܟܠܝܘܡܬ ܐܝܟ ܕܗܘܐ
ܒܝܘܡ ܒܝܘܡܘܗܝ ܢܘܚ
ܗܟܢܐ ܬܗܘܐ ܡܝܬܝܬܗ
38 ܕܒܪܗ ܕܐܢܫܐ. ܐܝܟܢܐ
ܒܪ ܕܗܘܘ ܩܕܡ ܠܛܘܦܢܐ
ܐܟܠܝܢ ܗܘܘ ܘܫܬܝܢ
ܘܢܣܒܝܢ ܘܡܣܒܬܝܢ
ܒܝܘܡܐ ܕܥܠ ܢܘܚ

Mt xxiv 38, 39 ܠܬܒܘܬܐ ܘܠܐ . . .
ܒܝܘܡܐ ܕܐܬܐ ܛܘܦܢܐ
ܘܫܩܠ ܠܟܠܗܘܢ . . .
ܬܗܘܐ . . . . . .
40 ܕܐܢܫܐ ܗܝܕܝܢ ܬܪܝܢ
. . . .
. . . .
. . . .
. . . .
. . . .
. . . . . .
. . . .
. . . .
. . . .
. . . .
. . . .
ܐܬܐ . . . . .
. . . .
. . . .
44 . . . .
. . . .
ܕܒܫܥܬܐ ܕܠܐ ܡܣܒܪܝܢ
ܐܢܬܘܢ ܝܐܬܐ ܒܪܗ
45 ܕܐܢܫܐ . . . . .
ܐ . . . .
. . . .
ܡܪܗ ܥܠ ܒܝܬܗ.
ܕܢܬܠ ܠܗܘܢ ܦܪܢܣܗ
46 ܒܥܕܢܗ. ܛܘܒܘܗܝ

Mt xxiv 46 ܠܥܒܕܐ ܗܘ ܕܐܢ
ܝܐܬܐ ܡܪܗ ܝܫܟܚܝܢܗ·
47 ܕܥܒܕ ܗܟܢܐ. ܐܡܝܢ
ܐܡܪܢܐ ܠܟܘܢ ܕܝܫܠܛܘܗ·
ܥܠ ܟܘܠ ܡܐ ܕܐܝܬ
48 ܠܗ. ܐܢ ܕܝܢ ܝܐܡܪ ܥܒܕܐ
ܒܝܫܐ ܒܠܒܗ ܕܡܪܝ·
49 ܡܘܚܪ ܠܡܐܬܐ ܘܫܪܝܐ
ܠܡܡܚܝܐ ܠܟܢܘܬܗ ܘܗܘܐ
ܐܟܠ ܘܫܬܐ ܥܡ ܪܘܝܐ
50 ܝܐܬܐ ܡܪܗ ܕܥܒܕܐ
ܗܘ ܒܝܘܡܐ ܕܠܐ ܣܒܪ
ܘܒܫܥܬܐ ܕܠܐ ܝܕܥ
51 ܘܝܦܠܓܢܗ· ܘܝܣܝܡ
ܡܢܬܗ ܥܡ ܢܣܒܝ
ܒܐܦܐ ܘܬܡܢ ܝܗܘܐ
ܒܟܝܐ ܘܚܘܪܩ ܫܢܐ ܀

xxv 1 ܗܝܕܝܢ ܬܬܕܡܐ ܡܠܟܘܬܐ
ܕܫܡܝܐ ܠܥܣܪ ܒܬܘܠܢ
ܕܢܣܒ ܠܡܦܝܕܝܗܝܢ ܘܢܦܩ
ܠܐܘܪܥ ܚܬܢܐ ܘܟܠܬܐ
2 ܚܡܫ ܕܝܢ ܡܢܗܝܢ ܣܟܠܝܢ
ܗܘܝ ܘܚܡܫ ܚܟܝܡܢ
3 ܗܠܝܢ ܣܟܠܬܐ ܢܣܒ
ܠܡܦܝܕܝܗܝܢ ܘܠܐ ܢܣܒ
ܥܡܗܝܢ ܡܫܚܐ

Mt xxv 4 ܚܟܝ̈ܡܬܐ ܕܝܢ ܢܣܒ
ܡܫܚܐ ܒܡܐܢܝܐ ܥܡ
5 ܠܡܦܝܕܝܗܝܢ. ܟܕ ܐܘܚܪ
ܕܝܢ ܚܬܢܐ ܢܡ ܟܘ̈ܠܗܝܢ
6 ܘܕܡܟ. ܒܦܠܓܗ ܕܝܢ
ܕܠܠܝܐ ܗܘܐ ܩܠܐ ܗܐ
ܚܬܢܐ ܐܬܐ ܦܘܩܘ
7 ܠܐܘܪܥܗ ܗܝܕܝܢ ܩܡ
ܟܠܗܝܢ ܒ̈ܬܘܠܬܐ ܗܠܝܢ
8 ܘܬܩܢ ܠܡܦܝܕܝܗܝܢ ܐܡܪܢ
ܗܠܝܢ ܣܟܠܬܐ ܠܗܠܝܢ
ܚܟܝ̈ܡܬܐ ܗܒܝܢ ܠܢ ܡܢ
ܡܫܚܟܝܢ ܕܗܐ ܕܥܟܝܢ
9 ܠܗܘܢ ܠܡܦܪܝܢ ܐܡ̈ܪܢ
ܠܗ̈ܝܢ ܗ̈ܠܝܢ ܚܟܝ̈ܡܬܐ
ܕܠܡܐ ܠܐ ܢܣܦܩ ܠܢ
ܘܠܟ̈ܝܢ. ܐܠܐ ܐܙܠܝܢ ܠܘܬ
ܐܝܠܝܢ ܕܡܙܒܢܝܢ ܘܙܒܢܝܢ
10 ܠܟ̈ܝܢ. ܘܟܕ ܐ̈ܙܠܢ ܠܡܙܒܢ
ܐܬܐ ܚܬܢܐ ܘܗܠܝܢ
ܕܡܛܝܒܢ ܗܘܝ ܥܠ ܥܡܗ
ܠܒܝܬ ܡܫܬܘܬܐ. ܘܐܬܚܕ
11 ܠܗ ܬܪܥܐ ܒܐܚܪܝܬܐ
ܕܝܢ ܐܬܝ ܗ̈ܠܝܢ ܒ̈ܬܘܠܬܐ
ܘܐܡܪܢ ܡܪܢ ܦܬܚ
12 ܠܢ. ܗܘ ܕܝܢ ܥܢܐ ܘܐܡܪ
ܐܡܝܢ ܐܡܪܢܐ ܠܟ̈ܝܢ
ܕܠܐ ܝܕܥܢܐ: ܠܟܝܢ

. . . . . .

. . . . . .

. . . . . .

. . . . . .

. . . . . .

. . . . . .

. . . . . .

. . . . . .

. . . . . .

. . . . . .

. . . . . .

. . . . . .

. . . . . .

. . . . . .

. . . . . .

. . . . . .

. . . . . .

. . . . . .

. . . . . .

. . . . . .

. . . . . .

. . . . . .

. . . . . .

. . . . . .

. . . . . .

. . . . . .

. . . . . .

Mt xxv

fol. 35 r (= 74 r). [F. C. B.]

Mt xxv . . . . . . Mt xxv

. . . . . .

. . . . . .

. . . . . .

. . . . . .

. . . . . .

. . . . . .

. . . . . .

. . . . . .

. . . . . .

. . . . . .

. . . . . .

. . . . . .

. . . . . .

. . . . . .

. . . . . .

. . . . . .

. . . . . .

. . . . . .

. . . . . .

. . . . . .

. . . . . .

. . . . . .

. . . . . .

. . . . . .

. . . . . .

. . . . . .

. . . . . .

fol. 35 v (= 74 v). [F. C. B.]

Mt xxv 37 ܨܗܬ ܘܐܫܩܝܢܢܟ
38 ܘܐܡܬܝ ܚܡܝܢܢܟ
ܕܐܟܣܢܝܐ ܗܘܝܬ ܘܟܢܫܢܟ.
ܐܘ ܥܪܛܠܝܐ ܗܘܝܬ
39 . . . . . .
. . . . . .
. . ܒܝܬ ܐܣܝܪ̈ܐ
. . . . ܠܘܬܟ
40 . . . . . .
. . . . . .
. . . . . .
. . . . . .
. . . . . .
. . . . . .
. . . . . .
. . . . . .
. . . . . .
. . . . . .
. . . . . .
. . . . . .
. . . . . .
. . . . . .
. . . . . .
. . . . . .
. . . . . .
. . . . . .

Mt xxv 44 ܡܪܢ ܐܡܬܝ ܚܡܝܢܢܟ
ܟܕ ܟܦܢ ܐܢܬ ܐܘ ܟܕ
ܨܗܐ ܐܢܬ ܐܘ ܟܕ
ܐܟܣܢܝܐ . . ܐܘ
. . . . . .
. . . . . ܐܢܬ
45 ܘܠܐ ܫܡܫܢܢܟ ܗܝܕܝܢ
ܥܢܐ ܘܐܡܪ ܠܗܘܢ
ܐܡܝܢ ܐܡܪܢܐ ܠܟܘܢ
ܕܗܘ ܕܠܚܕ ܡܢ ܗܠܝܢ
ܙܥܘܪ̈ܐ ܠܐ ܥܒܕܬܘܢ
ܥܒܕܬܘܢ . . .
46 ܘܢܐܙܠܘܢ ܗܠܝܢ ܠܬܫܢܝܩܐ
ܕܠܥܠܡ ܘܙܕܝܩܐ ܠܚܝ̈ܐ
ܠܥܠܡ.
xxvi 1 ܘܗܘܐ . . . .
ܟ̈ܠܗܘܢ . . . .
2 ܠܬܠܡܝܕܘܗܝ . .
ܐܢܬܘܢ . . . .
. . . . . .
. . . . . .
. . . . . .
. . . . . .
. . . . . .
. . . . . .
. . . . . .
. . . . . .

Mt xxvi 4 . . . . . .
ܠܡܢܐ . . . .
5 ܐܡܪܝܢ . . . .
. . . . . .
ܢܗܘܐ . . . . ܐ
6 ܘܟܕ . . . . ܒܝܬ
. . . . . .
7 . . . . . .
. . . . . .
. . . . . .
. . . . . .
. . . . . .
. . . . . .
. . . . . .
. . . . . .
. . . . . .
. . . . . .
. . . . . .
. . . . . .
. . . . . .
. . . . . .
. . . . . .

Mt xxvi 11 ܠܐ ܟܠܝܘܡ ܠܘܬܟܘܢ
12 ܐܢܐ ܗ. . . . .
ܐܪܡܝܬ ܡܫܝܚܐ
ܗܢܐ . . . . .
. . . . . .
13 ܐܡܝܢ ܐܡܪܢܐ ܠܟܘܢ
. . . . . .
. . . . . .
. . . . . .
ܕܥܒܕܬ . . . .
. . . . . .
14 ܗܝܕܝܢ ܐܙܠ ܚܕ ܡܢ
. . . . . .
. . . . . .
. . . . .
15 . . . . . .
. . . . . .
. . . . . .
ܬܠܬܝܢ ܕܟܣܦܐ . .
. . . . . .
. . . . . .

ܦܨܚܐ. ܐܡܪ ܠܗܘܢ ܙܠܘ Mt xxvi 17, 18
ܠܡܕܝܢܬܐ ܠܘܬ ܦܠܢ
ܘܐܡܪܘ ܠܗ ܪܒܢ ܐܡܪ
ܙܒܢܝ ܩܪܝܒ ܗܘ ܠܘܬܟ
ܥܒܕܝܢܐ ܦܨܚܐ ܥܡ
19 ܬܠܡܝܕܝ . ܘܥܒܕܘ
ܬܠܡܝܕܘܗܝ ܐܝܟܢܐ
ܕܦܩܕ ܐܢܘܢ ܝܫܘܥ
20 ܘܦܢܝܡܘ ܦܨܚܐ ܘܥܒܕ
ܗܘܐ ܪܡܫܐ ܡܣܬܡܟ
ܗܘܐ ܠܘܬ ܬܪܥܣܪܬܗ
21 ܘܟܕ ܗܘܝܢ ܠܚܡܝܢ. ܐܡܪ
ܠܗܘܢ ܐܡܝܢ ܐܡܪܢܐ ܠܟܘܢ
ܕܚܕ ܡܢܟܘܢ ܡܫܠܡܢܝ
22 ܘܫܪܝܬ ܠܗܘܢ ܟܝܒ ܘܫܪܝܘ
ܠܡܐܡܪ ܚܕ ܚܕ ܡܢܗܘܢ
ܕܠܡܐ ܐܢܐ ܗܘ ܡܪܝ
23 ܐܡܪ ܠܗܘܢ ܗܘ ܕܡܨܒܥ
ܐܝܕܗ ܥܡܝ ܒܠܓܬܐ
24 ܗܘ ܡܫܠܡܢܝ. ܘܒܪܗ
ܕܐܢܫܐ ܐܙܠ ܐܝܟܢܐ
ܕܟܬܝܒ ܥܠܘܗܝ ܘܝ ܕܝܢ
ܠܗܘ ܓܒܪܐ ܕܒܐܝܕܗ
ܕܡܫܬܠܡ ܐܢܐ. ܦܩܚ
ܗܘܐ ܠܗ ܐܠܘ ܠܐ
25 ܐܬܝܠܕ. ܘܥܢܐ ܝܗܘܕܐ
ܡܫܠܡܢܗ ܘܐܡܪ ܕܠܡܐ

ܐܢܐ ܗܘ ܪܒܝ. ܐܡܪ ܠܗ. Mt xxvi 25
26 ܐܢܬ ܐܡܪܬ ܘܟܕ ܗܘܘ
ܠܚܡܝܢ ܢܣܒ ܝܫܘܥ
ܠܚܡܐ ܘܒܪܟ ܥܠܘܗܝ
ܘܦܨܐ ܘܝܗܒ ܠܬܠܡܝܕܘܗܝ
ܘܐܡܪ ܣܒܘ ܐܟܠܘ
27 ܗܢܘ ܦܓܪܝ. ܘܢܣܒ ܟܣܐ
ܘܐܘܕܝ ܥܠܘܗܝ ܘܝܗܒ
ܠܗܘܢ ܘܐܡܪ ܫܬܘ
ܐܫܬܘ ܡܢܗ ܟܠܟܘܢ
28 ܗܢܘ ܕܡܝ ܕܩܝܡܐ
ܚܕܬܐ ܕܡܬܐܫܕ ܚܠܦ
ܣܓܝܐܐ ܠܫܒܘܩܘܢܐ
29 ܕܫܦܗܐ ܐܡܪܢܐ ܠܟܘܢ
ܓܝܪ ܕܠܐ ܐܫܬܐ ܡܢ
ܗܫܐ ܡܢ ܦܐܪܐ ܕܓܦܬܐ
ܥܕܡܐ ܠܝܘܡܐ
ܕܐܫܬܝܘܗܝ ܥܡܟܘܢ
ܚܕܬܐ ܒܡܠܟܘܬܗ
30 ܕܐܒܝ ܘܟܕ ܫܒܚܘ. ܐܙܠܘ
31 ܠܛܘܪܐ ܕܙܝܬܐ ܗܝܕܝܢ
ܐܡܪ ܠܗܘܢ ܝܫܘܥ ܟܠܟܘܢ
ܬܬܟܫܠܘܢ ܒܝ ܒܗܕܐ
ܠܠܝܐ ܟܬܝܒ ܗܘ ܓܝܪ
ܕܐܡܚܐ ܠܪܥܝܐ ܘܝܬܒܕܪܘܢ
32 ܐܡܪܐ ܕܥܢܗ. ܘܡܐ
ܕܩܡܬ ܡܩܕܡܢܐ ܠܟܘܢ
ܠܓܠܝܠܐ ܀
33 ܥܢܐ ܫܡܥܘܢ ܟܐܦܐ

fol. 37 r (= 91 v). F. C. B.

Mt xxvi

33 ܘܐܡܪ ܐܢ ܟܠܗܘܢ
ܢܬܟܫܠܘܢ ܒܟ ܐܢܐ
ܠܥܠܡ ܠܐ ܡܬܟܫܠܢܐ
34 ܟܢ ܐܡܪ ܠܗ ܝܫܘܥ
ܐܡܝܢ ܐܡܪ ܐܢܐ ܠܟ
ܕܒܗܕܐ ܠܠܝܐ ܩܕܡ
ܢܩܪܐ ܬܪܢܓܠܐ ܬܠܬ
35 ܙܒܢܝܢ ܬܟܦܘܪ ܒܝ. ܐܡܪ
ܠܗ ܫܡܥܘܢ ܟܐܦܐ ܐܢ
ܢܗܘܐ ܠܝ ܠܡܡܬ ܥܡܟ
ܠܐ ܐܟܦܘܪ ܒܟ ܘܐܟ
ܟܠܗܘܢ ܬܠܡܝܕܝܐ ܐܡܪܘ
36 ܐܡܪܘ ܗܝܕܝܢ ܐܬܐ
ܥܡܗܘܢ ܝܫܘܥ ܠܐܬܪܐ
ܕܡܬܩܪܐ ܓܣܡܢܝ
ܘܐܡܪ ܠܬܠܡܝܕܘܗܝ ܬܒܘ
ܗܪܟܐ ܥܕ ܐܙܠ ܐܨܠܐ
37 ܘܕܒܪ ܠܫܡܥܘܢ ܘܠܬܪܝܗܘܢ
ܒܢܝ ܙܒܕܝ ܘܫܪܝ ܗܘܐ
ܠܡܬܥܨܒܐ ܘܠܡܬܥܩܐ.
38 ܗܝܕܝܢ ܐܡܪ ܠܗܘܢ ܗܐ
ܟܪܝܐ ܗܝ ܠܗ ܠܢܦܫܝ
ܥܕܡܐ ܠܡܘܬܐ ܩܘܘ
ܗܪܟܐ ܘܐܬܥܝܪܘ ܥܡܝ
39 ܘܫܢܝ ܡܢܗܘܢ ܩܠܝܠ

Mt xxvi

39 ܢܦܠ ܥܠ ܐܦܘܗܝ
ܘܡܨܠܐ ܗܘܐ ܘܐܡܪ
ܗܘܐ ܐܒܝ ܐܢ
ܡܫܟܚ ܕܬܥܒܪ ܡܢܝ
ܟܣܐ ܗܢܐ ܒܪܡ ܠܐ
ܟܨܒܝܢ ܕܝܠܝ ܝܗܘܐ
40 ܐܠܐ ܐܟ ܕܝܠܟ. ܘܐܬܐ
ܠܘܬ ܬܠܡܝܕܘܗܝ ܘܐܫܟܚ
ܐܢܘܢ ܟܕ ܕܡܟܝܢ ܘܐܡܪ
ܠܫܡܥܘܢ ܗܟܢܐ ܐܦܠܐ
ܚܕܐ ܫܥܐ ܐܫܟܚܬܘܢ
41 ܠܡܬܥܪܘ ܥܡܝ ܐܬܥܪܘ
ܘܨܠܘ ܕܠܐ ܬܥܠܘܢ
ܠܢܣܝܘܢܐ ܪܘܚܐ ܨܒܝܐ
ܐܠܐ ܦܓܪܐ ܟܪܝܗ
42 ܬܘܒ ܕܬܪܬܝܢ ܙܒܢܝܢ
ܐܙܠ ܠܡܨܠܝܘ ܐܡܪ
ܐܒܝ ܐܢ ܠܐ ܡܫܟܚ
ܟܣܐ ܗܢܐ ܕܢܥܒܪ
ܐܠܐ ܐܢ ܐܫܬܝܬܗ
43 ܢܗܘܐ ܨܒܝܢܟ. ܘܐܬܐ
ܬܘܒ ܘܐܫܟܚ ܐܢܘܢ
ܟܕ ܕܡܟܝܢ ܡܛܠ
ܕܝܩܝܪܝܗܘܢ ܥܝܢܝܬܐ
44 ܫܒܩܢ ܗܘܢ. ܘܥܒܪ

Mt xxvi
44 ܐܦܘܢ ܘܐܙܠ ܠܡܨܠܝܘ
ܕܬܠܬܬ ܙܒܢܝܢ ܘܬܘܒ
45 ܗܟܘܬ ܐܡܪ. ܗܝܕܝܢ
ܐܬܐ ܠܘܬ ܬܠܡܝܕܘܗܝ
ܘܐܡܪ ܠܗܘܢ ܕܡܟܘ
ܡܟܝܠ ܘܐܬܢܝܚܘ ܗܐ
ܚܝܪ ܩܪܒܬ ܫܥܬܐ
ܘܒܪܗ ܕܐܢܫܐ ܡܫܬܠܡ
ܒܐܝܕܝܗܘܢ ܕܚܛܝܐ
46 ܩܘܡܘ ܢܐܙܠ ܗܐ
ܡܛܐ ܠܗ ܗܘ ܕܡܫܠܡ
ܠܝ ⁘
47 ܥܕ ܗܘ ܡܡܠܠ ܘܗܐ
ܝܗܘܕܐ ܚܕ ܡܢ ܬܪ̈ܥܣܪܬܐ
ܐܬܐ ܘܥܡܗ ܟܢܫܐ
ܣܓܝܐܐ ܒܣ̈ܝܦܐ ܘܚܘܛܪ̈ܝܐ
ܡܢ ܠܘܬ ܪ̈ܒܝ ܟܗܢܐ
48 ܘܣܒܝܐ ܕܥܡܐ. ܝܗܘܕܐ
ܕܝܢ ܡܫܠܡܢܐ ܝܗܒ
ܠܗܘܢ ܐܬܐ ܘܐܡܪ
ܕܠܗ . . . . .
49 ܠܗ ܠܗ ܐܚܕܘ . .
ܠܘܬ ܝܫܘܥ . . . .
ܘܐܡܪ ܠܗ ܫܠܡ ܪܒܝ
50 ܝܫܘܥ . . . . .
. . . . . .
. . . . . .

Mt xxvi
50 ܗܝܕܝܢ ܩܪܒܘ ܘܐܪܡܝܘ
ܥܠܘܗܝ ܐܝܕܝܐ ܘܐܚܕܘܗܝ
51 ܠܝܫܘܥ ܘܗܐ ܚܕ ܡܢ
ܬܠܡܝܕܘܗܝ ܕܝܫܘܥ
ܐܘܫܛ ܐܝܕܗ ܘܫܡܛ
ܣܝܦܐ ܘܡܚܝܗܝ ܠܥܠܝܡܗ
ܕܪܒ ܟܗܢܐ ܘܫܩܠܗ
52 ܐܕܢܗ ܗܝܕܝܢ ܐܡܪ
ܠܗ ܝܫܘܥ ܐܗܦܟ
ܣܝܦܐ ܠܕܘܟܬܗ ܟܠܗܘܢ
ܓܝܪ ܐܠܝܢ ܕܫܩܠܘ
ܣܝܦܐ ܒܣܝܦܐ ܝܐܒܕܘܢ
53 ܐܘ ܣܒܪ ܐܢܬ ܕܠܐ
ܡܫܟܚ ܐܢܐ ܕܐܒܥܐ
ܡܢ ܐܒ ܘܢܬܠ ܠܝ ܝܬܝܪ
ܡܢ ܬܪܬܥܣܪܐ ܠܓܝ̈ܘܢܝܢ
54 ܕܡܠܐܟܐ . ܐܝܟܢܐ
ܢܬܡܠܝܢ ܟܬܒܐ ܕܗܟܢܐ
55 ܘܠܐ ܠܡܗܘܐ ܒܗܝ
ܫܥܬܐ ܐܡܪ ܝܫܘܥ
. . . . ܠܟܢܫܐ
ܢܦܩܬܘܢ ܥܠܝ ܒܣܝ̈ܦܐ
ܘܒܚܘܛܪܐ ܠܡܐܚܕܝܢܝ.
ܟܠܝܘܡ ܒܗܝܟܠܐ ܗ̈ܘܝܬ
ܗܘܝܬ ܘܡܠܦ ܗܘܝܬ
56 ܘܠܐ ܐܚܕܬܘܢܝ . ܗܠܝܢ

Mt xxvi 56 ܕܗܝܢ ܟܠܗܝܢ ܗܘܘ
ܕܝܫܬܠܡܘܢ ܟܬܒܐ
ܕܢܒܝ̈ܐ ◦
ܗܝܕܝܢ ܫܒܩܘܗܝ ܬܠܡܝܕܘܗܝ
57 ܟܠܗܘܢ ܘܥܪܩܘ. ܘܐܚܕܘܗܝ
ܗܢܘܢ ܘܐܘܒܠܘܗܝ ܠܘܬ
ܩܝܦܐ ܪܒ ܟܗܢܐ ܐܬܪ
ܕܟܢܝܫܝܢ ܣܦܪܝܐ ܘܣܒܝܐ
58 ܕܟܐܦܐ ܫܡܥܘܢ ܕܝܢ ܐܙܠ
ܗܘܐ ܒܬܪܗ ܡܢ
ܪܘܚܩܐ ܥܕܡܐ ܠܕܪܬܗ
ܕܪܒ ܟܗܢܐ ܘܥܠ
. . . . ܥܡ
. . . . ܚܪܬܐ
59 . . . . . . ܝ
. . . . . .
. ܣܗܕܐ . .
60 . . ܘܠܐ ܐܫܟܚܘ
. . ܣܓܝܐܐ ܣܗܕܝ
ܫܘܩܪܐ ܘܠܐ ܐܫܟܚܘ
ܠܚܪܐ . . ܙ . . ܐܬ
ܒܐ . ܘܐܬܘ ܬܪܝܢ
ܐܚܪ̈ . . . ܫܘܩܪܐ
61 ܘܐܡܪܝܢ ܗܢܐ ܐܡܪ
ܕܡܫܟܚܢܐ ܕܐܣܬܪܝܘܗܝ
ܠܗܝܟܠܐ ܗܢܐ ܘܬܠܬܐ

Mt xxvi 61, 62 ܝܘܡܝܢ ܐܒܢܝܘܗܝ. ܘܩܡ
ܪܒ ܟܗܢܐ ܘܐܡܪ ܠܗ
ܠܐ ܝܗܒ ܐܢܬ ܦܬܓܡܐ
ܡܢܐ ܗܠܝܢ ܡܣܗܕܝܢ
63 ܥܠܝܟ. ܝܫܘܥ ܕܝܢ ܫܬܩ
ܗܘܐ ܥܢܐ ܪܒ ܟܗܢܐ
ܘܐܡܪ ܠܗ ܡܘܡܐ ܠܟ
ܒܐܠܗܐ ܚܝܐ. ܕܬܐܡܪ
ܠܢ ܐܢ ܐܢܬ ܗܘ ܡܫܝܚܐ
64 ܒܪܗ ܕܐܠܗܐ · ܐܡܪ
ܠܗ ܐܢܬ ܐܡܪܬ ܐܡܪ
ܐܢܐ ܠܟܘܢ ܕܡܢ ܗܫܐ
ܬܚܙܘܢ ܠܒܪܗ ܕܐܢܫܐ
. . . . . .
. . . . .
65 . . . . . .
. . . . .
. . . . . .
. . . . ܬܫܒ ܥܕܬ
. . . . ܣܗܕܐ
. . . . . .
66 . . . . . .
. . . . .
. . . . .
67 . . . . .
. . . . . ܘ
. . . . . .

Mt xxvi 67 ܐܚܪܢܐ ܕܝܢ ܡܩ̈ܦܚܝܢ
68 ܗܘܘ ܒܦ̈ܩܘܗܝ ܘܐܡܪ̈ܝܢ
ܐܬܢܒܝܐ ܠܢ ܡܫܝܚܐ
ܡܢܘ ܡܚܝܟ.
69 ܫܡܥܘܢ ܕܝܢ ܝܬܒ ܗܘܐ
ܠܒܪ ܒܕܪܬܐ ܘܩܪܒܬ
ܠܘܬܗ ܐܡܬܐ ܚܕܐ ܘܐܡܪܐ
ܠܗ ܘܐܦ ܐܢܬ ܥܡ
70 ܝܫܘܥ ܗܘܝܬ ܓܠܝܠܝܐ· ܗܘ
ܕܝܢ ܟܦܪ ܠܩܕܡ ܟܠܗܘܢ
ܘܐܡܪ ܠܐ ܝܕܥܢܐ ܡܢܐ
ܐܡܪܬܝ ܘܐܦ ܠܐ
71 ܚܟܡܢܐ ܘܢܦܩ ܠܦܘ
ܠܬܪܥܐ ܕܕܪܬܐ ܚܙܬܗ
ܐܚܪܬܐ ܘܐܡܪܐ ܠܗܘܢ
ܗܢܐ ܥܡ ܝܫܘܥ ܗܘܐ
72 ܢܨܪܝܐ ܘܬܘܒ ܟܦܪ
ܘܡܝܡܐ ܕܠܐ ܝܕܥܢܐ ܠܗ
73 ܠܓܒܪܐ ܗܢܐ. ܘܡܢ ܒܬܪ
ܩܠܝܠ ܩܪܒܘ ܗܢܘܢ
ܕܩܝܡܝܢ. ܘܐܡܪܘ ܠܫܡܥܘܢ
ܫܪܝܪܐܝܬ ܡܢܗܘܢ ܐܢܬ
ܕܐܦ ܡܡܠܠܟ ܓܠܝܪ
74 ܕܟܢܐ ܗܘ ܫܪܝܢ ܫܪܝ
ܠܡܚܪܡܘ ܘܠܡܐܡܐ
ܕܠܐ ܝܕܥܢܐ ܠܗ ܠܓܒܪܐ
ܗܢܐ· ܘܗܘ ܒܫܥܬܐ

Mt xxvi 74, 75 ܩܪܐ ܬܪܢܓܘܠܐ. ܘܐܬܕܟܪ
ܫܡܥܘܢ ܡܠܬܗ ܕܝܫܘܥ
ܕܐܡܪ ܗܘܐ ܠܗ ܒܕܠܐ
ܢܩܪܐ ܬܪܢܓܘܠܐ ܬܠܬ
ܙܒܢܝܢ ܬܟܦܘܪ ܒܝ. ܘܢܦܩ
ܢܦܩ ܠܒܪ ܒܟܐ ܡܪܝܪܐܝܬ.
xxvii 1 ܘܟܕ ܢܓܗܬ. ܢܣܒܘ
ܡܠܟܐ ܥܠܘܗܝ ܪ̈ܒܝ ܟܘܗ̈ܢܐ
ܘܣ̈ܒܝܐ ܕܥܡܐ ܥܠ
ܝܫܘܥ ܕܢܩܛܠܘܢܗ.
2 ܘܐܣܪܘܗܝ ܘܐܘܒܠܘܗܝ
ܘܐܫܠܡܘܗܝ ܠܦܝܠܛܘܣ
ܗܓܡܘܢܐ ·܀·
3 ܗܝܕܝܢ ܟܕ ܚܙܐ ܝܗܘܕܐ
ܡܫܠܡܢܐ ܕܐܬܚܝܒ
ܐܬܬܘܝ ܘܐܗܦܟ ܗܠܝܢ
ܬܠܬ̈ܝܢ ܕܟܣܦܐ ܠܪ̈ܒܝ
4 ܟܘܗ̈ܢܐ ܘܠܣ̈ܒܝܐ ܘܐܡܪ
ܚܛܝܬ ܕܐܫܠܡܬ ܕܡܐ
ܕܙܕܝܩܐ ܐܡܪ̈ܝܢ ܠܗ ܠܢ
5 ܡܢܐ ܠܢ ܐܢܬ ܬܚܙܐ· ܗܘ
ܕܝܢ ܫܕܝܗܝ ܟܣܦܐ
ܒܗܝܟܠܐ ܘܫܢܝ ܘܐܙܠ
6 ܬܠܐ ܠܗ ܘܐܬܚܢܩ· ܪ̈ܒܝ
ܟܘܗ̈ܢܐ ܕܝܢ ܫܩܠܘܗܝ
ܠܟܣܦܐ ܘܐܡܪ̈ܝܢ ܠܐ
ܫܠܝܛ ܠܡܪܡܝܬܗ ܒܝܬ
ܩܘܪܒܢܐ ܡܛܠ ܕܕ̈ܡܝܐ

R. L. B.
F. C. B.

Mt xxvii 6, 7 ܐܒܘܢ ܕܟܗܢܝܐ ܘܢܣܒܘ
ܡܠܒܫܐ. ܘܙܒܢܘ ܡܢܗ
ܩܘܪܝܬ ܦܚܪܐ ܕܒܢܝܬ
ܡܩܒܪܐ ܕܐܟܣܢܝܐ
8 ܡܛܠ ܗܢܐ ܐܬܩܪܝܬ
ܗܝ ܩܘܪܝܬ ܕܡ ܒܕܡܐ
9 ܠܝܘܡܢܐ. ܗܝܕܝܢ ܐܬܡܠܝ
ܡܕܡ ܕܐܬܐܡܪ ܒܢܒܝܐ
ܕܐܡܪ ܗܘܐ ܕܢܣܒܬ
ܬ̈ܠܬܝܢ ܕܟܣܦܐ ܕܡܘܗܝ
ܕܝܩܝܪܐ ܕܝܩܪܬ ܡܢ
ܒܢ̈ܝܗܘܢ ܕܐܝܣܪܐܝܠ
10 ܘܝܗܒܬ ܐ̈ܢܝܢ ܠܩܘܪܝܬ
ܦܚܪܐ ܐܝܟ ܕܦܩܕ
ܠܝ ܡܪܝܐ ܀
11 ܝܫܘܥ ܕܝܢ ܩܡ ܩܕܡ
ܗܓܡܘܢܐ ܘܫܐܠܗ
ܘܐܡܪ ܠܗ ܐܢܬ ܗܘ
ܡܠܟܐ ܕܝܗ̈ܘܕܝܐ. ܐܡܪ
ܠܗ ܝܫܘܥ ܐܢܬ ܐܡܪܬ.
12 ܘܟܕ ܐܟܠܝܢ ܗܘܘ ܩܪ̈ܨܘܗܝ
ܪ̈ܒܢܝ ܟܗܢܝܐ ܘܩ̈ܫܝܫܐ
ܗܘ ܡܕܡ ܦܬܓܡ ܠܐ
13 ܝܗܒ ܗܘܐ ܠܗܘܢ. ܗܝܕܝܢ
ܐܡܪ ܠܗ ܦܝܠܛܘܣ ܠܐ
ܫܡܥ ܐܢܬ ܟܡܐ ܣܗܕܝܢ
14 ܡܣܗ̈ܕܝܢ ܥܠܝܟ. ܗܘ

Mt xxvii 14 ܕܝܢ ܦܬܓܡ ܠܐ ܝܗܒ
ܠܗ ܘܟܕ ܡܬܕܡܪ ܗܘܐ
15 ܗܓܡܘܢܐ. ܒܟܠ ܥܐܕܐ
ܕܝܢ ܡܥܕ ܗܘܐ ܗܓܡܘܢܐ
ܕܢܗܘܐ ܫܪܐ ܠܥܡܐ
ܐܣܝܪܐ · · ܐܝܢܐ
16 ܕܗܘܘ ܨܒܝܢ ܗܘܘ. ܘܐܣܝܪ
ܗܘܐ ܠܗܘܢ ܓܒܪܐ ܚܕ
ܝܕܝܥܐ ܕܫܡܗ ܗܘܐ
ܝܫܘܥ ܒܪ ܐܒܐ. ܐܪܡܐ
ܗܘܐ ܒܝܬ ܐܣܝܪܐ
ܡܛܠ ܒܝܫܬܐ ܕܥܒܕ
ܗܘܐ ܘܩܛܠܐ ܗܘܐ
17 ܩܛܠܐ. ܘܟܕ ܟܢܝܫܝܢ
ܟܠܗܘܢ ܡܗܘܕܝܐ ܐܡܪ
ܠܗܘܢ ܦܝܠܛܘܣ. ܠܡܢ
ܨܒܝܢ ܐܢܬܘܢ ܕܐܫܪܐ
ܠܟܘܢ. ܠܝܫܘܥ ܒܪ ܐܒܐ
ܐܘ ܠܝܫܘܥ ܕܡܬܩܪܐ
18 ܡܫܝܚܐ. ܝܕܥ ܗܘܐ ܓܝܪ
ܕܡܛܠ ܚܣܡܐ ܗܘ
19 ܐܫܠܡܘܗܝ ܠܗ. ܘܟܕ
ܗܘ ܝܬܒ ܥܠ ܒܝܡ.
ܫܠܚܐ ܠܗ ܐܢܬܬܗ.
ܘܐܡܪܐ ܠܗ ܠܐ ܠܟ
ܘܠܗܘ ܙܕܝܩܐ. ܣܓܝ ܓܝܪ
ܚܫܬ ܝܘܡܢܐ ܒܚܠܡܝ
ܡܛܠܬܗ ܀

R. L. B.
F. C. B.

Mt xxvii
20 ܪ̈ܒܢܝ ܟܗܢܐ ܕܝܢ ܘܣܒܝܐ
ܐܦܝܣܘ ܠܥܡܐ ܕܝܫܐܠܘܢ
ܠܒܪ ܐܒܐ. ܘܝܘܒܕܘܢ
21 ܠܝܫܘܥ. ܥܢܐ ܗܓܡܘܢܐ
ܘܐܡܪ ܠܗܘܢ ܠܡܢ ܨܒܝܢ
ܐܢܬܘܢ ܕܐܫܪܐ ܠܟܘܢ
ܐܡܪܝܢ ܠܗ ܠܒܪ ܐܒܐ
22 ܐܡܪ ܠܗܘܢ ܦܝܠܛܘܣ
ܘܡܢܐ ܐܥܒܕ ܠܝܫܘܥ
ܕܡܬܩܪܐ ܡܫܝܚܐ
ܐܡܪܝܢ ܟܠܗܘܢ ܝܙܕܩܦ
23 ܐܡܪ ܠܗܘܢ ܡܢܐ ܓܝܪ
ܕܒܝܫ ܥܒܕ ܠܗ ܗܢܕܝܢ
ܝܬܝܪܐܝܬ ܡܩܥܝܢ ܗܘܘ
24 ܘܐܡܪܝܢ ܝܙܕܩܦ ܟܕ
ܚܙܐ ܕܝܢ ܦܝܠܛܘܣ ܕܡܕܡ
ܠܐ ܡܘܬܪ ܠܗ ܐܠܐ
ܟܡܐ . . ܪܘܒܐ
ܡܣܓܐ ܣܓܐ ܢܣܒ
ܡܝܐ ܘܐܫܝܓ ܐܝ̈ܕܘܗܝ
ܠܩܒܝܠ ܟܠܗ ܥܡܐ ܘܐܡܪ
ܙܟܝ ܐܢܐ ܡܢ ܕܡܗ ܗܢܐ
25 ܐܢܬܘܢ ܚܙܝܢ ܘܥܢܐ
ܟܠܗ ܥܡܐ ܘܐܡܪܘ
ܕܡܗ ܕܗܢܐ ܥܠܝܢ ܘܥܠ
26 ܒ̈ܢܝܢ ܗܝܕܝܢ ܫܪܐ
ܠܗܘܢ ܠܒܪ ܐܒܐ ܘܠܝܫܘܥ

Mt xxvii
26 ܒܦܪܓܠܐ ܠܝܫܘܥ
ܘܐܫܠܡܗ ܠܗܘܢ ܕܝܙܕܩܦ
27 ܗܝܕܝܢ ܐܣܛܪ̈ܛܝܘܛܐ
ܕܗܓܡܘܢܐ ܐܒܠܘܗܝ
ܠܝܫܘܥ ܠܦܪܛܘܪܝܢ. ܘܟܢܫܘ
28 ܥܠܘܗܝ ܟܢܫܐ ܘܐܠܒܫܘܗܝ
ܠܒܘ̈ܫܬܐ. ܕܙܚܘܪܝܬܐ
29 ܘܕܐܪܓܘܢܐ ܘܓܕܠܘ
ܟܠܝܠܐ ܕܟܘ̈ܒܐ ܘܣܡܘ
ܒܪܝܫܗ ܘܐܘܚܕܘ
ܩܢܝܐ ܒܝܡܝܢܗ ܘܒܪܟܘ
ܥܠ ܒܘܪ̈ܟܝܗܘܢ ܩܕܡܘܗܝ
ܘܡܒܙܚܝܢ ܗܘܘ ܒܗ.
ܘܐܡܪܝܢ ܫܠܡ ܠܟ
30 ܡܠܟܐ ܕܝܗܘܕܝܐ. ܘܪ̈ܩܘ
ܒܐܦ̈ܘܗܝ ܘܢܣܒܘ
ܩܢܝܐ ܘܡܚܝܢ ܗܘܘ
31 ܠܗ ܥܠ ܪܝܫܗ ܘܟܕ ܒܙܚܘ
ܒܗ ܐܫܠܚܘܗܝ ܢܚܬܐ
ܗܘܢ ܕܠܒܝܫ ܗܘܐ
ܘܐܠܒܫܘܗܝ ܢ̈ܚܬܘܗܝ
ܘܕܒܪܘܗܝ ܘܐܙܠܘ
32 ܠܡܙܩܦܗ. ܘܟܕ ܢܦܩܝܢ
ܕܝܢ ܐܫܟܚܘ ܓܒܪܐ
ܩܪܝܢܝܐ ܕܫܡܗ ܫܡܥܘܢ
ܘܫܚܪܘܗܝ ܕܢܫܩܘܠ
33 ܙܩܝܦܗ. ܘܐܬܘ ܠܐܬܪܐ

Mt xxvii

33 ܕܡܬܩܪܐ ܓܓܘܠܬܐ
34 ܘܝܗܒܘ ܠܗ ܠܡܫܬܐ
ܚܡܪܐ ܟܕ ܚܠܝܛ
ܒܡܪܪܬܐ ܘܛܥܡܗ ܘܠܐ
35 ܨܒܐ ܠܡܫܬܝܗ ܘܟܕ
ܙܩܦܘܢܗ ܦܠܓܘ ܠܟܣܘܬܗ
36 ܘܝܬܒܘ ܢܛܪܘܢܗ ܘܬܡܢ
37 ܘܗܘܘ ܘܫܘܝܢ ܬܡܢ ܘܟܕ
ܗܘܢ ܝܬܒܝܢ. ܟܬܒܘ
ܥܠܘܬܐ ܥܡܗ ܥܠ
ܪܫܗ ܝܫܘܥ ܡܠܟܐ
ܕܝܗܘܕܝܐ ·⁘·
38 ܗܝܕܝܢ ܐܙܕܩܦܘ ܥܡܗ
ܬܪܝܢ ܠܣܛܝܐ ܚܕ
ܡܢ ܝܡܝܢܗ ܘܚܕ ܡܢ
39 ܣܡܠܗ ܘܗܘܢ ܕܥܒܪܝܢ
ܗܘܘ ܡܓܕܦܝܢ ܗܘܘ
ܥܠܘܗܝ ܘܡܢܝܕܝܢ
40 ܒܪܫܝܗܘܢ ܘܐܡܪܝܢ
ܣܬܪ ܗܝܟܠܐ ܘܒܢܐ
ܠܗ ܠܬܠܬܐ ܝܘܡܝܢ
ܐܢ ܒܪܗ ܐܢܬ ܕܐܠܗܐ
ܐܬܐ ܢܦܫܟ ܘܚܘܬ
41 ܡܢ ܙܩܝܦܐ. ܘܐܦ ܪܒܝ
ܟܗܢܐ ܐܟܢ ܡܒܙܚܐ
ܘܣܦܪܝܐ ܡܡܠܠܝܢ

Mt xxvii

41 ܗܘܘ ܒܗ ܘܡܒܣܪܝܢ
ܗܘܘ ܠܗ ܘܐܡܪܝܢ
42 ܕܠܐܚܪܢܐ ܡܚܝܐ. ܢܦܫܗ
ܠܐ ܡܫܟܚ ܗܘܐ
ܠܡܚܝܘ ܐܢ ܡܠܟܐ ܗܘ
ܕܐܝܣܪܐܝܠ ܢܚܘܬ
ܗܫܐ ܡܢ ܙܩܝܦܐ
43 ܘܢܗܝܡܢ ܒܗ ܗܘ
ܬܟܝܠ ܗܘܐ ܥܠ
ܐܠܗܐ ܢܦܠܛܝܘܗܝ ܗܫܐ
ܐܢ ܨܒܐ ܒܗ ܐܡܪ
ܓܝܪ ܕܒܪܗ ܐܢܐ
44 ܕܐܠܗܐ. ܘܐܦ ܗܢܘܢ
ܠܣܛܝܐ ܒܫܝܬܐ
ܕܐܙܕܩܦܘ ܥܡܗ ܐܟܢ
ܚܪܦܝܢ ܡܚܣܕܝܢ ܗܘܘ
45 ܠܗ. ܘܡܢ ܫܬ ܫܥܝܢ
ܗܘܐ ܚܫܘܟܐ ܥܠ
ܟܠܗ ܐܪܥܐ ܥܕܡܐ
46 ܠܬܫܥܐ ܫܥܝܢ. ܘܒܬܫܥ
ܫܥܝܢ ܩܥܐ ܝܫܘܥ
ܒܩܠܐ ܪܒܐ ܘܐܡܪ
ܐܝܠܝ ܐܝܠܝ ܠܡܢܐ
ܫܒܩܬܢܝ ·⁘·
47 ܘܐܢܫܐ ܗܢܘܢ ܕܡܢܗܘܢ
ܗܘܘ ܬܡܢ ܟܕ ܫܡܥܘ

Mt xxvii 47 ܐܡܪܝܢ ܗܢܐ ܠܐܠܝܐ
48 ܩܪܐ. ܘܒܗ ܒܫܥܬܐ
ܪܗܛ ܚܕ ܡܢܗܘܢ
ܘܢܣܒ ܣܦܘܓܐ ܘܡܠܝܗ
ܚܠܐ ܘܩܛܪ ܒܩܢܝܐ
ܘܐܫܩܝ ܠܗ ܠܡܫܬܝܐ.
49 ܐܚܪܢܐ ܕܝܢ ܐܡܪܝܢ
ܫܒܘܩܘ ܢܚܙܐ ܐ
ܐܬܐ ܐܠܝܐ ܘܡܚܝܐ
50 ܠܗ ܝܫܘܥ ܕܝܢ ܩܥܐ
ܒܩܠܐ ܪܒܐ ܘܫܠܡܬ
51 ܪܘܚܗ ܘܒܗ ܒܫܥܬܐ
ܐܨܛܪܝ ܦ̈ܪܣܐ ܬܪܥܐ
ܕܒܝܬ ܡܩܕܫܐ ܡܢ
ܕܠܥܠ ܪܫ ܘܐܬܒܩܥܬ
ܐܪܥܐ ܘܐܬܦܠܓܘ ܟܐܦ̈ܐ
52 ܘܐܬܦܬܚܘ ܒܝܬ ܩܒܘܪ̈ܐ.
ܘܦ̈ܓܪܝܐ ܣܓܝ̈ܐ ܕܩܕܝܫܐ
ܐܠܝܢ ܕܕܡܝܟܝܢ ܩܡܘ
53 ܘܢܦܩܘ ܡܢ ܒܝܬ ܩܒܘܪ̈ܐ
ܡܢ ܒܬܪ ܩܝܡܬܗ
ܘܥܠܘ ܠܡܕܝܢܬ ܩܘܕܫܐ
ܘܐܬܚܙܝܘ ܠܣ̈ܓܝܐܐ ܀
54 ܩܢܛܪܘܢܐ ܕܝܢ ܘܐܝܠܝܢ
ܕܢܛܪܝܢ ܗܘܘ ܥܡܗ
ܠܝܫܘܥ ܟܕ ܚܙܘ ܙܘܥܐ
ܘܐܝܠܝܢ ܕܗܘܘ ܕܚܠܘ

Mt xxvii 54 ܠܟ. ܘܐܡܪܝܢ ܫܪܝܪܐܝܬ
ܗܢܐ ܒܪܗ ܗܘ
ܕܐܠܗܐ ܗ̇ܘ ܀
55 ܘܐܝܬ ܗ̈ܘܘ ܬܡܢ ܢܫ̈ܐ
ܣܓܝ̈ܐܬܐ ܡܢ ܪܘܚܩܐ
ܚܙܝܢ ܗܘܘ ܐܝܠܝܢ
ܕܐܬܝܢ ܗܘܘ ܒܬܪ ܝܫܘܥ
ܡܢ ܓܠܝܠܐ ܘܡܫܡܫܢ
56 ܗܘܘ ܠܗ ܡܢܗܝܢ
ܡܪܝܡ ܡܓܕܠܝܬܐ ܘܡܪܝܡ
ܒܪܬ ܝܥܩܘܒ ܘܐܡܗ
ܕܝܘܣܦ ܘܐܡܗܘܢ
57 ܕܒ̈ܢܝ ܙܒܕܝ ܘܟܕ ܗܘܐ
ܪܡܫܐ ܐܬܐ ܓܒܪܐ
ܚܕ ܥܬܝܪܐ ܡܢ ܪܡܬܐ
ܘܫܡܗ ܝܘܣܦ ܘܐܦ
ܗܘ ܬܠܡܝܕܐ ܗܘܐ
58 ܕܝܫܘܥ ܗܢܐ ܩܪܒ
ܠܦܝܠܛܘܣ ܘܫܐܠ ܦܓܪܗ
ܕܝܫܘܥ ܘܦܩܕ ܦܝܠܛܘܣ
59 ܕܢܬܝܗܒ ܠܗ. ܘܢܣܒ
ܝܘܣܦ ܦܓܪܐ
ܘܟܪܟܗ ܒܟܬܢܐ ܚܕܬܐ
60 ܘܣܡܗ ܒܝܬ ܩܒܘܪܐ
ܚܕܬܐ ܕܝܠܗ ܕܢܩܝܪ
ܗܘܐ ܠܗ ܒܟܐܦܐ
ܘܐܓܠܓܠ ܟܐܦܐ ܪܒܐ
ܥܠ ܬܪܥܐ ܕܒܝܬ

fol. 41 r (= 134 r).

R. L. B.
F. C. B.

Mt xxvii 60 ܩܒܪܐ ܘܐܙܠ ܀ ܀
61 ܘܐܝܬ ܗܘܐ̈ ܬܡܢ ܡܪܝܡ
ܡܓܕܠܝܬܐ ܘܡܪܝܡ
ܐܚܪܬܐ ܝܬܒܢ ܗܘܝ
ܠܩܒܠܗ ܕܒܝܬ ܩܒܘܪܐ.
62 ܠܝܘܡܐ ܕܝܢ ܐܚܪܢܐ
ܕܒܬܪ ܥܪܘܒܬܐ ܐܬܟܢܫܘ
ܪ̈ܒܢܝ ܟܗ̈ܢܐ ܘܦܪ̈ܝܫܐ
63 ܠܘܬ ܦܝܠܛܘܣ ܘܐܡܪܝܢ
ܠܗ ܡܪܢ ܐܬܕܟܪܢ ܕܗܘ
ܡܛܥܝܢܐ ܐܡܪ ܗܘܐ
ܟܕ ܗܘ ܚܝ ܕܒܬܪ ܬܠܬܐ
64 ܝܘܡܝܢ ܩܐܡ ܐܢܐ. ܐܠܐ
ܦܩܕ ܡܢܕܗܪܝܢ ܒܩܒܪܐ
ܥܕܡܐ ܠܬܠܬܐ ܝܘܡܝܢ.
ܕܠܐ ܢܐܬܘܢ ܬܠܡܝܕܘܗܝ
ܒܠܠܝܐ ܘܢܓܢܒܘܢܗ ܘܢܐܡܪܘܢ
ܠܥܡܐ ܕܩܡ ܠܗ ܡܢ
ܒܝܬ ܡܝ̈ܬܐ ܘܬܗܘܐ
ܒܝܫܐ ܠܘܩܒܝܢ ܐܚܪܝܬܐ
ܡܢ ܩܕܡܝܬܐ ܀
65 ܐܡܪ ܠܗܘܢ ܦܝܠܛܘܣ
ܐܝܬ ܠܟܘܢ ܩܘܣܛܘܕܝܢ ܐܙܠܘ
ܐܙܕܗܪܘ ܒܗ ܒܩܒܪܐ
ܐܝܟ ܕܝܕܥܝܢ ܐܢܬܘܢ.
66 ܐܙܠܘ ܐܙܕܗܪܘ ܒܩܒܪܗ

Mt xxvii 66 ܘܚܬܡܘܗ ܒܟܐܦܐ ܗܝ
xxviii 1 ܥܡ ܩܘܣܛܘܕܝܐ ܒܪܡܫܐ
ܕܝܢ ܒܫܒܬܐ ܕܢܓܗ
ܚܕ ܒܫܒܐ ܐܬܬ
ܡܪܝܡ ܡܓܕܠܝܬܐ ܘܡܪܝܡ
ܐܚܪܬܐ ܕܢܚܙܝܢ
2 ܩܒܪܐ ܘܗܐ ܗܘܐ
ܘܙܘܥܐ ܪܒܐ ܡܛܠ
ܕܡܠܐܟܗ ܕܡܪܝܐ ܢܚܬ
ܡܢ ܫܡܝܐ. ܘܡܓܠܠ
ܠܟܐܦܐ ܘܝܬܒ ܠܥܠ
3 ܡܚܙܝܗ ܘܕܡܐ ܗܘܐ
ܚܘܪܗ ܠܒܪܩܐ ܘܠܒܘܫܗ
4 ܐܝܟ ܬܠܓܐ ܘܡܢ
ܕܚܠܬܗ ܐܬܪܥܫܘ ܗܘܢ
ܕܢܛܪܝܢ ܗܘܘ ܐܝܟ ܡܝ̈ܬܐ
5 ܥܢܐ ܡܠܐܟܐ ܘܐܡܪ
ܠܢ̈ܫܐ ܐܢܬܝܢ ܠܐ ܬܕܚܠ.
ܝܕܥܢܐ ܓܝܪ ܕܠ . .
ܕܐܙܕܩܦ ܒܥܝܢ ܐܢܬܝܢ
6 ܠܐ ܗܘܐ ܗܪܟܐ ܩܡ
ܠܗ ܐܝܟܢܐ ܕܐܡܪ ܠܟܝܢ
ܬܝܢ ܚܡܝܢ ܕܘܟܬܐ ܗܝ
7 ܕܫܟܒ ܗܘܐ ܒܗ. ܐܙܠܝܢ
ܒܥܓܠ ܘܐܡܪܝܢ ܠܬܠܡܝܕܘܗܝ
ܕܩܡ ܗܘܐ ܡܩܕܡ
ܠܟܘܢ ܠܓܠܝܠܐ ܬܡܢ

[*Lost*]

fol. 42.

[*Lost*]

fol. 42.

Mk i 12 ܘܐܦܩܬܗ ܪܘܚܐ
13 ܠܡܕܒܪܐ. ܘܗܘܐ ܬܡܢ
ܝܘܡܬܐ ܐܪܒܥܝܢ ܟܕ
ܡܬܢܣܐ ܡܢ ܣܛܢܐ
ܘܗܘܐ ܥܡ ܚܝܘܬܐ
ܘܡܠܐܟܐ ܡܫܡܫܝܢ
ܗܘܘ ܠܗ ܀ ܀ ܀
14 ܘܒܬܪ ܕܐܫܬܠܡ ܝܘܚܢܢ
ܐܬܐ ܝܫܘܥ ܠܓܠܝܠܐ.
ܘܡܟܪܙ ܗܘܐ ܣܒܪܬܐ
15 ܕܐܠܗܐ ܕܐܡܪ ܕܡܠܐ
ܘܡܛܬ ܡܠܟܘܬܐ
ܕܐܠܗܐ ܬܘܒܘ ܘܗܝܡܢܘ
16 ܒܣܒܪܬܗ. ܘܟܕ ܡܗܠܟ
ܗܘܐ ܥܠ ܝܡܐ ܕܓܠܝܠܐ
ܕܓܠܝܠܐ. ܚܙܐ ܠܫܡܥܘܢ
ܘܠܐܢܕܪܐܘܣ ܐܚܘܗܝ
ܕܪܡܝܢ ܡܨܝܕܬܗܘܢ
ܒܝܡܐ. ܕܨܝܕܝ ܢܘܢܐ
17 ܗܘܘ. ܘܐܡܪ ܠܗܘܢ ܝܫܘܥ
ܬܘ ܒܬܪܝ. ܘܐܥܒܕܟܘܢ
ܨܝܕܐ ܕܒܢܝ ܐܢܫܐ.
18 ܘܗܢܘܢ ܒܥܓܠ ܫܒܩܘ
ܡܨܝܕܬܗܘܢ ܘܐܙܠܘ
19 ܒܬܪܗ. ܘܟܕ ܥܒܪ ܩܠܝܠ
ܡܢ ܬܡܢ ܚܙܐ
ܠܝܥܩܘܒ ܒܪ ܙܒܕܝ ܘܠܝܘܚܢܢ
ܐܚܘܗܝ. ܐܦ ܠܗܘܢ ܟܕ

Mk i 19 ܡܬܩܢܝܢ ܒܣܦܝܢܬܐ
ܘܡܬܩܢܝܢ ܡܨܝܕܬܗܘܢ.
20 ܘܩܪܐ ܒܥܓܠܬܐ. ܘܗܢܘܢ
ܐܝܠܝܢ ܕܫܒܩܘ ܠܐܒܘܗܘܢ
ܙܒܕܝ ܥܡ ܐܓܝܪܐ
ܒܣܦܝܢܬܐ ܘܐܙܠܘ
ܒܬܪܗ ܀ ܀
21 ܘܥܠܠ ܗܘܐ ܒܟܢܘܫܬܐ
22 ܒܫܒܬܐ ܘܡܬܕܡܪܝܢ
ܗܘܘ ܒܝܘܠܦܢܗ ܐܝܟ
ܕܫܠܝܛܐ ܗܘܐ ܡܠܦ
ܗܘܐ ܘܠܐ ܐܝܟ
23 ܣܦܪܝܗܘܢ. ܘܐܝܬ ܗܘܐ
ܒܟܢܘܫܬܗܘܢ ܓܒܪܐ
ܕܐܝܬ ܗܘܬ ܒܗ ܪܘܚܐ
24 ܛܢܦܬܐ ܘܩܥܐ ܗܘܐ
ܘܐܡܪ ܡܐ ܠܢ ܘܠܟ
ܝܫܘܥ ܢܨܪܝܐ ܐܬܝܬ
ܠܡܘܒܕܘ ܠܢ. ܝܕܥܢܐ ܠܟ
ܡܢ ܐܢܬ ܩܕܝܫܗ ܐܢܬ
25 ܕܐܠܗܐ. ܘܟܐܐ ܒܗ
ܝܫܘܥ ܘܐܡܪ ܠܗ ܣܟܘܪ
ܦܘܡܟ ܘܦܘܩ ܡܢܗ
26 ܘܢܦܩܬ ܪܘܚܐ ܡܢܗ
ܛܢܦܬܐ ܟܕ ܫܚܩܬ
ܩܠܐ ܪܒܐ ܢܦܩܬ
27 ܡܢܗ ܘܬܡܗܘ ܐܢܫ
ܗܘܐ ܠܟܠܗܘܢ ܘܐܡܪܝܢ
ܗܘܘ ܚܕ ܠܚܕ ܡܢܐ ܗܘ

Mk i 27 ܗܢܐ ܝܘܠܦܢܐ ܚܕܬܐ
ܕܐܝܬ ܠܗ ܫܘܠܛܢܐ
ܘܦܩܕ ܠܪ̈ܘܚܐ ܡܣܐܒܬܐ
28 ܘܡܫܬܡܥܝܢ ܠܗ. ܘܢܦܩ
ܗܘܐ ܫܡܥܗ ܒܟܘܠܗ
ܟܘܪ ܕܓܠܝܠܐ. ܘܣܓܝܐܐ
ܐܙܠܝܢ ܗܘܘ ܒܬܪܗ.
29 ܘܢܦܩ ܡܢ ܟܢܘܫܬܐ
ܘܐܬܐ ܠܒܝܬܗ ܕܫܡܥܘܢ
ܟܐܦܐ ܘܐܢܕܪܝܐܣ
ܘܝܥܩܘܒ ܘܝܘܚܢܢ ܥܡܗ
30 ܘܗܘܘ ܚܡܬܗ ܕܫܡܥܘܢ
ܪܡܝܐ ܗܘܬ ܒܐܫܬܐ.
ܘܐܡܪܘ ܠܗ ܥܠܝܗ.
31 ܘܩܪܒ ܘܐܚܕܗ ܘܐܩܝܡܗ.
ܘܫܒܩܗ ܐܫܬܐ ܫܒܩܬܗ
ܐܫܬܐ ܘܡܫܡܫܬ
ܘܡܫܡܫܐ ܗܘܬ ܠܗܘܢ
32 ܡܥܪ̈ܒܐ ܫܡܫܐ ܕܝܢ
ܡܝܬܝܢ ܗܘܘ ܠܟܠܗܘܢ
ܐܝܠܝܢ ܕܒܝܫ ܒܝܫ
ܒܝܫܝܢ ܗܘܘ ܒܕܘ̈ܗܝܢܐ
33 ܡܬ̈ܝܐ. ܘܡܬܟܢܫܐ ܟܠܗ
ܟܢܫܐ ܗܘܬ ܥܠ ܬܪܥܗ
34 ܘܐܣܝ ܗܘܐ ܠܣܓ̈ܝܐܐ
ܡܫܩܒ ܗܘܐ ܫܐ̈ܕܐ
ܣܓ̈ܝܐܐ ܘܠܐ ܡܫܒܩ
ܗܘܐ ܠܗܘܢ ܠܡܡܠܠܘ

Mk i 34 ܡܛܠ ܕܚܟܡܝܢ ܗܘܘ ܠܗ ܀
35 ܘܒܨܦܪܐ ܪܒܐ ܢܦܩ
ܐܙܠ ܠܐܬܪܐ ܚܘܪܒܐ
ܘܬܡܢ ܡܨܠܐ ܗܘܐ.
36 ܘܒܥܝܢ ܗܘܘ ܠܗ ܫܡܥܘܢ
37 ܘܗܢܘܢ ܕܥܡܗ. ܘܟܕ
ܐܫܟܚܘܗܝ ܐܡܪܝܢ ܠܗ
ܐܢܫܐ ܣܓ̈ܝܐܐ ܒܥܝܢ
38 ܗܘܘ ܠܟ. ܐܡܪ ܠܗܘܢ
ܗܠܟܘ ܢܐܙܠ ܠܩܘ̈ܪܝܐ
ܘܠܡܕܝܢܬܐ ܕܩܪܝܒܝܢ
ܘܐܦ ܬܡܢ ܐܟܪܙ. ܠܗܕܐ
39 ܗܘ ܓܝܪ ܐܬܝܬ. ܘܡܟܪܙ
ܗܘܐ ܒܟܘܠܗܘܢ ܟܢܘܫܬܐ
ܕܓܠܝܠܐ ܘܡܦܩ ܗܘܐ
40 ܫܐ̈ܕܐ ܘܐܬܐ ܠܘܬܗ.
ܓܪܒܐ ܚܕ ܘܒܥܐ ܗܘܐ
ܡܢܗ ܘܢܦܠ ܥܠ ܪ̈ܓܠܘܗܝ.
ܘܐܡܪ ܠܗ ܕܐܢ ܨܒܐ
ܐܢܬ ܡܫܟܚ ܐܢܬ
41 ܠܡܕܟܝܘܬܝ ܗܘ ܕܝܢ
ܝܫܘܥ ܐܬܪܚܡ ܥܠܘܗܝ.
ܘܦܫܛ ܐܝܕܗ ܘܩܪܒ
ܠܗ. ܘܐܡܪ ܠܗ ܨܒܐ
42 ܐܬܕܟܐ. ܘܒܗ ܫܥܬܐ
43 ܐܬܕܟܝ. ܘܟܐܐ ܒܗ
44 ܘܐܡܪ ܚܙܝ ܕܠܡܐ

fol. 43 v (= 30 r). J. R. H.

[*Lost*]

[*Lost*]

fol. 44.

ܪܘܩܥܬܐ ܚܕܬܐ ܥܠ Mk ii 21
ܡܐܢܐ ܒܠܝܐ ܕܠܐ
ܡܠܝܘܬܗ ܕܚܕܬܐ
ܡܢܬܦܐ ܡܡܠܝܘܬܗ
ܕܒܠܝܐ ܘܗܘܐ ܨܕܩܐ
ܒܝܫ ܡܢ ܡܕܡܝܐ ܘܠܐ 22
ܐܝܫ ܪܡܐ ܚܡܪܐ
ܚܕܬܐ ܒܙܩܐ ܒܠܝܬܐ
ܕܠܐ ܚܡܪܐ ܡܨܪܐ
ܠܗܘܢ ܠܙܩܐ. ܘܗܘ ܚܡܪܐ
ܡܬܐܫܕ ܘܙܩܐ ܐܒܕ .
ܐܠܐ ܪܡܝܢ ܚܡܪܐ
ܚܕܬܐ ܒܙܩܐ ܚܕܬܬܐ.

ܘܗܘܐ ܒܫܘܒܐ ܕܫܒܬܐ 23
ܡܗܠܟ . ܘ . . ܒܝܬ
ܘܗܘ . . . . .
ܫܒܠܐ . . . .
ܐܡܪܝܢ ܠܗ ܦܪܝܫܐ 24
ܠܡܢܐ . . . .
ܒܫܒܬܐ ܡܕܡ ܕܠܐ
. 25
. . . . . .
. . . . . .
. . . . . .
. . . . . .
. . . .

. . ܥܠ ܠܒܝܬܗ Mk ii 26
ܕܐܠܗܐ ܘܠܚܡܐ ܕܩܘܕܫ
ܐܟܠ ܡܢܗ ܕܠܐ ܫܠܝܛ
ܗܘܐ ܠܡܐܟܠ ܐܠܐ
ܐܢ ܠܟܗܢܐ ܘܝܗܒ ܐܦ
ܠܗܘܢ ܕܥܡܗ ܗܘܘ
ܘܐܡܪ ܗܘܐ ܠܗܘܢ 27
ܕܫܒܬܐ ܡܛܠ ܒܪ
ܐܢܫܐ ܐܬܒܪܝܬ ܡܛܠ 28
ܗܢܐ ܡܪܗ ܕܫܒܬܐ
ܒܪܗ ܗܘ ܕܐܢܫܐ ° ° °

ܘܥܠ ܬܘܒ ܠܟܢܘܫܬܐ iii 1
ܘܐܝܬ ܗܘܐ ܬܡܢ ܓܒܪܐ
ܐܝܕܗ . . . .
ܘܢܛܪܝܢ ܗܘܘ ܠܗ ܐܢ 2
ܡܐܣܐ ܠܗ ܒܫܒܬܐ
ܕܢܐܟܠܘܢ ܩܪܨܘܗܝ ܐܡܪ
ܠܗܘ ܓܒܪܐ ܕܝܒܝܫܐ
ܐܝܕܗ ܩܘܡ ܒܡܨܥܬܐ
. 3
.
. . . . . .
. . . . . .
. . . . . .
. . . . . .
. . . . . .

Mk iii 5 ܟܪܝܐ ܠܗ ܥܠ ܩܫܝܘܬ
ܠܒܗܘܢ. ܘܐܡܪ ܠܗܘ
ܠܓܒܪܐ ܦܫܘܛ ܐܝܕܟ
ܘܦܫܛ ܘܬܩܢܬ ܐܝܕܗ
6 ܚܒܪܬܗ ܘܥܒܪ ܫܒܬܗ
ܢܦܩܘ ܦܪܝܫܝܐ ܥܡ ܕܒܝܬ
ܗܪܘܕܣ ܘܐܬܡܠܟܘ
7 ܕܢܘܒܕܘܢܗ. ܘܝܫܘܥ ܐܙܠ
ܠܗ ܥܡ ܬܠܡܝܕܘܗܝ
ܠܝܡܐ ܘܣܓܝܐܐ ܟܢܫܐ
ܕܡܢ ܓܠܝܠܐ ܘܡܢ ܝܗܘܕ
8 ܘܡܢ ܐܘܪܫܠܡ ܘܡܢ
ܥܒܪܐ ܕܝܘܪܕܢ ܘܡܢ
ܨܘܪ ܘܡܢ ܨܝܕܢ ܕܫܡܥܝܢ
ܗܘܘ ܟܠܡܐ ܕܥܒܕ
9 ܐܬܘ ܠܘܬܗ ܘܐܡܪ
ܗܘܐ ܠܬܠܡܝܕܘܗܝ
ܕܢܩܪܒܘܢ ܠܗ ܣܦܝܢܬܐ
ܡܛܠ ܟܢܫܐ ܕܠܐ
10 ܢܚܒܘܢܗ. ܣܓܝܐܐ ܓܝܪ
ܡܐܣܐ ܗܘܐ. ܘܣܓܝܐܐ
ܣܒܝܢ ܗܘܘ . . ܘ
11 ܠܗ ܘܐܝܠܝܢ ܕܐܝܬ ܗܘܘ
ܒܠܝܗܘܢ ܡܚܐܘܬܐ
ܕܪܘܚܐ ܠܒܝܫܬܐ ܢܦܠܝܢ
ܗܘܘ ܩܕܡܘܗܝ ܘܩܥܝܢ
ܗܘܘ ܘܐܡܪܝܢ ܐܢܬ
12 ܗܘ ܒܪܗ ܕܐܠܗܐ ܘܗܘ

Mk iii 12 ܡܟܐ ܒܐܐ ܗܘܐ
ܒܗܘܢ ܕܠܐ ܢܓܠܘܢܝܗ :

13 ܘܣܠܩ ܠܛܘܪܐ. ܘܩܪܐ
ܗܘܐ ܠܐܝܠܝܢ ܕܨܒܐ
14 ܘܐܬܘ ܠܘܬܗ. ܘܓܒܐ
ܡܢܗܘܢ ܬܪܥܣܪ ܕܝܗܘܘܢ
ܠܘܬܗ ܕܢܗܘܐ ܡܫܕܪ
15 ܠܗܘܢ ܡܟܪܙ ܘܕܝܗܘܘܢ
ܡܫܠܛܝܢ ܕܝܐܣܘܢ
ܟܪܝܗܐ ܘܢܦܩܘܢ ܫܐܕܐ
16 ܘܩܪܐ ܠܫܡܥܘܢ ܟܐܦܐ
17 ܘܠܝܥܩܘܒ ܒܪ ܙܒܕܝ
ܘܠܝܘܚܢܢ ܐܚܘܗܝ
ܩܪܐ ܐܢܘܢ ܒܢܝ ܪܓܫ
18 ܘܠܐܢܕܪܝܘܣ ܘܠܦܝܠܝܦܘܣ
ܘܠܒܪ ܬܘܠܡܝ ܘܠܡܬܝ
ܘܠܬܐܘܡܐ ܘܠܝܥܩܘܒ
ܒܪ ܚܠܦܝ ܘܠܬܕܝ ܘܠܫܡܥܘܢ
19 ܩܢܢܝܐ ܘܠܝܗܘܕܐ
ܐܣܟܪܝܘܛܐ ܡܫܠܡܢܐ

ܘܐܬܐ ܗܘܐ ܠܒܝܬܐ
20 ܘܐܬܐ ܠܘܬܗ ܬܘܒ
ܟܢܫܐ ܐܢܫܐ ܕܐܦܠܐ
ܠܡܐܟܠ ܡܫܟܚܝܢ . .
21 . . . . . .
ܐܡܪܝܢ . . . . .
. . . .

R. L. B.
F. C. B.

Mk iii 21 . . . .

. . . .

. . . .

. . . .

. . . .

. . . .

. . . .

. . . .

. . . .

ܡܫܟܚ ܣܛܢܐ ܠܣܛܢܐ

24 ܠܡܦܩܘ ܘܐܢ ܡܠܟܘܬܐ

ܥܠ ܢܦܫܗ ܬܬܦܠܓ ܠܐ

ܡܫܟܚܐ ܠܡܩܘܡ

25 ܡܠܟܘܬܐ ܗܝ. ܘܐܢ

ܒܝܬܐ ܥܠ ܢܦܫܗ ܢܬܦܠܓ

. . . ܒܝܬܐ ܗܘ

26 . . . . ܣܛܢܐ .

ܥܠ ܢܦܫܗ . . . .

ܠܐ ܡܫܟܚ ܠܡܩܘܡ

. . . .

. . . .

. . . .

. . . .

. . . .

. . . .

. . . .

. . . .

Mk iii 28 ܕܡܓܕܦܝܢ ܢܫܬܒܩܘܢ . .

29 . . ܟܠ . . .

ܕܢܓܕܦ . . . .

. . . . . .

. . ܚܛ . ܠܥܠܡ

30 ܕܐܡܪܝܢ ܗܘܘ ܕܪܘܚܐ

ܛܢܦܬܐ ܐܝܬ ܒܗ ܀

31 . . . . ܐܡܗ

. . . . ܫܕܪܘ

32 . . . ܝܬܒ

ܗ . . . . ܘܟܕ

ܐ . . . . ܐܡܟ

. . . . . ܠܒܪ

. . . . . .

. . . . . .

. . . .

. . . . .

. . . . .

. . . . .

. . .

. . . . . .

. . . . . .

. . . . . .

. . . . . .

. . . . . .

. . . . . .

. . . . .

Mk iv 2 ܘܡܠܦ ܗܘܐ ܠܗܘܢ ܣܓܝ
. . . ܘܐܡܪ ܡܠܠ
3 ܗܘܐ . . . . .
ܗܐ ܢܦܩ ܙܪܘܥܐ ܠܡܙܪܥ
4 ܘܟܕ ܙܪܥ ܐܝܬ ܕܢܦܠ
ܥܠ ܝܕ ܐܘܪܚܐ ܘܐܬܬ
ܦܪܚܬܐ ܘܐܟܠܬܗ
5 ܘܐܝܬ ܕܢܦܠ ܥܠ ܫܘܥܐ
ܘܐܬܪܐ ܘܡܚܠܠ ܕܠܝܬ ܗܘܐ
ܒܥܘܡܩܐ ܕܐܪܥܐ ܢܒܥܬ
6 ܒܡܕܢܚ . . ܫܡܫܐ
ܗܘܐ . . . ܘܝܒܫ
7 ܘܐܝܬ ܕܢܦܠ ܒܝܢܬ
ܟܘܒܐ . . . .
. . . . . .
. . ܠܐ ܝܗܒ
8 . . . . . .
. . . . . .
. . .
. . . . . .
9 . . . . . ܕܫܡܥ
ܐܕܢܐ . . .
10 . . . . . .
. . . . .
. . . . . .
11 . . . . ܘܐܡܪ

Mk iv 11 ܕܠܟܘܢ ܗܘ ܝܗܒ ܐܪܙܐ
ܕܡܠܟܘܬܗ ܕܐܠܗܐ
ܠܗܘܢ ܕܝܢ ܕܒܪܐ ܟܘܠ
ܡܬܥܒܕ ܒܡܬܠܐ ܗܘܐ
12 ܕܟܕ ܚܙܝܢ ܠܐ ܢܚܙܘܢ
ܘܟܕ . . . . .
ܠܐ ܢܣܬܟܠܘܢ ܕܠܡܐ
ܢܬܘܒܘܢ . .
13 ܠܗܘܢ ܫܒܩܘܢ ܘܐܡܪ
ܠܗܘܢ ܠܐ ܝܕܥܝܢ ܐܢܬܘܢ
ܠܗ ܡܬܠܐ ܗܕܐ
ܘܐܝܟܢܐ ܟܠܗܘܢ ܡܬܠܐ
14 ܕܬܕܥܘܢ ܙܪܘܥܐ ܡܠܬܐ
15 . . . ܗܢܘܢ .
ܕܥܠ ܝܕ ܐܘܪܚܐ ܗܢܘܢ
ܐܝܢܘܢ ܕܫܡܥܝܢ ܡܠܬܐ
. . ܕܫܡܥܘ . .
. . ܘܫܩܠ . .
. . . . . .
16 . . . . . .
. . . ܗܢܘܢ ܐܢܘܢ
. . . ܡܠܬܐ
17 ܡܩܒܠܝܢ ܠܗ . . .
. . . . . .
. . . . .
. . . . . .
. . . . . .

[*Lost*]

fol. 47.

[*Lost*]

fol. 47.

Mk iv 41 ܡܫܬܡܥܝܢ ܠܗ ○ ○ ○
v 1 ܘܐܬܐ ܠܥܒܪܐ ܕܝܡܐ
2 ܠܐܬܪܐ ܕܓܪܓܫܝܐ. ܘܟܕ
ܢܦܩ ܡܢ ܣܦܝܢܬܐ
ܦܓܥ ܒܗ ܓܒܪܐ ܚܕ
ܕܐܝܬ ܗܘܬ ܒܗ ܪܘܚܐ
3 ܠܡܣܐܒܬܐ. ܕܡܥܡܪܐ ܗܘܬ
ܒܝܬ ܩܒܘܪܐ ܘܠܐ
ܡܫܟܚ ܗܘܐ ܐܢܫ
ܒܫܫܠܬܐ ܠܡܐܣܪܗ
4 ܡܛܠ ܕܙܒܢ ܣܘܓܐܐ
ܘܒܫܫܠܬܐ ܡܬܒܪ
ܗܘܐ ܘܢܦܩ ܘܠܐ ܐܢܫ
ܡܫܟܚ ܗܘܐ ܠܡܕܪܟܗ
5 ܘܒܟܠܝܘܡ ܒܠܠܝܐ ܘܐܝܡܡܐ
ܒܝܬ ܩܒܘܪܐ ܘܒܛܘܪܐ
ܩܥܐ ܗܘܐ ܘܡܫܠܦ
ܗܘܐ ܢܦܫܗ ܒܟܐܦܐ.
6 ܘܟܕ ܚܙܐ ܠܝܫܘܥ ܡܢ
ܪܚܘܩܐ ܪܗܛ ܣܓܕ
7 ܠܗ ܘܩܥܐ ܒܩܠܐ
ܪܒܐ ܘܐܡܪ ܡܐ ܠܝ
ܘܠܟ ܝܫܘܥ ܒܪܗ ܕܐܠܗܐ
ܪܡܐ. ܡܘܡܐܢܐ ܠܟ
ܒܐܠܗܐ ܕܠܐ ܬܫܢܩܢ

Mk v 7, 8 ܒܝ. ܐܡܪ ܗܘܐ ܠܗ ܓܝܪ
ܕܦܘܩ ܪܘܚܐ ܠܡܣܐܒܬܐ
9 ܡܢ ܓܒܪܐ. ܘܫܐܠ
ܗܘܐ ܠܗ ܕܐܝܢܐ ܫܡܟ
ܘܐܡܪ ܠܗ ܠܓܝܘܢ ܫܡܢ
ܡܛܠ ܕܣܓܝܐܐ ܐܢܚܢܢ
10 ܘܒܥܝܢ ܗܘܘ ܡܢܗ
ܗܘܢ ܫܐ̈ܕܐ ܕܠܐ ܢܦܩ
ܐܢܘܢ ܠܒܪ ܡܢ ܐܬܪܐ
11 ܘܐܝܬ ܗܘܬ ܕܝܢ ܬܡܢ
ܠܘܬ ܛܘܪܐ ܒܩܘܪܐ
ܪܥܝܬܐ ܕܚܙܝܪ̈ܐ ܕܪܒܝܐ
12 ܗܘܬ ܘܒܥܝܢ ܗܘܘ ܡܢܗ
ܗܘܢ ܫܐ̈ܕܐ ܕܢܫܕܪܝܢ
ܠܗܘܢ ܚܙܝܪ̈ܐ ܘܢܥܘܠ
13 ܒܗܘܢ ܂ ܘܐܦܣ ܠܗܘܢ
ܘܟܕ ܢܦܩ ܪ̈ܘܚܐ ܗܢܝܢ
ܠܡܣܐܒܬܐ ܥܠܘ ܒܚܙܝܪ̈ܐ
ܘܪܗܛܬ ܗܝ ܒܩܘܪܐ
ܘܢܦܠܬ ܒܓܘ ܝܡܐ
ܐܝܟ ܬܪ̈ܝܢ ܐܠܦܝܢ
ܘܐܬܚܢܩܘ ܒܝܡܐ
14 ܘܗܢܘܢ ܕܪܥܝܢ ܗܘܘ ܠܗܘܢ ܂
ܥܪܩܘ ܘܐܡܪܘ ܒܡܕܝܢ̈ܬܐ
ܘܐܦ ܒܩܘܪܝܐ ܘܢܦܩܘ

Mk v 14 ܠܩܪܝܬܐ ܡܐ ܕܗܘܐ

15 ܘܐܬܘ ܠܘܬ . . . .

ܘܚܙܘܢܗ . . . .

ܗܘܐ . . . . .

. .

. . .

16 ܘܚܘܘ . . .

. . . . .

ܒܗ . . . .

17 . ܚܘܪܝ . . .

ܠܗ . . . .

18 . . . . . .

ܬܠܡܕܘܗܝ ܒܣܦܝܢܬܐ

ܒܥܐ ܗܘܐ ܡܢܗ ܗܘ

⸢ܕܫܐܕܐ⸣ ܕܠܘܬܗ ⸢ܢܗܘܐ⸣

19 ܘܠܐ ܫܒܩܗ ܐܠܐ

ܐܡܪ ܠܗ ܐܙܠ ܠܒܝܬܟ

ܠܘܬ ܐܢ̈ܫܝܟ ܘܚܘܐ

ܐܢܘܢ ܡܕܡ ܕܥܒܕ ܠܟ

ܡܪܝܐ ܘܐܬܪܚܡ ܥܠܝܟ

20 ܘܐܙܠ ܘܫܪܝ ܠܡܟܪܙܘ

ܒܥܣܪܬ ܡܕ̈ܝܢܬܐ

ܡܕܡ ܕܥܒܕ ܠܗ ܝܫܘܥ

Mk v 20 ܘܟܠܗܘܢ ܬܡܗܝܢ

ܗܘܘ

21 ܘܟܕ ܥܒܪ ܝܫܘܥ ܠܗܘ

ܥܒܪܐ ܟܢܫ ܥܠܘܗܝ

ܟܢܫܐ ܣܓܝܐܐ ܥܠ

22 ܝܡܐ ܡܢܐ ܘܐܬܐ

ܚܕ ܡܢ ܪ̈ܒܝ ܟܢܘܫܬܐ

ܕܫܡܗ ܗܘܐ ܝܐܪܘܫ

ܟܕ ܚܙܝܗ ܢܦܠ ܥܠ

23 ܪ̈ܓܠܘܗܝ ܘܒܥܐ ܗܘܐ

ܡܢܗ. ܘܐܡܪ ܠܗ.

ܒܪܬܝ ܥܒܕܐ ܒܢܫ.

ܒܥܢ ܐܬ ܣܝܡ ܥܠܝܗ

24 ܐܝܕܟ. ܘܬܚܝܐ. ܘܐܙܠ

ܥܡܗ. ܘܐܬܐ ܗܘܐ

ܒܬܪܗ ܟܢܫܐ ܣܓܝܐܐ.

ܘܚܒܨܝܢ ܗܘܘ ܠܗ

25 ܘܐܢܬܬܐ ܚܕܐ ܐܝܬ

ܗܘܬ ܕܪܕܐ ܗܘܐ

ܕܡܗ ܫ̈ܢܝܢ ܬܪܬܥܣܪܐ

26 ܘܣܓܝ ܣܒܪܬ ܡܢ

ܐܣܘܬܐ ܣ̈ܓܝܐܐ

ܘܐܦܩܬ ܟܠ ܡܕܡ

ܕܐܝܬ ܗܘܐ ܠܗ ܘܡܕܡ

[*Lost*]

fol. 49.

[*Lost*]

fol. 49.

Mk vi 5 ܠܡܥܒܕ ܚܕ ܡܢ ܚܝܠܝܐ.
ܐܠܐ ܥܠ ܟܪܝܗܐ
ܩܠܝܠ ܣܡ ܐܝܕܘܗܝ
6 ܘܐܬܕܡܘܡ ܘܡܬܕܡܪ
ܗܘܐ ܒܚܣܝܪܘܬ
ܗܝܡܢܘܬܗܘܢ ܀
ܘܡܬܟܪܟ ܗܘܐ ܒܩܘܪܝܐ
7 ܘܩܪܐ ܘܫܪܝ ܗܘܐ
ܠܬܪܥܣܪ ܬܠܡܝܕܘܗܝ
ܡܫܕܪ ܐܢܘܢ ܬܪܝܢ ܬܪܝܢ
ܘܝܗܒ ܗܘܐ ܠܗܘܢ
ܫܘܠܛܢܐ ܥܠ ܪܘܚܐ
8 ܛܢܦܬܐ ܘܦܩܕ ܗܘܐ
ܐܢܘܢ ܕܠܐ ܢܫܩܠܘܢ
ܡܕܡ ܠܐܘܪܚܐ ܐܠܐ
ܐܢ ܫܒܛܐ ܒܠܚܘܕ
ܠܐ ܬܪܡܠܐ ܘܠܐ
ܠܚܡܐ ܘܠܐ ܢܚܫܐ
9 ܒܩܡܝܪܝܗܘܢ ܘܣܢܕܠܐ
ܗܘܘ ܡܣܐܢܝܢ. ܘܠܐ
ܢܠܒܫܘܢ ܬܪܬܝܢ ܟܘܬܝܢ
10 ܠܐܝܢܐ ܒܝܬܐ ܕܬܥܠܘܢ
ܐܢܬܘܢ ܠܗ. ܬܡܢ ܗܘܘ
ܥܕܡܐ ܕܢܦܩܝܢ ܐܢܬܘܢ
11 ܡܢ ܬܡܢ ܘܟܠ ܕܠܐ

Mk vi 11 ܢܩܒܠܘܢ ܘܠܐ ܢܫܡܥܘܢ
ܡܢܐ ܕܢܦܩܝܢ ܐܢܬܘܢ
ܡܢ ܬܡܢ ܢܦܨܘ ܚܠܐ
ܕܪܓܠܝܟܘܢ ܠܣܗܕܘܬܗܘܢ ܀
12 ܘܢܦܩܘ ܗܘܘ ܡܟܪܙܝܢ
13 ܕܢܬܘܒܘܢ ܘܫܐܕܐ ܣܓܝܐܐ
ܡܦܩܝܢ ܗܘܘ ܘܡܫܚܝܢ
ܗܘܘ ܒܡܫܚܐ ܠܣܓܝܐܐ
ܘܡܐܣܝܢ ܗܘܘ ܠܟܪܝܗܐ
14 ܘܫܡܥ ܗܪܘܕܣ ܡܠܟܐ
ܐܬܬܡܥ ܗܘܐ ܠܗ ܫܡܗ ܓܝܪ
ܡܬܝܕܥ ܗܟܢ ܘܐܡܪ
ܝܘܚܢܢ ܗܘ ܡܥܡܕܢܐ
ܩܡ ܡܢ ܒܝܬ ܡܝܬܐ
ܡܛܠ ܗܢܐ ܚܝܠܐ ܥܒܕ ܒܗ
15 ܐܚܪܢܐ ܕܝܢ ܐܡܪܝܢ ܘ
ܕܐܠܝܐ ܗܘ ܐܚܪܢܐ
ܕܝܢ ܐܡܪܝܢ ܕܢܒܝܐ ܗܘ
ܐܝܟ ܚܕ ܡܢ ܢܒܝܐ
16 ܟܕ ܫܡܥ ܕܝܢ ܗܪܘܕܣ
ܐܡܪ ܗܢܐ ܗܘ ܝܘܚܢܢ
ܗܘ ܕܦܣܩܬ ܪܫܗ
17 ܗܘ ܗܘ ܓܝܪ ܗܪܘܕܣ
ܫܕܪ ܐܚܕܗ ܠܝܘܚܢܢ
ܘܐܣܪܗ ܒܒܝܬ ܐܣܝܪܐ

fol. 50 r (= 137 r).

R. L. B.
F. C. B.

Mk vi 17 ܡܛܠ ܗܪܘܕܝܐ ܐܢܬܬ
ܦܝܠܝܦܘܣ ܐܚܘܗܝ.
18 ܕܢܣܒܗ ܗܘܐ. ܐܡܪ
ܐܡܪ ܗܘܐ ܠܗ ܝܘܚܢܢ
ܡܘܟܝܢ ܠܗܪܘܕܣ ܕܠܐ
ܫܠܝܛ ܠܟ ܠܡܣܒ
19 ܐܢܬܬ ܐܚܘܟ. ܗܝܕܝܢ
ܗܪܘܕܝܐ ܠܚܣܡܐ ܗܘܬ
ܠܗ ܘܒܥܝܐ ܗܘܬ
ܠܡܩܛܠܗ ܘܠܐ ܡܫܟܚܐ
20 ܗܘܬ ܗܘ ܓܝܪ ܗܪܘܕܣ
ܕܚܝܠ ܗܘܐ ܡܢܗ ܡܢ
ܡܘܟܝܢ. ܕܝܕܥ ܗܘܐ
ܕܙܕܝܩܐ ܘܩܕܝܫܐ.
ܘܡܢܛܪ ܗܘܐ ܠܗ
ܘܫܡܝܥܬܐ ܕܫܡܥ ܗܘܐ
ܡܢܗ ܣܓܝ ܗܘܐ
ܘܒܣܝܡܐܝܬ ܫܡܥ
21 ܗܘܐ ܠܗ ܘܦܓܥ ܝܘܡܐ
ܕܒܝܬ ܡܘܠܕܗ ܕܗܪܘܕܣ
ܥܒܕ ܗܘܐ ܐܚܫܡܝܬܐ
ܠܪܘܪܒܢܘܗܝ ܘܠܟܠܝܪܟܘܗܝ.
22 ܘܠܪܫܐ ܕܓܠܝܠܐ. ܘܥܠܬ
ܒܪܬܗ ܕܗܪܘܕܝܐ ܘܪܩܕܬ

Mk vi 22 ܘܫܦܪܬ ܠܗ ܠܗܪܘܕܣ
ܘܠܐܝܠܝܢ ܕܣܡܝܟܝܢ ܥܡܗ
ܘܐܡܪ ܠܗ ܡܠܟܐ
ܠܛܠܝܬܐ ܫܐܠܝ ܡܢܝ
23 ܘܐܬܠ ܠܟܝ ܒܡܕܐ
ܠܦܠܓܐ ܕܡܠܟܘܬܝ. ܘܡܝܐ
24 ܠܗ ܒܡܡܘܡܬܐ ܘܢܦܩܬ
ܗܝ ܛܠܝܬܐ ܐܬܡܠܟܬ
ܒܐܡܗ ܡܢܐ ܐܫܐܠܝܘܗܝ.
ܐܡܪܐ ܠܗ ܪܫܗ ܕܝܘܚܢܢ
25 ܡܥܡܕܢܐ. ܘܥܠܬ ܒܣܪܐ
ܠܘܬ ܡܠܟܐ. ܘܐܡܪܐ
ܠܗ ܨܒܝܐ ܐܢܐ ܕܬܬܠ
ܠܝ ܒܗܕܐ ܫܥܬܐ
ܪܫܗ ܕܝܘܚܢܢ ܡܥܡܕܢܐ
26 ܒܦܝܢܟܐ. ܘܟܪܝܬ ܠܗ
ܣܓܝ ܠܡܠܟܐ. ܘܡܛܠ
ܡܘܡܬܐ ܘܡܛܠ
ܣܡܝܟܐ ܠܐ ܐܫܒܚ
27 ܕܢܗܦܟܝܗ. ܘܫܕܪ
ܐܣܦܩܘܠܛܪܐ ܕܢܦܣܘܩ
ܝܬܐ ܪܫܗ ܘܐܙܠ
ܦܣܩ ܪܫܗ ܒܝܬ ܐܣܝܪܐ
28 ܘܐܝܬܝܗ ܒܦܝܢܟܐ
ܘܝܗܒܗ ܠܗ ܠܛܠܝܬܐ

Mk vi 28 ܘܗܒ ܠܛܠܝܬܐ ܐܘܒܠܬܗ̇
29 ܠܐܡܗ̇. ܘܟܕ ܫܡܥܘ
ܬܠܡܝ̈ܕܘܗܝ ܐܬܘ ܫܩܠܘ
ܫܠܕܗ ܘܩܒܪܘܗ ܒܒܝܬ
30 ܩܒܘܪܐ. ܘܐܬܘ ܫܠܝ̈ܚܐ
ܠܘܬ ܝܫܘܥ. ܘܐܫܬܥܝܘ
ܠܗ ܟܠ ܕܥܒܕܘ ܘܐܠܦܘ

31 ܘܐܡܪ ܠܗܘܢ ܬܘ ܢܐܙܠ
ܠܡܕܒܪܐ ܒܠܚܘܕܝܢ
ܘܐܬܢܝܚܘ ܩܠܝܠ
ܦܓ̈ܥܐ ܐܝܠܝܢ ܗܘܘ
ܘܐܬܝܢ ܠܘܬܗ. ܘܠܝܬ
ܗܘܐ ܠܗܘܢ ܐܬܪܐ
ܐܦܠܐ ܠܡܠܥܣ ܠܡܐܟܠ
32 ܘܐܙܠܘ ܠܐܬܪܐ ܚܘܪܒܐ
ܒܣܦܝܢܬܐ ܒܠܚܘܕܝܗܘܢ
33 ܘܚܙܘ ܐܢܘܢ ܣܓܝܐܐ
ܘܐܫܬܘܕܥܘ ܐܢܘܢ ܘܐܙܠܘ
ܒܝܒܫܐ ܒܬܪܗ. ܡܢ
ܟܠܗܝܢ ܡܕܝܢ̈ܬܐ ܘܟܕ
34 ܐܬܘ ܘܚܙܐ ܟܢܫܐ
ܦܓ̈ܥܐ ܐܬܪܚܡ
ܥܠܝܗܘܢ ܕܕܡܝܢ ܗܘܘ
ܠܥܢ̈ܐ ܕܠܝܬ ܠܗܘܢ ܪܥܝܐ.

Mk vi 34 ܘܫܪܝ ܗܘܐ ܠܡܠܦܘ
35 ܐܢܘܢ · ܘܟܕ ܫܪܝ ܪܡܫܐ
ܠܡܗܘܐ ܩܪܒܘ
ܬܠܡܝ̈ܕܘܗܝ ܘܐܡܪܝܢ
ܠܗ ܐܬܪܐ ܚܘܪܒܐ
36 ܗܘ ܘܥܕܢܐ ܥܒܪ ܫܪܝ
ܐܢܘܢ ܐܢܫܐ ܗܢܘܢ
ܢܐܙܠܘܢ ܠܩܘܪ̈ܝܐ ܗܠܝܢ
ܕܚܕ̈ܪܝܢ ܘܢܙܒܢܘܢ ܠܗܘܢ
37 ܡܐ ܕܠܡܐܟܠ · ܐܡܪ
ܠܗܘܢ ܗܒܘ ܠܗܘܢ ܐܢܬܘܢ
ܠܡܐܟܠ · ܐܡܪܝܢ ܠܗ
ܢܐܙܠ ܢܙܒܢ ܒܡܐ̈ܐ
ܕܝܢ̈ܪܝܢ ܠܚܡܐ ܢܝܬܐ
38 ܠܗܘܢ ܠܟܦ̈ܢܝܢ ܐܡܪ
ܠܗܘܢ ܙܠܘ ܚܙܘ ܟܡܐ
ܠܚ̈ܡܝܢ ܐܝܬ ܠܟܘܢ
ܐܡܪܝܢ ܠܗ ܚܡܫ ܠܚ̈ܡܝܢ
39 ܘܬܪ̈ܝܢ ܢܘ̈ܢܝܢ ܘܦܩܕ ܠܗܘܢ
ܕܢܣܬܡܟܘܢ ܟܠܗܘܢ
40 ܟܠ ܣܡܟܐ · ܘܐܣܬܡܟܘ
ܣܡ̈ܟܝܢ ܣܡ̈ܟܝܢ · ܕܡܐܐ
41 ܡ̈ܐܐ ܘܚܡ̈ܫܝܢ · ܘܢܣܒ
ܗܘ ܠܗܢܘܢ ܚܡ̈ܫܐ
ܠܚ̈ܡܝܢ ܘܬܪ̈ܝܢ ܢܘ̈ܢܝܢ

Mk vi 41 ܘܚܪ ܒܫܡܝܐ ܘܒܪܟ
ܘܩܨܐ ܠܠܚܡܐ ܘܝܗܒ
ܠܬܠܡ̈ܝܕܘܗܝ ܕܝܣܝܡܘܢ
ܠܗܘܢ ܘܗܘ̈ܢ ܬܪܝܢ ܢܘܢܝܢ
ܦܠܓ ܐܘܦ ܠܟܘܠܗܘܢ
42 ܘܐܟܠܘ ܟܠܗܘܢ ܘܣܒܥܘ
43 ܘܫܩܠܘ ܡܢ ܩܨܝܨܘܗܝ
ܡܠܝܐ ܬܪܥܣܪ ܩܘܦܝܢ
ܒܪ ܡܠܝܢ ܘܬܪܝܢܐ
ܕܗܠܝܢ ܚܡ̈ܫ ܓܪܝܨܢ
ܘܕܗܘܢ ܬܪܝܢ ܢܘܢܝܢ
44 ܘܗܘܝܢ ܗܘܘ ܕܝܢ ܗܢܘܢ
ܕܐܟܠܘ ܡܢܗܘܢ ܚܡܫܐ
ܐܠܦܝܢ ܓܒܪܝܢ ܀ ܀
45 ܘܡܢ ܚܕܐ ܦܩܕ
ܠܬܠܡ̈ܝܕܘܗܝ ܕܝܥܠܘܢ
ܠܣܦܝܢܬܐ ܕܝܐܙܠܘܢ
ܩܕܡܘܗܝ ܠܥܒܪ ܒܝܬ ܨܝܕܐ
ܥܕ ܫܪܐ ܗܘܐ ܠܗܘܢ
46 ܟܢܫܐ ܘܟܕ ܫܪܐ ܐܢܘܢ
ܐܙܠ ܗܘܐ ܠܛܘܪܐ
47 ܠܡܨܠܝܘ. ܟܕ ܗܘܐ ܕܝܢ
ܪܡܫܐ ܘܣܦܝܢܬܐ
ܒܓܘܗ ܗܘܬ ܕܝܡܬܐ

Mk vi 47 ܘܗܘ ܒܠܚܘܕܘܗܝ ܗܘܐ
48 ܥܠ ܐܪܥܐ ܘܟܕ ܚܙܐ
ܐܢܘܢ ܕܡܫܬܢܩܝܢ.
ܡܢ ܕܚܠܬܐ ܕܓ̈ܠܠܐ
ܡܛܠ ܕܪܘܚܐ ܠܩܒܠܗܘܢ
ܗܘܬ . ܐܬܐ ܠܘܬܗܘܢ
ܟܕ ܡܗܠܟ ܥܠ ܡ̈ܝܐ.
ܘܨܒܐ ܗܘܐ ܕܢܥܒܪ
49 ܐܢܘܢ ܟܕ ܚܙܘܗܝ ܥܠ
ܡ̈ܝܐ ܕܡܗܠܟ ܣܒܪܘ
50 ܕܫܐܕܐ ܗܘ. ܘܟܕ
ܚܙܘܗܝ ܟܠܗܘܢ ܙܥܘ
ܡܠܐ. ܘܒܗ ܒܫܥܬܐ
ܡܠܠ ܥܡܗܘܢ ܘܐܡܪ
ܠܗܘܢ ܬܩܦܘ ܐܢܐ ܐܢܐ.
51 ܠܐ ܬܕܚܠܘܢ. ܘܣܠܩ
ܠܘܬܗܘܢ ܠܣܦܝܢܬܐ
ܘܫܬܩܬ ܪܘܚܐ ܘܡܬܕܡ̈ܪܝܢ
52 ܗܘܘ ܒܢܦܫܗܘܢ ܠܐ ܓܝܪ
ܐܣܬܟܠܘ ܗܘܘ ܡܢ
ܠܚܡܐ. ܡܛܠ ܕܠܒܗܘܢ
53 ܥܒܝܪ ܗܘܐ. ܘܟܕ ܥܒܪܘ
ܣܠܩܘ ܠܐܪܥܐ ܕܓܢܣܪ
54 ܘܟܕ ܢܦܩܘ ܡܢ ܣܦܝܢܬܐ
ܒܗ ܒܫܥܬܐ ܗܝ

fol. 51 v (= 53 r).

R. L. B.
F. C. B.

Mk vi 54, 55 ܕܐܫܬܘܕܥܘܗܝ. ܒܪܗܛܘ
ܠܟܘܠܗ ܒܪܐ. ܘܐܬܝܘ
ܠܐܝܠܝܢ ܕܒܝܫ ܗܘܢ ܒܥܪܣܝܢ
ܟܕ ܫܡܥܝܢ ܠܗܘܢ
56 ܒܩܪ̈ܝܬܐ. ܘܐܬܪ ܕܥܐܠ
ܗܘܐ ܫܘܒ ܠܡܕܝܢܬܐ
ܐܘ ܠܩܘܪܝܐ ܐܘ
ܠܐܓܘܪ̈ܣܐ ܘܒܫܘ̈ܩܐ
ܦܣܡܝܢ ܗܘܘ ܒܪ̈ܫܬܐ
ܕܒܪ̈ܝܗܐ ܘܒܥܝܢ ܗܘܘ
ܡܢܗ. ܕܐܦ ܠܟܢܦܐ
ܕܡܪܛܘܛܗ ܢܬܩܪܒܘܢ܀
ܘܟܠ ܕܩܪܒܝܢ ܗܘܘ
vii 1 ܚܝ̈ܝܢ ܗܘܘ ܘܐܬܟܢܫܘ
ܠܘܬܗ ܦܪܝܫܐ ܘܣܦܪ̈ܝܐ
ܕܐܬܘ ܡܢ ܐܘܪܫܠܡ.
2 ܘܚܙܘ ܠܬܠܡܝܕܘܗܝ ܟܕ
ܐܟܠܝܢ ܠܚܡܐ. ܟܕ ܠܐ
3 ܡܫܝ̈ܓܝܢ ܐܝܕܝܗܘܢ܀ ܡܛܠ
ܕܟܘܠܗܘܢ ܝܗ̈ܘܕܝܐ
ܘܦܪ̈ܝܫܐ ܐܠܐ ܡܫܝܓܝܢ
ܐܝܕܝܗܘܢ ܠܐ ܐܟܠܝܢ
ܠܚܡܐ. ܕܐܚܝܕܝܢ
ܡܫܠܡܢܘܬܐ ܕܩܫ̈ܝܫܐ
4 ܘܡܢ ܫܘܩܐ ܐܠܐ
ܒܡܕܝܢ ܠܐ ܐܟܠܝܢ

Mk vii 4 ܘܣܓܝ̈ܐܬܐ ܐܚܪܢܝܢ
ܕܩܒܠܘ ܢܛܪܝܢ ܗܘܘ.
ܘܡܥܡܘܕܝܬܐ ܕܟܣ̈ܐ
ܘܩܣܛܐ. ܘܒܬܪ ܗܠܝܢ
5 ܫܐܠܘܢܗ ܦܪ̈ܝܫܐ
ܘܣܦܪ̈ܝܐ ܘܐܡܪܝܢ ܠܗ
ܕܠܡܢܐ ܬܠܡܝܕܝܟ
ܠܐ ܢܛܪܝܢ ܒܥܘܕܝܐ
ܕܩ̈ܫܝܫܝܢ ܠܐ ܠܚܡܐ
ܡܫܝܓܝܢ ܐܝܕܝܗܘܢ܀
6 ܘܐܟܠܝܢ ܠܝܫܘܥ ܐܡܪ
ܠܗܘܢ܀ ܝܫܘܥ ܫܦܝܪ
ܐܬܢܒܝ ܥܠܝܟܘܢ܀ ܐܫܥܝܐ
ܢܒܝܐ ܐܝܟܢܐ ܕܟܬܝܒ
ܕܐܡܪ ܗܘܐ ܕܥܡܐ
ܗܢܐ ܒܣܦ̈ܘܬܗ ܡܝܩܪ
ܠܝ. ܠܒܗ ܕܝܢ ܪܚܝܩ
7 ܡܢܝ. ܦܪܝܩܐܝܬ ܕܝܢ
ܕܚܠܝܢ ܠܝ. ܕܡܠܦܝܢ ܝܘܠܦܢܐ
ܕܦܘܩ̈ܕܢܐ ܕܒܢܝ ܐܢܫܐ
9 ܫܦܝܪ ܒܛܠܝܢ ܐܢܬܘܢ܀
ܕܥܒܕܝܢ ܐܢܬܘܢ܀ ܦܘܩܕܢܐ
ܕܐܠܗܐ ܕܬܩܝܡܘܢ܀
10 ܦܘܩܕܢܟܘܢ܀. ܡܘܫܐ ܓܝܪ
ܐܡܪ ܕܝܩܪ ܐܒܘܟ
ܘܐܡܟ ܘܡܢ ܕܡܨܛܝܢܐ

Mk vii 10 ܠܐܒܘܗܝ ܘܠܐܡܗ
11 ܡܡܬ ܝܡܘܬ ܐܢܬܘܢ
ܕܝܢ ܐܡܪܝܢ ܐܢܬܘܢ
ܕܐܢ ܝܐܡܪ ܠܐܒܘܗܝ
ܘܠܐܡܗ ܩܘܪܒܢ
12 ܕܬܬܗܢܐ ܡܢܝ. ܘܠܐ
ܫܒܩܝܢ ܐܢܬܘܢ ܠܗ
ܕܝܥܒܕ ܠܐܒܘܗܝ ܐܘ
13 ܠܐܡܗ. ܘܡܒܛܠܝܢ ܐܢܬܘܢ
ܡܠܬܗ ܕܐܠܗܐ ܡܛܠ
ܦܪܕܘܣܝܣܘܢ ◦ ◦
ܘܣܓܝܐܢ ܐܝܟ ܗܠܝܢ
14 ܥܒܕܝܢ ܐܢܬܘܢ. ܘܩܪܐ
ܠܟܠܗ ܟܢܫܐ ܘܐܡܪ
ܠܗܘܢ ܫܡܥܘ ܟܠܟܘܢ
15 ܘܐܣܬܟܠܘ. ܠܝܬ ܡܕܡ
ܕܠܒܪ ܡܢ ܒܪ ܐܢܫܐ
ܘܥܐܠ ܠܗ ܘܡܣܝܒ
ܠܡܣܝܒܘܬܗ ܐܠܐ
ܡܕܡ ܕܢܦܩ ܡܢ ܒܪ
ܐܢܫܐ ܗܘܐ ܡܣܝܒ
16 ܠܗ ܠܒܪ ܐܢܫܐ. ܡܢ
ܕܐܝܬ ܠܗ ܐܕܢܐ
ܕܫܡܥ ܢܫܡܥ ◦◦ ◦◦

Mk vii 17 ܘܟܕ ܥܐܠ ܗܘܐ ܠܒܝܬܐ
ܡܢ ܟܢܫܐ. ܫܐܠܘܗܝ
ܗܘܘ ܬܠܡܝܕܘܗܝ ܥܠ
18 ܡܬܠܐ. ܗܘ ܕܝܢ ܐܡܪ
ܠܗܘܢ ܡܟܝܠ ܐܦ
ܐܢܬܘܢ ܣܟܠܝܢ ܐܢܬܘܢ
ܠܐ ܡܣܬܟܠܝܢ ܐܢܬܘܢ
ܡܕܡ ܕܠܐ ܗܘܐ ܟܠ
ܡܕܡ ܕܥܐܠ ܠܒܪ ܐܢܫܐ
19 ܡܣܝܒ ܠܗ ܡܛܠ ܕܠܐ
ܗܘܐ ܥܠ ܠܠܒܐ ܥܐܠ
ܐܠܐ ܠܟܪܣܐ ܘܡܫܬܕܐ
ܠܒܪ ܠܡܫܬܕܝܐ. ܟܘܠܗ
20 ܡܐܟܠܝܐ. ܐܠܐ ܡܕܡ
ܕܢܦܩ ܡܢ ܒܪ ܐܢܫܐ
ܗܘܐ ܡܣܝܒ ܠܗ
21 ܠܒܪ ܐܢܫܐ ܡܢ ܠܓܘ
ܗܘ ܠܒܗ ܢܦܩܝܢ
ܡܚܫܒܬܐ ܒܝܫܬܐ.
ܕܚܛܝܐ ܐܢܫܐ ܠܙܢܘܬܐ
22 ܓܢܒܘܬܐ ܩܛܠܐ ܠܙܢܘܬܐ.
ܕܡܠܒܟܘܬܐ ܒܝܫܬܐ
ܢܟܠܐ ܙܢܝܘܬܐ ܒܝܫܐ
ܒܝܫܬܐ ܠܓܘܕܦܐ
ܫܒܗܪܘܬܐ ܫܛܝܘܬܐ.
23 ܟܘܠܗܝܢ ܒܝܫܬܐ. ܡܢ
ܠܓܘ ܢܦܩܢ ܘܡܣܝܒܢ

Mk vii 23 ܠܗ ܠܒܪ ܐܢܫܐ. ܘܩܡ
24 ܘܐܙܠ ܠܗ ܠܬܚܘܡܐ
ܕܨܘܪ ܘܥܠ ܥܠ ܠܒܝܬܐ.
ܠܐ ܨܒܐ ܗܘܐ ܕܐܢܫ
ܝܕܥ ܒܗ ܘܠܐ ܡܫܟܚ
25 ܗܘܐ ܠܡܬܛܫܝܐ. ܘܥܕ
ܫܡܥܬ ܐܢܬܬܐ ܕܐܝܬ
ܗܘܬ ܠܒܪܬܗ ܪܘܚܐ
ܛܢܦܬܐ ܐܬܬ ܢܦܠܬ
26 ܩܕܡ ܪܓܠܘܗܝ. ܗܝ
ܐܢܬܬܐ ܐܪܡܠܬܐ
ܗܘܬ ܡܢ ܦܘܢܝܩܐ ܕܨܘܪ
ܕܣܘܪܝܐ ܘܒܥܝܐ
ܗܘܬ ܡܢܗ ܕܝܦܩ
ܪܘܚܐ ܡܢ ܒܪܬܗ
27 ܐܡܪ ܠܗ . . . .
ܠܘܩܕܡ ܢܣܒܥܘܢ ܒܢܝܐ
ܠܐ ܫܦܝܪ ܠܡܣܒ
ܠܚܡܐ ܕܒܢܝܐ ܘܠܡܪܡܝܘ
28 ܠܟܠܒܐ ܐܡܪܐ ܠܗ ܗܝ
ܐܢܬܬܐ ܡܪܝ ܐܦ
ܟܠܒܐ ܐܟܠܝܢ ܡܢ
ܦܬܘܬܐ ܕܢܦܠܝܢ ܡܢ
29 ܦܬܘܪܐ ܕܒܢܝܐ. ܐܡܪ
ܠܗ ܡܛܠ ܗܕܐ ܡܠܬܐ
ܐܙܠܝ ܗܐ ܢܦܩ ܫܐܕܐ
30 ܡܢ ܒܪܬܟܝ. ܘܥܕ ܐܙܠܬ

Mk vii 30 ܠܒܝܬܗ ܐܫܟܚܬܗ.
ܠܒܪܬܗ . . . ܡܢܗ
. . ܘܪܡܝܐ ܒܥܪܣܐ
31 ܘܬܘܒ . . . . ܡܢ
ܬܚܘܡܐ . . ܨܝܕܘܢ
ܐܬܐ ܠܝܡܬܐ ܕܓܠܝܠܐ
ܒܝܢܬ ܬܚܘܡܐ
ܕܥܣܪܬ ܡܕܝܢܬܐ
32 . . . . ܚܪܫܐ
ܚܕ ܦܐܘܐ ܘܒܥܝܢ ܗܘܘ
ܡܢܗ ܕܝܣܝܡ ܥܠܘܗ.
33 . . . . . ܡܢ
ܟܢܫܐ ܘܣܡ
. . . ܒܐܕܢܘܗܝ
34 . . ܠܠ . ܘܚܪ
ܒܫܡܝܐ ܘܐܬܬܢܚ
ܘܐܡܪ ܠܗ ܐܬܦܬܚ
35 ܘܒܗ . . ܐܬܦܬܚܝ
. . . . ܐܣܘܪܐ
ܕܠܫܢܗ ܘܡܠܠ ܗܘܐ
36 ܦܫܝܩܐܝܬ. ܘܦܩܕ ܐܢܘܢ
ܕܠܐܢܫ ܠܐ . ܦ . ܘܟܡܐ
ܕܗܘ . . . ܠܗܘܢ
ܗܢܘܢ ܝܬܝܪܐܝܬ ܡܟܪܙܝܢ
37 ܗܘܘ ܠܗ . . . ܝܬܪ
ܡܬܕܡܪܝܢ ܗܘܘ ܘܐܡܪܝܢ
ܕܟܠܡܕܡ ܫܦܝܪ . .
ܘܠܚܪܫܐ ܥܒܕ ܕܢܫܡܥܘܢ

fol. 53 r (= 41 r).

J. R. H.

ܘܡܬܡܗܠܠܝܢ ܘܐܡܪܝܢ ܕܟܝܢ Mk vii 37
viii 1
ܘܬܡܗܐ ܗܘܢ . .
ܒܗ ܝܘܡܝܐ ܗܠܝܢ ܐܝܬ
ܗܘܐ ܘܠܐ ܐܝܬ ܗܘܐ
ܠܗܘܢ ܡܐ ܕܐܟܠܘܢ
ܩܪܐ ܠܬܠܡܝܕܘܗܝ ܘܐܡܪ
2 ܠܗܘܢ ܡܬܪܚܡ ܐܢܐ ܥܠ
ܟܢܫܐ ܗܢܐ ܕܗܐ
ܬܠܬܐ ܝܘܡܝܢ ܩܘܝܘ̈
ܠܘܬܝ ܘܠܝܬ ܡܐ ܕܐܟܠܘܢ
3 ܘܐܢ ܗܘ ܕܫܪܐ ܐܢܐ
ܐܢܘܢ ܟܕ ܨܝܡܝܢ ܠܒܝܬܗܘܢ
ܥܝܦܝܢ ܢܗܘܘܢ ܒܐܘܪܚܐ
ܘܐܢܫܐ ܡܢܗܘܢ ܡܢ
4 ܪܘܚܩ ܐܬܘ ܐܡܪܝܢ
ܠܗ ܬܠܡܝܕܘܗܝ ܐܡܟܢܐ
ܡܫܟܚ ܐܢܬ ܗܪܟܐ
ܕܬܣܒܥ ܐܢܘܢ ܠܚܡܐ
5 ܒܚܘܪܒܐ ܘܫܐܠ ܐܢܘܢ
ܘܐܡܪ ܠܗܘܢ ܟܡܐ
ܠܚܡܝܢ ܐܝܬ ܠܟܘܢ
ܐܡܪܝܢ ܠܗ ܫܒܥܐ
6 ܘܦܩܕ ܠܟܢܫܐ ܕܝܣܬܡܟܘܢ
ܥܠ ܐܪܥܐ ܘܢܣܒ
ܗܢܘܢ ܫܒܥܐ ܠܚܡܝܢ
ܘܒܪܟ ܘܩܨܐ ܘܝܗܒ
ܠܬܠܡܝܕܘܗܝ ܕܢܣܝܡܘܢ

ܩܕܡܝܗܘܢ ܘܣܡܘ Mk viii 6
7 ܩܕܡ ܟܢܫܐ ܘܐܝܬ
ܗܘܘ ܢܘܢܐ ܩܠܝܠ ܘܐܦ
ܥܠܝܗܘܢ ܟܕ ܒܪܟ
ܐܡܪ ܕܢܣܝܡܘܢ ܩܕܡܝܗܘܢ
8 ܘܐܟܠܘ ܘܣܒܥܘ ܘܫܩܠܘ
ܝܬܪܢܐ ܕܦܬܝܐ ܫܒܥܐ
9 ܣܦܪܝܕܝܢ ܗܘܝܢ ܗܘܘ
ܐܢܫܐ ܕܐܟܠܘ ܐܝܟ
ܐܪܒܥܐ ܐܠܦܝܢ. ܘܫܪܐ
10 ܐܢܘܢ. ܘܣܠܩ ܝܬܒ ܠܗ
ܒܣܦܝܢܬܐ ܥܡ
ܬܠܡܝܕܘܗܝ ܘܐܬܐ ܠܗܘܢ
11 ܠܬܚܘܡܐ ܕܡܓܕܠ. ܘܢܦܩܘ
ܦܪ̈ܝܫܐ ܘܫܪ̈ܝܘ ܒܥܝܢ
ܡܢܗ ܘܫܐܠܝܢ ܠܗ
ܐܬܐ ܡܢ ܫܡܝܐ
ܟܕ ܡܢܣܝܢ ܠܗ
12 ܐܬܢܚܚ ܒܪܘܚܐ ܘܐܡܪ
ܡܢܐ ܒܥܝܐ ܐܬܐ
ܫܪܒܬܐ ܗܕܐ. ܐܡܝܢ
ܐܡܪܢܐ ܠܟܘܢ ܕܠܐ
ܬܬܝܗܒ ܠܗ ܐܬܐ
13 ܠܫܪܒܬܐ ܗܕܐ. ܘܫܒܩ
ܐܢܘܢ ܬܘܒ ܘܣܠܩ
ܒܣܦܝܢܬܐ. ܘܐܙܠ ܠܗܘ
14 ܥܒܪܐ ܕܝܡܬܐ. ܘܛܥܘ

. . . . . Mk viii 14
. . . . .
. . . . ܠܚ̈ܪܝܬܐ
ܥܡܗܘܢ ܒܣܦܝܢܬܐ
15 ܘܦܩܕ ܐܢܘܢ ܘܐܡܪ
. . . ܐܙܕܗܪܘ ܡܢ
. . . . . .
. . . . ܕܗܪܘܕܣ
. 16
. . . . .
. . . . . .
. . . . . .
. . . . . .
. . . . .
. . . .
. . . . . .
. . . . . .
. 18
. . . . . .
ܐܢܬܘܢ ܘܠܐ ܥܗܕܝܢ
19 ܐܢܬܘܢ ܗܘܘܢ ܚܡܫܐ
ܠܚܡܝܢ ܕܚܡܫܐ ܐܠܦܝܢ
ܐܟܠܘ ܡܢܗܘܢ ܘܣܒܥܐ
ܘܩܨܝܢ ܕܦܝܫܐ ܟܡ

Mk viii 19 ܡܠܝܢ . . .
20 ܠܗ . . . . .
. . . . . .
. . . . .
. . . . . .
. . . . . .
. . . . . .
. . . . . .
. . . . .
. 22
ܘܐܝܬܝܘ ܠܗ ܣܡܝܐ
. ܒܥܝܢ . . .
. 23
. . . . . .
. . . . . .
. . . ܒܥܝܢܘܗܝ .
. . . ܐܝܕܗ ܘܫܐܠܗ
. 24
. . . . . .
. . . . .
. . . . . .
. . . . . .
. . . . .
. . . . .
. . . . . .
. . . . .

Mk viii 26 ܠܗ ܕܐܦܠܐ ܠܩܪܝܬܐ
ܬܥܘܠ ܀
27 ܘܢܦܩ ܝܫܘܥ ܘܬܠܡܝܕܘܗܝ
ܠܩܘܪ̈ܝܐ ܕܩܣܪܝܐ
ܕܦܝܠܝܦܘܣ ܘܡܫܐܠ
ܗܘܐ ܠܗܘܢ ܠܬܠܡܝܕܘܗܝ
ܒܐܘܪܚܐ ܘܐܡܪ ܠܗܘܢ
ܕܡܢܐ ܐܡܪ̈ܝܢ ܐܢܫܐ
28 ܥܠܝ ܕܐܢܐ܂ ܐܡܪ̈ܝܢ
ܠܗ ܐܝܬ ܕܐܡܪ̈ܝܢ
ܕܝܘܚܢܢ ܗܘ ܡܥܡܕܢܐ܂
ܘܐܚܪ̈ܢܐ ܐܡܪ̈ܝܢ ܕܐܠܝܐ܂
ܘܐܚܪ̈ܢܐ ܕܚܕ ܡܢ ܢܒ̈ܝܐ܂
29 ܐܡܪ ܠܗܘܢ ܘܐܢܬܘܢ
ܡܢܐ ܐܡܪܝܢ ܐܢܬܘܢ
ܕܐܢܐ܂ ܐܡܪ ܠܗ ܟܐܦܐ
ܐܢܬ ܗܘ ܡܫܝܚܐ
30 ܘܟܐܐ ܒܗܘܢ ܕܠܐܢܫ
ܠܐ ܢܐܡܪܘܢ ܥܠܘܗܝ܀
31 ܘܫܪܝ ܗܘܐ ܠܡܠܦܘ
ܐܢܘܢ ܕܥܬܝܕ ܗܘ ܒܪܗ
ܕܐܢܫܐ ܕܢܚܫ ܣܓܝ܂
ܘܢܣܬܠܐ ܡܢ ܩܫ̈ܝܫܐ
ܘܡܢ ܪ̈ܒܝ ܟܗܢܐ ܘܡܢ
ܣܦܪ̈ܐ ܘܢܩܛܠܘܢܗ
ܘܠܝܘܡܐ ܕܬܠܬܐ ܢܩܘܡ

Mk viii 32 ܘܒܓܠܝܢܐ ܡܠܬܐ
ܡܡܠܠ ܫܡܥܘܢ ܕܝܢ
ܟܐܦܐ ܐܝܟ ܕܚܐܣ
ܥܠܘܗܝ ܐܡܪ ܠܗ ܕܚܣ
33 ܠܟ܆ ܘܗܘ ܐܬܗܦܟ ܚܪ
ܒܬܠܡ̈ܝܕܘܗܝ܂ ܘܟܐܐ
ܒܟܐܦܐ ܘܐܡܪ ܙܠ
ܠܒܣܬܪܝ܂ ܣܛܢܐ ܕܠܐ
ܪܢܐ ܐܢܬ ܕܐܠܗܐ܂ ܐܠܐ
ܕܒ̈ܢܝ ܐܢܫܐ ܀ . ܀
34 ܘܩܪܐ ܠܟܢܫܐ ܥܡ
ܬܠܡ̈ܝܕܘܗܝ ܘܐܡܪ ܠܗܘܢ
ܡܢ ܕܨܒܐ ܕܢܐܬܐ
ܒܬܪܝ܂ ܢܟܦܘܪ ܒܢܦܫܗ
ܘܢܫܩܘܠ ܙܩܝܦܗ
35 ܘܢܐܬܐ܂ ܟܠ ܓܝܪ
ܕܨܒܐ ܕܢܚܐ ܢܦܫܗ
ܢܘܒܕܝܗ܂ ܘܟܠ ܕܢܘܒܕ
ܢܦܫܗ ܡܛܠܬܝ ܣܒܪܬܝ܂
36 ܢܚܝܗ܂ ܡܢܐ ܓܝܪ ܡܬܗܢܐ
ܒܪ ܐܢܫܐ ܐܢ ܗܘ
ܕܥܠܡܐ ܟܠܗ ܢܐܪܬ
37 ܘܢܦܫܗ ܢܚܣܪ܂ ܘܡܢܐ
ܢܬܠ ܒܪ ܐܢܫܐ ܬܘܚܠܦܐ
38 ܕܢܦܫܗ܂ ܟܠ ܕܢܒܗܬ ܒܝ
ܓܝܪ ܘܒܡ̈ܠܝ ܒܕܪܐ
ܙܢܝܬܐ ܗܢܐ ܚܛܝܬܐ

fol. 54 v (= 94 v). F. C. B.

Mk viii 38 ܘܫܘܠܛܢܐ. ܐܦ ܒܪܗ
ܕܓܒܪܐ ܢܒܗܬ ܒܗ
ܡܐ ܕܐܬܐ ܒܫܘܒܚܗ
ܕܐܒܘܗܝ ܘܡ̈ܠܐܟܐ
ix 1 ܩܕ̈ܝܫܐ ܐܡܪ ܗܘܐ
ܠܗܘܢ ܐܡܝܢ ܐܡܪܢܐ
ܠܟܘܢ ܕܐܝܬ ܬܢܢ ܐܢܫܐ
ܡܢ ܗܠܝܢ ܕܩܝܡܝܢ ܕܠܐ
ܢܛܥܡܘܢ ܡܘܬܐ ܥܕܡܐ
ܕܢܚܙܘܢ ܡܠܟܘܬܗ
ܕܐܠܗܐ ܕܐܬܝܐ ܒܚܝܠܐ
2 ܘܡܢ ܒܬܪ ܫܬ ܝܘܡ̈ܝܢ
ܕܒܪ ܝܫܘܥ ܠܟܐܦܐ
ܘܠܝܥܩܘܒ ܘܠܝܘܚܢܢ.
ܘܐܣܩ ܐܢܘܢ ܠܛܘܪܐ
ܪܡܐ ܒܠܚܘܕܝܗܘܢ ܘܐܬܚܠܦ
3 ܘܡܐܢܘܗܝ ܡܚܘܪ ܗܘܐ
ܘܠܒܘܫܗ ܡܙܗܪ ܗܘܐ
4 ܐܝܟ ܬܠܓܐ ܘܐܬܚܙܝܘ
ܠܗܘܢ ܡܘܫܐ ܘܐܠܝܐ
ܟܕ ܡܡܠܠܝܢ ܥܡܗ.
5 ܥܢܐ ܟܐܦܐ ܘܐܡܪ
ܠܝܫܘܥ ܪܒܝ ܫܦܝܪ
ܗܘܐ ܕܗܪܟܐ ܢܗܘܐ.
ܘܢܥܒܕ ܬܠܬ ܡܛ̈ܠܠܢ
ܠܟ ܚܕܐ ܘܠܡܘܫܐ ܚܕܐ
6 ܘܠܐܠܝܐ ܚܕܐ. ܘܠܐ ܝܕܥ

Mk ix 6 ܗܘܐ ܡܢܐ ܐܡܪ
ܗܘܐ ܡܛܠ ܕܕܚܠܬܐ
ܢܦܠܬ ܗܘܬ ܥܠܝܗܘܢ.
7 ܘܥܢܢܐ ܡܛܠܠܐ ܗܘܬ
ܥܠܝܗܘܢ ܘܩܠܐ ܐܬܐ
ܡܢ ܥܢܢܐ ܗܢܘ ܗܘ
ܒܪܝ ܕܚܒܝܒ. ܠܗ ܫܡܥܘ
8 ܘܡܢ ܫܠܝܐ ܬܘܒ ܟܕ
ܚܘ ܬܠܡܝܕܘܗܝ ܐܢܫ
ܠܐ ܐܬܚܙܝ ܠܗܘܢ
ܐܠܐ ܐܢ ܝܫܘܥ
9 ܒܠܚܘܕܘܗܝ. ܟܕ ܢܚܬܝܢ
ܡܢ ܛܘܪܐ. ܡܦܩܕ ܗܘܐ
ܠܗܘܢ ܕܠܐܢܫ ܠܐ ܢܐܡܪܘܢ
ܡܕܡ ܕܚܙܘ ܐܠܐ ܡܐ
ܕܩܡ ܒܪܗ ܕܐܢܫܐ
10 ܡܢ ܒܝܬ ܡܝܬܐ ܘܡܠܬܐ
ܐܚܕܘ ܒܗ ܠܒܗܘܢ
ܡܬܪܥܝܢ ܗܘܘ ܘܐܡ̈ܪܝܢ
ܕܡܢܐ ܗܝ ܗܕ̈ܐ ܡܠܬܐ
ܗܕܐ ܕܐܡܪ ܕܩܡܐ
ܕܩܡ ܡܢ ܒܝܬ ܡܝ̈ܬܐ ⁘

11 ܘܡܫܐܠܝܢ ܗܘܘ ܠܗ
ܘܐܡ̈ܪܝܢ. ܕܐܡ̈ܪܝܢ
ܣܦ̈ܪܐ ܕܐܠܝܐ ܗܘ
12 ܐܬܐ ܠܘܩܕܡ ܥܢܐ
ܘܐܡܪ ܠܗܘܢ ܐܠܝܐ

Mk ix 12 ܐܬܐ ܠܡܬܩܢ ܕܟܠ
ܡܕܡ ܢܬܗܘܢ. ܘܐܝܟܢܐ
ܟܬܝܒ ܥܠ ܒܪܗ ܕܐܢܫܐ
ܠܐ ܕܣܓܝ ܚܫ ܘܢܣܬܠܠ
13 ܐܠܐ ܐܡܪ ܐܢܐ ܠܟܘܢ
ܕܐܠܝܐ ܐܬܐ ܘܥܒܕܘ
ܒܗ ܟܠ ܡܐ ܕܨܒܘ
ܐܝܟܢܐ ܕܟܬܝܒ ܥܠܘܗܝ
14 ܟܕ ܐܬ . . . .
ܚܙܘ ܠܬܗܘܢ . . .
ܣܓܝܐܐ ܘܣܦܪܝܐ ܟܕ
15 ܒܚܝܢ ܥܡܗܘܢ ܘܗܘܐ
ܒܫܥܬܐ ܟܕ ܚܙܘܗܝ
ܬܗܘ ܘܪܗܛܘ ܫܐܠܘ
16 ܒܫܠܡܗ ܘܡܫܐܠ ܗܘܐ
ܠܗܘܢ ܕܡܢܐ ܒܥܝܢ
17 ܐܢܬܘܢ ܥܡܗܘܢ ܘܥܢܐ
ܚܕ ܡܢ ܟܢܫܐ ܘܐܡܪ
. . . . ܐܬܝܬ
. . . . .
18 . . . . . .
. . . . .
. . . . . . ܘ
. . . . . . ܘ
. . . . . . ܕ
19 ܥܢܐ . . . . . .
ܠܗܘܢ ܐܘ ܫܪܒܬܐ ܕܠܐ
ܗܝܡܢܘܬܐ ܥܩܡܬܐ

Mk ix 19 ܠܐܡܬܝ ܐܗܘܐ ܠܘܬܟܘܢ
ܘܐܣܝܒܪܘܢ ܐܝܬܝܗ
20 ܠܝ ܠܒܪܝܟ ܘܐܝܬܝܗ
ܠܘܬܗ ܘܟܕ ܚܙܝܗ
ܐܪܡܝܬܗ ܪܘܚܐ ܒܗ
ܒܫܒܬܐ ܘܢܦܠ ܥܠ
ܐܪܥܐ ܘܡܬܥܒܟ ܗܘܐ
21 ܟܕ ܡܪܥܬ ܘܫܐܠ
ܗܘܐ . . . . .
. . . . .
ܡܢ . . . ܐܡܪ
ܠܗ ܗܐ ܡܢ ܛܠܝܘܬܗ
22 ܘܣܓܝ ܒܢܘܪܐ ܐܪܡܝܬܗ
ܘܒܡܝܐ . . ܗܝ
ܐܠܐ ܟܡܐ ܕܡܫܟܚ
ܐܢܬ ܡܪܝ ܥܕܪܝܢ
23 ܘܐܬܪܚܡ ܥܠܝ ܐܡܪ
ܠܗ ܝܫܘܥ ܐܢ ܡܗܡܢ
ܐܢܬ ܟܠܡܕܡ ܡܫܟܚ
24 ܠܡܗܝܡܢܐ ܠܟ. ܘܡܢ
ܒܫܥܬܐ ܩܥܐ ܐܒܘܗ
ܕܛܠܝܐ ܘܐܡܪ ܡܗܝܡܢܐ
ܡܪܝ ܥܕܪ ܠܡܗܝܡܢܘܬܝ
25 ܟܕ ܚܙܐ ܝܫܘܥ ܕܪܗܛܝܢ
ܐܢܫܐ ܕܐܬܝܢ ܟܐܐ
ܒܗ ܪܘܚܐ ܘܐܡܪ
ܠܗ ܠܟ ܦܩܕ ܐܢܐ ܪܘܚܐ
ܚܪܫܬܐ ܕܠܐ ܡܡܠܠܐ

Mk ix ܦܩܘܕ ܡܢܗ ܘܬܘܒ
26 ܠܐ ܬܥܠܝܢ ܠܗ ܘܩܥܐ
ܘܫܢܩܗ ܣܓܝ ܘܢܦܩ
ܡܢܗ ܘܗܘܐ ܐܝܟ ܡܝܬܐ
ܘܐܡܪܘ ܣܓܝܐܐ ܕܡܝܬ
27 ܠܗ ܗܘ ܕܝܢ ܝܫܘܥ
ܐܚܕܗ ܒܐܝܕܗ ܘܐܩܝܡܗ
ܘܐܫܠܡܗ ܠܐܒܘܗܝ.
28 ܘܟܕ ܥܠ ܠܒܝܬܐ ܫܐܠܘܗܝ
ܬܠܡܝܕܘܗܝ ܒܝܢܝܗܘܢ ܘܠܗ
ܕܠܡܢܐ ܠܐ ܡܫܟܚܝܢ
ܐܢܚܢܢ ܠܡܦܩܘܬܗ
29 ܐܡܪ ܠܗܘܢ ܗܢܐ ܓܢܣܐ
ܒܡܕܡ ܠܐ ܢܦܩ
ܐܠܐ ܒܨܘܡܐ
ܘܒܨܠܘܬܐ ܀
30 ܘܟܕ ܢܦܩܘ ܡܢ ܬܡܢ ܪܕܝܢ
ܗܘܘ ܒܓܠܝܠܐ ܘܠܐ
ܨܒܐ ܗܘܐ ܕܐܢܫ
31 ܢܕܥ ܒܗ ܘܡܠܦ ܗܘܐ
ܠܗܘܢ ܠܬܠܡܝܕܘܗܝ ܘܐܡܪ
ܠܗܘܢ ܕܒܪܗ ܕܐܢܫܐ
ܡܫܬܠܡ ܒܐܝܕܝ ܒܢܝ
ܐܢܫܐ ܘܢܩܛܠܘܢܝܗܝ
ܘܡܐ ܕܩܛܠܘܗܝ ܒܝܘܡܐ
32 ܕܬܠܬܐ ܢܩܘܡ ܘܗܢܘܢ
ܠܐ ܡܣܬܟܠܝܢ ܗܘܘ

Mk ix 32 ܡܕܡ ܕܐܡܪ ܠܗܘܢ܆
ܘܕܚܠܝܢ ܗܘܘ ܕܢܫܐܠܘܢܝܗܝ.
33 ܘܐܬܐ ܠܟܦܪܢܚܘܡ ܘܟܕ
ܥܠ ܠܒܝܬܗ ܡܫܐܠ
ܗܘܐ ܠܗܘܢ ܕܡܢܐ ܡܡܠܠܝܢ
ܗܘܝܬܘܢ ܚܕ ܥܡ ܚܕ
34 ܒܐܘܪܚܐ ܘܗܢܘܢ
ܫܬܩܝܢ ܗܘܘ ܡܠܝܢ
ܓܝܪ ܡܬܚܫܒܝܢ ܗܘܘ
ܕܡܢܘ ܢܗܘܐ ܪܒ
35 ܘܝܬܒ ܘܩܪܐ ܠܬܪܥܣܪܬܗ
ܘܐܡܪ ܠܗܘܢ ܡܢ ܕܨܒܐ
ܕܢܗܘܐ ܩܕܡܝܐ ܢܗܘܐ
ܐܚܪܝܐ ܕܟܠ ܐܢܫ
ܘܡܫܡܫܢܐ ܕܟܠ ܐܢܫ
36 ܘܢܣܒ ܗܘܐ ܛܠܝܐ
ܚܕ ܘܐܩܝܡܗ ܒܡܨܥܬܗܘܢ
ܘܓܦ ܒܗ ܘܐܡܪ ܠܗܘܢ
37 ܕܟܠ ܕܢܩܒܠ ܐܝܟ
ܛܠܝܐ ܗܢܐ ܒܫܡܝ ܠܝ
ܗܘ ܡܩܒܠ ܠܐ ܗܘܐ
ܠܝ ܡܩܒܠ. ܐܠܐ ܠܡܢ
38 ܕܫܕܪܢܝ ܥܢܐ ܝܘܚܢܢ
ܘܐܡܪ ܠܗ ܪܒܢ ܚܙܝܢ
ܚܕ ܕܡܦܩ ܫܐܕܐ
ܒܫܡܟ ܘܟܠܝܢܗܝ ܥܠ
ܕܠܐ ܐܬܐ ܒܬܪܢ܆
39 ܗܘ ܕܝܢ ܐܡܪ ܠܗܘܢ

Mk ix 39 ܠܐ ܬܟܠܝܢܘܢ ܠܝܗ ܠܝܬ ܓܒܪ
ܐܝܢ. ܕܥܒܕ ܚܝܠ ܒܫܡܝ
ܘܡܫܟܚ ܕܝܐܡܪ ܒܝܫ
40 ܕܟܠ ܡܢ ܕܠܐ ܗܘܐ
ܒܪ ܠܩܘܒܠܢ ܒܟܢ ܗܘ
41 ܟܠ ܕܝܫܩܘܢ ܓܒܪ ܟܣܐ
ܕܡ̈ܝܐ ܒܫܡܐ ܕܕܡܫܝܚܐ
ܐܝܬܘܢ ܐܡܝܢ ܐܡܪ ܐܢܐ
ܠܟܘܢ ܕܠܐ ܐܘܒܕ ܐܓܪܗ
42 ܘܟܠ ܕܝܟܫܠ ܠܚܕ ܡܢ
ܗܠܝܢ ܙܥܘܪ̈ܝܐ ܕܡܗܝܡܢܝܢ
ܒܝ. ܫܦܝܪ ܗܘܐ ܠܗ
ܐܠܘ ܪܚܝܐ ܪܚܝܐ
ܕܚܡܪܐ ܒܨܘܪܗ
43 ܘܡܬܪܡܐ ܒܝܡܐ ܘܐܢ
ܐܝܕܟ ܗܝ ܡܟܫܠܐ
ܠܟ ܦܣܘܩܝܗ ܛܒܝܟ
ܦܣܝܚ ܠܟ ܓܒܪ ܕܬܥܠ
ܐܢܬ ܠܟ ܚܕܐ ܐܝܕܐ
ܬܥܘܠ ܠܚܝܐ ܘܠܐ ܟܕ
ܐܝܬ ܠܟ ܬܪ̈ܬܝܢ ܐܝܕܝܢ
ܬܐܙܠ ܠܓܗܢܐ ܕܠܐ
45 ܕܡܬܟܒܐ ܘܐܢ ܪܓܠܟ
ܡܟܫܠܐ ܠܟ ܦܣܘܩ
ܝܬܗ ܛܒܝܟ ܦܣܝܚ
ܠܟ ܓܒܪ ܕܬܥܠ ܚܓܝܣܐ
ܐܢܬ ܬܥܘܠ ܠܚܝܐ

Mk ix 45 ܘܠܐ ܟܕ ܐܝܬ ܠܟ ܬܪ̈ܬܝܢ
ܪ̈ܓܠܝܢ ܕܬܐܙܠ ܠܓܗܢܐ
47 ܐܢ ܥܝܢܟ ܡܟܫܠܐ ܠܟ
ܚܨܝܗ ܡܢܟ ܦܣܝܚ
ܠܟ ܓܒܪ ܕܚܕ ܥܝܢܐ
ܗܝ ܠܟ ܒܥܝܢܐ. ܬܥܘܠ
ܠܡܠܟܘܬܐ ܕܐܠܗܐ. ܘܠܐ
ܟܕ ܐܝܬ ܠܟ ܬܪ̈ܬܝܢ
ܥܝܢܝܢ ܕܬܐܙܠ ܠܓܗܢܐ
48 ܐܬܪ ܕܠܐ ܬܘܠܥܬܗܘܢ
ܡܝܬܐ ܘܠܐ ܢܘܪܗܘܢ
49 ܕܟܠܐ ܟܘܠ ܐܢܫ ܒܢܘܪ
50 ܒܢܘܪܐ ܡܬܡܠܚ. ܫܦܝܪܐ
ܗܝ ܡܠܚܐ ܐܢ ܕܝܢ
ܡܠܚܐ ܠܐ ܬܬܒܣܪ
ܒܡܢܐ ܢܬܒܣܡܗ ܬܗܘܐ
ܠܟܘܢ ܡܠܚܐ ܘܐܫܬܝܢܘ
x 1 ܚܕ ܒܩ ܚܕ ܘܩܡ
ܡܢ ܬܡܢ ܘܐܬܐ
ܠܬܚܘܡܐ ܕܝܗܘܕ
ܠܥܒܪܐ ܕܝܘܪܕܢ ܘܐܙܠ
ܬܘܒ ܠܘܬܗ ܟܢܫܐ
ܘܐܝܟ ܕܡܥܕ ܗܘܐ
ܡܐܣܐ ܘܡܠܦ ܗܘܐ
2 ܠܗܘܢ ܘܫܐܠܝܢ ܗܘܘ ܠܗ
ܟܕ ܡܢܣܝܢ ܠܗ ܠܗ ܕܐܢ
ܫܠܝܛ ܠܓܒܪܐ ܕܝܫܒܘܩ

Mk x 2, 3 ܐܢܬܬܗ ܘܥܢܐ ܘܐܡܪ
ܠܗܘܢ ܡܘܫܐ ܡܢܐ
4 ܦܩܕܟܘܢ܂ ܐܡܪܝܢ ܠܗ
ܡܘܫܐ ܐܦܣ ܠܢ ܕܢܟܬܒ
ܟܬܒܐ ܕܫܘܒܩܢܐ
5 ܘܥܢܐ ܠܗ ܝܫܘܥ. ܒܠܐ
ܫܩܘܒ ܘܐܡܪ ܠܗܘܢ
ܡܘܫܐ ܡܛܠ ܦܘܩܕܢܬ
ܠܒܟܘܢ ܐܦܣ ܠܟܘܢ
6 ܘܡܫܘܪܝܐ ܗܘܐ ܡܢ
ܒܪܫܝܬ ܕܝܢ . . . .
ܘܢܩܒܬܐ . . . .
7 ܐܠܗܐ ܡܛܠ ܗܕܐ
ܢܫܒܘܩ ܓܒܪܐ ܠܐܒܘܗܝ
8 ܘܠܐܡܗ ܘܝܗܘܘܢ
ܬܪܝܗܘܢ ܚܕ ܒܣܪ.
ܡܟܝܠ ܠܐ ܗܘܘ ܬܪܝܢ
ܐܠܐ ܚܕ ܐܢܘܢ ܒܣܪ.
9 ܡܕܡ ܕܐܠܗܐ ܗܟܝܠ
ܙܘܓ ܒܪ ܐܢܫ ܠܐ ܢܦܪܫ
10 ܟܕ ܥܠ ܠܒܝܬܐ ܬܘܒ
ܫܐܠܘܗܝ ܬܠܡܝܕܘܗܝ
11 ܥܠ ܗܕܐ. ܐܡܪ ܠܗܘܢ
ܐܝܕܐ ܐܢܬܬܐ ܕܫܒܩܐ
ܒܥܠܗ ܘܗܘܝܐ ܠܐܚܪܢܐ

Mk x 11, 12 ܡܓܪ ܓܒܪܐ. ܘܐܢܐ
ܠܓܒܪܐ ܕܫܒܩ
ܐܢܬܬܐ ܘܢܣܒ
ܐܚܪܬܐ ܡܓܪ ܓܐܪ ܀
13 ܘܩܪܒܘ ܠܗ ܛܠܝܐ
ܕܢܣܝܡ ܐܝܕܗ ܥܠܝܗܘܢ܂
ܘܟܐܘ ܠܗܘܢ ܬܠܡܝܕܘܗܝ
ܒܗܘܢ ܕܡܩܪܒܝܢ ܗܘܘ
14 ܠܗܘܢ܂ ܟܕ ܚܙܐ ܝܫܘܥ
ܐܬܟܐܫ ܠܗ ܘܟܐܐ
ܠܗܘܢ ܘܐܡܪ ܠܗܘܢ
ܫܒܘܩܘ ܛܠܝܐ ܐܬܝܢ
ܠܘܬܝ ܘܠܐ ܬܟܠܘܢ ܐܢܘܢ
ܕܐܝܠܝܢ ܓܒܪ ܕܐܝܟ ܗܠܝܢ
ܐܢܘܢ ܕܝܠܗܘܢ ܗܝ
15 ܡܠܟܘܬܐ ܕܐܠܗܐ. ܐܡܝܢ
ܐܡܪܢܐ ܠܟܘܢ ܕܟܠ
ܕܠܐ ܢܩܒܠ ܡܠܟܘܬܐ
ܕܐܠܗܐ ܐܝܟ ܛܠܝܐ
16 ܠܐ ܢܥܘܠ ܠܗ ܘܩܪܐ
ܐܢܘܢ ܘܣܡ ܐܝܕܘܗܝ
ܥܠܝܗܘܢ ܘܡܒܪܟ ܗܘܐ
ܠܗܘܢ ܀ ܀
17 ܟܕ ܪܕܐ ܒܐܘܪܚܐ ܪܗܛ

Mk x 17 ܚܕ ܢܦܠ ܥܠ ܒܘܪ̈ܟܘܗܝ.
ܘܐܡܪ ܠܗ ܡܠܦܢܐ ܛܒܐ
ܡܢܐ ܐܥܒܕ ܕܐܪܬ
18 ܚ̈ܝܐ ܕܠܥܠܡ. ܐܡܪ ܠܗ
ܝܫܘܥ ܡܢܐ ܗܘ ܐܢܬ
ܠܝ ܛܒܐ ܠܝܬ ܛܒܐ
ܐܠܐ ܐܢ ܚܕ ܐܠܗܐ
19 ܦܘܩܕܢܐ ܕܝܢ ܝܕܥܬ. ܠܐ
ܬܩܛܘܠ ܠܐ ܬܓܘܪ
ܠܐ ܬܓܢܘܒ ܠܐ
ܬܣܗܕ ܣܗܕܘܬܐ
ܕܫܩܪܐ ܝܩܪ ܠܐܒܘܟ
20 ܘܠܐܡܟ ܒܢܐ ܘܐܡܪ
ܠܗ ܡܠܦܢܐ ܗܠܝܢ
ܕܢܛܪܬ ܟܘܠ · ܗܐ ܡܢ
ܕܛܠܝܐ · . . . .
21 ܚܪ ܒܗ . . .
ܘܐܡܪ ܠܗ ܚܕ· . .
ܠܟ ܐܠ ܐܚ ܥܠ ܡܕܡ
ܕܐܝܬ ܠܟ ܘܗܒ
ܠܡܣܟܢܐ ܘܬܗܘܐ
ܠܟ ܣܝܡܬܐ ܒܫܡܝܐ
ܘܐܙܠ ܙܒܘܢ ܘܐܬܐ
22 ܒܬܪܝ. ܘܟܡܬ ܠܗ ܥܠ
ܗܕܐ ܡܠܬܐ. ܘܐܙܠ
. . ܐ ܠܗ ܡܦܠܘܠ

Mk x 22 ܕܢܟ̈ܣܝܐ ܣܓܝܐܐ
23 ܐܝܬ ܗܘܐ ܠܗ ܘܚܪ
ܝܫܘܥ ܒܬܠܡܝܕܘܗܝ
ܘܐܡܪ ܒܡܐ ܥܛܠܐ
ܠܐܝܠܝܢ ܕܩܢܝܢ ܥܠ
ܢܟܣܝܗܘܢ ܕܝܥܠܘܢ
ܠܡܠܟܘܬܐ ܕܐܠܗܐ.
24 ܘܬܠܡܝܕܘܗܝ ܡܬܕܡܪܝܢ
ܗܘܘ ܥܠ ܡܠܘܗܝ
ܬܘܒ ܥܢܐ ܝܫܘܥ
ܘܐܡܪ ܠܗܘܢ ܒܢܝ
ܒܡܐ ܥܛܠܐ ܠܐܝܠܝܢ
ܕܬܟܝܠܝܢ ܥܠ ܢܟܣܝܗܘܢ
ܕܝܥܠܘܢ ܠܡܠܟܘܬܐ ܕܐܠܗܐ.
25 ܦܫܝܩ. ܗܘ ܓܝܪ ܠܓܡܠܐ
ܠܡܥܠ ܒܚܪܘܪܐ ܕܡܚܛܐ
ܐܘ ܠܥܬܝܪܐ ܠܡܠܟܘܬܐ
26 ܕܡܫܝܢܐ ܗܘܘ ܕܝܢ
ܡܬܝܪܬ ܡܬܕܡܪܝܢ
ܗܘܘ ܒܢܦܫܗܘܢ ܡܢܘ
27 ܒܗ ܡܫܟܚ ܠܡܚܝܐ. ܚܪ
ܒܗܘܢ ܝܫܘܥ ܘܐܡܪ
ܠܗܘܢ ܗܕܐ ܠܘܬ ܒܢ̈ܝ
ܐܢܫܐ ܠܐ ܡܫܟܚܐ
ܐܠܐ ܡܢ ܠܘܬ ܐܠܗܐ.
ܠܘܬ ܐܠܗܐ ܕܝܢ ܟܘܠ

Mk x 27, 28 ܡܢܕܡ ܡܫܟܚ. ܐܡܪ
ܠܗ ܟܐܦܐ ܗܐ ܐܢܚܢܢ
ܫܒܩܢ ܟܠܡܕܡ ܘܐܬܝܢ
29 ܒܬܪܟ. ܥܢܐ ܝܫܘܥ
ܘܐܡܪ ܐܡܝܢ ܐܡܪ̈ܢܐ
ܠܟܘܢ ܕܟܠ ܐܢܫ ܕܫܒܩ
ܒܝܬܐ ܐܘ ܐܚ̈ܝܐ ܐܘ
ܐܚܘܬܐ ܐܘ ܐܡܐ
ܐܘ ܐܒܐ ܐܘ ܒ̈ܢܝܐ
ܐܘ ܩܘܪ̈ܝܐ ܡܛܠܬܝ.
30 ܘܡܛܠ ܣܒܪܬܝ. ܐܠܐ
ܢܣܒ ܚܕ ܒܡܐܐ
ܒܙܒܢܐ ܗܢܐ ܒܝܬܐ
ܘܐܚ̈ܝܐ ܘܐܚܘܬܐ ܘܐܡܐ
ܘܒ̈ܢܝܐ ܘܩܘܪ̈ܝܐ ܥܡ
ܪܕܘܦܝܐ ܘܒܥܠܡܐ ܕܐܬܐ
ܢܐܪܬ ܚܝܐ ܕܠܥܠܡ
31 ܣܓܝܐܐ ܝܗܘܢ ܩܕܡܝܐ
ܕܝܗܘܢ ܐܚܪ̈ܝܐ ܘܐܚܪ̈ܝܐ
ܕܝܗܘܢ ܩܕܡ̈ܝܐ ܀.
32 ܘܟܕ ܣܠܩܝܢ ܗܘܘ ܒܐܘܪܚܐ
ܠܐܘܪܫܠܡ ܘܗܘܐ ܝܫܘܥ
ܐܙܠ ܗܘܐ ܩܕܡܝܗܘܢ
ܡܬܡܗܝܢ ܗܘܘ ܐܝܠܝܢ
ܕܒܬܪܗ ܗܘܘ ܒܕ ܕܚܠܝܢ
ܘܕܒܪ ܠܬܪܥܣܪܬܗ ܘܫܪܝ
ܗܘܐ ܕܐܡܪ ܠܗܘܢ

Mk x 32, 33 ܡܢܕܡ ܕܥܬܝܕ ܠܗ. ܕܗܐ
ܣܠܩܝܢ ܐܢܚܢ ܠܐܘܪܫܠܡ
ܘܒܪܗ ܕܐܢܫܐ ܡܫܬܠܡ
ܠܪ̈ܒܝ ܟܗܢܐ ܘܠܣܦܪ̈ܐ
ܘܢܚܝܒܘܢܗ ܠܡܘܬܐ
ܘܢܫܠܡܘܢܗ ܠܥܡܡܐ
34 ܘܢܬܒܙܚܘܢ ܒܗ ܘܢܢܓܕܘܢܗ
ܘܢܪܩܘܢ ܒܐܦܘܗܝ
ܘܢܩܛܠܘܢܗ ܘܒܝܘܡܐ
ܕܬܠܬܐ ܢܩܘܡ ܀
35 ܘܩܪܒܘ ܠܘܬܗ ܝܥܩܘܒ
ܘܝܘܚܢܢ ܒ̈ܢܝ ܙܒܕܝ ܘܐܡ̈ܪܝܢ
ܠܗ ܪܒܝ ܨܒܝܢ ܐܢܚܢܢ
ܕܟܠ ܕܢܫܐܠܟ ܕܬܥܒܕ
36 ܠܢ ܐܡܪ ܠܗܘܢ ܡܢܐ
ܨܒܝܢ ܐܢܬܘܢ ܕܐܥܒܕ
37 ܠܟܘܢ ܐܡ̈ܪܝܢ ܠܗ ܗܒ
ܠܢ ܢܬܒ ܚܕ ܡܢ ܝܡܝܢܟ
ܘܚܕ ܡܢ ܣܡܠܟ ܒܫܘܒܚܟ.
38 ܥܢܐ ܝܫܘܥ ܘܐܡܪ
ܠܗܘܢ ܠܐ ܝܕܥܝܢ ܐܢܬܘܢ
ܡܢܐ ܫܐܠܝܢ ܐܢܬܘܢ
ܡܫܟܚܝܢ ܐܢܬܘܢ ܠܡܫܬܐ
ܟܣܐ ܕܐܢܐ ܫܬܐ.
ܐܘ ܡܥܡܕܘܬܐ ܠܡܥܡܕ
39 ܐܢܬܘܢ ܐܡ̈ܪܝܢ ܠܗ
ܡܫܟܚܝܢ ܐܢܚܢܢ ܐܡܪ
ܠܗܘܢ ܝܫܘܥ ܕܬܫܬܘܢ

R. L. B.
F. C. B.

Mk x 39 ܟܣܐ ܕܫܬܐ ܐܢܐ
ܡܫܬܝܢ ܐܢܬܘܢ
ܘܬܬܥܡܕܘܢ ܡܥܡܘܕܝܬܐ
ܕܡܥܡܕ ܐܢܐ ܡܬܥܡܕܝܢ
40 ܐܢܬܘܢ ܕܬܬܒܘܢ ܕܝܢ
ܡܢ ܝܡܝܢܝ ܐܘ ܡܢ
ܣܡܠܝ ܗܕܐ ܠܐ ܗܘܬ
ܕܝܠܝ ܠܡܬܠ ܠܐܚܪܢ
41 ܕܝܢ ܡܫܠܚܐ ܘܟܕ ܫܡܥܘ
ܥܣܪܐ ܫܪܝܘ ܪ̈ܛܢܝܢ
ܥܠ ܝܥܩܘܒ ܘܥܠ ܝܘܚܢܢ
42 ܘܩܪܐ ܐܢܘܢ ܘܐܡܪ
ܠܗܘܢ. ܝܕܥܝܢ ܐܢܬܘܢ
ܕܪ̈ܫܝܗܘܢ ܕܥܡ̈ܡܐ
43 ܡܪ̈ܝܗܘܢ ܐܢܘܢ ܠܐ ܗܟܢܐ
ܢܗܘܐ ܒܝܢ̈ܬܟܘܢ ܐܠܐ
ܡܢ ܕܨܒܐ ܒܟܘܢ ܕܢܗܘܐ
ܪܒܐ ܢܗܘܐ ܠܟܘܢ
44 ܡܫܡܫܢܐ ܘܐܝܢܐ
ܡܢܟܘܢ ܕܨܒܐ ܕܢܗܘܐ
ܩܕܡܝܐ ܢܗܘܐ ܥܒܕܐ
45 ܕܟܠ ܐܢܫ. ܐܝܟܢܐ ܕܒܪܗ
ܕܐܢܫܐ ܠܐ ܐܬܐ
ܕܢܫܬܡܫ ܐܠܐ ܕܢܫܡܫ
ܘܢܬܠ ܢܦܫܗ ܦܘܪܩܢܐ
ܚܠܦ ܣ̈ܓܝܐܐ ܀
46 ܘܐܬܐ ܠܐܝܪܝܚܘ ܘܟܕ

Mk x 46 ܢܦܩ ܡܢ ܐܝܪܝܚܘ ܗܘ
ܘܬܠܡ̈ܝܕܘܗܝ ܘܟܢܫܐ
ܣܓܝܐܐ. ܘܛܝܡܝ ܒܪ ܛܝܡܝ
ܣܡܝܐ ܝܬܒ ܗܘܐ
ܥܠ ܐܘܪܚܐ ܘܚܕܪ
47 ܘܟܕ ܫܡܥ ܕܝܫܘܥ ܗܘ
ܢܨܪܝܐ. ܫܪܝ ܠܡܩܥܝܐ
ܘܠܡܐܡܪ ܒܪܗ ܕܕܘܝܕ
48 ܐܬܪܚܡ ܥܠܝ ܘܟܐܘ
ܒܗ ܣ̈ܓܝܐܐ ܕܢܫܬܘܩ
ܘܬܘܒ ܐܘܣܦ ܩܥܐ
ܒܪܗ ܕܕܘܝܕ ܐܬܪܚܡ
49 ܥܠܝ ܘܩܡ ܝܫܘܥ
ܘܐܡܪ ܕܢܩܪܘܢܝܗ
ܘܩܪܘܗܝ ܠܣܡܝܐ ܘܐܡܪ̈ܝܢ
ܠܗ ܠܐ ܬܕܚܠ ܩܘܡ
50 ܩܪܐ ܠܟ ܘܩܡ ܫܩܠ
ܡܐ̈ܢܘܗܝ ܘܐܬܐ ܠܘܬ
51 ܝܫܘܥ ܒܥܢܐ ܝܫܘܥ
ܘܐܡܪ ܠܗ ܡܢܐ
ܨܒܐ ܐܢܬ ܐܥܒܕ ܠܟ
ܐܡܪ ܠܗ ܣܡܝܐ
52 ܪܒܘܠܝ ܕܐܚܙܐ ܐܡܪ
ܠܗ ܙܠ ܗܝܡܢܘܬܟ
ܐܚܝܬܟ ܘܒܗ ܒܫܥܬܐ
ܐܬܦܬܚ ܥܝ̈ܢܘܗܝ.
ܘܐܬܐ ܗܘܐ ܒܬܪܗ
xi 1 ܒܐܘܪܚܐ ܘܟܕ ܩܪܒܘ

fol. 58 v (= 58 r).

R. L. B.
F. C. B.

ܠܐܘܪܫܠܡ ܠܒܝܬ ܦܓܐ Mk xi 1
ܠܒܝܬ ܥܢܝܐ ܠܘܬ ܛܘܪ
ܙܝܬܐ ܫܕܪ ܬܪܝܢ ܡܢ
ܬܠܡܝܕܘܗܝ ܘܐܡܪ ܐܙܠܘ 2
ܠܩܪܝܬܐ ܗܝ ܕܠܘܩܒܠܟܘܢ
ܘܒܗ ܒܡܥܠܬܟܘܢ ܗܟܐ
ܕܥܠܝܢ ܐܢܬܘܢ ܠܗ
ܬܫܟܚܘܢ ܥܝܠܐ ܟܕ
ܐܣܝܪ ܕܐܢܫ ܡܢ ܒܢܝ
ܐܢܫܐ ܠܐ ܪܟܒܗ.
ܫܪܘ ܘܐܝܬܘܗܝ ܘܐܢ 3
ܐܢܫ ܢܐܡܪ ܠܟܘܢ ܡܢܐ
ܐܡܪܘ ܠܗ ܠܡܪܢܐ
ܡܬܒܥܐ ܘܡܚܕܐ
ܡܫܕܪ ܠܗ ܠܟܐ. ܘܐܙܠܘ 4
ܘܐܫܟܚܘ ܥܝܠܐ ܟܕ
ܐܣܝܪ ܥܠ ܬܪܥܐ
ܕܒܪܬܐ ܒܫܘܩܐ ܘܫܪܘ
ܫܪܝܢ ܠܗ ܐܡܪܝܢ ܡܢ 5
ܐܢܫܐ ܕܩܝܡܝܢ ܬܡܢ
ܡܢܐ ܥܒܕܝܢ ܐܢܬܘܢ
ܘܫܪܝܢ ܐܢܬܘܢ ܥܝܠܐ
ܘܗܢܘܢ ܐܡܪܘ ܠܗܘܢ 6
ܐܝܟܢܐ ܕܐܡܪ ܠܗܘܢ
ܘܫܒܩܘ ܘܐܝܬܝܘܗܝ ܠܥܝܠܐ 7
ܠܘܬ ܝܫܘܥ ܘܐܪܡܘ

ܡܪܛܘܛܝܗܘܢ ܘܐܪܟܒܘܗܝ Mk xi 7
ܥܠܘܗܝ ܘܣܓܝܐܐ 8
ܡܫܘܝܢ ܗܘܘ ܡܪܛܘܛܝܗܘܢ
ܒܐܘܪܚܐ ܘܐܝܠܝܢ ܕܐܙܠܝܢ 9
ܗܘܘ ܩܕܡܘܗܝ ܘܕܐܬܝܢ
ܒܬܪܗ ܩܥܝܢ ܗܘܘ
ܘܐܡܪܝܢ ܐܘܫܥܢܐ
ܒܪܝܟ ܗܘ ܕܐܬܐ
ܒܫܡܗ ܕܡܪܝܐ ܒܪܝܟܐ 10
ܗܝ ܡܠܟܘܬܐ ܕܐܬܝܐ
ܕܐܒܘܢ ܕܘܝܕ ܫܠܡܐ
ܒܡܪܘܡܐ ܘܥܠܘ 11
ܠܐܘܪܫܠܡ ܘܥܠ
ܠܗܝܟܠܐ ܘܚܙܐ ܟܘܠ
ܡܕܡ. ܟܕ ܗܘܐ ܕܝܢ
ܪܡܫܐ ܢܦܩ ܗܘܐ
ܠܒܝܬ ܥܢܝܐ ܥܡ
ܬܪܥܣܪ ܀
ܘܠܝܘܡܐ ܐܚܪܢܐ ܟܕ 12
ܢܦܩ ܡܢ ܒܝܬ ܥܢܝܐ
ܟܦܢ ܘܚܙܐ ܬܬܐ ܚܕܐ ܡܢ 13
ܪܘܚܩܐ ܟܕ ܐܝܬ ܒܗ
ܛܪ̈ܦܐ. ܘܐܬܐ ܠܘܬܗ
ܕܠܡܐ ܢܫܟܚ ܒܗ ܡܕܡ
ܘܐܬܐ ܘܠܐ ܐܫܟܚ
ܐܠܐ ܐܢ ܛܪ̈ܦܐ ܠܐ
ܗܘܐ ܗܘܐ ܙܒܢܐ ܕܬܐܢܐ

Mk xi 14 ܥܢܐ ܘܐܡܪ ܠܗ ܡܟܘܠ
ܘܠܥܠܡ ܐܢܫ ܡܢ ܦܐܪ̈ܝܟ
ܠܐ ܢܐܟܘܠ ܘܫܡܥܘ
15 ܗܘܘ ܬܠܡܝܕܘܗܝ ܘܥܠ
ܐܬܐ ܠܐܘܪܫܠܡ
ܘܥܠ ܗܘܐ ܠܗܝܟܠܐ
ܕܐܠܗܐ ܘܫܪܝ ܕܢܦܩ
ܠܐܝܠܝܢ ܕܙܒܢܝܢ ܘܡܙܒܢܝܢ
ܒܗܝܟܠܐ ܘܦܬܘܪ̈ܐ
ܕܡܥ̈ܪܦܢܐ ܘܦܬܘܪ̈ܐ
ܕܐܝܠܝܢ ܕܡܙܒܢܝܢ ܝܘ̈ܢܐ
16 ܘܠܐ ܫܒܩ ܗܘܐ
ܠܐܢܫ ܕܝܥܒܪ ܡܐܢܐ
17 ܒܠܦ ܗܘܐ ܘܡܠܦ
ܘܐܡܪ ܠܐ ܗܘܐ ܗܟܢܐ
ܟܬܝܒ. ܕܒܝܬܝ ܒܝܬ
ܨܠܘܬܐ ܡܬܩܪܝܐ ܠܟܠܗܘܢ
ܥܡܡ̈ܝܐ ܐܢܬܘܢ ܕܝܢ
ܥܒܕܬܘܢܝܗ ܡܥܪܬܐ
18 ܕܠܣܛܝܐ ܘܫܡܥܘ ܗܘܘ
ܪܒܝ ܟܗܢܐ ܘܣܦܪ̈ܐ
ܘܒܥܝܢ ܗܘܘ ܕܐܝܟܢܐ
ܢܘܒܕܘܢܗ ܕܕܚܠܝܢ ܗܘܘ
ܓܝܪ ܡܢܗ ܟܠܗ ܥܡܐ
ܓܝܪ ܬܡܗܘ ܒܝܘܠܦܢܗ
19 ܘܡܐ ܕܗܘܐ ܗܘܐ
ܪܡܫܐ ܢܦܩ ܗܘܐ

Mk xi 19 ܠܗ ܠܒܪ ܡܢ ܡܕܝܢܬܐ
20 ܘܟܕ ܥܒܪܝܢ ܗܘܘ
ܒܨܦܪܐ ܚܙܘ ܠܬܬܐ
ܗܝ ܟܕ ܝܒܝܫܐ ܡܢ
21 ܥܩܪܗ ܘܟܕ ܐܬܕܟܪ
ܟܐܦܐ ܐܡܪ ܠܗ ܪܒܝ
ܬܬܐ ܗܝ ܕܠܛܬ ܝܒܫܬ
22 ܥܢܐ ܝܫܘܥ ܘܐܡܪ
ܠܗܘܢ ܐܢ ܐܝܬ ܒܟܘܢ
ܗܝܡܢܘܬܐ ܗܝ̈ ܕܐܠܗܐ
23 ܐܡܢ ܐܡܪܢܐ ܠܟܘܢ
ܕܐܢ ܬܐܡܪܘܢ ܠܛܘܪܐ
ܗܢܐ ܕܐܫܬܩܠ ܘܦܠ
ܒܝܡܐ ܘܠܐ ܝܬ̈ܦܠܓ
ܒܪܥܝܢܗ ܐܠܐ ܢܗܝܡܢ
ܕܡܕܡ ܕܐܡܪ ܢ̈ܗܘܐ
24 ܢܗܘܐ ܡܛܠܗܢܐ ܐܡܪ
ܐܢܐ ܠܟܘܢ ܕܟܘܠ ܡܕܡ
ܕܡܨܠܝܢ ܐܢܬܘܢ ܘܡܗܡܝܡܢܝܢ
ܐܢܬܘܢ ܕܢܣܒܝܢ ܐܢܬܘܢ
25 ܢܗܘܐ ܠܟܘܢ ܘܡܐ ܕܩܝܡܝܢ
ܐܢܬܘܢ ܘܡܨܠܝܢ. ܗܘܘܬܘܢ
ܫܒܩܝܢ ܡܕܡ ܕܐܝܬ
ܠܟܘܢ ܥܠ ܐܢܫ ܕܐܦ
ܐܒܘܟܘܢ ܕܒܫܡܝܐ
ܝܫܒܘܩ ܠܟܘܢ ܚܛ̈ܗܝܟܘܢ ܀
27 ܘܐܬܐ ܗܘܐ ܬܘܒ

Mk xi 27 ܠܐܘܪܫܠܡ ܘܡܗܠܟ
ܗܘܐ ܒܗܝܟܠܐ ܘܐܬܘ
ܠܘܬܗ ܪ̈ܒܝ ܟܗ̈ܢܝܐ
ܘܣܦܪ̈ܝܐ ܘܩܫܝܫ̈ܝܐ.
28 ܘܐܡܪܝܢ ܠܗ ܒܐܝܢܐ
ܫܘܠܛܢܐ ܗܠܝܢ ܥܒܕ
ܐܢܬ ܘܡܢܘ ܝܗܒ ܠܟ
29 ܫܘܠܛܢܐ ܗܕܐ. ܥܢܐ
ܝܫܘܥ ܘܐܡܪ ܠܗܘܢ ܐܦ
ܐܢܐ ܐܫܐܠܟܘܢ ܡܠܬܐ
ܚܕܐ ܘܬܐܡܪܘܢ ܠܝ.
ܘܐܡܪ ܐܢܐ ܠܟܘܢ ܒܐܝܢܐ
ܫܘܠܛܢܐ ܥܒܕ ܐܢܐ ܗܠܝܢ
30 ܡܥܡܘܕܝܬܗ ܕܝܘܚܢܢ
ܡܢ ܫܡܝܐ ܗܝ ܐܘ ܡܢ
ܒ̈ܢܝ ܐܢܫܐ ܐܡܪܘ ܠܝ.
31 ܘܐܬܚܫܒܘ ܘܐܡܪܘ ܕܐܢ
ܢܐܡܪ ܕܡܢ ܫܡܝܐ
ܢܐܡܪ ܠܢ ܐܡܘܢ ܠܐ
32 ܗܝܡܢܬܘܢ ܠܗ ܘܐܢ
ܢܐܡܪ ܕܡܢ ܒ̈ܢܝ ܐܢܫܐ
ܗܘ ܕܚܠܝܢ ܗܘܘ ܡܢ
ܥܡܐ ܟܘܠܗܘܢ ܓܝܪ
ܐܚܝܕܝܢ ܗܘܘ ܠܗ
ܠܝܘܚܢܢ ܡܛܠ ܕܢܒܝܐ
33 ܗܘܐ. ܐܡܪܝܢ ܠܗ ܠܐ
ܝܕܥܝܢ ܐܢܚܢܢ ܥܢܐ
ܝܫܘܥ ܘܐܡܪ ܠܗܘܢ

Mk xi 33 ܐܦܠܐ ܐܢܐ ܐܡܪܢܐ
ܠܟܘܢ ܒܐܝܢܐ ܫܘܠܛܢܐ
xii 1 ܥܒܕ ܐܢܐ ܗܠܝܢ ܘܫܪܝ
ܗܘܐ ܕܡܡܠܠ ܒܡ̈ܬܠܬܐ
ܓܒܪܐ ܚܕ ܢܨܒ ܟܪܡܐ
ܘܐܚܕܪܗ ܣܝܓܐ ܘܚܦܪ
ܒܗ ܡܥܨܪܬܐ ܘܒܢܐ
ܒܗ ܡܓܕܠܐ ܘܐܘܚܕܗ
2 ܠܦܠ̈ܚܝܐ ܘܥܢܕ ܘܫܕܪ
ܒܥܕܢܐ ܕܦܐܪܐ ܠܘܬ
ܦܠ̈ܚܝܐ ܠܡܣܒܗ ܕܢܣܒܘܢ
ܠܗ ܡܢ ܦܐܪܐ ܕܟܪܡܗ
3 ܘܡܚܘܢ ܐܚܕܘܗܝ.
ܘܡܚܘܗܝ ܘܫܕܪܘܗܝ
5 ܟܕ ܣܪܝܩ. ܘܬܘܒ
ܫܕܪ ܠܘܬܗܘܢ ܠܥܒܕܐ
ܐܚܪܢܐ ܘܐܦ ܠܗ
ܩܛܠܘܗܝ ܘܣܓܝܐܐ
ܐܚܪ̈ܢܐ ܡܢܗܘܢ ܡܚܘ
6 ܘܡܢܗܘܢ ܩܛܠܘ. ܚܕ
ܒܪܐ ܚܒܝܒܐ ܐܝܬ
ܗܘܐ ܠܗ ܫܕܪ ܠܘܬܗܘܢ
ܘܐܡܪ ܒܪܝ ܢܒܗܬܘܢ
7 ܡܢ ܒܪܝ ܗܢܘܢ ܕܝܢ
ܦܠ̈ܚܝܐ ܐܡܪܘ ܒܢܦܫܗܘܢ
ܕܗܢܘ ܒܪܗ ܝܪܬܗ
ܬܘ ܢܩܛܠܝܘܗܝ ܘܢܗܘܐ
ܠܗ ܝܪܬܘܬܐ ܕܝܠܝ.

Mk xii 8 ܘܐܚܕܘ ܩܛܠܘܗܝ
ܘܐܦܩܘܗܝ ܠܒܪ ܡܢ
9 ܟܪܡܐ. ܡܢܐ ܕܐܬܐ
ܡܪܗ ܕܟܪܡܐ ܥܒܕ
ܝܒܕ ܝܘܒܕ ܐܢܘܢ ܠܦܠܚܝܐ
ܘܝܬܠܝܘܗܝ ܠܟܪܡܗ
10 ܠܐܚܪܢܝܐ. ܘܐܦܠܐ ܗܕܐ
ܟܬܒܐ ܩܪܝܬܘܢ ܕܟܐܦܐ
ܕܐܣܠܝܘ ܒܢܝܐ ܗܝ
ܗܘܬ ܠܪܝܫܐ ܕܙܘܝܬܐ
11 ܡܢ ܠܘܬ ܡܪܝܐ ܗܘܬ
ܗܕܐ ܘܬܕܡܪܬܐ ܐܝܬܝܗ
12 ܒܥܝܢܝܢ· ܘܒܥܝܢ ܗܘܘ
ܠܡܐܚܕܗ. ܘܕܚܠܘ
ܡܢ ܟܢܫܐ. ܐܣܬܟܠܘ
ܗܘܘ ܓܝܪ ܕܥܠܝܗܘܢ
ܗܘ ܐܡܪ ܡܬܠܐ
ܗܢܐ ܘܫܒܩܘܗܝ ܘܐܙܠܘ
13 ܘܫܕܪܘ ܠܘܬܗ ܐܢܫܐ
ܡܢ ܦܪ̈ܝܫܐ ܘܡܢ ܕܒܝܬ
ܗܪܘܕܣ ܕܢܐܚܕܘܢܗ
14 ܒܡܠܬܐ ܘܫܪܝܘ
ܕܢܐܡܪܘܢ ܠܗ ܒܢܟܠܐ.
ܡܠܦܢܐ ܝܕܥܝܢ ܐܢܚܢ
ܕܫܪܝܪ ܐܢܬ ܘܠܐ
ܒܛܝܠ ܠܟ ܒܐܢܫ ܠܐ

Mk xii 14 ܓܝܪ ܢܣܒ ܐܢܬ
ܒܐܦܝ ܕܐܢܫ ܐܠܐ
ܐܘܪܚܐ ܕܐܠܗܐ
ܒܫܪܪܐ ܡܠܦ ܐܢܬ
ܫܠܝܛ ܠܡܬܠ ܟܣܦܐ
ܕܪ̈ܫܐ ܠܩܣܪ ܐܘ
15 ܠܐ ܢܬܠ ܘܗܘ ܝܕܥ
ܗܘܐ ܢܟܠܗܘܢ ܐܡܪ
ܠܗܘܢ ܡܢܐ ܡܢܣܝܢ
ܐܢܬܘܢ ܠܝ ܐܝܬܘ
ܠܝ ܕܝܢܪܐ ܐܚܡܝܢܗ
16 ܘܐܝܬܝܘ ܠܗ. ܐܡܪ
ܠܗܘܢ ܕܡܢ ܗܘ ܨܠܡܐ
ܗܢܐ. ܘܟܬܝܒܬܐ
ܐܡܪ̈ܝܢ ܠܗ ܕܩܣܪ
17 ܥܢܐ ܝܫܘܥ ܘܐܡܪ
ܠܗܘܢ ܗܒܘ ܕܩܣܪ
ܠܩܣܪ ܘܕܐܠܗܐ ܠܐܠܗܐ
ܘܬܡܗܘ ܗܘܘ ܒܗ.

18 ܘܐܬܘ ܠܘܬܗ ܙܕܘ̈ܩܝܐ
ܗܢܘܢ ܕܐܡ̈ܪܝܢ ܗܘܘ
ܕܠܝܬ ܡܩܝܡܬܐ ܘܫ̈ܐܠܝܢ
ܗܘܘ ܠܗ ܘܐܡ̈ܪܝܢ
19 ܡܠܦܢܐ ܡܘܫܐ ܟܬܒ
ܠܢ ܕܡܐ ܕܡܝܬ

. . . . . .

. . . . . .

. . . . . .

. . . . . .

. . . . . .

. . . . . .

. . . . . .

. . .   . .

. . . . . .

. . . . . .

. . . . . .

. . . . . .

. . . . . .

. . . . . .

. . . . . .

. . . . . .

. . . . . .

. . . . . .

. . . . . .

. . . . . .

. . . . . .

. . . . . .

. . . . . .

. . . . . .

. . . . . .

. . . . . .

. . . . . .

fol. 61 r (= 148 v). [F. C. B.]

Mk xii 30 ܚܝܠܟ· ܗܘ ܦܘܩܕܢܐ
31 ܩܕܡܝܐ ܘܬܢܝܢ ܕܕܡܐ
ܠܗ· ܕܬܪܚܡ ܠܩܪܝܒܟ
ܐܟܘܬ ܢܦܫܟ· ܦܘܩܕܢܐ
ܐܚܪܢܐ ܪܒ ܡܢ
32 ܗܠܝܢ ܠܝܬ· ܐܡܪ ܠܗ
ܗܘ ܣܦܪܐ ܝܐܝ
ܪܒܝ ܒܩܘܫܛܐ ܐܡܪܬ
ܕܚܕ ܗܘ ܐܠܗܐ· ܘܠܝܬ
ܐܚܪܢ ܠܒܪ ܡܢܗ
33 ܘܠܡܪܚܡܗ ܐܝܟ ܡܢ
ܟܠܗ ܠܒܗ· ܘܡܢ ܟܠܗ
ܢܦܫܗ ܘܡܢ ܟܠܗ ܚܝܠܗ
ܘܠܡܪܚܡ ܠܩܪܝܒܗ ܐܟܘܬ
ܢܦܫܗ · · ܝܬܪ ܗܘ ܡܢ
ܟܠܗܘܢ ܩܘܪܒܢ ܘܕܒܚܝܐ
34 ܚܙܐ ܕܝܢ ܝܫܘܥ ܕܒܡܕܥ
ܐܬܦܢܝ ܦܬܓܡܐ
ܥܢܐ ܘܐܡܪ ܠܗ ܠܐ
ܗܘܝܬ ܪܚܝܩ ܡܢ
ܡܠܟܘܬܐ ܕܐܠܗܐ ܘܐܢܫ·
ܘܬܘܒ ܠܐ ܐܡܪܚ
ܠܡܫܐܠܘܬܗ ○

35 ܐܡܪ ܝܫܘܥ ܟܕ ܡܠܦ
ܒܗܝܟܠܐ ܐܝܟܢܐ
ܐܡܪܝܢ ܣܦܪܐ ܕܡܫܝܚܐ
36 ܒܪܗ ܗܘ ܕܕܘܝܕ ܘܗܘ
ܕܘܝܕ ܐܡܪ ܒܪܘܚܐ

Mk xii 36 ܕܩܘܕܫܐ ܕܐܡܪ ܡܪܝܐ
ܠܡܪܝ· ܬܒ ܡܢ ܝܡܝܢܝ
ܥܕܡܐ ܕܐܫܘܝ
ܒܥܠܕܒܒܝܟ ܬܚܘܬ
37 ܪܓܠܝܟ ܘܐܢ ܕܘܝܕ ܡܪܐ
ܡܪܐ ܠܗ ܐܝܟܢܐ ܒܪܗ
ܗܘܐ ܘܟܠܗ ܟܢܫܐ
ܒܣܝܡܐܝܬ ܫܡܥ
38 ܗܘܐ ܠܗ ܘܐܡܪ
ܗܘܐ ܟܕ ܡܠܦ ܠܗܘܢ
ܐܙܕܗܪܘ ܡܢ ܣܦܪܐ
ܕܨܒܝܢ ܕܢܗܠܟܘܢ
ܒܐܣܛܠܘܐ ܘܪܚܡܝܢ
39 ܫܠܡܐ ܒܫܘܩܐ ܘܪܫ
ܡܘܬܒܐ ܒܟܢܘܫܬܐ
ܘܪܫ ܣܡܟܐ ܒܐܚܫܡܝܬܐ
40 ܘܐܟܠܝܢ ܒܬܝܐ ܕܐܪܡܠܬܐ
ܒܥܠܬܐ ܕܡܘܪܟܝܢ
ܨܠܘܬܗܘܢ ܗܢܘܢ ܢܣܒܘܢ
ܕܝܢܐ ܝܬܝܪܐ ○ ○
41 ܘܟܕ ܝܬܒ ܗܘܐ ܝܫܘܥ
ܠܩܒܠ ܒܝܬ ܓܙܐ ܚܙܐ
ܗܘܐ ܠܟܢܫܐ ܕܪܡܝܢ
ܦܪܘܛܐ ܒܒܝܬ ܓܙܐ
ܘܥܬܝܪܐ ܡܢ ܣܓܝܐܐ
ܕܪܡܝܢ ܗܘܘ ܣܓܝ
42 ܘܐܬܬ ܐܪܡܠܬܐ ܚܕܐ
ܡܣܟܢܬܐ ܐܪܡܝܬ

fol. 61 v (= 148 r).

R. L. B.
F. C. B.

Mk xii 42 ܬܪ̈ܝܢ ܫܡܘܢܝܢ ܕܐܝܬܝܗܘܢ
43 ܬܘܡܣܢܐ ܘܩܪܐ ܝܫܘܥ
ܠܬܠܡܝܕܘܗܝ ܘܐܡܪ
ܠܗܘܢ . . ܠܟܘܢ
. . . . ܐܪܡܠܬܐ
ܡܣܟܢܬܐ ܐܪܡܠܬ
ܝܬܝܪ ܡܢ ܟܘܠ ܐܢܫ ܪܡܬ
44 ܒܓܐ ܟܠ ܐܢܫ ܓܒܪ ܡܢ
ܡܕܡ ܕܝܬܝܪ ܗܘܐ ܠܗ
ܐܪܡܝ. ܗܕܐ ܕܝܢ ܟܘܠ
ܡܕܡ . . . . ܗܘܬ
xiii 1 ܐܪܡܝܬܗ. ܘܟܕ ܢܦܩ
ܗܘܐ ܝܫܘܥ ܡܢ ܗܝܟܠܐ
ܐܡܪ ܠܗ ܚܕ ܡܢ
ܬܠܡܝܕܘܗܝ ܪܒܝ ܗܐ
ܚܙܝ ܟܐܦܐ ܘܒܢܝܢܐ
2 ܪܒܐ ܐܡܪ ܠܗ ܝܫܘܥ
ܚܙܝ ܗܠܝܢ ܒܢܝܢܐ ܠܐ
ܬܫܬܒܩ ܗܪܟܐ ܟܐܦܐ
ܥܠ ܟܐܦܐ ܕܠܐ
ܬܫܬܪܐ ° °
3 ܘܟܕ ܝܬܒ ܒܛܘܪ ܙܝܬܐ
ܠܩܒܠ ܗܝܟܠܐ ܫܐܠܘܗܝ
ܟܐܦܐ ܘܝܥܩܘܒ ܘܝܘܚܢܢ
ܘܐܢܕܪܐܘܣ ܒܠܚܘܕܝܗܘܢ
4 ܐܡܪ ܠܢ ܐܡܬܝ ܗܠܝܢ
ܗܘܝܢ ܘܡܢܐ ܐܬܐ

Mk xiii 4 ܕܟܠܗ ܗܠܝܢ ܡܫܬܠܡܝܢ
5 ܐܡܪ ܠܗܘܢ ܝܫܘܥ ܚܙܘ
ܠܡܐ ܐܢܫ ܝܛܥܝܟܘܢ
6 ܣܓܝܐܐ ܓܝܪ ܝܐܬܘܢ
ܒܫܡܝ ܘܐܡܪܝܢ ܕܐܢܐ
ܐܢܐ ܘܣܓܝܐܐ ܝܛܥܘܢ
7 ܡܐ ܕܫܡܥܬܘܢ ܕܝܢ
ܩܪܒܐ ܘܫܡܥܐ ܕܩܪܒܐ
ܠܐ ܬܙܘܥܘܢ ܟܬܝܒ ܗܘ
ܓܝܪ ܕܗܘܐ ܐܠܐ ܠܐ
ܟܕܘܐ ܠܗܫܐ ܚܪܬܐ
8 ܝܩܘܡ ܓܝܪ ܥܡܐ ܥܠ
ܥܡܐ ܘܡܠܟܘܬܐ ܥܠ
ܡܠܟܘܬܐ. ܘܝܗܘܘܢ ܙܘܥ̈ܐ
ܒܕܘܟܐ ܕܘܟܐ ܟܦܢܐ
ܘܫܓܘܫܝܐ ܪܫܐ
ܐܠܝܢ ܕܚܒܠܬܐ
9 ܘܐܫܬܡܘܪܘܢ ܠܥܡܐ
ܘܠܟܢܝܫܬ ܟܢܘܫܬܐ
ܘܩܕܡ ܡܠܟ̈ܐ ܬܩܘܡܘܢ
ܘܬܬܠܓܝܘܢ ܘܩܕܡ
ܗܓܡ̈ܘܢܐ ܡܦܠܦܠܬܝ
10 ܠܣܗܕܘܬܐ ܠܗܘܢ ܘܠܟܠܗܘܢ
ܥܡ̈ܡܐ . . . .
. . . . . .
11 ܡܐ ܕܡܩܪܒܝܢ ܕܝܢ ܠܟܘܢ
ܕܢܫܠܡܘܢܟܘܢ ܠܐ

Mk xiii

11 . . ܡܢܐ ܬܐܡܪܘܢ
ܐܠܐ ܡܕܡ ܕܡܬܝܗܒ
ܠܟܘܢ ܒܗܝ ܫܥܬܐ ܗܘ
ܡܠܠܘ. ܠܐ ܗܘܐ ܓܝܪ
ܐܢܬܘܢ ܡܡܠܠܝܢ ܐܠܐ
12 ܪܘܚܐ ܩܕܝܫܬܐ. ܢܫܠܡ
ܓܝܪ ܐܚܐ ܠܐܚܘܗܝ
ܠܡܘܬܐ ܘܐܒܐ ܠܒܪܗ
ܘܢܩܘܡܘܢ ܒܢܝܐ ܥܠ
ܐܒܗܬܐ ܘܝܡܝܬܘܢ ܐܢܘܢ
13 ܘܬܗܘܘܢ ܣܢܝܐ ܠܟܘܢ
ܥܠ ܐܢܫ ܡܦܠܠ ܫܡܝ.
ܟܘܠ ܕܡܣܝܒܪ ܥܕܡܐ
14 ܠܚܪܬܐ ܗܘ ܢܚܐ ܟܕ
ܕܚܙܝܬܘܢ ܐܬܐ
ܕܦܠܝܓܘܬܐ ܕܚܘܪܒܐ
ܕܩܐܡ ܐܬܪ ܕܠܐ ܐܢܫܘܝ.
ܗܘ ܕܩܪܐ ܢܣܬܟܠ
ܗܝܕܝܢ ܗܢܘܢ ܕܒܝܗܘܕ
15 ܢܥܪܩܘܢ ܠܛܘܪܐ ܘܡܢ
ܕܒܐܓܪܐ ܗܘ ܠܐ ܢܚܘܬ
ܠܒܝܬܐ ܘܠܐ ܢܥܘܠ
ܕܢܫܩܘܠ ܡܕܡ ܡܢ
16 ܒܝܬܗ ܘܡܢ ܕܒܩܪܝܬܐ
ܗܘ ܠܐ ܢܗܦܘܟ
ܠܒܣܬܪܗ ܕܢܫܩܘܠ
ܠܒܘܫܗ ○ ○ ○

Mk xiii

17 ܘܝ ܕܝܢ ܠܡܥܒܪܬܐ ܘܠܐܝܠܝܢ
ܕܡܝܢܩܝܢ ܒܗܘܢ ܘܝܘܡܬܐ
18 ܨܠܘ ܕܝܢ ܕܠܐ ܢܗܘܐ
19 ܒܣܬܘܐ ܢܗܘܐ ܓܝܪ
ܐܘܠܨܢܐ ܒܝܘܡܬܐ
ܗܢܘܢ ܕܠܐ ܗܘܐ
ܐܟܘܬܗ ܡܢ ܝܘܡܐ
ܕܒܪܐ ܐܠܗܐ ܠܥܠܡܐ
ܘܥܕܡܐ ܠܝܘܡܢܐ ܘܬܘܒ
20 ܠܐ ܢܗܘܐ ܘܐܠܘ ܠܐ
ܒܪܝܢ ܗܘܘ ܝܘܡܬܐ
ܗܢܘܢ ܠܐ ܚܝܐ ܗܘܐ
ܟܠ ܒܣܪ. ܐܠܐ
ܡܛܠ ܓܒܝܐ ܕܓܒܐ
21 ܒܪܝܢ ܝܘܡܬܐ. ܘܗܝܕܝܢ
ܐܢ ܐܢܫ ܢܐܡܪ ܠܟܘܢ
ܕܗܐ ܗܪܟܐ ܗܘ
ܡܫܝܚܐ ܗܐ ܗܪܬܡܢ
22 ܠܐ ܬܗܝܡܢܘܢܗ ܡܛܠ
ܕܢܩܘܡܘܢ . ܡܫܝܚܐ
ܕܓܠܐ ܘܢܒܝܐ ܕܕܓܠܘܬܐ
ܘܝܬܠܘܢ ܐܬܘܬܐ
ܘܬܕܡܪܬܐ ܗܟܢܐ ܕܐܢ
ܡܫܟܚܝܢ ܢܛܥܘܢ ܐܦ
23 ܠܓܒܝܐ. ܐܢܬܘܢ ܕܝܢ
ܚܙܘ ܗܐ ܩܕܡܬ
ܐܡܪܬ ܠܟܘܢ ܟܠܡܕܡ

Mk xiii 24 ܐܠܐ ܒܗܘܢ ܒܝܘܡܢ
ܘܡܚܬܐ ܒܬܪ ܐܘܠܨܢܐ
ܗܘ ܝܚܫܟ ܫܡܫܐ
ܘܣܗܪܐ ܠܢܗܘܪܗ ܠܐ
25 ܝܗܒܐ ܘܟܘܟܒܝܢ ܗܘܒܒܐ
ܡܢ ܫܡܝܐ . . .
ܚܝܠܘܬܗ ܕܫܡܝܐ
26 ܘܗܝܕܝܢ ܢܚܙܘܢܗ
ܠܒܪܗ ܕܐܢܫܐ ܟܕ
ܐܬܐ ܥܠ ܥܢܢܐ
ܥܡ ܚܝܠܐ ܪܒܐ
27 ܘܥܡ ܫܘܒܚܐ ܘܗܝܕܝܢ
ܝܫܕܪ ܡܠܐܟܘܗܝ
ܘܝܟܢܫ ܠܓܒܘܗܝ ܡܢ
ܐܪܒܥܬܗܘܢ ܪܘܚܐ ܡܢ
ܪ̈ܝܫܐ ܕܐܪܥܐ ܥܕܡܐ
28 ܠܪܝܫܗ ܕܫܡܝܐ ܡܢ
ܬܬܐ ܕܝܢ ܝܠܦܘ ܦܠܐܬܐ
ܕܡܐ ܕܪܟܒ ܣܘܟܝܗ
ܘܦܪܥܘ ܛܪܦܝܗ ܝܕܥܝܢ
ܐܢܬܘܢ ܕܩܪܝܒ ܩܝܛܐ
29 ܗܟܢܐ ܐܦ ܐܢܬܘܢ ܟܕ
ܕܚܙܝܬܘܢ ܗܠܝܢ ܕܗܘܝܢ
ܕܥܘ ܕܩܪܝܒ ܠܬܪܥܐ
30 ܐܡܝܢ ܐܡܪܢܐ ܠܟܘܢ
ܕܠܐ ܬܥܒܪ ܫܪܒܬܐ

Mk xiii 30 ܗܕܐ ܒܕܪܐ ܕܗܠܝܢ
31 ܟܠܗܘܢ ܢܗܘܢ ܫܡܝܐ
ܘܐܪܥܐ ܢܥܒܪܘܢ ܘܡܠܝ
32 ܠܐ ܢܥܒܪܘܢ ܥܠ ܝܘܡܐ
ܗܘ ܕܝܢ ܘܥܠ ܫܥܬܐ
ܗܝ ܐܢܫ ܠܐ ܝܕܥ
ܘܐܦܠܐ ܡܠܐܟܝܐ
ܕܒܫܡܝܐ ܘܐܦ ܠܐ
ܒܪܐ ܐܠܐ ܐܒܐ
33 ܐܒܐ ܗܘܝܬܘܢ ܕܝܢ
ܚܙܝܢ ܘܡܨܠܝܢ ܠܐ ܓܝܪ
ܝܕܥܝܢ ܐܢܬܘܢ ܠܗ ܠܙܒܢܐ
34 ܐܝܟܢܐ ܓܝܪ ܕܓܒܪܐ
ܕܢܦܩ ܘܫܒܩ ܒܝܬܗ
ܘܝܗܒ ܠܥܒܕܘܗܝ
. . . ܠܐܢܫ ܐܢܫ
ܥܒܕܗ ܘܦܩܕ ܠܬܪܥܐ
35 ܕܢܗܘܐ ܥܝܪ ܗܘܝܬܘܢ
ܗܟܝܠ ܥܝܪܝܢ ܠܐ ܓܝܪ
ܝܕܥܝܢ ܐܢܬܘܢ ܐܡܬܝ
ܐܬܐ ܡܪܗ ܕܒܝܬܐ
ܠܐ ܐܢ ܒܪܡܫܝܬܐ
ܘܠܐ ܐܢ ܒܡܨܥܬܐ
ܘܠܐ ܐܢ ܒܩܠܗܬܐ
ܘܠܐ ܐܢ ܒܨܦܪܐ
36 ܘܠܡܐ ܕܐܬܐ ܡܢ ܫܠܝܐ

Mk xiii 36 ܢܫܟܚܘܢ ܟܕ ܕܡܟܝܢ
37 ܐܢܬܘܢ ܘܡܕܡ ܕܠܟܘܢ
ܗܘ ܐܡܪܢܐ ܠܟܠܟܘܢ
ܗܘ ܐܡܪܢܐ ܗܘܝܬܘܢ
ܥܝ̈ܪܝܢ ·:·
xiv 1 ܡܢ ܒܬܪ ܬܪܝܢ ܝܘ̈ܡܝܢ
ܕܗܘܐ ܗܘܐ ܦܛܝܪܐ
ܕܦܣܚ ܒܥܝܢ ܗܘܘ ܪܒܝ
ܟܗ̈ܢܐ ܘܣܦܪ̈ܐ ܐܝܟܢܐ
ܒܢܟܠܐ ܢܐܚܕܘܢܗ
2 ܘܢܩܛܠܘܢܗ. ܐܡܪ̈ܝܢ
ܗܘܘ ܒܪ ܕܠܐ ܒܥܐܕܐ
ܕܠܐ ܢܗܘܐ ܪܘܒܐ
3 ܕܒܥܡܐ ܘܟܕ ܗܘܐ ܒܒܝܬ
ܥܢܝܐ ܒܒܝܬܗ ܕܫܡܥܘܢ
ܓܪܒܐ ܟܕ ܣܡܝܟ
ܐܬܬ ܐܢܬܬܐ ܚܕܐ
ܟܕ ܥܡܠܐ ܥܠܝܦܬܐ
ܕܒܣܡܐ ⌜ܕܢ⌝ܪܕܝܢ
ܦܣܩܘܗ ܠܒܬܐ
ܕܡܣܝܪܝܢ ܕܒܣܡܗܝ
ܘܬܒܪܬܗ ܘܐܫܦܟܬܗ
4 ܥܠ ܪܫܗ ܘܐܝܬ ܗܘܘ
ܐܢܫܐ ܕܐܬܒ⌜ܐܫ⌝ ܠܗܘܢ
⌜ܒܢܦܫܗܘܢ⌝ ܘܐܡܪܝܢ
ܕܠܡܐ . . . ܗܢܐ
5 ܡܫܟܚ ⌜ܗܘܐ⌝ ܠܒܪ

Mk xiv 5 ⌜ܕܢ⌝ܙܕܒܢ ܒܬܠܬܡܐܐ
ܕܝܢܪܝܢ ܘܠܡܬܝܗܒܘ
ܠܡܣܟܢܐ ܘܡܙ̈ܦܝܢ
ܗܘܘ ⌜ܒܢ̈ܝܬܗܘܢ ܥܠܝܗ
6 ܝܫܘܥ ܕܝܢ ܐܡܪ ܠܗܘܢ
ܫܒܘܩܘ ܠܗ ܡܢܐ
ܡܗܪܝܢ ܐܢܬܘܢ ܠܗ.
ܥܒܕܐ ܓܝܪ ܫܦܝܪܐ
7 ܥܒܕܬ ܠܘܬܝ. ܒܟܘܠ
ܙܒܢ ܓܝܪ ܡܣܟܢܐ
ܠܘܬܟܘܢ ܐܝܬ ܘܐܡܬܝ
ܕܨܒܝܢ ܐܢܬܘܢ ܡܫܟܚܝܢ
ܐܢܬܘܢ ܕܬܥܒܕܘܢ ܠܗܘܢ
ܐܢܐ ܕܝܢ ܒܟܠܙܒܢ ܠܐ
8 ܗܘܝܬ ܠܘܬܟܘܢ ܗܢܐ
ܓܝܪ ܡܕܡ ܕܥܒܕܬ
ܐܝܟ ܕܠܡܩܒܪܢܝ
ܗܐ ܥܒܕܬ ܘܩܕܡܬ
9 ܒܣܡܬ ܓܘܫܡܝ ܐܡܝܢ
ܐܡܪܢܐ ܠܟܘܢ ܕܟܠ
ܕܬܬܟܪܙ ܣܒܪܬܐ
ܒܟܘܠܗ ܥܠܡܐ ܢܗܘܐ
ܠܗ ܕܘܟܪܢܐ ܕܗܢܐ
ܡܕܡ ܕܥܒܕܬ ·:·
10 ܘܝܗܘܕܐ ܣܟܪܝܘܛܐ
ܚܕ ܡܢ ܬܪܥܣܪ ⌜ܐܙܠ⌝
ܠܘܬ ܪ̈ܒܝ ܟܗ̈ܢܐ ܐܝܟ

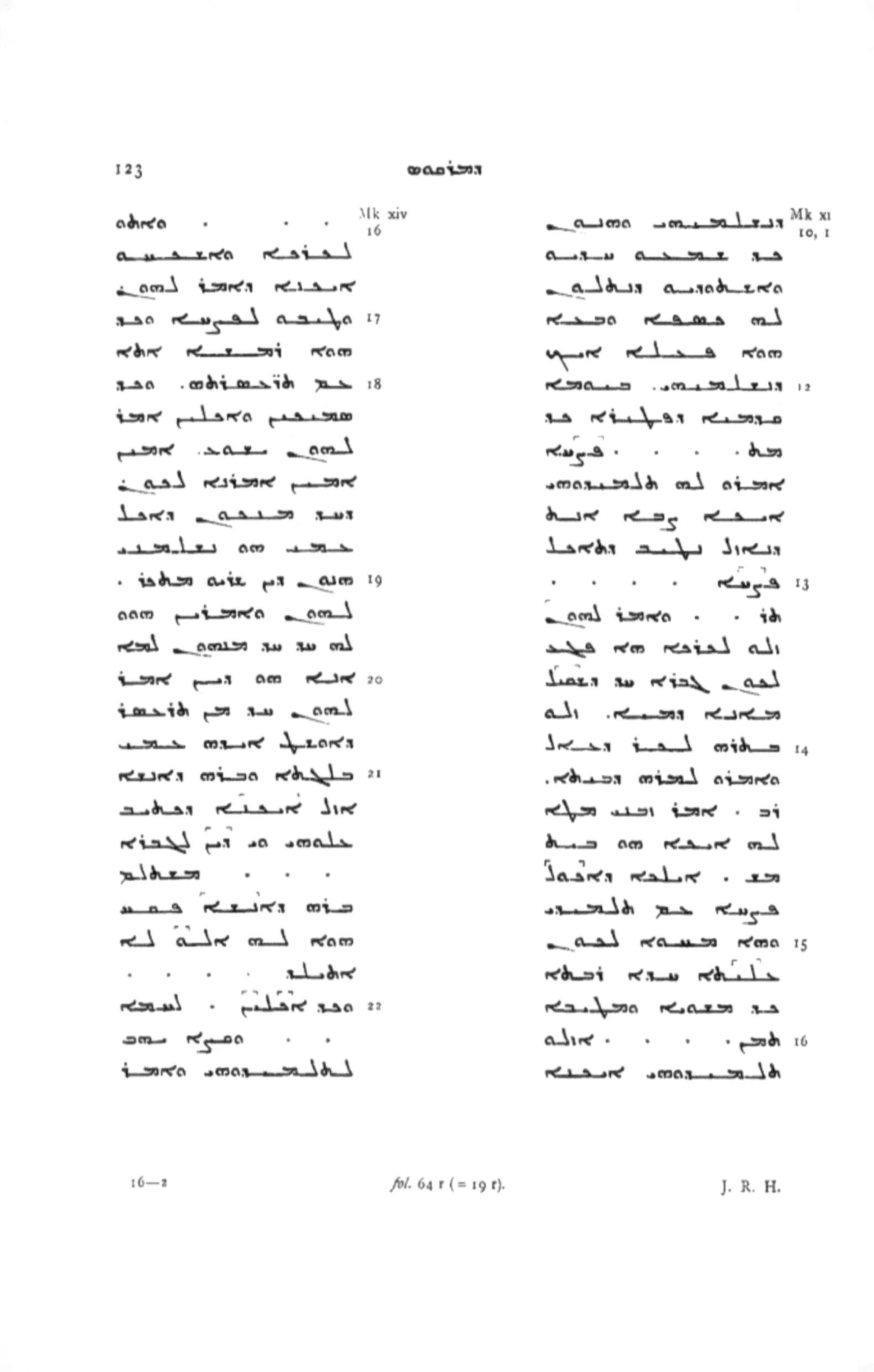

Mk xi 10, 1

12

13

14

15

16

Mk xiv 16

17

18

19

20

21

22

Mk xiv

22 ܠܗܘܢ ܗܢܘ ܗܘܐ ܦܓܪܝ
23 ܘܢܣܒ ܟܣܐ ܘܒܪܟ
ܘܝܗܒ ܠܗܘܢ ܘܫܬܘ
24 ܡܢܗ. ܘܐܡܪ ܠܗܘܢ
ܗܢܐ ܕܡܝ ܕܕܝܬܩܐ
ܚܕܬܐ ܕܥܠ ܣܓܝܐܐ
25 ܡܬܐܫܕ ܐܡܝܢ ܐܡܪ
ܐܢܐ ܠܟܘܢ ܕܬܘܒ ܠܐ
ܐܫܬܐ ܡܢ ܝܠܕܐ
ܕܓܦܬܐ ܥܕܡܐ ܠܗܘ
ܝܘܡܐ ܕܗܘ ܐܫܬܝܘܗܝ
ܥܡܟܘܢ ܚܕܬܝܬ
ܒܡܠܟܘܬܗ ܕܐܠܗܐ
26 ܘܫܒܚܘ ܗܘܘ ܘܢܦܩܘ
27 ܠܛܘܪ ܙܝܬܐ ܐܡܪ
ܠܗܘܢ ܝܫܘܥ ܕܟܠܟܘܢ
ܬܬܟܫܠܘܢ ܒܝ ܒܠܝܐ
ܗܘ ܓܝܪ ܕܐܡܝܢܐ ܠܪܥܝܐ
28 ܘܡܬܒܕܪܝܢ ܐܡܪܐ. ܘܒܬܪ
ܕܩܡܬ ܡܩܕܡܢܐ
29 ܠܟܘܢ ܠܓܠܝܠܐ ܥܢܐ
ܟܐܦܐ ܘܐܡܪ ܠܗ. ܐܢ
ܟܠܗܘܢ ܢܬܟܫܠܘܢ ܐܢܐ
30 ܠܐ ܐܡܪ ܠܗ ܝܫܘܥ
ܐܡܝܢ ܐܡܝܢ ܐܡܪܢܐ

Mk xiv

30 ܠܟ ܕܐܢܬ ܝܘܡܢܐ ܒܠܠܝܐ
ܗܢܐ ܥܕܠܐ ܢܩܪܐ
ܬܪܢܓܠܐ ܬܪܬܝܢ ܙܒܢܝܢ
ܬܠܬ ܙܒܢܝܢ ܬܟܦܘܪ ܒܝ.
31 ܘܡܫܬܥܘܢ ܗܘ ܝܬܝܪ
ܐܡܪ ܕܐܢ ܢܗܘܐ ܠܝ
ܕܐܡܘܬ ܥܡܟ ܠܐ
ܐܟܦܘܪ ܒܟ ܘܗܟܢܐ
ܐܦ ܟܠܗܘܢ ܐܡܪܘ
32 ܘܐܬܘ ܠܕܘܟܬܐ ܐܝܕܐ
ܕܡܬܩܪܝܐ ܓܕܣܡܢܐ
ܘܐܡܪ ܠܬܠܡܝܕܘܗܝ
ܬܒܘ ܗܪܟܐ ܥܕ
33 ܡܨܠܝܢܐ ܘܕܒܪ ܠܟܐܦܐ
ܘܠܝܥܩܘܒ ܘܠܝܘܚܢܢ
ܘܫܪܝ ܠܡܬܡܗܪܘ
34 ܘܠܡܬܬܥܩܘ. ܘܐܡܪ
ܠܗܘܢ ܟܪܝܐ ܗܝ ܠܗ
ܠܢܦܫܝ ܥܕܡܐ ܠܡܘܬܐ
35 ܘܥܒܪ ܩܠܝܠ ܘܢܦܠ
ܥܠ ܐܦܘܗܝ. ܥܠ ܐܪܥܐ
ܘܡܨܠܝܐ ܗܘܐ ܕܐܢ
ܡܫܟܚܐ ܕܬܥܒܪ ܡܢܗ
36 ܫܥܬܐ. ܘܐܡܪ ܐܒܐ
ܟܠ ܡܕܡ ܡܫܟܚܢ

Mk xi 36 ܡܦܠܐ ܐܥܒܪ ܡܢܝ ܟܣܐ
ܗܢܐ ܐܠܐ ܠܐ ܨܒܝܢܝ
ܕܝܠܝ ܢܗܘܐ ܐܠܐ ܕܝܠܟ
37 ܘܐܬܐ ܘܐܫܟܚ ܐܢܘܢ
ܕܕܡܟܝܢ ܘܐܡܪ ܠܟܐܦܐ
ܫܡܥܘܢ ܕܡܟܬ ܠܐ
ܐܫܟܚܬ ܚܕܐ ܫܥܐ
38 ܕܬܬܥܝܪ. ܐܬܥܝܪܘ ܘܨܠܘ
ܕܠܐ ܬܥܠܘܢ ܠܢܣܝܘܢܐ
ܪܘܚܐ ܨܒܝܐ ܐܠܐ
39 ܦܓܪܐ ܟܪܝܗ. ܘܐܙܠ
ܬܘܒ ܨܠܝ ܗܘܐ ܗܘ
40 ܡܠܬܐ ܐܡܪ ܘܐܬܐ
ܘܐܫܟܚ ܐܢܘܢ ܬܘܒ
ܟܕ ܕܡܟܝܢ ܓܒܝܢ ܗܘܘ
ܓܝܪ ܥܝ̈ܢܝܗܘܢ ܫܢܬܐ
ܘܠܐ ܝܕܥܝܢ ܗܘܘ ܡܢܐ
41 ܢܐܡܪܘܢ ܠܗ. ܘܐܬܐ
ܕܬܠܬ ܙܒܢܝܢ ܘܐܡܪ
ܠܗܘܢ ܕܡܟܘ ܘܐܬܢܝܚܘ.
ܐܬܬ ܫܥܬܐ ܡܛܬ
ܚܙܬܐ ܗܐ ܡܫܬܠܡ
ܒܪܗ ܕܐܢܫܐ ܠܐܝܕܝܗܘܢ
42 ܕܚ̈ܛܝܐ ܩܘܡܘ ܢܐܙܠ
ܗܐ ܩܪܒ ܗܘ ܕܡܫܠܡ
43 ܠܝ ܘܥܕ ܗܘ ܡܡܠܠ
ܐܬܐ ܝܗܘܕܐ ܚܕ ܡܢ

Mk xiv 43 ܬܪܥܣܪ ܘܥܡܗ ܟܢܫܐ
ܣܓܝܐܐ. ܟܕ ܫܩܝܠܝܢ
ܣܦܣܪܐ ܘܚܘܛܪܐ ܡܢ
ܠܘܬ ܪܒܝ ܟܗܢܐ ܘܣܦܪܐ
44 ܘܩܫ̈ܝܫܐ ܘܝܗܒ
ܠܗܘܢ ܐܬܐ ܗܘ ܕܡܫܠܡ
ܠܗ ܕܐܡܪ ܠܗܘܢ ܗܘ
ܕܢܫܩܢܐ ܠܗ ܗܘܝܘ
ܐܚܕܘܗܝ ܘܗܝܪܐܝܬ
45 ܘܐܩܒܠܗܘܝ ܘܡܚܕܐ
ܐܬܐ ܠܘܬܗ ܘܐܡܪ
46 ܠܗ ܪܒܝ ܘܢܫܩܗ ܘܗܢܘܢ
ܐܪܡܝܘ ܥܠܘܗܝ ܐܝܕܝܐ
47 ܘܐܚܕܘܗܝ ܘܚܕ ܡܢ
ܐܠܝܢ ܕܩܝܡܝܢ ܫܡܛ
ܣܦܣܐ ܘܡܚܐ ܠܥܒܕܐ
ܕܪܒ ܟܗܢܐ ܘܩܛܥܗ
48 ܐܕܢܗ ܥܢܐ ܝܫܘܥ
ܘܐܡܪ ܠܗܘܢ ܐܝܟ
ܕܥܠ ܓܝܣܐ ܢܦܩܬܘܢ
ܒܣܦܣܐ ܘܒܚܘܛܪܐ
49 ܕܬܐܚܕܘܢܢܝ ܟܠ ܝܘܡ
ܠܘܬܟܘܢ ܐܢܐ ܒܗܝܟܠܐ.
ܟܕ ܡܠܦ ܐܢܐ ܠܐ
ܐܚܕܬܘܢ ܗܘܬܘܢ ܠܝ.
ܐܠܐ ܡܛܠ ܕܢܫܠܡܘܢ
50 ܟܬܒܐ ܘܫܒܩܘܗܝ

Mk xiv 50 . ܘܫܒܩܘܢܗ ܬܠܡܝܕܘܗܝ

51 ܘܒܬܪܗ ܘܥܠܝܡܐ ܚܕ

ܐܬܐ . . . . .

ܘܟܦܠ . . . . .

. . . . . .

52 ܘܐܚܕܘܗܝ . . . .

ܥܪܩ ܥܪܛܠܝܬܐ

ܒܐܝܕܝܗܘܢ . . .

. . . . .

53 . . . . . .

. . ܠܘܬ ܪܒ ܟܗܢܐ

. . . ܘܗܘܘ ܟܗܢܐ

ܟܘܠܗ . . . . .

. . . . . .

54 ܘܟܐܦܐ ܐܬܐ ܗܘܐ

ܡܢ ܪܘܚܩܐ ܠܒܬܪܗܘܢ

ܥܕܡܐ ܠܒܝܬܗ ܕܪܒ

ܟܗܢܐ ܘܝܬܒ ܗܘܐ

ܠܘܬ . . . . . .

55 ܪܒܢܐ . . . . .

ܘܟܘܠܗ . . . ܒܥܝܢ

ܗܘܘ ܥܠ ܝܫܘܥ

ܣܗܕܘܬܐ ܕܢܩܛܠܘܢܗ

56 ܘܠܐ ܡܫܟܚܝܢ . .

. . . . . .

57 . . . . . .

ܕܓܠܬܐ . . . . .

ܗܘ . . . .

Mk xiv 57, 58 ܘܐܡܪܝܢ ܕܐܢܫܝܢ ܫܡܥܢܢܗ.

ܕܐܡܪ ܕܐܢܐ ܐܣܬܪܝܗܝ

ܠܗܝܟܠܐ ܕܒܥܒܕ ܐܝܕܝܐ

ܘܠܬܠܬܐ ܝܘܡܝܢ ܒܢܝܢܐ

ܐܚܪܢܐ ܕܠܐ ܒܥܒܕ

59 ܐܝܕܝܐ ܘܐܦܠܐ ܗܟܢܐ

ܫܘܝܢ ܗܘܝ ܣܗܕܘܬܗܘܢ

60 ܘܩܡ ܪܒ ܟܗܢܐ

ܒܡܨܥܬܐ ܘܫܐܠܗ

ܠܝܫܘܥ ܘܐܡܪ ܠܗ ܠܐ

ܡܦܢܐ ܐܢܬ ܦܬܓܡܐ

ܡܢܐ ܡܣܗܕܝܢ ܥܠܝܟ

61 ܗܠܝܢ ܘܗܘ ܕܝܢ ܫܬܩ

ܗܘܐ ܘܡܕܡ ܠܐ

ܐܬܝܒ. ܘܬܘܒ ܫܐܠܗ

ܪܒ ܟܗܢܐ ܕܬܪܬܝܢ

ܙܒܢܝܢ ܘܐܡܪ ܠܗ ܐܢܬ

ܗܘ ܡܫܝܚܐ ܒܪܗ

62 ܕܡܒܪܟܐ ܒܢܐ ܝܫܘܥ

ܘܐܡܪ ܠܗ ܐܢܐ ܐܢܐ

ܘ . ܬܚܙܘܢ ܠܗ ܠܒܪܗ

ܕܐܢܫܐ ܝܬܒ ܡܢ

ܝܡܝܢܐ ܕܚܝܠܐ ܘܐܬܐ

ܐܬܐ ܥܠ ܥܢܢܐ

63 ܕܫܡܝܐ. ܘܪܒ ܟܗܢܐ

ܗܝܕܝܢ ܨܪ ܠܟܘܬܝܢܗ.

ܘܐܡܪ ܡܢܐ ܡܟܝܠ

. . . . .

Mk xiv 64 ܗܐ ܟܢܫܪ ܟܘܠܟܘܢ
ܫܡܥܬܘܢ ܓܘܕܦܗ ܡܢܐ
ܡܬܚܙܝܐ ܠܟܘܢ ܘܟܠܗܘܢ
ܕܚܝܒܝܢ ܗܘܘ ܠܗ ܕܝܡܘܬ ܗܘ
65 ܠܫܥܬܐ ܘܫܪܝܘ ܡܢܗܘܢ
ܠܡܪܩ ܒܗ ܘܠܟܦ . .
ܘܐܡܪܝܢ ܐܬܢܒܐ ܠܢ
ܗܫܐ ܘܕܚܫܐ ܡܚܝܢ
ܗܘܘ ܠܗ ܥܠ ܦܦܘܗܝ
66 . . . . ܟܐܦܐ
ܒܕܪܬܐ ܕܪܒ ܟܗ̈ܢܐ
67 ܚܙܬܗ ܟܕ ܫܚܝܢ
ܥܠܝܡܬܐ ܚܕܐ ܕܪܒ
ܟܗܢܐ ܘܐܡܪܐ ܠܗ
ܘܐܦ ܐܢܬ ܥܡ ܝܫܘܥ
68 ܗܘܝܬ ܢܨܪܝܐ. ܗܘ ܕܝܢ
ܟܦܪ ܘܐܡܪ ܠܐ ܝܕܥܢܐ
ܘܠܐ ܚܟܡ ܐܢܐ ܡܢܐ
ܐܡܪܬܝ. ܘܢܦܩ ܠܕܪܬܐ
69 ܒܪܝܬܐ ܘܬܘܒ ܚܙܬܗ
ܥܠܝܡܬܐ ܘܫܪܝܬ ܠܡܐܡܪ
ܠܗܢܘܢ ܕܩܝܡܝܢ ܘܐܦ
70 ܗܢܐ ܡܢܗܘܢ ܗܘ. ܗܘ
ܕܝܢ ܬܘܒ ܟܦܪ. ܘܬܘܒ
ܒܬܪ ܩܠܝܠ ܗܢܘܢ
ܕܩܝܡܝܢ ܐܡܪܘ ܠܟܐܦܐ.
ܫܪܝܪܐܝܬ ܡܢܗܘܢ ܐܢܬ.

Mk xiv 70 ܡܛܠ ܕܓܠܝܠܝܐ ܐܢܬ
71 ܘܡܚܪܡ ܗܘܐ ܘܝܡܐ
ܕܠܐ ܝܕܥܢܐ ܠܗ ܠܓܒܪܐ
ܗܢܐ . . ܐܢܬܘܢ
72 ܘܩܪܐ ܬܢܝܢܘܬܐ ܕܬ̈ܪܬܝܢ
ܙܒܢܝܢ ܘܥܗܕ ܟܐܦܐ
ܡܠܬܐ ܕܐܡܪ ܗܘܐ
ܠܗ ܝܫܘܥ . . ܠܐ
ܢܩܪܐ ܬܪܢܓܠܐ ܬ̈ܪܬܝܢ
ܙ̈ܒܢܝܢ ܬܠܬ ܙ̈ܒܢܝܢ
ܬܟܦܘܪ ܒܝ ܘܫܪܝ
ܗܘܐ ܕܒܟܐ ◦
xv 1 ܘܒܨܦܪܐ ܢܣܒܘ ܡܠܟܐ
ܪ̈ܒܝ ܟܗ̈ܢܐ ܘܩܫ̈ܝܫܐ
ܘܣܦ̈ܪܐ ܘܟܘܠܗ ܟܢܫܐ
ܘܐܣܪܘܗܝ ܠܝܫܘܥ
ܘܐܘܒܠܘܗܝ ܘܐܫܠܡܘܗܝ
2 ܠܦܝܠܛܘܣ ܘܫܐܠܗ
ܦܝܠܛܘܣ ܐܢܬ ܗܘ
ܡܠܟܗܘܢ ܕܝܗܘܕܝܐ ܒܢܐ
ܘܐܡܪ ܠܗ ܐܢܬ
3 ܐܡܪܬ ܘܐܟܠܝܢ ܗܘܘ
ܪ̈ܒܝ ܟܗ̈ܢܐ ܩܪ̈ܨܘܗܝ
ܣܓܝܐܢ ܘܗܘ ܦܬܓܡܐ
ܠܐ ܝܗܒ ܗܘܐ ܠܗܘܢ
4 ܘܬܘܒ ܐܡܪ ܠܗ
ܦܝܠܛܘܣ ܠܐ ܡܬܒ

Mk xv 4

. . ܦܬܓܡܐ

. . . . .

. . . . . .

. . . . . .

. . . . . .

. . . . . .

. . . . . .

. . . . . .

. . . . . .

. . . . .

7 . . ܗܘܐ ܒܪܒܐ

. . . . . .

. . . . . .

ܗܘܐ ܒܪܒܐ ܕܒܒܒܕ

ܥܒܕܬܐ ܘܩܛܠ ܩܛܠܐ

8 ܘܣܠܩ ܥܡܐ ܘܫܪܝ

ܠܡܫܐܠ ܕܝܥܒܕ ܠܗܘܢ

9 ܥܢܐ ܦܝܠܛܘܣ ܘܐܡܪ

ܠܗܘܢ ܨܒܝܢ ܐܢܬܘܢ

ܕܐܫܪܐ ܠܟܘܢ ܠܡܠܟܗܘܢ

10 ܕܝܗܘܕܝܐ . . ܗܘܐ

ܝܕܥ . . . . .

11 ܐܪܟܝܟܗܘܢ ܘܪܒܝ ܟܗܢܐ

ܐܟܣܘ ܠܥܡܐ ܕܠܒܪ

ܐܟܝܐ ܢܫܐܠ ܕܒܪܒܐ

12 ܠܗܘܢ ܥܢܐ ܦܝܠܛܘܣ

Mk xv 12

. . .

. . . . . .

. . . .

. . . . . .

. . . . . .

. .

. . . . .

. . . . . .

. . . .

. . . . .

15 . . . . . .

. . . .

. . . . . .

. . ܕܝܙܕܩܦ

16 ܘܐܣܛܪܛܝܘܛܐ . . .

ܠܓܘ . . . .

ܦܪܛܘܪܝܢ . . . .

17 . . . ܘܐܠܒܫܘܗܝ

ܐܪܓܘܢܐ ܘܓܕܠܘ ܟܠܝܠܐ

ܕܟܘܒܐ ܘܣܡܘ ܠܗ

18 ܘܫܪܝܘ ܠܡܫܐܠ

ܒܫܠܡܗ ܫܠܡ

ܡܠܟܗܘܢ ܕܝܗܘܕܝܐ

19 ܘܡܚܝܢ ܗܘܘ ܠܗ ܥܠ

ܪܝܫܗ ܒܩܢܝܐ ܘܪܩܝܢ

Mk xv 19 ܗܘܘ ܒܐܦܘܗܝ. ܘܢܦܠܘ
ܥܠ ܒܘܪ̈ܟܝܗܘܢ ܘܣܓܕܝܢ
20 ܗܘܘ ܠܗ. ܘܟܕ ܒܙܚܘ.
ܐܫܠܚܘܗܝ ܐܪ̈ܓܘܢܘܗܝ
ܘܐܠܒܫܘܗܝ ܢܚ̈ܬܘܗܝ
ܒܢܦܫܗ ܘܐܦܩܘܗܝ
21 ܕܢܙܩܦܘܢܗ. ܘܫܚܪܘ
ܠܫܡܥܘܢ ܓܒܪܐ ܩܘܪܝܢܝܐ
ܕܐܬܐ ܗܘܐ ܡܢ
ܩܪܝܬܐ ܐܒܘܗܘܢ
ܕܐܠܟܣܢܕܪܘܣ ܘܕܪܘܦܘܣ
ܕܝܫܩܘܠ ܙܩܝܦܗ.
22 ܘܐܝܬܝܘܗܝ ܠܕܘܟܬܐ
ܕܡܬܩܪܝܐ ܓܘܠܓܘܠܬܐ
ܕܡܬܬܪܓܡܐ ܩܪܩܦܬܐ
23 ܘܝܗܒܘ ܠܗ ܚܡܪܐ
ܕܡܒܣܡ ܒܒܣܡܐ.
ܘܗܘ ܠܐ ܢܣܒ.
24 ܘܙܩܦܘܢܗ ܘܦܠܓܘ
ܢܚܬܘܗܝ ܒܝܢ̈ܬܗܘܢ
ܘܐܪܡܘ ܥܠܝܗܘܢ ܦ̈ܣܐ.
25 ܘܐܝܬ̈ܝܗܘܢ ܗܘܝ ܕܝܢ
ܫ̈ܥܐ ܬܠܬ ܘܙܩܦܘܗܝ
26 ܘܟܬܒܐ ܗܘܬ ܥܠܬܗ
ܗܢܐ ܡܠܟܗܘܢ ܕܝܗܘܕܝܐ.
27 ܘܙܩ̈ܦܝܢ ܗܘܘ ܥܡܗ

Mk xv 27 ܬܪ̈ܝܢ ܓܝܣ̈ܝܐ ܚܕ ܡܢ
ܝܡܝܢܗ ܘܚܕ ܡܢ ܣܡܠܗ.
29 ܘܡܓܕܦܝܢ ܗܘܘ ܥܠܘܗܝ
ܘܡܢܝܥܝܢ ܪ̇ܫܝܗܘܢ
ܘܐܡܪܝܢ ܐܘ ܫܪܐ
ܗܝܟܠܐ ܘܒܢܐ ܠܗ
30 ܠܬܠܬ̈ܐ ܝܘܡܝܢ. ܐܫܐ
ܢܦܫܟ ܘܚܘܬ ܡܢ
31 ܙܩܝܦܐ ܘܬܘܒ ܐܦ.
ܪ̈ܒܝ ܟܗܢܐ ܥܡ ܣܦ̈ܪܝܢ
ܚܕ ܥܡ ܚܕ ܥܡ
ܡܦܪܐ ܐܡܪ̈ܝܢ
ܠܐܚܪܢܐ ܐܚܝ ܢܦܫܗ
ܠܐ ܐܫܟܚ ܠܡܚܝܘ
32 ܡܫܝܚܐ ܡܠܟܗ
ܕܐܝܣܪܐܝܠ. ܢܚܘܬ
ܡܢ ܙܩܝܦܐ ܕܢܚܙܐ
ܘܢܗܝܡܢ ܘܐܦ ܗܢܘܢ
ܕܙܩܝܦܝܢ ܗܘܘ ܥܡܗ
ܡܚܣܕܝܢ ܗܘܘ ܠܗ. ܀
33 ܘܟܕ ܗܘܬ ܫܬ ܫ̈ܥܝܢ
ܗܘܐ ܚܫܘܟܐ ܒܥܠܡܐ
34 ܠܬܫ̈ܥ ܫ̈ܥܝܢ ܘܒܬܫ̈ܥ
ܫ̈ܥܝܢ ܩܪܐ ܒܩܠܐ
ܪܒܐ ܐܠܗܝ ܐܠܗܝ
35 ܠܡܢܐ ܫܒܩܬܢܝ. ܘܐܢܫܐ

Mk xv 35 ܡܢ ܗܠܝܢ ܕܩܝܡܝܢ
ܫܡܥܘ. ܘܐܡܪ̈ܝܢ
36 ܕܠܐܠܝܐ ܩܪܐ. ܘܪܗܛ
ܚܕ ܡܠܐ ܐܣܦܘܓܐ
ܚܠܐ ܘܣܡ ܒܩܢܝܐ
ܘܐܫܩܝܗ. ܘܐܡܪܝܢ
ܫܒܘܩܘ ܢܚܙܐ ܐܢ
ܐܬܐ ܐܠܝܐ ܡܚܝܬ
37 ܠܗ. ܘܗܘ ܝܫܘܥ ܝܗܒ
ܩܠܐ ܒܩܠܐ ܪܒܐ
ܘܫܠܡ .·.
38 ܘܐܬܦܪܝ ܩܕܡ ܬܪܥܐ
ܕܗܝܟܠܐ ܠܬܪ̈ܝܢ ܡܢ
ܠܥܠ ܘܥܕܡܐ ܠܬܚܬ.
39 ܟܕ ܚܙܐ ܕܝܢ ܩܢܛܪܘܢܐ
ܗܘ ܕܩܐܡ ܗܘܐ
ܠܘܬܗ. ܘܟܕ ܩܥܐ
ܫܠܡ. ܐܡܪ ܗܢܐ
ܫܪܝܪܐܝܬ ܒܪܗ ܗܘ
40 ܕܐܠܗܐ. ܘܐܝܬ ܗܘ̈ܝ
ܢܫ̈ܐ ܕܩܝܡܢ ܡܢ
ܪܘܚܩܐ ܕܚܙܝܢ ܡܪܝܡ
ܡܓܕܠܝܬܐ ܘܡܪܝܡ ܒܪܬ
ܝܥܩܘܒ ܙܥܘܪܐ ܐܡܗ
41 ܕܝܘܣܦ ܘܫܠܘܡ ܗܠܝܢ
ܕܐܬܝ̈ ܥܡܗ ܡܢ ܓܠܝܠܐ
ܘܐܚܪ̈ܢܝܬܐ ܣܓܝܐܬܐ

Mk xv 41 ܕܡܫܡ̈ܫܢ ܗܘܝ̈ ܠܗ
ܕܣܠܩ ܗܘܝ̈ ܥܡܗ
42 ܠܐܘܪܫܠܡ ܘܗܘܐ
43 ܥܪܘܒܬܐ ܘܐܬܐ
ܗܘܐ ܝܘܣܦ ܡܢ
ܪܡܬܐ ܓܒܪܐ ܡܫܒܚܐ
ܒܘܠܘܦܐ ܘܐܦ ܗܘ
ܣܟܐ ܗܘܐ ܠܡܠܟܘܬܐ
ܕܫܡܝܐ. ܘܐܡܪܚ
ܘܥܠ ܠܘܬ ܦܝܠܛܘܣ
ܘܫܐܠ ܫܠܕܗ ܕܝܫܘܥ.
44 ܘܬܡܗ ܗܘܐ ܦܝܠܛܘܣ
ܕܡܝܬ ܡܢ ܟܕܘ ܘܫܕܪ
ܩܪܐ ܠܩܢܛܪܘܢܐ ܘܫܐܠܗ
45 ܕܐܢ ܡܝܬ ܘܟܕ ܝܠܦ
ܡܢ ܩܢܛܪܘܢܐ ܝܗܒ
46 ܫܠܕܗ ܠܝܘܣܦ ܘܙܒܢ
ܣܕܘܢܐ ܘܐܚܬܗ ܟܪܟܗ
ܒܣܕܘܢܐ ܘܣܡܗ
ܒܒܝܬ ܩܒܘܪܐ ܕܢܩܝܪ
ܗܘܐ ܠܗ ܒܟܐܦܐ
ܘܥܓܠ ܟܐܦܐ ܐܪܡܝ
ܥܠ ܬܪܥܗ ܕܒܝܬ
47 ܩܒܘܪܐ ܡܪܝܡ ܕܝܢ
ܡܓܕܠܝܬܐ ܘܡܪܝܡ
ܒܪܬ ܝܥܩܘܒ ܚܙܝ
ܗܘܝ ܐܬܪܐ ܕܐܬܣܝܡ

fol. 67 v (= 67 r).

R. L. B.
F. C. B.

Mk xvi 1 ܘܟܕ ܥܒܪܬ ܫܒܬܐ
ܙܒܢ ܡܫܝܚܐ ܘܒܣ̈ܡܐ.
ܡܪܝܡ ܡܓܕܠܝܬܐ.
ܘܡܪܝܡ ܒܪܬ ܝܥܩܘܒ
ܘܫܠܘܡ. ܕܐܬܝܢ
2 ܢܡܫܚܢܝܗ. ܘܒܨܦܪܐ
ܒܚܕ ܒܫܒܐ ܐܬܝܢ
ܠܒܝܬ ܩܒܘܪܐ ܟܕ
3 ܕܢܚ ܫܡܫܐ. ܘܐܡܪܝܢ
ܗܘܝ ܒܢܦܫܗܝܢ ܡܢ
ܕܝܢ ܡܓܠܠ ܠܢ ܟܦܐ
4 ܕܒܝܬ ܩܒܘܪܐ. ܡܓܠܠ
ܪܒܐ ܗܘܬ ܛܒ.
ܘܐܬܝܢ ܘܚܙܝ ܕܡܓܠܓܠܐ
5 ܗܘܬ ܗܝ ܟܐܦܐ ܘܥܠܝ
ܠܒܝܬ ܩܒܘܪܐ ܘܚܙܝ
ܥܠܝܡܐ ܕܝܬܒ ܡܢ
ܝܡܝܢܗܝܢ ܘܥܛܝܦ
ܐܣܛܠܐ ܚܘܪܬܐ
6 ܘܕܚܠܝ ܘܐܡܪ ܠܗܝܢ
ܠܐ ܬܕܚܠܢ ܠܝܫܘܥ
ܗܘ ܢܨܪܝܐ ܒܥܝܢ ܐܢܬܝܢ
ܗܘ ܕܙܩܝܦ ܗܘܐ.
ܩܡ ܠܗ ܘܠܐ ܗܘܐ
ܬܢܢ ܗܐ ܕܘܟܬܗ
ܐܬܪ ܕܣܝܡ ܗܘܐ

Mk xvi 7 ܐܠܐ ܐܙܠܝ ܐܡܪܝ
ܠܬܠܡܝܕܘܗܝ ܘܠܟܐܦܐ
ܕܗܐ ܡܩܕܡ ܠܟܘܢ
ܠܓܠܝܠܐ ܬܡܢ ܬܚܙܘܢܗ
ܐܝܟܢܐ ܕܐܡܪ ܠܟܘܢ
8 ܘܟܕ ܫܡܥܝܢ ܢܦܩܝ
ܘܐܙܠܝ ܘܠܐܢܫ ܡܕܡ
ܠܐ ܐܡܪܝ ܡܛܠ ܕܕܚܠܢ
ܗܘܝ ○ ○ ○ ○ ○ ○ ○

ܫܠܡ ܐܘܢܓܠܝܘܢ
ܕܡܪܩܘܣ.

○ ○ ○ ○ ○ ○ ○ ○

ܐܘܢܓܠܝܘܢ ܕܠܘܩܐ

Lk i 1 ܡܛܠ ܕܣܓܝܐܐ ܨܒܘ
ܠܡܟܬܒ ܘܠܡܫܬܥܝܘ
ܥܠ ܨܒ̈ܘܬܐ ܐܝܠܝܢ
2 ܕܡܢ ܡܫܡ̈ܠܝܢ. ܐܝܟܢܐ
ܕܐܫܠܡܘ ܠܢ ܗܢܘܢ ܕܡܢ
ܩܕܝܡ ܗܘܘ ܚ̈ܙܝܐ
ܘܡܫܡܫܢܐ ܕܡܠܬܐ
3 ܐܬܚܙܝ ܠܝ ܐܦ ܠܝ
ܕܒܢܝܬ ܐܝܢ ܟܠܗܝܢ
ܡܢ ܪܫ. ܒܛܠܝܐܬ ܝܫܪܐ
ܝܫܪܐ ܡܟܬܒܗܝܢ ܠܡܟܬܒ

Lk i 3 ܠܟ ܚܣܝܢܐ ܬܐܘܦܝܠܐ
4 ܕܬܕܥ ܫܪܪܐ ܕܡ̈ܠܝܐ
ܕܐܬܠܡܕܬ ܠܗܘܢ ܀
5 ܗܘܐ ܒܝܘܡܬܗ ܕܗܪܘܕܣ
ܡܠܟܐ ܕܝܗܘܕ ܟܗܝܢܐ
ܚܕ ܕܫܡܗ ܗܘܐ
ܙܟܪܝܐ ܡܢ ܦܠܓܘܬܐ
ܕܒܝܬ ܐܒܝܐ.
ܘܐܢܬܬܗ ܡܢ ܒܢܬܗ
ܗܘܬ ܕܐܗܪܘܢ ܘܫܡܗ
6 ܗܘܐ ܐܠܝܫܒܥ ܬܪܝܗܘܢ
ܙܕ̈ܝܩܝܢ ܗܘܘ ܩܕܡ
ܐܠܗܐ ܘܡܗܠܟܝܢ
ܗܘܘ ܒܟܠܗܘܢ ܦܘܩܕܢܘܗܝ
ܘܒܟܐܢܘܬܗ ܕܡܪܝܐ
ܕܠܐ ܡܘܡ ܗܘܘ
7 ܘܠܐ ܗܘܐ ܠܗܘܢ ܒܪܐ
ܕܡܢ ܠܝܬ ܗܘܐ ܠܗܘܢ
ܡܛܠ ܕܐܠܝܫܒܥ ܥܩܪܬܐ
ܗܘܬ. ܘܬܪܝܗܘܢ ܩܫܝܫܝܢ
ܘܡܒܩܬܐ ܗܘܘ ܀ ܀
8 ܗܘܐ ܗܘܐ ܕܝܢ ܟܕ
ܡܟܗܢ ܗܘܐ ܒܫܘܡܫܐ
ܕܡ̈ܢܬܗ ܩܕܡ ܐܠܗܐ
9 ܒܥܝܕܐ ܕܬܫܡܫܬܐ

Lk i 9 ܕܟܗܢܘܬܐ ܢܦܠܬܗ ܗܘܐ
ܠܡܣܒ ܒܣܡ̈ܐ. ܘܥܠ
10 ܠܗ ܠܗܝܟܠܐ. ܘܟܠܗ ܥܡܐ
ܕܥܡܐ ܩܐܡ ܗܘܐ
ܘܡܨܠܐ ܒܥܕܢܐ ܕܒܣܡ̈ܐ.
11 ܘܐܬܚܙܝ ܠܗ ܠܙܟܪܝܐ
ܡܠܐܟܐ ܕܡܪܝܐ ܟܕ
ܩܐܡ ܡܢ ܝܡܝܢܐ
ܕܡܕܒܚܐ ܕܒܣܡ̈ܐ.
12 ܘܐܬܕܠܚ ܙܟܪܝܐ ܟܕ
ܚܙܝܗ ܠܡܠܐܟܐ.
ܘܕܚܠܬܐ ܢܦܠܬ ܥܠܘܗܝ
13 ܐܡܪ ܠܗ ܡܠܐܟܐ.
ܠܐ ܬܕܚܠ ܙܟܪܝܐ. ܗܐ
ܓܝܪ ܫܡܥ ܐܠܗܐ
ܒܥܠ ܨܠܘܬܟ. ܘܐܢܬܬܟ
ܐܠܝܫܒܥ ܬܐܠܕ ܠܟ
ܒܪܐ. ܘܬܩܪܐ ܫܡܗ
14 ܝܘܚܢܢ. ܘܬܗܘܐ ܠܟ
ܚܕܘܬܐ ܘܫܘܒܗܪܐ
ܘܣܓܝܐܐ ܢܚܕܘܢ
15 ܒܡܘܠܕܗ. ܡܛܠ ܕܢܗܘܐ
ܪܒ ܩܕܡ ܡܪܝܐ
ܘܚܡܪܐ ܘܫܟܪܐ ܠܐ
ܢܫܬܐ ܘܪܘܚܐ ܕܩܘܕܫܐ
ܬܬܡܠܐ ܒܗ ܗܘ ܡܟܪܣܗ
16 ܕܐܡܗ ܘܣܓܝܐܐ ܡܢ

[*Lost*]

fol. 69.

[*Lost*]

fol. 69.

Lk i 38 ܡܠܐܟܐ ܡܢ ܠܘܬܗ
39 ܘܩܡܬ ܡܪܝܡ ܒܗܘܢ
ܒܝܘܡܬܐ ܗܢܘܢ ܘܐܙܠܬ
ܒܛܠܝܠܘܬܐ ܠܛܘܪܐ
40 ܠܩܪܝܐ ܕܝܗܘܕ ܘܥܠܬ
ܠܒܝܬܗ ܕܙܟܪܝܐ ܘܫܐܠܬ
ܒܫܠܡܗ ܕܐܠܝܫܒܥ
41 ܘܗܘܐ ܟܕ ܫܡܥܬ
ܐܠܝܫܒܥ ܫܠܡܗ
ܕܡܪܝܡ ܕܝ ܥܘܠܐ
ܒܟܪܣܗ ܘܐܬܡܠܝܬ
ܐܠܝܫܒܥ ܒܪܘܚܐ
42 ܕܩܘܕܫܐ ܘܒܩܠܐ
ܪܒܐ ܩܥܬ ܘܐܡܪܬ
ܠܡܪܝܡ ܐܢܬܝ ܗܝ
ܒܪܝܟܬ ܒܢܫܝܐ ܘܡܒܪܟ
ܗܘ ܦܐܪܐ ܕܒܟܪܣܟܝ.
43 ܘܡܢ ܗܟܢ ܠܝ ܗܕܐ
ܕܐܡܗ ܕܡܪܝ ܬܐܬܐ
44 ܠܘܬܝ. ܗܐ ܓܝܪ ܟܕ ܢܦܠ
ܩܠܐ ܕܫܠܡܟܝ ܒܐܕܢܝ
ܒܚܕܘܬܐ ܪܒܬܐ
ܕܝ ܥܘܠܐ ܒܟܪܣܝ
45 ܘܛܘܒܝܗ ܠܐܝܕܐ
ܕܗܝܡܢܬ ܕܗܘܐ
ܫܘܠܡܐ ܠܐܝܠܝܢ

Lk i 45 ܕܐܬܡܠܠ ܥܡܗ ܡܢ
46 ܠܘܬ ܡܪܝܐ ܘܐܡܪܐ
ܡܪܝܡ ܡܘܪܒܐ ܢܦܫܝ
47 ܠܡܪܝܐ ܘܚܕܝܬ ܪܘܚܝ
48 ܒܐܠܗܐ ܡܚܝܢܐ ܕܚܪ
ܒܡܟܝܟܘܬܗ ܕܐܡܬܗ
ܡܢ ܗܫܐ ܓܝܪ ܛܘܒܐ
ܢܗܘܢ ܝܗܒܢ ܠܝ ܟܠܗܘܢ
49 ܫܪܒܬܐ ܕܥܒܕ ܠܘܬܝ
ܪܘܪܒܬܐ. ܗܘ ܐܠܗܐ
ܕܡܫܟܚ ܘܩܕܝܫ ܫܡܐ
50 ܕܚܢܢܗ ܟܕ ܕܪ ܘܟܠ
ܫܪܒܬܐ ܠܕܕܚܠܝܢ ܠܗ
51 ܘܥܒܕ ܐܘܚܕܢܐ ܒܕܪܥܗ
ܘܒܕܪ ܬܪܝܬܐ ܕܠܒܘܬܐ
52 ܕܚܬܪܐ ܘܐܚܝܬ
ܬܩܝܦܐ ܡܢ ܟܘܪܣܘܬܗܘܢ
53 ܘܐܪܝܡ ܡܟܝܟܐ ܘܡܠܐ
ܡܣܟܢܐ ܡܢ ܛܘܒܗ
ܘܫܒܩ ܥܬܝܪܐ ܟܕ
54 ܣܪܝܩܝܢ ܘܐܬܩܒܠ
ܠܗ ܥܠ ܐܝܣܪܐܝܠ
ܒܪܗ. ܘܐܬܕܟܪ
55 ܚܢܢܗ ܐܝܟܢܐ ܕܡܠܠ
ܥܡ ܐܒܗܬܢ ܥܡ
ܐܒܪܗܡ ܘܥܡ ܙܪܥܗ
56 ܠܥܠܡ. ܘܩܘܬ ܕܝܢ

Lk i 56 ܩܘܝܬ ܠܘܬ ܐܠܝܫܒܥ.
ܐܝܟ ܝܪܚܐ ܬܠ̈ܬܐ
ܘܗܦܟܬ ܠܒܝܬܗ ܀
57 ܘܟܕ ܫܠܡ ܙܒܢܐ ܕܡܘܠܕܗ
ܕܐܠܝܫܒܥ. ܝܠܕܬ ܒܪܐ
58 ܘܫܡܥܘ ܫܒ̈ܒܝܗ ܘܒ̈ܢܝ
ܓܢܣܗ ܕܐܘܪܒ ܡܪܝܐ
ܚܢܢܗ ܠܘܬܗ. ܘܚܕܝܢ
59 ܗܘܘ ܠܗ. ܘܗܘܐ ܒܝܘܡܐ
ܕܬܡ̈ܢܝܐ ܐܬܘ
ܠܡܓܙܪܗ ܕܛܠܝܐ.
ܘܩܪܝܢ ܗܘܘ ܠܗ ܒܫܡܐ
ܕܐܒܘܗܝ ܙܟܪܝܐ
60 ܘܐܡܪܬ ܐܡܗ ܕܠܐ
ܗܟܢܐ ܐܠܐ ܢܬܩܪܐ
61 ܝܘܚܢܢ. ܘܐܡ̈ܪܝܢ ܠܗ
ܠܝܬ ܐܢܫ ܒܫܪܒܬܟܝ
ܕܡܬܩܪܐ ܒܫܡܐ
62 ܗܢܐ ܝܘܚܢܢ. ܘܐܡܪܘ
ܗܘܘ ܐܦ ܠܐܒܘܗܝ
ܕܐܝܟܢܐ ܨܒܐ ܕܢܬܩܪܐ.
63 ܘܫܐܠ ܦܢܩܝܬܐ
ܘܟܬܒ ܗܘ ܕܝܘܚܢܢ
64 ܗܘ ܫܡܗ ܘܒܗ ܫܥܬܐ
ܐܫܬܪܝ ܐܣܘܪܐ
ܕܠܫܢܗ. ܘܒܪܟ ܠܐܠܗܐ

Lk i 65 ܘܬܡܗܘ ܟܘܠܗܘܢ
ܘܗܘܬ ܕܚܠܬܐ ܥܠ
ܟܠܗܘܢ ܫܒܒܝܗܘܢ
ܘܒܟܠܗ ܛܘܪܐ ܕܝܗܘܕ
ܗܠܝܢ ܡܬܡܠܠܢ ܗܘܝ
66 ܘܫܡܥܝܢ ܗܘܘ ܟܠܗܘܢ
ܘܐܡܪܝܢ ܗܘܘ ܡܢܐ
ܢܗܘܐ ܛܠܝܐ ܗܢܐ
ܕܐܝܕܗ ܕܡܪܝܐ ܥܡܗ.
67 ܘܐܬܡܠܝ ܙܟܪܝܐ ܐܒܘܗܝ
ܒܪܘܚܐ ܕܩܘܕܫܐ
ܘܐܬܢܒܝ ܘܐܡܪ
68 ܡܒܪܟ ܗܘ ܐܠܗܗ
ܕܐܝܣܪܝܠ ܕܣܥܪ
ܠܥܡܗ. ܘܥܒܕ ܠܗ
69 ܦܘܪܩܢܐ. ܘܐܩܝܡ
ܠܢ ܩܪܢܐ ܕܚ̈ܝܐ
ܒܒܝܬܗ ܕܕܘܝܕ
70 ܒܝܕܗ ܐܡܝܢܐ ܕܐܦ
ܒܦܘܡܐ ܕܢܒ̈ܝܘܗܝ
ܩܕ̈ܝܫܐ ܕܡܢ ܥܠܡ.
71 ܘܐܥܕܝܢ ܠܫ̈ܝܢܐ ܡܢ
ܐܝܕܐ ܕܒܥܠܕܒܒܝܢ.
72 ܘܥܒܕ ܚܘܣܢ ܠܢ. ܕܢܥܒܕ
ܚܢܢܐ ܥܡ ܐܒܗܝܢ
ܘܐܬܕܟܪ ܠܕܝܬܩܘܗܝ
73 ܘܡܘܫܬܐ ܡܘܡܬܐ

Lk i 73 ܕܝܡܐ ܠܐܒܪܗܡ
74 ܐܒܘܢ ܕܝܬܠ ܠܢ ܕܕܠܐ
ܕܚܠܐ ܢܬܦܪܩ ܡܢ
ܐܝܕܐ ܕܒܥܠܕܒܒܝܢ
ܕܢܦܠܚ ܩܕܡܘܗܝ
75 ܒܚܣܝܘܬܐ ܘܒܙܕܝܩܘܬܐ
ܟܠܗܘܢ ܝܘܡܬܐ ܕܚܝܝܢ.
76 ܘܐܢܬ ܛܠܝܐ ܢܒܝܐ
ܕܥܠܝܐ ܬܬܩܪܐ ܬܐܙܠ
ܩܕܡ ܦܪܨܘܦܗ ܕܡܪܝܐ
ܠܡܛܝܒܘ ܐܘܪܚܬܗ
77 ܕܝܬܠ ܡܕܥܐ ܕܚܝܐ
ܠܥܡܗ ܒܫܘܒܩܢܐ
78 ܕܚܛܗܝܗܘܢ ܒܓܠܠ ܚܢܢ
ܕܪܚܡܘܗܝ ܕܐܠܗܢ
ܕܒܗܘܢ ܝܣܥܪ ܕܢܚܐ
79 ܡܢ ܪܘܡܐ. ܠܡܢܗܪܐ
ܠܐܝܠܝܢ ܕܝܬܒܝܢ
ܒܛܠܠܝܗ ܕܡܘܬܐ
ܠܡܬܩܢ ܪܓܠܝܢ
ܒܐܘܪܚܐ ܕܫܠܡܐ.
80 ܛܠܝܐ ܕܝܢ ܪܒܐ ܗܘܐ
ܘܡܬܚܝܠ ܒܪܘܚܐ
ܘܡܫܡܫ ܒܡܕܒܪܐ . . . .
ܥܕ ܝܘܡܐ ܕܚܘܝܬܗ
ܠܘܬ ܐܝܣܪܐܝܠ. ܀

Lk ii 1 ܘܗܘܐ ܒܝܘܡܝܐ ܗܢܘܢ
ܢܦܩ ܦܘܩܕܢ ܡܢ ܩܝܣܪ
ܐܘܓܘܣܛܘܣ ܕܢܬܟܬܒܘܢ ܟܠ ܥܠܡܐ
2 ܐܝܠܝܢ. ܗܘܐ ܕܝܢ
ܡܟܬܒܘܬܐ ܩܕܡܝܬܐ
ܗܘܬ . . . . . .
ܒܗܓܡܘܢܘܬ ܩܘܪܝܢܘܣ
3 ܟܠ ܐܢܫ ܕܝܢ . .
. . . .
ܐܦ ܡܢ . . . .
ܐܙܠ ܗܘܐ . . . .
4a ܕܬܡܢ ܠܡܬܟܬܒ ܘܐܦ
ܝܘܣܦ . . . ܗܘܐ
ܡܢ ܓܠܝܠ ܡܢ ܡܕܝܢܬܐ
ܕܢܨܪܬ ܠܝܗܘܕ
ܠܡܕܝܢܬܗ ܕܕܘܝܕ
ܕܡܬܩܪܝܐ ܒܝܬ ܠܚܡ
5 ܗܘ ܘܡܪܝܡ ܐܢܬܬܗ
ܟܕ ܒܛܢܐ ܕܬܡܢ
4b ܢܬܟܬܒܘܢ ܒܓܠܠ
ܕܡܢ ܒܝܬܗ ܕܕܘܝܕ
6 ܗܘܐ ܘܟܕ ܗܘܘ ܬܡܢ
ܐܬܡܠܝܘ ܝܘܡܝܗ
7 ܠܡܐܠܕ ܘܝܠܕܬ ܒܪܗ
ܒܘܟܪܐ. ܘܥܛܦܬܗ

Lk ii 7 ܒܟܘܪܐ ܘܐܪܥܦܬܗ
ܒܐܘܪܝܐ ܡܛܠ ܕܠܝܬ
ܗܘܬ ܠܗܘܢ . .
ܕܘܟܬܐ . . .
8 ܬܡܢ . . . .
ܪܥܝܢ ܗܘܘ . .
ܥܠ . . . . .
. . . . . .
9 . . . . . ܡ
. . . . . .
ܘܗܘܢ . . ܕܚܠܬܐ
10 ܪܒܬܐ . . . . .
. . . . . .
. . . . .
. . . . ܪܒܬܐ
ܕܬܗܘܐ ܠܟܠܗ ܥܡܐ
11 ܕܐܬܝܠܕ . . . .
ܡܚܝܐ . . . .
ܡܪܝܐ ܡܫܝܚܐ
ܒܡܕܝܢܬܐ ܕܕܘܝܕ
12 . . . . ܠܟܘܢ
ܐܬܐ ܡܫܟܚܝܢ
ܐܢܬܘܢ ܠܛܠܝܐ ܟܕ ܟܪܝܟ
ܒܐܘܪܝܐ ܘܫܟܝܒ
13 ܒܐܘܪܝܐ ܘܡܢ ܫܠܝܐ

Lk ii 13 ܐܬܚܙܝܘ ܠܘܬܗ
. . . . . .
. . . . . .
ܡܫܒܚܝܢ ܠܐܠܗܐ
14 ܘܐܡܪܝܢ. ܫܘܒܚܐ
ܠܐܠܗܐ ܒܡܪܘܡܐ
ܘܫܠܡܐ ܒܐܪܥܐ
ܘܪܥܘܬܐ ܠܒܢܝ
ܐܢܫܐ ○ ○
15 . . . . . .
. . . . . .
. . . . . .
. . . . . .
ܠܚܡ . . . . .
ܡܐ ܕ . . .
. . . . . .
16 . . ܡܣܪܗܒܐܝܬ
. . . . . .
. . . . . ܟܕ
17 ܚܙܘ . . . . .
ܘܐܫܬܥܝܘ ܡܕܡ
ܕܐܬܡܠܠ ܥܡܗܘܢ
ܥܠܘܗܝ ܥܠ ܛܠܝܐ
18 ܟܠ ܐܢܫ ܕܫܡܥ ܕܫܡܥܘ
ܗܘܐ ܡܢ ܪܥܘܬܐ

R. L. B.
[F. C. B.]

Lk ii 18 ܟܕ ܡܫܬܡܥܝܢ ܗܘܘ ܟܠ
ܐܝܠܝܢ ܕܚܙܘ ܘܫܡܥܘ
ܬܡܝܗܝܢ ܗܘܘ
19 ܘܡܬܕܟܪܝܢ ܡܪܝܡ
ܕܝܢ ܟܠ ܡܕܡ ܦܝܡܢܐ
ܗܘܬ ܒܠܒܗ ܘܡܦܝܣܐ
20 ܗܘܬ ܒܪܥܝܢܗ ܘܗܦܟܘ
ܪ̈ܥܘܬܐ ܗܘܢ ܟܕ
ܡܫܒܚܝܢ ܠܐܠܗܐ
ܘܡܗܠܠܝܢ ܥܠ ܐܝܠܝܢ
ܕܚܙܘ ܘܫܡܥܘ ܐܝܟܢܐ
ܕܐܬܐܡܪ ܠܗܘܢ :o:
21 ܘܟܕ ܡܠܘ ܬܡܢܝܐ ܝܘܡܝܢ
ܐܬܓܙܪ ܛܠܝܐ ܘܐܬܩܪܝ
ܫܡܗ ܝܫܘܥ ܐܝܟܢܐ
ܕܐܬܐܡܪ ܡܢ ܡܠܐܟܐ
ܡܢ ܩܕܡ ܕܝܬܒܛܢ
22 ܒܬܪܥܘܬܐ ܘܫܠܡܘ
ܝܘ̈ܡܬܐ ܕܬܕܟܝܬܗ
ܐܝܟܢܐ ܕܟܬܝܒ
ܒܢܡܘܣܐ ܕܡܘܫܐ
ܗܕܝܢ ܐܣܩܘܗܝ
ܠܐܘܪܫܠܡ ܕܢܩܝܡܘܢܗ
23 ܩܕܡ ܡܪܝܐ ܐܝܟܢܐ
ܕܟܬܝܒ ܒܢܡܘܣܐ
ܕܡܪܝܐ ܕܟܠ ܒܘܟܪ

Lk ii 23 ܦܬܚ ܡܪܒܥܐ
ܘܩܕܝܫܗ ܕܡܪܝܐ ܢܬܩܪܐ
24 ܘܕܝܬܠ ܕܒܚܬܐ ܐܝܟܢܐ
ܕܟܬܝܒ ܒܢܡܘܣܐ
ܕܡܪܝܐ ܙܘܓܐ ܕܫܦܢܝܢܐ
ܐܘ ܬ̈ܪܝܢ ܦܪ̈ܘܓܐ
ܕܝܘܢܐ ·܀·
25 ܠܓܒܪܐ ܕܝܢ ܚܕ ܐܝܬ
ܗܘܐ ܒܐܘܪܫܠܡ ܫܡܗ
ܗܘܐ ܫܡܥܘܢ ܟܝܢ
ܗܘܐ ܘܕܚܝܠ ܘܡܣܟܟܠ
ܗܘܐ ܒܒܘܝܐܗ ܕܐܝܣܪܐܝܠ
ܘܪܘܚܐ ܩܕܝܫܬܐ
ܐܝܬ ܗܘܬ ܒܠܘܬܗ
26 ܘܐܡܪܝܢ ܗܘܐ ܠܗ ܡܢ
ܗܝ ܪܘܚܐ ܩܕܝܫܬܐ
ܕܡܘܬܐ ܠܐ ܝܚܙܝ
ܒܕܡܐ ܕܝܚܙܐ
ܠܡܫܝܚܗ ܕܡܪܝܐ
27 ܘܐܬܐ ܒܪܘܚܐ
ܠܗܝܟܠܐ ܘܟܕ ܡܥܠܝܢ
ܠܗ ܐܒܗܘܝ ܠܝܫܘܥ
ܛܠܝܐ ܕܝܥܒܕܘܢ ܠܗ
ܐܝܟܢܐ ܕܦܩܝܕ ܒܐܘܪܝܬܐ
28 ܗܘ ܫܡܥܘܢ ܩܒܠܗ ܥܠ
ܕܪܥܘܗܝ ܘܒܪܟ

Lk ii 28, 29 ܠܐܠܗܐ ܘܐܡܪ ܡܟܝܠ
ܫܪܐ ܐܢܬ ܠܗ ܡܪܝ
ܒܫܠܡܐ ܠܥܒܕܟ ܐܡܝܢܐ
30 ܕܐܡܪܬ ܕܗܐ ܚܙܝ
31 ܥܝܢܝ ܚܝܢܟ ܗܘ
ܕܬܩܢܬ ܩܕܡ ܦܪܨܘܦܐ
32 ܕܟܠܗܘܢ ܥܡܡܐ ܢܗܘܪܐ
ܠܓܠܝܢܐ ܕܥ̈ܡܡܐ. ܘܫܒܚܐ
ܕܥܡܟ ܐܝܣܪܐܝܠ.
33 ܐܒܘܗܝ ܕܝܢ ܘܐܡܗ
ܬܡܝܗܝܢ ܗܘܘ ܥܠ
ܐܠܝܢ ܕܡܬܡܠܠ ܥܠܘܗܝ.
34 ܘܒܪܟ ܐܢܘܢ ܫܡܥܘܢ
ܘܐܡܪ ܠܡܪܝܡ ܐܡܗ.
ܗܐ ܗܢܐ ܩܝܡ
ܒܐܝܣܪܐܝܠ ܠܡܦܘܠܬܐ
ܘܠܩܝܡܐ ܕܣ̈ܓܝܐܐ
ܘܠܐܬܐ ܕܚܪܝܢܐ
35 ܕܡܡܠܠܐ. ܘܠܢܦܫܟܝ
ܕܝܠܟܝ ܬܥܒܪܝܗ ܪܘܡܚܐ
ܕܝܬܓܠܝܢ ܡܚܫ̈ܒܬܐ
ܡܢ ܠܒ̈ܘܬܐ ܕܣ̈ܓܝܐܐ
36 ܘܐܦ ܚܢܐ ܢܒܝܬܐ
ܒܪܬܗ ܕܦܢܘܐܝܠ ܡܢ
ܫܒܛܐ ܕܐܫܝܪ ܘܐܦ
ܗܝ ܩܫܝܐܬ ܣ̈ܓܝܐܬܐ
ܗܘܬ ܘܫܒܥܐ ܥܡ

Lk ii 36 ܒܠܚܘܕ ܫܒܥ ܠܓܒܪܐ
ܗܘܬ ܡܢ ܒܬܪ
37 ܒܬܘܠܘܬܗ ܘܫܪܝܐ
ܕܡ ܕܒܥܘܪܗ ܒܐܪܡܠܘܬܐ
ܗܘܬ ܫ̈ܢܝܢ ܬܡܢܝܢ
ܘܐܪ̈ܒܥ. ܗܝ ܗܕܐ
ܡܢ ܗܝܟܠܐ ܠܐ
ܢܦܩܐ ܗܘܬ. ܘܒܨܘܡܐ
ܘܒܨܠܘܬܐ ܘܒܒܥܘܬܐ
ܒܐܝܡܡܐ ܘܒܠܠܝܐ
38 ܦܠܚܐ ܗܘܬ ܘܐܦ
ܗܝ ܩܡܬ ܒܗ
ܒܫܥܬܐ ܘܐܘܕܝܬ
ܠܡܪܝܐ. ܘܡܡܠܠܐ
ܗܘܬ ܥܠܘܗܝ ܥܠ
ܟܘܠ ܐܢܫ ܕܡܣܟܝܢ
ܗܘܐ ܦܘܪܩܢܗ ܕܐܘܪܫܠܡ.
39 ܘܟܕ ܕܝܢ ܫܠܡܘ
ܟܕ ܫܠܡܘ ܒܢܡܘܣܐ
ܟܠ ܒܢܡܘܣܐ ܒܟܘܠ
ܡܕܡ ܕܟܬܝܒ
ܒܐܘܪܝܬܐ ܗܦܟܘ
ܠܓܠܝܠܐ ܠܢܨܪܬ
ܡܕܝܢܬܗܘܢ ° ° °
40 ܛܠܝܐ ܕܝܢ ܪܒܐ ܗܘܐ
ܘܡܬܚܝܠ ܘܡܬܡܠܐ
ܚܟܡܬܐ ܘܛܝܒܘܬܐ

Lk ii 40 ܕܐܠܗܐ ܐܝܬ ܗܘܬ
41 ܒܠܗܘܝ ܘܐܢܫܘܗܝ
ܒܟܠ ܫܢܐ ܐܙܠܝܢ ܗܘܘ
ܠܐܘܪܫܠܡ ܒܥܐܕܐ
42 ܕܦܛܝܪܐ ܕܦܣܚܐ ܘܟܕ
ܗܘܐ ܒܪ ܫܢܝܢ
ܬܪܬܥܣܪܐ ܣܠܩܘ
ܐܝܟܢܐ ܕܡܥܒܕܝܢ ܗܘܘ
43 ܠܥܐܕܐ ܘܟܕ ܫܠܡܘ
. . . . . .
. . . . . .
ܘܝܫܘܥ ܛܠܝܐ ܦܫ ܠܗ
. . . ܒܐܘܪܫܠܡ
ܘܐܢܫܘܗܝ ܠܐ ܝܕܥܘ
44 ܣܒܪܝܢ ܗܘܘ ܓܝܪ ܕܥܡ
. . . . . .
ܫܕ . . . . .
ܘܥܐ ܒܥܐܘܗܝ ܠܗ
ܠܝܫܘܥ ܠܘܬ . . .
ܘܠܘܬ . . . .
ܠܐ 45
. . . . . .
ܠܐܘܪܫܠܡ ܘܬܒܥܝܢ ܒܒܝܢ
46 ܗܘܘ ܠܗ ܘܡܢ ܒܬܪ
ܬܠܬܐ ܝܘܡܝܢ ܐܫܟܚܘܗܝ
ܒܗܝܟܠܐ ܟܕ ܝܬܒ
ܡܨܥܬ ܡܠܦܢܐ . .

Lk ii 46 ܗܘܐ ܠܗܘܢ ܘܡܫܐܠ
47 ܗܘܐ ܠܗܘܢ ܘܬܡܗܝܢ
ܗܘܘ ܟܠܗܘܢ ܐܝܠܝܢ
ܕܫܡܥܝܢ ܗܘܘ ܠܗ.
ܘܡܬܕܡܪܝܢ ܗܘܘ
ܒܣܟܠܬܗ ܘܒܦܬܓܡܘܗܝ
48 ܘܟܕ ܐܫܟܚܘܗܝ ܐܢܫܘܗܝ
ܬܡܗܘ. ܘܐܡܪܐ ܠܗ
ܐܡܗ ܒܪܝ ܠܡܢܐ
ܥܒܕܬ ܠܢ ܗܟܢܐ ܕܗܐ
ܐܒܘܟ ܘܐܢܐ ܒܟܘܪܦܐ
ܡܬܟܐܐ ܒܥܝܢ ܗܘܝܢ
49 ܠܟ ܐܡܪ ܠܗܘܢ ܡܢܐ
ܒܥܝܢ ܗܘܝܬܘܢ ܠܝ ܠܐ
ܝܕܥܝܢ ܗܘܝܬܘܢ ܕܒܒܝܬ
ܐܒܝ ܘܠܐ ܗܘܐ ܠܝ
50 ܕܐܗܘܐ ܗܢܘܢ ܕܝܢ ܠܐ
ܐܫܬܘܕܥܘܗ ܠܡܠܬܐ
51 ܕܐܡܪ ܠܗܘܢ ܘܢܚܬ
ܥܡܗܘܢ ܘܐܬܐ ܠܢܨܪܬ
ܘܡܫܬܥܒܕ ܗܘܐ ܠܗܘܢ
ܐܡܗ ܕܝܢ ܟܠܗܘܢ
ܡܠܐ ܢܛܪܐ ܗܘܬ
52 ܝܫܘܥ ܕܝܢ ܪܒܐ ܗܘܐ
ܒܩܘܡܬܗ ܘܚܟܡܐ
ܗܘܐ ܒܣܟܠܬܗ ܘܦܠܚܘܬܗ
ܠܘܬ ܐܠܗܐ ܘܠܘܬ
ܒܢܝ ܐܢܫܐ ܀ ܀ ܀ ܀

fol. 73 r (= 51 r). J. R. H.

Lk iii 1 ܒܫܢܬ ܚܡܫܥܣܪܐ
ܕܝܢ ܡܠܟܘܬܐ ܕܛܒܪܝܘܣ
ܩܣܪ ܟܕ ܗܓܡܢܘܬܐ
ܕܦܢܛܝܘܣ ܦܝܠܛܘܣ
ܒܝܗܘܕܐ ܟܕ ܪܒܥܐ
ܪܒܝܢܝܐ ܗܪܘܕܣ
ܒܓܠܝܠܐ ܘܦܝܠܝܦܘܣ
ܐܚܘܗܝ ܪܒܥܐ ܪܒܝܥܝܐ
ܒܐܬܪܐ ܕܐܝܛܘܪܝܐ
ܘܟܘܪ ܛܪܟܘܢܝܐ
ܘܠܘܣܢܝܐ ܪܒܥܐ ܪܒܝܥܝܐ
ܒܐܬܪܐ ܕܗܒ̈ܠܝܢܐ
2 ܒܪܒܘܬ ܟܗܢܘܬܐ
ܕܚܢܢ ܘܩܝܦܐ. ܗܘܬ
ܡܠܬܐ ܕܐܠܗܐ ܥܠ
ܝܘܚܢܢ ܒܪ ܙܟܪܝܐ
ܘܡܕܒܪ ܗܘܐ ܒܡܕܒܪܐ
3 ܘܒܟܠܗ ܐܬܪܐ
ܕܝܪܕܢ ܘܟܪܙ
ܡܥܡܘܕܝܬܐ ܕܬܝܒܘܬܐ
ܠܫܒܘܩܢܐ ܕܚܛܝܗܐ
4 ܐܝܟܢܐ ܕܟܬܝܒ ܒܟܬܒܘܬܐ
ܕܐܫܥܝܐ ܢܒܝܐ ܩܠܐ
ܕܩܪܐ ܒܡܕܒܪܐ ܦܢܘ
ܐܘܪܚܐ ܠܡܪܝܐ
ܘܬܪܨܘ ܒܦܩܥܬܐ

Lk iii 4, 5 ܫܒܝܠܐ ܠܐܠܗܢ: ܟܠܗܘܢ
ܢܚ̈ܠܝܐ ܢܬܡܠܘܢ: ܘܟܠ ܛܘܪܐ
ܘܪܡܬܐ ܢܬܡܟܟܘܢ
ܘܝܗܘܐ ܥܪܡܐ
ܠܫܦܝܐ ܘܐܬܪܐ
ܥܩܡܐ ܠܦܩܥܬܐ
6 ܘܢܬܓܠܐ ܐܝܩܪܗ
ܕܡܪܝܐ ܘܢܚܙܘܢܗܝ
ܐܢܫܝܐ ܟܘܠ
ܒܣܪ ·܀· ·܀·
7 ܘܐܡܪ ܗܘܐ ܠܟܢܫܝܐ
ܐܝܠܝܢ ܕܐܬܝܢ ܗܘܘ
ܠܗ ܠܡܥܡܕ ܝܠܕܐ
ܕܐ̈ܟܕܢܐ ܡܢܘ ܚܘܝܟܘܢ
ܠܡܥܪܩ ܡܢ ܪܘܓܙܐ
8 ܕܐܬܐ ܥܒܕܘ ܗܟܝܠ
ܦܐܪ̈ܐ ܕܫܘܝܢ
ܠܬܝܒܘܬܐ ܘܠܐ
ܬܫܪܘܢ ܠܡܐܡܪ ܐܝܬ
ܠܢ ܐܒܐ ܐܒܪܗܡ
ܐܡܪܢܐ ܠܟܘܢ ܕܝܟܠ
ܕܡܫܟܚ ܐܠܗܐ ܕܡܢ
ܗܠܝܢ ܟܐܦܐ ܢܩܝܡ
9 ܒܢ̈ܝܐ ܠܐܒܪܗܡ ܘܗܐ
ܡܪܓܠ ܠܗ ܢܪܓܐ ܠܘܬ
ܥܩܪܝܗܘܢ ܕܐܝܠܢܐ
ܘܟܠ ܐܝܠܢܐ ܗܘܝܠ

Lk iii 9 ܠܐ ܥܒܕ ܦܐܪ̈ܐ
ܛܒ̈ܐ ܡܬܦܣܩ ܘܒܢܘܪܐ
10 ܢܦܠ. ܘܡܫܐܠܝܢ ܗܘܘ
ܠܗ ܟܢܫܐ ܡܢܐ
11 ܢܥܒܕ. ܐܡܪ ܠܗܘܢ.
ܡܢ ܕܐܝܬ ܠܗ ܬܪ̈ܬܝܢ
ܟܘܬܝܢܝܢ ܢܬܠ ܚܕܐ
ܠܡܢ ܕܠܝܬ ܠܗ ܘܡܢ
ܕܐܝܬ ܠܗ ܡܐܟܘܠܬܐ
12 ܗܟܢܐ ܢܥܒܕ. ܘܐܬܘ
ܐܦ ܡܟܣܐ ܠܡܥܡܕ.
ܘܐܡܪ̈ܝܢ ܠܗ ܡܠܦܢܐ
13 ܢܥܒܕ. ܐܡܪ ܠܗܘܢ
ܠܐ ܬܬܒܥܘܢ ܡܕܡ
ܝܬܝܪ ܥܠ ܡܕܡ ܕܦܩܝܕ
14 ܠܟܘܢ. ܘܫܐܠܘܗܝ ܗܘܘ
ܐܦ ܐܣܛܪ̈ܛܝܘܛܐ ܘܐܡܪ̈ܝܢ
ܡܢܐ ܢܥܒܕ ܐܦ
ܐܢܚܢܢ ܐܡܪ ܠܗܘܢ
ܠܐܢܫ ܠܐ ܬܥܫܩܘܢ
ܘܐܢܫ ܠܐ ܬܬܛܠܡܘܢ
ܣܦܩ ܢܗܘܐ ܠܟܘܢ
15 ܐܦܣܢܝܬܟܘܢ. ܘܐܢܫܐ
ܕܡܣܟܝܢ ܗܘܘ ܠܗ
ܡܬܪܥܝܢ ܗܘܘ ܒܠܒܗܘܢ
ܥܠ ܝܘܚܢܢ ܘܐܡܪ̈ܝܢ ܕܠܡܐ
16 ܗܘܝܘ ܗܘ ܡܫܝܚܐ. ܥܢܐ

Lk iii 16 ܠܟܠ ܐܢܫ ܘܐܡܪ ܠܗܘܢ
ܐܢܐ ܗܐ ܡܥܡܕ ܐܢܐ
ܠܟܘܢ ܒܡ̈ܝܐ. ܐܬܐ ܕܝܢ
. . . ܕܡܢܝ ܚܝܠܬܢ.
ܗܘ ܕܠܐ ܫܘܐ ܐܢܐ ܕܐܫܪܐ
ܥܪ̈ܩܐ ܕܡܣ̈ܢܘܗܝ.
ܗܘ ܢܥܡܕܟܘܢ ܒܢܘܪܐ
ܘܒܪܘܚܐ ܕܩܘܕܫܐ
17 ܗܘ ܕܐܚܝܕ ܪܦܫܐ
ܒܐܝܕܗ ܘܡܕܟܐ
ܐܕܪܗ ܘܟܢܫ ܚܛܐ
ܠܐܘܨܪ̈ܗ· ܘܬܒܢܐ
ܡܘܩܕ ܒܢܘܪܐ ܕܠܐ
18 ܕܥܟܐ. ܐܦ ܐܚܪ̈ܢܝܬܐ
ܣܓܝ̈ܐܬܐ. ܟܕ ܡܬܟܫܦ
ܗܘܐ ܡܣܒܪ ܠܥܡܐ
19 ܗܪܘܕܣ ܕܝܢ ܛܛܪܪܟܐ
ܡܛܠ ܕܡܟܣ ܗܘܐ
ܠܗ ⌜ܝܘܚܢܢ⌝ ܡܛܠ
ܗܪܘܕܝܐ ܐܢܬܬܗ
ܕܐܚܘܗܝ ⌜ܕܗܪܘܕܣ⌝. ܘܥܠ
ܟܠܗܝܢ ܒܝ̈ܫܬܐ ܐܝܠܝܢ
20 ܕܥܒܕ ܗܘܐ ܐܘܣܦ
ܗܘܐ ܗܪܘܕܣ ܐܦ
ܗܕܐ ܥܠ ܟܠܗܝܢ.
ܘܚܒܫܗ ܠܝܘܚܢܢ ܒܝܬ
ܐܣܝܪ̈ܐ ○ ○ ·○·
21 ܘܟܕ ܥܡܕ ܗܘܐ ܟܠܗ

Lk iii 21 ܟܢܫܐ ܐܦ ܝܫܘܥ
ܥܡܕ ܘܥܕ ܡܨܠܐ
ܗܘܐ ܐܬܦܬܚܘ ܫܡܝܐ
22 ܘܢܚܬܬ ܥܠܘܗܝ ܪܘܚܐ
ܕܩܘܕܫܐ ܒܕܡܘܬ
ܓܘܫܡܐ ܕܝܘܢܐ ܘܩܠܐ
ܐܫܬܡܥ ܡܢ ܫܡܝܐ
ܐܢܬ ܗܘ ܒܪܝ ܘܚܒܝܒܝ
ܕܒܟ ܐܨܛܒܝܬ
23 ܝܫܘܥ ܕܝܢ ܟܕ ܗܘ
ܐܝܟ ܒܪ ܫܢܝܢ ܬܠܬܝܢ
ܐܝܟ ܕܡܬܚܫܒܐ ܒܪܗ
ܗܘ ܕܝܘܣܦ . . . .
24 ܒܪ ܡܛܬܬ ܒܪ . ܒܪ . . ܒܪ
25 ܡܠܟܐ . . . . . ܒܪ
ܡܬܬ . . . . . .
ܫܡ . . . . . .
. . . .
. . . .
. . . .
. . . .
. . . .
. . . .
. . . . ܒܪ ܐܠܡܘܕܡ
29 ܒܪ ܝܫܘ ܒܪ ܐܠܝܥܙܪ
ܝܘܪܝܡ . . . . . .
30 ܒܪ . . . .

Lk iii 30 ܫܡܥܘܢ ܒܪ ܝܗܘܕܐ ܒܪ
ܝܘܣܦ ܒܪ ܝܘܢܡ ܒܪ
31 ܐܠܝܩܝܡ ܒܪ ܡܠܝܐ
ܒܪ ܡܢܢ ܒܪ ܡܛܬܐ
ܒܪ ܢܬܢ ܒܪ ܕܘܝܕ
32 ܒܪ ܐܝܫܝ ܒܪ ܥܘܒܕ
ܒܪ ܒܥܙ ܒܪ ܫܠܚܐ
33 ܒܪ ܢܚܫܘܢ ܒܪ
ܐ . . ܒܪ . . . . ܡ ܒܪ
ܚܨܪܘܢ ܒܪ ܦܪܨ ܒܪ
34 ܝܗܘܕܐ ܒܪ ܝܥܩܘܒ
ܒܪ ܐܝܣܚܩ ܒܪ
ܐܒܪܗܡ ܒܪ ܬܪܚ
35 ܒܪ ܢܚܘܪ ܒܪ ܣܪܘܓ
ܒܪ ܐܪܥܘ ܒܪ ܦܠܓ
ܒܪ ܥܒܪ ܒܪ ܫܠܚ
36 ܒܪ ܩܝܢܢ ܒܪ ܐܪ .
ܦܟܫܕ ܒܪ ܫܝܡ
37 ܒܪ ܠܡܟ ܒܪ ܡܬܘܫܠܚ
ܒܪ ܚܢܘܟ ܒܪ ܝܪܕ
ܒܪ ܡܗܠܠܐܝܠ ܒܪ
38 ܩܝܢܢ ܒܪ ܐܢܘܫ ܒܪ
ܫܝܬ ܒܪ ܐܕܡ ܒܪ
ܐܠܗܐ ° ° °
iv 1 ܝܫܘܥ ܕܝܢ ܟܕ ܡܠܐ
ܪܘܚܐ ܕܩܘܕܫܐ
ܗܦܟ ܡܢ ܝܘܪܕܢ
ܘܕܒܪܗ ܪܘܚܐ

Lk iv 1 ܘܝܫܘܥ ܕܩܘܕܫܐ ܘܐܦܩܬܗ
2 ܠܡܕܒܪܐ ܕܢܬܢܣܐ
ܡܢ ܣܛܢܐ. ܘܗܘܐ ܬܡܢ
ܝܘܡ̈ܬܐ ܐܪ̈ܒܥܝܢ ܘܡܢ
ܒܬܪ ܐܪ̈ܒܥܝܢ ܝܘܡܬܐ
ܕܨܐܡ ܗܘܐ ܟܦܢ
3 ܘܐܡܪ ܠܗ ܐܟܠܩܪܨܐ
ܦܩܘܕ ܐܢ ܒܪܗ ܐܢܬ
ܕܐܠܗܐ. ܐܡܪ ܠܗܕܐ
ܟܐܦܐ ܕܬܗܘܐ ܠܚܡܐ.
4 ܐܡܪ ܠܗ ܝܫܘܥ
ܟܬܝܒ ܗܘ ܕܠܐ
ܒܠܚܡܐ ܒܠܚܘܕ
5 ܚܝܐ ܒܪ ܐܢܫܐ. ܘܕܒܪ
ܐܣܩܗ ܣܛܢܐ. ܘܚܘܝܗ
ܟܠ̈ܗܝܢ ܡܠܟܘܬܐ ܕܐܪܥܐ
6 ܕܒܚܕ ܙܒܢܐ. ܘܐܡܪ
ܠܗ ܗܠܝܢ ܟܠܗܝܢ
ܡܠܟܘܬܐ ܘܫܘܒܚܗܝܢ
ܕܠܐ ܡܫܠܡܝܢ ܠܟ ܝܗܒ
ܐܢܐ ܫܘܠܛܢܐ ܗܢܐ
ܟܘܠܗ ܘܫܘܒܚܐ ܡܛܠ
ܕܠܝ ܝܗܝܒ. ܘܠܡܢ ܕܨܒܐ
7 ܝܗܒ ܐܢܐ ܠܗ. ܐܢܬ
ܐܢ ܬܣܓܘܕ ܩܕܡܝ ܠܟ
8 ܢܗܘܐ ܟܠܗ܆ ܥܢܐ

Lk iv 8 ܝܫܘܥ ܘܐܡܪ ܠܗ
ܟܬܝܒ ܠܡܣܓܕ ܠܡܪܝܐ
ܐܠܗܟ ܘܠܗ ܒܠܚܘܕܘܗܝ
9 ܬܦܠܘܚ. ܘܐܝܬܝܗ
ܠܐܘܪܫܠܡ ܘܐܩܝܡܗ
ܥܠ ܩܪܢܐ ܕܗܝܟܠܐ
ܘܐܡܪ ܠܗ ܐܢ ܒܪܗ
ܐܢܬ ܕܐܠܗܐ ܐܪܡܐ
ܢܦܫܟ ܡܢ ܗܪܟܐ
10 ܟܬܝܒ ܗܘ ܓܝܪ
ܕܠܡܠܐ̈ܟܘܗܝ ܢܦܩܕ
11 ܥܠܝܟ ܕܢܛܪܘܢܟ ܘܥܠ
ܐܝܕܝܗܘܢ ܢܫܩܠܘܢܟ
ܕܠܐ ܬܬܩܠ ܒܟܐܦܐ.
12 ܥܢܐ ܝܫܘܥ ܘܐܡܪ ܠܗ
ܠܐ ܬܢܣܐ ܠܡܪܝܐ
13 ܐܠܗܟ܆ ܘܟܕ ܫܠܡ
ܣܛܢܐ ܢܣܝܘܢܘܗܝ. ܦܪܩ
ܡܢ ܠܘܬܗ ܥܕ ܙܒܢܐ

14 ܘܗܦܟ ܝܫܘܥ ܒܚܝܠܐ
ܕܪܘܚܐ ܠܓܠܝܠܐ ܘܢܦܩ
ܥܠܘܗܝ ܛܒܐ ܒܟܠܗ
15 ܗܘ ܐܬܪܐ. ܘܗܘ
ܡܠܦ ܗܘܐ ܠܗܘܢ
ܒܟܢܘ̈ܫܬܗܘܢ ܘܡܫܬܒܚ
ܗܘܐ ܡܢ ܟܠ ܐܢܫ.

Lk iv 16 ܘܐܬܐ ܠܢܨܪܬ ܐܬܪ
ܕܐܬܪܒܝ ܗܘܐ ܘܥܠ
ܠܟܢܘܫܬܐ ܒܝܘܡܐ
ܕܫܒܬܐ ܐܝܟܢܐ
17 ܕܡܥܝܕ ܗܘܐ ܘܩܡ
ܠܗ ܟܬܒܐ ܕܐܫܥܝܐ
ܢܒܝܐ ܘܦܫܛ ܠܡܩܪܐ
ܟܕ ܦܬܚ ܟܬܒܐ
ܐܫܟܚ ܕܘܟܬܐ ܕܟܬܝܒ
18 ܪܘܚܐ ܕܡܪܝܐ ܥܠܝܢ
ܕܡܛܠܬܗ ܡܫܚܢ
ܠܡܣܒܪܘ ܠܡܣ̈ܟܢܝܐ
ܘܫܠܚܢ ܠܡܟܪܙܘ ܠܫ̈ܒܝܐ
ܫܘܒܩܢܐ ܘܠܥܘܝܪ̈ܐ
ܚܙܝܐ ܘܐܫܪܪ ܠܬܒܝܪ̈ܐ
19 ܒܫܘܒܩܢܐ ܘܠܡܟܪܙܘ
ܫܢܬܐ ܕܡܪܝܐ
20 ܡܩܒܠܬܐ. ܘܟܪܟ
ܣܦܪܐ ܘܝܗܒܗ
ܠܡܫܡܫܢܐ ܘܝܬܒ
ܘܟܠܗܘܢ ܒܗ ܚܝܪܝܢ
21 ܗܘܐ ܘܫܪܝ ܠܡܐܡܪ
ܠܗܘܢ. ܝܘܡܢܐ ܐܫܬܠܡ
ܟܬܒܐ ܗܢܐ ܒܐܕ̈ܢܝܟܘܢ
22 ܘܣܗܕܝܢ ܗܘܘ ܠܗ

Lk iv 22 ܟܠܗܘܢ ܘܡܬܕܡܪܝܢ
ܗܘܘ ܒܡܠܝܐ ܦܐܝ̈ܬܐ
ܕܢܦܩܝܢ ܗܘܝ ܡܢ
ܦܘܡܗ. ܘܐܡܪܝܢ ܗܘܘ
ܗܝܢܐ ܠܐ ܗܘܐ ܒܪܗ
23 ܕܝܘܣܦ ܐܡܪ ܠܗܘܢ
ܟܒܪ ܬܐܡܪܘܢ ܠܝ
ܡܬܠܐ ܗܢܐ ܐܣܝܐ
ܐܣܐ ܢܦܫܟ ܘܐܝܠܝܢ
ܕܫܡܥܬܘܢ ܕܥܒܕܬ
ܒܟܦܪܢܚܘܡ ܬܐܡܪܘܢ
ܠܝ ܥܒܕ ܐܦ ܗܪܟܐ
24 ܒܡܕܝܢܬܟ ܐܡܪ ܠܗܘܢ
ܐܡܝܢ ܐܡܪܢܐ ܠܟܘܢ
ܕܠܝܬ ܢܒܝܐ ܕܡܬܩܒܠ
25 ܒܡܕܝܢܬܗ· ܫܪܪܐ
ܐܡܪܢܐ ܠܟܘܢ ܕܣܓܝܢ
ܐܪ̈ܡܠܬܐ ܐܝܬ ܗܘܝ
ܒܝܬ ܐܝܣܪܐܝܠ
ܒܝܘܡܝ ܐܠܝܐ ܢܒܝܐ
ܟܕ ܐܬܚܕܘ ܫܡܝܐ
ܫܢܝܢ ܬ̈ܠܬ ܘܝܪܚܝܐ
ܫܬܐ ܟܕ ܗܘܐ ܟܦܢܐ
ܪܒܐ ܒܟܠܗ ܐܪܥܐ
26 ܘܠܘܬ ܚܕܐ ܡܢܗܘܢ

Lk iv 26 ܠܐ ܐܫܬܕܪ ܐܠܝܐ
ܐܠܐ ܠܨܪܦܬ ܕܨܝܕܢ
ܠܘܬ ܐܢܬܬܐ ܐܪܡܠܬܐ
27 ܘܣܓܝܢ ܓܪܒܐ ܐܝܬ
ܗܘܘ ܒܝܬ ܐܝܣܪܐܝܠ
ܒܝܘܡܘܗܝ ܕܐܠܝܫܥ
. . . . . .
. . . . . .
28 . . . . ܫܡܥܘ
ܗܠܝܢ ܕܒܟܢܘܫܬܐ
ܐܬܡܠܝܘ ܚܡܬܐ
29 ܘܐܦܩܘܗܝ ܠܒܪ ܡܢ
ܡܕܝܢܬܐ ܘܐܝܬܝܘܗܝ
ܥܕܡܐ ܠܫܦܗ ܛܘܪܐ
ܗܘ ܕܡܕܝܢܬܗܘܢ ܒܢܝܐ
ܗܘܬ ܒܠܘܗܝ ܐܝܟ
30 ܕܢܬܠܘܢܗ. ܘܗܘ ܐܦ
ܒܝܢܬܗܘܢ ܥܒܪ ܗܘܐ
31 ܘܢܚܬ ܠܟܦܪܢܚܘܡ
ܡܕܝܢܬܐ ܕܓܠܝܠܐ
ܘܡܠܦ ܗܘܐ ܠܗܘܢ
32 ܒܫܒܬܐ ܘܬܡܗܝܢ ܗܘܘ
ܒܝܘܠܦܢܗ. ܕܡܫܠܛܐ
33 ܗܘܬ ܡܠܬܗ ܘܐܝܬ
ܗܘܐ ܒܗ ܒܟܢܘܫܬܗܘܢ
ܓܒܪܐ ܕܐܝܬ ܒܗ ܪܘܚܐ

Lk iv 33 ܕܫܐܕܐ . . . .
34 . . . . . ܡܐ
ܠܢ ܘܠܟ ܝܫܘܥ ܢܨܪܝܐ
ܐܬܝܬ ܠܡܘܒܕܘܬܢ
. . . . . .
35 . . . . . .
. . . . . .
ܘܟܐܪ ܦܩܝܢ . . .
ܡܢܗ ܘܢܦܩܝܗ ܫܐܕܐ
ܠܡܨܥܬܐ ܘܢܦܩ ܡܢܗ
ܟܕ ܡܕܡ ܠܐ ܐܣܪܗ
36 ܘܬܡܗܐ . . . .
ܠܟܘܠܗܘܢ . . . .
ܘܗܘܘ ܚܕ ܥܡ . . .
ܘܐܡܪܝܢ ܐܝܕܐ ܗܝ ܗܕ
ܡܠܬܐ ܗܕܐ ܕܒܫܠܛܢܐ
ܘܒܚܝܠܐ ܦܩܕܐ
ܠܪܘܚܐ ܗܠܝܢ ܛܢܦܬܐ
37 ܘܢܦܩܢ ܘܢܦܩ ܗܘܐ
ܥܠܘܗܝ ܠܟܐ ܒܟܘܠܗ
38 ܐܬܪܐ ܕܚܕܪܘܗܝ ܘܟܕ
ܢܦܩ ܡܢ ܟܢܘܫܬܐ ܥܠ
ܠܒܝܬܐ ܕܫܡܥܘܢ
ܘܚܡܬܗ ܕܫܡܥܘܢ
ܐܚܝܕܐ ܗܘܬ ܠܗ ܐܫܬܐ
39 ܪܒܬܐ ܘܒܥܐ ܒܐܫܬܗ
ܘܫܒܩܬܗ ܘܟܪ ܫܒܬܗ

Lk iv 39 ܘܩܡܬ ܘܡܫܡܫܐ
40 ܗܘܬ ܠܗܘܢ ܟܡܥܪܒܐ
ܫܡܫܐ ܕܝܢ ܘܟܠܗܘܢ
ܐܝܠܝܢ ܕܐܝܬ ܗܘܘ ܠܗܘܢ
ܕܡܪܥܝܢ ܒܟܘܪܗܢܐ
ܣܓܝܐܐ ܐܝܬܝܘ ܐܢܘܢ
ܠܘܬܗ ܘܥܠ ܚܕ ܚܕ
ܡܢܗܘܢ ܐܝܕܗ ܣܐܡ
ܗܘܐ ܘܠܟܠܗܘܢ ܡܐܣܐ
41 ܗܘܐ. ܘܢܦܩܝܢ ܗܘܘ
ܫܐܕܐ ܡܢ ܣܓܝܐܐ ܟܕ
ܡܙܥܩܝܢ ܘܐܡܪܝܢ ܐܢܬ
ܗܘ ܒܪܗ ܕܐܠܗܐ ܘܟܐܐ
ܗܘܐ ܒܗܘܢ ܘܠܐ ܫܒܩ
ܗܘܐ ܠܗܘܢ ܕܢܡܠܠܘܢ
ܡܛܠ ܕܝܕܥܝܢ ܗܘܘ ܠܗ
ܕܗܘܝܘ ܡܫܝܚܐ ܀
42 ܘܠܨܦܪܗ ܕܝܘܡܐ ܢܦܩ
ܗܘܐ ܘܐܙܠ ܠܗ ܠܐܬܪܐ
ܚܘܪܒܐ ܘܒܥܝܢܐ . .
ܟܢܫܝܢ ܗܘܘ ܠܗ ܘܐܬܘ
ܠܘܬܗ . . . .
ܕܠܐ ܢܐܙܠ ܠܗ ܡܢ
43 ܠܘܬܗܘܢ ܗܘ ܕܝܢ ܐܡܪ
ܠܗܘܢ ܕܐܦ ܠܡܕܝܢܬܐ
ܐܚܪܢܝܬܐ ܘܠܐ ܠܝ
ܕܐܣܒܪ ܡܠܟܘܬܗ ܕܐܠܗܐ

Lk iv 44 ܘܡܟܪܙ ܗܘܐ ܒܟܢܘܫܬܐ
v 1 ܕܝܗܘܕ ܗܘܐ ܟܕ ܟܢܫܐ
. . ܗܘܐ ܕܢܫܡܥ
. . ܡܠܬܗ ܕܐܠܗܐ
ܘܗܘ ܩܐܡ ܗܘܐ ܥܠ ܝܕ
2 ܝܡܬܐ ܕܓܢܣܪ ܘܚܙܐ
ܬܪܬܝܢ ܣܦܝܢܐ ܕܩܝܡܢ
ܥܠ ܓܒ ܝܡܬܐ
ܘܨܝܕܘܗ . . .
ܢܚܬܘܢ . .
3 ܡܢܗܘܢ ܘܚܣܠܝܢ ܘܢܦܫܐ
ܡܚܠܠܝܢ ܡܨܝܕܬܗܘܢ ܗܘܬ
ܘܣܠܩ ܝܫܘܥ ܠܚܕ
ܡܢ ܘܐܡܪ ܕܢܕܒܪܗ
ܡܢ ܝܒܫܐ ܩܠܝܠ
ܠܩܦܐ ܘܝܬܒ ܗܘܐ
ܘܡܠܦ ܡܢ ܣܦܝܢܬܐ
4 ܠܟܢܫܐ ܘܟܕ ܫܠܝ
ܡܢ ܡܡܠܠܗ ܐܡܪ
ܠܫܡܥܘܢ ܕܒܪ
ܠܥܘܡܩܐ ܘܐܪܡܘ
ܡܨܝܕܬܟܘܢ ܠܨܝܕܐ.
5 ܥܢܐ ܫܡܥܘܢ ܘܐܡܪ
ܠܗ ܪܒܝ ܠܠܝܐ ܟܠܗ
ܠܐܝܢ ܘܡܕܡ ܠܐ
ܐܚܕܢ. ܗܫܐ ܕܝܢ
ܥܠ ܡܠܬܟ ܢܪܡܐ
6 ܡܨܝܕܬܐ ܘܟܕ ܥܒܕܘ

Lk v 6 ܡܨܝ̈ܕܬܗܘܢ ܣܚܒܘ
ܢܘ̈ܢܐ ܣܓܝܐܐ ܘܡܨܛ̈ܪܝܢ
ܗܘܝ ܡܨܝ̈ܕܬܗܘܢ
7 ܘܐܪܡܙܘ ܠܚܒܪ̈ܝܗܘܢ.
ܕܒܣܦܝܢܐ ܐܚܪ̈ܢܝܬܐ
ܕܝܐܬܘܢ ܢܣܥܪܘܢ ܐܢܘܢ.
ܘܟܕ ܐܬܘ ܐܫܩܘ
ܢܘܢܐ ܘܡܠܘ ܣܦ̈ܝܢܐ
ܬܪ̈ܬܝܗܝܢ ܘܩܪ̈ܝܒܢ
ܗܘܝ ܡܢ ܡܫܘܪܗܝܢ
8 ܠܡܛܒܥ ܘܟܕ ܚܙܐ
ܫܡܥܘܢ ܢܦܠ ܥܠ
ܐܦ̈ܘܗܝ ܩܕܡ ܪ̈ܓܠܘܗܝ
ܕܝܫܘܥ ܘܐܡܪ ܠܗ ܡܪܝ
ܦܪܘܩ ܠܟ ܡܢܝ ܡܛܠ
ܕܓܒܪܐ ܐܢܐ ܚܛܝܐ
9 ܬܡܗܐ ܓܝܪ ܐܚܕܗ
ܘܠܟܠܗܘܢ ܕܥܡܗ ܒܨܝܕܐ
ܗܘ ܕܢܘ̈ܢܐ ܕܐܚܕܘ
10 ܘܗܟܢܐ ܐܦ ܝܥܩܘܒ
ܘܝܘܚܢܢ ܒ̈ܢܝ ܙܒܕܝ
ܡܛܠ ܕܫܘܬ̈ܦܘܗܝ
ܗܘܘ ܕܫܡܥܘܢ ܘܐܡܪ
ܝܫܘܥ ܠܫܡܥܘܢ ܠܐ
ܬܕܚܠ ܡܢ ܗܫܐ ܒ̈ܢܝ
ܐܢܫܐ ܬܗܘܐ ܨܐܕ
11 ܠܚ̈ܝܐ. ܘܩܪܒܘ ܐܠܦܝܢ

Lk v 11 ܣܦ̈ܝܢܐ ܠܐܪܥܐ ܘܫܒܩܘ
ܟܠ ܡܕܡ ܘܐܬܘ
ܒܬܪܗ ○ ○ ○ ○ ○
12 ܘܟܕ ܗܘܐ ܒܚܕܐ ܡܢ
ܡܕ̈ܝܢܬܐ ܐܬܐ ܓܒܪܐ
ܚܕ ܕܡܠܐ ܓܪܒܐ ܚܙܐ
ܠܝܫܘܥ ܘܢܦܠ ܥܠ
ܐܦ̈ܘܗܝ ܘܒܥܐ ܗܘܐ
ܡܢܗ ܘܐܡܪ ܠܗ ܡܪܝ
ܐܢ ܨܒܐ ܐܢܬ ܡܫܟܚ
ܐܢܬ ܠܡܕܟܝܘܬܝ.
13 ܘܐܘܫܛ ܐܝܕܗ ܩܪܒ
ܠܗ ܘܐܡܪ ܠܗ. ܨܒܝܢܐ
ܐܬܕܟܐ. ܘܡܢ ܫܥܬܗ
ܦܪܩ ܡܢܗ ܓܪܒܗ.
14 ܘܦܩܕܗ ܝܫܘܥ ܕܠܐܢܫ
ܠܐ ܢܐܡܪ ܐܠܐ ܙܠ
ܚܘܐ ܢܦܫܟ ܠܟܗ̈ܢܐ
ܘܩܪܒ ܚܠܦ ܬܕܟܝܬܟ
ܐܝܟܢܐ ܕܦܩܕ ܡܘܫܐ
ܕܬܗܘܐ ܠܗܘܢ ܠܣܗܕܘܬܐ.
15 ܘܢܦܩ ܗܘܐ ܥܠܘܗܝ
ܛܒܐ ܬܝܐܪܬ ܘܡܬܟܢܫ
ܗܘܐ ܟܢܫܐ ܣܓܝܐܐ
ܠܡܫܡܥ ܡܢܗ
ܘܠܡܬܐܣܝܘ ܡܢ
16 ܟܘܪ̈ܗܢܝܗܘܢ. ܘܗܘ ܡܫܢܐ
ܗܘܐ ܠܒܪܐ ܘܡܨܠܐ

ܗܘܐ ○ ○ ○ Lk v 16
ܘܗܘܐ ܒܚܕ ܡܢ 17
ܝܘܡܬܐ . . . .
ܗ . . . . . .
ܦܪܝܫܐ . . . .
ܢܡܘܣܐ . . . .
ܟܠ ܩܪܝܐ . . . .
ܕܝܗܘܕ . . . .
ܘܚܝܠܐ . . . .
ܕ 18
ܐܬܝܘ . . . .
ܚܕ . . . . .
ܘܒܥܝܢ . . . .
. . . ܕܢܥܠܘܢܝܗ
. 19
. . . . . .
. . . . . .
. . . . ܒܝܬܗ
. . . . . .
. . . . . .
. . . . . .
. . . . . .
. . . . . .
. . . . . .
. . . . . .
. . . . . .
. . . . . .
. 22
. . . . . .

. . . . . . Lk v 22
ܡܬܚܫܒܝܢ ܐܢܬܘܢ
. 23
. . . . . .
. . . . . .
. . . . . .
. . . . . .
. . . . . .
. . . . . .
. . . . . .
. . . . . .
. . . . . .
. . . . . .
. . . . . .
. . . . . .
. . . . . .
. . . . . .
. . . . . .
. . . . . .
. . . . . .
. . . . . .
. . . . . .
. . . . . .
. 27
. . . . . .
. . . . . .
ܠܗ ܐܬ 28
ܟܘܠ . . . .

fol. 77 v (= 99 v). [F. C. B.]

[*Lost*]

fol. 78.

[*Lost*]

fol. 78.

Lk vi 12 ܒܗܘܢ ܒܝܘܡܢ ܢܦܩܬܐ

. . . . ܠܛܘܪܐ

. . . . ܡܨܠܗ

. . . . . ܘܠܗ

ܒܨܠܘܬܗ ܕܐܠܗܐ

13 ܘܟܕ ܢܓܗܬ ܘܩܪܐ

. . . . ܘܓܒܐ

. . . . . .

. . . . . ܘܢ

14 ܟܦܐ . . . .

. . . . . .

. . . . . .

. . . . ܙܒܕܝ

ܘܦܝܠܝܦܘܣ ܘܒܪܬܘܠܡܝܣ

15 ܘܡܬܝ ܘܬܐܘܡܐ

ܘܝܥܩܘܒ ܒܪ ܚܠܦܝ

ܘܫܡܥܘܢ ܕܡܬܩܪܐ

16 . . ܘܝܗܘܕܐ ܒܪ

ܝܥܩܘܒ ܘܝܗܘܕܐ

ܣܟܪܝܘܛܐ ܗܘ ܕܗܘܐ

17 ܗܘܐ ܡܫܠܡܢܐ ܘܢܚܬ

ܥܡܗܘܢ ܠܦܩܥܬܐ

ܘܩܡ ܗܘ ܘܟܢܫܐ

ܕܬܠܡܝܕܘܗܝ ܘܣܓܝܐܐ

ܕܟܢܫܐ ܕܥܡܐ ܘܐܬܘ

ܡܢ ܟܠܗ ܝܗܘܕ ܘܡܢ

Lk vi 17 ܐܘܪܫܠܡ ܘܡܢ ܦܪܗܠܝ

ܘܡܢ ܨܘܪ ܘܡܢ ܨܝܕܘܢ

ܕܐܬܘ ܕܝܫܡܥܘܢܗ

ܘܝܬܐܣܘܢ ܡܢ ܟܐܒܗܘܢ

18 ܒ̈ܝܫܗܘܢ ܘܡܬܐܠܨܝܢ

ܗܘܘ ܡܢ ܪܘܚܐ

ܛܢܦܬ̈ܐ ܕܡܬܐܣܝܢ

19 ܘܟܠܗ ܥܡܐ ܗܘܐ

ܠܡܬܩܪܒܘ ܠܗ ܚܝܠܐ

ܓܝܪ ܢܦܩ ܗܘܐ ܡܢܗ

ܘܟܠܗܘܢ ܡܐܣܐ

20 ܗܘܐ ܘܗܘ ܐܪܝܡ

ܥܝ̈ܢܘܗܝ ܥܠ ܬܠܡ̈ܝܕܘܗܝ

ܘܐܡܪ

ܛܘܒܝܗܘܢ ܠܡܣܟܢܐ

ܕܕܝܠܗܘܢ ܗܝ ܡܠܟܘܬܐ

ܕܫܡܝܐ ·:· ·:·

21 ܛܘܒܝ̈ܗܘܢ ܠܕܟܦܢܝܢ

ܗܫܐ ܕܬܣܒܥܘܢ ·:·

ܛܘܒܝܗܘܢ ܠܕܒܟܝܢ

ܗܫܐ ܕܬܓܚܟܘܢ ·:·

22 ܛܘܒܝܟܘܢ ܡܐ ܕܣܢܝܢ

ܠܟܘܢ ܒܢܝ ܐܢܫܐ.

ܘܡܦܪܫܝܢ ܠܟܘܢ.

ܘܡܚܣܕܝܢ ܘܡܦܩܝܢ

Lk vi 22 ܛܘܒܝܟܘܢ ܐܢܫܐ ܕܥܒܕ
ܡܛܠ ܒܪܗ ܕܐܢܫܐ
23 ܐܬܚܕܘܢ . . . . .
. . . . ܘܕܘܨܘ
ܕܐܓܪܟܘܢ ܣܓܝ ܒܫܡܝܐ
ܗܟܢܐ ܓܝܪ ܥܒܕܝܢ
ܗܘܘ ܐܒܗܬܗܘܢ
ܠܢܒܝܐ
24 . . . .
. . . .
25b ܘܝ ܠܓܚܟܝܢ ܗܫܐ
ܕܬܒܟܘܢ ܘܬܐܒܠܘܢ
26 ܘܝ ܠܟܘܢ ܟܕ ܝܗܘܘܢ
ܐܡܪܝܢ ܥܠܝܟܘܢ ܟܠ
ܐܢܫܐ ܕܫܦܝܪ. ܗܟܢܐ
ܓܝܪ ܥܒܕܝܢ ܗܘܘ
27 . . . . ܠܟܘܢ
ܕܝܢ ܐܡܪܢܐ ܕܫܡܥܝܢ
ܐܚܒܘ ܠܒܥܠܕܒܒܝܟܘܢ
ܘܥܒܕܘ ܕܫܦܝܪ
ܠܐܝܠܝܢ ܕܣܢܝܢ ܠܟܘܢ
28 ܒܪܟܘ ܠܐܝܠܝܢ ܕܠܝܛܝܢ
ܠܟܘܢ ܘܨܠܘ ܥܠ ܐܝܠܝܢ
29 ܕܥܫܩܝܢ ܠܟܘܢ ܘܠܡܢ
ܕܡܚܐ ܠܟ ܥܠ
ܦܟܟ ܩܪܒ ܠܗ

Lk vi 29 ܐܚܪܢܐ ܘܡܢ ܕܫܩܠ
ܡܪܛܘܛܟ ܐܦ
ܟܘܬܝܢܟ ܠܐ ܬܟܠܝܘܗܝ
30 ܘܠܡܢ ܕܫܐܠ ܠܟ
ܗܒ ܠܗ ܘܠܡܢ ܕܓܙܐ
ܕܫܩܠ ܕܝܠܟ ܠܐ
31 ܬ . . . . . .
. ܟܗܘܢ
. . . . .
. . . .
32 ܐܢ . . .
. . . . . .
. . . .
33 ܘܐܢ . . . . . .
ܕܛܒ . . . . . .
ܕܛܒܐܒܘܢ . . .
. . . . . .
34 . . . . . .
ܘܠܡܢ . . . . .
ܕܬܬܦܪܥܘܢ . . .
ܡܢܗ ܛܝܒܘܬܟܘܢ . .
ܓܝܪ ܐܚܛܝܐ ܠܚܛܝܐ
ܡܘܙܦܝܢ . . .
35 ܒܪܡ ܕܝܢ ܐܚܒܘ
ܠܒܥܠܕܒܒܝܟܘܢ ܘܐܛܒܘ
ܠܗܘܢ ܘܐܘܙܦܘ. ܘܠܐ
ܬܣܒܪܘܢ ܡܕܡ

Lk vi 35 ܕܐܢܫ ܕܝܗܘܐ ܐܓܪܟܘܢ
ܣܓܝ ܒܫܡܝܐ ܘܬܗܘܘܢ
ܒܢܘܗܝ ܕܪܡܐ ܗܘ
ܕܗܘ ܒܣܝܡ ܥܠ ܒܝ̈ܫܐ
ܘܥܠ ܒܣܘ̈ܪܝ ܛܝܒܘܬܐ
36 ܗܘܘ ܡܪܚܡܢܝܢ ܐܝܟܢܐ
ܕܐܒܘܟܘܢ ܡܪܚܡܢܐ
37 ܗܘ. ܠܐ ܬܕܘܢܘܢ ܕܠܐ
ܬܬܕܝܢܘܢ ܠܐ ܬܚܝܒܘܢ
ܕܠܐ ܬܬܚܝܒܘܢ: ܫܪܘ
38 ܘܬܫܬܪܘܢ ܗܒܘ
ܘܡܬܝܗܒ ܠܟܘܢ
ܒܟܝܠܬܐ ܛܒܬܐ
ܘܡܫܦܫܦܬܐ ܢܚܬܘܢ
ܒܟܘܒܝܟܘܢ ܒܗܝ
ܒܟܝܠܬܐ ܕܡܟܝܠܝܢ
ܐܢܬܘܢ ܡܬܟܝܠ ܠܟܘܢ
39 ܘܐܡܪ ܠܗܘܢ
ܡܬܠܐ ܗܢܐ ܠܡܐ
ܡܫܟܚ ܣܡܝܐ ܠܣܡܝܐ
ܠܡܕܒܪܘ ܘܠܐ ܬܪܝܗܘܢ
40 ܒܓܘܡܨܐ ܢܦܠܝܢ. ܠܝܬ
ܬܠܡܝܕܐ ܕܝܬܝܪ ܐܝܟ
ܪܒܗ ܒܫܠܡܘܬܐ
41 ܡܢܐ ܕܝܢ ܚܙܐ ܕܒܥܝܢܗ
ܕܐܚܘܟ ܚܪܐ ܐܝܬ
ܘܩܪܝܬܐ ܕܒܥܝܢܝܟ

Lk vi 41 ܠܐ ܡܣܬܟܠܐ ܠܟ
42 ܐܝܟܢܐ ܡܫܟܚ
ܐܢܬ ܕܬܐܡܪ
ܠܐܚܘܟ ܐܚܝ ܫܒܘܩ
ܐܦܩ ܓܒܠܐ ܡܢ ܥܝܢܟ
ܘܗܐ ܒܥܝܢܟ ܕܝܠܟ
ܩܪܝܬܐ ܣܝܡܐ
ܢܣܒ ܒܐܦ̈ܐ. ܐܦܩ
ܠܘܩܕܡ ܩܪܝܬܐ ܡܢ
ܥܝܢܟ ܘܗܝܕܝܢ ܢܚܙܐ
ܠܟ ܠܡܦܩܘ ܓܒܠܐ ܡܢ
43 ܥܝܢܗ ܕܐܚܘܟ ܠܐ
ܓܪ ܐܝܬ ܐܝܠܢܐ
ܛܒܐ ܕܥܒܕ ܦܐܪ̈ܐ
ܒܝܫܐ ܐܦܠܐ ܐܝܠܢܐ
ܒܝܫܐ ܕܥܒܕ ܦܐܪ̈ܐ
44 ܛܒܐ ܟܘܠ ܐܝܠܢ
ܡܢ ܦܐܪܘܗܝ ܡܬܝܕܥ
ܠܐ ܓܪ ܠܩܛܦܝܢ ܒܩܘ̈ܢܐ
ܬܐܢܝܐ ܘܐܦܠܐ ܡܢ
ܣܢܝܐ ܩܛܦܝܢ
45 ܥܢܒܐ ܓܒܪܐ
ܛܒܐ ܡܢ ܣܝܡܬܐ
ܛܒܬܐ ܕܠܒܗ.
ܡܦܩ ܛܒܬܐ ܘܓܒܪܐ
ܒܝܫܐ ܡܢ ܣܝܡܬܐ
ܒܝܫܬܐ ܕܠܒܗ
ܡܦܩ ܒܝܫܬܐ ܡܢ

Lk vi 45 ܬܘܬܪܝ ܠܒܐ ܓܝܪ
46 ܡܡܠܠ ܦܘܡܐ. ܡܢܐ
ܕܐܢ ܩܪܝܢ ܐܢܬܘܢ ܠܝ.
ܡܪܝ ܡܪܝ ܘܡܕܡ
ܕܐܡܪ̈ܢܐ ܠܟܘܢ ܠܐ ܥܒܕܝܢ
47 ܐܢܬܘܢ. ܟܠ ܐܢܫ ܓܒܪ
ܕܐܬܐ ܠܘܬܝ ܘܫܡܥ
ܡܠܝ ܘܥܒܕ ܠܗܝܢ
ܐܚܘܝ ܠܟܘܢ ܠܡܢܐ ܕܡܐ.
48 ܠܓܒܪܐ ܕܒܢܐ ܒܝܬܐ.
ܘܚܦܪ ܘܥܡܩ. ܘܣܡ
ܫܬܐܣܬܐ ܥܠ
ܫܘܥܐ ܘܟܕ ܗܘܐ
ܡܠܐܐ ܘܡܠܐ ܢܗܪܐ
ܐܬܦܪܝܘ ܒܗ ܒܒܝܬܐ
ܗܘ ܘܠܐ ܐܫܟܚܘ
49 ܕܢܙܝܥܘܢܗ ܘܗܘ
ܕܫܡܥ ܘܠܐ ܥܒܕ
ܕܡܐ ܠܓܒܪܐ ܕܒܢܐ
ܒܝܬܗ ܥܠ ܐܪܥܐ
ܕܠܐ ܫܬ ܐܣܬܐ
ܘܐܬܦܪܝ ܒܗ ܢܗܪܐ
ܘܒܪܫܥܬܗ ܐܬܪܡܝ
ܘܗܘܬ ܡܦܘܠܬܐ
ܕܒܝܬܐ ܗܘ ܪܒܐ ܀
vii 1 ܘܟܕ ܐܬܡܠܝ ܡ̈ܠܐ

Lk vii 1 ܒܘܠܗܘܢ ܠܡܫܡܥܬܗ
ܕܥܡܐ. ܥܠ ܠܟܦܪ ܢܚܘܡ
2 ܘܥܒܕܗ ܕܩܢܛܪܘܢܐ
ܚܕ ܥܒܝܕ ܗܘܐ ܒܝܫ
ܒܝܫ. ܘܡܡܝܬ ܗܘܐ
ܥܠ ܡܪܗ. ܘܩܪܝܒ
3 ܗܘܐ ܠܡܡܬ ܘܫܡܥ
ܥܠ ܝܫܘܥ ܘܫܕܪ
ܠܘܬܗ ܩ̈ܫܝܫܝܐ
ܕܝܗܘܕܝܐ ܘܒܥܐ
ܗܘܐ ܡܢܗ ܕܝܐܬܐ
4 ܢܚܝܐ ܠܥܒܕܗ ܘܐܬܘ
ܠܘܬ ܝܫܘܥ ܘܒܥܝܢ
ܗܘܘ ܡܢܗ ܒܛܝܠܐܝܬ.
ܘܐܡܪ̈ܝܢ ܫܘܐ ܗܘ
ܕܬܥܒܕ ܠܗ ܗܕܐ.
5 ܪܚܡ ܗܘ ܓܝܪ ܥܡܢ
ܘܐܦ ܒܝܬ ܟܢܘܫܬܐ
6 ܗܘ ܒܢܐ ܠܢ. ܘܐܙܠ
ܗܘܐ ܥܡܗܘܢ ܝܫܘܥ
ܘܟܕ ܩܪܝܒ ܕܝܢ ܩܠܝܠ
ܡܢ ܒܝܬܐ ܗܘܐ ܫܕܪ
ܠܘܬܗ ܩܢܛܪܘܢܐ ܗܘ
ܠܪ̈ܚܡܘܗܝ ܘܫܠܚ
ܠܗ ܡܪܝ ܠܐ ܬܬܥܡܠ
ܠܐ ܓܝܪ ܫܘܐ ܐܢܐ
ܕܬܥܘܠ ܬܚܝܬ ܡܛܠܠܝ.

J. R. H.

Lk vii 7 ܐܠܐ ܐܡܪ ܒܡܠܬܐ
8 ܘܬܬܐܣܐ ܛܠܝܝ. ܐܦ
ܐܢܐ ܓܒܪ ܓܒܪܐ ܐܢܐ
ܕܡܫܥܒܕܪܐ ܬܚܘܬ
ܫܠܛܢܐ ܘܐܝܬ ܬܚܘܬ
ܐܝܕܝ. ܣܛܪܛܝܘܛܐ ܘܐܡܪ
ܐܢܐ ܠܗܢܐ ܐܙܠ ܘܐܙܠ.
ܘܠܐܚܪܢܐ ܕܬܐ ܘܐܬܐ.
ܘܠܥܒܕܝ ܕܥܒܕ ܗܕܐ
9 ܘܥܒܕ ܘܟܕ ܫܡܥ
ܝܫܘܥ ܐܬܕܡܪ ܒܗ
ܘܐܬܦܢܝ ܘܐܡܪ
ܠܟܢܫܐ ܗܘ ܕܐܬܐ
ܒܬܪܗ ܐܡܪ ܐܢܐ
ܠܟܘܢ ܕܐܦܠܐ ܒܝܬ
ܐܝܣܪܝܠ ܐܫܟܚܬ
ܐܝܟ ܗܕܐ ܗܝܡܢܘܬܐ
10 ܘܗܦܟܘ ܗܢܘܢ ܕܐܫܬܕܪܘ
ܘܐܫܟܚܘ ܠܥܒܕܐ ܗܘ
11 ܟܕ ܚܠܝܡ ܘܡܢ ܒܬܪܟܢ
ܐܙܠ ܠܡܕܝܢܬܐ ܕܫܡܗ
ܢܐܝܢ ܘܬܠܡܝܕܘܗܝ
ܐܙܠܝܢ ܗܘܘ ܥܡܗ
12 ܘܟܢܫܐ ܣܓܝܐܐ ܘܟܕ ܩܪܒ
ܠܬܪܥܐ ܕܡܕܝܢܬܐ
ܝ . . . . . .
. . . . . .

Lk vii 12 ܗܘܐ ܠܐܡܗ. ܘܗܝ
ܐܪܡܠܬܐ ܗܘܬ. ܘܐܝܬ
ܗܘܐ ܥܡܗ ܟܢܫܐ
ܣܓܝܐܐ ܡܢ ܒܢ̈ܝܢ
13 ܕܡܕܝܢܬܐ ܚܙܗ ܝܫܘܥ
ܘܐܬܪܚܡ ܥܠܝܗ
ܘܐܡܪ ܠܗ ܠܐ ܬܒܟܝܢ
14 . . . . ܘܩܪܒ
. ܘܗܢܘܢ ܕܫܩܠܝܢ
[ܗ]ܘܘ ܩܡܘ ܐܡܪ
ܥܠܝܡܐ ܠܟ ܐܡܪܢܐ
15 ܩܘܡ [ܘ]ܩܡ.
[ܗ]ܘ ܡܝܬܐ ܘܝܬܒ
. . ܠܡܡܠܠܘ
. . . . ܠܐܡܗ
16 ܘܐܚܕܬ ܐܢܘܢ ܕܚܠܬܐ
. . . ܠܟܠܗܘܢ
ܠܐܠܗܐ [ܘ]ܐܡܪܝܢ
ܕܢܒܝܐ ܪܒܐ ܩܡ
ܒܢ . . . ܐܠܗܐ
17 ܠܥܡܗ . ܢܦܩܬ
ܥܠܘܗܝ . ܒܟܠܗ
[ܐ]ܬܪܐ ܕܝܗܘܕ
ܘܒܟܠܗ ܐܬܪܐ
. . . . . .
18 . . . . .
. . . . .

Lk vii 19 ܘܩܪܐ ܝܘܚܢ ܠܬܪܝܢ ܡܢ
ܬܠܡܝܕܘܗܝ ܘܫܕܪ ܠܘܬ
ܝܫܘܥ ܘܐܡܪ ܐܢܬ ܗܘ
ܕܐܬܐ ܐܘ ܠܐܚܪܢ ܗܘ
20 ܡܣܟܝܢ ܐܢܫܝܢ · ܘܐܬܘ
ܠܘܬܗ ܘܐܡܪܝܢ ܠܗ
ܝܘܚܢ ܡܥܡܕܢܐ ܫܕܪܢ
ܠܘܬܟ ܘܐܡܪ ܐܢܬ ܗܘ
ܕܐܬܐ ܐܘ ܠܐܚܪܢ
21 . . . . . .
. ܐܬ . . . .
. . . . ܒܘܪܗܢܐ
ܘܡ̈ܢ ܡܚܘܬܐ ܘܡ̈ܢ ܪܘܚܐ
. . . . . .
. . . . ܗܘܐ
22 . . . ܐܡ̈ܪ
. . . . ܘܐܡ̈ܪ
. . . . . .
. . . . . .
. . . . ܘܚܓ̈ܝܪܐ
. . . . ܘܓ̈ܪ̈ܒܐ
. . . . . .
. . . . . .
. . . . ܡܣܟܢܬܐ
23 . . . . . .

Lk vii 23 ܠܡܢ ܕܠܐ ܢܬܬܩܠ ܒܝ
24 ܘܟܕ ܐܙܠܘ ܬܠܡܝܕܘܗܝ
ܕܝܘܚܢܢ ܫܪܝ ܠܡܐܡܪ
ܠܟܢܫܐ ܥܠ ܝܘܚܢܢ
ܡܢܐ ܢܦܩܬܘܢ ܠܡ.ܐ
ܩܢܝܐ ܕܡ̈ܢ ܪܘܚܐ
25 ܡ̈ܬܬܙܝܥ ܘܐܠܐ ܡܢܐ
ܢܦܩܬܘܢ ܠܡܚܙܝܐ ܓܒܪܐ
ܕܠ̈ܒܫܬܐ ܪܟܝܟܐ ܠܒܝܫ
ܗܐ ܗܢܘܢ ܕܒܠܒ̈ܘܫܐ
ܡܝܩܪܐ ܘܡܦܢܩ̈ܐ
ܐܬܝܗܘܢ ܒܝܬ ܡ̈ܠܟܐ
26 ܐܠܘ̇ ܘܐܠܐ ܡܢܐ
ܢܦܩܬܘܢ ܠܡܚܙܝܐ ܢܒܝܐ
ܐܝܢ· ܐܡܪܢܐ ܠܟܘܢ
ܕܝܬܝܪ ܗܘ ܡܢ ܢܒܝܐ
27 ܗܢܘ ܕܥܠܘܗܝ ܟܬܝܒ
ܕܗܐ ܡܫܕܪܢܐ ܡܠܐܟܝ
. . . . . .
28 ܐܡܪܢܐ ܡܕܝܢ ܐܡܪ
ܐܢܐ ܠܟܘܢ ܕܠܝܬ ܢܒܝܐ
ܒܝܠܕܝ ܢܫܐ . . .
. . . . .
. . . . .

Lk vii 28, 29 ܪܒ ܗܘ ܡܢܗ ܘܟܠܗ
ܥܡܐ ܘܡܟܣܐ ܕܫܡܥܘ
ܙܕܩܘ ܢܦܫܗܘܢ ܠܐܠܗܐ
ܕܥܡܕܘ ܡܥܡܕܝܬܐ
30 ܕܝܘܚܢܢ ܦܪ̈ܝܫܐ ܕܝܢ
ܘܣܦܪ̈ܝܐ ܛܠܡܘ ܒܢܦܫܗܘܢ
ܨܒܝܢܐ ܕܐܠܗܐ ܕܠܐ
31 ܐܬܥܡܕܘ ܡܢܗ ܠܡܢ
ܗܟܝܠ ܐܕܡܐ ܐܢܘܢ
ܐܢܫܐ ܕܫܪܒܬܐ ܗܕܐ
32 ܘܠܡܢܐ ܕܡܝܢ ܕܡܝܢ
ܠܛܠܝܐ ܕܝܬܒܝܢ ܒܫܘܩܐ
ܘܩܥܝܢ ܠܚܒܪ̈ܝܗܘܢ
ܙܡܪܢ ܠܟܘܢ ܘܠܐ ܪܩܕܬܘܢ
ܘܐܠܝܢ ܠܟܘܢ ܘܠܐ ܒܟܝܬܘܢ
33 ܐܬܐ ܓܝܪ ܠܘܬܟܘܢ. ܝܘܚܢܢ
ܡܥܡܕܢܐ ܠܐ ܐܟܠ
ܘܠܐ ܫܬܐ. ܐܡܪܝܢ
ܐܢܬܘܢ ܫܐܕܐ ܐܝܬ
34 ܒܗ ܘܐܬܐ ܒܪܗ
ܕܓܒܪܐ ܐܟܠ ܘܫܬܐ
ܐܡܪܝܢ ܐܢܬܘܢ ܗܐ
ܓܒܪܐ ܐܟܘܠܐ ܘܪܘܝܐ
ܘܪܚܡ̈ܐ ܕܡܟܣܐ
35 ܘܚܛܝܐ ܘܐܙܕܕܩܬ

Lk vii 35 ܚܟܡܬܐ ܡܢ ܟܠܗܘܢ
ܒܢܝܗ ⁘

36 ܘܐܬܐ ܦܪܝܫܐ ܚܕ
ܒܥܐ ܡܢܗ ܕܝܠܥܣ
ܥܡܗ ܘܥܠ ܠܒܝܬܗ
ܕܦܪܝܫܐ ܗܘ ܒܕ
37 ܐܣܬܡܟ ܐܢܬܬܐ
ܚܕܐ ܚܛܝܬܐ. ܐܝܬ
ܗܘܬ ܒܗ ܡܕܝܢܬܐ
ܘܟܕ ܚܟܡܬ ܕܒܒܝܬܗ
ܕܗܘ ܦܪܝܫܐ ܣܡܝܟ
ܢܣܒܬ ܫܛܝܦܬܐ
ܕܡܫܚܐ ܕܒܣܝܡܐ
38 ܘܩܡܬ ܡܢ ܒܣܬܪܗ
ܠܘܬ ܪ̈ܓܠܘܗܝ ܘܒܟܝܐ
ܗܘܬ ܘܒܕܡܥܝܗ ܪ̈ܓܠܘܗܝ
ܨܒܥܬ ܘܒܣܥܪ̈ܐ ܕܪܝܫܗ
ܡܫܘܐ ܗܘܬ ܠܗܝܢ
ܘܡܢܫܩܐ ܗܘܬ
ܪ̈ܓܠܘܗܝ ܘܡܫܚܐ
ܗܘܬ ܡܢ ܗܘ ܡܫܚܐ
39 ܟܕ ܚܙܐ ܕܝܢ ܗܘ ܦܪܝܫܐ
ܕܩܪܝܗ ܐܬܚܫܒ
ܒܢܦܫܗ ܘܐܡܪ ܗܢܐ
ܐܠܘ ܢܒܝܐ ܗܘܐ

Lk vii 39 ܚܙܐ ܗܘܐ ܡܢܗ ܘܡܟܐ
ܠܒܗ ܕܐܢܬܬܐ ܗܝ
ܚܛܝܬܐ ܕܩܪܒܬ ܠܗ
40 ܐܡܪ ܠܗ ܝܫܘܥ
ܫܡܥܘܢ ܐܝܬ ܠܝ ܡܕܡ
ܕܐܡܪ ܠܟ ܐܡܪ ܠܗ
41 ܐܡܪ ܪܒܝ ܐܡܪ ܠܗ
ܝܫܘܥ ܬܪ̈ܝܢ ܚܝ̈ܒܝܢ
ܐܝܬ ܗܘܘ ܠܓܒܪܐ
ܡܘܙܦܢܐ ܚܕ ܚܝܒ
ܗܘܐ ܠܗ ܕܝܢܪ̈ܐ
ܚܡ̈ܫܝܢ ܘܚܕ ܕܝܢܪ̈ܐ
42 ܚܡܫܡܐܐ ܘܟܕ ܠܝܬ
ܗܘܐ ܠܗܘܢ ܠܡܦܪܥ
ܠܬܪ̈ܝܗܘܢ ܫܒܩ. ܐܝܢܐ
ܡܢܗܘܢ ܝܚܒܝܢܗ
43 ܡܬܪܐܬ ܐܡܪ ܠܗ
ܫܡܥܘܢ ܣܒܪ ܐܢܐ
ܕܗܘ ܕܐܫܬܒܩ ܠܗ
ܣܓܝ. ܐܡܪ ܠܗ ܝܫܘܥ
44 ܫܦܝܪ ܕܢܬ. ܘܐܬܦܢܝ
ܠܘܬ ܐܢܬܬܐ ܘܐܡܪ
ܠܫܡܥܘܢ ܚܙܝܬ ܐܢܬܬܐ
ܗܕܐ. ܠܒܝܬܟ ܥܠܬ
ܡܝ̈ܐ ܠܪܓܠܝ ܠܐ ܝܗܒܬ

Lk vii 44 ܠܐ ܗܕܐ ܕܝܢ ܒܕܡܥܝܗ
ܓܒܠܬ ܐܠܝܢ ܘܒܣܥܪܐ
ܕܪܝܫܗ ܫܘܝܬ ܐܢ̈ܝܢ
45 ܐܝܬ ܠܐ ܢܫܩܬܢܝ
ܗܝ ܕܝܢ ܡܢ ܕܥܠܬ ܠܐ
ܫܠܝܬ ܪ̈ܓܠܝ ܠܡܢܫܩܘ.
46 ܐܝܬ ܠܐ ܡܫܚܬܢܝ
ܗܝ ܕܝܢ ܒܡܫܚܐ
ܕܒܣܡܐ ܪ̈ܓܠܝ
47 ܡܫܚܬ ܡܛܠ ܗܕܐ
ܐܡܪܢܐ ܫܒܩܝܢ ܠܗ
ܚܛܗܝܗ ܣܓܝܐܐ ܡܛܠ
ܕܣܓܝ ܐܚܒܬ. ܡܢ
ܕܩܠܝܠ ܓܒܪ ܡܫܬܒܩ
ܠܗ ܩܠܝܠ ܡܚܒ
48 ܘܐܡܪ ܠܗ ܕܫܒܝܩܝܢ
49 ܠܟܝ ܚ̈ܛܗܝܟܝ. ܘܫܪܝܘ
ܗܢܘܢ ܕܡܣܬܡܟܝܢ ܐܡܪܝܢ
ܒܢܦܫܗܘܢ ܡܢܘ ܗܢܐ
ܕܐܦ ܚܛܗܝܐ ܫܒܩ.
50 ܘܐܡܪ ܠܐܢܬܬܐ ܗܝ
ܗܝܡܢܘܬܟܝ ܐܚܝܬܟܝ
ܐܙܠܝ ܒܫܠܡܐ ⁘
viii 1 ܘܗܘܐ ܒܬܪ ܗܠܝܢ ܡܬܚܪܟ
ܗܘܐ ܒܩܘܪ̈ܝܐ ܘܒܡܕܝܢܬܐ
ܘܡܣܒܪܬܗ ܒܫܡܗ

Lk viii 1 ܘܡܣܒܪ ܡܠܟܘܬܗ
2 ܕܐܠܗܐ ܘܬܪܥܣܪܐ ܥܡܗ
ܕܐܬܐܣܝܘ ܗܘܘ ܡܢ
ܪ̈ܘܚܐ ܒܝܫܬܐ ܘܡܢ
ܟܘܪ̈ܗܢܐ. ܡܪܝܡ
ܕܡܬܩܪܝܐ ܡܓܕܠܝܬܐ
ܗܝ ܕܫܒܥܐ ܫܐܕܝܢ
3 ܢܦܩܘ ܗܘܘ ܡܢܗ. ܘܝܘܚܢ
ܐܢܬܬ ܟܘܙܐ ܐܦܛܪܘܦܗ
ܕܗܪܘܕܣ ܘܫܘܫܢ
ܘܐܚܪ̈ܢܝܬܐ ܣܓܝܐܬܐ
ܕܡܫܡܫܢ ܗܘܝ ܠܗܘܢ
4 ܡܢ ܢܟܣܝܗܝܢ ܘܟܕ
ܡܬܟܢܫ ܟܢܫܐ
ܣܓܝܐܐ. ܘܐܠܝܢ ܕܡܢ
ܡܕܝܢܬܐ ܐܬܝܢ ܗܘܘ
ܠܘܬܗ ܫܪܝ. ܠܡܐܡܪ
5 ܠܗܘܢ ܒܡܬܠܐ ܗܐ
ܢܦܩ ܙܪܘܥܐ ܠܡܙܪܥ
ܙܪܥܗ ܘܟܕ ܙܪܥ ܗܘܐ. ܐܝܬ
ܕܢܦܠ ܥܠ ܝܕ ܐܘܪܚܐ
ܘܐܬܕܝܫ. ܘܐܟܠܬܗ
6 ܦܪܚܬܐ ܘܐܚܪܢܐ
ܢܦܠ ܥܠ ܫܘܥܐ
ܘܡܛܠ ܕܠܝܬ ܗܘܬ

Lk viii 6 ܠܠܚܘܬܐ ܒܝ ܘܝܒܫ
7 ܘܐܚܪܢܐ ܢܦܠ ܒܝܢܬ
ܟܘܒܐ ܘܚܢܩܘܢܗܝ.
8 ܘܐܚܪܢܐ ܢܦܠ ܒܐܪܥܐ
ܛܒܬܐ. ܘܝܠܕܐ ܘܥܒܕ
ܦܐܪܐ ܚܕ ܒܡܐܐ
ܘܟܕ ܐܡܪ ܗܠܝܢ
ܒܩܠܐ ܪܡܐ ܐܡܪ
ܗܘܐ . . . . .
ܐܕܢܐ . . . .
9 ܘܫܐܠܘܢܗ ܗܘܘ ܬܠܡܝܕܘܗܝ
ܡܢܘ . . . . .
10 . . . . . .
ܝܗܝܒ ܠܡܕܥ . .
ܕܡܠܟܘܬܗ ܕܐܠܗܐ
ܠܗܘܢ ܕܝܢ ܒܪ̈ܝܐ ܠܐ
ܝܗܒ ܠܗܘܢ ܠܗܘܢ
ܠܡܕܥ. ܡܛܠ . .
ܒܡܬܠܬܐ ܐܡܪ . .
ܠܗܘܢ ܕܟܕ ܚܙܝܢ ܠܐ
ܚܙܝܢ ܘܟܕ ܫܡܥܝܢ
11 ܠܐ ܡܣܬܟܠܝܢ . .
ܕܝܢ ܡܬܠܐ . . .
ܙܪܥܐ ܡܠܬܗ ܕܐܠܗܐ
12 ܘܗܢܘܢ ܕܥܠ ܝܕ ܐܘܪܚܐ

Lk viii 12 . . . ܫܡܥܝܢ
. ܘܐܬܐ ܒܥܠܕܒܒܐ
. . . ܡܠܬܐ ܡܢ
ܠܒܗܘܢ ܕܠܐ ܝܗܝܡܢܘܢ
13 ܘܝܚܘܢ . . . . .
ܫܘܥܐ ܗܠܝܢ ܐܝܢܘܢ
ܕܗܢܐ ܕܫܡܥܝܢ ܡܠܬܐ
ܟܠ ܒܚܕܘܬܐ ܡܩܒܠܝܢ
. ܥܩܪܐ ܠܝܬ ܠܗܘܢ
. ܘܥܕܢ ܡܗܝܡܢܝܢ
. . . ܢܣܝܘܢܐ
14 . . . . . .
. . . . . .
. ܫܡܥܝܢ ܘܡܢ ܨܦܬܐ
. . ܘܒܥܘܬܪܘܬܐ
. . . . . .
ܡܬܢܚܩܝܢ ܘܦܐܪܐ ܠܐ
15 ܡܫܡܠܝܢ ܗܘ ܕܝܢ . .
ܒܐܪܥܐ ܛܒܬܐ
. . ܐܝܢܘܢ ܕܒܠܒܐ
. . ܘܛܒܐ ܫܡܥܘ
ܡܠܬܐ ܘܐܚܕܘ ܘܡܝܬܝܢ
ܦܐܪܐ ܒܡܣܝܒܪܢܘܬܐ
16 . . . . ܠܝܬ
. . ܘܡܢܚܐ ܠܗ
ܒܡܐܢܐ ܐܘ ܫܐܕ

Lk viii 16 ܠܗ ܬܚܘܬ ܥܪܣܐ
ܐܠܐ ܣܐܡ ܠܗ ܠܥܠ
ܡܢ . . . ܕܥܠܠ
ܡܢ ܕܥܐܠ ܢܚܙܝ ܢܗܪܐ
17 ܢܗܘܪܗ. ܠܝܬ ܓܝܪ ܡܕܡ
ܕܟܣܝܐ ܕܠܐ ܢܬܓܠܐ
ܘܠܐ ܕܡܛܫܝ ܕܠܐ
ܢܬܝܕܥ ܘܢܐܬܐ
18 ܠܓܠܝܐ. ܚܙܘ ܗܟܢܐ
ܫܡܥܝܢ ܐܢܬܘܢ. ܡܢ ܕܐܝܬ
ܠܗ ܓܝܪ ܢܬܝܗܒ
ܠܗ ܘܡܢ ܕܠܝܬ ܠܗ
ܐܦ ܗܘ ܡܕܡ ܕܡܣܒܪ
ܕܐܝܬ ܠܗ ܢܬܢܣܒ
ܡܢܗ
19 ܘܐܬܐ ܠܘܬܗ ܐܡܗ
ܘܐܚܘܗܝ ܘܠܐ ܡܫܟܚܝܢ
ܗܘܘ ܕܢ . . ܘܢ ܟܢܫܗ
20 ܡܠܠ ܒܢܝܢܐ ܘܐܡܪܘ
ܠܗ ܐܡܟ ܘܐܚܝܟ
ܩܝܡܝܢ ܠܒܪ ܘܒܥܝܢ
21 ܠܡܚܙܝܟ ܗܘ ܕܝܢ ܥܢܐ
ܘܐܡܪ ܠܗܘܢ ܐܡܝ
ܘܐܚܝ ܗܠܝܢ ܐܢܘܢ
ܐܠܝܢ ܕܫܡܥܝܢ ܡܠܬܐ
22 ܕܐܠܗܐ ܘܥܒܕܝܢ. ܘܗܘܐ

Lk viii 22 ܒܚܕ ܡܢ ܝܘ̈ܡܬܐ
ܣܠܩ. ܝܬܒ ܒܣܦܝܢܬܐ
ܗܘ ܘܬܠܡܝܕܘܗܝ ܥܡܗ.
ܘܐܡܪ ܠܗܘܢ ܢܥܒܪ
ܠܗܘ ܥܒܪܐ ܕܝܡܬܐ
23 ܘܟܕ ܪܕܝܢ ܕܡܟ ܘܗܘܬ
ܥܠܥܠܐ ܕܪܘܚܐ ܒܝܡܬܐ
ܘܐܬܡܠܝܬ ܣܦܝܢܬܗܘܢ
ܘܩܪܒܝܢ ܗܘܘ ܠܡܛܒܥ
24 ܘܩܪܒܘ ܐܥܝܪܘܗܝ
ܐܡܪܝܢ ܠܗ ܪܒܝ ܪܒܝ
ܐܒܕܝܢ ܐܢܚܢܢ. ܘܩܡ
ܘܟܐܐ ܒܪܘܚܐ
ܘܒܟܫܘܠܐ ܕܝܡܬܐ
25 ܘܗܘܐ ܫܠܝܐ ܘܐܡܪ
ܠܗܘܢ ܐܝܟܐ ܗܝ
ܗܝܡܢܘܬܟܘܢ. ܗܢܘܢ
ܕܝܢ ܟܕ ܕܚܠܝܢ
ܡܬܕܡܪܝܢ ܗܘܘ
ܘܐܡܪܝܢ ܚܕ ܠܚܕ ܡܢܘ
ܗܢ ܗܘܐ ܕܐܦ
ܠܪܘܚܐ ܦܩܕ ܘܠܝܡܐ
ܘܡܫܬܡܥܝܢ ܠܗ ܀
26 ܘܪܕܘ ܠܐܬܪܐ ܕܓܕܪܝܐ

Lk viii 26 ܗܘ ܕܐܬܝܗܘܢ· ܠܩܘܒܠ
27 ܒܥܒܪܐ ܕܓܠܝܠܐ. ܘܟܕ
ܢܦܩ ܕܝܢ ܠܐܪܥܐ
ܦܓܥ ܒܗ ܓܒܪܐ ܚܕ
ܡܢ ܡܕܝܢܬܐ ܕܐܝܬ
ܗܘܐ ܥܠܘܗܝ ܫܐܕܐ
ܡܢ ܙܒܢܐ ܣܓܝܐܐ.
ܘܢܚܬ̈ܐ ܠܐ ܠܒܫ
ܗܘܐ ܘܒܒܝܬܐ ܠܐ
ܥܡܪ ܗܘܐ. ܐܠܐ
28 ܒܒܝܬ ܩܒܘ̈ܪܐ. ܟܕ
ܚܙܐ ܠܝܫܘܥ ܩܥܐ
ܘܢܦܠ ܣܓܕ ܠܗ
ܘܒܩܠܐ ܪܒܐ ܐܡܪ
ܡܐ ܠܝ ܘܠܟ ܝܫܘܥ
ܒܪܗ ܕܐܠܗܐ ܪܒܐ
ܒܥܝܢܐ ܡܢܟ ܠܐ
29 ܬܫܢܩܢܢܝ. ܦܩܕ ܗܘܐ
ܠܗ ܠܗܘ ܪܘܚܐ
ܛܢܦܐ ܠܡܦܩ ܡܢ
ܒܪ ܐܢܫܐ ܣܓܝ ܙܒܢ
ܘܒܢܝܐ ܢܦܩ ܗܘܐ
ܠܗ. ܘܡܬܐܣܪ ܗܘܐ
ܒܫܫ̈ܠܬܐ ܘܒܟܒܠܐ
ܕܢܛܪܝܢ ܘܡܬܒܪ
ܗܘܐ ܐܣܘ̈ܪܘܗܝ

Lk viii 29 ܘܡܦܣܩ ܘܡܬܕܒܪ
ܗܘܐ ܡܢܗ ܡܢ ܫܐܕܐ
30 ܠܡܕܒܪܐ ܫܐܠܗ ܕܝܢ
ܝܫܘܥ ܘܐܡܪ ܡܢ
ܫܡܟ. ܐܡܪ ܠܗ ܠܓܝܘܢ
ܡܛܠ ܕܫܐܕܐ ܐܣܓܝܢ
31 ܒܗ. ܘܒܥܝܢ ܗܘܘ ܡܢܗ
ܕܠܐ ܢܦܩܘܕ ܠܗܘܢ
ܠܡܐܙܠ ܠܬܗܘܡܐ.
32 ܐܝܬ ܗܘܬ ܕܝܢ ܬܡܢ
ܒܩܘܪܐ ܒܛܘܪܐ ܕܚܙܝ̈ܪܐ
ܣܓܝ̈ܐܐ ܕܪܥܝܢ ܗܘܘ
ܘܒܥܝܢ ܗܘܘ ܡܢܗ
ܫܐ̈ܕܐ ܕܢܦܣ ܠܗܘܢ
ܕܢܥܠܘܢ ܒܚܙܝ̈ܪܐ
33 ܘܐܦܣ ܠܗܘܢ ܘܢܦܩܘ
ܫܐ̈ܕܐ ܡܢ ܓܒܪܐ ܗܘ
ܘܥܠܘ ܒܚܙܝ̈ܪܐ. ܘܪܗܛܬ
ܒܩܘܪܐ ܟܠܗ ܠܫܘܦܢܐ
ܘܢܦܠܘ ܒܝܡܐ ܘܐܬܚܢܩܘ
34 ܟܕ ܚܙܘ ܕܝܢ ܗܢܘܢ
ܪ̈ܥܘܬܐ ܡܕܡ ܕܗܘܐ
ܥܪܩܘ ܘܐܫܬܥܝܘ
ܒܡܕܝܢܬܐ ܘܒܩܘܪ̈ܝܐ
35 ܘܢܦܩܘ ܐܢܫܐ ܘܚܙܘ
ܡܕܡ ܕܗܘܐ ܘܐܬܘ

Lk viii 35 ܠܘܬ ܝܫܘܥ ܘܐܫܟܚܘ
ܠܗܘ ܓܒܪܐ ܕܢܦܩܘ
ܡܢܗ ܗܢܘܢ ܫܐ̈ܕܐ
ܟܕ ܡܠܒܫ ܘܡܢܟܦ
ܘܝܬܒ ܠܘܬ ܪ̈ܓܠܘܗܝ
36 ܕܝܫܘܥ ܘܕܚܠܘ ܘܐܫܬܥܝܘ
ܠܗܘܢ ܐܝܟܢܐ ܐܚܐ
37 ܓܒܪܐ ܗܘ ܘܒܥܝܢ
ܗܘܘ ܡܢܗ ܟܠܗ
ܟܢܫܐ ܕܓܕܪ̈ܝܐ ܕܢܐܙܠ
ܠܗ ܡܢ ܠܘܬܗܘܢ ܡܛܠ
ܕܕܚܠܬܐ ܐܚܕܬ ܗܘܬ
ܐܢܘܢ ܗܘ ܕܝܢ ܣܠܩ
ܠܣܦܝܢܬܐ ܘܐܙܠ ܡܢ
38 ܠܘܬܗܘܢ ܗܘ ܕܝܢ
ܕܢܦܩܘ ܡܢܗ ܫܐ̈ܕܐ
ܒܥܐ ܗܘܐ ܡܢܗ
ܕܠܘܬܗ ܢܗܘܐ ܘܫܪܝܗܝ
39 ܝܫܘܥ ܘܐܡܪ ܗܦܘܟ
ܠܒܝܬܟ ܘܐܫܬܥܐ
ܐܝܠܝܢ ܕܥܒܕ ܠܟ
ܐܠܗܐ ܘܐܙܠ ܗܘܐ
ܘܡܟܪܙ ܒܟܠܗ ܡܕܝܢܬܐ
ܡܕܡ ܕܥܒܕ ܠܗ ܝܫܘܥ.
40 ܘܟܕ ܗܦܟ ܡܪܢ

Lk viii 40 ܘܩܒܠܗ ܟܢܫܐ ܒܦܓܥܐ
ܠܗ ܓܒܪ ܚܝܪܝܢ ܗܘܘ
41 ܘܐܬܐ ܓܒܪܐ ܚܕ
ܝܘܪܝܫ ܫܡܗ ܘܪܝܫ
ܟܢܘܫܬܐ ܗܘܐ ܘܢܦܠ
ܥܠ ܪ̈ܓܠܘܗܝ ܕܝܫܘܥ
ܘܒܥܐ ܗܘܐ ܕܢܥܘܠ
42 ܠܒܝܬܗ ܒܪܬܐ ܓܒܪ
ܝܚܝܕܝܬܐ ܐܝܬ
ܗܘܬ ܠܗ. ܘܐܬܝܬܗ
ܗܘܬ ܐܝܟ ܒܪܬ
ܫܢ̈ܝܢ ܬܪ̈ܬܥܣܪܐ
ܘܡܪܝܥܐ ܗܘܬ
ܠܡܡܬ. ܘܟܕ ܐܙܠ
ܟܢܫܐ ܚܒܨܝܢ ܗܘܐ
43 ܠܗ ܘܐܢܬܬܐ ܚܕܐ
ܕܪܕܐ ܗܘܐ ܕܡܗ
ܫܢ̈ܝܢ ܬܪ̈ܬܥܣܪܐ
ܘܠܐ ܐܫܟܚܬ ܕܬܬܐܣܐ
44 ܡܢ ܐܢܫ ܘܩܪܒܬ
ܒܣܬ̈ܪܗ ܘܐܚܕܬ
ܒܟܢܦܐ ܕܠܒܘܫܗ.
ܘܩܡܬ ܡܒܥܝܢܐ
ܕܡܪܕܝܬܐ ܕܕܡܗ
45 ܘܐܡܪ ܝܫܘܥ ܡܢܘ

Lk viii 45 ܩܪܒ ܠܝ. ܘܟܕ ܟܠܗܘܢ
ܟܦܪܝܢ ܗܘܘ ܐܡܪ
ܠܗ ܟܐܦܐ ܪܒܢ ܟܢܫܐ
ܐܠܝ̈ܨܝܢ ܘܫ̈ܚܩܝܢ ܠܟ.
ܘܐܡܪ ܐܢܬ ܡܢܘ ܩܪܒ
46 ܠܝ ܚܢܐ ܝܫܘܥ ܘܐܡܪ
ܠܗ. ܐܢܫ ܩܪܒ ܠܝ
ܐܢܐ ܓܒܪ ܝܕܥ ܐܢܐ
47 ܕܚܝܠܐ ܢܦܩ ܡܢܝ. ܟܕ
ܚܙܬ ܕܝܢ ܗܝ ܐܢܬܬܐ
ܕܐܦ ܠܗ ܗܕܐ ܠܐ
ܛܫܝܬܗ. ܐܬܬ ܟܕ
ܪܬܝܬܐ ܢܦܠܬ ܩܕܡܘܗܝ
ܠܗ. ܘܐܡܪܬ ܠܥܝܢ
ܥܡܐ ܗܘ ܒܥܠܬܗ ܡܛܠ
ܐܝܢܐ ܥܠܬܐ ܩܪܒܬ
ܘܐܝܟܢܐ ܒܫܥܬܗ
48 ܐܬܐܣܝܬ. ܗܘ ܕܝܢ
ܚܢܐ ܘܐܡܪ ܠܗ ܒܪܬܝ
ܗܝܡܢܘܬܟܝ ܐܚܝܬܟܝ
ܐܙܠܝ ܒܫܠܡܐ ܀ ܀
49 ܘܟܕ ܡܡܠܠ ܐܬܘ ܡܢ
ܒܝܬܗ ܕܪܒ ܟܢܘܫܬܐ
ܕܐܡܪܝܢ ܠܗ ܡܝܬܬ
ܠܗ ܒܪܬܟ ܠܐ
ܬܥܡܠܗ̇ ܠܡܠܦܢܐ

Lk viii 50 ܟܕ ܫܡܥ ܕܝܢ ܝܫܘܥ
ܥܢܐ ܘܐܡܪ ܠܗ ܠܐ
ܬܕܚܠ ܒܠܚܘܕ ܗܝܡܢ
51 ܘܚܝܐ. ܘܟܕ ܐܬܐ
ܠܒܝܬܗ ܕܗܘ ܓܒܪܐ.
ܠܐ ܫܒܩ ܠܐܢܫ ܕܝܥܘܠ
ܐܠܐ ܠܟܐܦܐ ܘܠܝܥܩܘܒ
ܘܠܝܘܚܢܢ ܘܠܐܒܘܗ
ܘܠܐܡܗ ܕܛܠܝܬܐ.
52 ܘܟܠܗܘܢ ܐܢܫܐ ܒܟܝܢ
ܗܘܘ ܘܡܪܩܕܝܢ ܥܠܝܗ.
ܘܗܘ ܐܡܪ ܠܗܘܢ ܠܐ
ܬܒܟܘܢ. ܠܐ ܓܝܪ ܡܝܬܬ
53 ܕܡܟܐ ܗܝ. ܘܗܘܢ ܕܝܢ
ܓܚܟܝܢ ܗܘܘ ܥܠܘܗܝ.
ܕܝܕܥܝܢ ܗܘܘ ܕܡܝܬܬ
54 ܠܗ. ܘܗܘ ܐܚܝܕܗ
ܒܐܝܕܗ ܘܩܪܗ
ܘܐܡܪ ܛܠܝܬܐ ܩܘܡܝ
55 ܘܗܦܟܬ ܪܘܚܗ.
ܘܩܪܒܬܗ ܩܡܬ.
ܘܦܩܕ ܕܝܬܠܘܢ ܠܗ
56 ܠܡܐܟܠ ܘܬܡܗܘ
ܗܘܘ ܐܒܗ̈ܝܗ. ܘܗܘ
ܦܩܕ ܐܢܘܢ ܕܠܐܢܫ ܠܐ
ܢܐܡܪܘܢ ܡܐ ܕܗܘܐ ܀

Lk ix 1 ܘܩܪܐ ܕܝܢ ܠܬܪܥܣܪܬܗ
ܘܝܗܒ ܠܗܘܢ ܚܝܠܐ
ܘܫܘܠܛܢܐ ܥܠ ܟܘܠܗܘܢ
ܫܐܕܐ ܘܟܐܪ̈ܝܗܐ
2 ܠܡܐܣܝܐ. ܘܫܕܪ ܐܢܘܢ
ܠܡܟܪܙܘ ܡܠܟܘܬܗ
ܕܐܠܗܐ ܘܠܡܐܣܝܐ
3 ܘܐܡܪ ܠܗܘܢ ܡܕܡ ܠܐ
ܬܫܩܠܘܢ ܠܟܘܢ ܠܐܘܪܚܐ.
ܠܐ ܚܘܛܪܐ ܘܠܐ
ܬܪܡܠܐ. ܘܠܐ ܠܚܡܐ
ܘܠܐ ܟܣܦܐ. ܘܐܦܠܐ
ܬܪܬܝܢ ܟܘܬܝܢ ܢܗ̈ܘܝܢ
4 ܠܟܘܢ. ܘܠܒܝܬܐ ܐܝܢܐ
ܕܬܥܠܝܢ ܐܬܘܢ ܠܗ ܬܡܢ
ܗܘܘ. ܘܡܢ ܬܡܢ ܦܘܩܘ.
5 ܘܐܝܠܝܢ ܕܠܐ ܡܩܒܠܝܢ
ܠܟܘܢ. ܡܢܐ ܕܢܦܩܝܢ
ܐܢܬܘܢ ܡܢ ܡܕܝܢܬܐ
ܗܝ ܐܦ ܥܠܐ ܕܪ̈ܓܠܝܟܘܢ
ܐܢܬܘܢ ܗܘܘ ܢܦ̈ܨܝܢ
ܕܬܗܘܐ ܠܟܘܢ
6 ܣܗܕܘܬܐ. ܘܟܕ ܢܦܩܘ
ܗܘܘ ܫܠܝ̈ܚܘܗܝ
ܡܬܟܪܟܝܢ ܗܘܘ ܒܩܘܪܝܐ
ܘܡܣܒܪܢܘܬܐ ܡܣܒܪܝܢ

Lk ix 6 ܗܘܘ ܘܡܣܒܪܝܢ ܒܟܘܠ
ܕܘܟܐ ܀
7 ܘܫܡܥ ܗܪܘܕܣ ܛܛܪܪܟܐ
ܟܘܠܗܝܢ ܗܠܝܢ ܕܗܘܘ
ܡܬܥܒܕܢ ܗܘܐ ܡܬܠܠ
ܕܐܡܪܝܢ ܗܘܘ ܕܝܘܚܢܢ
ܩܡ ܡܢ ܒܝܬ ܡ̈ܝܬܝܐ
8 ܐܚܪܢܝܐ ܕܝܢ ܐܡܪܝܢ
ܕܐܠܝܐ ܐܬܚܙܝ ܘܐܚܪܢܝܐ
ܐܡܪܝܢ ܕܢܒܝ ܡܢ ܢܒ̈ܝܐ
9 ܦܢܡܢܐ ܩܡ ܘܐܡܪ
ܗܪܘܕܣ . . . .
. . . . . .
. . . . ܫܡܥܢܐ
ܟܘܠܗܝ ܘܒܥܐ ܗܘܐ
10 . . . . . .
. . . .
. . . . ܕܥܒܕܘ
. . . ܒܠܚܘܕܘܗܝ
. . . ܨܝܕܐ
11 . . . . . .
. . . . . .
. . . . . .
. . . . . .
. . . . . .

Lk ix 12 . . . . ܘܩܪܒܘ
ܬܪܥܣܪܬܗ ܘܐܡܪܝܢ
ܠܗ ܒܡܕܒܪܐ ܐܢܚܢܢ
ܫܪܝ ܟܢܫܐ ܗܠܝܢ
ܕܐܙܠܘܢ ܠܩܘ̈ܪܝܐ ܗܠܝܢ
ܕܚܕܪܝܢ ܘܠܟܦܪ̈ܝܐ
ܕܝܫܪܘܢ ܐܘ ܕܝܫܟܚܘܢ
13 ܠܗܘܢ ܣܒܪܬܐ ܐܡܪ
. . . . . .
. . . . . .
ܠܗ . . . . .
. . . . . .
. . . . . .
. . . . . .
. . . . .
. .
. . . . . .
. . . . .
. . . . . .
. . . . . .
. . . . . .
. . . . . .
. . . . . .
. . . . . .
. . . . . .
. . . . . .

fol. 86 r (= 108 r). R. L. B.

Lk ix 22 ܘܣܒܝܐ ܘܟܗܢܐ
ܘܣܦܪܐ ܘܕܝܬܩܛܠ
. . ܝܘܡܝܢ ܢܩܘܡ

23 ܘܐܡܪ ܗܘܐ ܠܟܠ ܡܢ
ܕܨܒܐ ܕܢܐܬܐ ܒܬܪܝ
ܢܟܦܘܪ ܒܢܦܫܗ ܘܝܛܥܘܠ
ܙܩܝܦܗ ܘܝܐܬܐ
24 ܒܬܪܝ ܡܢ ܕܨܒܐ
ܚܝܘܗܝ ܕܢܚܝܐ . . .

. . . . . .

. . . . . .

Lk ix . . . . . .

. . . . . .

Lk ix 27 ܡܠܟܘܬܗ ܕܐܠܗܐ
28 ܘܗܘܐ ܒܬܪ ܡܠܝܐ ܗܠܝܢ
ܐܝܟ ܬܡܢܝܐ ܝܘܡܝܢ
ܘܕܒܪ ܠܟܐܦܐ ܘܠܝܥܩܘܒ
ܘܠܝܘܚܢܢ ܘܣܠܩ ܠܛܘܪܐ
29 ܠܡܨܠܝܘ ܘܟܕ ܡܨܠܐ
ܐܫܬܚܠܦ ܚܙܘܐ
ܕܐܦܘܗܝ ܘܠܒܘܫܘܗܝ
ܚܘܪܝܢ ܘܡܒܪܩܝܢ ܗܘܘ.
30 ܘܗܐ ܬܪܝܢ ܓܒܪܝܢ
ܡܡܠܠܝܢ ܥܡܗ ܡܘܫܐ
31 ܘܐܠܝܐ ܘܐܬܚܙܝܘ
ܒܫܘܒܚܐ ܘܐܡܪܝܢ
ܗܘܘ ܥܠ ܡܦܩܢܗ
ܕܥܬܝܕ ܗܘܐ ܕܢܫܬܠܡ
32 ܒܐܘܪܫܠܡ ܘܟܐܦܐ
ܘܗܢܘܢ ܕܥܡܗ. ܝܩܝܪܘ
ܗܘܘ ܠܗܘܢ ܒܫܢܬܐ
ܘܟܕ ܐܬܥܝܪܘ ܚܙܘ
ܬܫܒܘܚܬܗ ܘܠܗܘܢ
ܬܪܝܢ ܐܢܫܝܢ ܕܩܝܡܝܢ
33 ܘܗܘ ܠܘܬܗ ܘܟܕ ܦܪܫܘ
ܠܡܦܪܫ ܡܢܗ ܐܡܪ
ܟܐܦܐ. ܠܝܫܘܥ ܪܒܝ
ܫܦܝܪ ܕܢܗܘܐ ܗܪܟܐ
ܘܢܥܒܕ ܬܠܬ ܡܛܠܠܝܢ

Lk ix 33 ܠܟ ܚܕܐ. ܘܠܡܘܫܐ
ܚܕܐ. ܘܠܐܠܝܐ ܚܕܐ
ܘܠܐ ܝܕܥ ܗܘܐ ܡܢܐ
34 ܐܡܪ ܗܘܐ ܘܟܕ
ܐܡܪ ܗܠܝܢ ܗܘܬ
ܥܢܢܐ ܘܐܛܠܠܬ ܥܠܝܗܘܢ
ܘܟܕ ܚܙܘ ܠܗܠܝܢ
ܕܥܠܝܢ ܒܥܢܢܐ ܕܚܠܘ
35 ܘܩܠܐ ܐܫܬܡܥ ܡܢ
ܥܢܢܐ. ܕܗܢܐ ܒܪܝ
ܓܒܝܐ ܠܗ ܫܡܥܘ
36 ܘܟܕ ܗܘܐ ܩܠܐ
ܐܫܬܟܚ ܝܫܘܥ
ܒܠܚܘܕܘܗܝ ܘܗܢܘܢ
ܫܬܩܘ ܘܠܡܢ ܐܢܫܐ
ܠܐ ܐܡܪܘ ܡܕܡ
ܕܚܙܘ ܒܝܘܡܝܢ
ܘܡܬܐ ܀
37 ܘܒܗܘ ܝܘܡܐ ܟܕ ܢܚܬܝܢ
ܡܢ ܛܘܪܐ ܦܓܥ ܒܗܘܢ
38 ܟܢܫܐ ܣܓܝܐܐ. ܘܓܒܪܐ
ܚܕ ܡܢ ܟܢܫܐ ܗܘ. ܩܥܐ
ܘܐܡܪ ܡܠܦܢܐ. ܒܥܝܢܐ
ܡܢܟ ܐܬܦܢܐ ܥܠ
ܒܪܝ ܕܝܚܝܕܝܐ ܗܘ ܠܝ.
39 ܘܪܘܚܐ ܗܘܐ ܠܗ ܡܢ

Lk ix 39 ܬܫܟܚܬ ܥܠܝܐ ܘܪܥܡܐ
ܠܗ ܘܡܟܣܣܐ ܠܗ
ܘܡܪܥܬ ܘܠܡܣܦܢ
ܦܪܘܩܐ ܡܢܗ ܟܐ
40 ܕܫܘܩܬܗ ܘܒܥܝܬ
ܡܢ ܬܠܡܝܕܝܟ ܕܢܦܩܘܢܗ
ܘܠܐ ܐܫܟܚܘ ܠܡܦܪܩܘܬܗ
41 ܥܢܐ ⌜ܝܫܘܥ⌝ ܘܐܡܪ
ܐܘ ⌜ܫܪܒܬܐ⌝ ܡܥܩܡܬܐ
ܕܠܐ ܡܗܝܡܢܐ ܥܕܡܐ
ܠܐܡܬܝ ܐܗܘܐ ܠܘܬܟܘܢ
ܘܐܣܝܒܪܟܘܢ ܩܪܒܝܗܝ
42 ܠܟܐ ܠܒܪܟ ܘܟܕ
ܡܩܪܒ ܠܗ ܐܪܡܝܗ
ܫܐܕܐ ܗܘ ܘܡܟܣܣ
ܗܘܐ ܠܗ ܘܟܐܐ ܒܗ
ܫܘܒܫ ܒܪܘܚܐ ܗܝ
ܛܦܘܬܐ ܘܐܣܝܗ
ܠܛܠܝܐ ܘܐܫܠܡܗ
43 ܠܐܒܘܗܝ ܘܐܬܡܕܪܘ
ܟܠܗܘܢ ܥܠ ܪܒܘܬܗ
ܕܐܠܗܐ ܘܟܕ ܟܘܠ
ܐܢܫ ܡܬܕܡܪ ܗܘܐ
ܥܠ ܟܘܠ ⌜ܕܥܒܕ⌝ ܗܘܐ
ܐܡܪ ܠܬܠܡܝܕܘܗܝ
44 ܣܝܡܘ ܐܢܬܘܢ ܡܠܐ

Lk ix 44 ܗܠܝܢ ܒܐܕܢܝܟܘܢ ܒܪܗ
ܕܝܢ ܕܐܢܫܐ ܥܬܝܕ
ܗܘ ܕܢܫܬܠܡ ܒܐܝܕܝ
45 ܒܢܝ ܐܢܫܐ ܘܗܢܘܢ
ܠܐ ܡܫܬܘܕܥܝܢ ܗܘܘ
ܠܗ ܠܡܠܬܐ ܗܕܐ
ܡܛܠ ܕܟܣܝܐ ܗܘܬ
ܡܢܗܘܢ ܕܠܐ ⌜ܢܬܘܕܥܘܢܗ⌝
ܘܗܘܘ ܕܚܠܝܢ ܠܡܫܐܠܗ.
⌜ܥܠ⌝ ܡܠܬܐ ܗܕܐ
46 ܘܥܠܬ ܗܘܬ ܒܗܘܢ
ܡܚܫܒܬܐ ܕܡܢܘ
ܠܗܘܐ ܪܒ ܒܗܘܢ.
47 ܝܫܘܥ ܕܝܢ ܟܕ ܚܙܐ
ܡܚܫܒܬܐ ܕܠܒܗܘܢ
ܐܚܕ ܛܠܝܐ ܘܐܩܝܡܗ
48 ܠܘܬܗ ܘܐܡܪ ܡܢ
ܕܡܩܒܠ ܛܠܝܐ
ܗܢܐ ܒܫܡܝ ܠܝ ܗܘ
ܡܩܒܠ ܘܡܢ ܕܠܝ
ܡܩܒܠ ܠܡܢ ܕܫܕܪܢܝ
ܡܩܒܠ. ܐܢܐ ܓܝܪ
ܕܙܥܘܪ ܘܛܠܝܐ ܠܟܘܢ
49 ܗܢܐ ܪܒ ܗܘ ܥܢܐ
ܝܘܚܢܢ ܘܐܡܪ ܠܗ ܪܒܢ

Lk ix 49 ܥܢܐ ܚܕ ܕܡܢܗܘܢ ܫܡܥܘܢܐ
ܩܕܡܝܢ ܘܟܠܝܠܗܘܢ ܡܠܠ
50 ܕܠܐ ܐܬܐ ܥܡܢ ܐܡܪ
ܠܗܘܢ ܝܫܘܥ ܠܐ ܬܟܠܘܢ
ܡܢ ܕܠܐ ܗܘܐ ܠܩܒܠ
ܠܘܩܒܠܟܘܢ ܚܠܦܝܟܘܢ

51 ܘܟܕ ܡܬܡܠܝܢ ܗܘܘ
ܝܘܡܬܐ ܕܡܣܩܢܗ
ܐܬܩܢ ܦܪܨܘܦܗ ܕܝܙܠ
52 ܠܐܘܪܫܠܡ ܘܫܕܪ ܗܘܐ
ܡܠܐܟܐ ܩܕܡ ܐܦܘܗܝ
ܘܐܬܘ ܘܥܠܘ ܠܩܪܝܬܐ
ܕܫܡܪܝܐ ܕܢܛܝܒܘܢ
53 ܠܗ. ܘܠܐ ܩܒܠܘܗܝ
ܡܛܠ ܕܦܪܨܘܦܗ
ܠܐܘܪܫܠܡ ܫܝܡ
54 ܗܘܐ ܠܡܐܙܠ ⌜ܘܟܕ⌝ ܚܡ
ܚܙܘ ܬܠܡܝܕܘܗܝ ܝܥܩܘܒ
ܘܝܘܚܢܢ ܐܡܪܘ ܠܗ
ܡܪܢ ܨܒܐ ܐܢܬ ܕܢܐܡܪ
ܕܬܚܘܬ ܢܘܪܐ ܡܢ
ܫܡܝܐ ܘܬܐܟܘܠ ܐܢܘܢ
55, 56 ܘܟܐܐ ܒܗܘܢ ܘܐܙܠܘ
ܠܗܘܢ ܠܩܪܝܬܐ ܐܚܪܬܐ

Lk ix 57 ܘܟܕ ܐܙܠܝܢ ܒܐܘܪܚܐ
ܐܡܪ ܠܗ ⌜ܐܢܫ⌝ ܐܬܐ
ܒܬܪܟ ܠܐܬܪ ܕܐܙܠ
58 ܐܢܬ ܐܡܪ ܠܗ ܝܫܘܥ
ܕܐܝܢ ܠܬܥܠܐ ܢܘܟܐ
ܐܝܬ ܠܗܘܢ ܘܠܦܪܚܬܐ
ܕܫܡܝܐ ܩܢܐ ܘܠܒܪܗ
ܕܐܢܫܐ ܠܝܬ ܠܗ
ܐܬܪ ܕܝܣܡܘܟ ܪܝܫܗ
59 ܘܐܡܪ ܠܐܚܪܢܐ ⌜ܐܬܐ
ܒܬܪܝ. ܐܡܪ ܠܗ ܐܦܣ
ܠܝ ܠܡܦܩ ܐܙܠ
ܐܩܒܘܪ ܠܐܒܝ
60 ܐܡܪ ܠܗ ܫܒܘܩ
ܡܝܬܐ ܩܒܪܝܢ
ܡܝܬܝܗܘܢ ܘܐܙܠܬ
⌜ܐܠ⌝ ܣܒܪ ܡܠܟܘܬܗ
61 ܕܐܠܗܐ ܐܡܪ ܠܗ
ܐܚܪܢܐ ܐܬܐ
ܒܬܪܟ ܡܪܝ. ܠܡܦܩ
ܕܝܢ ܐܦܣ ܠܝ ܐܙܠ
ܐܫܐܠ ܠܒܢܝ ܒܝܬܝ.
62 ܘܐܬܐ ܐܡܪ ܠܗ
ܝܫܘܥ ܠܐ ܐܢܫ ܪܡܐ
ܐܝܕܗ ܥܠ ܚܪܒܐ

Lk ix 62 ܕܦܕܢܐ ܘܚܐܪ ܠܒܣܬܪܗ
ܘܗܘܐ ܚܫܝܚ ܠܡܠܟܘܬܗ
ܕܐܠܗܐ ܀

x 1 ܘܡܢ ܒܬܪ ܗܠܝܢ
ܦܪܫ ܡܢ ܬܠܡܝܕܘܗܝ
ܐܚܪܢܐ ܫܒܥܝܢ
ܘܬܪܝܢ ܘܫܕܪ ܐܢܘܢ
ܬܪܝܢ ܬܪܝܢ ܩܕܡ ܐܦܘܗܝ
ܠܟܠ ܐܬܪ ܘܡܕܝܢܐ
. . . . ܠܡܐܙܠ
2 ܚܨܕܐ . .
. . . . . .
. . ܡܪܗ ܕܚܨܕܐ
. . . ܦܥܠܐ
3 . . . ܐܙܠܘ ܗܐ
ܐܢܐ ܡܫܕܪ ܠܟܘܢ
ܐܝܟ ܐܡܪܐ . .
4 ܕܐܒܐ ܠܐ . . .
ܠܟܘܢ ܟܝܣܐ .
ܬܪܡܠܐ . . .
ܘܡܣܐܢܐ . . .
ܒܐܘܪܚܐ ܠܐ ܬܫܐܠܘܢ
5 ܘܠܐܝܢܐ ܒܝܬܐ ܕܥܐܠܝܢ
ܩܕܡܝܢ ܐܡܪܘ ܠܗ
ܗܘܬܘܢ ܐܡܪܝܢ ܫܠܡܐ

Lk x 5, 6 ܒܒܝܬܐ ܐܢ ܐܝܬ ܬܡܢ
ܒܪ ܫܠܡܐ ܬܬܢܝܚ
. . . . .
. . . . ܥܠܝܗܘܢ
7 . . . . . .
. . . .
. . . .
. . . .
ܘܠܐ . . . . .
8 ܠܚܒܪܗ ܘܠܐܝܢܐ
ܡܕܝܢܬܐ ܕܥܠܝܢ ܐܢܬܘܢ
ܕܡܩܒܠܝܢ ܠܟܘܢ
ܠܟܘܢ . . . .
. . . .
9 ܘܐ . . .
. . . . . .
. . . . . .
. . . . . .
. . . . . .
. . . . .
. . . . . .
. . . . .
. . .
11 ܘܗܐ ܐܦ ܚܠܐ
. . . . .
ܐܢܚܢܢ . .
ܗܕܐ . . .

Lk x 11 ܠܗ ܡܠܟܘܬܐ ܕܐܠܗܐ
12 ܐܡܪܢܐ ܠܟܘܢ
ܕܠܣܕܘܡ ܢܗܘܐ ܦܝܚ
ܒܝܘܡܐ ܕܕܝܢܐ ܛܒ
ܡܢ ܕܠܡܕܝܢܬܐ ܗܝ.
13 ܘܝ ܠܟܝ ܟܘܪܙܝܢ ܘܝ
ܠܟܝ ܒܝܬ ܨܝܕܐ ܕܐܠܘ
ܒܨܘܪ ܘܒܨܝܕܢ ܗܘܘ
ܚܝ̈ܠܐ ܕܒܟܝܢ ܗܘܘ
ܟܒܪ ܕܝܢ ܒܣܩ̈ܘܐ
14 ܘܒܩܛܡܐ ܬܒܘ ܒܪܡ
ܠܨܘܪ ܘܠܨܝܕܢ ܢܗܘܐ
ܦܝܚ ܒܝܘܡܐ ܗܘ
15 ܡܬܪ̈ ܡܢ ܕܠܚܡ ܘܐܢܬܝ
ܟܦܪܢܚܘܡ ܠܐ ܥܕܡܐ
ܠܫܡܝܐ . . . .
. . . . . .
. . . .
. . . . . .
. . . .
. . .
. . . . . .
. . . . . .
. . . . . .
. . . . . .

Lk x 18 . . . . .
ܚܙܐ . . ܠܣܛܢܐ
ܕܢܦܠ ܐܝܟ ܒܪܩܐ
19 ܡܢ ܫܡܝܐ ܗܐ
ܝܗܒܬ ܠܟܘܢ
ܫܘܠܛܢܐ ܕܬܗܘܘܢ
· ܝܢ ܚܘ̈ܘܬܐ ܘܥܩܪ̈ܒܐ
. . ܚܝܠܗ ܕܒܥܠܕܒܒܐ
ܘܡܕܡ ܠܐ ܢܗܪܟܘܢ
20 ܒܪܡ ܕܝܢ ܒܗܕܐ ܠܐ
ܬܚܕܘܢ ܕܫ̈ܐܕܐ
ܡܫܬܥܒܕܝܢ ܠܟܘܢ
ܐܠܐ ܚܕܘ ܕܫܡܗܬܟܘܢ
ܕܐܬܟܬܒܘ ܒܫܡܝܐ
21 ܘܒܗ ܒܫܥܬܐ . .
ܒܪܘܚܐ . .
. . . . .
ܐܒܐ ܡܪܗ . .
ܘܕܐܪܥܐ . . . .
. . .
. . . . . .
. .
. . . .
. . . . . .
. . . .

Lk x 22 ܘܡܢܘ ܝܕܥ ܠܒܪܐ ܐܠܐ
ܐܒܐ ܘܡܢܘ ܝܕܥ
ܠܐܒܐ ܐܠܐ ܐܢ
ܒܪܐ ܘܠܡܢ ܕܨܒܐ
ܒܪܐ ܕܝܓܠܐ ܠܗ.
23 ܘܐܬܦܢܝ ܠܘܬ ܬܠܡܝܕܘܗܝ
ܘܐܡܪ ܠܗܘܢ ܛܘܒܝܗܘܢ
ܠܥܝܢܝܐ ܕܚܙܝܢ ܡܐ
24 ܕܚܙܝܢ ܐܢܬܘܢ ܐܡܪܢܐ
ܠܟܘܢ ܓܝܪ ܕܣܓܝܐܐ
ܢܒܝܐ ܘܡ̈ܠܟܐ ܨܒܘ
ܕܝܚܡܘܢ ܡܐ ܕܚܙܝܢ
ܐܢܬܘܢ ܘܠܐ ܚܡܘ
ܘܠܡܫܡܥ ܡܕܡ
ܕܐܢܬܘܢ ܫܡܥܝܢ ܘܠܐ
25 ܫܡܥܘ. ܟܕ ܐܡܪ ܗܠܝܢ.
ܩܡ ܚܕ ܢܡܘܣܐ
ܚܕ ܕܡܢܣܐ ܗܘܐ
. . ܐܡܪ ܠܗ
. . . . .
. . . . ܕܠܥܠܡ
26 ܐܡܪ ܠܗ ܝܫܘܥ
ܒܢܡܘܣܐ ܐܝܟܢܐ
ܟܬܝܒ ܘܐܝܟܢܐ ܩܪܐ
27 ܐܢܬ ܗܘ ܕܝܢ ܟܢܐ

Lk x 27 ܘܐܡܪ ܠܗ ܕܬܪܚܡ
ܠܡܪܝܐ ܐܠܗܟ ܡܢ
ܟܘܠܗ ܠܒܟ ܘܡܢ
ܟܘܠܗ ܢܦܫܟ ܘܡܢ
ܟܠܗ ܚܝܠܟ ܘܡܢ
ܟܠܗ ܪܥܝܢܟ ܘܠܩܪܝܒܟ
28 ܐܝܟ ܢܦܫܟ ܐܡܪ
ܠܗ ܝܫܘܥ ܬܪܝܨܐܝܬ
ܐܡܪܬ ܗܠܝܢ ܥܒܕ
29 ܘܚܝܐ ܐܢܬ ܗܘ ܕܝܢ
ܨܒܐ ܗܘܐ ܠܡܙܕܕܩܘ
ܢܦܫܗ ܐܡܪ ܠܝܫܘܥ
30 ܘܡܢܘ ܩܪܝܒܝ ܐܡܪ
ܠܗ ܓܒܪܐ ܚܕ ܢܚܬ
ܗܘܐ ܡܢ ܐܘܪܫܠܡ
ܠܐܝܪܝܚܘ ܘܢܦܠܘ ܓܝܣܐ
ܘܐܫܠܚܘܗܝ ܘܡܚܘܗܝ
ܘܫܒܩܘܗܝ ܒܝܬ
ܡܝܬ ܠܚܝ ܘܐܙܠܘ
31 ܠܗܘܢ ܘܥܪܥ ܟܗܢܐ
ܚܕ ܢܚܬ ܒܐܘܪܚܐ
ܗܝ ܘܚܡܝܗ ܘܥܒܪܗ
32 ܘܗܟܢܐ ܐܦ ܠܘܝܐ
ܟܕ ܡܛܐ ܗܝ ܕܘܟܬܐ
33 ܚܡܝܗ ܘܥܒܪܗ ܫܡܪܝܐ
ܕܝܢ ܚܕ ܟܕ ܪܕܐ ܗܘܐ

Lk x 33 ܗܘܐ ܒܐܘܪܚܗ ܡܛܐ
ܠܘܬܗ ܚܙܝܗ ܘܐܬܪܚܡ
34 ܟܠܘܗܝ ܘܩܪܒ
ܚܒܫ ܡܚܘܬܗ.
ܘܐܪܡܝ ܥܠܝܗܘܢ
ܡܫܚܐ ܘܚܡܪܐ
ܘܐܪܟܒܗ ܥܠ ܚܡܪܗ
ܘܐܝܬܝܗ ܠܦܘܬܩܐ.
35 ܘܬܪܣܝܗ ܘܠܡܦܪܗ
ܕܝܘܡܐ ܐܦܩ ܬܪܝܢ
ܕܝܢܪܝܢ ܘܝܗܒ ܠܦܘܬܩܝܐ
ܘܐܡܪ ܬܪܣܝܗܝ ܘܡܐ
ܕܗܦܩܬ ܬܘܒ ܡܢ ܕܝܢ
ܕܝܦܘ ܠܝ ܟܠܗܘܢ
36 ܦܪܥ ܐܢܐ ܠܟ ܡܢܘ
ܡܢ ܗܠܝܢ ܬܠܬܐ
ܡܬܚܙܐ ܠܟ ܕܗܘܐ
ܩܪܝܒܗ ܕܗܘ ܕܢܦܠ
37 ܒܐܝܕܝ ܠܣܛܝܐ. ܐܡܪ
ܠܗ ܗܘ ܕܐܬܪܚܡ
ܥܠܘܗܝ ܐܡܪ ܠܗ
ܝܫܘܥ ܐܠ ܘܐܦ
ܐܢܬ ܗܟܢܐ ܗܘܝܬ
ܥܒܕ ⁘
38 ܘܟܕ ܐܙܠܝܢ ܗܘܘ ܒܐܘܪܚܐ
. . . ܘܐܬܬܐ
. . . ܡܪܬܐ

Lk x 38 ܘܩܒܠܬܗ ܒܒܝܬܗ
39 ܘܐܝܬ ܗܘܬ ܠܗ
ܚܬܐ ܕܫܡܗ ܡܪܝܡ
ܘܐܬܬ ܝܬܒܬ ܠܘܬ
ܪܓܠܘܗܝ ܕܝܫܘܥ
ܘܫܡܥܐ ܗܘܬ
40 ܡܠܬܗ ܡܪܬܐ ܕܝܢ
ܥܢܝܐ ܗܘܬ ܒܬܫܡܫܬܐ
ܘܐܬܬ ܐܡܪܐ ܠܗ
ܡܪܝ ܠܐ ܒܛܠ ܠܟ
ܥܠ ܕܚܬܝ ܫܒܩܬܢܝ
ܒܠܚܘܕܝ ܠܡܫܡܫܘ
ܐܡܪ ܠܗ ܡܕܒܪܐ ܠܢ
ܥܢܐ ܝܫܘܥ. ܘܐܡܪ ܠܗ
41, 42 ܡܪܬܐ ܡܪܬܐ ܡܪܝܡ
ܡܢܬܐ ܛܒܬܐ ܓܒܬ
ܠܗ ܕܠܐ ܬܬܢܣܒ
ܡܢܗ

xi 1 ܘܟܕ ܡܨܠܐ ܗܘܐ
. ܒܬܪ ܕܦܪܩ .
ܡܢ ܨܠܘܬܗ ܐܡܪ
. ܡܢ ܬܠܡܝܕܘܗܝ
. . . ܠܡܨܠܝܘ
ܐܝܟܢܐ ܕܝܘܚܢܢ ܐܠܦ
2 ܠܬܠܡܝܕܘܗܝ ܘܐܡܪ
. ܐܡܬܝ ܕܡܨ̈ܠܝܢ .
ܐܢܬܘܢ ܗܘܬܘܢ ܐܡܪܝܢ

fol. 90 r (= 5 r).

J. R. H.

Lk xi 2 ܐܒܐ ܝܬܩܕܫ ܫܡܟ
ܘܬܐܬܐ ܡܠܟܘܬܟ
3 ܗܘܒ ܠܢ ܠܚܡܐ
ܐܡܝܢܐ ܕܟܠ ܝܘܡ
4 ܘܫܒܘܩ ܠܢ ܚܛܗܝܢ
ܘܐܦ ܐܢܚܢܢ ܫܒܩܝܢ
ܐܢܫܢ ܠܟܠ ܕܚܝܒ ܠܢ
ܘܠܐ ܬܥܠܝܢ ܠܢܣܝܘܢܐ

5 ܘܐܡܪ ܠܗܘܢ ܝܫܘܥ
ܡܢ ܡܢܟܘܢ ܕܐܝܬ
ܠܗ ܪܚܡܐ ܘܐܙܠ
ܠܘܬܗ ܒܦܠܓܘܬ ܠܠܝܐ
ܘܐܡܪ ܠܗ ܪܚܡܝ
ܐܫܐܠܝܢ ܬܠܬ ܓܪܝܣܝܢ
6 ܡܛܠ ܕܪܚܡܐ ܚܕ
ܠܝ ܡܢ ܐܘܪܚܐ ܘܠܬ
ܠܝ ܡܢ ܕܐܣܝܡ
7 ܘܡܢ ܓܘܗ ܗܘ . .
. . ܠܐ . . ܠܗ
. . ܬܗܪܝܢ ܡܛܠܘܢ
ܕܬܪܥܐ ܐܚܝܕ ܗܘ
ܒܢܝܐ ܥܡܝ ܒܥܪܣܐ
. ܡܫܟܚ ܐܢܐ
ܕܐܩܘܡ ܐܬܠ ܠܟ
8 ܐܡܪܢܐ ܠܟܘܢ ܕܐܢ

Lk xi 8 ܡܛܠ ܪܚܡܘܬܐ ܠܐ
ܝܬܠ ܠܗ ܘܡܛܠ
ܚܨܦܘܬܐ ܝܗܘܒ
ܘܝܬܠ ܠܗ. ܟܡܐ
9 ܕܡܬܒܥܐ ܠܗ ܘܐܦ
ܐܢܐ ܐܡܪܢܐ ܠܟܘܢ
ܫܐܠܘ ܘܝܬܝܗܒ
ܠܟܘܢ ܒܥܘ ܘܬܫܟܚܘܢ
ܩܫܘ ܘܝܬܦܬܚ
10 ܠܟܘܢ ܟܠ ܐܢܫ ܓܝܪ
ܕܫܐܠ ܢܣܒ ܘ .
ܕܒܥܐ . . . .
ܘܟܠ ܕܡܩܫ ܡܬܦܬܚ
11 ܠܗ. ܐܝܢܐ . . .
ܡܢܟܘܢ ܕܝܫܐܠܘܗܝ
ܒܪܗ ܢܘܢܐ ܕܠܡܐ
ܚܠܦ ܢܘܢܐ ܚܘܝܐ
12 ܝܗܒ ܐܘ ܒܥܪܬܐ
ܢܫܐܠܘܗܝ ܕܠܡܐ
ܥܩܪܒܐ ܡܘܫܛ
13 ܠܗ ܘܐܢ ܐܢܬܘܢ
. . ܐܢܬܘܢ ܒܝܫܝܢ
ܐܢܬܘܢ ܡܘܗ̈ܒܬܐ
ܛܒܬܐ ܠܡܬܠ ܠܒܢܝܟܘܢ
ܟܡܐ ܝܬܝܪ ܐܒܐ
ܕܒܫܡܝܐ ܕܝܬܠ
ܛܒܬܐ ܠܫܐܠܝܢ

fol. 90 v (= 5 v). J. R. H.

. . . . . .

Lk xi

. . . . . .

. . . . . .

. . . . . .

.   . . . .

. . . . . .

. . . . . .

. . . . . .

. . . . . .

. . . . . .

. . . . . .

. . . . . .

. . . . . .

. . . . . .

. . . . . .

. . . . . .

. . . . . .

.   . . . .

. . . . . .

. . . . . .

. . . . . .

.   . . . .

. . . . .

. . . . . .

    . . . .

fol. 91 r (= 63 r).

[F. C. B.]

Lk xi 24 . . . . .

ܐܢܝܚܐ . . .

. . . . .

ܠܒܝܬ . . . .

. . . . . .

ܐܫܟܚܬ . .

ܐܗܦܘܟ . . .

ܐܫܟܚܐ ܕܡܦܘܬ

25 ܗܟܐ ܕܐܬܬ . . .

ܕܫܟܝܢ ܘܡܣܝܒܬ

26 ܗܝܕܝܢ ܐܙܠܐ ܕܒܪܐ

ܥܡܗ . . . . .

. . . . .

. . . ܐܚܪܢܝܬܗ

. ܒܪ ܐܢܫܐ

. . . ܡܩܕܡܝܬܗ

27 . . . .

. . . . . .

. . . . .

. . . . . .

. . .

. . . . .

. . . . .

. . . . .

. . . .

Lk xi 28 ܕܐܠܗܐ ܘܢܛܪܝܢ ܠܗ

29 ܘܟܕ ܡܬܟܢܫܝܢ ܗܘܘ

ܟܢܫܐ ܫܪܝ ܠܡܐܡܪ

ܫܪܒܬܐ ܗܕܐ

ܫܪܒܬܐ . . . .

. . . ܐܬܐ

ܠܐ ܬܬܝܗܒ . . .

. . . . .

30 ܕܝܘܢܢ . .

ܕ . . . . . .

ܠܢܝܢܘܝܐ ܗܟܢܐ . .

ܒܪܗ . . . .

31 . . . . .

ܕܬܝܡܢܐ . . .

ܒܕܝܢܐ ܥܡ . . .

. . . . .

. . . . .

. . . . .

. . . .

. . . . .

. . . . .

. . . . . .

. . . .

. . . .

Lk xi 3 ܒܟܪܘܙܘܬܗ ܕܝܘܢܢ
ܘܗܐ ܪܒ ܡܢ ܝܘܢܢ
ܗܪܟܐ ܀

33 ܠܐ ܐܢܫ ܡܢܗܪ ܫܪܓܐ
ܘܣܐܡ ܠܗ ܒܛܫܝܐ
ܐܠܐ ܣܐܡ ܠܗ ܠܥܠ
ܡܢ ܡܢܪܬܐ. ܕܐܝܠܝܢ
ܕܥܠܝܢ ܚܡܝܢ ܢܗܘܪܗ
34 ܫܪܓܗ ܗܝ ܕܦܓܪܐ
ܥܝܢܐ ܗܝ ܐܡܬܝ
ܕܥܝܢܟ ܗܟܠ ܬܗܘܐ
ܦܫܝܛܐ ܐܦ ܦܓܪܟ
ܒܟܠܗ ܢܗܝܪ ܗܘ ܐܦ
ܕܝܢ ܥܝܢܟ ܬܗܘܐ
ܒܝܫܐ ܐܦ ܦܓܪܟ
35 ܚܫܘܟ ܗܘ ܬܗܘܐ
ܗܟܝܠ ܚܘܪ ܕܠܡܐ
ܢܘܗܪܐ ܕܒܟ ܚܫܘܟ
36 ܗܘ ܐܦ ܦܓܪܟ
ܗܟܝܠ ܡܐ ܕܠܝܬ ܒܗ
ܫܪܓܐ ܕܡܢܗܪ ܗܘܐ
ܚܫܘܟ. ܗܟܢܐ ܡܐ
ܕܫܪܓܟ ܗܘܐ ܢܘܗܪ
ܡܢܗܪ ܠܟ. ܀
37 ܘܒܥܐ ܗܘܐ ܡܢܗ

Lk xi 37 ܦܪܝܫܐ ܚܕ ܕܢܫܬܪܐ
ܠܘܬܗ ܘܥܠ ܐܣܬܡܟ
38 ܐܬܕܡܪ ܕܠܡܐ ܠܐ
ܩܕܡ ܥܡܕ ܫܪܘܬܗ
39 ܐܡܪ ܠܗ ܝܫܘܥ
ܐܢܬܘܢ ܦܪܝܫܐ ܒܪܗ
ܗܘ ܠܒܪ ܕܟܣܐ
ܘܕܦܝܢܟܐ ܡܕܟܝܢ
ܐܢܬܘܢ ܘܓܘܗܘܢ ܡܠܐ
ܚܛܘܦܝܐ ܘܒܝܫܬܐ
40 ܚܣܝܪܝ ܪܥܝܢܐ ܠܐ
ܗܘܐ ܡܢ ܕܥܒܕ ܕܠܒܪ
ܐܦ ܕܠܓܘ ܗܘ ܥܒܕ
41 ܐܠܐ ܡܕܡ ܕܐܝܬ
ܠܓܘ ܡܢܟܘܢ ܗܒܘܗܝ
ܒܙܕܩܬܐ ܘܗܐ ܟܘܠ
ܡܕܡ ܕܟܝܐ ܗܘ ܠܟܘܢ
42 ܐܠܐ ܘܝܠܟܘܢ ܦܪܝܫܐ
ܕܡܥܣܪܝܢ ܐܢܬܘܢ
ܢܢܥܐ ܘܦܓܢܐ ܘܟܠܗܘܢ
ܝܪܩܘܢܐ. ܘܥܒܪܝܢ
ܐܢܬܘܢ ܥܠ ܕܝܢܐ
ܘܥܠ ܚܘܒܐ ܕܐܠܗܐ
ܗܠܝܢ ܘܠܐ ܗܘܐ
ܕܬܥܒܕܘܢ ܘܐܦ ܗܠܝܢ
ܠܐ ܢܫܬܒܩܢ ܀

Lk xi 43 ܘܝ ܠܟܘܢ ܦܪܝܫܝܐ ܕܪܚܡܝܢ
ܐܢܬܘܢ ܡܘܬܒܐ ܩܕܡܝܐ
ܒܟܢܘܫܬܐ ܘܫܠܡܐ
44 ܒܫܘܩܝܐ ܘܝ ܠܟܘܢ
ܕܐܝܬܝܟܘܢ ܟܩܒܪܐ
ܕܠܐ ܚܙܝܢ ܐܢܬܘܢ
ܘܒܢܝ ܐܢܫܐ ܡܗܠܟܝܢ
ܠܥܠ ܡܢܗܘܢ ܘܠܐ
45 ܝܕܥܝܢ ܐܢܬܘܢ ܘܥܢܐ
ܚܕ ܡܢ ܣܦܪܐ ܘܐܡܪ
ܠܗ ܡܠܦܢܐ. ܟܕ ܗܠܝܢ
ܐܡܪ ܐܢܬ ܐܦ ܠܢ
46 ܡܨܥܪ ܐܢܬ ܐܡܪ
ܠܗ ܐܦ ܠܟܘܢ ܘܝ
ܠܟܘܢ ܣܦܪܝܐ ܕܛܥܢܝܢ
ܐܢܬܘܢ ܠܒܢܝ ܐܢܫܐ
ܡܘܒܠܐ ܝܩܝܪܬܐ
ܘܐܢܬܘܢ ܒܚܕܐ ܡܢ
ܨܒܥܬܟܘܢ ܠܐ
ܡܬܩܪܒܝܢ ܐܢܬܘܢ
47 ܠܗܘܢ ܘܠܟܘܢ ܕܒܢܝܢ
ܐܢܬܘܢ ܩܒܪܐ ܕܢܒܝܐ
ܕܐܒܗܬܟܘܢ ܩܛܠܘ

Lk xi 47, 48 ܐܢܘܢ܇ ܡܟܝܠ ܣܗܕܝܢ
ܐܢܬܘܢ ܘܡܫܬܘܕܝܢ
ܐܢܬܘܢ ܒܥܒܕܝܐ
ܕܐܒܗܬܟܘܢ ܕܗܢܘܢ
ܩܛܠܘ ܐܢܘܢ ܘܐܢܬܘܢ
49 ܒܢܝܢ ܐܢܬܘܢ ܡܛܠ
ܗܢܐ ܚܟܡܬܐ ܕܐܠܗܐ
ܐܡܪܬ ܕܐܫܠܚ ܒܗܘܢ
ܢܒܝܐ ܘܫܠܝܚܐ
ܡܢܗܘܢ ܢܩܛܠܘܢ
50 ܘܢܪܕܦܘܢ ܕܢܬܒܥ
ܕܡܐ ܕܟܠܗܘܢ ܢܒܝܐ
ܕܐܬܐܫܕ ܗܘܐ ܡܢ
ܕܐܬܒܪܝ ܥܠܡܐ
ܒܕܪܐ ܠܗܕܐ
51 ܫܪܒܬܐ. ܡܢ ܕܡܗ
ܕܗܒܝܠ ܥܕܡܐ
ܠܕܡܗ ܕܙܟܪܝܐ ܗܘ
ܕܐܬܩܛܠ ܒܝܢ ܡܕܒܚܐ
ܠܗܝܟܠܐ ܐܡܝܢ ܐܡܪ
ܐܢܐ ܠܟܘܢ ܕܢܬܒܥ
ܡܢ ܐܢ̈ܫܝ ܫܪܒܬܐ
52 ܗܕܐ. ܘܝ ܠܟܘܢ ܣܦܪܝܐ
ܕܢܣܒܬܘܢ ܐܩܠܝܕܐ
ܕܝܕܥܬܐ ܐܢܬܘܢ ܠܐ

F. C. B.

Lk xi ܥܠܠܬܘܢ ܘܠܐܝܠܝܢ ܕܥܠܝܢ
53 ܟܠܝܬܘܢ ܘܟܕ ܐܡܪ
ܗܘܐ ܗܠܝܢ. ܠܩܒܠܗܘܢ
ܠܒܝܢ ܫܠܘܗ ܒܒܗܬܐ
ܫܪܝ ܡܬܒܐܫ ܗܘܐ
ܠܣܦܪܐ ܘܠܦܪܝܫܐ
ܘܕܪܫܝܢ ܗܘܘ ܒܗܒܗ
54 ܥܠ ܦܬܓܡܬܐ ܘܟܡܢܝܢ
ܗܘܘ ܠܡܐܚܕ ܟܠܘܗܝ
xii 1 ܟܠܠܬܐ. ܘܟܕ ܟܢܫ
ܟܠܘܗܝ ܟܢܫܐ ܦܓܝܐܐ.
ܐܡܚܝܐ ܕܕܫܘܢ ܚܕ
ܠܚܕ ܫܪܝ ܗܘܐ
ܠܡܐܡܪ ܠܬܠܡܝܕܘܗܝ
ܐܙܕܗܪܘ ܡܢ ܚܡܝܪܐ
ܕܦܪܝܫܐ ܕܐܝܬܘܗܝ
2 ܡܣܒ ܒܐܦܐ ܠܝܬ
ܓܝܪ ܡܕܡ ܕܟܣܐ ܕܠܐ
ܢܬܓܠܐ ܘܠܐ ܕܡܛܫܢ
3 ܕܠܐ ܢܬܝܕܥ. ܐܝܠܝܢ
ܓܝܪ ܕܒܚܫܘܟܐ ܐܡܪܬܘܢ
ܒܢܗܝܪܐ ܢܫܬܡܥܢ.
ܘܡܕܡ ܕܒܒܬܘܢܐ
ܒܐܕܢܐ ܠܫܥܬܘܢ ܥܠ
4 ܐܓܪܐ ܢܬܟܪܙ. ܐܡܪ
ܐܢܐ ܠܟܘܢ ܕܝܢ ܪܚܡܝ
ܠܐ ܬܕܚܠܘܢ ܡܢ ܐܝܠܝܢ

Lk xii 4 ܕܩܛܠܝܢ ܦܓܪܐ. ܘܡܢ
ܒܬܪܟܢ ܡܕܡ ܠܐ
ܡܫܟܚܝܢ ܠܡܥܒܕ
5 ܐܚܘܝܟܘܢ ܕܝܢ ܡܢ ܡܢ
ܬܕܚܠܘܢ ܕܚܠܘ ܡܢ ܗܘ
ܕܡܢ ܒܬܪ ܕܩܛܠ
ܫܠܝܛ ܠܗ ܠܡܪܡܝܗ
ܒܓܗܢܐ. ܐܝܢ ܐܡܪ ܐܢܐ
ܠܟܘܢ ܕܡܢ ܗܢܐ
6 ܠܡܕܚܠ ܚ̈ܡܫܐ ܓܝܪ
ܨܦܪܝܢ ܡܙܕܒܢܝܢ ܒܬܪܝܢ
ܐܣܪܝܢ ܘܚܕܐ ܡܢܗܘܢ
ܠܐ ܛܥܝܐ ܩܕܡ ܐܠܗܐ
7 ܐܦ ܡܢܝܐ ܓܝܪ ܕܣܥܪܐ
ܕܪܫܟܘܢ ܡܢܝܢ ܐܢܝܢ
ܠܐ ܗܟܝܠ ܬܕܚܠܘܢ
ܡܩܛܠ ܕܡܢ ܨܦܪܐ
ܣܓܝܐܐ ܛܒܝܢ ܐܢܬܘܢ
8 ܐܡܪܢܐ ܠܟܘܢ ܓܝܪ ܕܟܠ
ܕܝܘܕܐ ܒܝ ܩܕܡ ܒ̈ܢܝ
ܐܢܫܐ. ܐܦ ܒܪܗ
ܕܐܢܫܐ ܝܘܕܐ ܒܗ ܩܕܡ
ܡܠܐܟ̈ܘܗܝ ܕܐܠܗܐ
10 ܘܟܠ ܕܝܐܡܪ ܡܠܬܐ
ܥܠ ܒܪܗ ܕܐܢܫܐ

Lk xii 10 ܢܫܬܒܩ ܠܗ ܡܢ ܕܓܠ
ܪܘܚܐ ܕܝܢ ܕܩܘܕܫܐ
ܢܓܕܦ ܠܐ ܢܫܬܒܩ
11 ܠܗ ܡܐ ܕܡܩܪܒܝܢ
ܠܟܘܢ ܕܝܢ ܠܟܢܘܫܬܐ
ܩܕܡ ܐܪܟܘܢ ܘܫ̈ܠܝܛܐ
ܠܐ ܬܐܨܦܘܢ ܡܢܐ
ܬܦܩܘܢ ܪܘܚܐ. ܐܘ
12 ܡܢܐ ܬܐܡܪܘܢ ܪܘܚܐ
ܕܝܢ . . . . .
. . . ܡܕܩ
ܕܬܐܡܪܘܢ ܀

13 . . . ܠܒܪܐ ܚܕ
. . ܒܢ̈ܫܐ. ܡܠܦܢܐ
. ܠܐܚܝ ܦܠܓ
. . . . . .
14 . . . ܠܗ ܓܒܪܐ
. . . . . .
15 . . . . .
. . . . .
. . . . ܕܠܐ
. . ܒܬܘܪܬܐ ܕܢܟܣܐ
. . . . ܠܟ̈ܠܝ
. ܐ . ܘ̇

Lk xii 16 ܘܐܡܪ ܠܗܘܢ ܡܬܠܐ
ܗܢܐ. ܠܓܒܪܐ ܚܕ
ܥܬܝܪܐ ܐܥܠܬ
ܗܘܬ ܠܗ ܐܪܥܗ
ܥܠܠܬܐ ܣܓܝ̈ܐܬܐ
17 ܘܡܬܚܫܒ ܗܘܐ
ܒܢܦܫܗ ܘܐܡܪ
ܡܢܐ ܐܥܒܕ ܕܠܝܬ
ܠܝ ܐܬܪ ܕܐܟܢܘܫ
18 ܥܠܠܬܝ. ܐܠܐ ܘܠܐ
ܠܝ ܕܐܣܬܘܪ ܒܝܬ
ܩܦܣܝ ܘܐܒܢܐ ܪܒ
ܘܐܘܪܒ ܐܢܘܢ
ܘܐܟܢܫ ܒܗܘܢ ܥܠܠܬܝ.
19 ܘܐܡܪ ܠܢܦܫܝ ܕܗܐ
ܛ̈ܒܬܐ ܣܓܝܐܬܐ
ܣܝܡܢ ܠܟ ܠܫ̈ܢܝܐ
. . . . . .
ܘܠܥܣܝ ܘܐܫܬܝ
20 ܘܐܬܒܣܡ ܐܡܪ
ܠܗ ܐܠܗܐ ܚܣܝܪ
ܪܥܝܢܐ ܒܗܕܐ ܠܠܝܐ
ܢܦܫܟ ܬܒܥܝܢ ܠܗ
ܡܢܟ ܘܠܡܢ ܕܛܝܒܬ
21 ܠܡܢ ܢܗܘܝܢ ܗܟܢܐ
. . . . . .

Lk xi ܣܝ̈ܡܬܐ ܘܒܐܠܗܐ
ܠܐ ܥܬܪ ܀
22 ܘܐܡܪ ܠܬܠܡ̈ܝܕܘܗܝ
ܡܛܠ ܗܢܐ ܐܡܪܢܐ
ܠܟܘܢ ܠܐ ܬܐܨܦܘܢ
ܕܢܦܫܐ ܡܢܐ ܬܐܟܠܘܢ
ܘܐܦܠܐ ܕܦܓܪܐ ܡܢܐ
23 ܬܠܒܫܘܢ. ܢܦܫܐ ܝܬܝܪ
ܝܬܝܪܐ ܗܝ ܡܢ
ܡܝܟܠܬܐ ܘܦܓܪܐ ܡܢ
24 ܠܒܘܫܐ. ܐܬܒܩܘ
ܒܥܘܪ̈ܒܐ ܕܠܐ ܙܪܥܝܢ
ܘܠܐ ܚܨܕܝܢ. ܘܠܝܬ
ܠܗܘܢ ܬܘܪܐ ܘܐܦ ܠܐ
ܒܝܬ ܩܦ̈ܐ ܘܐܠܗܐ
ܡܦܪܢܣ ܠܗܘܢ ܒܟܡܐ
ܗܟܠ ܐܢܬܘܢ ܡܝܬܪܝܢ
25 ܡܢ ܦܪܝܫܬܐ ܐܝܢܐ
. ܡܢܟܘܢ ܒܪ . .
. . . ܠܡܘܣܦܘ
ܥܠ ܩܘܡܬܗ ܐܡܬܐ
26 ܚܕܐ . . . . .
ܙܥܘܪܬܐ . .
ܐܢܬܘܢ . . .
. . . . . .

Lk xii 26, 27 ܥܢܝܢܐ. ܐܬܒܩܘ
ܒܫܘ̈ܫܢܐ ܐܝܟܢܐ
ܕܠܐ ܥܡܠܝܢ ܘܠܐ ܙܩܪܝܢ
ܘܐܡܪܢܐ ܠܟܘܢ ܕܐܦ
ܠܐ ܫܠܝܡܘܢ ܒܟܠܗ
ܬܫܒܘܚܬܗ ܠܒܝܫ
28 ܐܦܬܗܘܢ ܐܝ ܕܝܢ
ܒܥܣܒܐ ܕܝܘܡܢܐ
ܐܝܬܘܗܝ ܒܬܢܘܪܐ
ܘܡܚܪ ܢܦܠ ܒܬܢܘܪܐ
ܐܠܗܐ ܡܠܒܫ
ܟܡܐ ܝܬܝܪܐܝܬ
ܠܟܘܢ ܚܣܝܪܝ ܗܝܡܢܘܬܐ
29 ܠܐ ܗܘܝܢ . . .
ܡܢܐ ܬܐܟܠܘܢ . .
ܬܫܬܘܢ . .
. . . .
30 . . . . .
. . .
. . .
31 ܡܬܒܥܝܢ . . .
ܡܟܝܠ ܒܥܘ
ܕܐܠܗܐ . . . .
32 ܢܬܘܣܦܢ ܠܟܘܢ ܠܐ

Lk xii 32 ܬܕܚܠ ܥܢܐ ܙܥܘܪܐ
ܕܐܬܪܥܝ ܐܒܘܟܘܢ
ܕܝܬܠ ܠܟܘܢ ܡܠܟܘܬܐ
33 ܙܒܢܘ ܟܠܡܕܡ ܕܐܝܬ
ܠܟܘܢ ܘܗܒܘ ܙܕܩܬܐ.
ܘܥܒܕܘ ܠܟܘܢ ܟܝ̈ܣܐ
ܕܠܐ ܒ̈ܠܝܢ ܘܣܝܡܬܐ
ܕܠܐ ܚܣܪܐ ܒܫܡܝܐ
ܐܬܪ ܕܠܐ ܓܢ̈ܒܐ
ܓܢ̈ܒܝܢ ܐܦ ܠܐ
ܣܣܐ ܡܚܒܠ
34 ܘܐܬܪ ܕܣܝܡܬܟܘܢ
ܐܦ ܠܒܟܘܢ ܬܡܢ
35 ܢܗܘܐ. ܢܗܘܘܢ ܐܣܪܝܢ
ܚܨ̈ܝܟܘܢ ܘܡܢܗܪ̈ܝܢ
36 ܫܪ̈ܓܝܟܘܢ ܘܬܗܘܘܢ
ܕܡܝܢ ܠܐܢܫܐ ܕܡܣܟܝܢ
ܠܡܪܗܘܢ ܕܐܡܬܝ
ܢܦܢܐ ܡܢ ܒܝܬ ܡܫܬܘܬܐ
ܕܡܐ ܕܐܬܐ ܘܢܩܫ
ܡܚܕܐ ܢܦܬܚܘܢ ܠܗ
37 ܛܘܒ̈ܝܗܘܢ ܠܥܒ̈ܕܐ
ܗܢܘܢ ܕܐܬܐ ܢܫܟܚ

Lk xii 37 ܐܢܘܢ ܡܪܗܘܢ ܟܕ
ܥܝܪܝܢ ܐܡܝܢ ܐܡܪܢܐ
ܠܟܘܢ ܕܝܣܘܪ ܚܨ̈ܘܗܝ
ܘܝܣܡܟ ܐܢܘܢ ܘܝܥܒܪ
38 ܢܫܡܫ ܐܢܘܢ. ܘܐܢ
ܒܡܛܪܬܐ ܕܬܪܬܝܢ
ܐܘ ܕܬܠܬ ܢܐܬܐ
ܢܫܟܚ ܐܢܘܢ ܗܟܢܐ
ܛܘܒܝܗܘܢ ܠܗܢܘܢ
39 ܗܕܐ ܕܝܢ ܕܥܘ ܕܐܠܘ
ܝܕܥ ܗܘܐ ܡܪܐ
ܒܝܬܐ ܒܐܝܕܐ
ܫܥܬܐ ܐܬܐ ܗܘܐ
ܓܢܒܐ ܠܐ ܫܒܩ
ܗܘܐ ܕܝܬܦܠܫ ܒܝܬܗ.
40 ܘܐܦ ܐܢܬܘܢ ܗܘܘ
ܡܛܝܒܝܢ ܕܒܫܥܬܐ ܕܠܐ
ܣܒܪܝܢ ܐܢܬܘܢ ܐܬܐ
41 ܒܪܗ ܕܐܢܫܐ. ܐܡܪ
ܠܗ ܟܐܦܐ ܡܪܝ ܠܢ
ܗܘ ܐܡܪ ܐܢܬ ܠܗ
ܡܬܠܐ ܗܢܐ ܐܘ
42 ܐܦ ܠܟܠ ܐܢܫ. ܐܡܪ
ܠܗ ܝܫܘܥ ܐܢܐ ܗܘ

fol. 94 v (= 120 v).

R. L. B.
F. C. B.

Lk x ܫܠܝܛܐ ܡܗܝܡܢܐ
ܕܝܡܢܝܢܗ ܡܪܗ
ܥܠ ܒܢܝ ܒܝܬܗ ܕܝܬܠ
ܠܗܘܢ ܦܪܣܐ ܒܙܒܢܗ.
43 ܛܘܒܘܗܝ ܠܗܘ ܥܒܕ
ܕܐܬܐ
ܡܪܗ ܢܫܟܚܝܗ ──
44 ܕܒܟܢ ܗܟܢܐ ܫܪܝܪܐܝܬ
ܐܡܪ ܐܢܐ ܠܟܘܢ
ܕܫܠܝܛܢܗ ܥܠ ܟܠ
45 ܕܐܢܬ ܠܗ ܐܢ ܕܝܢ
ܢܐܡܪ ܗܘ ܥܒܕܐ
ܒܠܒܗ ܕܡܘܚܪ ܡܪܝ
ܠܡܐܬܐ ܘܢܫܪܐ
ܠܡܡܚܐ ܠܥܒܕܐ
ܘܠܐܡܗܬܐ ܘܠܡܐܟܠ
ܘܠܡܫܬܐ ܘܠܡܪܘܐ
46 ܘܝܐܬܐ ܡܪܗ ܕܥܒܕܐ
ܗܘ ܒܝܘܡܐ ܕܠܐ
ܣܒܪ ܘܒܫܥܬܐ ܕܠܐ
ܝܕܥ. ܘܢܦܠܓܝܗ
ܡܢܬܗ ܘܢܣܝܡܝܗ
ܥܡ ܗܘܢ ܕܠܐ ܡܗܝܡܢܝܢ.
47 ܥܒܕܐ ܕܝܕܥ ܨܒܝܢܐ
ܕܡܪܗ ܘܠܐ ܬܩܢ ܠܗ

Lk xii 47 ܐܝܟ ܨܒܝܢܗ ܢܠܩܐ
ܡܚܘܬܐ ܣܓܝܐܬܐ
48 ܘܗܘ ܕܠܐ ܝܕܥ ܘܥܒܕ
ܡܕܡ ܕܫܘܐ ܠܡܚܘܬܐ
ܢܠܩܐ ܡܚܘܬܐ ܙܥܘܪܝܬܐ
ܟܠ ܕܝܬܝܗܒ ܠܗ ܣܓܝ
ܣܓܝ. ܣܓܝ ܢܬܒܥ
ܡܢܗ. ܘܠܗ ܕܐܓܥܠܘ
ܠܗ ܣܓܝ ܝܬܝܪܐܝܬ
49 ܢܬܒܥܘܢܗ. ܢܘܪܐ ܗܘ
ܓܒܪ ܐܬܝܬ ܕܐܪܡܐ
ܒܐܪܥܐ. ܘܡܐ ܕܨܒܐ
ܐܢܐ ܗܢ ܟܕܘ ܝܩܕܬ.
50 ܡܥܡܘܕܝܬܐ ܐܝܬ
ܠܝ ܕܐܥܡܕ ܘܟܡܐ
ܐܠܝܨܢܐ ܥܕܡܐ
51 ܕܬܬܫܠܡ ܣܒܪܝܢ
ܐܢܬܘܢ ܕܫܝܢܐ ܐܬܝܬ
ܕܐܪܡܐ ܒܐܪܥܐ. ܐܡܪ
ܐܢܐ ܠܟܘܢ ܕܠܐ. ܐܠܐ
52 ܦܠܓܘܬܐ. ܡܢ ܗܫܐ
ܓܒܪ ܝܗܘܘܢ ܚܡܫܐ
ܒܒܝܬ ܚܕ ܡܬܦܠܓܝܢ
ܬܠܬܐ ܥܠ ܬܪܝܢ.
ܘܬܪܝܢ ܥܠ ܬܠܬܐ

Lk xii 53 . . . . ܒܪܗ
. . ܥܠ ܐܒܘܗܝ
. . ܥܠ . . .
. . . . ܐܡܗ
. . . . ܟܠܬܗ
. . . . ܚܡܬܗ
54 . . . . . .
. ܕܚܙܝܬܘܢ . .
. ܐ ܡܢ ܡܥܪܒܐ
ܐܢܬܘܢ ܐܡܪܝܢ
ܐܢܬܘܢ ܕܡܛܪܐ ܗܘܐ
55 . . ܗܟܢܐ ܘܗܘܐ
. . . ܬܝܡܢܐ
. . ܐܢܬܘܢ
. . ܘܗܘܐ
56 . . ܒܐܦܐ
. . ܕܫܡܝܐ
ܘܕܐܪܥܐ ܝܕܥܝܢ
ܐܢܬܘܢ ܠܡܒܚܢܗ
ܙܒܢܐ ܗܢܐ ܘܐܬܬܗ
ܠܐ ܟܝܢ ܐܢܬܘܢ
57 ܕܬܢܣܘܢ ܠܡܒܢܐ ܡܢ
ܢܦܫܟܘܢ ܠܐ ܕܝܢܝܢ
58 ܐܢܬܘܢ ܘܩܘܫܬܐ ܟܕ
ܐܙܠ ܐܢܬ ܥܡ ܒܥܠܕܝܢܟ

Lk xii 58 ܠܘܬ ܐܪܟܘܢܐ ܟܕ
ܒܐܘܪܚܐ ܐܢܬ
ܗܒ ܠܗ ܥܒܕܘܗܝ
ܘܬܬܦܪܩ ܡܢܗ ܕܠܡܐ
. . . . . ܐ
ܘܫܠܡܟ ܠܓܒܝܐ
ܘܓܒܝܐ ܢܪܡܝܟ ܒܝܬ
59 ܐܣܝܪܐ . . .
ܠܟ ܕܠܐ ܬܦܘܩ ܡܢ
ܬܡܢ ܥܕ ܕܬܦܪܥ
ܫܡܘܢܐ ܐܚܪܝܐ

xiii 1 ܘܒܗ ܒܗܘ ܙܒܢܐ
ܐܬܘ ܐܢܫܐ ܐܡܪܘ
ܠܗ ܥܠ ܓܠܝܠܝܐ ܗܢܘܢ
ܕܦܝܠܛܘܣ ܚܠܛ
ܕܡܗܘܢ ܥܡ ܕܒܚܝܗܘܢ
2 ܥܢܐ ܝܫܘܥ ܘܐܡܪ
ܠܗܘܢ ܣܒܪܝܢ ܐܢܬܘܢ
ܕܗܠܝܢ ܓܠܝܠܝܐ ܚܛܝܢ
ܗܘܘ ܝܬܝܪ ܡܢ
ܟܠܗܘܢ ܓܠܝܠܝܐ ܕܗܟܢܐ
3 ܗܐ ܐܢܐ ܐܡܪܢܐ
ܠܟܘܢ ܕܠܐ ܐܠܐ ܐܢ
ܐܢܬܘܢ ܐܠܐ ܬܬܒܘܢ
. . ܗܟܢܐ ܬܐܒܕܘܢ

Lk xiii 4 ܐܠܗܢ ܗܢܘܢ ܬܡܢܬܥܣܪ
ܕܢܦܠ ܥܠܝܗܘܢ ܡܓܕܠܐ
ܒܫܝܠܘܚܐ ܘܩܛܠ
ܐܘ ܗܢܘܢ ܣܒܪܝܢ ܐܢܬܘܢ
ܕܚܝܒܝܢ ܗܘܘ ܝܬܝܪ
ܡܢ ܟܠܗܘܢ ܒܢܝ ܐܢܫܐ.
ܕܝܬܒܝܢ ܒܐܘܪܫܠܡ.
5 ܐܡܪܢܐ ܠܟܘܢ ܕܠܐ
ܐܠܐ ܐܦ ܐܢܬܘܢ
. . . .
ܗܟܘܬܐ ܬܐܒܕܘܢ

6 . . . . . ܡܬܠܐ
. . ܓܦܢܐ ܚܕ ܐܝܬ
. . . . ܕܢܨܝܒܐ
. . . . . ܘܐܬܐ
. . . .
7 . . . .
. . . .
. . . .
. . . .
. . . .
. . . .
. . . .
8 ܘܐܡܪ ܠܗ . . .
ܡܪܝ ܫܒܘܩܝܗ ܐܦ

Lk xiii 8 ܗܕܐ ܫܢܬܐ ܥܕ
ܕܐܥܙܩܝܗ . . . .
9 ܘܐܢ . . . ܦܐܪܐ
ܘܐܠܐ ܠܡܬܝܬܝ
ܬܦܣܩܝܗ .

10 ܘܗܘܐ ܡܠܦ ܒܟܢܫܬܐ
ܒܚܕܐ ܡܢ ܫܒܬܐ
11 ܘܐܢܬܬܐ ܗܘܬ ܐܝܬܬܐ
ܚܕܐ . . . ܠܗ
ܪܘܚܐ ܫܢܝܢ ܬܡܢܬܥܣܪ
ܘܟܦܝܦܐ ܗܘܬ ܘܠܐ
ܡܫܟܚܐ ܗܘܬ
ܕܬܬܦܫܛ ܠܓܡܪ
12 . . . .
. . . .
. . . .
. . . .
. . . .
. . . .
. . . .
. . . .
. . . .
. . . .
. . . . . .
. . . . . .

Lk xiii 14
. . . . . .
. . . . . .
. . . . .
. . . . .
. . . . .
15 . . . . . ܐܡܪ
. . . . . .
. ܡܒܒܘ . . .
. . . . . .
ܡܢ ܐܘܪܝܐ ܘܐܙܠ
16 ܡܟܘܟܐ ܠܗ ܘܒܪܬܗ
ܕܐܒܪܗܡ . . .
ܗܝ . . . . .
. . . . . .
. . . . . .
ܕܬܫܬܪܐ ܡܢ ܗܢܐ
ܐܣܘܪܐ ܒܝܘܡܐ
17 . . . . . .
. . . .
. . . . . .
. . . . . .
. . . . . .
. . . .
. . . . . .
. . . . . .

Lk xiii 17 ܚܕܝܐ ܗܘܐ . . .
. . . . . .
ܗܘܝ ܒܐܝܕܗ ܀
18 ܐܡܪ ܗܘܐ ܠܡܢܐ
ܕܡܝܐ ܡܠܟܘܬܐ
ܕܐܠܗܐ ܘܠܡܢܐ
19 ܐܕܡܝܢܗ ܕܡܝܐ
ܠܦܪܕܬܐ ܕܚܪܕܠܐ
ܕܢܣܒ ܓܒܪܐ ܐܪܡܝܗ
ܒܓܢܬܗ . . . .
. . . . ܐܝܠܢܐ
ܘܐܫܪܝܬ ܦܪܚܬܐ
ܕܫܡܝܐ . . . .
20 ܬܘܒ . . . . .
. . . . . .
. . . . . .
. . . . . .
. . . . . .
. . . . . .
. . . . . .
. . . . .
. . . . . .
. . . . .

Lk xiii 22 ܒܩܘܪܝܐ ܘܒܩܛܝܢܬܐ
ܘܡܠܦ ܗܘܐ ܀
ܘܥܒܕ ܐܙܠ ܠܐܘܪܫܠܡ
23 ܐܬܐ ܓܒܪܐ ܚܕ
ܡܫܐܠ ܗܘܐ ܠܗ
ܘܐܡܪ ܠܗ ܡܪܝ ܐܢ ܙܥܘܪܝܢ
24 ܐܢܘܢ ܕܚܝܝܢ ܐܡܪ ܠܗ
ܚܘܒ ܐܬܟܬܫ ܠܡܥܠ
ܒܬܪܥܐ ܐܠܝܨܐ
ܐܡܪܢܐ ܠܟܘܢ ܓܝܪ
ܕܣܓܝܐܐ ܢܒܥܘܢ
ܠܡܥܠ ܒܗ ܘܠܐ
25 ܢܫܟܚܘܢ ܡܢ ܫܥܬܐ
ܓܒܪ ܕܝܩܘܡ ܡܪܐ
ܒܝܬܐ ܘܐܚܝܕ
ܬܪܥܐ ܘܬܗܘܘܢ
ܩܝܡܝܢ ܠܒܪ ܘܡܩܫܩܫܝܢ
ܒܬܪܥܐ ܘܐܡܪܝܢ
ܡܪܢ ܦܬܚ ܠܢ ܘܥܢܐ
ܘܐܡܪ ܠܟܘܢ ܠܐ
ܝܕܥܢܐ ܠܟܘܢ ܡܢ
ܐܝܡܟܐ ܐܢܬܘܢ
26 ܗܝܕܝܢ ܬܫܪܘܢ ܠܡܐܡܪ

Lk xiii 26 ܩܕܡܝܟ ܠܚܡܢ.
ܘܐܫܬܝܢ ܘܒܫܘܩܝܢ
27 ܐܠܦܬ ܘܐܡܪ ܐܡܝܢ
ܐܡܪܢܐ ܠܟܘܢ ܕܠܐ
ܝܕܥܢܐ ܠܟܘܢ ܡܢ
ܐܝܡܟܐ ܐܢܬܘܢ
ܦܪܘܩܘ ܠܟܘܢ ܡܢܝ
ܟܠܟܘܢ ܥܒܕ ܐܬܟܘܢ
28 ܦܬܠܐ ܕܫܩܘܪܐ. ܬܡܢ
ܝܗܘܐ ܒܟܝܐ ܘܚܘܪܩ
ܫܢܝܐ ܟܕ ܬܚܙܘܢ
ܠܐܒܪܗܡ ܘܠܝܣܚܩ
ܘܠܝܥܩܘܒ ܘܠܟܠܗܘܢ
ܢܒܝܐ ܒܡܠܟܘܬܗ
29 ܕܐܠܗܐ. ܘܐܬܝܢ
ܡܢ ܡܕܢܚܐ ܘܡܢ
ܡܥܪܒܐ ܘܡܢ ܓܪܒܝܐ
ܘܡܢ ܬܝܡܢܐ ܘܝܣܬܡܟܘܢ
ܒܡܠܟܘܬܗ ܕܐܠܗܐ
30 ܘܗܐ ܐܝܬ ܐܚܪܝܐ
ܕܝܗܘܘܢ ܩܕܡܝܐ
ܘܩܕܡܝܐ ܐܚܪܝܐ ܀

Lk xiii 31 ܘܒܗܘܢ ܒܫܥܬܐ
ܗܝܢ ܩܪܒܘ ܐܢܫܐ
ܡܢ ܦܪ̈ܝܫܝܐ ܘܐܡܪ̈ܝܢ
ܠܗ ܦܘܩ ܐܙܠ ܠܟ
ܡܟܐ ܡܛܠ ܕܗܪܘܕܣ
32 ܒܥܐ ܠܡܩܛܠܟ. ܐܡܪ
ܠܗܘܢ ܐܙܠܘ ܐܡܪܘ ܠܗ
ܠܬܥܠܬܐ ܗܢ ܗܐ
ܡܦܩ ܐܢܐ ܫܐܕܐ
ܘܐܣܘܬܐ ܡܫܠܡ
ܐܢܐ ܝܘܡܐ ܘܡܚܪ
ܘܠܝܘܡܐ ܕܬܠܬܐ
33 ܡܫܬܠܡ ܐܢܐ ܒܪܡ
ܘܠܐ ܗܘ ܠܝ ܕܝܘܡܐ
ܘܡܚܪ ܘܒܬܪ ܡܚܪ
ܐܙܠ ܡܛܠ ܕܠܐ
ܡܫܟܚܐ ܕܢܒܝܐ
ܢܐܒܕ ܠܒܪ ܡܢ
ܐܘܪܫܠܡ ܀
34 ܐܘܪܫܠܡ ܐܘܪܫܠܡ
ܕܩܛܠܬ ܢܒܝܐ ܘܪܓܡܬ
ܠܐܝܠܝܢ ܕܐܫܬܠܚܘ
ܠܘܬܟ ܟܡܐ ܙܒܢܝܢ
ܨܒܝܬ ܠܡܟܢܫ ܒܢܝܟ

Lk xiii 34 ܐܝܟ ܬܪܢܓܘܠܬܐ
ܕܡܟܢܫܐ ܦܪܘܓܝܗ
ܬܚܘܬ ܟܢܦܝܗ ܘܠܐ
35 ܨܒܝܬܘܢ ܗܐ ܫܒܩ
ܒܝܬܟܘܢ ܘܐܡܪܢܐ ܠܟܘܢ
ܕܠܐ ܬܚܙܘܢܢܝ ܒܪܡܐ
ܕܝܐܬܐ ܕܬܐܡܪܘܢ
ܒܪܝܟ ܗܘ ܕܐܬܐ
ܒܫܡܗ ܕܡܪܝܐ
xiv 1 ܘܟܕ ܥܠ ܠܒܝܬܐ ܕܚܕ
ܡܢ ܪ̈ܫܐ ܕܦܪ̈ܝܫܝܐ
ܕܝܐܟܘܠ ܠܚܡܐ
ܒܝܘܡܐ ܕܫܒܬܐ
ܘܢܛܪܝܢ ܗܘܘ ܗܘܢ
2 ܗܢܐ ܚܒܝܫ ܘܓܒܪܐ
ܗܕܪܘܦܝܩܘܣ ܐܝܬ
3 ܗܘܐ ܩܕܡܘܗܝ ܥܢܐ
ܝܫܘܥ ܘܐܡܪ ܠܣܦܪ̈ܐ
ܘܠܦܪ̈ܝܫܐ ܐܢ ܫܠܝܛ
ܒܫܒܬܐ ܠܡܐܣܝܘ
4 ܘܗܢܘܢ ܫܬܩܝܢ ܗܘܘ
ܘܗܘ ܐܚܕܗ ܘܐܣܝܗ
5 ܘܫܪܝܗ ܘܐܡܪ ܠܗܘܢ
ܡܢܘ ܡܢܟܘܢ ܕܢܦܠ
ܬܘܪܗ ܐܘ ܚܡܪܗ

ܒܒܪܐ. ܒܫܥܬܐ Lk xiv
ܕܫܒܬܐ ܘܠܐ ܢܣܩܗ
6 ܡܨܘ ܠܗ ܘܠܐ
ܐܫܟܚܘ ܠܡܬܒ ܠܗ
ܦܬܓܡܐ ܥܠ ܗܠܝܢ.
7 ܘܐܡܪ ܗܘܐ ܡܬܠܐ
ܗܢܐ ܠܘܬ ܗܢܘܢ
ܕܡܙܡܢܝܢ ܗܘܘ ܘܓܒܝܢ
ܗܘܘ ܪ̈ܝܫ ܡܣܡܟܐ ܐܡܪ
8 ܠܗܘܢ ܐܡܬܝ. ܕܡܙܡܢ
ܐܢܬ ܠܡܫܬܘܬܐ ܠܐ
ܬܣܬܡܟܢ ܠܟ ܒܕܘܟܬܐ
ܩܕܡܝܬܐ ܕܠܡܐ
ܢܗܘܐ ܡܙܡܢ ܡܢܟ
ܡܢ ܕܡܝܩܪ ܡܢܟ.
9 ܘܝܐܬܐ ܗܘ ܡܢ ܕܠܟ
ܘܠܗ ܙܡܢ ܘܝܐܡܪ ܠܟ
ܗܒ ܐܬܪܐ ܠܗܢܐ
ܘܗܝܕܝܢ ܒܕ ܒܗܬܬ
ܐܢܬ ܬܣܬܡܟܢ
ܒܕܘܟܬܐ ܐܚܪܝܬܐ
10 ܐܠܐ ܡܐ ܕܐܙܕܡܢܬ
ܐܙܠ ܐܣܬܡܟܢ ܠܟ
ܒܕܘܟܬܐ ܐܚܪܝܬܐ

Lk xiv 10 ܕܡܛܐ ܕܐܬܐ ܗܘ
ܕܙܡܢܟ ܢܐܡܪ ܠܟ
ܪܚܡܝ ܐܬܥܠܐ ܠܥܠ
ܘܬܗܘܐ ܠܟ ܬܫܒܘܚܬܐ
11 ܒܥ̈ܝܢܝ ܡܣܬ̈ܡܟܝܐ. ܥܠ
ܕܡܪܝܡ ܓܒܪ ܢܦܫܗ
ܢܬܡܟܟ ܘܟܠ ܕܡܟܟ
ܢܦܫܗ ܢܬܪܝܡ.
12 ܘܐܡܪ ܗܘܐ ܐܦ
ܠܡܙܡܢܐ ܐܫܬܘܬܐ.
ܡܐ ܕܥܒܕ ܐܢ̈ܬ
ܐܢܬ ܐܫܬܘܬܐ ܠܐ
ܬܩܪܐ ܠܪ̈ܚܡܝܟ
ܘܐܦܠܐ ܠܐܚ̈ܝܟ ܘܠܐ
ܠܐܚ̈ܝܢܝܟ ܘܠܐ
ܠܫܒ̈ܒܝܟ ܥܬܝܪܐ
ܕܠܡܐ ܐܦ ܗܢܘܢ
ܢܩܪܘܢܟ ܘܢܗܘܐ ܠܟ
13 ܦܘܪܥܢܐ ܗܢܐ ܐܠܐ
ܡܐ ܕܥܒܕ ܐܢܬ
ܐܫܬܘܬܐ ܩܪܝ
ܠܡܣܟܢܐ ܘܠܡܚܒܘܪ̈ܐ
ܘܠܡܚܓܪ̈ܐ ܘܠܡܟ̈ܡܝܐ
ܘܠܡܫ̈ܠܠܝܐ ܘܐܥܘܪ̈ܐ

fol. 98 r (= 129 r).

R. L. B.
F. C. B.

Lk xiv 13, 14 ܡܣܟܢܐ ܘܬܒܝܪܝܢ
ܕܠܝܬ ܠܗܘܢ ܕܝܦܪܥܘܢܟ
ܘܬܗܘܐ ܦܪܥܢܟ
ܒܩܝܡܬܐ ܕܙܕܝܩܝܐ ܀
15 ܘܟܕ ܫܡܥ ܗܘܐ ܚܕ
ܡܢ ܗܠܝܢ ܕܡܣܬܡܟܝܢ
ܗܘܘ ܐܡܪ ܠܗܘܢ
ܛܘܒܘܗܝ ܠܡܢ ܕܝܐܟܘܠ
ܥܪܘܬܐ ܒܡܠܟܘܬܗ
16 ܕܐܠܗܐ. ܐܡܪ ܠܗ
ܝܫܘܥ ܓܒܪܐ ܚܕ
ܥܒܕ ܗܘܐ ܐܚܫܡܬܐ
ܪܒܬܐ ܘܩܪܐ ܗܘܐ
17 ܠܣܓܝܐܐ ܘܫܕܪ ܥܒܕܗ
ܒܥܕܢܐ ܕܐܚܫܡܬܐ
ܕܢܐܡܪ ܠܗܘܢ
ܕܡܙܡܢܝܢ ܕܐܬܘ
ܗܐ ܠܡ ܟܠ ܡܬܩܢ
18 ܘܫܪܝܘ ܗܘ ܘܫܪܝܘ
ܗܘܘ ܡܫܬܐܠ ܠܡܫܬܐܠܐ
ܐܡܪ ܠܗ ܩܕܡܝܐ
ܩܪܝܬܐ ܙܒܢܬ ܘܐܠܝܨ
ܠܝ ܕܐܦܘܩ ܐܚܙܝܗ

Lk xiv 18 ܒܥܝܐ ܡܢܟ ܐܫܬܒܩܢܝ
19 ܘܐܚܪܢܐ ܐܡܪ ܙܘܓܝܐ
ܚܡܫܐ ܬܘܪܝܢ ܙܒܢܬ
ܘܐܙܠܢܐ ܕܐܒܩܐ ܐܢܘܢ
ܒܥܝܐ ܡܢܟ ܐܫܬܒܩܢܝ.
20 ܘܐܚܪܢܐ ܐܡܪ
ܐܢܬܬܐ ܢܣܒܬ ܠܐ
ܡܫܟܚ ܐܢܐ ܕܐܬܐ
21 ܘܐܬܐ ܗܘ ܥܒܕܐ
ܐܡܪ ܗܠܝܢ ܠܡܪܗ
ܗܝܕܝܢ ܪܓܙ ܗܘ ܡܪܐ
ܒܝܬܐ ܘܐܡܪ ܠܥܒܕܗ
ܦܘܩ ܒܥܓܠ ܠܫܘܩܝܐ
ܘܠܫܒܝܠܐ ܕܩܪܝܬܐ
ܘܐܥܠ ܠܟܐ ܠܡܣ̈ܟܢܐ
ܘܠܡܫ̈ܚܢܐ ܘܠܡܚܓܝܪ̈ܐ
ܘܠܡܒܘܪ̈ܐ ܘܠܡܟܝܪ̈ܐ
22 ܘܐܡܪ ܥܒܕܐ ܡܪܝ
ܗܐ ܗܘܐ ܗܘ ܡܦܩܕ
ܕܦܩܕܬ ܘܥܘܕ ܐܝܬ
23 ܐܬܪܐ ܒܡܫܟܢܐ ܐܡܪ
ܠܥܒܕܗ ܦܘܩ ܠܐܘܪ̈ܚܬܐ
ܘܠܫܒܝܠܐ ܘܦܓܪܐ ܘܥܒܕ
ܕܢܥܠܘܢ ܕܢܬܡܠܐ ܒܝܬܝ

Lk xiv 24 ܐܡܪܢܐ ܠܟܘܢ ܓܝܪ ܕܚܕ
ܡܢ ܗܘܢ ܐܢܫܝܐ ܕܩܪܝܢ
ܗܘܘ ܠܐ ܝܛܥܡܘܢ ܡܢ
ܐܚܫܡܝܬܐ ○ ○ ○ ○ ○
25 ܘܟܕ ܐܙܠܝܢ ܗܘܘ ܥܡܗ
ܟܢܫܐ ܣܓܝܐܐ ܐܬܗܦܟ
26 ܘܐܡܪ ܠܗܘܢ ܡܢ
ܕܐܬܐ ܠܘܬܝ ܘܠܐ
ܣܢܐ ܠܐܒܘܗܝ ܘܠܐܡܗ
ܘܠܐܚܘܗܝ ܘܠܐܚܘܬܗ
ܘܠܐܢܬܬܗ ܘܠܒܢܘܗܝ
ܘܐܦ ܠܢܦܫܗ ܬܠܡܝܕܝ
ܠܐ ܡܫܟܚ ܕܝܗܘܐ
28 ܡܢܘ ܓܝܪ ܡܢܟܘܢ ܕܝܨܒܐ
ܕܝܒܢܐ ܡܓܕܠܐ ܘܠܐ
ܠܘܩܕܡ ܝܬܒ ܡܚܫܒ
ܢܦܩܬܐ ܕܐܢ ܐܝܬ
29 ܠܗ ܠܡܫܠܡܘܬܗ ܕܠܐ
ܐܢ ܝܣܡ ܫܬܐܣܬܐ
ܘܠܐ ܐܫܟܚ ܕܝܫܠܡ
ܟܠ ܕܚܙܝܢ ܢܗܘܘܢ
30 ܡܒܙܚܝܢ ܒܗ ܘܐܡܪܝܢ
ܗܢܐ ܓܒܪܐ ܫܪܝ
ܕܝܒܢܐ ܘܠܐ ܐܫܟܚ

Lk xiv 30, 31 ܕܝܫܠܡ ܐܘ ܡܢܘ ܡܠܟܐ
ܕܐܙܠ ܠܡܬܟܬܫܘ ܥܡ
ܡܠܟܐ ܐܚܪܢܐ ܘܠܐ
ܠܘܩܕܡ ܡܬܪܟܐ ܕܐܢ
ܡܫܟܚ ܒܥܣܪܐ ܐܠܦܝܢ
ܠܡܐܪܥ ܠܗܘ ܕܐܬܐ
ܥܠܘܗܝ ܒܥܣܪܝܢ ܐܠܦܝܢ
32 ܘܐܠܐ ܥܕ ܪܚܝܩ
ܡܫܕܪ ܐܝܙܓܕܐ ܘܒܥܐ
ܡܢܗ ܥܠ ܫܠܡܐ.
33 ܗܟܢܐ ܟܘܠ ܐܢܫ
ܡܢܟܘܢ ܕܠܐ ܫܒܩ
ܟܘܠܗ ܩܢܝܢܗ ܬܠܡܝܕܝ
ܠܐ ܡܫܟܚ ܕܝܗܘܐ
34 ܫܦܝܪܐ ܗܝ ܡܠܚܐ
ܐܢ ܕܝܢ ܡܠܚܐ
ܬܦܟܗ. ܒܡܢܐ ܬܬܡܠܚ.
35 ܠܐ ܠܐܪܥܐ ܘܠܐ
ܠܙܒܠܐ ܐܝܠܐ ܐܠܐ
ܡܫܬܕܐ ܠܒܪ ܡܢ
ܕܐܝܬ ܠܗ ܐܕܢܐ
xv 1 ܕܫܡܥ ܢܫܡܥ ܘܡܟܣܐ
ܘܚܛܝܐ ܡܬܩܪܒܝܢ
ܗܘܘ ܠܘܬܗ ܕܝܫܡܥܘܢܗ
2 ܘܦܪ̈ܝܫܐ ܘܣܦܪ̈ܝܐ

Lk xv 2 ܪܛܢܝܢ ܗܘܘ ܘܐܡܪܝܢ
ܗܢܐ ܠܚܛܝܐ ܡܩܒܠ
3 ܘܐܟܠ ܥܡܗܘܢ ܐܡܪ
ܠܗܘܢ ܡܬܠܐ ܗܢܐ
4 ܡܢܐ ܡܢܟܘܢ ܕܐܝܬ
ܠܗ ܡܐܐ ܥܢ̈ܝܢ
ܘܐܒܕ ܚܕ ܡܢܗܘܢ
ܠܐ ܫ[ܒܩ] ܬܫ̈ܥܝܢ
ܘܬܫܥ ܒܡܕܒܪܐ
ܘܐܙܠ ܒܬܪ ܗܘ
ܕܐܒܝܕ ܥܕܡܐ
5 ܕܝܫܟܚܝܢܗ ܘܡܐ
ܕܐܫܟܚܗ ܫܩܠ ܠܗ
ܥܠ ܟܬܦܬܗ ܚܕܝܐ
6 ܘܐܬܐ ܠܒܝܬܗ ܘܩܪܐ
ܠܪܚܡܘܗܝ ܘܠܫܒܒܘܗܝ
ܘܐܡܪ ܚܕܘ ܥܡܝ
ܕܐܫܟܚܬ ܥ̈ܢܝ
7 ܕܐܡܪ ܗܘܐ ܐܡܪܢܐ
ܠܟܘܢ ܕܗܟܢܐ ܬܗܘܐ
ܚܕܘܬܐ ܒܫܡܝܐ ܥܠ
ܚܕ ܚܛܝܐ ܕܬܐܒ
ܐܘ ܥܠ ܬܫ̈ܥܝܢ
ܘܬܫܥ ܕܙܕܝܩܝܢ ܕܠܐ
ܚܫܚܝܢ ܥܠ ܬܝܒܘܬܐ

Lk xv 8 ܐܘ ܐܝܕܐ ܗܝ ܐܢܬܬܐ
ܕܐܝܬ ܠܗ ܥܣܪܐ
ܙܘܙܝܢ ܘܬܐܒܕ ܚܕ
ܡܢܗܘܢ ܠܐ ܡܢܗܪܐ
ܫܪܓܐ ܘܡܟܢܫܐ ܒܝܬܐ
ܘܒܥܝܐ ܠܗ ܒܚܦܝܛܘܬ
ܒܨܒܐ ܕܬܫܟܚܝܢܗ
9 ܘܡܐ ܕܐܫܟܚܬܗ
ܩܪܝܐ ܠܪܚܡܬܗ
ܘܠܫܒܒܬܗ ܘܐܡܪܐ
ܠܗܝܢ ܚܕܝܢ ܥܡܝ
ܕܐܫܟܚܬ ܙܘܙܝ
10 ܕܐܡܪ ܗܘܐ ܐܡܪܢܐ
ܕܗܟܕܢܐ ܬܗܘܐ
ܚܕܘܬܐ ܩܕܡ ܟܠܗܘܢ
ܡܠܐ̈ܟܐ ܕܐܠܗܐ ܥܠ
ܚܕ ܚܛܝܐ ܕܬܐܒ

11 ܐܡܪ ܠܗܘܢ ܓܒܪܐ ܚܕ
ܐܝܬ ܗܘܘ ܠܗ ܬܪ̈ܝܢ
12 ܒܢܝܢ ܐܡܪ ܗܘ ܙܥܘܪܐ
ܠܐܒܘܗܝ. ܗܒ ܠܝ
ܡܢܬܐ ܕܡܛܝܐ ܠܝ
ܡܢ ܢܟܣܝܢ ܘܦܠܓ
ܠܗ . . .

Lk xv 13 ܘܒܬܪ ܣܡܬܐ ܩܠܝܠ
ܟܢܫ ܗܘ ܒܪܗ ܙܥܘܪܐ
ܟܘܠ ܡܕܥܡ ܕܕܝܠܗ.
ܘܐܙܠ ܠܐܬܪܐ ܪܚܝܩܐ
ܘܬܡܢ ܒܙܪ ܩܢܝܢܗ
ܡܛܠ ܕܚܝܐ ܗܘܐ
ܦܪܣܐܝܬ ܥܡ ܙܢܝܬܐ.
14 ܘܟܕ ܓܡܪ ܟܘܠ ܡܕܥܡ
ܕܐܝܬ ܠܗ. ܘܗܘܐ
ܟܦܢܐ ܒܐܬܪܐ ܗܘ
15 ܐܙܠ ܢܩܦ ܠܗ ܠܚܕ
ܡܢ ܒܢܝ ܗܘ ܐܬܪܐ
ܘܫܕܪܗ ܠܩܪܝܬܐ
16 ܠܡܪܥܐ ܚܙܝܪܐ ܡܬܪܓܪܓ
ܗܘܐ ܡܢ ܗܘܢ ܩܪ̈ܛܐ
ܕܐܟܠܝܢ ܗܘܘ ܚܙܝܪܐ
ܕܡܠܟܐ ܟܪܣܗ ܘܠܐ
ܐܢܫ ܝܗܒ ܗܘܐ ܠܗ
17 ܟܕ ܐܬܐ ܠܘܬ ܢܦܫܗ
ܐܡܪ ܟܡܐ ܐܓܝܪ̈ܝܢ
ܐܝܬ ܗܫܐ ܒܒܝܬ
ܐܒܝ ܕܝܬܪ ܠܗܘܢ
ܠܚܡܐ ܘܐܢܐ ܐܒܕܢܐ
ܗܪܟܐ ܡܢ ܟܦܢܐ.

Lk xv 18 ܐܠܐ ܐܩܘܡ ܐܙܠ
ܠܘܬ ܐܒ̈ܝ ܘܐܡܪ
ܠܗ ܐܒܝ ܚܛܝܬ
ܒܫܡܝܐ ܘܩܕܡܝܟ
19 ܘܠܐ ܫܘܝܐ ܡܟܝܠ
ܕܒܪܟ ܐܬܩܪܐ
ܥܒܕܢܝ ܐܝܟ ܚܕ
20 ܡܢ ܐܓܝܪ̈ܝܟ. ܘܩܡ
ܐܬܐ ܠܘܬ ܐܒܘܗܝ
ܘܟܕ ܗܘ ܪܚܝܩ
ܚܙܝܗܝ ܐܒܘܗܝ
ܘܐܬܪܚܡ ܥܠܘܗܝ
ܘܪܗܛ ܢܦܠ ܥܠ
21 ܨܘܪܗ ܘܢܫܩܗ ܘܐܡܪ
ܠܗ ܒܪܗ ܐܒܝ
ܚܛܝܬ ܒܫܡܝܐ ܘܩܕܡܝܟ
ܡܟܝܠ ܠܐ ܫܘܐ ܐܢܐ
ܕܒܪܟ ܐܬܩܪܐ
22 ܐܡܪ ܐܒܘܗܝ
ܠܥܒ̈ܕܘܗܝ ܐܦܩܘ ܒܥܓܠ
ܐܣܛܠܐ ܪܝܫܝܬܐ
ܐܠܒܫܘܗܝ ܘܗܒܘ
ܥܙܩܬܐ ܒܐܝܕܗ.
ܘܐܣܐܢܘܗܝ ܡܣ̈ܐܢܐ

Lk xv 23 ܘܐܝܬܝܘ ܩܛܘܠܘ
ܥܓܠܐ ܗܘ ܕܦܛܡܐ
ܘܢܐܟܘܠ ܘܢܬܒܣܡ
24 ܕܗܢܐ ܒܪܝ ܡܝܬܐ
ܗܘܐ ܘܚܝܐ. ܘܐܒܕܐ
ܗܘܐ ܘܐܫܬܟܚ
ܘܫܪܝܘ ܠܡܬܒܣܡܘ
25 ܘܗܘ ܒܪܗ ܩܫܝܫܐ
ܒܩܪܝܬܐ ܗܘܐ
ܘܟܕ ܐܬܐ ܘܩܪܒ
ܠܘܬ ܒܝܬܐ ܫܡܥ
ܩܠ ܙܡܪܐ ܘܣܘܦܢܝܐ
26 ܘܩܪܐ ܠܚܕ ܡܢ ܛܠܝܐ
ܘܫܐܠܗ ܡܢܘ ܗܢܐ
27 ܐܡܪ ܠܗ ܐܚܘܟ
ܐܬܐ ܘܩܛܠ ܐܒܘܟ
ܥܓܠܐ ܕܦܛܡܐ ܕܒܕ
28 ܫܠܝܡ ܐܩܒܠܗ. ܘܪܓܙ
ܘܠܐ ܨܒܐ ܗܘܐ
ܠܡܥܠ. ܘܢܦܩ ܐܒܘܗܝ
ܘܒܥܐ ܗܘܐ ܡܢܗ
29 ܥܢܐ ܘܐܡܪ ܠܗ
ܠܐܒܘܗܝ. ܗܐ ܟܡܐ
ܫ̈ܢܝܢ ܦܠܚܢܐ ܠܟ ܒܥܒܕܘܬܐ

Lk xv 29 ܘܠܐ ܥܒܪܬ ܥܠ
ܦܘ̈ܩܕܢܝܟ ܘܡܣܬܘܡ
ܓܕܝܐ ܚܕ ܠܐ ܝܗܒܬ
ܠܝ ܕܐܬܒܣܡ ܥܡ
30 ܪ̈ܚܡܝ. ܘܗܠܐ ܒܪܟ
ܗܕ ܦܪܫ ܩܢܝܢܝܟ
ܥܡ ܙܢ̈ܝܬܐ. ܢܟܣܬ
ܠܗ ܥܓܠܐ ܗܘ
31 ܕܦܛܡܐ ܐܡܪ ܠܗ
ܒܪܝ ܒܟܠܥܕܢ ܥܡܝ
ܐܢܬ. ܘܟܠ ܡܕܝ
32 ܕܠܝ ܕܝܠܟ ܗܘ. ܠܡܬܒܣܡ
ܕܝܢ ܘܠܐ ܗܘܐ ܘܠܡܚܕܐ
ܕܗܢܐ ܐܚܘܟ ܡܝܬܐ
ܗܘܐ ܘܚܝܐ ܘܐܒܕܐ
ܗܘܐ ܘܐܫܬܟܚ ܀

xvi 1 ܘܐܡܪ ܗܘܐ ܬܘܒ
ܠܬܠܡ̈ܝܕܘܗܝ. ܓܒܪܐ ܚܕ
ܥܬܝܪܐ ܐܝܬ ܗܘܐ
ܘܐܝܬ ܗܘܐ ܠܗ ܪܒ
ܒܝܬܐ ܘܐܬܐܟܠܘ
ܩܪ̈ܨܘܗܝ ܩܕܡܘܗܝ
ܐܝܟܢܐ ܕܡܒܠܝܢܗ
2 ܢܟܣܘܗܝ. ܘܩܪܝܗ ܡܪܗ
ܘܐܡܪ ܠܗ ܡܢܘ

Lk xvi ܗܢܐ ܕܫܡܥܢܐ ܥܠܝܟ
ܐܬܐ ܗܒ ܚܘܫܒܢܐ
ܕܦܘܠܛܝܟ ܠܐ ܓܝܪ
ܡܫܟܚ ܐܢܬ ܬܘܒ
ܦܪܢܣܬܐ ܕܬܗܘܐ ܠܝ
3 ܐܡܪ ܗܘ ܦܪܢܣܬܐ
ܒܢܦܫܗ ܡܢܐ ܐܥܒܕ
ܕܡܪܝ ܢܣܒ ܠܗ ܡܢܝ
ܦܪܢ ܣܘܬܐ
ܘܠܡܚܦܪ ܠܐ ܡܫܟܚ
ܐܢܐ ܘܠܡܫܐܠ ܒܗܬ
4 ܐܢܐ ܝܕܥ ܠܝ ܡܢܐ
ܐܥܒܕ ܕܡܐ ܕܐܦܩܘܬ
ܡܢ ܦܪܢ ܣܘܬܐ
ܢܩܒܠܘܢܝ ܒܒܬܝܗܘܢ
5 ܘܩܪܐ ܠܚܕ ܡܢ
ܚܝܒܐ . . . .
ܠܘܕܡܪܐ ܕܡܪܗ .
6 . ܠܡܪܝ ܐܡܪ
. . ܡܐܐ ܡܬܪܝܢ
ܡ . . . ܬܒ ܟܬܒ
ܟܬܘܒ . . ܚܡܫܝܢ
7 . . . . ܐܡܪ
ܠܐܚܪܢܐ ܘܐܢܬ ܟܡܐ

Lk xvi 7 ܚܝܒ ܐܢܬ ܠܗ ܐܡܪ
ܠܗ ܡܐܐ ܟܘܪܝܢ
ܚܛܝܢ ܘܐܬܒ ܡܚܝܒܐ
ܟܬܒ ܐܘܦ ܬܡܢܝܢ
8 ܘܫܒܚ ܡܪܝܐ ܠܦܪܢ
ܣܬܐ ܕܥܘܠܐ
ܕܚܟܝܡܐܝܬ ܥܒܕ
ܘܚܟܝܡܝܢ ܐܢܘܢ ܒܢܘܗܝ
ܕܥܠܡܐ ܗܢܐ
ܒܕܪܬܗܘܢ . . .
ܡܢ ܒܢܘܗܝ ܕܢܘܗܪܐ
9 ܘܐܦ ܐܢܐ ܐܡܪ ܐܢܐ
ܠܟܘܢ ܥܒܕܘ ܠܟܘܢ
ܪܚܡܐ ܡܢ ܡܡܘܢܐ
ܕܥܘܠܐ ܕܡܐ ܕܚܣܪ
ܢܩܒܠܘܢܟܘܢ ܠܡܛܠܠܝܗܘܢ
10 ܕܠܥܠܡ ܡܢ ܕܥܠܠ
ܒܙܥܘܪ ܡܗܝܡܢ ܐܦ
ܒܣܓܝ ܡܗܝܡܢ ܘܡܢ
ܕܥܠܠ ܒܟܠ ܐܦ
11 . ܒܟܠ ܗܘ. ܐܢ
. ܒܡܡܘܢܐ ܕܥܘܠܐ
ܠܐ . . . ܡܗܝܡܢܐ .
ܠܫܪܪܐ ܡܢܘ ܡܗܝܡܢ
12 ܠܟܘܢ ܘܐܢ ܒܕܠܐ

J. R. H.

Lk xvi 12 ܕܝܠܟܘܢ . . . . . .
ܡܢ.ܡܗܝܡܢ ܕܝܠܟܘܢ ܡܢܐ
13 ܠܝܬ ܠܟܘܢ ܠܝܬ ܥܒܪ
ܥܒܕܐ ܕܡܫܥܒܕ
ܠܡܦܠܚ ܬܪܝܢ
ܡܪܘܢ . ܠܚܕ
ܝܣܢܐ ܘܠܐܚܪܢܐ
ܝܪܚܡ ܐܘ ܠܚܕ
ܝܣܒܪ ܘܠܐܚܪܢܐ
ܝܫܘܛ ܠܐ ܡܫܟܚܝܢ
ܐܢܬܘܢ ܠܐܠܗܐ ܠܡܦܠܚ
ܘܠܡܡܘܢܐ.
14 ܘܗܘܐ ܟܕ ܫܡܥܘ
ܦܪ̈ܝܫܐ ܗܠܝܢ ܟܠܗܝܢ
ܡܡܠܠܝܢ ܗܘܘ ܒܗ
ܡܛܠ ܕܪ̈ܚܡܝܢ ܗܘܘ
15 ܟܣܦܐ ܐܡܪ ܠܗܘܢ
ܐܢܬܘܢ ܐܢܘܢ ܕܡܙܕܕܩܝܢ
ܢܦܫܗܘܢ ܩܕܡ ܒܢܝ
ܐܢܫܐ ܐܠܗܐ ܕܝܢ
ܝܕܥ ܠܒܘܬܟܘܢ ܕܡܕܡ
ܕܪܡ ܒܝܬ ܒܢܝ ܐܢܫܐ
ܣܢܝܐ ܐܠܗܐ ܢ̈ܕܝܕ
ܗܘ ⁘ ⁘ ⁘

Lk xvi 16 ܢܡܘܣܐ ܘܢܒܝܐ ܥܕܡܐ
ܠܝܘܚܢܢ ܡܟܒܝܠ
ܡܠܟܘܬܗ ܕܐܠܗܐ
ܡܣܬܒܪܐ ܘܟܘܠ
ܐܢܫ ܠܗ ܡܬܚܒܨܝܢ
17 ܦܫܝܛ ܗܘ ܕܝܢ
ܕܫܡܝܐ ܘܐܪܥܐ
ܝܥܒܪܘܢ ܐܘ ܐܬܘܬܐ
ܚܕܐ ܡܢ ܢܡܘܣܐ
18 ܬܦܒܪ ܟܘܠ ܐܢܫ
ܕܫܒܩ ܐܢܬܬܗ
ܘܢܣܒ ܐܚܪܬܐ
ܡܓܪ ܓܐܪ ܘܗܘ ܕܢܣܒ
ܫܒܘܩܬܐ ܡܓܐܪ
ܓܐܪ
19 ܓܒܪܐ ܚܕ ܕܥܬܝܪܐ
ܐܝܬ ܗܘܐ ܡܬܠܒܫ
ܗܘܐ ܐܪܓܘܢܐ ܘܚܣܝܬܐ
ܦܟܐ ܘܟܠ ܝܘܡ
ܡܬܒܣܡ ܗܘܐ
20 ܘܡܣܟܢܐ ܚܕ ܐܝܬ
ܗܘܐ ܕܫܡܗ ܠܥܙܪ
ܘܪܡܐ ܗܘܐ ܠܘܬ
21 ܬܪܥܗ ܘܡܬܪܓܪܓ
ܗܘܐ ܕܢܣܒܥ ܟܪܣܗ
ܡܢ ܡܕܡ ܕܢܦܠ ܗܘܐ

Lk xvi 21 ܡܢ ܦܬܘܪܗ ܕܗܘ
ܥܬܝܪܐ ܘܐܦ ܟܠܒܝܐ
ܐܬܝܢ ܗܘܘ ܡܠܚܟܝܢ
22 ܫܚܝܢܘܗܝ ܘܗܘܐ
ܘܡܝܬ ܗܘ ܡܣܟܢܐ
ܘܐܘܒܠܘܗܝ ܡܠܐܟܐ
ܠܥܘܒܗ ܕܐܒܪܗܡ
ܘܡܝܬ ܗܘ ܥܬܝܪܐ
23 ܘܐܬܩܒܪ ܘ·ܡܐ
ܒܫܝܘܠ ܐܪܝܡ
ܥܝܢܘܗܝ ܟܕ ܡܫܬܢܩ
ܘܚܙܐ ܗܘܐ ܠܐܒܪܗܡ
ܡܢ ܪܘܚܩ ܘܠܠܥܙܪ
24 ܒܥܘܒܗ. ܘܩܪܐ ܘܐܡܪ
ܐܒܝ ܐܒܪܗܡ
ܐܬܪܚܡ ܥܠܝ. ܘܫܕܪ
ܠܠܥܙܪ ܕܝܛܒܘܠ ܪܝܫ
ܨܒܥܗ ܒܡܝܐ ܘܝܩܪܪ
ܠܝ ܠܫܢܝ ܕܗܐ ܡܫܬܢܩ
ܐܢܐ ܒܫܠܗܒܝܬܐ
25 ܗܕܐ ܐܡܪ ܠܗ
ܐܒܪܗܡ ܒܪܝ
ܐܬܕܟܪ ܕܩܒܠܬ
ܛܒܬܟ ܒܚܝܝܟ
ܘܗܟܘܬ ܐܦ ܠܥܙܪ
ܒܝܫܬܗ ܘܗܫܐ ܗܪܟܐ

Lk xvi 25 ܡܬܢܝܚ ܘܐܢܬ
ܡܫܬܢܩ ܐܢܬ
26 ܘܒܟܠܗܝܢ ܒܝܢ ܗܠܝܢ
ܒܘܠܗܝܢ ܗܘܬܐ
ܪܒܬܐ ܦܝܣܐ
ܒܝܢܝܢ ܘܠܟܘܢ ܕܐܠܝܢ
ܕܨܒܝܢ ܕܢܥܒܪܘܢ ܡܟܐ
ܠܘܬܟܘܢ ܠܐ ܝܫܟܚܘܢ
ܘܐܦܠܐ ܕܡܢ ܬܡܢ
27 ܝܥܒܪܘܢ ܠܘܬܢ ܐܡܪ
ܡܕܝܢ ܒܒܥܘܐ ܡܢܟ
ܐܒܝ ܕܬܫܕܪܝܘܗܝ
28 ܠܒܝܬ ܐܒܝ ܚܡܫܐ
ܓܒܪ ܐܚܝܢ ܐܝܬ ܠܝ.
ܕܢܣܗܕ ܐܢܘܢ ܕܠܡܐ
ܐܦ ܗܢܘܢ ܢܐܬܘܢ
ܠܕܘܟܬܐ ܗܕܐ
29 ܕܬܫܢܝܩܐ ܐܡܪ
ܐܒܪܗܡ ܐܝܬ
ܠܗܘܢ ܡܘܫܐ ܘܢܒܝܐ
30 ܢܫܡܥܘܢ ܐܢܘܢ ܐܡܪ
ܠܗ ܠܐ ܐܒܝ
ܐܒܪܗܡ ܐܠܐ ܐܢ
ܐܢܫ ܡܢ ܡܝܬܝܐ
ܝܐܙܠ ܠܘܬܗܘܢ ܬܝܒܝܢ
31 ܐܡܪ ܠܗ ܐܢ ܠܡܘܫܐ

Lk xvi 31 ܘܠܢ̈ܒܝܐ ܠܐ ܫܡܥܝܢ
ܐܦܠܐ ܐܢ ܐܢܫ ܡܢ
ܡܝܬ̈ܐ ܝܐܙܠ
ܡܗܝܡܢܝܢ ܠܗ ○ ○ ○

xvii 1 ܘܐܡܪ ܗܘܐ ܠܬܠܡܝܕܘܗܝ
ܠܐ ܡܫܟܚܐ ܕܠܐ
ܝܐܬܘܢ ܡܟܫܘ̈ܠܐ. ܒܪܡ
ܘܝ ܠܗܘ ܕܒܐܝܕܗ
2 ܝܐܬܘܢ ܦܩܚ ܗܘܐ
ܠܗ ܐܠܘ ܪܚܝܐ
ܕܚܡܪܐ ܬܠܝܐ
ܒܨܘܪܗ ܘܫܕܐ ܒܝܡܐ
ܐܘ ܢܟܫܠ ܠܚܕ ܡܢ
3 ܗܠܝܢ ܙܥܘܪ̈ܝܐ ܘܐܙܕܗܪܘ
ܒܢܦܫܟܘܢ ܐܢ ܚܛܐ
ܐܚܘܟ ܟܐܐ ܒܗ
ܐܢ ܬܒ ܫܒܘܩ ܠܗ
4 ܘܐܢ ܫܒܥ ܙܒܢܝܢ
ܒܝܘܡܐ ܝܚܛܐ
ܘܗܠܝܢ ܫܒܥ ܙܒܢܝܢ
ܢܬܦܢܐ ܠܘܬܟ ܘܐܡܪ
ܕܬܐܒܢܐ ܐܢܐ ܫܒܘܩ
ܠܗ ○ ○ ○ ○ ○
5 ܐܡܪ̈ܝܢ ܠܗ ܫܠܝܚܘܗܝ

Lk xvii 5 ܠܝܫܘܥ ܐܘܣܦ ܠܢ
6 ܗܝܡܢܘܬܐ. ܒܪܐ
ܘܐܡܪ ܠܗܘܢ ܐܠܘ
ܐܝܬ ܠܟܘܢ ܗܝܡܢܘܬܐ
ܐܝܟ ܦܪܕܬܐ ܕܚܪܕܠܐ
ܐܡܪܬܘܢ ܗܘܝܬܘܢ
ܠܬܘܬܐ ܗܢܐ
ܕܐܬܥܩܪ ܡܢ ܗܡܟܐ
ܘܐܬܢܨܒ ܒܝܡܐ.
ܡܫܬܡܥ ܗܘܐ ܠܟܘܢ
7 ܘܡܢܘ ܡܢܟܘܢ ܕܐܝܬ
ܠܗ ܥܒܕܐ ܕܕܒܪ
ܦܕܢܐ ܐܘ ܕܪܥܐ
ܒܒܪܐ. ܘܡܐ ܕܥܐܠ
ܡܢ ܚܩܠܐ ܠܡܐ
ܐܡܪ ܠܗ ܡܚܕܐ
8 ܒܪ ܐܡܬܝܢ ܐܠܐ
ܐܡܪ ܠܗ ܛܝܒ ܠܝ
ܡܕܡ ܕܐܚܫܡ ܘܐܣܘܪ
ܚܨ̈ܝܟ ܫܡܫܝܢܝ
ܒܡܕܐ ܕܐܠܒܣ
ܘܐܫܬܐ. ܘܒܬܪܟܢ
ܐܦ ܐܢܬ ܬܠܒܣ
9 ܘܬܫܬܐ ܠܡܢܐ
ܛܝܒܘܬܐ ܢܥܒܕܗ
. . ܥܒܕܐ ܗܘ

J. R. H.

Lk xvii ܕܦܩܕ ܐܠܝܢ ܕܦܩܝܕ
10 ܠܗ. ܗܟܢܐ ܐܦ
ܐܢܬܘܢ ܟܕ ܕܬܥܒܕܘܢ
ܐܠܝܢ ܕܦܩܝܕ ܠܟܘܢ
ܐܡܪܝܢ ܐܢܬܘܢ ܐܢܚܢ
ܥܒܕܐ ܟܡܝܪ ܕܚܝܒܝܢ
ܗܘܝܢ ܠܡܥܒܕ ܥܒܕܢ .܀

11 ܘܗܘܐ ܐܙܠ ܗܘܐ
ܠܐܘܪܫܠܡ ܘܥܒܪ
ܒܝܬ ܫܡܪܝܐ ܠܓܠܝܠܐ
12 ܘܟܕ ܥܐܠ ܗܘܐ
ܠܩܪܝܬܐ ܚܕܐ ܘܗܐ
ܥܣܪܐ ܐܢܫܝܢ ܓܪܒܐ
ܩܝܡܝܢ ܗܘܘ ܡܢ
13 ܪܘܚܩܐ. ܘܐܪܝܡܘ
ܩܠܗܘܢ ܘܐܡܪܝܢ ܠܗ
ܝܫܘܥ ܪܒܢ ܐܬܪܚܡ
14 ܥܠܝܢ. ܘܟܕ ܚܙܐ ܐܢܘܢ
ܐܡܪ ܠܗܘܢ ܐܙܠܘ ܚܘܘ
ܢܦܫܟܘܢ ܠܟܗܢܐ ܟܕ
15 ܘܚܕ . . . . .
ܟܠܗܘܢ . . . .
ܕܐܬܕܟܝ ܗܦܟ ܗܘܐ
ܠܗ ܘܩܠܐ ܪܒܐ ܡܫܒܚ
16 ܗܘܐ ܠܐܠܗܐ. ܘܢܦܠ

Lk xvii 16 ܥܠ ܐܦܘܗܝ ܩܕܡ
ܪ̈ܓܠܘܗܝ . . . .
ܘܡܘܕܐ . . . .
ܘܗܘ ܗܘܐ . . . .
17 ܗܘܐ . . . ܥܢܐ
. . . . ܒܗܪܐ
. . . . . .
18 ܐܠܝܢܐ ܠܐ ܐܫܬܟܚܘ
ܚܕ ܗܦܟܘܢ . . .
ܗܦܟ ܠܡܬܠ . . .
. . . . . .
ܕܟܢ . . . .
19 ܐܡܪ . . . . .
ܗܝܡܢܘܬܟ . . . .

20 ܘܫܐܠܘܗܝ ܦܪܝܫܐ
ܘܐܡܪܝܢ . . . .
ܐܬܝܐ . . . .
ܕܐܠܗܐ . . . .
ܠܗܘܢ ܠܐ ܐܬܝܐ
ܡܠܟܘܬܗ ܕܐܠܗܐ
21 ܒܢܛܘܪܬܐ. ܘܠܐ
. . . ܗܪܟܐ ܗܝ
. . ܗܪܬܡܢ ܗܝ ܗܐ
ܓܝܪ ܡܠܟܘܬܗ ܕܐܠܗܐ
22 ܒܝܢܬܟܘܢ . ܘܐܡܪ ܗܘܐ

Lk xvii 22 ܠܬܠܡ̈ܝܕܘܗܝ ܝܐܬܘܢ
ܘܝܘ̈ܡܬܐ ܕܬܬܪܓܪܓܘܢ
ܕܬܚܡܘܢ ܚܕ ܡܢ ܝܘ̈ܡܬܗ
ܕܒܪܗ ܕܐܢܫܐ ܘܠܐ
23 ܬܚܡܘܢ. ܘܐܢ ܝܐܡܪܘܢ
ܠܟܘܢ ܗܐ ܗܪܬܡܢ ܗܘ
ܘܗܐ ܗܪܟܐ ܠܐ
ܬܪܗܛܘܢ ܘܠܐ ܬܐܙܠܘܢ
24 ܐܝܟܢܐ ܓܝܪ ܕܒܪܩܐ
ܒܪܩ ܡܢ ܪܫܘܗܝ
ܕܫܡܝܐ ܒܫܡܝܐ
ܠܪܫܗ ܗܟܢܐ ܝܗܘܐ
ܘܡܣܗ ܕܒܪܗ ܕܐܢܫܐ
25 ܡܢ ܠܘܩܕܡ ܕܝܢ
ܟܬܝܒ ܗܘ ܕܝܚܫ
ܣܓܝܐܬܐ ܘܕܝܫܬܠܐ
ܡܢ ܫܪܒܬܐ ܗܕܐ.
26 ܘܐܝܟܢܐ ܕܗܘܐ
ܒܝܘ̈ܡܬܐ ܕܢܘܚ
ܗܟܢܐ ܝܗܘܐ ܒܝܘ̈ܡܬܐ
ܕܒܪܗ ܕܐܢܫܐ
27 ܕܐܟܠܝܢ ܗܘܘ ܘܫܬܝܢ
ܘܢܣܒܝܢ ܗܘܘ ܢܫ̈ܐ
ܘܝܗܒܝܢ ܠܓܒܪ̈ܐ ܥܕܡܐ
ܠܝܘܡܐ ܕܥܠ ܢܘܚ

Lk xvii 27 ܠܩܒܘܬܐ. ܘܐܬܐ
ܛܘܦܢܐ ܘܫܘܠ ܐܢܘܢ
28 ܠܟܠܗܘܢ ܘܐܝܟܢܐ ܕܗܘܐ
ܒܝܘ̈ܡܬܗ ܕܠܘܛ
ܕܐܟܠܝܢ ܗܘܘ ܘܫܬܝܢ
ܘܙܒܢܝܢ ܗܘܘ ܘܡܙܒܢܝܢ
29 ܘܒܝܘܡܐ ܕܢܦܩ
ܠܘܛ ܡܢ ܣܕܘܡ
ܐܡܛܪ ܢܘܪܐ
ܘܟܒܪܝܬܐ ܡܢ
ܫܡܝܐ ܘܐܘܒܕ ܐܢܘܢ
30 ܠܟܠܗܘܢ ܗܟܢܐ ܝܗܘܐ
ܒܝܘܡܐ ܕܡܬܓܠܐ
31 ܒܪܗ ܕܐܢܫܐ ܒܗ
ܕܝܢ ܫܥܬܐ ܡܢ ܕܥܠ
ܐܓܪܐ ܗܘ ܠܐ
ܢܚܘܬ ܠܡܫܩܠ
ܡܐܢܘܗܝ ܡܢ ܒܝܬܐ
ܘܡܢ ܕܒܚܩܠܐ ܗܘ
ܠܐ ܢܬܗܦܟ
32 ܠܒܣܬܪܗ. ܘܐܬܕܟܪܘ
ܠܐܢܬܬܗ ܕܠܘܛ
33 ܡܢ ܕܝܒܥܐ ܕܢܚܐ
ܢܦܫܗ ܢܘܒܕܝܗ. ܘܡܢ

Lk xvii 33 ܕܢܘܒܕ ܢܦܫܗ ܢܚܝܢܗ.
34 ܐܡܪܢܐ ܠܟܘܢ ܕܒܗܘ
ܠܠܝܐ ܝܗܘܘܢ ܬܪܝܢ
ܒܚܕܐ ܒܪܥܐ. ܚܕ
ܡܬܕܒܪ ܘܚܕ ܡܫܬܒܩ.
35 ܘܝܗܘܝܢ ܬܪܬܝܢ ܛܚܢܢ
ܒܚܕܐ ܪܚܝܐ. ܚܕܐ
ܡܬܕܒܪܐ ܘܚܕܐ ܡܫܬܒܩܐ.
36 ܘܝܗܘܘܢ ܬܪܝܢ ܒܚܩܠܐ
ܚܕ ܡܬܕܒܪ ܘܚܕ
37 ܡܫܬܒܩ. ܐܡܪܝܢ ܠܗ
ܠܐܝܠܟܐ ܡܪܢ. ܐܡܪ
ܠܗܘܢ ܐܝܟܐ ܕܦܓܪܐ
ܬܡܢ ܡܬܟܢܫܝܢ ܢܫܪܝܐ
xviii 1 ܐܡܪ ܠܗܘܢ ܬܘܒ
ܐܦ ܡܬܠܐ ܗܢܐ
ܕܝܗܘܘܢ ܡܨܠܝܢ ܒܟܠ
ܙܒܢ ܘܠܐ ܗܘܬ
2 ܡܬܠܐ ܠܗܘܢ ܕܕܝܢܐ
ܚܕ ܐܝܬ ܗܘܐ
ܒܡܕܝܢܬܐ. ܕܡܢ
ܐܠܗܐ ܠܐ ܕܚܝܠ ܗܘܐ
ܘܡܢ ܒܪ ܐܢܫܐ ܠܐ

Lk xviii 2 ܡܬܒܝܫ ܗܘܐ
3 ܘܐܪܡܠܬܐ ܐܝܬ
ܗܘܐ ܒܗ ܒܗܝ
ܡܕܝܢܬܐ. ܘܐܬܝܐ
ܗܘܬ ܠܘܬܗ ܘܐܡܪܐ
ܠܗ ܬܒܥܝܢܝ ܡܢ
4 ܒܥܠܕܝܢܝ ܘܠܐ ܨܒܐ
ܗܘܐ ܒܬܪܟܢ ܐܡܪ
ܒܢܦܫܗ. ܐܢ ܡܢ
ܐܠܗܐ ܠܐ ܕܚܠ ܐܢܐ
ܘܡܢ ܒܪ ܐܢܫܐ ܠܐ
5 ܡܬܒܝܫ ܐܢܐ ܘܗܕܐ
ܐܪܡܠܬܐ ܕܗܝܢܐ
ܡܠܐܐ ܠܝ ܐܬܒܥܝܢܗ
ܕܠܐ ܒܚܪܬܐ ܬܐܬܐ
6 ܬܫܢܩܢܝ. ܐܡܪ ܫܡܥ
ܫܡܥܘ ܡܢܐ ܐܡܪ
7 ܕܝܢܐ ܕܥܘܠܐ. ܐܠܗܐ
ܡܥܒܕ ܠܐ ܬܒܥܬ
ܕܒܒܢ ܬܒܥܬܗ ܠܓܒܝܘܗܝ
ܕܩܥܝܢ ܠܗ ܒܐܝܡܡܐ
ܘܒܠܠܝܐ ܘܡܓܪ
8 ܪܘܚܗ ܥܠܝܗܘܢ ܐܡܪ
ܐܢܐ ܠܟܘܢ ܕܥܒܕ

Lk xviii 8 ܬܒܥܬܗܘܢ ܒܥܓܠ
ܒܪܡ ܟܐܬܐ ܒܪ
ܒܪܗ ܕܐܢܫܐ ܢܫܟܚ
ܗܝܡܢܘܬܐ ܥܠ ܐܪܥܐ.
9 ܘܐܡܪ ܗܘܐ ܡܬܠܐ
ܗܢܐ ܠܗܠܝܢ ܐܢܫܐ
ܕܬܟܠܝܢ ܥܠ ܢܦܫܗܘܢ·
ܕܙܕܝܩܝܢ ܐܢܘܢ ܘܡܫܝܛܝܢ
10 ܗܘܘ ܥܠ ܚܒܪܝܐ ܬܪܝܢ
ܐܢܫܝܢ ܣܠܩܘ ܠܗܝܟܠܐ
ܠܡܨܠܝܐ ܚܕ ܦܪܝܫܐ
ܘܐܚܪܢܐ ܡܟܣܐ
11 ܗܘ ܦܪܝܫܐ ܩܐܡ
ܒܝܢܘܗܝ ܠܢܦܫܗ
ܡܨܠܐ ܡܘܕܐ ܠܟ
ܐܠܗܐ ܕܠܐ ܗܘܝܬ
ܐܟܘܬ ܫܪܟܐ ܕܐܢܫܐ
ܚ̈ܛܘܦܐ ܐܘ ܥܘ̈ܠܒܐ
ܐܘ ܓܝܪܐ ܘܠܐ ܐܟܘܬ
12 ܗܢܐ ܡܟܣܐ ܐܠܐ
ܨܐܡ ܐܢܐ ܬܪܬܝܢ
ܒܫܒܬܐ ܘܡܥܣܪ
ܐܢܐ ܟܠܡܕܡ ܕܩܢܐ
13 ܐܢܐ. ܗܘ ܕܝܢ

Lk xviii 13 ܡܟܣܐ ܩܐܡ ܗܘܐ
ܡܢ ܪܘܚܩܐ ܘܠܐ
ܨܒܐ ܗܘܐ ܕܐܦܠܐ
ܥܝ̈ܢܘܗܝ ܢܪܝܡ
ܠܫܡܝܐ. ܐܠܐ ܛܪܦ
ܗܘܐ ܥܠ ܚܕܝܗ.
ܘܐܡܪ ܐܠܗܐ ܐܬܪܚܡ
14 ܥܠܝ ܚܛܝܐ ܐܡܪܢܐ
ܠܟܘܢ ܕܢܚܬ ܗܢܐ
ܠܒܝܬܗ ܡܙܕܩ ܝܬܝܪ
ܡܢ ܗܘ ܥܠ ܐܢܫ
ܟܠ ܕܡܪܝܡ ܢܦܫܗ
ܢܬܡܟܟ ܘܕܡܟܟ
ܢܦܫܗ ܢܬܪܝܡ.
15 ܘܩܪܒܘ ܗܘܘ ܠܗ
ܐܦ ܛܠܝ̈ܐ ܕܢܡܫܡ
ܐܝܕܗ ܥܠܝܗܘܢ
ܘܟܕ ܚܡܘܢ ܬܠܡ̈ܝܕܘܗܝ.
16 ܐܡܪ ܠܗܘܢ ܝܫܘܥ
ܫܒܘܩܘ ܛ̈ܠܝܐ ܐܬܝܢ
ܠܘܬܝ ܘܠܐ ܬܟܠܘܢ
ܐܢܘܢ ܕܕܠܝܢ ܟܢ ܕܐܝܟ
ܗܠܝܢ ܐܢܘܢ ܕܕܠܗܘܢ
ܗܝ ܡܠܟܘܬܐ ܕܫܡܝܐ

Lk xviii 17 ܐܡܝܢ ܐܡܪܢܐ ܠܟܘܢ
ܕܡܢ ܕܠܐ ܡܩܒܠ
ܡܠܟܘܬܐ ܕܫܡܝܐ
ܐܝܟ ܛܠܝܐ ܠܐ
ܝܥܘܠ ܠܗ ܀ ܀
18 ܘܫܐܠܗ ܗܘܐ ܚܕ ܡܢ
ܪ̈ܒܢܐ ܘܐܡܪ ܠܗ
ܡܠܦܢܐ ܛܒܐ ܡܢܐ
ܐܥܒܕ ܕܐܪܬ ܚ̈ܝܐ
19 ܕܠܥܠܡ ܐܡܪ ܠܗ
ܝܫܘܥ ܡܢܐ ܩܪܐ
ܐܢܬ ܠܝ ܛܒܐ ܠܝܬ
ܛܒܐ ܐܠܐ ܐ̱ ܚܕ
20 ܐܠܗܐ. ܦܘܩܕܢܐ ܕܝܢ
ܝܕܥ ܐܢܬ ܠܗܘܢ ܠܐ
ܬܩܛܘܠ ܘܠܐ ܬܓܘܪ
ܠܐ ܬܓܢܘܒ ܘܠܐ
ܬܣܗܕ ܣܗܕܘܬܐ
ܕܫܘܩܪܐ ܝܩܪ
ܠܐܒܘܟ ܘܠܐܡܟ
21 ܐܡܪ ܗܠܝܢ ܗܐ ܡܢ
ܕܛܠܝܐ ܐܢܐ ܢܛܪܬ
22 ܐܝܢ ܟܕ ܫܡܥ ܝܫܘܥ
ܐܡܪ ܠܗ ܚܕܐ ܬܘܒ

Lk xviii 22 ܚܣܝܪܐ ܠܟ ܙܒܢ
ܟܘܠ ܡܕܡ ܕܐܝܬ ܠܟ
ܘܗܒ ܠܡܣܟܢܐ. ܘܬܗܘܐ
ܠܟ ܣܝܡܬܐ ܒܫܡܝܐ.
23 ܘܬܐ ܒܬܪܝ. ܗܘ ܕܝܢ
ܟܕ ܫܡܥ ܗܠܝܢ. ܟܪܝܬ
ܠܗ ܠܒ. ܥܬܝܪ ܗܘܐ
24 ܬܒܝܪ ܠܒ. ܟܕ ܚܙܐ
ܝܫܘܥ ܕܟܪܝܬ ܠܗ.
ܐܡܪ ܐܝܟܢܐ ܒܥܠܠܐ
ܠܐܝܠܝܢ ܕܐܝܬ ܠܗܘܢ
ܢܟܣܐ ܕܝܥܠܘܢ ܠܡܠܟܘܬܐ
25 ܕܐܠܗܐ ܕܠܝܠܐ ܗܘ
ܓܡܠ ܠܡܥܠܐ ܕܥܒܪ
ܒܚܪܘܪܐ ܕܡܚܛܐ
ܐܘ ܥܬܝܪܐ ܠܡܠܟܘܬܗ
26 ܕܐܠܗܐ ܘܐܡܪܝܢ ܗܘܘ
ܐܠܝܢ ܕܫܡܥܘ ܡܢܘ
27 ܡܫܟܚ ܠܡܚܝܐ. ܐܡܪ
ܠܗܘܢ ܐܠܝܢ ܕܠܘܬ ܒ̈ܢܝ
ܐܢܫܐ ܠܐ ܡܫܟܚܢ̈
ܠܡܗܘܐ ܠܘܬ ܐܠܗܐ
28 ܡܫܟܚܢ ܕܝܗܘܢ ܐܡܪ
ܠܗ ܟܐܦܐ ܗܐ ܐܢܚܢ
ܫܒܩܢ ܟܘܠ ܡܕܡ

Lk xviii 28 ܕܐܝܬ ܠܢ ܘܐܬܝܢ ܒܬܪܟ
29 ܐܡܪ ܠܗ ܝܫܘܥ ܐܡܝܢ
ܐܡܪܢܐ ܠܟ ܕܠܝܬ
ܕܫܒܩ ܒܝܬܐ ܐܘ
ܐܒܗ̈ܐ ܐܘ ܐܚܝܐ
ܐܘ ܐܢܬܬܐ ܐܘ
ܒܢ̈ܝܐ ܡܛܠ ܡܠܟܘܬܐ
30 ܕܐܠܗܐ ܕܠܐ ܢܣܒ
ܚܕ ܒܡܐܐ ܒܗܢܐ
ܙܒܢܐ ܘܒܥܠܡܐ ܕܐܬܝ
ܢܐܪܬ ܚܝܐ ܕܠܥܠܡ

31 ܘܕܒܪ ܠܬܪܥܣܪ̈ܬܗ
ܘܐܡܪ ܠܗܘܢ ܗܐ
ܣܠܩܝܢ ܐܢܚܢܢ
ܠܐܘܪܫܠܡ ܘܡܫܬܠܡܢ
ܟܠܗܝܢ ܐܝܠܝܢ ܕܟܬܝܒܢ
ܒܢܒܝܐ ܥܠ ܒܪܗ
32 ܕܐܢܫܐ ܡܫܬܠܡ
ܓܝܪ ܠܥܡܡܝܐ ܘ . .
ܒܗ ܘܡܨܥܪܢܗ
ܘܪܩܘܢ ܒܐܦܘܗ⌈ܝ⌉
33 ܘܡܢܓܕܝܢܗ ⌈ܘܩܛܠܝܢܗ⌉
ܘܠܝܘܡܐ ܕܬܠܬܐ

Lk xviii 33, 34 ܢܩܘܡ ܘܗܢܘܢ ܚܕܐ
ܡܢ ܗܠܝܢ ܠܐ ܐܣܬܟܠܘ
ܐܠܐ ܡܟܣܝܐ ܗܘܬ
ܡܢܗܘܢ ܡܠܬܐ ܘܠܐ
ܐܫܬܘܕܥܘ ܐܝܠܝܢ
ܕܐܬܡܠܠ ܒܡܢܗܘܢ
35 ܘܟܕ ܩܪܒ ܗܘܐ ܕܝܢ
ܠܐܪܝܚܘ ܓܒܪܐ ܚܕ
ܣܡܝܐ ܝܬܒ ܗܘܐ
ܥܠ ܝܕ ܐܘܪܚܐ ܘܚܕܪ
36 ܘܟܕ ܫܡܥ ܩܠ
ܟܢܫܐ ܕܥܒܪ ܡܫܐܠ
ܗܘܐ ܕܡܢܘ ܗܢܐ
37 ܐܡܪܝܢ ܠܗ ܝܫܘܥ
38 ܢܨܪܝܐ ܥܒܪ ܘܩܥܐ
ܘܐܡܪ ܝܫܘܥ ܒܪܗ
ܕܕܘܝܕ ܐܬܪܚܡ ܥܠܝ
39 ܘܐܝܠܝܢ ܕܐܙܠܝܢ ܗܘܘ
ܩܕܡܘܗܝ ܕܝܫܘܥ
ܟܐܝܢ ܗܘܘ ܒܗ
ܕܢܫܬܘܩ ܠܗ ܘܗܘ
ܝܬܝܪܐܝܬ ܩܥܐ ܗܘܐ
ܘ⌈ܐܡܪ⌉ ܒܪܗ ܕܕܘܝܕ
40 ⌈ܐܬܪܚܡ⌉ ܥܠܝ ܘܩܡ

Lk xviii 40 . . . . ܘܟܕ
ܕܝܬܘܢܝܗ ܘܟܕ ܩܪܒ
41 ܠܘܬܗ ܫܐܠܗ ܘܐܡܪ
ܠܗ ܡܢܐ ܨܒܐ ܐܢܬ
ܕܐܥܒܕ ܠܟ ܐܡܪ ܠܗ
42 ܡܪܝ ܕܐܚܙܐ ܐܡܪ
ܠܗ ܝܫܘܥ ܚܙܝ
ܗܝܡܢܘܬܟ ܐܚܝܬܟ
43 ܘܒܪܫܥܬܗ ܚܙܐ
ܘܐܬܐ ܗܘܐ ܒܬܪܗ
ܘܡܫܒܚ ܗܘܐ
ܠܐܠܗܐ ܘܟܠܗ ܥܡܐ
ܚܙܐ ܘܝܗܒ ܬܫܒܘܚܐ
ܠܐܠܗܐ ◦ ◦
xix 1 ܘܟܕ ܥܠ ܘܥܒܪ ܐܪܝܚܘ
2 ܘܓܒܪܐ ܚܕ ܕܫܡܗ
ܙܟܝ . . . ܡܟܣܐ
ܗܘܐ ܘܥܬܝܪ ܗܘܐ
3 ܘܒܥܐ ܗܘܐ ܠܡܚܙܝܗ
ܠܝܫܘܥ ܡܢܘ ܘܠܐ
ܡܫܟܚ ܗܘܐ ܡܛܠ
ܟܢܫܐ ܡܛܠ ܕܒܩܘܡܬܗ
4 ܙܥܘܪ ܗܘܐ ܘܪܗܛ
ܠܩܕܡܘܗܝ ܘܣܠܩ
ܠܬܬܐ ܦܟܝܗܬܐ

Lk xix 4 . . . ܡܛܘܠ
. . . ܗܘܐ
5 . . . . ܐܡܪ
ܠܗ ܐܣܬܪܗܒ
ܚܘܬ ܙܟܝ ܝܘܡܢܐ ܓܝܪ
ܒܒܝܬܟ ܘܠܐ ܠܝ. ܕܐܗܘܐ
6 ܘܐܣܬܪܗܒ ܢܚܬ
ܐܦ ܘܩܒܠܗ ܚܕܝܐܝܬ
7 ܘܟܕ ܚܙܘ . . ܪܛܢܝܢ
ܗܘܘ ܘܐܡܪܝܢ ܕܠܘܬ
ܓܒܪܐ ܚܛܝܐ ܥܠ
8 ܕܢܫܪܐ ܘܩܡ ܙܟܝ
ܘܐܡܪ ܠܝܫܘܥ ܗܐ
ܡܪܝ ܦܠܓܘܬ ܢܟܣܝ
ܝܗܒܢܐ ܠܡܣܟܢܐ. ܘܟܠ
ܕܥܠܒܬ ܚܕ ܒܐܪܒܥܐ
9 ܦܪܥܢܐ. ܐܡܪ
ܠܗ ܝܫܘܥ ܝܘܡܢܐ .
. . . . . .
ܡܛܠ ܕܐܦ . .
ܒܪܗ ܗܘ ܕܐܒܪܗܡ
10 . .
. . . . . .

Lk xix 11 ܐܘܣܦ ܠܡܐܡܪ
ܡܬܠܐ. ܡܛܠ ܕܩܪ[ܝ]ܒ
ܗܘܐ ܠܐܘܪܫܠܡ
ܘܣܒܪܝܢ ܗܘܘ ܕ[ܡ]ܠܟܘܬܐ
ܗܝ ܒܥܬܕܐ ܗܘܬ
ܕܬܬܓܠܐ ܡܠܟܘܬܗ
12 ܕܐܠܗܐ ܐܡܪ ܠܗܘܢ
ܓܒܪܐ ܚܕ ܕ[ܒ]ܪ
ܠܦܘܣܛܐ ܪܒܐ. ܐܙܠ
ܠܐܬܪܐ ܪܚܝܩܐ
ܠܡܣܒ ܡܠܟܘܬܐ
13 ܘܠܡܣܦܢ ܘܩܪܐ
ܠܥܣܪܐ ܥܒܕܘܗܝ
ܘܝܗܒ ܠܗܘܢ ܥܣܪܐ
ܡܢܝܢ [ܘ]ܐܡܪ ܠܗܘܢ
[ܐܬܗܦܟ]ܘ . . . .
14 [ܐ]ܬܐ . . . . . .
ܡܠܝܢ . . . . . .
ܐܝܠ[ܟ]ܕܐ . . . .
ܠܗ [ܠܐ] . .
15 ܕ[ܢ]ܡܠܟ . . . . .
. . . .
ܠܗ . . . . . .
ܕܝܗܒ . . . . .
. . . .
. . . .

Lk xix 16 ܘܐܬܐ ܩܕܡܝܐ
ܘܐܡܪ ܡܪܝ ܡܢܝܟ
ܥܣܪܐ ܡܢܝܢ ܐܘܬܪ.
17 ܐܡܪ ܠܗ ܐܘ ܥܒܕܐ
ܛܒܐ. ܒܩܠܝܠ
ܐܫܬܟܚܬ ܡܗܝܡܢ
ܬܗܘܐ ܫܠܝܛ ܥܠ
ܥܣܪܐ ܩܪܝܢ.
18 ܘܐܬܐ ܐ[ܚ]ܪܢܐ
ܘܐܡܪ ܠܗ ܡܪܝ.
ܡܢܝܟ ܚܡܫܐ ܡܢܝܢ
19 ܥܒܕ. ܐܡܪ ܠܗ ܐܦ
ܠܗ ܐܦ ܐܢܬ
ܬܗܘܐ ܫܠܝܛ ܥܠ
ܚܡܫܐ ܩܪܝܢ
20 ܘܐܬܐ ܗܘ ܐܚܪܢܐ
ܘܐܡܪ ܡܪܝ ܗܐ
ܡܢܝܟ ܗܘ ܕܐܬܐ ܗܘܐ
ܠܘܬܝ ܕܗ ܣܝܡ ܒ[ܣ]ܘ[ܕ]ܪܐ
21 ܕܕܚܠܬ ܓܒܪ ܡ[ܢ]ܟ
ܕܓܒܪܐ ܐܢܬ ܩܫܝܐ
ܕܫܩܠ ܐܢܬ ܡܕܡ
ܕܠܐ ܣܡܬ ܘܚܨܕ
ܐܢܬ ܡܕܡ ܕܠܐ
22 ܕܙܪܥܬ ܐܡܪ ܠܗ . .
. . . .

Lk xix 22 ܕܠܐ ܡܗܝܡܢ. ܝܕܥ
ܗܘܝܬ ܠܝ ܕܓܒܪܐ ܐܢܐ
ܩܫܝܐ ܘܫܩܠ ܐܢܐ
ܡܕܡ ܕܠܐ ܣܡܬ
ܘܚܨܕܢܐ ܡܕܡ ܕܠܐ
23 ܙܪܥܬ ܠܡܢܐ ܠܐ
ܐܪܡܝܬ ܟܣܦܝ ܥܠ
ܦܬܘܪܐ ܘܐܢܐ ܕܝܢ
ܐܬܝܬ ܬܒܥܬ ܕܝܠܝ
24 ܒܪܒܝܬܗ ܘܐܡܪ
ܠܗܘܢ ܕܩܝܡܝܢ ܠܘܬܗ
ܣܒܘ ܡܢܗ ܡܢܝܐ
ܘܗܒܘܗܝ ܠܗܘ ܕܐܝܬ
ܠܘܬܗ ܥܣܪܐ ܡܢܝܢ
26 ܐܡܪܢܐ ܠܟܘܢ ܓܝܪ ܕܟܠ
ܐܢܫ ܕܐܝܬ ܠܗ
ܡܬܬܝܗܒ ܠܗ. ܘܡܢ
ܕܠܝܬ ܠܗ ܐܦ ܗܘ
ܡܕܡ ܕܐܝܬ ܠܗ
27 ܡܬܢܣܒ ܡܢܗ ܒܪܡ
ܕܝܢ ܐܝܬܘ ܠܒܥܠܕܒܒܐ
ܠܗܘܢ ܕܒܥܠܕܒܒܝ

Lk xix 27 ܐܝܠܝܢ ܕܠܐ ܨܒܘ
ܕܐܗܘܐ ܥܠܝܗܘܢ
ܡܠܟܐ ܘܩܛܠܘ ܐܢܘܢ
28 ܩܕܡܝ ܘܟܕ ܐܡܪ
ܗܠܝܢ ܢܦܩ ܡܢ ܬܡܢ
ܘܥܒܪ ܣܠܩ ܗܘܐ
29 ܠܐܘܪܫܠܡ ܘܩܪܒ
ܠܒܝܬ ܦܓܐ ܘܠܒܝܬ
ܥܢܝܐ. ܘܡ . . .
ܠܘܬܐ. ܥܒܕ ܬܪܝܢ ܡܢ
ܬܠܡܝܕܘܗܝ . . .
30 . . . . . .
ܠܗܘܢ ܙܠܘ ܠܩܪܝܬܐ ܗܝ
ܕܠܩܘܒܠܝܢ ܘܟܕ ܥܠܝܢ
ܐܢܬܘܢ ܗܐ ܡܫܟܚܝܢ
ܐܢܬܘܢ ܥܝܠܐ ܟܕ
ܐܣܝܪ ܕܐܢܫ ܠܐ
ܪܟܒ ܥܠܘܗܝ ܫܪܘ
31 ܐܬܘܗܝ ܠܟܐ ܘܐܢ
ܐܢܫ ܡܫܐܠ ܠܟܘܢ
ܠܡܢܐ ܫܪܝܢ ܐܢܬܘܢ
ܠܗ ܗܟܢܐ ܐܡܪܘ ܠܗ
ܠܡܪܗ . . . .

Lk xix 32 ܘܐܙܠܘ ܐܫܟܚܘ ܗܟܢܐ
ܗܘܝ ܕܐܬܐܡܪܘ ܐܝܟ
33 ܕܐܡܪ ܠܗܘܢ ܘܟܕ ܫܪܝܢ
34 ܠܗ. ܠܥܝܠܐ ܐܡܪܘ ܠܗܘܢ
35 ܠܡܪܗ ܡܬܒܥܐ. ܘܐܝܬܝܘ
ܠܥܝܠܐ ܠܘܬ ܝܫܘܥ
ܘܐܪܡܝܘ ܥܠܘܗܝ ——
ܡܐܢܝܗܘܢ ܘܐܪܟܒܘܗܝ
36 ܠܝܫܘܥ ܥܠܘܗܝ ܘܟܕ
ܪܕܐ ܗܘܐ ܘܐܬܐ
ܘܦܪܣܝܢ ܗܘܘ
ܡܐܢܝܗܘܢ ܒܐܘܪܚܐ
37 ܟܕ ܩܪܒ ܠܡܚܝܬܬܐ
ܕܛܘܪ ܙܝܬܐ ܫܪܝܘ
ܟܘܠܗ ܟܢܫܐ ܕܬܠܡܝܕܘܗܝ
ܚܕܝܢ ܘܡܫܒܚܝܢ
ܠܐܠܗܐ ܒܩܠܐ ܪܒܐ
ܥܠ ܟܠ ܡܐܢ ܕܚܙܘ
38 ܘܐܡܪܝܢ ܗܘܘ ܒܪܝܟ
ܗܘ ܡܠܟܐ ܕܐܬܐ
ܒܫܡܗ ܕܡܪܝܐ. ܫܠܡܐ
ܒܫܡܝܐ ܘܫܒܘܚܐ
39 ܒܡܪܘܡܐ. ܐܡܪܝܢ ܠܗ

Lk xix 39 ܐܢܫܐ ܡܢ ܟܢܫܐ ܡܢ
ܒܝܢܝ ܗܘ ܟܢܫܐ
ܡܠܦܢܐ ܫܒܘܪܐ ܟܐܝ
ܒܬܠܡܝܕܝܟ ܕܠܐ
40 ܢܩܒܘܢ ܥܢܐ ܘܐܡܪ
ܠܗܘܢ ܐܡܝܢ ܐܡܪ ܐܢܐ
ܠܟܘܢ ܕܐܢ ܗܠܝܢ ܢܫܬܩܘܢ
41 ܟܐܦܐ ܢܩܥܝܢ ܘܟܕ
ܩܪܒ ܘܚܙܐ ܡܕܝܢܬܐ
42 ܒܟܐ ܥܠܝܗ ܘܐܡܪ
ܕܐܦ ܒܗܢܐ ܝܘܡܐ
ܕܝܢ ܝܕܥܬܝ ܫܠܡܟܝ
ܐܠܐ ܐܬܟܣܝ ܠܗ
43 ܡܢ ܥܝܢܝܟܝ ܢܐܬܘܢ
ܕܝܢ ܝܘܡܬܐ ܕܢܣܚܪܘܢܟܝ
ܒܥܠܕܒܒܝܟܝ ܘܢܐܠܨܘܢܟܝ
44 ܡܢ ܟܘܠ ܕܘܟܐ ܘܢܚܒܠܘܢܟܝ
ܥܠ ܐܪܥܐ. ܘܠܒܢܝܟܝ
ܒܓܘܟܝ ܘܠܐ ܢܫܒܩܘܢ
ܒܟܝ ܟܐܦ ܥܠ
ܟܐܦ ܚܠܦ ܕܠܐ
ܝܕܥܬܝ ܙܒܢܐ
ܕܣܘܥܪܢܟܝ ܘ ܦ · · · · · · · ·
45 ܘܟܕ ܥܠ ܠܗܝܟܠܐ

Lk xix 45 ܫܪܝ ܠܡܦܩܐ ܠܙܒܢܝܢ
ܕܡܙܒܢܝܢ ܒܗ ܙܒܢܐ
46 ܘܐܡܪ . . . . .
ܕܒܝܬܝ ܒܝܬ ܨܠܘܬܐ
ܗܘ ܐܢܬܘܢ ܥܒܕܬܘܢܝܗ
47 ܡܠܦ . . . ܟܠܝ
ܗܘܐ . . ܒܗܝܟܠܐ
. . . . ܘܣܦܪܐ
. . ܕܥܡܐ ܒܥܝܢ
ܗܘܘ ܠܡܘܒܕܘܬܗ
48 ܘܠܐ ܡܫܟܚܝܢ ܗܘܘ
ܡܢܐ ܢܥܒܕܘܢ ܠܗ ܟܠܗ
ܓܝܪ ܥܡܐ ܬܠܐ ܗܘܐ
ܒܗ ܠܡܫܡܥܗ
xx 1 . . . ܡܢ ܘܗܘܬܐ
ܕܗ ܡܠܦ ܗܘܐ ܒܗܝܟܠܐ
. . ܘܡܣܒܪ ܗܘܐ
ܘܩܡܘ ܥܠܘܗܝ ܪܒܝ
ܟܗܢܐ ܘܣܦܪܐ ܘܣܒܝܐ
2 ܘܐܡܪܝܢ ܠܗ ܒܐܝܢܐ
ܫܘܠܛܢܐ ܗܠܝܢ ܥܒܕ
ܐܢܬ ܐܘ ܡܢܘ ܝܗܒ
ܠܟ ܗܢܐ ܫܘܠܛܢܐ
3 ܥܢܐ ܘܐܡܪ ܠܗܘܢ ܐܦ
ܐܢܐ ܐܫܐܠܟܘܢ ܡܠܬܐ.

Lk xx 3, 4 ܐܡܪܘ ܠܝ ܡܥܡܘܕܝܬܗ
ܕܝܘܚܢܢ ܡܢ ܫܡܝܐ
ܗܝ ܐܘ ܡܢ ܒܢܝ ܐܢܫܐ
5 ܘܗܢܘܢ ܡܬܚܫܒܝܢ
ܗܘܘ ܘܐܡܪܝܢ ܕܐܢ
ܢܐܡܪ ܕܡܢ ܫܡܝܐ ܗܝ
ܢܐܡܪ ܠܢ ܐܡܢܬܘ ܠܐ
6 ܗܝܡܢܬܘܢܝܗ ܘܐܢ
. . . . . .
. . . . .
ܓܝܪ ܥܡܐ .
. . . . . .
. .
. . .
. . .
. . . .
8 . . . .
. . ܫܘܠܛܢܐ
ܗܠܝܢ
9 ܘܫܪܝ ܕܢܐܡܪ ܠܥܡܐ
ܡܬܠܐ ܗܢܐ ܓܒܪܐ
ܚܕ ܢܨܒ . . . .
ܘܐܘܚܪܗ . . . .
ܘܐܘܚܕܗ ܠ . . .
10 ܘܒܥܕܢܐ ܫܕܪ ܥܒܕ

Lk xx 10 ܘܡܢ ܥܒܕܐ ܫܕܪ ܒܙܒܢܗ
ܠܘܬ ܦܠܚܝܐ ܕܢܬܠܘܢ
ܠܗ ܡܢ ܦܐܪܐ . .
ܘܡܚܘܢܗܝ . . .
11 ܥܕ ܫܕܪ ܘܐܘܣܦ
ܘܫܕܪ ܠܥܒܕܗ ܐܚܪܢܐ
ܘܐܦ ܠܗܘ ܓܠܦܘܗܝ
ܘܫܕܪ . . .
12 . . . ܘܫܒܩܘܗܝ
ܡܢ . . . . .
13 . . . . . .
. . . . . .
. . . . . .
. . . . . .
. . . . . .
. . . . . .
. . . . . .
. . . . . .
. . . . . .
15 . . . . . .
. . . . . .
ܠܗܘܢ . . .
16 . . ܟܪܡܐ. ܐܡܪܝܢ
. . ܢܬܒ ܠܦܠܚܐ

Lk xx 16 ܘܝܬܠ ܟܪܡܐ ܠܐܚܪܢܐ
ܟܕ ܫܡܥܘ ܗܠܝܢ ܐܡܪܘ
ܓܒܪ ܕܠܗܘܢ ܐܡܪ
17 ܡܬܠܐ ܗܢܐ. ܗܘ ܕܝܢ
ܚܪ ܒܗܘܢ ܘܐܡܪ ܡܢܐ
ܗܘ ܟܬܘܒ ܗܢܐ
ܕܟܬܝܒ ܕܟܐܦܐ
ܕܐܣܠܝܘ ܒܢܝܐ ܗܝ
18 ܗܘܬ ܠܪܝܫ ܩܪܢܐ. ܟܠ
ܐܢܫ ܓܒܪ ܕܢܦܠ ܥܠ
ܗܝ ܟܐܦܐ ܝܬܬܒܪ
ܘܟܠ ܡܢ ܕܬܦܠ
ܥܠܘܗܝ ܬܫܚܩܝܢܗ
19 ܘܒܥܘ ܗܘܘ ܪ̈ܒܢܝ
ܟܗ̈ܢܐ ܘܣܦܪ̈ܐ
. . . . ܥܠܘܗܝ
. . ܒܗ̇ ܫܥܬܐ
ܘܕܚܠܘ ܗܘܘ ܡܢ
20 ܥܡܐ ܘܢܛܪܝܢ ܫܕܪܘ
. . . . ܗܕܘܪܐ
. . . ܟܡܠܬܐ
ܘܡܬܚܙܝܢ ܠܟܝܢܐ
ܘܠܫܘܠܛܢܐ ܕܗܓܡܘܢܐ
21 ܘܐ . . . ܘܐܡܪܝܢ
ܠܗ ܡܠܦܢܐ ܝܕܥܝܢ

F. C. B.

Lk xx 21 ܫܐܠܝܢ ܕܬܪܝܨܐܝܬ
ܡܡܠܠ ܐܢܬ ܘܡܠܦ
ܐܢܬ ܘܠܐ ܢܣܒ
ܐܢܬ ܒܐܦܐ ܕܐܢܫ
ܐܠܐ ܒܩܘܫܛܐ
ܡܠܬܐ ܕܐܠܗܐ ܡܠܦ
22 ܐܝܬ ܫܠܝܛ ܠܢ ܠܡܬܠ
ܟܣܦ ܪܫܐ ܠܩܣܪ
23 ܐܘ ܠܐ. ܘܗܘ
ܐܣܬܟܠ ܒܢܟܝܠܘܬܗܘܢ
ܘܐܡܪ ܠܗܘܢ ܡܢܐ
ܡܢܣܝܢ ܐܢܬܘܢ ܠܝ
24 ܚܘܘܢܝ ܕܝܢܪܐ ܨܠܡܐ
ܒܟܬܒܬܐ ܕܡܢܘ
ܐܝܬ ܥܠܘܗܝ ܘܚܘܘܗܝ
ܘܐܡܪܝܢ ܠܗ ܕܩܣܪ
25 ܐܡܪ ܠܗܘܢ ܗܒܘ
ܕܩܣܪ ܠܩܣܪ
ܘܕܐܠܗܐ ܠܐܠܗܐ
26 ܘܠܐ ܐܫܟܚܘ ܡܠܬܗ
ܠܡܐܚܕ ܩܕܡ ܥܡܐ
ܘܐܬܡܗܪܘ ܥܠ
ܦܬܓܡܐ ܘܫܬܩܘ
ܠܗܘܢ ◦ ◦ ◦ ◦

Lk xx 27 ܘܩܪܒܘ ܐܢܫܐ ܡܢ
ܙܕܘܩܝܐ ܗܢܘܢ
ܕܐܡܪܝܢ ܕܠܝܬ
ܩܝܡܬܐ ܘܫܐܠܘܗܝ
28 ܘܐܡܪܝܢ ܠܗ ܡܠܦܢܐ
ܡܘܫܐ ܟܬܒ ܠܢ
ܕܐܢ ܝܡܘܬ ܐܚܘܗܝ
ܕܐܢܫ ܘܠܝܬ ܠܗ
ܒܢܝܐ ܘܫܒܩ
ܐܢܬܬܐ ܢܣܒ
ܐܢܬܬ ܐܚܘܗܝ
ܘܢܩܝܡ ܙܪܥܐ
29 ܠܐܚܘܗܝ ܫܒܥܐ
ܐܚܝܢ ܐܝܬ ܗܘܘ
ܠܘܬܢ ܘܩܕܡܝܐ ܢܣܒ
ܐܢܬܬܐ ܘܡܝܬ ܕܠܐ
30 ܒܢܝܢ. ܘܢܣܒܗ ܕܬܪܝܢ
ܠܐܢܬܬܐ ܗܝ ܘܐܦ
ܗܘ ܡܝܬ ܕܠܐ
31 ܒܢܝܢ. ܘܐܦ ܕܬܠܬܐ
ܢܣܒܗ. ܘܗܟܢܐ
ܫܒܥܬܗܘܢ ܢܣܒܘܗ
ܘܡܝܬܘ ܕܠܐ ܫܒܩܘ
32 ܒܢܝܐ ܘܡܝܬܬ ܐܦ
33 ܗܝ ܐܢܬܬܐ ܒܩܝܡܬܐ

Lk xx 3 ܕܐܢܬܐ ܫܒܥܗܘܢ ܗܘܬܐ.
ܗܐ ܠܚܕ ܐܢܬܬܐ
ܠܫܒܥܬܝܗܘܢ ܗܘܬ
34 ܥܢܐ ܝܫܘܥ ܘܐܡܪ
ܒܢ̈ܘܗܝ ܕܥܠܡܐ ܗܢܐ
ܢܣܒܝܢ ܘܡܬܝܗܒܝܢ ܘܢܣܒܝܢ
ܓܒܪܐ ܘܗܘܝܢ ܢܫ̈ܐ
35 ܠܓܒܪ̈ܐ ܐܝܠܝܢ ܕܝܢ ܕܠܗܘ
ܠܥܠܡܐ ܗܘ ܘܠܗܝ
ܘܩܝܡܬܐ ܕܡܢ ܒܝܬ
ܡܝܬܐ ܠܐ ܢܫ̈ܐ
36 ܗܘܝܢ ܠܓܒܪ̈ܐ ܐܦܠܐ
ܠܡܡܬ ܡܫܟܚܝܢ
ܐܫܬܘܘ ܠܗܘܢ ܓܝܪ ܥܡ
ܡܠܐ̈ܟܐ ܐܝܟ ܒܢܝܐ
37 ܕܩܝܡܬܐ. ܥܠ
ܡܝܬܐ ܕܝܢ ܕܩܝܡܝܢ
ܐܦ ܡܘܫܐ ܒܗܕ
ܟܕ ܡܠܠ ܐܠܗܐ
ܥܡܗ ܡܢ ܣܢܝܐ
ܘܐܡܪ ܡܪܝܐ ܐܠܗܗ
ܕܐܒܪܗܡ ܘܐܠܗܗ

Lk xx 37 ܕܐܝܣܚܩ ܘܐܠܗܗ
38 ܕܝܥܩܘܒ ܘܗܐ ܐܠܗܐ
ܠܐ ܗܘܐ ܕܡܝ̈ܬܐ
ܐܠܐ ܕܚ̈ܝܐ ܕܟܠܗܘܢ
ܓܝܪ ܚ̈ܝܝܢ ܐܢܘܢ ܠܗ.
39 ܐܡܪ̈ܝܢ ܠܗ ܐܢܫܐ
ܡܢ ܣܦܪ̈ܐ. ܡܠܦܢܐ
40 ܫܦܝܪ ܐܡܪܬ. ܘܬܘܒ
ܠܐ ܐܡܪܘ ܠܡܫܐܠܘܬܗ
ܡܕܡ ◦ ◦ ◦
41 ܘܐܡܪ ܗܘܐ ܠܗܘܢ
ܐܝܟܢܐ ܐܡܪ̇ܝܢ
ܣܦܪ̈ܐ ܥܠ ܡܫܝܚܐ
ܕܒܪܗ ܗܘ ܕܕܘܝܕ
42 ܘܗܘ ܕܘܝܕ ܐܡܪ
ܒܟܬܒܐ ܕܡܙܡܘܪ̈ܘܗܝ
ܕܐܡܪ ܡܪܝܐ ܠܡܪܝ
ܕܬܒ ܠܟ ܡܢ ܝܡܝܢܝ.
43 ܥܕܡܐ ܕܐܣܝܡ
ܒܥܠܕܒܒܝܟ ܟܘܒܫܐ
44 ܬܚܝܬ ܪ̈ܓܠܝܟ ܐܢ
ܗܟܝܠ ܕܘܝܕ ܡܪܝ
ܩܪܐ ܠܗ ܐܝܟܢܐ

Lk xx 44 ܒܪܗ ܗܘ ○ ○ ○

45 ܘܟܕ ܫܡܥ ܗܘܐ ܟܠܗ
ܥܡܐ ܐܡܪ ܠܬܠܡܝܕܘܗܝ.
46 ܐܙܕܗܪܘ ܡܢ ܣܦܪܝܐ
ܕܨܒܝܢ ܠܡܗܠܟܘ
ܒܐܣܛܠܐ ܘܪܚܡܝܢ
ܫܠܡܐ ܒܫܘ̈ܩܐ
ܘܡܘܬܒܐ ܩܕܡ̈ܝܐ
ܒܟܢܘܫܬܐ ܘܪܝܫ
ܣܡ̈ܟܐ ܒܐܚܫ̈ܡܝܬܐ
47 ܘܐܟܠܝܢ ܒܬܐ ܕܐܪ̈ܡܠܬܐ
ܒܥܠܬܐ ܕܡܘܪ̈ܟܝܢ
ܨܠܘܬܗܘܢ ܗܢܘܢ ܝܣܒܘܢ
ܕܝܢܐ ܝܬܝܪܐ ○ ○

xxi 1 ܘܐܪܝܡ ܥܝܢܘܗܝ ܘܚܙܐ
ܠܥܬܝܪܐ ܕܪܡܝܢ
ܩܘܪ̈ܒܢܝܗܘܢ ܒܝܬ ܓܙܐ
2 ܘܚܙܐ ܐܦ ܐܢܬܬܐ
ܚܕܐ ܡܣܟܢܬܐ
ܘܐܪܡܝܬ ܫܡܘܢܐ
3 ܬܪܝܢ ܐܡܪ ܒܩܘܫܬܐ
ܐܡܪܢܐ ܠܟܘܢ ܕܗܕܐ
ܐܪܡܠܬܐ ܡܣܟܢܬܐ
ܐܪܡܝܬ ܝܬܝܪ ܡܢ

Lk xxi 3, 4 ܟܠܗܘܢ ܗܠܝܢ ܓܝܪ ܡܢ ܡܐ
ܕܝܬܝܪ ܠܗܘܢ ܐܪܡܝܘ
ܒܝܬ ܩܘܪܒܢܐ. ܗܕܐ
ܕܝܢ ܡܢ ܡܐ ܕܚܣܝܪ
ܠܗ ܟܠ ܕܩܢܝܢܐ ܗܘܬ
ܐܪܡܝܬܗ ○ ○

5 ܘܟܕ ܐܡܪܘ ܐܢܫܝܢ
ܥܠ ܗܝܟܠܐ ܕܒܟܐ̈ܦܐ
ܫܦܝܪ̈ܬܐ ܘܒܩܘܪ̈ܒܢܐ
ܡܨܒܬ. ܐܡܪ ܠܗܘܢ
6 ܚܙܝܢ ܐܢܬܘܢ ܗܠܝܢ
ܝܘ̈ܡܐ ܐܬܝܢ ܘܗ̈ܬܐ
ܕܠܐ ܬܫܬܒܩ ܒܗ
ܟܐܦ ܥܠ ܟܐܦ
7 ܕܠܐ ܬܬܣܬܪ. ܘܫܐܠܘܗܝ
ܘܐܡ̈ܪܝܢ ܠܗ ܡܠܦܢܐ
ܐܡܬܝ ܗܠܝܢ ܢܗܘܝܢ
ܘܡܢܐ ܐܬܐ ܗܝ
ܕܡܫ̈ܪܝܢ ܗܠܝܢ ܕܢܗܘܝܢ
8 ܘܗ ܕܝܢ ܐܡܪ ܠܗܘܢ
ܚܙܘ ܕܠܡܐ ܬܛܥܘܢ
ܣܓܝܐܐ ܓܝܪ ܝܐܬܘܢ
ܒܫܡܝ ܘܐܡܪܘܢ ܕܐܢܐ
ܐܢܐ. ܘܙܒܢܐ ܩܪܒ
ܠܐ ܬܐܙܠܘܢ ܒܬܪܗܘܢ
9 ܘܡܐ ܕܫܡܥܝܢ ܐܢܬܘܢ

fol. 110 r (= 121 r).

R. L. B.
F. C. B.

Lk xxi 9 ܩܪܒܐ ܘܫܓܘܫܝܐ ܠܐ
ܬܙܘܥܘܢ ܒܥܝܢ ܐܝܬ ܓܝܪ
ܠܡܗܘܝ ܗܠܝܢ ܠܩܕܡܝܐ
ܐܠܐ ܠܐ ܒܥܓܠ ܫܠܡܬ
10 ܣܘܦܬܐ. ܝܩܘܡ ܓܝܪ
ܥܡܐ ܥܠ ܥܡܐ ܘܡܠܟܘ
11 ܥܠ ܡܠܟܘ. ܘܙܘ̈ܥܐ
ܪܘܪ̈ܒܐ ܒܕܘܟܐ ܕܘܟܐ
ܘܡܘܬܢܐ ܒܕܘܟܐ ܕܘܟܐ
ܘܕܚ̈ܠܢܐ ܘܝܗܘܝܢ ܕܫ̈ܡܝܬܐ
ܡܢ ܫܡܝܐ ܘܐܬܘܬܝܢ
ܐܬܘ̈ܬܐ ܪܘܪ̈ܒܬܐ
12 ܡܢ ܩܕܡ ܗܠܝܢ ܕܝܢ ܟܠܗܝܢ
ܝܪܡܘܢ ܥܠܝܟܘܢ ܐܝ̈ܕܝܐ
ܘܝܪܕܦܘܢܟܘܢ ܘܝܫܠܡܘܢܟܘܢ
ܠܟܢܘ̈ܫܬܐ ܘܠܒܝܬ
ܐܣܝ̈ܪܐ ܘܝܩܪܒܘܢܟܘܢ
ܩܕܡ ܡܠܟܐ ܘܫܠܝ̈ܛܢܐ
13 ܡܛܠ ܫܡܝ ܬܗܘܐ ܠܟܘܢ
14 ܕܝܢ ܣܗܕܘܬܐ ܘܣܝܡܘ
ܒܠ̈ܒܟܘܢ ܕܠܐ ܬܬܢܗܘܢ
ܡܬܠܦܝܢ ܠܡܦܩ ܪܘܚܐ
15 ܐܢܐ ܓܝܪ ܐܬܠ ܠܟܘܢ
ܦܘܡܐ ܘܚܟܡܬܐ ܐܝܢܐ
ܕܠܐ ܡܫܟܚܝܢ ܠ

Lk xxi 15 ܕܝܩܘܡܘܢ ܠܩܘܒܠܟܘܢ
ܟܠܗܘܢ ܒܥܠܕܒ̈ܒܝܟܘܢ
16 ܬܫܬܠܡܘܢ ܓܝܪ ܐܚܝܟܘܢ
ܘܐܒܝܟܘܢ ܘܐܚܝܢܟܘܢ
ܘܪ̈ܚܡܝܟܘܢ ܘܝܡܝܬܘܢ
17 ܡܢܟܘܢ ܘܬܗܘܘܢ ܣܢܝܐܝܢ
ܡܢ ܟܠ ܐܢܫ ܡܛܠ
18 ܫܡܝ ܘܡܙܝܬܐ ܚܕܐ
ܡܢ ܣܥܪܐ ܕܪܫܝܟܘܢ
19 ܠܐ ܬܐܒܕ ܒܡܣܝܒܪܢܘܬܐ
ܓܝܪ ܬܩܢܘܢ ܢܦܫܬܟܘܢ
20 ܡܐ ܕܚܙܝܬܘܢ ܕܝܢ
ܠܐܘܪܫܠܡ ܕܚܕܝܪ ܠܗ
ܚܝܠܐ ܕܥܘ ܕܩܪܒ
21 ܠܗ ܚܘܪܒܗ ܘܐܝܠܝܢ
ܕܒܝܗܘܕ ܐܘܢ ܢܥܪܩܘܢ
ܠܛܘܪܐ ܘܕܒܓܘܗ ܝܦܩܘܢ
ܡܢܗ ܘܐܝܠܝܢ ܕܒܩܘܪ̈ܝܐ
22 ܠܐ ܝܥܠܘܢ ܠܗ ܡܛܠ
ܕܝܘ̈ܡܬܐ ܐܝܠܘܢ
ܕܬܒܥܬܐ ܕܝܫܠܡ ܟܠ
ܡܕܡ ܕܟܬܝܒ ◦ ◦
23 ܘܝ ܕܝܢ ܠܐܝܠܝܢ ܕܒܛܢܢ

Lk xxi ܘܠܐܝܠܝܢ ܕܡܝܢܩܢ
ܒܝܘܡܬܐ ܗܝܢܘܢ ܝܗܘܐ
ܓܝܪ ܐܘܠܨܢܐ ܪܒܐ
ܘܪܘܓܙܐ ܥܠ ܥܡܐ
24 ܗܢܐ. ܘܢܦܠܘܢ ܒܦܘܡܐ
ܕܣܝܦܐ ܘܝܫܬܒܘܢ
ܠܟܠ ܐܬܪ ܘܐܘܪܫܠܡ
ܬܗܘܐ ܡܬܕܫܐ ܡܢ
ܥܠܗܘܢ ܕܥܡܡܐ
ܥܕܡܐ ܕܢܫܬܠܡܘܢ ܙܒܢܐ
25 ܕܥܡܡܐ ܘܝܗܘܘܢ
ܐܬܘܬܐ ܒܫܡܫܐ
ܘܒܣܗܪܐ ܘܒܟܘܟܒܐ
ܘܐܘܠܨܢܐ ܒܐܪܥܐ
ܘܪܘܓܫ ܐܢܫܐ ܕܝܡܡܐ
26 ܘܩܠܐ ܕܝܡܐ. ܘܓܠܠܐ
ܘܢܦܩܝܢ ܢܦܫܬܐ ܕܒܢܝ
ܐܢܫܐ ܡܢ ܕܚܠܬܐ
ܕܡܣܟܝܢ ܕܐܬܝܢ ܠܡܐܬܐ
ܥܠ ܐܪܥܐ ܘܚܝܠܘܬܗ
27 ܚܝܠܐ ܕܫܡܝܐ ܡܙܕܥܙܥܝܢ
ܘܚܙܘܢ ܠܒܪܗ ܕܐܢܫܐ
ܟܕ ܐܬܐ ܒܥܢܢܐ
ܒܚܝܠܐ ܣܓܝܐܐ

Lk xxi 27, 28 ܘܒܫܘܒܚܐ ܣܓܝ ܕܫܪܝ
ܕܝܢ ܗܠܝܢ ܕܝܗܘܘܢ
ܐܬܩܦܘ ܘܐܪܝܡܘ
ܪܝܫܝܟܘܢ ܡܛܠ ܕܩܪܒ
ܠܗ ܦܘܪܩܢܟܘܢ ܀

29 ܘܐܡܪ ܗܘܐ ܠܗܘܢ
ܡܬܠܐ ܗܐ ܚܙܘ
ܠܬܬܐ ܘܠܟܠܗܘܢ ܐܝܠܢܐ
30 ܕܡܐ ܕܫܪܝܢ ܦܪܥܝܢ
ܘܚܙܝܢ ܦܐܪܝܗܘܢ
ܡܣܬܟܠܝܢ ܐܢܬܘܢ
ܕܩܪܝܒ ܠܗ ܩܝܛܐ
31 ܗܟܢܐ ܐܦ ܐܢܬܘܢ
ܡܐ ܕܚܙܝܬܘܢ ܗܠܝܢ
ܕܗܘܝܢ ܕܥܘ ܕܩܪܝܒܐ
ܗܝ ܡܠܟܘܬܐ ܕܐܠܗܐ
32 ܐܡܝܢ ܐܡܪܢܐ ܠܟܘܢ
ܕܠܐ ܬܥܒܪ ܫܪܒܬܐ
ܗܕܐ ܥܕܡܐ ܕܗܠܝܢ
33 ܟ̈ܠܗܝܢ ܢܗܘܝܢ ܫܡܝܐ
ܘܐܪܥܐ ܢܥܒܪܘܢ ܘܡܠܝ
ܠܐ ܢܥܒܪܢ ܀
34 ܐܙܕܗܪܘ ܕܝܢ ܒܢܦܫܬܟܘܢ

Lk xxi 34 ܕܠܐ . . . . . .
ܠܒ̈ܘܬܟܘܢ . . .
ܕܒܣܘܪܐ . . .
[ܕܚܡܪܐ] . . . .
ܕܥܠܡܐ . . ܥܠܝܟܘܢ
ܘܝܘܡܐ . . . .
35 ܫܠܝܐ . . . .
ܓܒܪ ܢܐܬܐ . .
ܥܠܗܘܢ . . .
36 ܐ̃ܦܝܗ . . . . .
ܗܟܠ . . . . .
ܙܒܢ . . . . .
. . . . . .
. . . . . .
. . . . . .
. . . . . .
. . . . . .
. . . . . .
. . . . . .
38 . . . ܘܟܘܠܗ
. ܡܩܕܡܝܢ ܗܘܘ
. . . . ܠܗܝܟܠܐ
xxii 1 . . . . . .

Lk xxii 1 . . ܥܐܕܐ ܕܦܛܝܪܐ
ܕܡܬܩܪܐ ܦܨܚܐ
2 ܘܒܥܝܢ ܗܘܘ ܪ̈ܒܝ
ܟܗܢܐ ܘܣܦܪܐ
ܐܝܟܢܐ ܢܩܛܠܘܢܗ ·
ܕܕܚܠܝܢ ܗܘܘ ܓܝܪ ܡܢ
3 ܥܡܐ. ܥܠ ܗܘܐ ܕܝܢ
ܣܛܢܐ ܒܝܗܘܕܐ
[ܕ]ܡܬ[ܩ]ܪܐ ܐܣܟܪܝܘܛܐ
ܕ[ܐܝ]ܬܘܗܝ ܗܘܐ
[ܡܢ ܡ]ܢܝܢܐ ܕܬܪܥܣܪ
4 ܘܐܙܠ ܡܠܠ ܥܡ ܪ̈ܒܝ
. . . ܐܝܟ
ܠܗܘܢ . . . .
5 . . . . . .
ܟܣܦܐ . . . .
6 . . . . .
. . . . . .
. . . . .
ܟܢܫܐ
7 ܘܟܕ ܡܛܐ ܝܘܡܐ ܕܦܨܚܐ
ܕܒܗ ܐܝܬ ܗܘܐ
ܒܥܕܐ ܕܢܬܢܟܣ ܦܨܚܐ·
8 ܫܕܪ ܠܟܐܦܐ ܘܠܝܘܚܢܢ

Lk xxii 8 ܘܐܡܪ ܠܗܘܢ ܙܠܘ ܬܩܢܘ
9 ܠܢ ܦܨܚܐ ܕܢܝܟܘܠ ܐܡܪܝܢ
ܠܗ ܐܝܟܐ ܨܒܐ ܐܢܬ
10 ܕܢܬܩܢ. ܐܡܪ ܠܗܘܢ
ܗܐ ܗܐ ܕܥܠܝܢ
ܐܢܬܘܢ ܠܡܕܝܢܬܐ ܦܓܥ
ܒܟܘܢ ܓܒܪܐ ܕܫܩܝܠ
ܩܠܬܐ ܕܡܝܐ. ܐܙܠܘ
ܒܬܪܗ ܠܒܝܬܐ ܐܝܟܐ
11 ܕܥܐܠ. ܘܐܡܪܘ ܠܡܪܗ
ܕܒܝܬܐ ܪܒܢ ܐܡܪ
ܐܝܟܐ ܗܘ ܒܝܬ
ܡܫܪܝܐ ܐܝܟܐ ܕܐܟܘܠ
ܦܨܚܐ ܐܢܐ ܘܬܠܡܝܕܝ.
12 ܗܐ ܗܘ ܡܚܘܐ ܠܟܘܢ
ܥܠܝܬܐ ܪܒܐ ܫܘܝܬܐ
ܕܡܬܩܢܐ ܬܡܢ ܬܩܢܘ
13 ܠܢ. ܘܐܙܠܘ ܘܐܫܟܚܘ
ܐܝܟ ܕܐܡܪ ܠܗܘܢ
14 ܘܬܩܢܘ ܦܨܚܐ. ܘܟܕ
ܗܘܬ ܫܥܬܐ ܐܣܬܡܟܘ
ܗܘ ܘܫܠܝܚܘܗܝ.
15 ܥܡܗ ܐܡܪ ܠܗܘܢ
ܪܓܘ ܪܓܬ ܠܝ ܕܐܟܘܠ

Lk xxii 15 ܥܡܟܘܢ ܦܨܚܐ. ܥܕܠܐ
16 ܐܚܫ. ܐܡܪܢܐ ܠܟܘܢ
ܓܝܪ ܕܡܟܝܠ ܠܐ
ܐܟܘܠܝܘܗܝ. ܥܕܡܐ
ܕܬܫܬܠܡ ܒܡܠܟܘܬܐ
19 ܕܐܠܗܐ. ܘܢܣܒ ܠܚܡܐ
ܘܐܘܕܝ ܥܠܘܗܝ.
ܘܩܨܐ ܘܝܗܒ ܠܗܘܢ.
ܘܐܡܪ ܕܗܘ ܦܓܪܝ
ܕܥܠ ܐܦܝܟܘܢ ܡܫܬܠܡ
ܗܟܢܐ ܗܘܘ ܥܒܕܝܢ
20a ܠܕܘܟܪܢܝ ܗܟܢ ܒܬܪ
17 ܕܐܫܬܥܫܝܘ ܢܣܒ
ܟܣܐ ܘܐܘܕܝ ܥܠܘܗܝ
ܘܐܡܪ ܣܒܘ ܗܢܐ
(20b) ܦܠܓܘ ܒܝܢܬܟܘܢ ܗܢܘ
ܕܡܢ ܕܝܬܩܐ ܚܕܬܐ
18 ܐܡܪܢܐ ܠܟܘܢ ܓܝܪ ܕܡܢ
ܗܫܐ ܠܐ ܐܫܬܐ
ܡܢ ܦܐܪܐ ܗܢܐ
ܕܓܦܬܐ ܥܕ ܕܬܐܬܐ
ܡܠܟܘܬܗ ܕܐܠܗܐ.
21 ܒܪܡ ܗܐ ܗܐ ܐܝܕܗ
ܕܡܫܠܡܢܝ ܥܡܝ ܥܠ
22 ܦܬܘܪܐ ܘܒܪܗ ܕܐܢܫܐ

Lk xxii 22 ܐܙܠ ܐܝܟ ܕܦܣܝܩ
ܗܘܐ. ܒܪܡ ܕܝܢ ܘܝ
ܠܗܘ ܕܒܐܝܕܗ ܡܫܬܠܡ
23 ܘܫܪܝܘ ܗܘܘ ܕܒܥܘܢ
ܒܝܢܬܗܘܢ ܕܡܢܘ ܗܘ
ܒܢ ܕܗܕܐ ܥܬܝܕ
ܠܡܥܒܕ ⁘
24 ܘܗܘܐ ܚܪܝܢܐ ܒܝܢܬܗܘܢ
ܕܡܢܘ ܐܝܬ ܒܗܘܢ ܕܪܒ
25 ܐܡܪ ܠܗܘܢ ܡ̈ܠܟܝܗܘܢ
ܕܥܡ̈ܡܝܐ ܡܪ̈ܝܗܘܢ ܐܢܘܢ
ܘܐܝܠܝܢ ܕܫܠܝܛܝܢ ܐܢܘܢ
ܘܡܫܒܝܪ ܒܥܒܕܝܢ ܛܒܝܢ
26 ܠܦܘܬܐ ܡܬܩܪܝܢ. ܐܢܬܘܢ
ܕܝܢ ܠܐ ܗܟܢܐ ܐܠܐ
ܐܝܢܐ ܕܪܒ ܒܟܘܢ
ܢܗܘܐ ܐܝܟ ܙܥܘܪܐ
ܘܐܝܢܐ ܕܪܫܐ ܗܘ
27 ܐܝܟ ܡܫܡܫܢܐ. ܡܢܘ
ܓܝܪ ܪܒ ܕܡܣܬܡܟ ܐܘ
ܕܡܫܡܫ ܠܐ ܗܘ
ܕܡܣܬܡܟ ܐܢܐ ܐܝܟ
ܡܫܡܫܢܐ ܒܝܢܬܟܘܢ
28 ܐܢܬܘܢ ܕܝܢ ܕܟܬܪܬܘܢ

Lk xxii 28, 29 ܥܡܝ ܒܢܣܝܘܢܝ. ܘܐܢܐ
ܡܫܬܘܕܐ ܠܟܘܢ ܐܝܟ
ܕܐܫܬܘܕܝ ܠܝ ܐܒܝ
30 ܡܠܟܘܬܐ ܕܬܐܟܠܘܢ
ܘܬܫܬܘܢ ܥܡܝ ܥܠ
ܦܬܘܪܐ ܕܝܠܝ ܒܡܠܟܘܬܝ
ܘܬܬܒܘܢ ܥܠ ܬܪܥܣܪ
ܟܘܪ̈ܣܘܢ ܘܬܕܘܢܘܢ
ܬܪܥܣܪ ܫܒ̈ܛܝܐ ܕܒܝܬ
ܐܝܣܪܐܝܠ ○
31 ܫܡܥܘܢ ܫܡܥܘܢ ܗܐ
ܣܛܢܐ ܒܥܐ ܕܢܪ̈ܒܠܟܘܢ
32 ܐܝܟ ܕܠܚ̈ܛܐ ܐܢܐ
ܕܝܢ ܒܥܝܬ ܥܠܝܟ ܕܠܐ
ܬܚܣܪ ܗܝܡܢܘܬܟ.
ܘܐܦ ܐܢܬ ܒܙܒܢ
ܐܬܗܦܟܢ ܘܫܪܪ
33 ܠܐܚܝܟ. ܐܡܪ ܠܗ
ܡܪܝ ܥܡܟ ܡܛܝܒ
ܐܢܐ. ܐܦ ܠܒܝܬ
ܐܣܝܪܐ. ܐܦ ܠܡܘܬܐ
34 ܠܡܐܙܠ. ܐܡܪ ܠܗ
ܐܡܪ ܐܢܐ ܠܟ ܟܐܦܐ
ܕܠܐ ܢܩܪܐ ܬܪܢܓܠܐ
ܝܘܡܢܐ ܬܠܬ ܙܒ̈ܢܝܢ

Lk xxii 34 ܬܟܦܘܪ ܒܝ ܕܬܠܬ
ܐܢܬ ܠܝ ܀ ܀
35 ܐܡܪ ܠܗܘܢ ܟܕ ܫܕܪܬܟܘܢ
ܕܠܐ ܟܝܣܐ ܘܕܠܐ
ܬܪܡܠܐ ܘܕܠܐ ܡܣܐܢ̈ܐ
ܕܠܡܐ ܡܕܡ ܚܣܪ ܠܟܘܢ
ܐܡܪܝܢ ܠܗ ܐܦܠܐ
36 ܡܕܝܢ ܐܡܪ ܠܗܘܢ ܡܢ
ܗܫܐ ܕܐܝܬ ܠܗ ܟܝܣܐ
ܐܘ ܬܪܡܠܐ ܢܫܩܘܠ
ܘܡܢ ܕܠܝܬ ܠܗ ܢܙܒܢ
ܟܣܘܬܗ ܘܢܙܒܢ ܠܗ
37 ܣܝܦܐ ܐܡܪܢܐ ܠܟܘܢ
ܓܝܪ ܕܐܦ ܗܕܐ
ܕܟܬܝܒܐ ܕܟܬܝܒܐ
ܕܬܬܡܠܐ ܒܝ ܕܥܡ
ܥ̈ܘܠܐ ܐܬܡܢܝ ܘܡܕܡ
ܕܥܠܝ ܗܘ ܠܡܫܠܡܘ
38 ܠܗ ܘܗܢܘܢ ܐܡ̈ܪܝܢ ܠܗ
ܠܝܫܘܥ ܗܐ ܗܪܟܐ
ܐܝܬ ܬܪ̈ܬܝܢ ܣܝ̈ܦܝܢ.
ܐܡܪ ܠܗܘܢ ܣܦܩܝܢ
ܠܟܘܢ ܀ ܀
39 ܘܢܦܩ ܗܘܐ ܘܐܙܠ
ܐܝܟ ܕܡܥܕ ܗܘܐ

Lk xxii 39 ܠܛܘܪܐ ܕܡܫܚܬܐ
ܕܒܝܬ ܙܝܬܐ ܘܬܠܡܝܕܘܗܝ
40 ܒܡܛܗ ܘܟܕ ܡܛܐ ܠܗ
ܠܕܘܟܬܐ ܐܡܪ ܠܗܘܢ
ܨܠܘ ܕܠܐ ܬܥܠܘܢ
41 ܠܢܣܝܘܢܐ. ܘܦܪܫ ܡܢܗܘܢ
ܐܝܟ ܡܫܕܝܐ ܕܟܐܦܐ.
ܘܣܡ ܒܘܪܟܘܗܝ
42 ܘܡܨܠܐ ܗܘܐ ܘܐܡܪ
ܐܒܐ ܐܢ ܨܒܐ ܐܢܬ
ܠܡܥܒܪܘ ܟܣܐ ܗܕܐ.
ܐܠܐ ܠܐ ܨܒܝܢܝ ܕܝܠܝ
ܢܗܘܐ ܐܠܐ ܐܢ ܕܝܠܟ.
45 ܘܩܡ ܡܢ ܨܠܘܬܗ
ܘܐܬܐ ܠܘܬ ܬܠܡܝܕܘܗܝ
ܐܫܟܚ ܐܢܘܢ ܟܕ
ܕܡܟܝܢ ܡܢ ܟܪܝܘܬܗܘܢ
46 ܘܐܡܪ ܠܗܘܢ ܡܢܐ ܕܡܟܝܢ
ܐܢܬܘܢ ܩܘܡܘ ܨܠܘ
ܕܠܐ ܬܥܠܘܢ ܠܢܣܝܘܢܐ
47 ܘܟܕ ܗܘ ܡܡܠܠ ܗܘܐ
ܐܬܚܙܝ ܟܢܫܐ ܣܓܝܐܐ.
ܘܗܘ ܕܡܬܩܪܐ ܗܘܐ
ܝܗܘܕܐ ܚܕ ܡܢ ܬܪ̈ܥܣܪ
ܐܬܐ ܗܘܐ ܩܕܡܝܗܘܢ

Lk xxii 47 ܘܩܪܒ ܢܫܩܗ ܠܝܫܘܥ.
48 ܐܡܪ ܠܗ ܝܫܘܥ ܝܗܘܕܐ
ܒܢܫܘܩܬܐ ܡܫܠܡ
ܐܢܬ ܠܗ ܠܒܪܐ ܕܐܢܫܐ.
49 ܟܕ ܚܙܘ ܕܝܢ ܬܠܡܝܕܘܗܝ
ܡܕܡ ܕܥܬܝܕ ܠܡܗܘܝܐ
ܐܡܪܝܢ ܠܗ ܡܪܢ ܢܡܚܐ
50 ܐܘܢ ܒܣܝܦܐ. ܘܡܚܐ
ܚܕ ܡܢܗܘܢ ܠܥܒܕܐ ܕܪܒ
ܟܗܢܐ ܘܢܣܒ ܐܕܢܗ
51 ܕܝܡܝܢܐ. ܥܢܐ ܝܫܘܥ
ܘܐܡܪ ܫܒܘ ܥܕܡܐ
ܠܗܢܐ. ܘܩܪܒ ܠܐܕܢܐ
52 ܘܐܣܝܗ. ܘܐܡܪ ܠܗܘܢ
ܕܐܬܘ ܥܠܘܗܝ ܪ̈ܒܝ
ܟܗ̈ܢܐ ܘܐܣܛܪܛܝܓܐ
ܘܣ̈ܒܝܐ. ܐܝܟ ܕܥܠ
ܓܝܣܐ ܢܦܩܬܘܢ ܥܠܝ.
ܒܣ̈ܝܦܐ ܘܒܚܘܛܪ̈ܐ
53 ܟܠܝܘܡ ܕܥܡܟܘܢ ܗܘܝܬ
ܒܗܝܟܠܐ ܠܐ ܦܫܛܬܘܢ
ܗܘܝܬܘܢ ܥܠܝ ܐܝ̈ܕܝܐ
ܐܠܐ ܗܕܐ ܗܝ ܫܥܬܟܘܢ

Lk xxii 53 ܘܫܘܠܛܢܟܘܢ ܕܚܫܘܟܐ.
54 ܘܐܚܕܘܢܗ ܘܐܝܬܝܘܢܗ
ܠܒܝܬܗ ܕܪܒ ܟܗܢܐ

ܟܐܦܐ ܕܝܢ ܐܬܐ
ܗܘܐ ܒܬܪܗ ܡܢ
55 ܪܘܚܩܐ. ܘܢܘܪܐ
ܗܡܟܐ ܗܘܬ ܡܬܝܩܕܬ
ܕܪܬܐ ܘܝܬܒܝܢ ܗܘܘ
ܚܕ̈ܪܝܗ. ܘܝܬܒ ܗܘܐ
ܟܐܦܐ ܒܝܢ̈ܬܗܘܢ
56 ܘܚܙܬܗ ܐܡܬܐ ܚܕܐ
ܕܝܬܒ ܠܘܬ ܢܘܪܐ
ܘܚܪܬ ܒܗ ܘܐܡܪܐ
ܕܐܦ ܗܢܐ ܥܡܗ
57 ܗܘܐ ܘܗܘ ܟܦܪ
ܘܐܡܪ ܐܢܬܬܐ ܠܐ
58 ܝܕܥܢܐ ܠܗ. ܘܒܬܪ
ܩܠܝܠ ܚܙܝܗ ܐܦ
ܐܚܪܢܐ ܘܐܡܪ ܠܗ
ܐܦ ܐܢܬ ܡܢܗܘܢ
ܐܢܬ. ܗܘ ܕܝܢ ܐܡܪ
ܠܗ ܥܒܘܪ ܓܒܪܐ ܠܐ
59 ܝܕܥܢܐ. ܘܗܘܐ ܐܝܟ

Lk x 59 ܫܥܬܐ ܚܕܐ ܡܬܚܒܪ
ܗܘܐ ܐܚܪܢܐ ܘܐܡܪ
ܐܦ ܗܢܐ ܫܪܪܝܬ
ܥܡܗ ܗܘܐ ܘܐܦ
60 ܓܠܝܠܝܐ ܗܘ ܒܪ ܐܡܪ
ܟܐܦܐ ܓܒܪܐ ܠܐ
ܚܟܡܢܐ ܡܢܐ ܐܡܪܬ
ܘܒܗ ܒܫܥܬܐ ܩܪܐ
61 ܬܪܢܓܠܐ ܘܐܬܦܢܝ
ܡܪܢ ܚܪ ܒܗ ܒܟܐܦܐ
ܘܐܬܕܟܪ ܟܐܦܐ ܡܠܬܗ
ܕܝܫܘܥ ܕܐܡܪ ܠܗ
ܕܥܕ ܠܐ ܢܩܪܐ ܬܪܢܓܠܐ
ܡܟܦܪܢܐ ܬܠܬ ܙܒܢܝܢ
62 ܬܢܦܩ ܒܪ. ܘܒܟܐ ܠܒܪ
ܘܒܟܐ ܡܪܝܪܐܝܬ
63 ܘܓܒܪܝܐ ܕܐܚܝܕܝܢ
ܗܘܘ ܠܗ. ܡܒܙܚܝܢ
ܗܘܘ ܒܗ. ܘܡܚܝܢ
64 ܗܘܘ ܠܗ. ܘܚܦܘ
ܐܦܘܗܝ ܘܐܡܪܝܢ ܠܗ
ܐܬܢܒܐ ܠܢ ܡܫܝܚܐ.
65 ܘܬܘܒ ܐܚܪܢܝܬܐ
ܣܓܝܐܬܐ ܡܓܕܦܝܢ

Lk xxii 65 ܗܘܘ ܘܐܡܪܝܢ ܥܠܘܗܝ.
66 ܘܟܕ ܢܓܗܬ. ܐܬܟܢܫܘ
ܩܫܝܫܐ ܕܥܡܐ. ܘܪܒܝ
ܟܗܢܐ ܘܣܦܪܐ.
ܘܐܣܩܘܗܝ ܠܟܢܫܬ
67 ܟܢܫܬܗܘܢ ܘܐܡܪܝܢ
ܐܢ ܐܢܬ ܗܘ ܡܫܝܚܐ
ܐܡܪ ܠܢ ܐܡܪ ܠܗܘܢ
ܐܢ ܐܡܪ ܠܟܘܢ ܠܐ
68 ܬܗܝܡܢܘܢ ܘܐܢ
ܐܫܐܠܟܘܢ ܠܐ ܡܗܝܡܢ
ܐܢܬܘܢ ܠܝ ܦܬܓܡܐ.
ܘܐܦܠܐ ܫܪܝܢ ܐܢܬܘܢ
69 ܠܝ. ܡܢ ܗܫܐ ܒܪ ܢܫܐ
ܒܪܗ ܕܐܢܫܐ ܝܬܒ
ܡܢ ܝܡܝܢܐ ܕܐܠܗܐ.
70 ܐܡܪܝܢ ܟܠܗܘܢ ܐܢܬ
ܗܘ ܟܕܘ ܒܪܗ ܕܐܠܗܐ
ܐܡܪ ܠܗܘܢ ܐܢܬܘܢ
ܐܡܪܝܢ ܕܐܢܐ ܐܢܐ.
71 ܐܡܪܝܢ ܡܢܐ ܡܬܒܥܝܐ
ܠܢ ܣܗܕܘܬܐ ܗܐ
ܒܪ ܐܢܚܢ ܫܡܥܢ ܡܢ
xxiii 1 ܦܘܡܗ ܘܩܡܘ ܟܠܗ
ܟܢܫܐ ܘܐܬܝܘܗܝ

fol. 114 r (= 32 v).

J. R. H.

Lk xxiii 1, 2 ܠܘܬ ܦܝܠܛܘܣ ܘܫܪܝܘ
ܐܟܠܝܢ ܩܪܨܘܗܝ. ܘܐܡܪܝܢ
ܐܫܟܚܢ ܠܗܢܐ ܕܡܗܦܟ
ܥܡܢ ܘܟܠܐ ܠܡ ܕܝܗܒ
ܟܪܐ ܠܩܝܣܪ ܠܐ ܢܬܠ.
ܘܐܡܪ ܥܠ ܢܦܫܗ
ܕܗܘܝܘ ܡܠܟܐ ܡܫܝܚܐ.
3 ܐܡܪ ܠܗ ܦܝܠܛܘܣ ܐܢܬ
ܗܘ ⌜ܒܘܕ⌝ ܡܠܟܐ
ܕܝܗܘܕܝܐ ܥܢܐ ܘܐܡܪ
ܠܗ ܐܢܬ ܐܡܪܬ
4 ܕܐܢܐ ܐܢܐ ܐܡܪ
ܦܝܠܛܘܣ ܠܪ̈ܒܝ ܟܗ̈ܢܐ
ܘܠܟܢܫܝܐ ܗܘ ܐܢܐ
ܡܫܟܚ ܒܠܝܬܐ ܠܐ
ܡܫܢܝܢܐ ܥܠ ܓܒܪܐ
5 ܗܢܐ. ܘܗܘܢ ܕܝܢ ܡܚܝܢ
ܗܘܘ ܘܐܡ̈ܪܝܢ ܐܙܝܥܗ
ܠܥܡܐ ܟܕ ܡܠܦ
ܒܟܠܗ ܝܗܘܕ ܘܫܪܝ
ܡܢ ܓܠܝܠܐ ܥܕܡܐ
6 ܠܗܪܟܐ. ܦܝܠܛܘܣ ܕܝܢ
ܟܕ ܫܡܥ ܕܐܡ̈ܪܝܢ ⌜ܕܡܢ⌝
7 ܓܠܝܠܐ ܗܘ. ܘܟܕ ܫܡܥ

Lk xxiii 7 ܕܡܢ ܬܚܘܬ ܫܘܠܛܢܐ
ܗܘ ܕܗܪܘܕܣ ܫܕܪܗ
ܠܘܬ ܗܪܘܕܣ ܡܛܠ
ܕܐܦ ܗܘ ܗܪܘܕܣ
ܒܐܘܪܫܠܡ ܗܘܐ
ܒܗܘܢ ܝܘܡ̈ܬܐ.
8 ܗܪܘܕܣ ܕܝܢ ܟܕ ܚܙܐ
ܠܝܫܘܥ ܚܕܝ ܣܓܝ
ܛܒ ܙܒܢܐ ܗܘܐ ܒܥܐ
ܠܡܚܙܝܗ ܡܢ ܐܒܠܐ
ܦܓܢܝܐ. ܡܛܠ ܕܫܡܥ
ܗܘܐ ܥܠܘܗܝ. ܘܡܣܒܪ
ܗܘܐ ܕܡܚܙܐ ܐܬܐ
ܚܙܐ ܡܢܗ ܕܗ̄ܘܝܐ
9 ܘܒܡ̈ܠܐ ܣܓܝ̈ܐܬܐ
ܡܫܐܠ ܗܘܐ ܠܗ.
ܝܫܘܥ ܕܝܢ ܡܕܡ
ܦܬܓܡܐ ܠܐ ܐܬܝܒܗ
13 ܦܝܠܛܘܣ ܕܝܢ ܩܪܐ
ܠܪ̈ܒܝ ܟܗ̈ܢܐ ܘܠܐܪ̈ܟܘܢܐ
14 ܘܠܟܢܫܐ ܟܠܗ ܘܐܡܪ
ܠܗܘܢ ܩܪܒܬܘܢ ܠܝ
ܓܒܪܐ ܗܢܐ. ܘܐܡܪܬܘܢ
ܕܡܗܦܟ ܒܥܡܘܢ ܘܐܢܐ
ܒܡܚܬܗ ܠܩܕܡܝܟܘܢ

Lk xxiii 14 ܘܒܕܩ ܠܐ ܐܫܟܚܬ
ܒܬܪܗ ܡܢ ܐܝܠܝܢ
ܕܡܩܛܪܓܝܢ ܐܢܬܘܢ ܒܗ.
15 ܘܐܦ ܠܐ ܗܪܘܕܣ
ܕܫܕܪܬܗ ܓܝܪ ܠܘܬܗ
ܡܕܡ ܕܫܘܐ ܠܡܘܬܐ
ܠܐ ܐܫܟܚ ܒܬܪܗ.
ܐܦܠܐ ܥܒܝܪ ܠܗ
16 ܡܕܡ ܕܡܘܬܐ. ܐܪܕܘܗܝ
ܗܟܝܠ ܘܐܫܒܩܘܗܝ.
18 ܘܩܥܘ ܟܠܗ ܥܡܐ
ܟܠܐ ܘܐܡܪ̈ܝܢ ܫܩܘܠܝܗܝ
ܠܗܢܐ ܘܫܪܝ ܠܒܪ
19 ܐܒܐ · ܗܘ ܕܡܛܠ
ܒܝ̈ܫܬܐ ܘܩ̈ܛܠܐ
ܐܪܡܐ ܗܘܐ ܒܝܬ
17 ܐܣܝܪ̈ܐ. ܘܡܥܒܕ ܗܘܐ
ܦܝܠܛܘܣ ܕܢܗܘܐ ܫܪܐ
ܠܗܘܢ ܐܣܝܪ̈ܐ ܚܕ
20 ܒܥܐܕܥܐ. ܘܬܘܒ
ܩܪܐ ܐܢܘܢ ܦܝܠܛܘܣ
ܘܐܡܪ ܠܗܘܢ. ܡܛܠ
ܕܨܒܐ ܗܘܐ ܕܢܫܪܝܗܝ
ܠܝܫܘܥ. ܕܠܗܘܢ ܨܒܝܢ
ܐܢܬܘܢ ܕܐܫܪܐ ܠܗܘܢ

Lk xxiii 21 ܗܢܘܢ ܕܝܢ ܩ̈ܥܝܢ ܗܘܘ
ܙܩܘܦܝܗܝ ܙܩܘܦܝܗܝ
22 ܗܘ ܕܝܢ ܕܬܠܬ ܙܒܢܝܢ
ܐܡܪ ܠܗܘܢ ܡܢܐ ܓܝܪ
ܕܒܝܫ ܥܒܕ ܗܢܐ.
ܡܕܡ ܓܝܪ ܕܫܘܐ
ܠܡܘܬܐ ܠܐ ܡܫܟܚ
ܐܢܐ ܒܬܪܗ ܐܪܕܝܘܗܝ
ܗܟܝܠ ܘܐܫܒܩܘܗܝ
23 ܗܢܘܢ ܬܒܥܝܢ ܗܘܘ
ܒܩܠܐ ܪܒܐ ܘܐܡܪ̈ܝܢ
ܠܗ ܕܢܙܩܘܦ ܘܚܣܝܢ
ܗܘܐ ܩܠܗܘܢ ܘܪ̈ܒܢ
24 ܒܗܢܐ ܒܥܬܗܘܢ ܘܦܣܩ
ܗܘܐ ܦܝܠܛܘܣ ܕܢܗܘܐ
25 ܨܒܝܢܗܘܢ ܘܫܪܐ ܠܗܘܢ
ܠܗܘ ܕܡܛܠ ܩ̈ܛܠܐ
ܘܒܝ̈ܫܬܐ ܐܪܡܐ
ܗܘܐ ܒܝܬ ܐܣܝܪ̈ܐ
ܐܝܟ ܕܫܐܠܘ· ܘܠܝܫܘܥ
ܐܫܠܡ ܠܨܒܝܢܗܘܢ
26 ܘܟܕ ܡܘܒܠܝܢ ܠܗ ܠܗ
ܐܚܕܘ ܠܫܡܥܘܢ
ܩܘܪܝܢܝܐ ܕܐܬܐ
ܗܘܐ ܡܢ ܩܪܝܬܐ
ܕܫܩܘܠ ܙܩܝܦܐ

Lk xxiii

26 ܘܐܬܐ ܒܬܪܗ
27 ܕܝܫܘܥ. ܘܐܬܐ ܗܘܐ
ܒܬܪܗ ܣܓܝܐܐ
ܕܥܡܐ ܘܢܫܝܐ ܕܡܪ̈ܩܕܢ
ܗܘܝ ܥܠܘܗܝ ܘܐܠܝܢ

28 ܘܐܬܦܢܝ ܝܫܘܥ ܘܐܡܪ
ܠܗܝܢ ܒ̈ܢܬ ܐܘܪܫܠܡ
ܠܐ ܬܒܟܝܢ ܥܠܝ ܐܠܐ
ܒܟܝܢ ܥܠ ܢܦܫܟܝܢ
29 ܘܥܠ ܒ̈ܢܝܟܝܢ. ܗܐ ܐܬܘܢ
ܝܘܡܝܢ ܡܬܝ̈ܐ ܕܒܗܘܢ
ܬܐܡܪܘܢ ܛܘܒܝܗܝܢ
ܠܥܩ̈ܪܬܐ ܘܠܟܪ̈ܣܬܐ
ܕܠܐ ܝܠܕ ܘܠܬ̈ܕܝܐ
30 ܕܠܐ ܐܝܢܩܘ. ܗܝܕܝܢ
ܬܫ̈ܪܝܢ ܠܡܐܡܪ ܠܛܘܪܝܐ
ܕܦܠܘ ܥܠܝܢ ܘܠ̈ܓܡܬܐ
31 ܕܟܣܝܢ. ܕܒܩܝܣܐ
ܪܛܝܒܐ ܗܠܝܢ ܥܒܕܝܢ.
ܒܝܒܝܫܐ ܡܗ ܝܗܐ
32 ܠܒܫܘ̈ܢ ܘܐܬܝܢ ܗܘܘ
ܥܡܗ ܬ̈ܪܝܢ ܥ̈ܒܕܝ
ܒ̈ܝܫܬܐ ܕܝܬܩܛܠܘܢ

Lk xxiii

33 ܘܟܕ ܐܬܘ ܠܕܘܟܬܐ
ܕܡܬܩܪܝܐ ܩܪܩܦܬܐ
ܙܩܦܘܗܝ ܬܡܢ. ܘܠܗܘܢ
ܥ̈ܒܕܝ ܒ̈ܝܫܬܐ ܚܕ
ܡܢ ܝܡܝܢܗ ܘܚܕ ܡܢ
34 ܣܡܠܗ. ܘܦܠܓܘ
ܢ̈ܚܬܘܗܝ ܘܪܡܘ
35 ܥܠܝܗܘܢ ܘܩܐܡ
ܗܘܐ ܥܡܐ ܘܚܙܐ.
ܘܡܩ̈ܠܣܝܢ ܗܘܘ ܒܗ
ܪ̈ܒܗܘܢ ܐܪ̈ܟܘܢܐ
ܘܐܡ̈ܪܝܢ ܠܐܚܪ̈ܢܐ
ܐܚܝܝ ܢܚܝܐ ܢܦܫܗ
ܐܢ ܗܘܘ ܡܫܝܚܐ
ܒܪܗ ܕܐܠܗܐ.
36 ܘܡܒܙܚܝܢ ܗܘܘ ܒܗ
ܐܦ ܣܛܪ̈ܛܝܘܛܐ
ܘܡܬܩܪ̈ܒܝܢ ܗܘܘ
37 ܠܘܬܗ ܘܐܡ̈ܪܝܢ ܚܠܐ
ܠܗ ܐܢ ܐܢܬ ܗܘ
ܡܠܟܐ ܕܝܗܘܕܝܐ
38 ܐܚܝܐ ܢܦܫܟ. ܘܣܡܘ
ܗܘܘ ܐܦ ܒܪܫܗ
ܟܠܝܠܐ ܕܟܘ̈ܒܝܢܐ

F. C. B.

Lk xxiii 38 ܘܟܬܒ ܗܘܐ
ܦܠܛܐ ܘܣܝܡ ܠܥܠ
ܡܢܗ ܗܢܐ ܗܘ ܡܠܟܐ
39 ܕܝܗܘܕܝܐ ܚܕ ܡܢ
ܗܘܢ ܕܡܢ ܬܪܝܢ ܓܝܣܝܐ
ܕܐܨܛܠܒܘ ܗܘܘ ܡܓܕܦ
ܗܘܐ ܥܠܘܗܝ ܘܐܡܪ
ܠܗ ܠܐ ܗܘܝܬ ܡܫܝܚܐ
ܐܢܬ ܦܨܝ ܢܦܫܟ
40 ܘܐܦ ܠܢ. ܘܟܐܐ ܒܗ
ܚܒܪܗ ܐܚܪܢܐ ܘܐܡܪ
ܠܗ ܐܦܠܐ ܡܢ ܐܠܗܐ
ܕܚܠܬ ܕܗܐ ܐܦ
ܐܝܬܝܢ ܒܗ ܐܝܬܝܢ
41 ܒܕܝܢܐ. ܘܗܐ ܐܝܬܝܢ
ܐܢܢ ܕܫܘܝܢ ܗܘܝܢ
ܘܐܢܢ ܕܥܒܕܢ ܐܬܦܪܥܢ
ܗܢܐ ܕܝܢ ܐܦܠܐ ܡܕܡ
ܕܒܝܫܐ ܥܒܕ ܠܗ
42 ܘܐܡܪ ܠܝܫܘܥ ܡܪܝ
ܐܬܕܟܪܢܝ ܡܪܐ
ܕܐܬܝܬ ܒܡܠܟܘܬܟ
43 ܐܡܪ ܠܗ ܝܫܘܥ ܐܡܝܢ
ܐܡܪܢܐ ܠܟ ܕܝܘܡܢܐ

Lk xxiii 43 ܥܡܝ ܬܗܘܐ ܒܦܪܕܝܣܐ
44 ܘܐܝܬ ܗܘܝ ܐܝܟ ܫܥܬ
ܫܬܝܢ ܘܗܘܐ ܚܫܘܟܐ
ܥܠ ܟܠܗ ܐܪܥܐ
ܥܕܡܐ ܠܬܫܥ
45 ܫܥܝܢ ܘܫܡܫܐ
ܚܫܟ. ܘܐܨܛܪܝ ܐܦ̈ܝ
ܬܪܥܐ ܕܗܝܟܠܐ ܡܢ
ܡܨܥܬܗ ○ ⸭ ○

46 ܘܩܪܐ ܝܫܘܥ ܒܩܠܐ
ܪܒܐ ܘܐܡܪ ܐܒܐ
ܒܐܝܕܝܟ ܡܦܩܕ ܐܢܐ
ܠܗ ܠܪܘܚܝ ܘܫܠܡ
47 ܘܟܕ ܚܙܐ ܩܢܛܪܘܢܐ
ܡܕܡ ܕܗܘܐ ܫܒܚ
ܠܐܠܗܐ ܘܐܡܪ
ܫܪܝܪܐܝܬ ܗܢܐ
ܓܒܪܐ ܙܕܝܩܐ ܗܘܐ
48 ܘܟܠܗܘܢ ܐܝܠܝܢ
ܕܐܬܟܢܫܘ ܬܡܢ
ܘܚܙܘ ܡܕܡ ܕܗܘܐ
ܛܪܦܝܢ ܗܘܘ ܥܠ
ܚܕܝܗܘܢ ܘܐܡܪ̈ܝܢ
ܘܝ ܠܢ ܡܢܐ ܗܘܐ ܘܝ
ܠܢ ܡܢ ܚܛܗܝܢ

Lk xxiii 49 ܘܩܝܡܝܢ ܗܘܘ ܡܢ
ܪܘܚܩܐ ܟܘܠܗܘܢ
ܚܟܝܡܘܬܗ ܕܝܫܘܥ.
ܘܢܫ̈ܝܐ ܐܝܠܝܢ ܕܐܬܝ
ܥܡܗ ܡܢ ܓܠܝܠܐ ܘܚܙܝܢ
50 ܗܠܝܢ. ܘܓܒܪܐ ܚܕ
ܕܫܡܗ ܗܘܐ ܝܘܣܦ
ܒܠܘܛܐ ⌜ܗܘܐ⌝ ܓܒܪܐ
51 ܙܕܝܩܐ ⌜ܘܛܒܐ⌝ ܡܢ
ܪܥܬܐ ⌜ܒܢ̈ܝܐ⌝ ܕܝܗܘܕ
ܘܡܣܟܪ ⌜ܗܘܐ⌝ ܠܡܠܟܘܬܐ
52 ⌜ܕܫܡܝܐ⌝ ܗܢܐ ܓܒܪܐ
. . . . . .
. . . . . .
. . . . . .
. . . . .
. . . . . .
. . . . . .
. . . . . .
. . . . . .
. . . . .
. . . . . .
. . . . 54
. . . . . .
. . ⌜ܢܓܗܐ⌝ ܗܘܬ

Lk xxiii 55 ܘܢܫ̈ܝܐ ܗ̈ܠܝܢ ܕܐܬܝ
ܥܡܗ ܡܢ ܓܠܝܠܐ
ܐܬܝ ܠܒܝܬ ܩܒܘܪܐ
ܒܩܒܘܗܝ ܘܚܙܝ
ܠܟܠܝܐ ܗܝ ܐܬܚܠܘܗ
56 ܠܬܚܬܝܢ ܘܗܦܟܝ ܛܝܒܢ
ܗܪ̈ܘܡܐ ܘܡܫܚܐ
ܕܒܣܡܝܐ ܘܒܫܒܬܐ
ܫܠܝ ܐܝܟ ܕܦܩܕ ·܀·

xxiv 1 ܒܚܕ ܒܫܒܐ ܕܝܢ
ܒܨܦܪܐ ܪܒܐ ܐܬܝ
ܗܘܝ ܠܒܝܬ ܩܒܘܪܐ
ܘܐܬܝ ܗܘܝ ܡܝܬܝ
ܕܛܝܒܢ ܘܐܬܝ ܗܘܝ
⌜ܒܡܗ̈ܘܢ⌝ ܢ̈ܫܐ ܐܚܪ̈ܢܝܬܐ
2 ܘܐܫܟܚܘ ܠܟܐܦܐ
ܕܡܓܠܓܠܐ ܡܢ ܒܝܬ
3 ܩܒܘܪܐ. ܘܥܠ ܘܠܐ
ܐܫܟܚܘܗܝ ܠܦܓܪܐ
4 ܕܝܫܘܥ ܘܟܕ ܒܪܝܐ
ܗܘܬ ܠܗܝܢ ܥܠ
ܗܕܐ. ܐܬܚܙܝܘ ܬܪܝܢ
ܐܢܫܝܢ ܕܩܝܡܝܢ ܠܟܠ
ܒܢܗܝܢ ܘܡܙܗܪ
5 ܗܘܐ ܠܒܘܫܗܘܢ ܘܕܚܠ

Lk xxiv
ܘܟܕ ܕ̈ܚܝܠܢ ܘܣܓܕܢ
ܗܘܝ ܒܐܪܥܐ. ܡܢ
ܕܚܠܬܗܘܢ ܐܡܪܝܢ
ܠܗ̈ܝܢ ܗܢܘܢ ܓܒܪܝܐ ܡܢܐ
ܒܥܝܢ ܐܢܬܝܢ ܚܝܐ
6 ܒܝܬ ܡܝ̈ܬܐ ܠܐ
ܗܘܐ ܗܪܟܐ ܐܠܐ
ܩܡ ܠܗ ܒܗܕܡܢ
ܡܕܡ ܕܡܠܠ ܥܡ̈ܟܘܢ
ܟܕ ܗܘ ܒܓܠܝܠܐ
7 ܘܐܡܪ ܗܘܐ ܠܟܘܢ
ܕܟܬܝܒ ܗܘ ܒܪܗ ܕܐܢܫܐ
ܕܢܫܬܠܡ ܒܐܝ̈ܕܝ ܒܢ̈ܝ
ܐܢܫܐ ܚܛܝܐ ܘܢܙܕܩܦ
ܘܠܬܠܬܐ ܝܘܡܝܢ
8 ܢܩܘܡ ܘܐܬܕܟܪܢ ܐܢܝܢ
9 ܠܡܠܝܐ ܗܠܝܢ ܘܗܦܟܢ
ܡܢ ܒܝܬ ܩܒܘܪܐ
ܘܐܡܪܢ ܐܝܢ ܟ̈ܠܗܐ ܗܠܝܢ
ܠܚܕܥܣܪ ܘܫܪܟܐ
10 ܕܬܠ̈ܡܝܕܐ. ܡܪܝܡ
ܡܓܕܠܝܬܐ ܘܝܘܚܢ
ܘܡܪܝܡ ܒܪܬ ܝܥܩܘܒ
ܘܫܪܟܐ ܕܥܡܗܘܢ

Lk xxiv
10 ܗܠܝܢ ܐܡ̈ܪܢ ܗܘܝ
11 ܠܫܠܝ̈ܚܐ ܘܡܬܚܫܝܢ
ܗܘܝ ܒܥܝܢܝܗܘܢ ܐܝܟ
ܕܡܢ ܬܘܪܥܬܗܘܢ
ܐܡܪܢ ܡ̈ܠܝܐ ܗ̈ܠܝܢ.
ܘܠܐ ܡܗܝ̈ܡܢܝܢ
12 ܗܘܘ ܠܗ̈ܝܢ. ܫܡܥܘܢ
ܕܝܢ ܩܡ ܘܪܗܛ ܠܩܒܪܐ.
ܘܐܕܝܩ ܘܚܙܐ ܟ̈ܬܢܐ
ܒܠܚܘܕ ܘܐܙܠ ܠܒܝܬܗ
ܘܡܬܕܡܪ ܗܘܐ
ܡܕܡ ܕܗܘܐ ⁘

13 ܘܐܬܚܙܝ ܠܬܪ̈ܝܢ ܡܢܗܘܢ
ܒܗ ܒܝܘܡܐ ܟܕ
ܐܙܠܝܢ ܗܘܘ ܠܩܪܝܬܐ
ܕܫܡܗ ܒܥܡܐܘܣ.
ܘܦܪܝܩܐ ܡܢ
ܐܘܪܫܠܡ ܐܣܛܕܘܬܐ
14 ܫ̈ܬܝܢ. ܘܡܡܠܠܝܢ
ܗܘܘ ܚܕ ܥܡ ܚܕ ܥܠ
ܡ̈ܠܝܢ ܟܠܗܝܢ ܐܠܝܢ
15 ܕܓܕܫ. ܘܟܕ ܗܘܘ
ܡܡܠܠܝܢ ܘܡܒܥܝܢ
ܐܬܐ ܝܫܘܥ ܘܡܛܝ
ܐܢܘܢ ܘܡܗܠܟ ܗܘܐ

fol. 117 r (= 130 r).

R. L. B.
F. C. B.

Lk xxiv 15, 16 ܟܡܡܠܠܘܢ ܘܡܫܬܐܠܘܢ
ܐܚܝܕܝܢ ܗܘܘ ܕܠܐ
17 ܢܫܬܘܕܥܘܢܗ ܐܡܪ
ܠܗܘܢ ܡܢܐ ܐܢܘܢ ܡܠܝܐ
ܗܠܝܢ ܕܡܡܠܠܝܢ ܐܢܬܘܢ
ܟܕ ܡܗܠܟܝܢ ܐܢܬܘܢ
18 ܐܡܪ ܠܗ ܚܕ ܡܢܗܘܢ
ܕܫܡܗ ܗܘܐ ܩܠܝܘܦܐ
ܐܢܬ ܗܘ ܒܠ ܢܘܟܪܝܐ
ܡܢ ܐܘܪܫܠܡ ܕܡܕܡ
ܕܗܘܐ ܒܗ ܠܐ ܝܕܥܬ.
19 ܐܡܪ ܠܗܘܢ ܡܢܐ
ܐܡܪܝܢ ܠܗ ܥܠ ܝܫܘܥ
ܢܨܪܝܐ ܗܘ ܕܗܘܐ
ܓܒܪܐ ܢܒܝܐ ܘܐܫܬܟܚ
ܒܚܝܠܐ ܘܒܥܒܕܐ
ܘܒܡܠܬܐ ܩܕܡ
ܐܠܗܐ ܘܩܕܡ ܟܠܗ
20 ܥܡܐ ܘܐܫܠܡܘܗܝ
ܪܒܝ ܟܗܢܐ ܘܐܪܟܘܢܝܐ
ܠܕܝܢܐ ܕܡܘܬܐ ܘܙܩܦܘܗܝ
21 ܘܐܢܚܢܢ ܡܣܒܪܝܢ ܗܘܝܢ
ܕܗܘܝܘ ܥܬܝܕ ܗܘܐ ܕܢܦܪܘܩܝܗ
ܠܐܝܣܪܐܝܠ ܘܗܐ
ܬܠܬܐ ܝܘܡܝܢ ܗܐ ܡܢ

Lk xxiv 21 ܕܗܠܝܢ ܟܠܗܝܢ ܗܘܝ
22 ܘܐܦ ܢܫܝܢ ܡܢܢ
ܐܙܠ ܗܘܝ ܠܒܝܬ
ܩܒܘܪܐ. ܐܬܪ
23 ܕܗܫܟܚ ܗܘܐ. ܘܟܕ
ܠܐ ܐܫܟܚܘ ܦܓܪܗ
ܐܬܝ ܐܡܪܢ ܠܢ
ܕܡܠܐܟܐ ܚܙܝܢ
ܬܡܢ ܘܬܡܗܘܢ ܘܐܡܪܝܢ
ܟܠܗܘܢ ܕܚܝ ܗܘ
24 ܘܐܦ ܐܢܫܐ ܡܢܢ
ܐܙܠܘ ܠܒܝܬ ܩܒܘܪܐ
ܘܐܫܟܚܘ ܗܟܢܐ
ܐܝܟ ܡܐ ܕܐܡܪ
ܢܫܝܐ ܐܠܐ ܠܗ
ܠܐ ܚܙܘ ° ° °

25 ܗܝܕܝܢ ܐܡܪ ܠܗܘܢ
ܡܫܘܒ ܐܘ ܚܣܝܪܝ
ܪܥܝܢܐ ܘܝܩܝܪܝ ܠܒܐ
ܠܡܗܝܡܢܘ ܡܢ ܟܠܗܝܢ
ܟܠܗܝܢ ܐܠܝܢ ܕܡܠܠܘ
26 ܢܒܝܐ. ܠܐ ܗܘܐ
ܗܠܝܢ ܒܥܬܝܕ ܗܘܐ
ܕܢܣܒܪ ܡܫܝܚܐ

Lk xxiv 26 ܘܕܝܥܘܠ ܠܬܫܒܘܚܬܗ
27 ܘܫܪܝ ܗܘܐ ܠܡܐܡܪ
ܠܗܘܢ ܡܢ ܡܘܫܐ ܘܡܢ
ܟܠܗܘܢ ܢܒܝܐ ܘܡܦܫܩ
ܗܘܐ ܠܗܘܢ ܥܠ ܢܦܫܗ
ܡܢ ܟܠܗܘܢ ܟ̈ܬܒܐ
28 ܘܩܪܒܘ ܠܩܪܝܬܐ ܗܝ
ܕܐܙܠܝܢ ܗܘܘ ܠܗ. ܘܗܘ
ܐܬܚܫܝ ܠܗܘܢ ܐܝܟ
ܕܠܘܩܒܐ ܪܘܚܩܐ ܐܙܠ
29 ܗܘܐ. ܘܥܨܪܘ ܗܢܘܢ
ܟܒܝܢ ܗܘܘ ܡܢܗ ܐܝܟ
ܕܠܘܬܗܘܢ ܢܗܘܐ ܡܛܠ
ܕܪܡܫܐ ܗܘܬ ܠܡܫܝܢ
ܘܥܠ ܒܡܒܬܗܘܢ ܐܝܟ
30 ܕܠܘܬܗܘܢ ܢܗܘܐ. ܘܟܕ
ܐܣܬܡܟ ܥܡܗܘܢ
ܠܚܡܐ ܘܒܪܟ ܘܩܨܐ
31 ܘܢܗܒ ܠܗܘܢ ܘܡܚܕܐ
ܐܬܦܬܚܘ ܥܝ̈ܢܝܗܘܢ
ܘܐܫܬܘܕܥܘܗܝ. ܘܗܘ
ܐܫܬܘܠ ܠܗ ܡܢܗܘܢ
32 ܘܐܡܪܝܢ ܗܘܘ ܚܕ ܠܚܕ
ܠܐ ܗܘܐ ܠܒܢ ܝܩܝܕ
ܗܘܐ ܒܐܘܪܚܐ ܟܕ
ܡܦܫܩ ܠܢ ܟܬ̈ܒܐ

Lk xxiv 33 ܘܩܡܘ ܒܗ ܒܫܥܬܐ
ܘܗܦܟܘ ܠܐܘܪܫܠܡ
ܘܐܫܟܚܘ ܠܚܕܥܣܪ
ܕܟ ܟܢܝܫܝܢ. ܘܠܐܝܠܝܢ
ܕܥܡܗܘܢ ܘ . . . ܡ
34 ܟܕ ܐܡܪܝܢ ܫܪܝܪܐܝܬ
ܩܡ ܡܪܢ ܘܐܬܚܙܝ
35 ܠܫܡܥܘܢ ܘܐܢܘܢ ܗܘܘ
ܐܫܬܥܝܘ ܠܗܘܢ ܐܝܠܝܢ
ܕܗܘܝ ܒܐܘܪܚܐ ܘܐܝܟܢܐ
ܐܬܝܕܥ ܠܗܘܢ ܐܝܟ
ܠܡܩܨܐ ܠܚܡܐ
36 ܘܟܕ ܗܢܘܢ ܡܡܠܠܝܢ ܗܘܘ
ܐܫܬܟܚ ܘܩܡ
ܒܝܢܬܗܘܢ ܘܐܡܪ
ܠܗܘܢ ܫܠܡܐ ܥܡܟܘܢ
37 ܘܗܢܘܢ ܐܬܪܗܒܘ
ܘܐܬܗܘܬܘ ܘܡܣܒܪܝܢ
ܗܘܘ ܕܪܘܚܐ ܚܙܝܢ
38 ܗܝܟܢ ܐܡܪ ܠܗܘܢ ܝܫܘܥ.
ܡܢܐ ܡܬܕܠܚܝܢ ܐܢܬܘܢ
ܘܠܡܢܐ ܣܠܩܝܢ ܡܚܫܒܬܐ
39 ܥܠ ܠܒܘܬܟܘܢ ܗܐ
ܚܙܘ ܐܝܕܝ ܘܪ̈ܓܠܝ ܕܝܕܝ
ܗܘ ܕܐܢܐ ܐܢܐ. ܓܫܘܢܝ
ܚܙܘ ܕܪܘܚܐ ܒܣܪܐ

fol. 118 r (= 22 v).

J. R. H.

Lk xxiv 39 . . . . . ܕܚܙܝܢ
41 . . . . ܠܗ ܘܟܕ
. . . . . ܠܐ
. . . ܬܘܗܢ
. . . . ܗܘܢ
. . . . . ܗܘܘ
ܘܬܒ ܐܡܪ ܠܗܘܢ ܐܝܬ
ܠܟܘܢ ܬܢܢ ܡܕܡ
42 ܠܡܐܟܠ. ܘܗܒܘܢ
ܝܗܒܘ ܠܗ ܡܢܬܐ ܡܢ
43 ܢܘܢܐ ܕܛܘܝܐ ܘܟܕ
ܢܣܒ ܐܟܠ ܠܩܕܡܝܗܘܢ
44 ܐܡܪ ܠܗܘܢ ܗܠܝܢ
ܡܠܝܐ ܡܡܠܠ ܗܘܝܬ
ܥܡܟܘܢ ܟܕ ܠܘܬܟܘܢ
ܕܝܬܡܠܝܢ ܟܠ ܡܕܡ
ܕܟܬܝܒ ܥܠܝ ܒܐܘܪܝܬܐ
ܕܡܘܫܐ ܘܒܢܒܝܐ
45 ܘܒܡܙܡܘܪܐ ܘܗܝܕܝܢ
ܦܬܚ ܪܥܝܢܝܗܘܢ
ܠܡܣܬܟܠܘ ܒܟܬܒܐ
46 ܘܐܡܪ ܠܗܘܢ ܕܗܟܢܐ
ܗܘܐ ܘܠܐ . . . .
ܡܫܝܚܐ . . . .

Lk xxiv 46 ܡܢ ܒܝܬ ܡܝܬܝܐ
ܠܬܠܬܐ ܝܘ̈ܡܝܢ
47 ܘܠܡܬܟܪܙ ܒܫܡܗ
ܬܝܒܘܬܐ ܘܫܒܘܩܝܢܐ
ܕܚ̈ܛܝܗ ܒܟܠܗܘܢ
ܥܡ̈ܡܝܐ ܘܫܪܘܝܐ ܡܢ
48 ܐܘܪܫܠܡ ܘܐܢܬܘܢ ܐܢܘܢ
49 ܣܗ̈ܕܝܐ ܕܗܠܝܢ ܘܐܢܐ
ܐܫܕܪ ܥܠܝܟܘܢ
ܡܘܠܟܢܗ ܕܐܒܝ ܗܘܘ
ܐܢܬܘܢ ܒܡܕܝܢܬܐ
ܥܕܡܐ ܕܬܠܒܫܘܢ
ܚܝܠܐ ܡܢ ܪܘܡܐ
50 ܘܐܦܩ ܐܢܘܢ ܥܕܡܐ
ܠܒܝܬ ܥܢܝܐ ܘܐܪܝܡ
ܐܝ̈ܕܘܗܝ ܘܒܪܟ ܐܢܘܢ
51 ܘܟܕ ܒܪܟ ܐܢܘܢ
52 ܐܬܦܪܫ ܡܢܗܘܢ ܘܗܢܘܢ
ܗܦܟܘ ܠܐܘܪܫܠܡ
ܒܚܕܘܬܐ ܪܒܬܐ
53 ܘܡܒܪܟܝܢ ܗܘܘ ܟܠ
ܝܘܡ ܒܗܝܟܠܐ ܠܐܠܗܐ

ܫܠܡ ܐܘܢܓܠܝܘܢ
○ ○ ○ ○ ܕܠܘܩܐ ○ ○
ܐܘܢܓܠܝܘܢ ܕܚܝܢ

[*Lost*]

fol. 119.

[*Lost*]

fol. 119.

Jn i 25 ܗܟܝܠ ܡܥܡܕ ܐܢܬ
ܐܠܐ ܗܘܝܬ ܡܫܝܚܐ.
ܐܦܠܐ ܐܠܝܐ ܘܐܦ
26 ܠܐ ܢܒܝܐ ܐܡܪ ܠܗܘܢ
ܝܘܚܢܢ ܐܢܐ ܡܥܡܕ
ܐܢܐ ܒܡܝܐ ܒܝܢܬܟܘܢ
ܕܝܢ ܩܐܡ ܗܘ ܐܝܢܐ
ܕܐܢܬܘܢ ܠܐ ܝܕܥܝܢ
27 ܐܢܬܘܢ ܠܗ ܗܘ ܕܐܬܐ
ܒܬܪܝ ܗܘ ܕܠܐ ܫܘܐ
ܕܐܫܪܐ ܒܪܘܐ
28 ܕܡܣܢܘܗܝ ܗܠܝܢ
ܡܠܠ ܒܝܬ ܥܒܪܐ
ܒܥܒܪܗ ܕܝܘܪܕܢ
ܐܝܟܐ ܕܡܥܡܕ
ܗܘܐ ܝܘܚܢܢ

29 ܘܠܝܘܡܐ . . .
. . . .
ܠܗ . . . .
. . . .
. . . .

30 ܗܢܘ ܕܐܝܢܐ ܐܡܪܬ
ܥܠܘܗܝ ܕܒܬܪܝ ܐܬܐ
ܒܬܪܝ. ܘܗܘܐ ܠܗ

Jn i 30 ܩܕܡܝ. ܡܛܠ ܕܩܕܡܝ
31 ܗܘ ܡܢܝ. ܘܐܢܐ ܠܐ
ܝܕܥ ܗܘܝܬ ܠܗ ܐܠܐ
ܡܛܠ ܕܝܬܓܠܐ ܠܐܝܣܪܐܝܠ
ܐܬܝܬ ܐܢܐ ܕܡܥܡܕܢܐ
32 ܐܣܗܕ ܘܣܗܕ ܝܘܚܢܢ
. . . . ܠܪܘܚܐ
. . . . ܢܚܬܬ
ܡܢ ܫܡܝܐ ܘܫܪܬ
33 ܥܠܘܗܝ ܘܐܢܐ ܠܐ
ܝܕܥ ܗܘܝܬ ܠܗ. ܐܠܐ
ܡܢ ܕܫܕܪܢܝ ܠܡܥܡܕܘ
. . ܐܡܪ ܠܝ ܕܐܝܢܐ
. . ܐܢܬ ܕܚܙܝܬܐ
. . . ܘܡܩܘܝܐ
ܥܠܘܗܝ ܗܘ ܗܘ
ܡܥܡܕ ܒܪܘܚܐ
34 . . . . ܘܐܢܐ
. . . . ܕܗܘܐ
ܒܪܗ ܕܐܠܗܐ ܀

35 ܘܠܝܘܡܐ ܐܚܪܢܐ ܩܐܡ
ܗܘܐ ܝܘܚܢܢ ܘܬܪܝܢ
ܡܢ ܬܠܡܝܕܘܗܝ ܠܘܬܗ
36 ܘܚܪ ܒܝܫܘܥ ܟܕ
ܡܗܠܟ ܘܐܡܪ ܗܐ
ܐܡܪܗ . . . .

Jn i 36, 37 ܕܐܠܗܐ. ܘܟܕ ܫܡܥܘܗܝ
ܗܢܘܢ ܬܠܡ̈ܝܕܐ ܠܝܘܚܢܢ
ܟܕ ܡܡܠܠ ܐܙܠܘ
38 ܠܗܘܢ ܒܬܪܗ. ܘܐܬܦܢܝ
ܡܪܢ ܘܐܡܪ ܠܗܘܢ
ܡܢܐ ܒܥܝܢ ܐܢܬܘܢ
ܐܡܪ̈ܝܢ ܠܗ ܪܒܢ ܐܝܟܐ
39 ܗܘܐ ܐܢܬ. ܐܡܪ ܠܗܘܢ
ܬܘ ܘܬܚܙܘܢ ܘܗܢܘܢ
ܐܬܘ ܒܬܪܗ ܘܚܙܘ
ܐܝܟܐ ܕܗܘܐ ܘܠܘܬܗ
ܗܘܘ ܝܘܡܐ ܗܘ
ܘܐܝܬ ܗܘܝ ܐܝܟ
40 ܫܥܐ ܥܣܪܐ. ܘܚܕ
ܡܢ ܗܢܘܢ ܬܠܡ̈ܝܕܘܗܝ
ܕܝܘܚܢܢ ܐܢܕܪܐܘܣ
ܫܡܗ ܗܘܐ. ܐܚܘܗܝ
41 ܕܫܡܥܘܢ ܘܗܘ ܐܢܕܪܘܣ
ܚܙܐ ܠܫܡܥܘܢ ܐܚܘܗܝ
ܒܗ ܒܝܘܡܐ. ܘܐܡܪ
ܠܗ ܐܚܝ ܐܫܟܚܢܝܗܝ
42 ܠܡܫܝܚܐ ܘܕܒܪܗ
ܘܐܬܐ ܠܘܬ ܡܪܢ
ܘܚܪ ܒܗ ܡܪܢ ܘܐܡܪ
ܠܗ ܐܢܬ ܫܡܥܘܢ

Jn i 42 ܒܪܗ ܕܝܘܢܐ ܬܗܘܐ
ܡܬܩܪܐ ܟܐܦܐ
ܕܡܬܪܓܡ ܝܘܢܐܝܬ
ܦܛܪܘܣ ◦ ܀

43 ܘܠܝܘܡܐ ܐܚܪܢܐ ܨܒܐ
ܠܡܦܩ ܠܗ ܠܓܠܝܠܐ
ܘܐܫܟܚ ܠܦܝܠܝܦܘܣ
ܘܐܡܪ ܠܗ ܡܪܢ ܬܐ
44 ܒܬܪܝ. ܗܘ ܕܝܢ ܦܝܠܝܦܘܣ
ܨܝܕܢܗ ܡܢ ܒܝܬ
ܨܝܕܐ ܗܘܐ ܡܢ
ܡܕܝܢܬܗ ܕܐܢܕܪܐܘܣ
45 ܘܕܫܡܥܘܢ. ܘܦܝܠܝܦܘܣ
ܐܫܟܚ ܠܢܬܢܐܝܠ
ܘܐܡܪ ܠܗ ܦܝܠܝܦܘܣ
ܠܢܬܢܐܝܠ ܗܘ ܕܟܬܒ
ܥܠܘܗܝ ܡܘܫܐ
ܘܢܒܝ̈ܐ. ܐܫܟܚܢܝܗܝ
ܕܝܫܘܥ ܗܘ ܒܪܗ
ܕܝܘܣܦ ܕܡܢ ܢܨܪܬ.
46 ܐܡܪ ܠܗ ܢܬܢܐܝܠ
ܡܢ ܢܨܪܬ ܡܫܟܚ
ܡܕܡ ܕܛܒ ܠܡܗܘܐ
ܐܡܪ ܠܗ ܦܝܠܝܦܘܣ
47 ܬܐ ܘܬܚܙܐ ܘܚܙܝܗܝ

[*Lost*]

fol. 121.

[*Lost*]

fol. 121.

Jn ii 1 ܘܐܡܪ ܗܘܐ ܠܗܘܢ
ܕܡܙܒܢܝܢ ܝܘ̈ܢܐ
ܫܩܘܠܘ ܗܠܝܢ ܡܢ
ܗܪܟܐ ܘܠܐ
ܬܥܒܕܘܢܝܗ. ܒܝܬܗ
ܕܐܒܝ ܒܝܬ ܬܓܪܬܐ
17 ܒܕ ܗܠܝܢ ܥܒܕ
ܐܬܕܟܪܘ ܬܠܡ̈ܝܕܘܗܝ
ܕܟܬܝܒ ܕ⌜ܛܢܢܐ⌝ ܕܒܝܬܟ
18 ܐܟܠܢܝ ܐܡܪܝܢ ܠܗ
ܝܗܘ⌜ܕ⌝ܝܐ . . . .
⌜ܐ⌝ܬܐ . . ⌜ܡ⌝ܚܘܝܐ
ܐܢܬ ܠܢ ܕܗܠܝܢ ܥܒ⌜ܕ⌝
19 ܐܢܬ ܥ⌜ܢ⌝ܐ ܡܪܢ
⌜ܘ⌝ܐܡ⌜ܪ⌝ ܠ⌜ܗ⌝ܘܢ ܣܬܘܪܘ
ܗ⌜ܝ⌝ܟܠܐ ܘܠܬܠܬܐ
ܝܘܡܝܢ . . . .
20 . . . . . .
⌜ܠ⌝ܐܪܒܥܝܢ ⌜ܘ⌝ܫܬ ܫܢܝܢ
. . . ⌜ܗ⌝ܝܟܠܐ
. . . ܠܬܠܬܐ
ܝܘܡܝܢ ܒܢܐ ܐܢܬ
21 ⌜ܠ⌝ܗ ܗܘ ⌜ܕ⌝ܝܢ ܥܠ
ܗܝܟܠܐ ܕܦܓܪܗ ܐܡܪ
22 ܗܘܐ. ܟܕ ܩܡ ܕܝܢ ܡܢ

Jn ii 22 ܒܝܬ ܡܝ̈ܬܐ ܐܬܕܟܪܘ
ܬܠܡ̈ܝܕܘܗܝ ܕܗܠܝܢ
ܐܡܪ ܗܘܐ ܘܗܝܡܢܘ
ܠܟ̈ܬܒܐ ܘܠܡܠܬܐ
ܕܐܡܪ ܡܪܢ ○
23 ܘܟܕ ܗܘܐ ⌜ܒ⌝ܐܘܪܫܠܡ
ܒܦ⌜ܨ⌝ܚܐ ⌜ܕܒܥܐܕܐ⌝
ܕܦܛܝܪܐ . . . .
. . . . . .
. . . ܗܘܘ . .
24 ܕܝܕܗ ܠܗܘܢ ܗܘ ܕܝܢ
ܡܪܢ ܠܐ ܡܗܝܡܢ
25 ܗܘܐ ܠܗܘܢ ⌜ܢܦܫܗ⌝ ܘܠܐ
. . . ⌜ܕ⌝ܐܢܫ
ܢܣܗܕ ܥܠ ܒܒܕܗ
ܕܐܢܫܐ ܗܘ ܝܕܥ ܚܕ
ܠܒܐ ܒܒܪ ܐܢܫܐ
iii 1 ܒ . . ܬ ܘܐܝܬ
ܗܘܐ ܕܝܢ ܬܡܢ ܓܒܪܐ
ܡܢ ܦܪ̈ܝܫܝܐ ܫܡܗ
ܢܝܩܘܕܡܘܣ ܘܗܘ
ܗܢܐ ܓܒܪܐ ܐܪܟܘܢܐ
2 ܗܘܐ ܕܝܗܘܕܝܐ ܐܬܐ
ܠܘܬ ܡܪܢ ܒܠܠܝܐ

[R. L. B.]
[F. C. B.]

Jn iii 2 ܘܐܡܪ ܠܗ ܪܒܝ ܝܕܥܝܢ
ܐܢܚܢܢ ܕܡܢ ܐܠܗܐ
ܐܬܝܬ ܠܢ ܡܠܦܢܐ
ܡܛܠ ܕܠܐ ܐܢܫ ܡܫܟܚ
ܗܠܝܢ ܢܣܐ ܠܡܥܒܕ
ܐܠܐ ܡܢ ܕܐܠܗܐ ܥܡܗ
3 ܐܡܪ ܠܗ ܡܪܢ ܐܡܝܢ
ܐܡܝܢ ܐܡܪܢܐ ܠܟ
ܕܐܢ ܐܢܫ ܠܐ ܡܬܝܠܕ
ܡܢ ܕܪܫ ܠܐ ܡܫܟܚ
ܕܚܙܐ ܡܠܟܘܬܗ
4 ܕܐܠܗܐ ܐܡܪ ܠܗ
ܢܩܕܝܡܘܣ ܐܝܟܢܐ
ܡܫܟܚ ܕܝܬܝܠܕ ܓܒܪܐ
ܗܟܐ ܕܠܡܐ ܡܫܟܚ
ܬܘܒ ܠܟܪܣܗ ܕܐܡܗ
ܠܡܥܠ ܘܡܬܝܠܕ ܠܡܬܝܠܕܘ
5 ܐܡܪ ܠܗ ܡܪܢ ܐܡܝܢ
ܐܡܝܢ ܐܡܪܢܐ ܠܟ
ܕܐܢ ܐܢܫ ܠܐ ܡܬܝܠܕ
ܡܢ ܪܘܚܐ ܘܡܝܐ. ܠܐ
ܡܫܟܚ ܠܡܥܠ
ܠܡܠܟܘܬܗ ܕܐܠܗܐ.
6 ܡܕܡ ܕܝܠܝܕ ܡܢ ܒܣܪܐ

Jn iii 6 ܒܣܪܐ ܗܘ. ܘܡܕܡ
ܕܝܠܝܕ ܡܢ ܪܘܚܐ ܪܘܚܐ
ܗܘ ܡܛܠ ܕܐܠܗܐ
ܪܘܚܐ ܗܘ ܚܝܐ
7 ܘܠܐ ܬܬܕܡܪ ܕܐܡܪܬ
ܠܟܘܢ ܠܡܬܝܠܕܘ ܠܟܘܢ
8 ܪܘܚܐ ܐܬܪ ܕܨܒܝܐ
ܢܫܒܐ ܘܩܠܗ ܗܘ
ܫܡܥ ܐܢܬ ܐܠܐ
ܠܐ ܡܢ ܐܡܟܐ
ܐܬܬ ܘܠܗܢ ܐܢܬ
ܘܠܐ ܠܐܠܟܐ ܐܙܠܐ
ܗܟܢܐ ܐܢܘܢ ܐܦܠܝܢ
ܕܝܠܝܕܝܢ ܡܢ ܪ̈ܘܚܐ
9 ܘܥܢܐ ܐܡܪ ܠܗ
ܢܩܕܝܡܘܣ ܐܝܟܢܐ
ܡܫܟܚܝܢ ܗܕܐ
10 ܠܡܗܘܐ. ܐܡܪ ܠܗ
ܡܪܢ ܐܢܬ ܗܘ ܡܠܦܢܗ
ܕܐܝܣܪܐܠ ܘܗܠܝܢ
11 ܠܐ ܚܟܡ ܐܢܬ. ܐܡܝܢ
ܐܡܪܢܐ ܠܟ ܕܡܕܡ
ܕܝܕܥܝܢ ܐܢܚܢܢ ܡܡܠܠܝܢ
ܐܢܚܢܢ ܘܡܕܡ ܕܚܙܝܢ
ܐܢܚܢܢ ܡܣܗܕܝܢ

Jn iii 11 ܐܢܚܢܢ ܘܣܗܕܘܬܢ
ܠܐ ܡܩܒܠܝܢ ܐܢܬܘܢ
12 ܐܢ ܥܠ ܐܠܝܢ
ܕܒܐܪܥܐ ܐܢܝܢ
ܐܡܪܬ ܠܟܘܢ ܘܠܐ
ܡܗܝܡܢܝܢ ܐܢܬܘܢ
ܐܝܟܢܐ ܐܢ ܥܠ
ܐܠܝܢ ܕܒܫܡܝܐ ܐܝܢ
ܐܡܪ ܠܟܘܢ ܬܗܝܡܢܘܢ.
13 ܘ . . . . ܣܠܩ
ܠܫܡܝܐ ܐܠܐ ܗܘ
. . . . ܫܡܝܐ
ܒܪܗ ܕܐܢܫܐ ܗܘ
ܕܐܝܬܘܗܝ ܡܢ ܫܡܝܐ
14 ܘܐܝܟܢܐ ܕܐܪܝܡ
ܗܘܐ ܡܘܫܐ ܚܘܝܐ
ܒܡܕܒܪܐ. ܗܟܢܐ
. . . . . .
15 . . . .
ܡܢ ܕܡܗܝܡܢ ܒܗ
ܠܐ ܢܐܒܕ ܐܠܐ ܢܗܘܘܢ
16 ܠܗ ܚܝܐ ܕܠܥܠܡ . .
. . . . .
ܠܥܠܡܐ . . .

Jn iii 16 . . . . ܕܟܘܠ
ܡܢ ܕܡܗܝܡܢ ܒܗ ܠܐ
. . . . . ܐ
17 . . . . . ܓܝܪ
ܫܕܪ ܐܠܗܐ ܠܒܪܗ
ܕܢܕܘܢܗܝ ܠܥܠܡܐ ܐܠܐ
ܕܥܠܡܐ ܒܗ ܢܚܐ
18 ܡܢ ܕܡܗܝܡܢ ܒܗ
ܠܐ ܡܬܕܝܢ ܘܡܢ ܕܠܐ
ܡܗܝܡܢ ܒܗ ܕܝܢ ܥܠ
ܕܠܐ ܗܝܡܢ ܒܫܡܗ
19 ܕܒܪܐ ܝܚܝܕܝܐ ܗܢܘ
ܕܝܢܐ ܕܐܬܐ ܢܘܗܪܐ
. . . . .
. . . .
. . . .
.
. . . . .
. . . .
. . . . .
. . . . . .
. . . .
. . . .
. .
. . .

Jn iii 2[1] ܕܒܐܠܗܐ ܥܒܝܕܝܢ ܀

22 ܘܡܢ ܒܬܪ ܗܠܝܢ ܐܬܐ
ܠܗ ܡܪܢ ܘܬܠܡܝܕܘܗܝ
ܠܝܗܘܕ ܘܬܡܢ ܥܒܪ
ܗܘܐ . ܘܡܥܡܕ ܥܡܗܘܢ
23 ܘܐܦ ܝܘܚܢܢ ܡܥܡܕ
ܗܘܐ ܒܥܝܢ ܢܘ ܕܥܠ
ܓܒ ܫܠܝܡ ܡܛܠ
ܕܡ̈ܝܐ ܐܝܬ ܗܘܐ
ܬܡܢ ܣܓܝܐܐ ܘܐܬܝܢ
ܗܘܘ ܐܢܫܐ ܘܡܬܥܡܕܝܢ
24 ܡܛܠ ܕܠܐ ܢܦܠ ܗܘܐ
ܒܢܫܡܐ ܠܗܪܐ ܒܝܬ
ܐܣܝܪܐ ܝܘܚܢܢ ܀ ܀

25 ܗܘܬ ܗܘܬ ܕܝܢ ܒܥܬܐ
ܠܝܕ ܡܢ ܬܠܡܝܕܘܗܝ
ܕܝܘܚܢܢ ܥ̄ܡ ܝܗܘܕܝܐ
26 ܥܠ ܬܕܟ̄ܝܬܐ ܘܐܬܘ
ܠܘܬ ܝܘܚܢܢ ܘܐܡܪ̈ܝܢ
ܠܗ ܪܒܝ ܗܘ ܕܥܡܟ
ܗܘܐ ܒܥܒܪܐ ܕܝܘܪܕܢ
ܘܐܢܬ ܣܗܕܬ
ܥܠܘܗܝ ܗܐ ܐܦ ܗܘ
ܡܥܡܕ · ܘܟ̈ܠܐܐ

Jn iii 26, 27
ܠܘܬܗ ܐܬܝܢ ܐܡܪ
ܠܗܘܢ ܝܘܚܢܢ ܠܐ
ܡܫܟܚ ܒܪ ܐܢܫܐ
ܠܡܣܒ ܐܦܠܐ ܡܕܡ
ܐܠܐ ܐܢ ܐܬܝܗܒ
28 ܠܗ ܡܢ ܫܡܝܐ. ܐܢܬܘܢ
ܕܝܢ ܣܗܕܘ ܠܝ ܕܐܡܪܬ
ܕܐܢܐ ܠܐ ܗܘܝܬ
ܡܫܝܚܐ. ܐܠܐ ܫܠܝܚܐ
ܐܢܐ ܕܡܢ ܩܕܡܘܗܝ
29 ܡܛܠ ܕܡ̈ܢ ܕܐܝܬ ܠܗ
ܟܠܬܐ ܗܘܐ ܚܬܢܐ
ܘܪܚܡܗ ܕܚܬܢܐ
ܗܘ ܡܢ ܕܩܐܡ
ܘܨܐܬ ܠܗ. ܘܚܕܘܬܐ
ܪܒܬܐ ܚܕܐ ܡܛܠ
ܩܠܗ ܕܚܬܢܐ ܗܕܐ
ܚܕܘܬܝ ܗܐ ܡܫܠܡܐ
30 ܗܘ ܡܒܥܐ ܠܗ
ܗܘ ܘܠܐ ܠܡܙܥܪܐ
31 ܘܠܝ. ܠܡܙܥܪ ܡܛܠ
ܕܗܘ ܕܡܢ ܕܡ̇ܢ ܠܥܠ
ܐܬܐ ܠܥܠ ܡܢ ܟܘܠ
ܗܘ ܘܐܢܫܐ ܕܡܢ
ܐܪܥܐ ܗܘ ܒܐܪܥܐ
ܗܘ ܘܡܢ ܐܪܥܐ

Jn iii 31 . . . . . .
. . . . . .
. . . . . .
. . . . . .
. . . . . .
. . . . . .
. . . . . .
. . . . .
34 . . . . . .
. . . . . .
. . . ܗܘܐ ܝܗܒ
. . ܒܡܫܚܐ
35 . . . ܐ ܐܠܐ
. . . .
36 . . . . . ܒܗ
. . . . . .
. . . . . .
. . . . . .
. . . . . .
. . . . . .
. . . . . .
. . . . . .
. . . . . .
. . . . . .
. . . . . .

Jn iv 1 . . . . ܦܪܝܫܝܐ
. . ܗܘܐ ܝܬܝܪ
2 . . . ܡܛܠ ܕܠܐ
. . . ܒܠܚܘܕ
ܡܥܡܕ ܗܘܐ ܐܠܐ
3 ܬܠܡܝܕܘܗܝ ܘܫܒܩܗ
ܠ . . . . ܠܗ
4 ܬܘܒ ܠܓܠܝܠܐ ܟܕ
. . . . ܬܪܐ
5 . . . . ܬܐ
. . . ܚܕ ܕܫܡܪܝܢܐ
ܕܡܫܬܩܪܝܐ ܗܘܐ ܫܟܪ
. . ܩܪܝܬܐ ܗܝ
. . . . . .
. . . . . .
. . . . . .
. . . . . .
. . . . . .
. . . . .
. . . .
. . . . .
. . . . . .
. . . . . .
. . . . ܠܗܘܢ

Jn iv 8, 7 ܫܒܪܬܐ ܘܒܥܐ ܗܘ
ܡܪܢ ܠܘܬ ܐܢܬ ܗܘܝ
ܫ̈ܥܐ ܫܬ ܘܐܬܬ
ܐܢܬܬܐ ܚܕܐ ܡܢ ܫܡܪܝܢ
ܕܬܡܠܐ ܡܝܐ
ܘܐܡܪ ܠܗ ܡܪܢ ܗܒܝ
ܠܝ ܡ̈ܝܐ ܐܫܬܐ
9 ܐܡܪܐ ܠܗ ܗܝ ܐܢܬܬܐ
ܫܡܪܝܬܐ ܗܐ ܐܢܬ
ܝܗܘܕܝܐ ܐܢܬ ܐܝܟܢܐ
ܫܐܠ ܐܢܬ ܠܝ ܡ̈ܝܐ
ܠܡܫܬܐ. ܡܛܘܠ
ܕܝܗܘ̈ܕܝܐ ܠܐ
ܡܬܚܫܚܝܢ ܥܡ
10 ܫܡܪܝܐ. ܐܡܪ ܠܗ
ܐܠܘ ܚܟܡܐ ܗܘܝܬܝ
ܡܘܗܒܬܐ ܕܐܠܗܐ
ܘܡܢܘ ܗܢܐ ܕܐܡܪ
ܠܟܝ ܗܒܝ ܠܝ ܐܫܬܐ
ܐܢܬܝ ܫܐܠܐ ܗܘܝܬܝ
ܠܗ ܘܝܗܒ ܗܘܐ
ܠܟܝ ܡ̈ܝܐ ܚ̈ܝܐ.
11 ܐܡܪܐ ܠܗ ܐܦܠܐ

Jn iv 11 ܕܘܠܐ ܐܢܬ ܠܟ ܘܒܪܐ
ܥܡܝܩܐ ܗܝ ܡܢ
ܐܝܡܟܐ ܐܢܬ ܠܟ
12 ܡ̈ܝܐ ܚ̈ܝܐ ܕܠܡܐ
ܐܢܬ ܪܒ. ܐܢܬ ܡܢ
ܝܥܩܘܒ ܐܒܘܢ ܕܗܘ
ܝܗܒ ܠܢ ܒܪܐ ܗܕܐ
ܘܐܦ ܗܘ ܡܢܗ
ܐܫܬܝ ܘܒܢܘܗܝ
13 ܘܥܢܗ ܐܡܪ ܠܗ ܡܪܢ
ܟܠ ܕܫܬܐ ܡܢ ܗܠܝܢ
ܡ̈ܝܐ ܬܘܒ ܨܗܐ
14 ܘܟܠ ܕܫܬܐ ܡܢ
ܡ̈ܝܐ ܕܐܢܐ ܐܬܠ
ܠܗ ܠܐ ܨܗܐ
ܠܥܠܡ ܐܠܐ ܡ̈ܝܐ
ܗܢܘܢ ܕܝܗܒ ܐܢܐ
ܠܗ ܝܗܘܘܢ ܒܗ
ܡܒܘܥܐ ܕܡ̈ܝܐ
ܕܢܒܥܝܢ ܠܚ̈ܝܐ ܕܠܥܠܡ
15 ܐܡܪܐ ܠܗ ܗܝ
ܐܢܬܬܐ ܡܪܝ ܗܒ
ܠܝ ܐܢܬ ܡܢ ܗܠܝܢ

Jn iv 15 ܡܝܝܐ ܕܠܐ ܗܘܝܬ
ܨܗܝܐ ܘܐܬܝܐ ܕܠܝܐ
16 ܡܢ ܗܡܟܐ. ܐܡܪ ܠܗ
ܝܫܘܥ ܐܙܠ ܩܪܝ ܠܝ ܠܒܥܠܟܝ.
17 ܘܬܝ ܠܗܪܒܐ. ܐܡܪܐ
ܠܗ ܠܝܬ ܠܝ ܒܥܠܐ ܐܡܪ
ܠܗ ܡܪܢ ܫܦܝܪ ܐܡܪܬܝ.
18 ܕܠܝܬ ܠܝ ܒܥܠܐ ܡܛܠ
ܕܚܡ̈ܫܐ ܒܥܠܝܢ ܗܘܘ
ܠܟܝ. ܘܗܢܐ ܕܐܝܬ
ܠܟܝ ܗܢܐ ܠܐ ܗܘܐ
ܒܥܠܟܝ. ܗܕܐ ܫܪܝܪܬܐ
19 ܐܡܪܬܝ. ܐܡܪܐ ܠܗ
ܡܪܝ ܚܙܝܐ ܕܢܒܝܐ
20 ܐܢܬ. ܐܒܗܬܢ ܒܗܢܐ
ܛܘܪܐ ܣܓܕܘ. ܘܐܢܬܘܢ
ܐܡܪܝܢ ܐܢܬܘܢ
ܕܒܐܘܪܫܠܡ ܗܘ ܒܝܬ
21 ܣܓܕܬܐ. ܐܡܪ ܠܗ
ܡܪܢ ܐܬܬܐ ܗܝܡܢܝ.
ܕܐܬܝܐ ܫܥܬܐ ܕܠܐ
ܒܗܢܐ ܛܘܪܐ ܘܠܐ

Jn iv 21 ܒܐܘܪܫܠܡ ܬܣܓܕܘܢ
22 ܠܐܒܐ. ܐܢܬܘܢ ܣܓܕܝܢ
ܐܢܬܘܢ ܠܡܐ ܕܠܐ
ܝܕܥܝܢ ܐܢܬܘܢ ܘܐܢܚܢܢ
ܣܓܕܝܢ ܐܢܚܢܢ ܠܡܐ
ܕܝܕܥܝܢ ܐܢܚܢܢ ܕܦܪ̈ܩܢܐ
ܡܢ ܝܗܘܕܐ ܐܝܬܘ
23 ܐܠܐ ܗܐ ܐܬܝܐ
ܫܥܬܐ ܘܗܫܐ
ܐܝܬܝܗ ܕܣ̈ܓܘܕܐ
ܫܪ̈ܝܪܐ ܢܣܓܕܘܢ
ܠܐܒܐ ܒܪܘܚܐ
ܘܒܫܪ̈ܪܐ. ܘܐܦ
ܐܒܐ ܟܢܪ ܗܠܝܢ
ܐܢܘܢ ܣ̈ܓܘܕܐ ܒܟܢܐ.
24 ܐܠܗܢ ܕܒܪܘܚܐ
ܘܒܫܪ̈ܪܐ ܣܓܕܝܢ ܠܗ.
25 ܐܡܪܐ ܗܝ ܐܢܬܬܐ
ܗܐ ܡܫܝܚܐ ܐܬܐ
ܘܡܐ ܕܐܬܐ ܟܘܠ
26 ܡܚܘܐ ܠܢ ܐܡܪ
ܠܗ ܡܪܢ ܐܢܐ ܐܢܐ
ܕܡܡܠܠܐ ܥܡܟܝ.

Jn iv 27 ܘܟܕ ܗܘܢ ܡܡܠܠܝܢ
ܐܬܘ ܬܠܡܝܕܘܗܝ
ܘܡܬܕܡܪܝܢ ܗܘܘ
ܕܥܡ ܐܢܬܬܐ ܡ[ܠ]ܠ
. . ܡܐܡܪ ܕܝܢ
ܠ[ܐ] ܐܡܪܘ ܠܗ ܕܐܘ
. . ܒܥܝܬ ܐܘ
. . ܐܡܪ ܗܘܬ
28 . . . ܐܢܬܬܐ
. . . . ܩܘܠܬܗ
ܘ . . . ܠܡܕܝܢܬܐ
29 ܘܐܡܪܐ ܬܘ ܚܙܘ
ܓܒܪܐ ܕܐܡܪ ܠܝ
ܟܠ ܡ[ܕ]ܡ ܕܥܒܕܬ
ܠܡ[ܐ] ܗ[ܘ] ܡܫܝܚܐ
30 . . . ܢܦܩ
31 ܗܘܘ ܠܘܬܗ ܘܒܥܝܢ
ܗܘܘ ܬܠܡܝܕܘܗܝ
ܕܢܐܟܘܠ ܒܥܝܢܗ
32 ܠܚܡܐ ܐܡܪ ܠܗܘܢ
ܐܝܬ ܠܝ ܡܐܟܘܠܬܐ
ܕܐܟܘܠ ܐܢܐ

Jn iv 32 ܕܐܢܬܘܢ ܠܐ ܝܕܥܝܢ
33 ܐܡܪܘܢ ܠܗ ܐܡܪܝܢ
ܗܘܢ ܚܕ ܠܚܕ ܠܡܐ
ܟܢ ܐܢܫ ܐܝܬܝ ܠܗ
34 ܡܐܟܠ ܠܡܐܟܠ ܐܡܪ
ܠܗܘܢ ܡܐܟܘܠܬܝ ܕܝܠܝ
ܕܐܥܒܕ ܗܘ ܨܒܝܢܐ
ܕܡܢ ܕܫܕܪܢܝ ܘܐܫܠܡܝܗ
35 ܠܥܒܕܗ. ܠܐ ܐܢܬܘܢ
ܐܡܪܝܢ ܐܢܬܘܢ ܕܐܪܒܥܐ
ܐܢܘܢ ܝܪܚܝܢ ܐܚܪܢܝܢ
ܘܐܬܐ ܚܨܕܐ. ܗܐ
ܐܡܪܢܐ ܠܟܘܢ ܕܐܪܝܡܘ
ܥܝܢܝܟܘܢ ܘܚܙܘ
ܐܪܥܬܐ ܕܚܘܪ ܘܡܠܝܢ
ܠܚܨܕܐ ܘܡܢ ܟܕܘ
36 ܚܨܘܕܐ ܐܓܪܐ ܢܣܒ
ܘܟܢܫ ܦܐܪܐ ܠܚܝܝܐ
ܕܠܥܠܡ ܘܙܪܘܥܐ ܘܚܨܘܕܐ
37 ܐܟܚܕܐ ܚܕܘܢ ܒܗܕܐ
ܓܝܪ ܐܝܬܝܗ ܡܠܬܐ
ܕܫܪܪܐ ܕܐܚܪܢ ܗܘ
ܙܪܥ ܘܐܚܪܢ ܚܨܕ.

[*Lost*]

fol. 126.

[*Lost*]

fol. 126.

Jn v 6 . . . .

ܘܣܓܝܐܐ ܐܝܬ ܠܗ

. . . ܐܡܪ ܠܗ

ܨܒܐ ܐܢܬ ܕܬܗܘܐ

7 ܥܢܝ ܐܡܪ ܠܗ ܡܪܝ.

ܠܝܬ ܠܝ ܐܢܫ ܕܡܐ

ܕܐܬܙܝܥܘܢ ܡ̈ܝܐ ܢܪܡܝܢܢܝ

ܠܡܥܡܘܕܝܬܐ ܐܠܐ

ܥܕ ܐܢܐ ܐܬܐ ܐܢܐ

. . . .

. . . . .

Jn v 12, 13 ܘܗܠܟ. ܘܗܘ ܓܒܪܐ

ܠܐ ܚܟܡ ܗܘܐ ܡܢܘ

ܡܛܠ ܕܡܪܢ ܝܫܘܥ ܗܘܐ

ܠܗ ܡܢ ܕܘܟܬܐ ܠܡܫܪܝܬܗ

14 ܡܢ ܣܓܝܐܐ. ܡܢ ܒܬܪ

ܗܠܝܢ ܐܫܟܚܗ ܡܪܢ

ܒܗܝܟܠܐ ܘܐܡܪ ܠܗ

ܗܐ ܚܠܝܡ ܐܢܬ

ܬܘܒ ܠܐ ܬܚܛܝܐ

ܕܠܡܐ ܢܗܘܐ ܠܟ

15 ܕܒܝܫ ܡܢ ܗܘ ܘܐܙܠ

ܗܘ ܓܒܪܐ ܘܐܡܪ

ܠܝܗܘܕܝܐ ܕܝܫܘܥ ܗܘ.

16 ܗܘ ܕܐܚܠܡܗ ܘܡܛܠ

ܗܕܐ ܪܕܦܝܢ ܗܘܘ

ܝܗܘܕܝܐ ܠܡܪܢ ܥܠ

ܕܠܥܒܕܐ ܒܫܒ ܗܠܝܢ

17 ܒܫܒܬܐ. ܗܘ ܕܝܢ

ܡܪܢ ܐܡܪ ܠܗܘܢ

ܐܒܝ ܥܒܕ ܠܗܫܐ

ܒܥ̈ܒܕܐ ܥܒܕ ܡܛܠ

ܗܢܐ ܐܦ ܐܢܐ ܥܒܕ

18 ܐܢܐ. ܝܗܘܕܝܐ ܕܝܢ

ܡܛܠ ܗܕܐ ܡܫܠܛܬܐ

. . . .

. . . .

Jn v 18 ܒܠܚܘܕ ܡܠܠ ܕܫܪܐ
ܗܘܐ ܫܒܬܐ ܐܠܐ
ܡܠܠ . . . . . .
ܒܪܐ . . . . . .
ܗܘܐ . . . . . .
19 ܐܠܗܐ . . . ܠܗܘܢ
ܡܪܢ ܐܡܝܢ . .
. . . . . .
. . . . . .
. . . . .
. . . . . .
. . . . . .
. . . . .
. . . . .
ܐܒܘܗܝ . . . .
ܒܪܐ . . . . .
20 ܐܒܐ . . . . .
. . . . . .
. . . . . .
. . . . . .
. . . . .
. . . . .
. 21
. . . . .

Jn v 21 ܡܝܬܐ ܘܡܚܝܐ ܠܗܘܢ
ܗܟܢܐ ܐܦ ܒܪܐ
ܡܚܝܐ ܠܐܝܠܝܢ
22 ܕܨܒܝܢ ܒܗ ܐܒܐ
ܓܝܪ ܠܐܢܫ ܠܐ ܕܐܢ
ܐܠܐ ܟܠܗ ܕܝܢܐ
ܠܒܪܗ ܝܗܒܗ
23 . . . . . .
. . . . .
. . . .
. . .
. . . . . .
. . . . .
. . . .
. . . . . .
. . . . .
. . . . . .
. . . . .
. . . . .
. . . . .
. . . .
. . . .
. . . . .
. . . .

fol. 127 v (= 109 v).

(R. L. B.)
[F. C. B.]

[*Lost*]

[*Lost*]

fol. 128.

Jn v 46 ܐܦ ܒܝ ܡܗܝܡܢܝܢ
ܗܘܝܬܘܢ ܗܘ ܓܝܪ ܥܠ
47 ܒܬܒ ܘܐܢ ܒܟܬܒܘܗܝ
ܕܗܘ ܠܐ ܡܗܝܡܢܝܢ
ܐܢܬܘܢ ܐܝܟܢܐ ܒܡ̈ܠܝ
ܕܝܠܝ ܡܗܝܡܢܝܢ ܐܢܬܘܢ ܀

vi 1 ܒܬܪ ܗܠܝܢ ܐܙܠ ܠܗ
ܡܪܢ ܠܥܒܪܐ ܕܝܡܬܐ
ܕܓܠܝܠܐ ܕܛܒܪܝܣ
2 ܘܐܙܠ ܒܬܪܗ ܟܢܫܐ
ܣܓܝܐܐ ܡܛܠ ܕܚܙܝܢ
ܗܘܘ ܐܬ̈ܘܬܐ ܕܥܒܕ
ܗܘܐ ܥܠ ܟܪ̈ܝܗܐ
3 ܘܣܠܩ ܠܗ ܡܪܢ
ܠܛܘܪܐ ܘܬܡܢ ܝܬܒ
ܗܘܐ ܥܡ ܬܠܡ̈ܝܕܘܗܝ
4 ܘܩܪܝܒ ܗܘܐ ܥܐܕܐ
ܕܦܨܚܐ ܕܝܗ̈ܘܕܝܐ.
5 ܘܐܪܝܡ ܥܝ̈ܢܘܗܝ ܡܪܢ
ܘܚܙܐ ܟܢܫܐ ܣܓܝܐܐ
ܕܐܬܝܐ ܠܘܬܗ ܐܡܪ
ܠܦܝܠܝܦܘܣ ܐܝܟܢܐ
ܢܙܒܢ ܠܚܡܐ. ܠܗܠܝܢ

Jn vi 5, 6 ܐܢܫܐ ܕܝܐܟܠܘܢ ܗܘ ܕܝܢ
ܐܡܪ ܡܢܣܐ ܠܗ
ܐܠܗ ܗܘ ܓܝܪ ܝܕܥ
ܗܘܐ ܡܢܐ ܥܒܝܕ
7 ܠܡܥܒܕ. ܐܡܪ ܠܗ
ܦܝܠܝܦܘܣ. ܕܡܐܬܝܢ
ܕܝܢܪܝܢ ܠܚܡܐ ܠܐ
ܣܦܩ ܠܗܘܢ ܕܟܠ ܩܠܝܠ
8 ܩܠܝܠ ܢܐܟܠܘܢ ܐܡܪ
ܠܗ ܚܕ ܡܢ ܬܠܡ̈ܝܕܘܗܝ
ܕܝܫܘܥ ܐܢܕܪܐܘܣ
ܐܚܘܗܝ ܕܫܡܥܘܢ
9 ܟܐܦܐ. ܐܝܬ ܛܠܝܐ
ܚܕ ܐܝܬ ܬܢ. ܚܡ̈ܫ
ܓܪ̈ܝܨܢ ܕܣܥܪ̈ܐ
ܘܬܪ̈ܝܢ ܢܘܢܝܢ. ܐܠܐ
ܠܗܠܝܢ ܒ̈ܗܘܢ ܡܢܐ
ܟܕܡܝܢ ܀
10 ܐܡܪ ܠܗܘܢ ܐܣܡܟܘ
ܐܢܫܐ ܒܥܣܒܐ ܕܝܢ
ܣܓܝ ܗܘܐ ܒܗ
ܒܐܬܪܐ ܐܡܪ ܠܗܘܢ
ܘܠܗ ܐܣܡܟܘ ܐܢ̈ܫܐ
ܟܠ ܚܘܪܣܐ. ܘܟܕ
11 ܐܣܡܟܘ ܐܝܟ ܗܝܕܝܢ

Jn vi 11 ܫܩܠ ܝܫܘܥ ܗܢܘܢ
. . . ܠܣܡܟܝܢ
. . . .
. . .
. . . . . .
. . .
. . . . . .
. . . .
. . . . . .
. . . .
. . . . .
. . . . .
13 . . . .
. . . . . .
ܘܡܠܝܢ ܬܪܬܥܣܪܐ
ܕܩܨܝܢ ܡܢ ܚܡܫ
ܕܣܥܪܐ ܕܗܘܢ ܝܬܝܪ
ܠܗܘܢ ܗܘܘ ܗܘܘ
ܡܢ ܒܬܪ ܕܐܟܠܘ ܗܘܘ
ܡܢ ܠܚܡܐ ܗܘܐ
14 ܐܠܦܝܢ ܚܙܝܐ ܗܘܘ
ܕܝܢ ܐܬܐ ܕܥܒܕ ܝܫܘܥ
ܐܬܐ ܗܘ ܕܥܒܕ
ܐܡܪܝܢ ܗܘܘ ܫܪܝܪܐܝܬ

Jn vi 14 ܢܒܝܐ ܕܐܬܐ ܠܥܠܡܐ.
15 ܘܐܬܝܕܥܝܢ ܗܘܘ
ܕܐܬܝܢ ܕܚܛܦܘܢܗ
ܡܠܟܐ . . . .
ܥܪܩ ܐܘܦ
. . . ܗܘ ܠܛܘܪܐ
16 . . . ܘܟܕ ܗܘܐ
ܪܡܫܐ . .
. .
17 . . . . . .
. . . . . .
ܠܟܦܪܢܚܘܡ ܗܟܝܠ
. . . . . ܠܗ
. . . ܠܘܬܗܘܢ
18 ܝܡܐ ܘܐܬܬܙܝܥܬ
ܚܠܘܦܗܘܢ ܢܫܒܬ ܪܘܚܐ
19 . . . . . . ܘܟܕ
. . . ܡܚܕܐ
. . . ܬܠܬܝܢ
. . . . . .
. . . .
. . . . . .
ܚܙܘܢܗ ܘܟܕ ܩܪܒ
ܠܘܬ ܣܦܝܢܬܗܘܢ
. . . ܕܚܠܬܘܢ

. . . . . . Jn vi 20
. . . . . .
. . . . . .
. . . . . .
. . . . . .
. . . . . .
. . . . . .
. . . . . .
. . . . . .
22 ܘܠܝܘܡܐ . . . .
. . ܗܘܐ . . .
. . . . . .
. . . . . .
. . . . . .
. . . . . .
. . . . . .
. . . . .
23 . . . . .
. . ܣܦܝܢܐ ܐܬܝ
ܡܢ ܠܘ . . . . ܐܬܪ
. . . .
. . . . ܐ
. . . . ܗܘܘ
25 . . ܐܫܟܚܘܗܝ

Jn vi 25 . . . . .
. . . . . .
26 . . . . ܐܡܝܢ
ܐܡܪܢܐ ܠܟܘܢ ܕܠܐ
. ܡܛܠ ܕܚܙܝܬܘܢ
. . . . . .
ܐܠܐ ܡܛܠ ܕܐܟܠܬܘܢ
. . . . . .
27 ܠܐ . . ܡܐܟܘܠܬܐ
ܡܐܟܘܠܬܐ . . .
. . . . . .
. . . . . .
ܕܢܬܠ ܠܟܘܢ . . .
ܕܐܒܐ ܠܗܢܐ . .
ܚܬܡ ܐܠܗܐ . . .
28 ܐܡܪܝܢ ܠܗ ܡܢܐ
ܢܥܒܕ ܕܢܦܠܘܚ .
29 ܕܐܠܗܐ . . . .
ܥܒܘܕ . . . . .
ܕܐܠܗܐ . . . .
30 ܕܥܒܕ . . . . .
. . . . . .
. ܕܚܝܝܐ . . .
31 ܡܢ ܐܒܗܝܢ ܡܢܢܐ
ܐܟܠܘ ܒܡܕܒܪܐ ܐܝܟ

[F. C. B.]

Jn vi 31 ܕܟܬܝܒ ܕܠܚܡܐ ܡܢ
ܫܡܝܐ ܝܗܒ ܠܗܘܢ
32 ܐܡܝܢ ܐܡܝܢ ܐܡܪܢܐ
ܠܟܘܢ ܕܠܐ ܗܘܐ ܡܘܫܐ
ܝܗܒ ܠܟܘܢ ܠܚܡܐ ܡܢ
ܫܡܝܐ ܐܠܐ ܐܒܝ
ܗܘ ܝܗܒ ܠܟܘܢ ܠܚܡܐ
ܕܫܪܝܪܐ ܡܢ ܫܡܝܐ
33 ܠܚܡܗ ܓܝܪ ܕܐܠܗܐ
ܐܝܬܘܗܝ ܕܢܚܬ ܡܢ
ܫܡܝܐ. ܘܚܝܐ ܝܗܒ
34 ܠܥܠܡܐ. ܐܡܪܝܢ ܠܗ
ܡܪܢ ܒܟܠܙܒܢ ܗܒ ܠܢ
35 ܡܢ ܗܢܐ ܠܚܡܐ ܐܡܪ
ܠܗܘܢ ܐܢܐ ܐܢܐ ܠܚܡܐ
. . . . ܕܐܬܐ
. . . ܢܟܦܢ ܘܡܢ
. . ܒ . .
36 . . . . ܐܠܐ
. ܠܟܘܢ ܕܚܙܝܬܘܢ
. ܡܗܝܡܢܝܢ ܐܝܬܘܢ
37 . . . ܕܝܗܒ ܠܝ
. . ܢܐܬܐ
. . ܢܐܬܐ ܠܐ
38 . . ܕܢܚܬܬ

Jn vi 38 ܡܢ ܫܡܝܐ ܠܐ ܗܘܐ
ܕܐܥܒܕ ܨܒܝܢܝ .
ܕܐܥܒܕ ܨܒܝܢܗ
39 ܕܫܕܪܢܝ ܗܘܐ . . .
ܡܢܐ ܕܝܗܒ ܠܝ ܠܐ
ܐܘܒܕ ܐܦܠܐ ܚܕ
ܐܠܐ ܐܩܝܡ
ܒܝܘܡܐ .
40 ܡܛܠ ܕܗܢܘ
ܕܡܗܝܡܢ ܒܒܪ . .
ܐܝܬ ܠܗ ܚܝܐ ܕܠܥܠܡ
ܘܐܩܝܡܝܢܗ ܠܝܘܡܐ
41 ܐܚܪܝܐ . . .
ܪܛܢܝܢ ܗܘܘ . .
ܕܐܢܐ ܐܢܐ ܠܚܡܐ
ܕܢܚܬ ܡܢ ܫܡܝܐ
42 ܘܐܡܪܝܢ . . . .
ܗܘܐ ܝܘܣܦ . .
ܘܐܢܚܢ ܝܕܥܝܢ . .
. ܐܝܟܢܐ ܐܡܪ .
43 ܫܡܝܐ . . .
ܠܗܘܢ ܠܐ ܬܪܛܢܘܢ ܚܕ
44 ܠܡ ܚܕ ܠܐ ܐܢܫ
ܡܫܟܚ ܕܝܐܬܐ
. . . . . .
ܐܒܐ . . . .

fol. 130 v (= 123 v).

[F. C. B.]

Jn vi 44 . . . .

45 ܐܫܪܝܪܐ ܟܬܝܒ ܓܝܪ
ܒܢܒܝܐ ܕܝܗܘܘܢ ܟܠܗܘܢ
ܡܠܦܐ ܕܐܠܗܐ ܟܘܠ
. . . . ܐܒܐ
ܘܝܠܦ ܡܢܗ. ܐܬܐ
46 ܠܘܬܝ. ܠܐ ܗܘܐ ܡܓܠܠ
ܕܚܙܐ ܐܢܫ ܠܐܒܐ
ܐܠܐ ܡܢ ܕܠܘܬ ܐܠܗܐ
ܐܬܝܗܝ ܗܘ ܚܙܐ
47 ܠܐܠܗܐ ܐܒܐ ܐܡܝܢ
ܐܡܝܢ ܐܡܪܢܐ ܠܟܘܢ
ܕܡܢ ܕܡܗܝܡܢ ܠܐܠܗܐ
48 ܐܝܬ ܠܗ ܚܝܐ ܐܢܐ
ܐܢܐ ܠܚܡܐ ܕܚܝܐ.
49 ܐܒܗܬܟܘܢ ܐܟܠܘ ܡܢܐ
ܒܡܕܒܪܐ ܘܡܝܬܘ .
50 ܗܢܘ ܠܚܡܐ ܕܢܚܬ
ܡܢ . . ܕܢܐܟܘܠ
ܐܢܫ . . ܘܠܐ
51 . . . ܐܢܐ
. ܐ . ܕܢܚܬ
. . . ܕܢܐܟܘܠ
. . . . ܠܥܠܡ
. . . .

Jn vi 51 ܐܬܠ ܦܓܪܝ ܗܘ ܕܥܠ
ܐ̈ܦܝ ܚܝܘܗܝ ܕܥܠܡܐ
52 ܘܢܨܝܢ ܗܘܘ ܝܗܘܕܝܐ
ܚܕ ܥܡ ܚܕ ܘܐܡܪܝܢ
ܐܝܟܢܐ ܡܫܟܚ . .
ܕܝܬܠ ܠܢ . . .
53 ܠܡܐܟܠ . . .
ܝܫܘܥ ܐܡܝܢ ܐܡܝܢ
ܐܡܪܢܐ ܠܟܘܢ ܐܢ
ܠܐ ܬܐܟܠܘܢ ܦܓܪܗ
ܕܒܪܗ ܕܐܢܫܐ ܘܬܫܬܘܢ
ܕܡܗ. ܠܝܬ ܠܟܘܢ ܚܝ̈ܐ
54 ܟܠܘܢ ܡܢ ܕܐܟܠ ܕܝܢ
ܦܓܪܗ ܘܫܬܐ ܕܡܗ
ܐܝܬ ܠܗ ܚܝܐ ܕܠܥܠܡ
ܘܐܢܐ ܐܩܝܡܢܗ
ܒܝܘܡܐ ܐܚܪܝܐ
55 ܦܓܪܝ ܫܪܝܪܐܝܬ
ܡܐܟܘܠܬܐ ܗܘ ܘܕܡܝ
ܫܪܝܪܐܝܬ ܡܫܬܝܐ
56 ܗܘ ܡܢ ܕܐܟܠ ܦܓܪܝ
ܘܫܬܐ ܕܡܝ . . .
57 ܘܐܢܐ ܒܗ. ܐܝܟܢܐ
ܕܫܕܪܢܝ ܐܒܐ ܚܝܐ

Jn vi 57 ܘܐܢܐ ܚܝ ܡܛܠ ܐܒܐ
ܡܢ ܕܐܟܠ ܦܓܪܝ
58 ܝܗܘܐ ܚܝ ܡܛܠܬܝ. ܗܢܐ
ܗܘ ܠܚܡܐ ܕܢܚܬ ܡܢ
ܫܡܝܐ ܠܐ ܗܘܐ ܐܝܟ
ܗܘ ܕܐܟܠܘ ܐܒܗܬܟܘܢ
ܘܡܝܬܘ ܡܢ ܕܡܢ ܗܢܐ
ܠܚܡܐ ܢܐܟܠ ܚܝܐ
59 ܠܥܠܡ ܗܠܝܢ ܐܡܪ
ܒܟܦܪܢܚܘܡ ܒܟܢܘܫܬܐ
ܟܕ ܡܠܦ ܗܘܐ
60 ܘܣܓܝܐܐ ܡܢ ܬܠܡܝܕܘܗܝ
ܐܡܪܝܢ ܗܘܘ ܕܩܫܝܐ
ܗܝ ܗܕܐ ܡܠܬܐ ܡܢ
ܡܨܐ ܠܡܫܡܥܗ.
61 ܝܕܥ ܕܝܢ ܒܗ ܝܫܘܥ
ܕܪܛܢܝܢ ܬܠܡܝܕܘܗܝ
ܐܡܪ ܠܗܘܢ ܗܕܐ
62 ܡܟܫܠܐ ܠܟܘܢ ܐܢ ܕܝܢ
ܬܚܙܘܢ ܠܒܪܗ ܕܐܢܫܐ
ܟܕ ܣܠܩ ܠܐܬܪ
ܕܐܝܬܘܗܝ ܗܘܐ ܡܢ
63 ܩܕܡ. ܪܘܚܐ ܗܘ
ܕܡܚܝܐ ܠܦܓܪܐ ܐܝܬܘܢ

Jn vi 63 · · ܐ ܕܝܢ ܐܝܬܘܢ
ܦܓܪܐ ܡܕܡ ܠܐ ܡܗܢܝܐ
ܡܠܝܐ ܕܡܠܠܬ ܥܡܟܘܢ
ܪܘܚܐ · · · ·
64 ܐܠܐ ܐܝܬ ܡܢܟܘܢ ܕܠܐ
ܡܗܝܡܢܝܢ ܝܕܥ ܗܘܐ
ܓܝܪ ܝܫܘܥ ܡܢ ܩܕܡ
65 ܕܡܢ ܡܫܠܡ ܠܗ ܐܡܪ
ܠܗܘܢ ܡܛܠ ܗܢܐ ܐܡܪܬ
ܠܟܘܢ ܕܠܐ ܐܢܫ ܡܫܟܚ
ܕܢܐܬܐ ܠܘܬܝ ܐܠܐ
ܝܗܝܒ ܠܗ ܡܢ ܐܒܐ
66 ܡܛܠ ܗܕܐ ܡܠܬܐ
ܣܓܝܐܐ ܡܢ ܬܠܡܝܕܘܗܝ
ܐܙܠܘ ܠܗܘܢ ܘܠܐ
ܡܗܠܟܝܢ ܗܘܘ ܥܡܗ
67 ܐܡܪ ܠܬܪܥܣܪܬܗ ܕܠܡܐ
ܘܐܦ ܐܢܬܘܢ ܨܒܝܢ ܐܢܬܘܢ
68 · · · · ·
· · · · · ·
· · · ·
ܢܐܙܠ · · ·
· · · · ·
69 · · · · ·

Jn vi 69 ܕܐܢܬ ܗܘ ܡܫܝܚܐ
70 ܒܪܗ ܕܐܠܗܐ. ܐܡܪ
ܠܗܘܢ ܠܐ ܗܘܐ ܐܢܐ
ܓܒܝܬܟܘܢ ܠܟܠܟܘܢ ܘܐܦ
ܡܢܟܘܢ ܣܛܢܐ ܗܘ
71 . . . . ܥܠ
ܝܗܘܕܐ ܣܟܪܝܘܛܐ
. . . ܥܬܝܕ ܗܘܐ
ܠܡܫܠܡܘܬܗ ܚܕ ܡܢ
ܬܪܥܣܪ ∘ ∘ ∘ ∘

vii 1 ܡܢ ܒܬܪ ܗܠܝܢ ܡܗܠܟ
ܗܘܐ ܝܫܘܥ ܒܓܠܝܠܐ
ܡܛܠ ܕܠܐ ܨܒܐ ܗܘܐ
ܠܡܗܠܟܘ ܒܝܢܓܠܝܠܐ
ܒܝܗܘܕ ܡܛܠ ܕܝܗܘܕܝܐ
. . . ܠܡܩܛܠܗ
2 ܩܪܝܒ . . . .
ܕܝܗܘܕܝܐ . . .
3 ܕܡܛܠܠܐ ܘܐܡܪܘ
. . . . .
. . . . . .
. . . . . .
. . . . . .
4 . . . .

Jn vii 4 ܕܒܓܠܐ ܡܬܒܥ . . . .
ܘܨܒܐ ܗܘ . . . .
ܓܠܝܐ ܐܢ . . .
. . ܚܘܐ . . .
5 ܠܥܠܡܐ ܒܕܡܐ . .
ܠܗܕܝܢ ܐܦܠܐ ܐܚܘܗܝ
6 ܗܝܡܢܘ ܗܘܘ . . .
ܠܗܘܢ ܝܫܘܥ ܙܒܢܐ
ܠܗܫܐ ܠܐ ܡܛܠܐ ܙܒܢ
ܕܝܠܟܘܢ ܕܝܢ ܙܒܢܟܘܢ
7 ܟܠ ܥܕܢ ܗܘ. ܘܠܐ
ܡܫܟܚ ܥܠܡܐ
ܠܡܣܢܝܟܘܢ . . .
ܥܠܡܐ ܡܛܠ ܕܡܣܗܕ
ܐܢܐ ܥܠܘܗܝ ܕܥܒܕܘܗܝ
ܐܢܘܢ ܒܝܫܝܢ ܗܘܝܢ
8 ܐܢܬܘܢ ܣܩܘ ܠܥܐܕܐ
ܐܢܐ ܠܐ ܣܠܩܢܐ
ܠܥܐܕܐ ܗܢܐ ܡܛܠ
ܕܠܐ ܙܒܢܐ ܠܗܫܐ
9 ܗܠܝܢ ܐܡܪ . . . .
. . . .
. . . . . .
10 . . . .
. . . . . .

Jn vii 10 ܒܓܠܝܐ ܐܠܐ . .

11 ܘܝܗܘܕܝܐ ܒܥܝܢ ܗܘܘ

ܠܗ ܬܡܢ ܒܥܐܕܐ

ܘܐܡܪܝܢ ܗܘܘ ܐܝܠܢܐ

12 ܘܗܘ . . . . .

ܗܘܐ . . . . .

16

Jn vii 16 ܠܗܘܢ ܘܠܦܢܝ ܠܐ ܗܘܐ

ܕܝܠܝ ܐܠܐ ܕܗܘ ܕܫܕܪܢܝ

17 ܡܢ ܕܨܒܐ ܕܝܥܒܕ

ܨܒܝܢܗ ܝܕܥ ܘܠܦܢܝܐ

ܗܕܐ ܐܢ ܡܢ ܐܠܗܐ

ܗܘ. ܐܘ ܐܢ ܡܢ ܨܒܘܬܝ

ܢܦܫܝ ܡܡܠܠ ܐܢܐ.

18 ܡܢ ܕܡܢ ܨܒܘܬܗ ܢܦܫܗ

ܡܡܠܠ. ܫܘܒܚܐ

ܠܢܦܫܗ ܒܥܐ. ܘܡܢ

ܕܫܘܒܚܐ ܕܡܢ ܕܫܕܪܗ

ܒܥܐ ܫܪܝܪ ܗܘ ܘܥܘܠܐ

19

20

ܐܢܬ ܒܟ ܡܢ ܒܥܐ

21 ܠܡܩܛܠܟ ܐܡܪ ܠܗܘܢ

ܝܫܘܥ ܚܕ ܥܒܕܐ

ܥܒܕܬ ܠܟܘܢ ܘܟܠܟܘܢ

Jn vii 21 ܡܬܕܡܪܝܢ ܐܢܬܘܢ
22 ܡܛܠ ܗܢܐ ܡܘܫܐ
ܝܗܒ ܠܟܘܢ ܓܙܘܪܬܐ
ܠܐ ܗܘܐ ܡܛܠ
ܕܡܢܗ ܗܝ ܡܢ ܡܘܫܐ
ܐܠܐ ܡܛܠ ܕܡܢ
ܐܒܗ̈ܬܗܘܢ ܗܝ.
ܘܒܝܘܡܐ ܕܫܒܬܐ
ܓܙܪܝܢ ܐܢܬܘܢ ܒܪܢܫܐ
23 ܐܢ ܓܙܪ ܐܢܫ ܡܬܓܙܪ
ܒܝܘܡܐ ܕܫܒܬܐ
ܡܛܠ ܕܠܐ ܢܫܬܪܐ
ܢܡܘܣܐ ܕܡܘܫܐ
⌜ܡ⌝ܬܚܡ̈ܝܢ ܐܢܬܘܢ
ܕܟܠܗ ܒܪ ܐܢܫܐ
ܐܚܠܡܬ ܒܝܘܡܐ
24 ܕܫܒܬܐ. ܠܐ ܬܕܘܢܘܢ
ܕܡܢ̈ܝܢ ܐܦ̈ܝܢ
ܐܠܐ ܕܝܢܐ ܟܐܢܐ
25 ܕܘܢܘ. ܘܐܡܪܝܢ ܗܘܘ
ܐܢ̈ܫܐ ܡܢ ܒ̈ܢܝ
ܐܘܪܫܠܡ ܠܐ ܗܘܐ
ܗܢܐ ܕܒܥܝܢ ܗܘܘ

Jn vii 25, 26 ܠܡܩܛܠ ܘܗܐ
ܒܓܠܝܢܐ . . ܘܐܢܫ
ܡܕܡ ܠܐ ܐܡܪ ܠܗ
ܒܟܪ ܝܕܥܝܢ ܫܪܝܪܐܝܬ
ܘܫܝܫܝܢ ܕܗܘ ܡܫܝܚܐ
27 ܐܠܐ ܠܗܢܐ ܗܐ
ܝܕܥܝܢ ܐܢܚܢ ܠܗ ܡ⌜ܢ⌝
ܐܝܡܟܐ ܗܘ ܘܡܫܝܚܐ
ܐܡܬܝ ܕܐܬܐ ܠܐ
ܐܢܫ ܝܕܥ ܡܢ ܐܝܡܟܐ
ܗܘ ·܀·
28 ܘܐܪܝܡ ܗܘܐ ܩܠܗ ܝܫܘܥ
⌜ܟܕ⌝ ܡܠܦ ܗܘܐ ܒܗܝܟܠܐ
ܘܐܡܪ ܠܝ ܝܕܥܝܢ ܐܢܬܘܢ
ܘܡܢ ܐܝܡܟܐ ܐܢܐ
ܝܕܥܝܢ ܐܢܬܘܢ ܡܢ
ܓܒܘܬ ܢܦܫܝ ܠܐ
ܐܬܝܬ ܐܠܐ ܫܪܝܪ
ܗܘ ܡܢ ܕܫܕܪܢܝ ܘܐܢܬܘܢ
ܠܐ ܝܕܥܝܢ ܐܢܬܘܢ ܠܗ
29 ܐܢܐ ܝܕܥ ܐܢܐ
ܠܗ. ܡܛܠ ܕܠܘܬܗ ܗܘܝܬ.
30 ܘܗܘ ܫܐܠܝܢ. ܘܒܥܘ

fol. 133 r (= 16 v).

J. R. H.

Jn vii 30 ܠܡܐܚܕܗ ܘܠܐ ܐܢܫ
ܐܘܫܛ ܥܠܘܗܝ ܐܝܕܝܐ
ܡܛܠ ܕܠܐ ܐܬܬ ܗܘܬ
31 ܫܥܬܗ ܤ̈ܓܝܐܐ ܕܝܢ
ܗܝܡܢܘ ܒܗ ܡܢ ܗܘ
ܟܢܫܐ ܘܐܡܪ̈ܝܢ ܗܘܘ
ܡܫܝܚܐ ܡܐ ܕܐܬܐ
ܠܡܐ ܕܝܥܒܕ ܡܢ
ܐܬܘܬܐ ܕܥܒܕ ܗܢܐ
ܡܫܝܚܐ ܀
32 ܘܫܡܥܘ ܪ̈ܒܢ ܟܗ̈ܢܐ
ܘܦ̈ܪܝܫܐ ܕܪܛܢܝܢ ܐܢܫܐ
ܘܫܕܪܘ [illegible]
33 ܕܢܐܚܕܘܢܗ ܐܡܪ
ܠܗܘܢ ܝܫܘܥ ܩܠܝܠ
ܐܚܪܢ ܥܡܟܘܢ ܐܢܐ
ܘܐܙܠܢܐ ܠܘܬ ܡܢ
34 ܕܫܕܪܢܝ ܘܬܒܥܘܢܢܝ
ܘܠܐ ܬܫܟܚܘܢܢܝ
ܘܠܐܬܪ ܕܐܢܐ ܐܙܠܢܐ
ܠܐ ܡܫܟܚܝܢ ܐܢܬܘܢ
35 ܠܡܐܬܐ ܐܡܪ̈ܝܢ
ܝܗ̈ܘܕܝܐ ܒܝܢܝ̈ܗܘܢ
ܠܢܦܫܗܘܢ ܠܐܝܟܐ ܗܢ
ܐܙܠ ܗܢܐ ܘܠܐ

Jn vii 35 ܡܫܟܚܝܢ ܐܢܚܢܢ
ܠܗ ܠܡܐ ܒܝ ܠܒܪܝܐ
ܕܐܪܡܝܐ ܐܙܠ
ܡܠܦ ܕܠܐ ܡܫܟܚܝܢ
36 ܐܢܚܢ ܠܗ ܘܡܠܝܐ ܗܝ
ܡܠܬܐ ܕܐܡܪ ܕܐܙܠ
ܐܢܐ ܘܠܐ ܡܫܟܚܝܢ
ܐܢܬܘܢ ܠܝ. ܘܕܐܡܪ
ܕܐܬܪ ܕܐܢܐ ܐܙܠܢܐ
ܠܐ ܡܫܟܚܝܢ ܐܢܬܘܢ
37 ܠܡܐܬܐ ܘܒܝܘܡܐ
ܪܒܐ ܕܥ[illegible]
ܩܐܡ ܗܘܐ ܝܫܘܥ
ܘܩܥܐ ܘܐܡܪ ܡܢ
ܕܨܗܐ ܢܐܬܐ ܠܘܬܝ
38 ܘܝܫܬܐ. ܟܠ ܡܢ
ܕܡܗܝܡܢ ܒܝ ܐܝܟܢܐ
ܕܐܡܪ ܟܬܒܐ
ܢܗܪܘܬܐ ܕܡܝܐ ܚܝܐ
39 ܢܕܘܢ ܡܢ ܟܪܣܗ ܗܕܐ
ܕܝܢ ܐܡܪ ܥܠ ܪܘܚܐ
ܕܥܬܝܕܝܢ ܠܡܩܒܠܘ
ܐܝܠܝܢ ܕܗܝܡܢܘ ܒܗ
ܒܕܡܐ ܓܝܪ ܠܗܘ ܝܗܒܐ
ܠܐ ܐܬܝܗܒܬ ܗܘܬ

fol. 133 v (= 16 r). J. R. H.

Jn vii 39 · ܡܛܠ ܕܠܐ ܥܕܠ
· · ܫܒܚ ܝܫܘܥ
40 ܐܢܫܐ ܕܝܢ ܡܢ ܟܢܫܐ
· · ܐܡܪܝܢ ܗܘܘ
ܫܪܝܪܐܝܬ ܗܢܐ
41 ܡܫܝܚܐ ܗܘ ܘܐܚܪ̈ܢܐ
ܐܡܪ̈ܝܢ ܐܝܟܢܐ ܡܢ
ܓܠܝܠܐ ܐܬܐ ܡܫܝܚܐ
42 ܠܐ ܗܘܐ ܗܟܢܐ
ܟܬܝܒ ܕܡܢ ܙܪܥܗ
ܕܕܘܝܕ ܢܗܘܐ ܡܫܝܚܐ
ܘܡܢ ܒܝܬ ܠܚܡ
ܘܩܪܝܬܐ ܕܝܠܗ ܕܕܘܝܕ
43 ܐܬܐ ܘܗܘܬ ܗܘܬ
ܦܠܓܘܬܐ ܒܟܢܫܐ ܡܛܠܬܗ
44 ܘܐܝܬ ܗܘܘ ܐܚܪ̈ܢܐ
ܕܒ̈ܥܝܢ ܗܘܘ ܠܡܐܚܕܗ
ܘܠܐ ܐܢܫ ܡܫܟܚ
ܗܘܐ ܠܡܪܡܝܘ ܥܠܘܗܝ
45 ܐܘܕܝܢܐ. ܘܗܦܟܘ ܗܘܢ
ܕܫܡ̈ܫܐ ܘܐܬܘ ܠܘܬ
ܗܘܢ ܒܟܢܫܐ ܘܠܘܬ
ܦܪ̈ܫܐ ܘܐܡܪ̈ܝܢ
ܟܗ̈ܢܐ ܘܦܪܝܫܐ

Jn vii 45 ܠܐ ܐܝܬܝܬܘܢܗ
46 ܐܡܪ̈ܝܢ ܠܗܘܢ ܕܫܡ̈ܫܐ
ܠܐ ܡܫܬܘܡ ܡܠܠ
ܒܪ ܐܢܫܐ ܗܟܢܡ
ܕܡܠܠ ܓܒܪܐ ܗܢܐ
47 ܐܡܪ̈ܝܢ ܠܗܘܢ ܦܪ̈ܝܫܐ
ܠܫܡ̈ܫܐ ܗܘܢ ܠܡܐ
ܐܦ ܐܢܬܘܢ ܡܛܥܝܐ
48 ܛܥܝܬܘܢ ܠܟܘܢ ܡܢܘ
ܓܪܝ ܡܢ ܪܫܐ ܐܘ ܡܢ
ܦܪ̈ܝܫܐ ܗܝܡܢ ܒܗ
49 ܐܠܐ ܐܢ ܥܡܐ ܗܢܐ
ܕܠܐ ܝܕܥ ܐܘܪܝܬܐ
50 ܐܡܪ ܠܗܘܢ ܢܩܕܝܡܘܣ
ܗܘ ܕܐܬܐ ܗܘܐ ܠܘܬܗ
51 ܒܠܠܐ ܠܢܡܘܣ ܐܘܪܝܬܐ
ܕܠܡܐ ܕܝܢܐ ܒܪܐܢܫܐ
ܟܕܠܐ ܕܝܫܡܥ ܡܢܗ
ܘܝܕܥ ܡܢܐ ܥܒܕ
52 ܐܡܪ̈ܝܢ ܠܗ ܠܡܐ
ܐܦ ܐܢܬ ܡܢ ܓܠܝܠܐ
ܐܢܬ ܒܥܝ ܘܚܙܝ ܕܢܒܝܐ
ܡܢ ܓܠܝܠܐ ܠܐ ܩܡ ·܀· ·܀·

Jn viii 12 ܬܘܒ ܐܡܪ ܠܗܘܢ ܝܫܘܥ
ܐܢܐ ܐܢܐ ܢܘܗܪܗ
ܕܥܠܡܐ ܡܢ ܕܐܬܐ܆
ܐܬܐ ܠܐ ܡܗܠܟ
ܒܚܫܘܟܐ ܐܠܐ ܡܫܟܚ
ܠܗ ܢܘܗܪܗ ܕܚܝܝܐ
13 ܐܡܪܝܢ ܠܗ ܦܪܝܫܝܐ
ܕܐܢܬ ܥܠ ܢܦܫܟ
ܡܣܗܕ ܘܠܐ ܗܘܬ
ܫܪܝܪܐ ܣܗܕܘܬܟ
14 ܐܡܪ ܠܗܘܢ ܝܫܘܥ
ܐܦܢ ܐܢܐ ܡܣܗܕ
ܐܢܐ ܥܠ ܢܦܫܝ܆
ܫܪܝܪܐ ܗܝ ܣܗܕܘܬܝ܆
ܡܛܠ ܕܝܕܥ ܐܢܐ ܐܡܬܢ
ܐܬܝܬ ܘܠܐܝܟܐ ܐܙܠ
ܐܢܐ. ܘܐܢܬܘܢ ܠܐ
ܐܡܟܢܐ ܐܬܝܬ. ܘܠܐ
15 ܠܐܝܟܐ ܐܙܠܐ ܐܢܬܘܢ
ܕܝܢ ܐܝܟ ܕܒܣܪܐ ܗܘ
ܕܝܢܝܢ ܐܢܬܘܢ ܐܢܐ
ܠܐܢܫ ܠܐ ܕܐܢ ܐܢܐ
16 ܘܐܢ ܕܐܢ ܕܝܢ ܕܝܢܝ
ܗܘ. ܡܛܠ ܕܠܐ ܗܘܝܬ

Jn viii 16 ܒܠܚܘܕܝ. ܐܠܐ ܐܢܐ
17 ܘܡܢ ܕܫܕܪܢܝ. ܘܒܐܘܪܝܬܟܘܢ
ܟܬܝܒ ܕܣܗܕܘܬܐ
ܕܬܪܝܢ ܓܒܪܝܢ ܫܪܝܪܐ
18 ܗܝ. ܐܢܐ ܐܢܐ ܕܡܣܗܕ
ܐܢܐ ܥܠ ܢܦܫܝ ܘܐܒܐ
ܕܫܕܪܢܝ ܡܣܗܕ ܥܠܝ
19 ܐܡܪܝܢ ܠܗ ܐܝܟܐ
ܗܘ ܐܒܘܟ. ܐܡܪ
ܠܗܘܢ ܠܝ ܠܐ ܝܕܥܝܢ
ܐܢܬܘܢ܆ ܐܦܠܐ ܠܐܒܝ
ܐܠܘ ܠܝ ܝܕܥܬܘܢ. ܐܦ
ܠܐܒܝ ܝܕܥܝܢ ܗܘܝܬܘܢ܆
20 ܗܠܝܢ ܡܠܠ ܒܝܬ ܓܙܐ.
ܟܕ ܡܠܦ ܒܗܝܟܠܐ. ܘܠܐ
ܐܢܫ ܐܚܕܗ ܗܘܐ
ܡܛܠ ܕܠܐ ܐܬܬ ܗܘܬ
ܫܥܬܗ ܀
21 ܬܘܒ ܐܡܪ ܠܗܘܢ
ܐܢܐ ܐܙܠ ܐܢܐ ܠܝ.
ܘܬܒܥܘܢܢܝ. ܘܬܡܘܬܘܢ
ܒܚܛܗܝܟܘܢ ܘܠܐܬܪ
ܕܐܢܐ ܐܙܠ ܐܢܐ
ܐܢܬܘܢ ܠܐ ܡܫܟܚܝܢ

. . . . Jn viii 21, 22
. . . .
. . ܘܩܛܠ ܢܦܫܗ
. . . .
. . . . . ܐܢܬܘܢ
. . . .
. 23
. . . ܬܚܬܝܐ
. . ܡܢ ܥܠܡܐ
. . . ܡܢ . ܐܢܬܘܢ
. . ܥܠܡܐ ܘܐܢܐ
ܠܐ ܗܘܝܬ ܡܢܗ.
24 . . . . ܬܡܘܬܘܢ
ܒܚܛܗܝܟܘܢ ܐܢ ܠܐ
. . . . ܐܢܬܘܢ
ܕܐܢܐ ܐܢܐ ܬܡܘܬܘܢ
25 ܒܚܛܗܝܟܘܢ ܐܡܪܝܢ
. ܐܢܬ ܡܢ ܐܢܬ
. . . ܐܡܪ ܠܗܘܢ
. . . .
. . . . ܐܢܬ ܠܐ
ܕܐܡܠܠ ܥܡܟܘܢ
26 ܘܣܓܝܐܢ ܐܠܐ ܡܢ

Jn viii 26 ܕܫܕܪܢܝ ܫܪܝܪ ܗܘ
ܘܐܢܐ ܕܫܡܥܬ ܡܢܗ
27 ܡܡܠܠ ܐܢܐ ܒܥܠܡܐ. ܘܠܐ
ܝܕܥܘ ܕܥܠ ܐܒܐ
ܐܡܪ ܠܗܘܢ ܀
28 ܬܘܒ ܐܡܪ ܠܗܘܢ ܝܫܘܥ
ܟܕ ܬܪܝܡܘܢ ܠܒܪܗ
ܕܐܢܫܐ ܗܝܕܝܢ ܬܕܥܘܢ
ܕܐܢܐ ܐܢܐ ܘܡܕܡ
ܡܢ ܨܒܘܬ ܢܦܫܝ
ܠܐ ܥܒܕ ܐܢܐ ܐܠܐ
ܐܝܟܢܐ ܕܐܠܦܢܝ
ܐܒܐ ܗܟܢܬ . .
29 ܐܢܐ. ܘܗܘ ܕܫܕܪܢܝ
ܥܡܝ ܗܘ . . . .
ܡܛܠ ܕܐܢܐ . . . .
ܠܗ ܥܒܕ ܐܢܐ . . .
30 ܘܟܕ ܗܠܝܢ . .
ܗܘܐ ܡܡܠܠ . . .
31 ܒܗ . . . . . .
ܝܫܘܥ . . .
ܕܗܝܡܢܘ ܒܗ . .

(R. L. B.)
[F. C. B.]

Jn viii 31 . . . .

. . . .

ܫܪܝܪܐܝܬ ܬܠܡܝܕܝ .

32 ܐܢܬܘܢ . ܘܬܕܥܘܢ ܫܪܪܐ

ܘܗܘ ܫܪܪܐ ܡܚܪܪܟܘܢ

33 ܐܡܪܝܢ ܠܗ .

. . . .

. . . .

. . . ܠܥܒܕܘܬܐ

. . ܐ ܠܡ ܐܝܟܢܐ

ܐܡܪ ܐܢܬ ܕܬܗܘܘܢ

34 ܥܢܐ ܝܫܘܥ ܐܡܪ

ܠܗܘܢ ܐܡܢ ܐܡܢ

ܐܡܢ ܐܡܪܢܐ ܠܟܘܢ

ܕܟܠ ܕܥܒܕ ܚܛܝܬܐ

35 ܥܒܕܐ ܗܘ . ܘܥܒܕܐ

. . ܩܘܡܐ ܠܥܠܡ

. . ܒܒܝܬܐ ܒܪܐ

. . ܩܘܡܐ ܠܥܠܡ

36 . . . ܚܪܝܪܝܢ

. . ܬܗܘܘܢ

37 . . . ܕܒܢܐ

. . . . ܐܢܬܘܢ

. . . ܘܒܥܝܢ

Jn viii 37 . . . ܠܡܩܛܠܢܝ

ܡܛܠ ܕܡܠܬܝ ܠܐ

38 ܢܦܩܐ ܒܟܘܢ ܐܢܐ

ܡܕܡ ܕܚܡܝܬ ܠܘܬ

. . . .

. . . .

. . ܐܒܘܟܘܢ . .

39 ܐܡܪܘܢ . . . .

ܐܒܘܢ ܕܝܠܢ ܐܒܪܗܡ

ܗܘ ܐܡܪ ܠܗܘܢ .

ܒܢܘܗܝ ܐܢܬܘܢ

. . . .

. . . .

40 ܗܫܐ ܕܝܢ ܗܐ ܒܥܝܢ

ܐܢܬܘܢ ܠܡܩܛܠܢܝ

ܠܓܒܪܐ . . .

ܡܡܠܠܐ . . .

ܐܚܕܐ ܪ .

ܐܠܗܐ . . . .

. . . .

41 ܐܠܐ . . . .

ܐܢܬܘܢ ܥܒܕܝܢ ܥܒܕܐ

. . . .

fol. 135 v (= 127 v). [F. C. B.]

Jn viii 44 ܘܡܐ ܕܡܡ̇ܠܠ ܕܓܠܬܐ
ܡܢ ܕܝܠܗ ܡܡܠܠ
ܡܛܠ ܕܕܓܠܐ ܗܘ
45 ܘܐܒܘܗܝ. ܐܢܐ
ܕܫܪܪܐ ܡܡܠܠ ܐܢܐ
ܠܐ ܡܗܝܡܢܝܢ ܐܢܬܘܢ
46 ܠܝ ܡܢܘ ܡܢܟܘܢ ܡܟܣ
ܠܝ ܥܠ ܚܛܝܬܐ ܘܐܢ
ܫܪܪܐ ܡܡܠܠ ܐܢܐ
ܠܡܢܐ ܠܐ ܡܗܝܡ̈ܢܝܢ
47 ܐܢܬܘܢ ܡܢ ܕܡܢ
ܐܠܗܐ ܗܘ ܓܝܪ
ܡ̈ܠܬܐ ܕܐܠܗܐ ܫܡܥ
ܡܛܠ ܗܢܐ ܠܐ
ܫܡܥܝܢ ܐܢܬܘܢ ܠܗ
ܡܛܠ ܕܠܐ ܗܘܝܬܘܢ
48 ܐܡܪܝܢ ܗܘܘ ܝܗܘܕܝܐ
ܠܐ ܫܦܝܪ ܐܡܪܝܢ
ܐܢܚܢ ܕܫܡܪܝܐ ܐܢܬ
ܘܕܝܘܐ ܐܝܬ ܥܠܝܟ
49 ܐܡܪ ܠܗܘܢ ܝܫܘܥ ܠܝ
ܕܝܘܐ ܠܝܬ ܐܠܐ ܠܐܒܝ
ܡܝܩܪܢܐ ܘܐܢܬܘܢ

. . . . . . Jn viii 41
. . . . . .
. . . .
. . . .
. 42
ܐܠܘ ܐܠܗܐ ܗܘܐ
. . . ܡܚܒܝܢ
. . . ܐܢܐ ܓܝܪ
. . . . . .
. . . ܗܘܐ
. . . . ܢܦܫܝ
. ܕܫܕܪܢܝ
. 43
. . .
. . . .
. . . . . .
. . . .
. . . . . .
. .
. . . .
. . . .
. . . . . .
. . . . .

Jn viii 49 ܡܨܥܪܝܢ ܐܢܬܘܢ ܠܝ
50 ܘܐܢܐ ܠܐ ܒܥܝܢܐ
ܫܘܒܚܐ ܕܢܦܫܝ
ܐܝܬܘܗܝ ܡܢ ܕܒܥܐ
51 ܘܕܐܢ. ܐܡܝܢ ܐܡܝܢ
ܐܡܪܢܐ ܠܟܘܢ ܕܡܢ
ܕܡܠܬܝ ܢܛܪ ܡܘܬܐ
ܠܐ ܢܚܙܝ ܠܥܠܡ.
52 ܐܡܪܝܢ ܠܗ ܝܗܘܕܝܐ
ܗܫܐ ܗܘ ܝܕܥܝܢ
ܕܫܪܝܪܐܝܬ ܕܝܘܐ
ܐܝܬ ܠܟ ܐܒܪܗܡ
ܡܝܬ ܢܒܝܐ. ܐܝܬ ܐܡܪ
ܐܝܬ ܕܡܢ ܕܡܠܬܝ
ܢܛܪ ܠܐ ܢܚܙܝ ܡܘܬܐ.
53 ܠܡܐ ܐܝܬ ܪܒ ܐܝܬ
ܡܢ ܐܒܪܗܡ ܘܡܢ
ܢܒܝܐ ܕܡܝܬܘ ܐܝܬ
ܡܢ ܥܒܕܬ ܢܦܫܟ
54 ܐܡܪ ܠܗܘܢ ܝܫܘܥ ܐܢ
ܐܢܐ ܡܫܒܚ ܐܢܐ
ܢܦܫܝ ܠܐ ܗܘܐ ܡܕܡ
ܫܘܒܚܝ ܐܝܬܘܗܝ
ܐܒܐ ܕܡܫܒܚ ܠܝ

Jn viii 54 ܗܘ ܕܐܡܪܝܢ ܐܢܬܘܢ
55 ܕܐܠܗܢ ܗܘ ܐܢܬܘܢ
ܠܐ ܚܟܡܬܘܢܗ. ܐܢܐ
ܚܟܡ ܐܢܐ ܠܗ. ܘܐܢ
ܐܡܪ ܕܠܐ ܚܟܡܢܐ
ܠܗ. ܗܘܐ ܐܢܐ ܠܟ
ܟܕܒܐ ܐܟܘܬܟܘܢ
ܐܢܐ ܕܝܢ ܚܟܡܢܐ ܠܗ
ܘܡܠܬܗ ܢܛܪ ܐܢܐ.
56 ܐܒܪܗܡ ܐܒܘܟܘܢ
ܗܘܐ ܕܚܙܝܐ ܝܘܡܝ.
57 ܘܚܙܐ ܘܚܕܝ. ܐܡܪܝܢ
ܠܗ ܝܗܘܕܝܐ ܒܪ
ܚܡܫܝܢ ܫܢܝܢ ܠܐ
ܗܘܬ. ܘܐܒܪܗܡ ܚܙܝܬ
58 ܐܡܪ ܠܗܘܢ ܐܡܝܢ ܐܡܝܢ
ܐܡܪܢܐ ܠܟܘܢ ܕܥܕܠܐ
ܗܘܐ ܐܒܪܗܡ ܐܢܐ
59 ܐܝܬ ܗܘܬ ܗܘܝܢ
ܫܩܠܘ ܟܐܦܐ
ܠܡܪܓܡܗ ܒܗ ܘܝܫܘܥ
ܐܬܛܫܝ ܢܦܩ ܠܗ
ܡܢ ܗܝܟܠܐ ∘ ∘ ∘
ix 1 ܘܟܕ ܥܒܪ ܚܙܐ ܣܡܝܐ

Jn ix 1 ܚܕ ܕܣܡܝܐ ܗܘܐ ܡܢ
2 ܟܪܣܗ ܕܐܡܗ ܫܐܠܝܢ
ܠܗ ܬܠܡܝܕܘܗܝ ܕܡܢ
ܐܪܒ ܚܛܐ ܗܢܐ ܐܘ
ܐܒܗܘܗܝ ܕܝܬ ܣܡܝܐ
3 ܐܬܝܒ ܐܡܪ ܠܗܘܢ
ܠܐ ܗܘ ܚܛܐ ܐܦܠܐ
ܐܒܘܗܝ ܐܠܐ
ܕܝܬܚܙܘܢ ܒܗ ܥܒܕܐ
4 ܕܐܠܗܐ ܘܠܝ ܘܠܐ
ܠܡܥܒܕ ܥܒܕܐ ܕܡܢ
ܕܫܕܪܢܝ ܥܕ ܐܝܡܡܐ
ܗܘ ܐܬܐ ܕܡ ܠܠܝܐ
ܕܒܗ ܐܢܫ ܠܐ ܡܫܟܚ
5 ܠܡܥܒܕ ܟܡܐ ܕܒܥܠܡܐ
ܗܘ. ܐܢܐ ܢܗܪ ܢܘܗܪܗ
6 ܐܢܐ ܕܥܠܡܐ ܟܕ ܐܡܪ
ܗܠܝܢ ܪܩ ܥܠ ܐܪܥܐ
ܘܓܒܠ ܛܝܢܐ ܡܢ ܪܘܩܗ
ܘܫܘܝ ܛܝ ܥܠ ܥܝܢܘܗܝ
7 ܕܗܘ ܦܩܝܕܐ ܘܐܡܪ
ܠܗ ܐܙܠ ܐܣܚܝ
ܐܦܝܟ ܒܡܥܡܘܕܝܬܐ

Jn ix 7 ܕܫܠܝܚܐ. ܘܐܙܠ ܐܣܚܝ
ܐܦܘܗܝ ܐܬܦܬܚܝܢ
8 ܫܒܒܘܗܝ ܘܟܕ ܚܙܘܗܝ
ܩܕܡܘܗܝ ܘܐܡܠܝܢ
ܕܚܝܐ ܗܘܐ ܠܗܘܢ
ܕܚܕܪ ܗܘܐ. ܐܡܪܝܢ
ܠܐ ܗܘܐ ܗܢܐ ܗܘ
9 ܕܚܕܪ ܗܘܐ ܐܝܬ
ܕܐܡܪܝܢ . . ܗܢܘ.
ܘܐܝܬ ܕܐܡܪܝܢ
ܕܡܕܡܐ ܕܡܐ ܠܗ. ܐܡܪ
ܠܗܘܢ ܗܘ ܗܘܝܢܐ ܐܢܐ
10 ܐܢܐ ܐܡܪܝܢ ܠܗ
ܕܐܝܟܢܐ ܐܬܦܬܚܝܢ
11 ܥܝܢܝܟ ܐܡܪ ܠܗܘܢ
ܗܘ ܓܒܪܐ ܕܝܫܡܗ
ܝܫܘܥ ܛܝ ܓܒܠܗܘܢ
ܛܝܢܐ ܘܐܡܪ ܠܝ ܐܙܠ
ܐܣܚܝ ܐܦܝܟ
ܒܡܥܡܘܕܝܬܐ ܕܫܠܝܚܐ
ܘܐܙܠܬ ܐܣܚܝܬ
12 ܘܐܬܦܬܚܝ ܠܝ. ܐܡܪܝܢ

fol. 137 r (= 128 r).

R. L. B.
[F. C. B.]

Jn ix 12 ܠܗ ܘܐ . . . .
ܠܗܘܢ . . . . .
13 ܕܒܪܘ . . . .
ܘܐܬܝܘܗܝ . .
ܗܘܐ . . . . .
ܐܝܬ ܗܘܬ ܕܝܢ
14 ܫܒܬܐ . .
. . . . . .
. . . . . .
. . . . . .
. . . . .
. . . . . .
. . . . .
. . . .
. . . . .
16 . . . . . .
. . . . . .
ܐܚܪܢܐ ܕܝܢ ܐܡܪܝܢ
. . . . . .
. . ܐ ܚܛܝܐ ܗܠܝܢ
. ܐ ܠܡܥܒܕ ܘܦܠܓܝܢ

Jn ix 16 ܗܘܘ ܚܕ ܥܡ ܚܕ .
17 . . ܐ. ܘܐܡܪܝܢ ܠܗܘ
ܕܐܬܐܣܝ ܐܢܬ ܡܢܐ
ܐܡܪ ܐܢܬ ܥܠܘܗܝ
ܐܡܪ ܠܗܘܢ . . .
18 ܦܪܐ ܕܢܒܝܐ ܗܘ ܘܠܐ
ܗܝܡܢܘܗܝ ܠܗ . .
ܣܡܝܐ ܗܘܐ .
19 . . . .
. . . ܐܢ ܗܢܐ
ܒܪܟܘܢ . . .
ܐܡܪܝܢ ܕܒܕ ܣܡܝܐ
ܐܬܝܠܕ . . . .
20 ܚܝܐ ܗܫܐ .
. . . . . .
. . . . . .
ܕܗܢܐ ܒܪܢ . .
21 . . . .
. ܚܝܐ ܗܫܐ . .
ܡܢܘ ܦܬܚ . . .
. . ܠܐ ܝܕܥܝܢ

Jn ix 21 ܐܝܣܝܢ. ܗܘ ܐܒ [ܗܘ]
ܡܪܢܝܩܘܗܝ ܗܘܐ.
ܗܢܝܢ ܡܡܠܠܝܢ ܐܒܘܗܝ
22 ܠܡܥܒܕ ܗܠܝܢ ܐܡܪܘ
ܐܒܗܘܗܝ ܡܛܠ ܕܕܚܠܝܢ
ܗܘܘ ܡܢ ܝܗܘܕܝܐ ܦܣܩܘ
ܟܒܪ ܦܣܩܘ ܘܦܣܩܝܢܐ
ܕܡܢ ܕܐܡܪ ܕܡܫܝܚܐ
23 ܘܗ ܢܦܩܘܢܗ. ܡܛܠ
ܗܢܐ ܐܡܪܘ ܐܒܗܘܗܝ
24 ܕܠܗ ܫܐܠܘ. ܘܩܪܘ
ܬܘܒ ܠܗܘ ܕܐܬܐܣܝ
ܘܐܡܪܝܢ ܠܗ ܫܒܚ
ܠܐܠܗܐ. ܐܢܚܢܢ ܓܝܪ
ܝܕܥܝܢ ܐܢܚܢܢ ܕܗܢܐ
ܓܒܪܐ ܚܛܝܐ ܗܘ
25 ܐܡܪ ܠܗܘܢ ܗܘ
ܕܐܬܐܣܝ ܐܢ ܚܛܝܐ
ܗܘ ܠܐ ܝܕܥܢܐ. ܚܕܐ
ܕܝܢ ܝܕܥܢܐ. ܕܣܡܝܐ
ܗܘܝܬ. ܘܡܛܠܬܗ ܐܗ
26 ܚܙܐ ܐܢܐ. ܐܡܪܝܢ ܠܗ

Jn ix 26 [ ]
27 ܐܦܪܝܫ [ ]
ܚܕܐ ܕܝܢ ܐܡܪܬ
ܠܟܘܢ ܘܫܡܥܬܘܢ ܡܢܐ
ܬܘܒ ܡܒܥܐܝܢ ܐܢܬܘܢ
ܠܝ. ܐܘ ܠܡܐ ܬܠܡܝܕܐ
ܙܒܝܢ ܐܢܬܘܢ ܠܡܗܘܝܐ
28 ܠܗ ܘܗܘܢ ܕܝܢ ܨܚܝܘܗܝ
ܘܐܡܪܝܢ ܠܗ ܐܢܬ
ܗܘ ܬܠܡܝܕܗ ܐܢܬ
ܘܐܢܚܢܢ ܬܠܡܝܕܐ
ܐܢܚܢܢ ܕܡܘܫܐ
29 ܘܝܕܥܝܢ ܐܢܚܢܢ ܕܥܡ
ܡܘܫܐ ܐܠܗܐ ܡܠܠ
ܠܗܢܐ ܕܝܢ ܠܐ ܝܕܥܝܢ
ܐܢܚܢܢ ܡܢ ܐܝܡܟܐ
30 ܗܘ. ܐܡܪ ܠܗܘܢ ܗܘ
ܕܐܬܐܣܝ ܒܗܕܐ
ܠܡܬܕܡܪܘ ܗܘ ܕܐܢܬܘܢ
ܠܐ ܝܕܥܝܢ ܐܢܬܘܢ ܠܗ.
ܡܢ ܐܝܡܟܐ ܗܘ. ܘܦܬܚ
31 ܕܠܝ ܥܝܢܝ. ܘܝܕܥܝܢ

ܐܢܚܢܢ] ܕܐܠܗܐ Jn ix 31
ܒܚܠܝܐ ܕܫ̈ܡܝܐ] ܠܐ
ܫܡܥ ܐܠܐ ܠܡܢ
ܕܕܚܠ ܡܢܗ ܘܥܒܕ
ܨܒܝܢܗ ܠܗܘ ܗܘ ܫܡܥ.
32 ܘܗܐ ܡܢ ܥܠܡܐ
ܕܗܘܐ ܒܥܠܡܐ ܠܐ
ܫܡܝܥܐ ܕܐܬܦܬܚ
ܣܡܝܐ ܕܡܢ ܐܡܗ
33 ܦܡܐ ܗܘܐ ܗܢܐ
ܐܠܘ ܠܐ ܡܢ ܐܠܗܐ
ܗܘܐ. ܐܝܟܢܐ ܥܒܕ
34 ܗܕܐ. ܐܡ̈ܪܝܢ ܠܗ
ܐܢܬ ܟܠܘܡܟ ܒܚ̈ܛܝܐ
ܐܬܝܠܕܬ ܐܬܝܬ ܡܠܦ
ܐܢܬ ܠܢ. ܘܐܦܩܘܗܝ
35 ܠܒܪ. ܘܫܡܥ ܝܫܘܥ
ܕܐܦܩܘܗܝ ܘܟܕ
ܐܫܟܚܗ ܝܫܘܥ ܐܡܪ
ܠܗ ܐܢܬ ܡܗܝܡܢ
ܐܢܬ ܒܒܪܗ ܕܐܢܫܐ.
36 ܐܡܪ ܠܗ ܗܘ ܕܐܬܐܣܝ
ܡܢܘ ܡܪܝ ܕܐܗܝܡܢ
37 ܒܗ. ܐܡܪ ܠܗ ܝܫܘܥ
ܚܙܝܬܗ. ܘܗܘ ܕܡܡܠܠ

ܥܡܟ ܗܘ. ܐܡܪ Jn ix 37, 38
ܡܗܝܡܢ ܐܢܐ ܡܪܝ.
ܘܣܓܕ ܗܘܐ ܠܗ ◦ ܀ ◦
39 ܐܡܪ ܠܗ ܝܫܘܥ ܠܕܝܢܗ
ܕܥܠܡܐ ܗܢܐ ܐܬܝܬ
ܕܐܝܠܝܢ ܕܣܡܝܢܐ ܐܢܘܢ
ܢܚܙܘܢ ܘܐܝܠܝܢ ܕܚܙܝܢ
40 ܢܣܡܘܢ ܘܟܕ ܫܡܥܘ
ܦܪܝܫܐ ܐܝܠܝܢ
ܕܗܘܝܢ ܗܘܘ ܠܗ
ܐܡ̈ܪܝܢ ܠܗ ܐܢܚܢܢ
41 ܣܡ̈ܝܐ ܐܢܚܢܢ. ܐܡܪ
ܠܗܘܢ ܐܠܘ ܣܡ̈ܝܐ
ܗܘܝܬܘܢ ܠܝܬ ܗܘܬ
ܠܟܘܢ ܚܛܝܬܐ. ܐܠܐ
ܐܡ̈ܪܝܢ ܐܢܬܘܢ ܕܚܙܝܢ
ܐܢܚܢܢ. ܡܛܠ ܗܢܐ
ܚ̈ܛܗܝܟܘܢ ܩܝܡܝܢ
x 1 ܐܘܢ̇ ܐܡܝܢ ܐܡܝܢ
ܐܡܪܢܐ ܠܟܘܢ ܕܡܢ
ܕܠܐ ܥܐܠ ܡܢ ܬܪܥܐ
ܠܕܪܬܐ ܕܐܢܬ ܒܗ
ܒܢܝܐ ܐܠܐ ܣܠܩ
ܠܗ ܡܢ ܕܘܟܐ

Jn x 1 ܐܚܪܢܝܐ ܗܘ ܓܝܣܐ
2 ܘܓܢܒܐ ܘܐܝܢܐ ܕܝܢ
ܬܪܥܐ ܥܐܠ ܗܘ
3 ܪܥܝܗ . . . ܢܛܪ
ܬܪܥܐ ܦܬܚ ܠܗ
ܬܪܥܐ ܘܥܢܐ ܫܡܥܐ
ܩܠܗ ܘܢܚܘܬܗ ܗܘ
ܩܪܐ ܥܪܒܐ ܒܫܡܗ
4 ܘܗܘ ܡܦܩ ܠܗ ܘܡܐ
ܕܐܦܩ ܢܚܘܬܗ
ܩܕܡܝܗ ܐܙܠ ܘܥܢܐ
ܕܝܠܗ ܒܬܪܗ ܐܙܠܐ
ܡܛܠ ܕܝܕܥܐ ܥܢܐ
5 ܩܠܗ ܒܬܪ ܢܘܟܪܝܐ
ܕܝܢ ܠܐ ܐܙܠܐ ܥܢܐ
ܐܠܐ ܡܬܦܫܘܐ
. . ܡܛܠ
ܕܠܐ ܝܕܥܐ ܩܠܗ
6 ܕܢܘܟܪܝܐ. ܗܠܝܢ ܡܠܠ
ܒܡܗܘܢ ܝܫܘܥ
ܒܦܠܐܬܐ ܘܗܢܘܢ
ܠܐ ܡܣܬܟܠܝܢ ܗܘܘ

7 ܬܘܒ ܐܡܪ ܠܗܘܢ ܝܫܘܥ

Jn x 7 ܐܡܝܢ ܐܡܝܢ ܐܡܪܢܐ
ܠܟܘܢ ܕܐܢܐ ܐܢܐ
8 ܬܪܥܗ ܕܥܢܐ ܘܟܠ
ܐܝܠܝܢ ܕܐܬܘ ܓܢܒܐ
ܐܢܘܢ ܘܓܝܣܐ ܐܠܐ
ܠܐ ܫܡܥܬ ܐܢܘܢ
9 ܥܢܬܐ· ܐܢܐ ܐܢܐ
ܬܪܥܗ ܕܥܢܐ. ܘܒܝ
ܟܘܠ ܕܥܐܠ ܢܚܝܐ
ܘܥܠ ܘܢܦܩ ܘܪܥܝܐ
10 ܢܓܒܐ· ܠܓܢܒܐ ܕܝܢ
ܠܐ ܐܬܐ ܐܠܐ
ܕܢܓܢܒ ܘܢܩܛܠ ܘܢܘܒܕ
ܐܢܐ ܕܝܢ ܐܬܝܬ ܕܚܝܐ
ܢܗܘܘܢ ܠܗܘܢ ܘܝܬܝܪܐ
11 ܢܗܘܐ ܠܗܘܢ܆ ܐܢܐ ܐܢܐ
ܪܥܝܐ ܛܒܐ ܘܪܥܝܐ
ܛܒܐ ܝܗܒ ܢܦܫܗ
ܥܠ ܐܦܝ . . .
12 ܐܓܝܪܐ ܕܝܢ .
ܕܠܐ ܗܘܐ . .
. . ܡܐ . . .
ܕܐܒܐ ܕܐܬܐ ܫܒܩ
ܠܗ ܠܥܢܐ . .

Jn x 12 ܘܐܬܐ ܕܐܒܐ ܚܛܦ
13 ܘܡܒܕܪ ܡܛܠ ܕܐܓܝܪܐ
ܗܘ ܗܘ. ܘܠܐ ܟܦܠ
14 ܠܗ ܥܠܝܗ. ܐܢܐ ܐܢܐ
ܪܥܝܐ ܛܒܐ ܘܚܟܡ
ܐܢܐ ܠܕܝܠܝ ܘܚܟܡ
ܠܝ ܕܝܠܝ ܘܡܬܚܟܡܢܐ
15 ܡܢ ܕܝܠܝ ܐܝܟܢܐ ܕܚܟܡ
ܠܝ ܐܒܐ ܘܚܟܡ ܐܢܐ
ܠܐܒܐ. ܘܢܦܫܝ ܣܐܡ
ܐܢܐ ܥܠ ܐܥܢܗ
16 ܕܝܠܝ. ܘܐܝܬ ܠܝ ܥܢܐ
ܐܚܪܢܝܐ ܐܠܝܢ ܕܠܐ
ܗܘܘ ܡܢ ܗܕܐ ܕܪܬܐ
ܗܕܐ. ܘܐܦ ܠܗܘܢ ܘܠܐ
ܠܝ ܠܡܝܬܝܘܢ ܐܢܘܢ
ܘܐܦ ܗܢܘܢ ܠܩܠܝ
ܢܫܡܥܘܢ ܘܬܗܘܐ
ܥܢܐ ܟܘܠܗ ܚܕܐ ܘܪܥܝ
17 ܪܥܝܐ. ܘܐܒܐ ܡܛܠ
ܗܕܐ ܪܚܡ ܠܝ
ܕܣܐܡ ܐܢܐ ܢܦܫܝ
18 ܕܬܘܒ ܐܣܒܝܗ ܘܠܐ

Jn x 18 ܐܝܬ ܐܢܫ ܢܣܒ ܠܗ
ܡܢܝ. ܐܠܐ ܐܢܐ
ܣܐܡ ܐܢܐ ܠܗ ܡܢ
ܫܠܝܛܐ ܐܢܐ ܕܐܣܝܡܝܗ.
ܘܬܘܒ ܐܫܩܘܠܝܗ.
ܡܛܠ ܕܗܢܐ ܦܘܩܕܢܐ
19 ܩܒܠܬ ܡܢ ܐܒܝ. ܘܗܘܐ
ܗܠܝܢ ܡܡܠܠ ܗܘܐ
ܗܘܬ ܗܘܬ ܦܠܓܘܬܐ
20 ܒܝܢܝ ܝܗܘܕܝܐ ܡܛܠ
ܕܐܬ ܡܢܗܘܢ ܕܐܡܪܝܢ
ܗܘܘ ܕܝܘܐ ܐܝܬ
ܥܠܘܗܝ. ܘܡܫܢܝܐ ܗܢܐ
ܡܢܐ ܫܡܥܝܢ ܐܢܬܘܢ
21 ܘܐܚܪܢܝܢ ܠܗ. ܐܚܪܢܝܐ
ܕܝܢ ܐܡܪܝܢ ܗܠܝܢ
ܡ̈ܠܐ ܠܐ ܗܘܝܢ
ܕܕܝܘܐ. ܠܡܐ ܕܝܘܐ
ܡܫܟܚ ܡܦܬܚܐ
ܠܡܦܬܚܘ ܀
22 ܘܗ̈ܘܐ ܗܘܐ ܒܥܐܕܐ
ܒܐܘܪܫܠܡ ܕܡܚܘܕܬܐ
ܐܣܬܘ ܒܝܬ ܡܥܕܢܐ.
23 ܘܡܬܗܠܟ ܗܘܐ ܝܫܘܥ

Jn x 23 ܗܘܐ ܝܫܘܥ ܡܗܠܟ ܒܐܣܛܘܐ
24 ܕܫܠܝܡܘܢ . . .
. . . . . .
. . ܠܗ ⌈ܥܕ⌉ܡܐ
ܠܐܡܬܝ ܢܣܒ ⌈ܐܢ⌉ܬ
. . ܐܢ ܐܢܬ ܗܘ
ܡܫܝܚܐ ܐܡܪ ܠܢ
25 ⌈ܦܪܗ⌉ܣܝܐܝܬ ⌈ܐܡܪ⌉ ܠܗܘܢ
. ܡܡܠܠ ܐܢܐ
. . ܠܐ ܡܗܝܡܢܝܢ
ܐܢܬܘܢ ܘܥܒ̈ܕܝܐ ܕܥܒܕ
ܐܢܐ ܒܫܡܗ ܕܐܒܐ
26 ⌈ܗܢܘ⌉ܢ ⌈ܣܗܕ⌉ܝܢ ܥܠܝ ܐܠܐ
ܐܢܬܘܢ ⌈ܠܐ⌉ ܡܗܝܡܢܝܢ
ܐܢܬܘܢ ⌈ܡ⌉ܛܠ ܕܠܐ
ܗ⌈ܘܝ⌉ܬܘܢ ⌈ܡ⌉ܢ ܢܩܘܬܝ
. . ⌈ܕܐܡ⌉ܪܬ ⌈ܠܟ⌉ܘܢ
27 . . . . .
. . . . .
. . . . . .
. . . . . .
. . . . . .
. . . .
. . . . .
. . . . . .

Jn x 29 ܐܒܐ ܕܝܗܒ ܠܝ
ܡܢ ܟܘܠ ܪܒ ܗܘ.
ܘܠܝܬ ܐܢܫ ܕܡܢ ܐܝܕܐ
30 ܕܐܒܐ ⌈ܢ⌉ܣܒ. ܐܢܐ
ܘܐܒܐ ܚܕ ܐܢܚܢܢ
31 ܟܕ ⌈ܐܡܪ⌉ ܗܠܝܢ
ܫܩܠܘ ܟܐ̈ܦܐ ܠܡܪܓܡܗ
32 ܐܡܪ ܠܗܘܢ ܝܫܘܥ ܣܓܝܐܐ
ܥܒܕܐ ܕܐܒܐ
ܚܘܝܬܟܘܢ ܡܛܠ ܐܢܐ
ܡܢܗܘܢ ܡܢ ܒܥܒ̈ܕܐ
ܪܓܡܝܢ ܐܢܬܘܢ ܠܝ
33 ⌈ܐܡܪ⌉ܝܢ ܠܗ ܝܗܘ̈ܕܝܐ
ܠܐ . ܡܛܠ ܥܒܕܐ
⌈ܫܦܝ⌉ܪܐ ⌈ܪܓ⌉ܡܝܢ ⌈ܐ⌉ܢܚܢܢ
⌈ܠܟ⌉ ⌈ܐܠ⌉ܐ ܡܛܠ ⌈ܕܓ⌉ܕ
ܐܢܬ ܒܪ ܐܢܫܐ . .
. ܘܥܒܕ ⌈ܐ⌉ܢܬ . .
34 ⌈ܐ⌉ܠܗ. ܐܡܪ ܠܗܘܢ ⌈ܝܫ⌉ܘܥ
ܠܐ ܗܘܐ . . .
ܟܬܝܒ ܕ . .
35 ܕܐܠܗܐ . . .
. . .
36 .

Jn x 36 ܕܐܒܐ ܩܕܫܗ ܘܫܕܪܗ
ܠܥܠܡܐ ܐܡܪܝܢ ܐܢܬܘܢ
ܕܡܓܕܦ ܐܢܬ ܥܠ
ܕܐܡܪܬ ܠܗܘܢ ܕܒܪܗ
37 ܕܐܠܗܐ ܐܢܐ ܘܐܢ ܠܐ
ܥܒܕ . . . ܠܐ
38 ܬܗܝܡܢܘܢ ܘܐܢ ܕܝܢ
ܥܒܕܢܐ ܘܐܦ ܐܢ ܠܝ ܠܐ
ܡܗܝܡܢܝܢ ܐܢܬܘܢ
. . . . . .
. . . . . .
. . . . . .
. . . . .
. . .
. . . . . .
. . . . . ܠܗ
. . . . .
. . . .
. . . . . .
. . . . . .
. . . . . .
. . . . .
. . . . .
. . .
. . . . .
. . . .

Jn x 41 ܐܡܪ .
42 ܘܗܠܝܢ ܐܠܐ .
ܒܗ ∘ ∘

Mt I ܘܗܘܐ . .
ܥܡ ܒܢܬ
ܘܚܙܝܗ .
ܘܕܒܪܬܐ .
. . .
. .
. . .
. . .
. .
. .
. . .
. . .
4 . . .
. . .
ܠܐ ܗܘܐ .
. . .
. . .
ܒܪܗ .
. . .
. .
. .

fol. 140 v (= 105 v). R. L. B.

Jn xi 5, 6 ܠܠܥܙܪ· ܘܡܢ ܕܫܡܥ
ܕܡܪܥܗ ܠܥܙܪ ܗܘܐ
ܥܠ ܕܗܘܬܗ ܬܪ̈ܝܢ
7 ܝܘܡ̈ܝܢ ܘܐܡܪ
ܠܬܠܡܝܕܘܗܝ ܬܘ ܢܐܙܠ
8 ܠܝܗܘܕ ܐܡ̈ܪܝܢ ܠܗ
ܬܠܡܝ̈ܕܘܗܝ ܪܒܝ ܗܐ
ܝܗܘ̈ܕܝܐ ܒܥܝܢ ܗܘܘ
ܠܡܪܓܡܟ ܘܬܘܒ
9 ܐܙܠ ܐܢܬ ܠܬܡܢ ܐܡܪ
ܠܗܘܢ ܝܫܘܥ ܠܐ
ܬܪܬܥ̇ܣܪܐ ܫܥܝܢ
ܐܝܬ ܒܝܘܡܐ ܡܢ
ܕܒܐܝܡ̇ܡܐ ܡܗܠܟ
ܠܐ ܡܬܩܠ ܡܬܦܠܠ·
ܕܚܙܐ ܢܘܗܪܗ ܕܥܠܡܐ
10 ܗܘܐ. ܡܢ ܕܒܠܠܝܐ
ܕܝܢ ܡܗܠܟ ܡܬܩܠ
ܡܛܠ ܕܢܘܗܪܐ ܠܝܬ
11 ܒܗ ܘܒܬܪ ܐܡܪ ܗܠܝܢ
ܐܡ̇ܪ ܠܗܘܢ ܠܥܙܪ
ܪ̇ܚܡܢ ܫܟܒ ܐܠܐ
ܐܙܠ ܐܢܐ ܕܐܥܝܪܝܘܗܝ

Jn xi 12 ܐܡ̈ܪܝܢ ܠܗ ܡܪܝ ܐܢ
13 ܕܡܟ ܗܘ ܚܝܐ. ܗܘ
ܕܝܢ ܝܫܘܥ ܥܠ ܕܡܝܬ
ܗܘ ܠܗ ܠܥܙܪ ܐܡܪ
ܗܘܐ ܠܗܘܢ ܘܗܢܘܢ
ܡܒܪܝܢ ܗܘܘ ܕܥܠ
ܫܢܬܐ ܗܘ ܐܡܪ
14 ܬܘܒ ܐܡܪ ܠܗܘܢ
ܝܫܘܥ ܦܪܝܣܐܝܬ
ܠܥܙܪ ܡܝܬ ܠܗ
15 ܘܚܕܝܐ ܡܦܠܠܬܘܢ
ܕܬܗܝܡܢܘܢ ܕܠܐ
ܗܘܝܬ ܬܡܢ ܐܠܐ
ܗܠܟܘ ܢܐܙܠ ܠܘܬܗ
16 ܐܡܪ ܠܗܘܢ ܬܐܘܡܐ
ܠܚܒܪܘܗܝ ܬܠܡܝܕܝܐ
ܬܘ ܐܦ ܐܢ̈ܚܢܢ ܢܐܙܠ
17 ܢܡܘܬ ܥܡ̇ܗ ܘܐܬܐ
ܐܬܐ ܝܫܘܥ ܠܒܝܬ
ܥܢܝܐ ܐܫܟܚܗ
ܕܡܩܒܪܘܗܝ ܕܠܥܙܪ ܡܢ
ܒܩܒܪܘܗܝ ܐܪܒܥܐ
18 ܝܘܡ̈ܝܢ ܘܗܘܬ ܕܝܢ
ܒܝܬ ܥܢܝܐ ܩܪܝܒܐ
ܡܢ ܐܘܪܫܠܡ

Jn xi 18 ܐܣܛܕܘܬܐ ܚܡܫܬܥܣܪ
ܕ . . . . .
19 ܘܣܓܝܐܐ . .
ܝܗܘܕ ܠܒܪܬ ܒܢܝܐ
ܕܡܚܠܘܢ ܠܒܗܘܢ ܕܡܪܬܐ
20 ܘܕܡܪܝܡ ܘܟܕ ܫܡܥܬ
ܡܪܬܐ ܕܝܫܘܥ ܐܬܐ
ܢܦܩܬ ܠܐܘܪܥܗ
ܘܡܪܝܡ ܝܬܒ ܒܝܬܐ
21 ܘܐܡܪܬ ܠܗ ܡܪܬܐ
ܠܝܫܘܥ ܐܠܘ ܗܟܐ
ܗܘܝܬ ܠܐ ܡܐܬ
22 ܗܘܐ ܐܚܝ ܐܠܐ
ܐܦ ܗܫܐ ܝܕܥܢܐ
ܕܡܕܡ ܕܫܐܠܬ
ܠܐܠܗܐ ܝܗܒ ܠܟ
23 . . ܠܗ ܝܫܘܥ
. . ܐܚܘܟ
24 . . . . ܡܪܬܐ
. . ܐ ܕܩܝܡܬܐ
ܒܝܘܡܐ ܐܚܪܝܐ
25 . . . ܝܫܘܥ
ܐܢܐ ܐܢܐ ܩܝܡܬܐ
ܘܚܝܝ ܕܡܗܝܡܢ ܒܝ

Jn xi 25 ܐܦܢ ܡܐܬ ܚܝܐ
26 ܘܡܢ ܕܚܝ ܘܡܗܝܡܢ
ܒܝ ܠܥܠܡ ܠܐ ܡܐܬ
ܡܗܝܡܢܬܝ ܗܠܝܢ
27 ܐܡܪܐ ܠܗ ܡܪܬܐ
ܐܝܢ ܡܪܝ ܡܗܝܡܢܐ
ܐܢܐ ܕܐܢܬ ܗܘ
ܡܫܝܚܐ ܒܪܗ
ܕܐܠܗܐ ܕܐܬܝ
ܠܡܐܬܐ ܠܥܠܡܐ
28 ܘܟܕ ܐܡܪܬ ܗܠܝܢ
ܐܙܠܬ ܡܥܬܦܐܝܬ
ܦܪܬ ܠܡܪܝܡ. ܘܐܡܪܐ
ܠܗ· ܪܒܢ ܐܬܐ ܘܩܪܐ
29 ܠܟܝ. ܘܟܕ ܫܡܥܬ
ܡܪܝܡ ܥܘܪܬ
ܘܚܦܝܛܐܬ ܐܙܠܬ
30 ܠܘܬܗ ܘܗܘ ܝܫܘܥ
ܠܐ ܥܕܡܐ ܠܗܫܐ
ܥܠ ܗܘܐ ܠܩܪܝܬܐ
ܐܠܐ ܒܗ ܗܘܐ
ܒܐܬܪܐ ܕܐܪܥܬܗ
31 ܗܘܬ ܡܪܬܐ ܐܦ

Jn xi 31 ܗܢܘܢ ܕܥܠܝܢ ܗܘܘ
ܒܠܒܗ ܕܡܪܝܡ ܒܒ
ܚܙܘ ܕܗܒܬ ܬܗܘܬ
ܢܦܩܬ ܐܙܠܘ ܠܗܘܢ
ܒܬܪܗ ܣܒܪܝܢ ܗܘܘ
ܕܠܩܒܪܐ ܐܙܠܐ
32 ܠܡܒܟܝܐ. ܗܝ ܡܪܝܡ
ܟܕ ܡܛܬ ܠܘܬܗ
ܕܝܫܘܥ ܢܦܠܬ ܥܠ
ܪ̈ܓܠܘܗܝ. ܘܐܡܪܐ
ܠܗ ܐܠܘ ܬܡܢ ܗܘܝܬ
ܡܪܝ ܠܐ ܡܐܬ ܗܘܐ
33 ܐܚܝ. ܘܗܘ ܝܫܘܥ
ܟܕ ܚܙܗ ܕܒܟܝܐ
ܘܚܙܐ ܠܝܗܘ̈ܕܝܐ ܗܢܘܢ
ܕܥܡܗ ܕܒ̈ܟܝܢ. ܪܬܚ
ܒܢܦܫܗ ܘܐܬܒܝܢ
34 ܒܪܘܚܗ ܘܐܡܪ
ܐܝܟܐ ܣܡܬܘܢܝܗ.
ܐܡܪܝܢ ܠܗ ܡܪܢ
35 ܬܐ ܚܙܝ ܘܐܬܚܡܢ
ܗܘܝ ܕܡ̈ܥܘܗܝ ܕܝܫܘܥ

Jn xi 36 ܘܟܕ ܚܙܘ ܝܗܘ̈ܕܝܐ
ܐܡ̈ܪܝܢ ܗܘܘ. ܚܙܘ
ܟܡܐ ܪܚܡ ܗܘܐ
37 ܠܗ. ܘܐܢܫ ܡܢܗܘܢ
ܕܐܡ̈ܪܝܢ ܗܘܘ ܕܗܢܘ
ܕܦܬܚ ܥܝ̈ܢܘܗܝ
ܕܗܘ ܕܗܡܐ ܗܘܐ
ܡܢ ܒܪܫܐ ܕܐܡܗ.
ܠܐ ܝܟܘܠ ܡܥܒܕ
ܗܘܐ ܕܐܦ ܗܢܐ
38 ܕܠܐ ܢܡܘܬ. ܝܫܘܥ
ܕܝܢ ܟܕ ܡܬܚܡܢ ܗܘܐ
ܒܓ̈ܘܗܝ ܘܠܗ. ܐܬܐ
ܠܒܝܬ ܩܒܘܪܐ ܘܗܘ
ܒܝܬ ܩܒܘܪܐ ܢܩܝܪܐ
ܗܘܐ. ܐܝܟ ܡܥܪܬܐ
ܘܡܫܝܦܝܢ ܬܪܥܗ
39 ܒܟܐܦܐ. ܐܡܪ
ܝܫܘܥ ܫܩܘܠܘ
ܟܐܦܐ ܗܕܐ ܐܡܪܐ
ܠܗ ܡܪܬܐ ܡܪܝ
ܡܢܐ ܫܠܡܢ ܠܗ

Jn xi 39 ܠܡܥܐܒܐ ܕܗܘܐ ܗܪܐ
ܠܗ. ܡܛܠ ܕܐܪܒܥܐ ܠܗ
40 ܝܘܡܝܢ. ܐܡܪ ܠܗ
ܐܡܪܬ ܠܟܝ ܕܐܢ
ܬܗܝܡܢܝܢ ܬܚܡܝܢ
ܫܘܒܚܗ ܕܐܠܗܐ
41 ܘܢܣܒܝܢ ܐܒܢܐ ܗܘܢ
ܕܦܩܝܢ ܘܪܒܘ
ܟܠܝܗܘܢ ܠܡܥܐܒܐ ܗܘ
ܕܝܢ ܝܫܘܥ ܥܝܢܘܗܝ
ܠܫܡܝܐ ܘܐܡܪ ܐܒܐ
ܡܘܕܐܢܐ ܠܟ ܕܫܡܥܬܢܝ
42 ܘܐܢܐ ܝܕܥܢܐ ܕܒܟܠܙܒܢ
ܫܡܥ ܐܢܬ ܠܝ ܐܠܐ
ܡܛܠ ܟܢܫܐ ܗܢܐ
ܕܐܢܫܐ ܐܡܪܢܐ ܗܠܝܢ
ܕܢܗܝܡܢܘܢ ܕܐܢܬ ܫܕܪܬܢܝ
43 ܘܟܕ ܗܠܝܢ ܐܡܪ ܩܥܐ
ܒܩܠܐ ܪܡܐ ܘܐܡܪ
ܠܥܙܪ ܦܘܩ ܬܐ ܠܒܪ.
44 ܘܢܦܩ ܡܝܬܐ ܟܕ
ܗܘ ܡܝܬܐ ܟܕ
ܐܣܝܪܢ ܐܝܕܘܗܝ.

Jn xi 44 ܘܪ̈ܓܠܘܗܝ ܒܦܣܩܝܬܐ.
ܘܡܟ̈ܪܟܢ ܐܦܘܗܝ
ܒܣܘܕܪܐ. ܗܝܕܝܢ
ܐܡܪ ܡܪܢ ܫܪܘܗܝ
ܘܫܒܩܘܢ ܐܙܠ.
45 ܘܣܓܝܐܐ ܝܗܘ̈ܕܝܐ
ܕܐܬܘ ܠܘܬ ܡܪܝܡ
ܡܛܠ ܚܙܝܢ ܡܢ ܗܝ
ܥܒܝܕܬܐ ܗܝܡܢܘ
46 ܒܢ̈ܝܫܐ ܘܐܙܠܬ ܗܘܘ
ܡܢܗܘܢ ܕܠܐ ܗܝܡܢܘܢ
ܐܠܐ ܐܙܠܘ ܠܗܘܢ
ܠܘܬ ܦܪ̈ܝܫܐ ܘܐܫܬܥܝܘ
ܠܗܘܢ ܡܢ ܕܥܒܕ
ܝܫܘܥ ∘ ∘ ∘ ∘

47 ܗܝܕܝܢ ܟ̈ܢܫ ܟܗ̈ܢܝܐ
ܘܦܪ̈ܝܫܐ ܐܬܟܢܫܘ
ܘܥܒܕܘ ܐܦܪܗܣܝܐ
ܘܐܡܪ̈ܝܢ ܗܘܘ ܡܢܐ
ܢܥܒܕ ܕܗܢܐ ܓܒܪܐ
ܐܬܘܬܐ ܣܓ̈ܝܐܬܐ
48 ܥܒܕ ܘܐܢ ܫܒܩܝܢ
ܐܢܚܢܢ ܠܗ ܗܟܢܐ

Jn xi 48 ܟܘܠܗܘܢ ܐܢ̈ܫܐ
ܡܗܝܡ̈ܢܝܢ ܒܗ ܘܐܬܝܢ
ܪ̈ܗܘܡܝܐ ܫܩܠܝܢ
49 ܡܕܝܢܬܢ ܘܥܡܢ ܚܕ.
ܡܢܗܘܢ ܕܝܢ ܩܝܦܐ
ܫܡܗ ܗܘܐ ܪܒ
ܟܗܢܐ ܕܠܗܘܢ ܕܗܝ
ܫܢܬܐ ܐܡܪ ܠܗܘܢ
ܗܘ ܩܝܦܐ ܐܢܬܘܢ
ܠܐ ܝܕܥܝܢ ܐܢܬܘܢ
50 ܡܕܡ ܘܠܐ ܡܬ . .
ܐܢܬܘܢ ܕܦܩܚ ܠܢ
ܕܚܕ ܓܒܪܐ ܢܡܘܬ
ܥܠ ܐܦ̈ܝ ܥܡܐ ܟܘܠܗ.
ܘܠܐ ܟܘܠܗ ܥܡܐ
51 ܢܐܒܕ ܗܕܐ ܕܝܢ
ܡܠܬܐ ܠܐ ܡܢ
ܨܒܘܬ ܪܥܝܢܗ ܐܡܪܗ
ܐܠܐ ܡܛܠ ܕܪܒ
ܟܗܢܐ ܗܘܐ ܐܬܢܒܝ
ܡܛܠ ܕܝܫܘܥ ܥܬܝܕ
ܗܘܐ ܠܡܡܬ ܥܠ

Jn xi 51, 52 ܐܦ̈ܝ ܥܡܐ ܘܠܐ ܥܠ
ܐܦ̈ܝ ܥܡܐ ܒܠܚܘܕ
ܐܠܐ ܕܐܦ ܒܢ̈ܝܐ
ܕܐܠܗܐ ܕܡܒܕ̈ܪܝܢ
53 ܝܬܟܢܫܘܢ ܠܚܕܐ ܡܢ
ܗܘ ܕܝܢ ܝܘܡܐ ܐܬܪܥܝܘ
ܗܘܘ ܠܡܩܛܠܗ ܀
54 ܝܫܘܥ ܕܝܢ ܠܐ ܡܗܠܟ
ܗܘܐ ܒܦܪ̈ܗܣܝܐ
ܠܒܝܢ ܝܗܘܕܝܐ ܐܠܐ
ܐܙܠ ܠܗ ܠܐܬܪܐ
ܕܩܪܝܒ ܠ . .
ܕܡܬܩܪܐ ܐܦܪܝܡ
ܘܬܡܢ ܡܬܗܦܟ
ܗܘܐ ܥܡ ܬܠܡ̈ܝܕܘܗܝ

55 ܘܗܘܐ ܗܘܐ . . .
ܕܩܪܝܒ ܦܨ̈ܚܐ
ܘܣܠܩܘ ܣܓܝܐܐ ܡܢ
ܟܦܪ ܠܐܘܪܫܠܡ
ܕܝܕܟܘܢ ܢܦܫܗܘܢ
56 ܘܒܥܝܢ ܗܘܘ ܠܗ

Jn xi 56 ܠܝܫܘܥ ܘܐܡܪܝܢ ܚܕ
ܠܚܕ ܒܗܝܟܠܐ ܩܝܡܝܢ
ܐܝܬܘ̄ ܕܝܬܐ ܠܐ
57 ܐܬܐ ܠܥܐܕܐ ܘܪ̈ܒܢ
ܟܗ̈ܢܝܐ ܘܦܪ̈ܝܫܝܐ ܦܩܕܘ
ܕܡܢ ܕܚܟܐ ܠܗ ܢܐܬܐ
ܢܒܥܘ ܠܗܘ̄ ܕܢܐܚܕܘܢܗ
xii 1 ܘܝܫܘܥ ܩܕܡ ܫ̈ܬܐ
ܝܘܡ̈ܝܢ ܕܦܣܚܘ̄ ܦܛܝܪ̈ܐ
ܐܬܐ ܠܗ ܝܫܘܥ
ܠܒܝܬ ܥܢܝܐ ܩܪܝܬܐ
ܠܘܬ ܠܥܙܪ ܗܘ ܕܡܝܬ
2 ܗܘܐ ܘܚܝܐ. ܘܥܒܕܘ
ܠܗ ܐܚܫܡܬܐ
ܬܡܢ ܘܠܥܙܪ ܚܕ ܡܢ
ܣܡܘ̈ܟܐ ܗܘܐ
ܕܡܣܬܡܟܝܢ ܠܘܬܗ
ܡܪܬܐ ܕܝܢ ܡܫܡܫܐ
ܗܘܬ ܒܡܫܡܫܬܐ.
3 ܡܪܝܡ ܕܝܢ ܢܣܒܬ
ܫܦܘܝܬܐ ܕܠܝܛܪ
ܡܫܚܐ ܢܪ̈ܕܝܢ
ܦܣܛܝܩܘܢ ܝܩܝܪܬܐ

Jn xii 3 ܕܡܠܝܐܢ ܕܡ̈ܘܗܝ
ܘܐܫܦܥܬܗ ܥܠ ܪܝܫܗ
ܕܝܫܘܥ ܟܕ ܡܣܡܟ
ܘܡܫܚܬ ܪ̈ܓܠܘܗܝ
ܘܫܘܝܬ ܒܣܥܪܗ
ܘܡܠܐ ܒܝܬܐ ܟܠܗ
ܡܢ ܪܝܚܗ ܕܡܫܚ̈ܐ
4 ܘܐܡܪ ܝܗܘܕܐ
ܣܟܪܝܘܛܐ ܚܕ ܡܢ
ܬܠܡ̈ܝܕܐ. ܗܘ ܕܗܘ
ܡܫܠܡ ܗܘܐ ܠܗ.
5 ܠܡܢܐ ܠܐ ܐܙܕܒܢ
ܡܫܚܐ ܗܢܐ
ܒܬܠܬ ܡܐܐ ܕܝܢܪܝܢ
ܘܐܬܝܗܒ ܠܡܣܟܢܐ
6 ܠܝܗܘܕܐ ܕܝܢ ܠܐ
ܗܘܐ ܥܠ ܡܣܟܢܐ
ܒܦܠܠ ܗܘܐ ܠܗ
ܐܠܐ ܡܛܠ ܕܓܢܒ
ܗܘܐ. ܘܓܠܘܣܩܡܐ
ܕܡܣܟܢܐ ܓܕܗܘܐ
7 ܗܘܐ ܟܕ ܫܡܥ ܝܫܘܥ
ܐܡܪ ܠܗ ܫܒܘܩ

Jn xii 7 ܠܗ ܢܛܪܐ ܠܗ .
9 ܕܫܡܥܘܢ ܘܝܕܥܘ .
ܐܢܫܐ ܣܓܝܐܐ ܡܢ
ܝܗܘܕܝܐ ܕܬܡܢ ܗܘܘ
ܘܐܬܘ ܠܬܡܢ ܠܐ ܡܛܠ
ܕܝܫܘܥ ܠܒܠܚܘܕ ܐܠܐ
ܠܥܙܪ ܗܘ ܕܐܩܝܡ ܡܢ
10 ܒܝܬ ܡܝܬܐ . ܘܐܬܪܥܝܘ
ܗܘܘ ܪܒܢ ܟܗܢܐ ܕܐܦ
ܠܥܙܪ ܢܩܛܠܘܢܗ .
11 ܡܛܠܬܗ ܓܒܪ ܕܠܥܙܪ
ܝܗܘܕܝܐ ܗܝܡܢܘ ܒܝܫܘܥ
12 ܘܠܝܘܡܐ ܐܚܪܢܐ ܥܡܐ
ܘܐܬܐ ܠܥܐܕܐ ܕܝܬܐ
ܘܫܡܥܘ ܗܘܘ ܝܗܘܕܝܐ
. . ܠܝܪܘܫܠܡ . ܢܣ
ܝܫܘܥ ܕܝܬܐ ܐܬܐ
13 ܠܐܘܪܫܠܡ ܢܣܒܘ
ܣܘܟܐ ܕܕܩܠܐ ܘܢܦܩܘ
ܠܐܘܪܥܗ . ܘܩܥܝܢ
ܗܘܘ ܘܐܡܪܝܢ . .
ܕܐܬܐ ܒܫܡܗ ܕܡܪܝܐ

Jn xii 13, 14 ܡܠܟܐ ܕܐܝܣܪܝܠ ܝܫܘܥ
ܕܡܢ . . . ܥܠ
. . . ܕܟܬܝܒ
15 ܒܪܬܝܐ ܢܣܒܐ ܠܐ
ܬܕܚܠܝܢ ܒܪܬ ܨܗܝܘܢ
ܗܐ ܡܠܟܟܝ ܐܬܐ
ܠܟܝ . ܘܪܟܝܒ ܥܠ
ܥܝܠܐ ܒܪ ܐܬܢܐ.
16 ܗܠܝܢ ܡܢ ܩܕܡܝܬ ܠܐ
ܝܕܥܘ ܬܠܡܝܕܘܗܝ
ܐܠܐ ܟܕ ܩܒܠ
ܡܪܢ ܫܘܒܚܗ
ܐܬܕܟܪܘ ܕܗܠܝܢ
ܟܬܝܒܢ ܗܘܝ ܥܠܘܗܝ
ܘܗܠܝܢ ܥܒܕܘ ܠܗ
17 . . . ܐܢܫܐ
ܕܥܡܗ ܗܘܐ ܐܣܗܕܘ
ܗܘܘ ܐܢܫܐ ܕܩܪܐ
ܠܠܥܙܪ ܡܢ ܩܒܪܐ
ܘܐܩܝܡܗ .
18 . . . .
. . .

Jn xii 18 ܕܫܡܥܘ . . .
19 ܟܒܢ. ܦܪܝܫܝܐ . .
ܐܡܪܝܢ . . . .
ܚܙܝܢ ܐܢܬܘܢ ܕܠܐ
ܡܘܬܪܝܢ ܐܢܬܘܢ ܡܕܡ
ܕܗܐ ܥܠܡܐ ܟܘܠܗ
ܐܙܠ ܠܗ ܒܬܪܗ ܀

20 ܘܐܝܬ ܗܘܐ ܡܢ
ܐܪܡܝܐ ܕܣܠܩܘ
ܗܘܘ ܠܡܣܓܕ ܒܥܐܕܐ
21 ܘܐܬܘ ܘܐܡܪܘ
ܠܦܝܠܝܦܘܣ ܗܘ ܕܡܢ
ܒܝܬ ܨܝܕܐ ܕܓܠܝܠܐ
ܡܪܝ ܠܝܫܘܥ ܨܒܝܢ
ܐܢܚܢܢ ܠܡܚܙܝܗ.
22 ܘܦܝܠܝܦܘܣ ܐܙܠ ܐܡܪ
ܠܐܢܕܪܐܘܣ. ܘܐܬܘ
ܬܪܝܗܘܢ ܘܐܡܪܘ ܠܝܫܘܥ.
23 ܐܡܪ ܠܗܘܢ ܝܫܘܥ
ܐܬܬ ܫܥܬܐ
. . . . ܒܪܗ
24 . . ܐܡܝܢ
. . . ܠܟܘܢ

Jn xii 24 ܕܦܪܕܬܐ ܕܚܛܬܐ
ܐܠܐ ܢܦܠܐ ܘܡܝܬܐ
ܒܐܪܥܐ ܒܠܚܘܕܝܗ
ܗܝ ܐܢ ܕܝܢ ܢܦܠܐ
ܘܡܝܬܐ ܦܐܪܐ
25 ܣܓܝܐܐ ܡܝܬܝܐ. ܡܢ
ܕܪܚܡ ܢܦܫܗ ܢܘܒܕܝܗ
ܘܡܢ ܕܣܢܐ ܢܦܫܗ
ܒܗܢܐ ܥܠܡܐ ܢܛܪܝܗ
26 ܠܚܝܝܐ ܕܠܥܠܡ. ܡܢ ܕܠܝ
ܢܫܡܫ ܒܬܪܝ ܢܐܬܐ
ܘܐܬܪ ܕܐܢܐ ܬܡܢ
ܢܗܘܐ ܐܦ ܡܫܡܫܢܝ
ܘܡܢ ܕܠܝ ܡܫܡܫ
27 ܢܝܩܪܝܗ ܐܒܐ ܗܫܐ
ܢܦܫܝ ܗܐ ܫܓܝܫܐ
ܘܡܢܐ ܐܡܪ. ܐܒܐ
ܐܚܝܢܝ ܡܢ ܗܕܐ
ܫܥܬܐ ܐܠܐ ܡܛܠ
ܗܢܐ ܐܬܝܬ ܠܗܕܐ
28 ܫܥܬܐ ܐܒܐ ܫܒܚ
ܫܡܟ ܘܒܗ ܒܫܥܬܐ
ܐܬܫܡܥ ܩܠܐ ܡܢ

ܠܥܠܡ ܡܩܘܐ ܘܐܝܟܢܐ Jn xii 34
ܐܡܪ ܐܢܬ ܕܒܥܐ ܕ
ܗܘ ܕܢܬܪܝܡ ܒܪܗ
ܕܐܢܫܐ . . . .
ܗܢܐ ܒܪܗ ܕܐܢܫܐ
ܐܡܪ ܠܗܘܢ ܝܫܘܥ 35
ܥܠܠ ܐܢܘܢ . .
. . . ܥܡܟܘܢ
. ܢܘܗܪܐ . . .
ܠܟܘܢ ܢܘܗܪܐ ܕܠܐ
. . . . . .
. . . . .
. . .
. . . .
. 36
. . ܗܘܝܬܘܢ
. ܕܒܢܘܗܝ
. . . . .

. . . .
. . . . .
. . . .
. 37
. . . . .

ܫܡܝܐ . . . Jn xii 28
ܐܢܐ . . . .
ܗܘܘ 29
. . . . . .
. . . .
. . . . . .
. . . . . .
. 30
ܡܠܬܐ . . . .
ܐ . . .
ܗܫܐ 31
ܕܥܠܡܐ . . .
. . . . . .
. 32
. . . . .
. . . . .
. . . .
. . . . . .
. . . . . .
. . . .
. . . . .
. . . . .
. 34
. . . . .

fol. 145 r (= 106 r). [F. C. B.]

Jn xii 37 ܕܥܒܕ . . . .

38 ܒܗ ܕܬܬܡܠܐ . .

ܕܐܫܥܝܐ ܢܒܝܐ ܐܡܪ

ܗܘܐ . . . . . .

ܠܫܡܥܢ . .

39 ܠܗܢ ܐ . . .

40 ܐܡܪ . . .

ܥܝܢܝܗܘܢ . . . .

. . ܗܘܢ ܕܠܐ ܝܚܙܘܢ

. . . ܘܝܫܡܥܘܢ

41 . . ܢܒܝܐ

. . ܐܡܪ

. . ܘܬܫܒܚܬܗ

. . . . ܘܡܠܠ

. .

42 . . . . ܐ ܕܝܢ

. ܐ· ܗܝܡܢܘ ܒܗ ܣܓܝ

. . ܡܛܠ ܦܪܝܫܝܐ

. ܡܘܕܝܢ ܗܘܘ ܒܗ

. ܢܦܩܘܢ ܐܘܢ

43 . . ܫܘܒܚܐ ܕܒܢܝ

. ܢܫܐ ܡܢ

44 . . . . . . ܕܝܢ

Jn xii 44 . . . . . .

. . . . . .

. . . .

. . . .

. . . . .

. . .

. . . . .

. . .

. . . . .

. . . .

47 . . . . . .

ܡܠܝ . . .

. . . .

ܠܗ. ܠܐ ܓܝܪ ܐܬܝܬ

ܕܐܕܘܢܝܗ ܠܥܠܡܐ

ܐܠܐ ܕܐܚܝܢܗ ܠܗ

48 ܠܥܠܡܐ ܡܢ ܕܡܣ .

ܠܝ ܘܠܐ ܡܩܒܠ

ܡܠܝ ܐܝܬ . .

ܠܗ . . .

ܒܕܡܗ . . .

49 ܒܝܘܡܐ ܐܚܪܝܐ .

ܓܝܪ ܡܢ ܡܠܝ ܠܝ ܠܐ ܡܠܠܬ

ܐܠܐ ܐܒܐ ܕܫܕܪܢܝ

fol. 145 v (= 106 v).

R. L. B.
[F. C. B.]

Jn xii 49 ܗܘ ܦܩܕܢܝ ܡܐ
ܕܐܡܠܠ ܘܡܐ ܕܐܡܪ
50 ܘܝܕܥܢܐ ܕܦܘ̈ܩܕܢܘܗܝ
ܚܝ̈ܐ ܐܢܘܢ ܕܠܥܠܡ
ܘܡܕܡ ܕܡܡܠܠ ܐܢܐ
ܐܝܟ ܕܦܩܕܢܝ ܗܘ
ܡܡܠܠ ܐܢܐ. ○ ○

xiii 1 ܡܢ ܩܕܡ ܦܛܝܪ̈ܐ ܕܝܢ
ܝܕܥ ܗܘܐ ܝܫܘܥ
ܕܐܬܬ ܠܗ ܫܥܬܗ
ܕܢܫܢܐ ܡܢ ܗܢܐ
ܥܠܡܐ ܠܘܬ ܐܒܘܗܝ
ܐܚܒ ܠܕܝܠܗ ܕܒܗܢܐ
ܥܠܡܐ ܘܥܕܡܐ
ܠܐܚܪܝܬܐ ܐܚܒܢܘܢ.
2 ܐܘܦ ܘܗܘܬ ܐܚܫܡܝܬܐ
ܘܣܛܢܐ ܐܪܡܐ ܗܘܐ
ܒܠܒܗ ܕܝܗܘܕܐ ܒܪ
ܫܡܥܘܢ ܣܟܪܝܘܛܐ ܐܝܟ
3 ܕܢܫܠܡܝܢܗ ܘܗܘ
ܝܫܘܥ ܟܠ ܕܝܗܒ
ܗܘܐ ܕܟܘܠ ܡܕܡ
ܝܗܒ ܐܒܐ ܒܐܝ̈ܕܘܗܝ.
ܘܢܦܩ ܗܘܐ ܕܡܢ ܠܘܬ

Jn xiii 3 ܐܠܗܐ ܐܬܐ ܘܠܘܬ
4 ܐܠܗܐ ܐܙܠ ܩܡ
ܐܢܝܚ ܢܚܬܘܗܝ.
ܘܢܣܒ ܣܘܕܢܐ ܡܚܢܐ
5 ܒܚ̈ܨܘܗܝ ܘܢܣܒ
ܡ̈ܝܐ ܐܪܡܝ ܒܥܓܢܐ
ܕܫܝܓܬܐ ܘܫܪܝ
ܗܘܐ ܡܫܝܓ ܪ̈ܓܠܐ
ܕܬܠܡ̈ܝܕܘܗܝ ܘܡܫܘܐܪ
ܒܣܘܕܢܐ ܕܡܚܢܐ
6 ܒܚ̈ܨܘܗܝ ܘܟܕ ܡܛܐ
ܠܘܬ ܫܡܥܘܢ ܟܐܦܐ
ܐܡܪ ܠܗ ܫܡܥܘܢ
ܐܢܬ ܡܪܝ ܪ̈ܓܠܝ ܡܫܝܓ
7 ܐܢܬ ܠܝ ܐܡܪ ܠܗ
ܝܫܘܥ ܡܕܡ ܕܥܒܕ
ܐܢܐ ܠܟ ܠܐ ܝܕܥ
ܐܢܬ ܡܢ ܒܬܪ ܗܠܝܢ
8 ܕܝܢ ܬܕܥ ܐܡܪ ܠܗ
ܫܡܥܘܢ ܠܥܠܡ ܠܐ
ܡܫܝܓ ܐܢܬ ܠܝ ܪ̈ܓܠܝ
ܐܡܪ ܠܗ ܝܫܘܥ.
ܐܠܐ ܡܫܝܓ ܐܢܐ
ܠܟ ܠܝܬ ܠܟ ܥܡܝ
9 ܡܢܬܐ. ܐܡܪ ܠܗ

Jn xiii 9 ܫܡܥܘܢ ܟܐܦܐ ܡܪܝ
ܠܐ ܪ̈ܓܠܝ ܒܠܚܘܕ ܬܫܝܓ
ܠܝ ܐܠܐ ܐܦ ܐܝ̈ܕܝ
10 ܘܐܦ ܪ̇ܫܝ ܐܡ̇ܪ ܠܗ
ܝܫܘܥ. ܡܢ ܕܣܚܝܐ ܗܘ
ܠܐ ܨܪܟ ܐܠܐ ܪ̈ܓܠܘܗܝ
ܒܠܚܘܕ ܢܫܝܓ ܡܛܠ
ܕܟܘܠܗ ܕܟܝܐ ܗܘ
ܘܐܦ ܐܢܬܘܢ ܕܟܝܢ
ܐܢܬܘܢ ܐܠܐ ܠܐ
11 ܟܠܟܘܢ ܝܕܥ ܗܘܐ ܓܝܪ
ܡܢ ܕܡܫܠܡ ܠܗ. ܡܛܠ
ܗܘ ܐܡ̇ܪ ܗܕܐ ܡܠܬܐ.
12 ܟܕ ܐܫܝܓ ܕܝܢ ܪ̈ܓܠܝܗܘܢ
ܢܣܒ ܢܚܬܘܗܝ ܘܐܣܬܡܟ
ܐܡ̇ܪ ܠܗܘܢ ܝܕܥܝܢ
ܐܢܬܘܢ ܡܢܐ ܥܒܕܬ
13 ܠܟܘܢ ܗܐ ܩ̇ܪܝܢ ܐܢܬܘܢ
ܠܝ ܪܒܢ ܘܡܪܢ ܘܫܦܝܪ
ܐܡ̈ܪܝܢ ܐܢܬܘܢ ܐܝܬܝ
14 ܐܢ ܘܐܢ ܐܢܐ ܪ̇ܒܟܘܢ

Jn xiii 14 ܘܡܪܟܘܢ ܪ̈ܓܠܝܟܘܢ
ܡܫܝܓܢܐ ܠܟܘܢ ܒܡܐ
ܘܠܐ ܠܟܘܢ ܕܐܦ
ܐܢܬܘܢ ܬܗܘܘܢ
ܡܫܝܓܝܢ ܪ̈ܓܠܝܐ ܚܕ
15 ܕܚܕ ܗܢܐ ܕܝܢ ܛܘܦܣܐ
ܕܝܗܒܬ ܠܟܘܢ ܕܐܝܟܢܐ
ܕܥܒܕܬ ܠܟܘܢ ܬܗܘܘܢ
ܥܒܕܝܢ ܀ ܀
ܐܡܪ̇ܢܐ
16 ܐܡܝܢ ܐܡܝܢ ܠܟܘܢ
ܕܠܝܬ ܥܒܕܐ ܕܪ̇ܒ ܡܢ
ܡܪ̇ܗ ܘܠܐ ܫܠܝܚܐ
ܕܪ̇ܒ ܡܢ ܡܢ ܕܫܕܪܗ
17 ܐܢ ܗܠܝܢ ܬܕܥܘܢ
ܘܬܥܒܕܘܢ ܛܘܒ̈ܝܟܘܢ
18 ܠܐ ܗܘܐ ܥܠ ܟܘܠ
ܐܢܫ ܐܡ̇ܪܢܐ. ܡܛܠ
ܕܝܕܥܢܐ ܠܐܝܠܝܢ ܕܓܒܝܬ.
ܐܠܐ ܡܛܠ ܕܢܫܠܡ
ܟܬܒܐ. ܕܐܡ̇ܪ ܕܡܢ
ܕܐܟܠ ܥܡܝ ܠܚܡܐ
ܐܪ̇ܝܡ ܥܠܝ ܥܩܒܗ.

F. C. B.

Jn xiii 19 · · · ܐܡܪܢܐ ·
ܠܟܘܢ ܡܢ ܩܕܡ ܕ ·
ܢܗܘܐ ܕܡܐ ܕܗܘܐ
ܬܕܥܘܢ ܕܐܢܐ ܐܢܐ
ܐܡܝܢ ܐܡܪܢܐ ܠܟܘܢ
20 ܕܡܢ ܕܡܩܒܠ ܠܡܢ
ܕܡܫܕܪ ܐܢܐ ܠܝ ܗܘ
ܡܩܒܠ ܘܡܢ ܕܠܝ
·
21 ܗܘ ܡܩܒܠ. ܘܟܕ
ܐܡܪ ܗܠܝܢ ܝܫܘܥ
ܐܬܥܝܩ ܒܪܘܚܗ
ܘܐܣܗܕ ܘܐܡܪ
ܐܡܝܢ ܐܡܪܢܐ ܠܟܘܢ
ܕܚܕ ܡܢܟܘܢ ܡܫܠܡ
22 ܠܝ. ܬܠܡܝܕܘܗܝ ܕܝܢ
ܚܝܪܝܢ ܗܘܘ ܚܕ ܒܚܕ
ܘܡܬܕܡܪܝܢ ܕܥܠ ܡܢ
23 ܗܘܐ ܐܡܪ ܚܕ ܡܢ
ܬܠܡܝܕܘܗܝ ܕܗܘܐ
ܐܢܫܐ · · ·
ܕܝܫܘܥ ·

Jn xiii 23 ܗܘܐ ܒ · · · ܪܚܡ
24 ܠܗ ܫܡܥܘܢ ܟܐܦܐ
ܕܢܫ⌈ܐ⌉ܠܝܘܗܝ ܥܠ ܡܢ
· · ܬܠܡܝܕܐ
· ܠܗ.
25 · · ܥܠ
· · · · ·
·
26 · ܗܘ
ܕܨܒܥ · · · ܠܚܡܐ
ܗܒܝܢܐ ܠܗ ܘܨܒܥ
ܢܣܒ ܠܚܡܐ ܘܝܗܒ
ܠܝܗܘܕܐ ܒܪ ܫܡܥܘܢ
27 ܣܟܪܝܘܛܐ ܘܒܬܪ
ܠܚܡܐ. ܐܬܥܠܠ ܗܘܐ
ܒܗ ܣܛܢܐ ·
ܠܗ ܝܫܘܥ ܡܕܡ ܕܥܒܕ
ܐܢܬ ܥܒܕ ܒܥܓܠ
28 ܘ · · ܠܐ
·
29 · · ܣܒܪܝܢ
· · · ·
ܓܠܘܣܩܡܐ ܓܐܕܘܗ.

Jn xiii 29 ܗܘܐ ܕܝܗܘܕܐ. ܕܡܦܩܕ
ܦܩܕ ܠܗ ܡܐ ܕܝܙܒܢ
ܠܥܐܕܐ ܘܡܐ ܕܝܬܠ
30 ܠܡܣܟܢܐ. ܟܕ ܕܝܢ ܩܒ
ܝܗܘܕܐ ܘܢܦܩ ܠܒܪܐ
ܘܢܦܩ ܠܗ ܠܒܪ ܘܡܕܢܐ
31 ܕܝܢ ܠܠܝܐ ܗܘܐ. ܘܟܕ
ܢܦܩ ܐܡܪ ܝܫܘܥ ܗܐ
ܗܫܠ ܐܫܬܒܚ ܒܪܗ
ܕܓܒܪܐ. ܘܐܠܗܐ
ܐܫܬܒܚ ܒܗ.
32 ܘܐܠܗܐ ܕܒܗ ܡܫܒܚ
ܠܗ ܒܚܕܐ ܡܫܒܚ
33 ܠܗ ܒܚ ܥܠܠ ܐܚܪܢ
ܒܢܝ ܐܢܐ ܘܬܒܥܘܢܝ
ܐܝܟܢܐ ܕܐܡܪܬ
ܠܝܗܘܕܝܐ ܕܐܬܪ
ܕܐܢܐ ܐܙܠܢܐ ܠܐ
ܡܫܟܚܝܢ ܠܡܐܬܐ
ܘܗܐ ܐܦ ܠܟܘܢ ܐܡܪܬ
34 ܐܠܐ ܕܗܫܐ ܦܘܩܕܢܐ
ܚܕܬܐ ܝܗܒܢܐ ܠܟܘܢ
ܕܬܚܒܘܢ ܡܚܒܝܢ ܚܕ

Jn xiii 34 ܠܚܕ. ܐܝܟܢܐ ܕܐܢܐ
35 ܐܚܒܬܟܘܢ ܒܗܕܐ
ܟܠ ܢܕܥܘܢ ܟܠܗܘܢ
ܕܬܠܡܝܕܝ ܐܢܬܘܢ
ܐܢ ܚܘܒܐ ܢܗܘܐ
ܒܟܘܢ ܚܕ ܠܘܬ ܚܕ
36 ܐܡܪ ܠܗ ܫܡܥܘܢ
ܟܐܦܐ ܡܪܝ. ܠܐܝܟܐ
ܐܙܠ ܐܢܬ. ܐܡܪ ܠܗ
ܠܐܬܪ ܕܐܙܠ ܐܢܐ
ܠܐ ܡܫܟܚ ܐܢܬ
ܠܡܐܬܐ ܒܗܢܐ ܙܒܢܐ
ܒܐܚܪܬܐ ܕܝܢ
37 ܬܐܬܐ ܒܬܪܝ. ܐܡܪ
ܠܗ ܫܡܥܘܢ ܠܡܢܐ ܠܐ
ܡܫܟܚ ܐܢܐ ܕܐܬܐ
ܒܬܪܟ. ܗܫܐ ܢܦܫܝ
38 ܐܣܝܡ ܚܠܦܝܟ ܐܡܪ
ܠܗ ܝܫܘܥ ܢܦܫܟ
ܬܣܝܡ ܚܠܦܝ. ܐܡܝܢ
ܐܡܝܢܐ ܐܡܪ ܠܟ ܕܠܐ
ܢܩܪܐ ܬܪܢܓܠܐ ܬܬܟܦܪܢ
ܙܒܢܝܢ ܕܬܠܬ ܙܒܢܝܢ
ܬܟܦܪ ܒܝ .

fol. 147 v (= 11 v).

J. R. H.

Jn xiv 1 ܐܡܪ ܝܫܘܥ ܠܐ
ܝܬܬܪܗܒ ܠܒܟܘܢ
ܗܝܡܢܘ ܒܐܠܗܐ ܘܒܝ
ܗܘ ܡܗܝܡܢܝܢ ܐܢܬܘܢ
2 ܗܟܙܐ ܐܝܬܘܢ ܐܬܘܪܬܐ
ܒܝܬ ܐܒܝ ܘܐܠܐ ܐܡܪ
ܗܘܝܬ ܠܟܘܢ ܕܐܬܪܐ
ܐܙܠܢܐ ܕܐܛܝܒ ܠܟܘܢ
3 ܘܐܢ ܐܙܠ ܘܐܬܩܢ ܠܟܘܢ܆
ܬܘܒ ܐܬܐ ܘܐܕܒܪܟܘܢ
ܠܘܬܝ ܕܐܬܪ ܕܐܢܐ
ܐܦ ܐܢܬܘܢ ܬܗܘܘܢ
4 ܘܠܐܝܟܐ ܕܐܙܠܢܐ
ܝܕܥܝܢ ܐܢܬܘܢ ܘܐܘܪܚܐ
5 ܝܕܥܝܢ ܐܢܬܘܢ܆ ܐܡܪ
ܠܗ ܬܐܘܡܐ ܡܪܝ
ܠܐ ܝܕܥܝܢ ܐܢܚܢܢ
ܠܐܝܟܐ ܐܙܠ ܐܢܬ
ܐܝܟܢܐ ܡܫܟܚܝܢ
ܐܢܚܢܢ ܠܡܕܥ ܐܘܪܚܐ
6 ܐܡܪܐ ܗܝ ܐܡܪ
ܠܗ ܝܫܘܥ ܐܢܐ ܐܢܐ
ܐܘܪܚܐ ܘܩܘܫܛܐ ܘܚܝ̈ܐ

Jn xiv 6 ܠܐ ܐܢܫ ܐܬܐ ܠܘܬ
7 ܐܒܐ. ܐܠܐ ⌈ܐܢ⌉ ܒܝ
ܐܢ ܠܝ · · · ܐܦ
ܠܐܒܝ ⌈ܬܕܥܘܢ⌉ ܘܡܢ
ܗܫܐ ⌈ܝܕܥܝܢ⌉ ܐܢܬܘܢ
8 ܠܗ ܘܚܙܝܬܘܢܗ. ܐܡܪ
ܠܗ ܦܝܠܝܦܘܣ ܡܪܝ
ܚܘܝ ܐܒܐ ܘܣܦܩ ⌈ܠܢ⌉
9 ܐܡܪ ܠܗ ܝܫܘܥ
ܢܘܓܪܐ ܟܘܠ ·
ܥܡܟܘܢ ܘܠܐ · ·
ܡܢ ܕܠܐ ܚܙܐ
ܠܐܒܐ ܘܐܝܟܢܐ ·
ܐܢܬ ܚܘܝ ܠܢ
10 ܡܗܝܡܢܝܢ · ·
ܕܐܢܐ ܒܐܒܐ ·
ܘܐܒܐ ܒܝ
12 ܐܡܝܢ ܐܡܪ ·
ܕܡܢ ܕܡܗܝܡܢ ·
ܥܒ̈ܕܐ ܐܠܝܢ
ܥܒܕܐ ܗܘ ·
ܘܕܬܝܪܢ ܡܢ
· · ·

Jn xiv 12 . . . . .

13 . .

. . . .

ܕܝܫܬܒܚ ܐܒܐ

15 ܒܒܪܗ ܐܢ ܡܚܒܝܢ

ܐܢܬܘܢ ܠܝ ܦܘܩܕܝ

16 . ܘܪܘ. ܘܐܢܐ ܐܒܥܐ

. ܐܒܐ ܘܝܬܠ ܠܟܘܢ

ܦܪܩܠܝܛܐ

. . ܥܡܟܘܢ ܠܥܠܡ

17 . ܫܪܪܐ ܕܥܠܡܐ

. ܠܡܩܒܠܘܬܗ

. . . ܚܡܗ ܘܠܐ

ܝܕܥܝܗ ܐܢܬܘܢ ܕܝܢ

ܝܕܥܝܢ ܐܢܬܘܢ ܠܗ.

ܕܠܘܬܟܘܢ ܡܫܪܐ

18 . ܬܫܘܢ ܬܗܘܐ ܘܠܐ

ܐܫܒܘܩܟܘܢ ܝܬܡ̈ܐ

ܐܠܐ ܐܬܐ ܠܘܬܟܘܢ

19 ܩܠܝܠ ܐܚܪܢ ܘܥܠܡܐ

ܠܐ ܚܡܐ ܠܝ . ܘܐܢܬܘܢ

ܬܚܡܘܢܢܝ ܘܚܝ ܐܢܐ

ܘܐܦ ܐܢܬܘܢ ܬܚܘܢ

Jn xiv 20 ܘܒܗܘܢ ܝܘܡܐ ܬܕܥܘܢ

ܕܐܢܐ ܒܐܒܝ ܐܢܐ

ܘܐܢܬܘܢ ܒܝ ܐܢܬܘܢ

ܘܐܢܐ ܒܟܘܢ ܐܢܐ

21 ܡܢ ܕܐܝܬ ܠܘܬܗ

ܦܘܩܕܝ ܘܢܛܪ ܠܗܘܢ

ܗܘ ܗܘ ܪܚܡ ܠܝ

ܘܡܢ ܕܪܚܡ ܠܝ ܘܐܦ

ܗܘ ܡܬܪܚܡ ܡܢ

ܐܒܝ ܘܐܦ ܐܢܐ

ܐܪܚܡܝܘܗܝ ܘܐܚܘܝܘܗܝ

22 ܢܦܫ ܐܡܪ ܠܗ

ܬܗܘܡܐ ܡܪܝ ܡܢܘ

ܕܥܬܝܕ ܐܢܬ ܠܡܚܘܝܘ

ܠܢ ܢܦܫܟ ܘܠܐ ܗܘܐ

ܠܥܠܡܐ ܡܚܘܐ ܐܢܬ

23 ܢܦܫܟ ܐܡܪ ܠܗ

ܡܦܩ ܡܢ ܕܠܝ ܪܚܡ

ܡܠܬܝ ܢܛܪ ܘܐܒܝ

ܢܪܚܡܝܘܗܝ. ܘܠܘܬܗ

ܐܬܝܢ ܐܢܚܢܢ ܘܐܘܢܐ

24 ܠܘܬܗ ܢܥܒܕ. ܡܢ

ܕܠܐ ܪܚܡ ܠܝ ܡ̈ܠܝ

ܠܐ ܢܛܪ ܘܡܠܬܐ

Jn xiv 24 . . . . . ܠܗ
ܘܗܝ ܡܠܬܐ ܠܐ
ܗܘܬ ܕܝܠܝ ܐܠܐ ܕܐܒܝ
25 ܕܫܕܪܢܝ ܗܠܝܢ ܡܠܠܬ
ܥܡܟܘܢ ܟܕ ܠܘܬܟܘܢ
26 ܐܢܐ ܗܘ ܪܘܚܐ ܕܩܝ
ܦܪܩܠܛܐ ܕܝܫܕܪ ܠܟܘܢ
ܐܒܝ ܒܫܡܝ ܗܘ
ܝܠܦܟܘܢ ܟܘܠ ܡܕܡ. ܗܘ
ܬܕܟܪܟܘܢ ܟܘܠ ܡܐ
27 ܕܐܡܪܬ ܐܢܐ ܫܠܡܐ
ܫܒܩܢܐ ܠܟܘܢ ܫܠܡܐ
ܕܝܠܝ ܝܗܒܢܐ ܠܟܘܢ ܠܐ
ܐܝܟܢܐ . . .
ܝܗܒܢܐ . . .
ܢܬܪܗܒ . . .
28 . . . . .
. . .
ܘܐܬܐ . . .
. . . .
. . . . . .
29 ܐܟܢ ܕܪܒ ܡܢܢ ܘܗܘܝܐ
. . . ܠܟܘܢ ܟܕ
ܠܐ ܢܗܘܐ ܕܗܘܐ ܕܗܘܐ

Jn xiv 29, 30 ܬܗܝܡܢܘܢ ܡܡܠܠ ܠܐ
ܐܡܠܠ ܥܡܟܘܢ ܐܬܐ
ܗܘ ܓܝܪ ܐܪܟܘܢܗ
ܕܥܠܡܐ ܘܒܝ ܠܝܬ ܠܗ
31 ܡܕܡ. ܐܠܐ ܡܛܠ
ܕܝܕܥ ܥܠܡܐ ܕܪܚܡ
ܐܢܐ ܠܐܒܝ ܐܝܟܢܐ
ܕܦܩܕܢܝ ܐܒܝ ܗܟܘܬ
ܥܒܕܢܐ. ܩܘܡܘܢ
xv 1 ܢܐܙܠ ܡܟܐ. ܐܢܐ ܐܢܐ
ܓܦܬܐ ܕܫܪܪܐ
ܘܐܒܝ ܗܘ ܦܠܚܐ.
2 ܟܠ ܓܦܬܐ ܕ .
ܦܐܪܐ ܠܐ .
.
ܕܝܗܒܐ . .
. . . .
ܘܓܠܝܐ . . .
3 . . . .
. . . .
. . .
.
.
. . .
. . . . .

fol. 149 r (= 117 r).

(R. L. B.)
[F. C. B.]

Jn xv 4 . . ܐ . . .

ܗܟܢܐ ܐܦ . .

ܡܙܩ ܠܐ ܡܫܟܚܝܢ

ܐܢܬܘܢ ܠܒܪ ܡܢܝ

5 ܐܢܐ ܐܢܐ ܓܦܢܐ ܘܐܢܬܘܢ

ܫܒܫܒܬܐ ܡܢ ܕܒܝ

ܗܘܐ ܐܦ ܐܢܐ ܒܗ

. . .

. . . .

. . . . .

ܠܐ ܡܫܟܚܝܢ ܐܢܬܘܢ

6 . . . . .

. . . ܠܒܪ ܐܝܟ

ܫܒܫܒܬܐ ܕܝܒܫܐ

ܘܡܫܒܬܕܐ ܠܒܪ

ܘܠܩܛܝܢ ܘܪܡܝܢ ܠܗ

. . . . . .

7 . . . . .

. . . . .

.

. .

. . . .

. .

Jn xv 9 . . .

. . .

. . . .

. . .

10 . . . .

. ܒܚܘܒܝ

ܐܝܟܢܐ ܕܢܛܪܬ

ܦܘܩܕܢܘܗܝ ܕܐܒܐ

ܘܡܩܘܐ ܐܢܐ

11 ܒܚܘܒܗ ܗܠܝܢ ܡܠܠܬ

ܥܡܟܘܢ . . .

. . . .

. . . . .

. . . .

. . . .

. . . .

. .

. . . . .

. . . .

. . . .

. .

. .

. . . . .

. . . .

. . . . .

fol. 149 v (= 117 v). [F. C. B.]

Jn xv 15 . . ܩܪܝܐ ܠܟܘܢ
. . ܡܛܠ ܕܥܒܕܐ
ܠܐ ܚܟܡ ܡܢܐ ܥܒܕ
ܡܪܗ ܪ̈ܚܡܝܢ ܕܝܢ
ܩܪܝܬܟܘܢ ܡܛܠ ܕܟܠ
ܕܫܡܥܬ ܡܢ ܐܒܝ
16 . . ܬܒܥܘܢ. ܘܠܐ
ܗܘܐ ܐܢܬܘܢ
ܓܒܝܬܘܢܝ. ܐܠܐ ܐܢܐ
ܓܒܝܬܟܘܢ ܘܫܡܬܟܘܢ
ܕܬܗܘܘܢ ܐܙܠܝܢ ܡܝܬܝܢ
. . . ܦܐܪ̈ܝܟܘܢ
ܕܐܡܬܝ ܕܫܐܠܝܢ
ܐܢܬܘܢ ܡܕܡ ܠܐܒܝ
ܒܫܡܝ ܝܗܒ ܠܟܘܢ
17 ܗܕܐ ܕܝܢ ܡܦܩܕܢܐ
ܠܟܘܢ ܕܬܗܘܘܢ ܪ̈ܚܡܝܢ
18 ܐܢ ܣܢܐ ܘܐܢ ܥܠܡܐ
. . . ܕܒܘ ܕܠܝ
. ܡܢ ܩܕܡܝܟܘܢ
19 . . . ܥܠܡܐ
. ܥܠܡܐ ܠܕܝܠܗ
. . . . . ܠܐ
. . . . ܥܠܡܐ

Jn xv 19 ܘܐܢܐ ܓܒܝܬܟܘܢ ܡܢܗ
ܡܢ ܥܠܡܐ ܡܛܠ ܗܢܐ
ܣܢܐ ܠܟܘܢ ܥܠܡܐ
20 ܘܗܘܬܘܢ ܕܟܝܪܝܢ
ܕܐܡܪܬ ܠܟܘܢ ܕܠܝܬ
ܥܒܕܐ ܪܒ ܡܢ ܡܪܗ
ܐܢ ܠܝ ܪ̈ܕܦܘ ܘܐܦ
ܠܟܘܢ ܢܪ̈ܕܦܘܢ ܘܐܢ
ܡܠܬܝ ܫܡܥܘ ܘܢܛܪܘ
ܘܐܦ ܕܝܠܟܘܢ ܢܛ̈ܪܘܢ
21 ܗ̈ܠܝܢ ܟܠܗܝܢ ܝܥܒܕܘܢ
ܒܟܘܢ ܡܛܠ ܫܡܝ ܕܠܐ
ܡܛܠ ܕܠܐ ܝܕܥܝܢ ܠܡܢ
22 ܕܫܕܪܢܝ. ܘܐܠܘ ܐܢܐ
ܠܐ ܐܬܝܬ ܡ̈ܠܠܬ
ܥܡܗܘܢ ܠܝܬ ܗܘܘ
ܠܗܘܢ ܚ̈ܛܝܗܝܢ. ܗܫܐ
ܕܝܢ ܠܝܬ ܠܗܘܢ ܥܠܐ
ܥܠ ܐܦܝ ܚܛ̈ܝܗܘܢ:
23 ܡܛܠ ܕܡܢ ܕܠܝ ܣܢܐ
ܐܦ ܠܐܒܝ ܣܢܐ
24 ܘܐܠܘ ܥܒܕܐ ܠܐ
ܥܒܕܬ ܠܥܝܢܝܗܘܢ
ܕܐܚܪܢ ܠܐ ܥܒܕ ܐܝܘܢ:
ܠܝܬ ܗܘܘ ܠܗܘܢ:

fol. 150 r (= 119 v). [F. C. B.]

Jn xv 24 . . . ܗܫܐ . . .
ܘܚܡܘ ܘܣܢܘ ܐܦ
25 . . . . . ·ܐܠܐ
. . . . ܡܠܬܐ
. ܒܐܘܪܝܬܗܘܢ:
26 . . . . . . ܟܕ
. . . ܦܪܩܠܛܐ
. . . ܠܟܘܢ· ܡܢ
. . . . ܠܘܬ ܐܒܐ
. ܕܡܢ ܡܢܗ
. . . . .
27 . . . . .
. . . . .
. . . . ܥܡܝ
xvi 1 . . . . . . ܕܝܢ
ܡܠܠܬ ܥܡܟܘܢ ܕܠܐ
2 ܬܬܟܫܠܘܢ: ܢܦܩܘܢܟܘܢ
ܒܪ ܡܢ ܟܢܫܬܗܘܢ
ܘܐܬܝܐ ܫܥܬܐ ܕܟܠ
ܕܝܩܛܠܟܘܢ ܢܣܒܪ
4 ܕܠܐܠܗܐ ܦܠܚ ܗܘܠܝܢ
ܡܠܠܬ ܥܡܟܘܢ ܕܡܐ
ܕܬܐܬܐ ܫܥܬܐ ܬܬܕܟܪܘܢ
ܕܐܡܪܬ ܠܟܘܢ ܗܘܠܝܢ
ܕܠܐ ܐܡܪܬ ܠܟܘܢ

Jn xvi 4 ܡܢ ܩܕܝܡ ܡܛܠ
5 ܕܥܡܟܘܢ ܗܘܝܬ ܗܫܐ
ܕܝܢ ܐܙܠܢܐ ܠܘܬ ܡܢ
ܕܫܕܪܢܝ ܠܐ ܐܢܫ
ܡܢܟܘܢ ܫܐܠ ܠܝ
ܠܐܢܐ ܐܬܐ ܐܙܠܬ
6 ܡܛܠ ܕܐܡܪܬ ܠܟܘܢ
ܒܪ ܗܠܝܢ ܘܐܬܬ
ܟܪܝܘܬܐ ܘܡܠܬ
7 ܠܒܘܬܟܘܢ ܐܠܐ ܐܢܐ
ܫܪܪܐ ܐܡܪܢܐ ܠܟܘܢ:
ܕܦܩܚ ܠܟܘܢ ܕܐܢܐ
ܐܙܠ ܡܛܠ ܕܐܢ ܐܢܐ
ܠܐ ܐܙܠܢܐ ܦܪܩܠܛܐ
ܠܐ ܐܬܐ ܠܘܬܟܘܢ.
ܡܐ ܕܐܙܠܬ ܕܝܢ
ܡܫܕܪܢܐ ܠܟܘܢ ܦܪܩܠܛܐ
8 ܡܐ ܕܐܬܐ ܕܝܢ ܗܘ
ܢܟܣܣܘܗܝ ܠܥܠܡܐ
ܒܚܛܝܗܘܗܝ ܘܥܠ
ܙܕܝܩܘܬܗ ܘܥܠ
9 ܕܝܢܐ. ܘܥܠ ܚܛܝܐ
ܕܠܐ ܗܝܡܢܘ ܒܝ:
10 ܘܥܠ ܙܕܝܩܘܬܐ ܕܝܢ
ܕܠܘܬ ܐܒܐ ܐܙܠܢܐ

fol. 150 v (= 119 r). [F. C. B.]

Jn xvi 10 . . . . . ܚܙܝܢ
11 ܐܪܟܘܢ ܠ ܥܠ ܕܝ[ܢ]ܐ
. . .
. . . . . .
. . . . . .
. . . . . .
13 . . . . . .
. . . . . .
. . . ܢܕܒܪܟܘܢ
. . ܫܪܪܐ. ܡܠܠ
. ܡܢ ܪܥܝܢ
. . .ܐܠܐ ܟܘܠ
. . .ܕܫܡܥ ܗܘ. .
. . . .
14 . . . . .
. . . . . .
. . . . .
. . . . .
. .
. . . .
. . . . .
. . . . . .
. . . . . .
ܐܒܐ . . .

Jn xvi 17 ܘܐܡܪܝܢ ܬܠܡܝܕܘܗܝ
ܚܕ ܠܚܕ ܡ[ܢ]ܐ ܗܝ
ܗܕܐ ܕܐܡܪ ܕܩܠܝܠ
ܘܠ[ܐ] ܬܚܡܘܢܢܝ ܘܬ[ܘ]ܒ
ܩܠܝܠ ܘܬܚܡܘܢܢܝ
ܘܐܡ[ܪ] ܕܐܙܠ ܐ[ܢ]ܐ
18 ܠ[ܘܬ] ܠܘܬ ܐܒܐ. ܡܪ[ܘ]
ܗܝ ܗܕܐ ܩܠܝ[ܠ]
19 ܕܐܡܪ ܝܕܥ . .
ܚܕ ܡܢܐ . . .
ܗܘܘ ܠܡܫܐܠܘܬ[ܗ]
ܐܡܪ ܠܗܘܢ . . .
ܒܝ[ܢ] ܐܢܬܘܢ ܠܗܕܐ
ܕܐܡܪܬ ܠܟܘܢ .
ܘܠܐ ܬܚܡܘܢܢܝ . .
ܩܠܝܠ ܘܬܚܡܘܢܢܝ
20 ܐܡܝܢ ܐܡܝܢ ܐܡܪ
ܐܢܐ ܠܟܘܢ [ܕ]ܬܒܟܘܢ
ܘܬ[ܐ]ܠܘܢ ܘܬܬܢܚܘܢ
ܘܥܠܡܐ ܝܚܕܐ
ܐܢܬܘܢ ܬܬܥܩܘܢ
ܐܠ[ܐ] ܟܪܝܘܬܟܘܢ
ܠܚ[ܕ]ܘܬܐ ܬܗܘܐ.
21 ܐܢ[ܬ]ܬܐ ܡܐ ܕܝܠܕܐ

(R. L. B.)
[F. C. B.]

Jn xvi 21 ܒܪܢܫܐ ܗܘ ܠܗ ܠܥܠܡܐ

. . . . . .

. . . . . .

. . .

. . . . .

. . . . .

. . . .

. . .

. . . . .

. . . .

. . . . .

23 . . . .

. . . . . .

. . . . ܐܡܪ

. . . . ܡܐ

. . ܠܟܘܢ ܒܫܡܝ

24 . . . ܒܫܡܐ

. . . ܫܐܠܬܘܢ

. . . . . .

. . . ܕܬܗܘܐ

. . . ܡܫܠܡܐ.

25 . . . . . .

. . . . ܐܬܐ

. . . ܒܦܠܐܬܐ

. . . . . .

Jn xvi 25 ܐܚܘܝܟܘܢ ܥܠ ܐܒܝ

26 . . ܬܫܐܠܘܢ

ܒܫܡܝ . . .

. . . . .

. . . . .

. . . . .

. . .

28 . . . . .

ܐܠܗܐ . . . .

ܠܥܠܡܐ . .

. . ܠܘܬ . .

29 ܐܡܪܘ ܠܗ ܬܠܡܝܕܘܗܝ

. . . . ܗܫܐ

. . ܐܢܬ ܡܡܠܠ

ܐܢܬ ܘܦܠܐܬܐ . .

. . . . . .

30 ܗܫܐ ܝܕܥܝܢ ܐܢܚܢܢ

ܕܟܠ . . ܐܢܬ

ܘܠܐ . . . .

. . . . .

ܡܗܝܡܢܝܢ ܐܢܚܢܢ ܕܡܢ

ܐܠܗܐ ܐܫܬܕܪܬ

31 ܐܡܪ ܠܗܘܢ ܝܫܘܥ

ܗܫܐ ܗܐ ܡܗܝܡܢܝܢ

32 ܐܢܬܘܢ ܠܒܪ ܗܐ

Jn xvi 32 ܐܬܝܐ ܫܥܬܐ ܘܐܬܬ
ܕܬܬܒܕܪܘܢ ܐܢܫ
ܠܐܬܪܗ ܘܬܫܒܩܘܢܢܝ
ܒܠܚܘܕܝ. ܘܠܐ ܗܘܝܬ
ܒܠܚܘܕܝ ܕܐܒܐ ܥܡܝ
33 ܗܘ. ܗܠܝܢ ܐܡܪܬ ܕܝܗܘܐ
ܠܟܘܢ ܒܝ ܫܠܡܐ
ܘܒܥܠܡܐ ܝܗܘܐ ܠܟܘܢ
ܐܘܠܨܢܐ ܐܠܐ ܠܐ
ܬܕܚܠܘܢ ܐܢܐ ܙܟܝܬ
xvii 1 ܥܠܡܗ ܠܥܠܡܐ. ܗܕܐ
ܐܡܪ ܗܠܝܢ ܝܫܘܥ
ܘܐܪܝܡ ܥܝܢܘܗܝ ܠܫܡܝܐ
ܘܐܡܪ ܐܒܐ ܐܬܬ
ܫܥܬܐ ܫܒܚ ܒܪܟ
2 ܕܒܪܟ ܢܫܒܚܢܟ ܐܝܟܢܐ
ܕܝܗܒܬ ܠܗ ܫܘܠܛܢܐ
ܥܠ ܟܠ ܒܣܪ ܕܟܠ
ܡܐ ܕܝܗܒܬ ܠܗ ܝܬܠ
3 ܠܗ ܚܝܐ ܕܠܥܠܡ. ܗܠܝܢ
ܐܢܘܢ ܚܝܐ ܕܠܥܠܡ
ܕܝܕܥܘܢܟ ܕܠܚܘܕܝܟ
ܐܢܬ ܐܠܗܐ . .

Jn xvii 3 ܘܠܡܢ ܕܫܕܪܬ ܝܫܘܥ
4 ܡܫܝܚܐ . ܐܢܐ
ܫܒܚܬܟ ܒܐܪܥܐ.
ܘܥܒܕܐ ܗܘ ܕܝܗܒܬ
ܠܝ ܕܐܥܒܕ ܫܠܡܬܗ
5 ܘܐܦ ܗܫܐ ܗܒ ܠܝ
ܫܘܒܚܐ ܐܢܬ ܐܒܐ
ܡܢ ܠܘܬܟ ܡܢ ܗܘ
ܕܝܗܒܬ ܠܝ ܥܠܡܐ
6 ܢܗܘܐ ܥܠܡܐ ܘܓܠܝܬ
ܫܡܟ ܠܒܢܝ ܐܢܫܐ
ܕܝܗܒܬ ܠܝ ܡܢ ܥܠܡܐ
ܕܕܝܠܟ ܗܘܘ ܘܠܝ
ܝܗܒܬ ܐܢܘܢ ܘܡܠܬܟ
7 ܢܛܪܘ ܗܫܐ ܝܕܥܬ
ܕܟܠܡܐ ܕܝܗܒܬ ܠܝ
ܡܢ ܠܘܬܟ ܗܘ .
8 ܕܡܠܐ ܕ .
ܝܗܒܬ .
.ܘܗܠܘ . . . .
ܘܝܕܥܘ ܫܪܝܪܐܝܬ
.

(R. L. B.)
[F. C. B.]

Jn xvii 9

. . . .

. . . . . ܐܠܐ

ܥܠ ܗܢܘܢ ܕܝܗܒܬ ܠܝ

10 ܕܕܝܠܟ ܐܢܘܢ ܘܟܘܠ

ܡܕܡ ܕܕܝܠܝ ܗܘ ܕܝܠܟ

ܗܘ. ܘܡܕܡ ܕܕܝܠܟ

ܗܘ. ܕܝܠܝ ܗܘ. ܘܡܫܬܒܚ

11 ܐܢܐ ܒܗܘܢ ܘܡܟܝܠ

ܠܐ ܗܘܝܬ ܒܥܠܡܐ

ܘܗܠܝܢ ܒܥܠܡܐ ܐܢܘܢ.

ܘܐܢܐ ܐܬܝܐ ܠܢ

ܠܘܬܟ. ܐܒܐ ܩܕܝܫܐ

ܛܪ ܝܬܗܘܢ ܒܫܡܟ

12 ܟܕ ܥܡܗܘܢ ܗܘܝܬ

ܒܥܠܡܐ ܐܢܐ ܢܛܪ

ܗܘܝܬ. . . . .

. . . ܛܪܬܗܘܢ .

. . ܐܠܐ ܐܢ ܒܪܗ

ܕܐܒܕܢܐ ܕܝܬܡܠܐ

13 . . ܕܟܬܝܒ ܗܫܐ

. . . . ܘܗܠܝܢ

. . . ܒܥܠܡܐ

. . . .

Jn xvii 13, 14

. . . . .

. . . . . .

. . . . . . ܕܠܐ

15 . . . . . ܗܘܐ

ܡܢ ܥܠܡܐ ܒܒܝܫܐ

. . . ܡܢܟ

. . . . ܐܢܘܢ

16 . . . . . . ܡܢ

. . . . ܥܠܡܐ

. . . . ܠܐ

17 . . . . ܒܩܘܫ

. . . ܟ ܫܪܪܐ

18 . . . . ܗܝ

. . ܫܕܪܬ .

. . . . . .

19 . . . . .

. . . ܐܦܗܘܢ .

. . . . ܢܦܫܝ

. . . . . .

20 . . . ܒܠܚܘܕ

. . . . ܥܠ

. . . ܒܒܢܝܐ

. . . ܥܠ ܐܝܠܝܢ

. . . ܗܢܘܢ ܕܡܢ

fol. 152 v (= 114 v). [F. C. B.]

Jn xvii 20, 21 ܡܢ ܡܠܬܗܘܢ ܕܟܠܗܘܢ
ܢܗܘܘܢ ܚܕ ܐܝܟܢܐ
ܕܐܢܬ . . .
.
. . . ܕܢܗܝܡܢ
ܥܠܡܐ ܕܐܢܬ ܫܕܪܬܢܝ
22 ܘܐܢܐ ܫܘܒܚܐ
ܕܝܗܒܬ ܠܝ ܝܗܒܬ
ܠܗܘܢ ܕܝܗܘܘܢ ܚܕ
ܐܝܟܢܐ ܕܐܢܚܢܢ ܚܕ .
23 ܐܢܐ ܐܗܘܐ ܒܓܘܗܘܢ
ܘܐܢܬ ܒܝ ܕܝܗܘܘܢ
ܡܫܡܠܝܢ ܠܚܕ ܕܝܕܥ
ܥܠܡܐ ܕܐܢܬ
ܫܠܚܬܢܝ ܘܐܚܒܬ
ܐܢܘܢ ܐܝܟ ܕܠܝ
24 ܐܒܐ ܐܚܒܬ ܘܡܕܡ
ܕܝܗܒܬ ܠܝ ܨܒܝܢܐ
ܕܐܬܪ ܕܐܢܐ ܐܦ
ܗܘܢ ܢܗܘܘܢ ܥܡܝ
ܕܢܗܘܘܢ ܚܙܝܢ ܫܘܒܚܐ
ܕܝܗܒܬ ܠܝ. ܘܕܐܚܒܬܢܝ
ܡܢ ܩܕܡ ܕܝܗܘܐ

Jn xvii 24, 25 ܥܠܡܐ ܐܒܐ ܟܐܝܢܐ
ܘܥܠܡܐ ܠܐ ܝܕܥܟ
ܐܢܐ ܕܝܢ ܝܕܥܬܟ
ܘܗܢܘܢ ܝܕܥܘ ܕܐܢܬ
26 ܫܕܪܬܢܝ. ܘܐܘܕܥܬ
ܐܢܘܢ ܫܡܟ ܘܐܘܕܥ
ܐܝܟ ܕܚܘܒܐ ܗܘ
ܕܐܚܒܬܢܝ ܢܗܘܐ
ܒܗܘܢ ܘܐܦ ܐܢܐ
ܐܗܘܐ ܒܗܘܢ ܀ ܀

xviii 1 ܗܠܝܢ ܡܠܠ ܝܫܘܥ ܘܢܦܩ
ܥܡ ܬܠܡܝܕܘܗܝ
ܠܥܒܪܐ ܕܪܓܠܬܐ
ܕܩܕܪܘܢ ܠܓܢܬܐ. ܐܬܪ
ܕܐܝܬ ܗܘܬ ܓܢܬܐ
ܘܥܠ ܠܗܬܡܢ ܗܘ
2 ܘܬܠܡܝܕܘܗܝ. ܝܗܘܕܐ
ܕܝܢ ܡܫܠܡܢܐ ܝܕܥ
ܗܘܐ ܠܗ ܠܗܝ ܕܘܟܬܐ
ܡܛܠ ܕܙܒ̈ܢܝܢ ܣܓܝ̈ܐܐ
ܟܢܫ ܗܘܐ ܬܡܢ ܝܫܘܥ
ܥܡ ܬܠܡܝܕܘܗܝ
3 ܝܗܘܕܐ ܕܝܢ ܡܫܠܡܢܐ

fol. 153 r (= 8 r).

J. R. H.

Jn xviii 3 ܕܒܪ ܥܡܗ ܐܣܦܝܪ
ܘܡܢ ܪ̈ܒܝ ܟܗ̈ܢܝܐ
ܘܦܪ̈ܝܫܝܐ ܘܕܚ̈ܫܝܐ
ܘܓܝܣܝܐ ܕܟܗܢܐ ܥܠ
ܥܡ̈ܗܘܢ ܢܦܝܪܐ ܘܠܡ̈ܦܕܐ
4 ܘܐܬܐ ܬܡܢ ܘܝܫܘܥ
ܚܙܐ ܝܫܘܥ ܟܠ ܡܐ
ܕܐܬܐ ܥܠܘܗܝ ܢܦܩ
ܐܡܪ ܠܗܘܢ ܡܢܐ
5 ܥܢܝܢ ܐܬܘܢ ܐܡܪ̈ܝܢ
ܠܗ ܠܝܫܘܥ ܢܨܪܝܐ
ܐܡܪ ܠܗܘܢ ܐܢܐ ܐܢܐ
ܘܩܐܡ ܗܘܐ ܕܝܢ ܐܦ
ܝܗܘܕܐ ܠܘܬܗܘܢ
6 ܘܟܕ ܐܡܪ ܠܗܘܢ
ܝܫܘܥ ܕܐܢܐ ܐܢܐ
ܐܙܠܘ ܠܒܣܬܪܗܘܢ
ܘܢܦܠܘ ܥܠ ܐܪܥܐ.
7 ܘܬܘܒ ܐܡܪ ܠܗܘܢ
ܝܫܘܥ ܠܡܢ ܒܥܝܢ
ܐܬܘܢ ܐܡܪܝܢ ܠܗ
8 ܠܝܫܘܥ ܢܨܪܝܐ. ܐܡܪ
ܠܗܘܢ ܐܡܪܬ ܠܟܘܢ

Jn xviii 8 ܕܐܢܐ ܐܢܐ ܐܢ ܠܝ
ܒܥܝܢ ܐܬܘܢ ܫܒܘܩܘ
9 ܐܙܠܝܢ. ܕܬܫܠܡ ܡܠܬܐ
ܗܝ ܕܐܡܪ ܗܘܐ
ܕܐܝܠܝܢ ܕܝܗܒܬ ܠܝ.
ܠܐ ܐܘܒܕܬ ܡܢܗܘܢ
10 ܫܡܥܘܢ ܕܝܢ ܟܐܦܐ
ܫܡܛ ܣܝܦܐ ܘܡܚܝܗܝ
ܠܥܒܕܗ ܕܪܒ ܟܗܢܐ
ܘܫܩܠܗ ܐܕܢܗ ܕܝܡܝܢܐ.
ܘܫܡܗ ܕܥܒܕܐ ܡܠܟܘܣ̈
11 ܘܐܡܪ ܝܫܘܥ ܠܟܐܦܐ
ܐܗܦܟ ܣܝܦܐ
ܠܕܘܟܬܗ ܟܣܐ ܕܝܗܒ
ܠܝ ܐܒܐ ܠܐ ܐܫܬܝܘܗܝ
12 ܘܗܝ ܐܣܦܝܪ ܘܟܠܝܪܟܐ
ܘܕܚܫܝܐ ܕܝܗܘܕܝܐ
13 ܐܣܪܘܗܝ ܘܐܝܬܝܘܗܝ
ܠܘܩܕܡ ܠܘܬ ܚܢܢ
ܚܡܘܗܝ ܕܩܝܦܐ
ܕܗܘ ܗܘܐ ܪܒ
ܟܗܢܐ ܕܗܝ ܫܢܬܐ
24 ܫܠܚ ܕܝܢ ܫܕܪܗ ܥܠ
ܐܣܝܪ ܠܘܬ ܩܝܦܐ

Jn xviii 14 . . . . ܡܠܟ
· ܠܝܗܘܕܝܐ · · ·
ܕܚܕ ܓܒܪܐ ܝܡܘܬ ܥܠ
15 ܪܗܛ ܒܬܪܗ ܕܝܫܘܥ
ܫܡܥܘܢ ܟܐܦܐ ܘܚܕ ܡܢ
ܬܠܡܝܕܐ ܡܫܝܒܘܬܗ
ܗܘܐ ܕܝܢ ܗܘ ܬܠܡܝܕܐ
ܡܟܠܠ ܗܘܐ ܥܠ ܪܒ
ܟܗܢܝ ܠܬܪܥܐ ❖
19 ܪܒ ܟܗܢܐ ܕܝܢ ܡܫܐܠ
ܗܘܐ ܠܗ ܠܝܫܘܥ
ܥܠ ܬܠܡܝܕܘܗܝ ܡܢ
ܐܦ ܘܥܠ ܝܘܠܦܢܗ.
20 ܐܡܪ ܗܘ ܐܡܪ
ܠܗ ܝܫܘܥ ܐܢܐ
ܦܪܨܘܦܐ ܡܠܠܬ
ܥܡ ܥܠܡܐ ܘܒܟܠ
ܙܒܢ ܐܠܦܬ ܒܟܢܘܫܬܐ
ܘܒܗܝܟܠܐ ܘܐܬܪ
ܕܟܠܗܘܢ ܝܗܘܕܝܐ
ܡܬܟܢܫܝܢ ܘܒܛܘܫ
ܠܐ ܡܠܠܬ.
21 ܡܢܐ ܕܝܢ ܫܐܠ
ܫܐܠ ܐܢܬ ܠܝ.

Jn xviii 21 ܫܐܠ ܠܐܝܠܝܢ ܕܫܡܥܘ
ܡܢܐ ܡܠܠܬ ܥܡܗܘܢ
ܗܐ ܗܢܘܢ ܝܕܥܝܢ
22 ܟܕ ܗܠܝܢ ܡܠܠܬ ܗܘ
ܡܠܠ ܗܘܐ ܚܕ ܡܢ
ܕܚܫܐ ܕܩܝܡܝܢ
ܡܚܝܗܝ ܥܠ ܦܟܗ
ܠܝܫܘܥ. ܘܐܡܪ ܠܗ
ܗܟܢܐ ܡܬܢܝܒ ܐܢܬ
ܠܪܒ ܟܗܢܝܐ.
23 ܐܡܪ ܠܗ ܝܫܘܥ
ܐܢ ܒܝܫ ܡܠܠܬ. ܣܗܕ
ܥܠ ܒܝܫܬܐ
16 ܫܡܥܘܢ ܕܝܢ ܟܐܦܐ ܩܐܡ
ܗܘܐ ܡܢ ܠܒܪ ܥܠ
ܬܪܥܐ ܘܢܦܩ ܗܘ ܬܠܡܝܕܐ
ܡܫܝܒܘܬܐ ܕܪܒ
ܟܗܢܐ ܘܐܡܪ ܠܢܛܪܬ
ܬܪܥܐ ܘܐܥܠܗ ܠܫܡܥܘܢ
17 ܐܡܪܐ ܠܗ . .
ܐܡܪܬ ܕܢܛܪܐ ܬܪܥܐ
ܐܡܪܐ ܠܗ ܠܫܡܥܘܢ ܐܦ
ܐܢܬ ܚܕ ܡܢ ܬܠܡܝܕܘܗܝ
ܐܢܬ ܕܗܢܐ ܓܒܪܐ

Jn xviii 17, 18 ܐܡܪ ܠܗ ܠܐ . .
ܗܘܐ ܕܝܢ ܬܡܢ . .
ܘܥܒ̈ܕܐ ܘܫܡܫܝܢ
ܗܘܘ ܠܗܘܢ ܢܘܪܐ
ܒܕܪܬܐ ܕܝܫܚܢܘܢ
ܡܛܠ ܕܩܪܝܫ ܗܘܐ
ܘܟܐܦ ܗܘܐ ܕܝܢ ܐܦ
ܥܡܗܘܢ ܠܘܬܗܘܢ ܘܫܚܢ
25 ܗܠܝܢ
ܠܟܐ
ܐܦ ܐܢܬ . . ܡܢ
ܬܠܡܝܕܘܗܝ ܐܢܬ. ܗܘ
ܕܝܢ ܟܦܪ ܘܐܡܪ ܕܠܐ
26 ܘܐܡܪ ܚܕ ܡܢ ܥܒܕܘܗܝ
ܕܪܒ ⌜ܟܗܢܐ⌝ ܐܚܝܢܐ
ܕܗܘ ܕܦܣܩ ܗܘܐ
ܫܡܥܘܢ .
. . . . ܠܗ
ܠܫܡܥܘܢ ܐܢܐ
. . . .
27 ܟܦܪܬܐ ⌜ܟܗܢܐ⌝ ܘܬܘܒ
ܟܦܪ . . ܕܠܐ
. . . .

Jn xviii 27 ܬܪܝܢܐ ·:· ·:·

28 . . . ܕܒܪܘܗܝ
ܠܝܫܘܥ ܡܢ ܠܘܬ ܩܝܦܐ
ܠܦܪܛܘܪܝܢ .
ܕܢܫܠܡܘܢܗ. ܠܡܓܡܢܐ
ܗܢܘܢ ܕܝܢ ܠܐ ܥܠܘ
ܠܦܪܛܘܪܝܢ ܕܠܐ
ܢܬܛܘܫܘܢ ܒܪ ܐܟܠܝܢ
29 ܦܛܪܐ ܘܢܦܩ ܦܝܠܛܘܣ
ܠܘܬܗܘܢ ܘܐܡܪ ܠܗܘܢ
ܡܢܐ ܡܐܟܠ ܩܪܝܐ
ܐܝܬ ܠܟܘܢ ܥܠ ܓܒܪܐ
30 ܗܢܐ ܥܢܘ ܘܐܡܪܝܢ
ܐܠܘ ܠܐ ܥܒܕ
ܒܝ̈ܫܬܐ ܗܘܐ ⌜ܐܦܠܐ⌝
ܡܫܠܡܝܢ ܗܘܝܢ ܠܗ
31 ܠܟ. ܐܡܪ ܠܗܘܢ
ܦܝܠܛܘܣ ܡܕܒܪܝܢ
ܕܒܪܘܗܝ ܐܢܬܘܢ
ܘܕܘܢܘܗܝ ܐܟܢ
ܕܢܡܘܣܟܘܢ ܐܡܪܝܢ
ܠܗ ܝܗܘܕܝܐ ܠܝ
ܠܐ ܫܠܝܛ ܠܝ ܠܡܩܛܠ

[*Lost*]

[*Lost*]

fol. 155.

[*Lost*]

[*Lost*]

fol. 156.

[*Lost*]

fol. 157.

[*Lost*]

fol. 157.

ܠܦܓܪܐ ܕܝܫܘܥ Jn xix 40
ܘܟܪܟܘܗܝ ܒܟ̈ܬܢܐ
ܥܡ ܚܢܘܛܬܐ ܗܝ
ܐܝܟ ܕܐܝܬ ܗܘܐ
ܢܡܘܣܐ ܠܝܗ̈ܘܕܝܐ
41 ܕܐܬܦܒܪܘܢ ܘܐܝܬ
ܗܘܬ ܕܝܢ ܒܩܘܒܬܐ
ܗܝ ܓܢܬܐ ܘܒܗ
ܒܓܢܬܐ ܒܝܬ
ܩܒܘܪܐ ܕܐܝܫ
ܠܐ ܐܬܩܒܪ ܗܘܐ
42 ܒܗ ܘܒܣܪܗܒܐܝܬ
ܬܡܢ ܩܒܪܘܗܝ
. . ܫܒܬܐ . .
ܕܩܪܝܒ ܗܘܐ ܠܬܡܢ
. . .
. . ܚܕ xx 1
ܒܫܒܐ ܟܕ ܚܫܘܟ
ܒܨܦܪܐ ܪܒܐ .
ܡܪܝܡ ܡܓܕܠܝܬܐ
ܠܒܝܬ ܡܩܒܪܐ ܘܚܙܬ
ܕܫܩܝܠܐ ܟܐܦܐ

ܘܫܩܝܠܐ ܡܢ ܦܘܡ Jn xx 1
2 ܡܩܒܪܐ ܘܪܗܛܬ
ܐܬܬ ܠܘܬ ܫܡܥܘܢ
ܟܐܦܐ ܘܠܘܬ ܗܘ
ܬܠܡܝܕܐ ܕܪܚܡ
ܗܘܐ ܠܗ ܝܫܘܥ
ܘܐܡܪܐ ܠܗܘܢ
ܕܫܩܠܘܗܝ ܠܡܪܢ ܡܢ
ܗܘ ܒܝܬ ܡܩܒܪܐ
ܘܠܐ ܝܕܥܝܢܢ ܐܝܟܐ
3 ܐܘܬܒܘܗܝ ܘܢܦܩܘ
ܬܪ̈ܝܗܘܢ ܠܡܐܪܠ
4 ܠܒܝܬ ܡܩܒܪܐ ܘܪܗܛܝܢ
ܗܘܘ . ܬܠܡܝܕܐ
. . . ܠܫܡܥܘܢ
. . . . . ܘܐܬܐ
5 ܘܐܕܝܩ . .
ܗܘܢ ܒܪ
6 . . .
ܠܗ ܠܒܝܬ ܡܩܒܪܐ
. . . . ܚܙܐ
ܘܚܙܐ ܟܬ̈ܢܐ

Jn xx 7 ܘܣܘܕܪܐ ܕܒܪܝܫܗ
8 ܘܦܫ ܠܒܪ ܘܗܝܕܝܢ
ܥܠ ܐܦ ܗܘ ܬܠܡܝܕܐ
ܠܩܒܪܐ ܘܚܙܐ ܘ
9 ܘܗܝܡܢܘ ܡܛܠ ܕܠܐ
ܥܕܡܐ ܠܗܫܐ ܝ̈ܕܥܝܢ
ܗܘܘ ܡܢ ܟܬ̈ܒܐ
ܕܥܬܝܕ ܗܘ ܠܡܩܡ
ܡܢ ܒܝܬ ܡܝ̈ܬܐ.
10 ܬܠܡܝ̈ܕܐ ܕܝܢ ܟܕ
ܚܙܘ ܗܦܟܘ ܐܙܠܘ
11 ܠܗܘܢ ܡܪܝܡ ܕܝܢ
ܩܝܡܐ ܗܘܬ ܠܘܬ
ܩܒܪܐ ܘܒܟܝܐ. ܘܐܝܟ
ܕܒܟܝܐ ܐܕܢܩܬ
12 ܠܒܝܬ ܩܒܘܪܐ ܘܚܙܬ
ܬܡܢ ܬܪܝܢ ܡܠܐܟܐ
ܒܚܘ̈ܪܐ ܟܕ ܝܬܒܝܢ
ܚܕ ܡܢ ܐܣ̈ܕܐ ܕܗܘ
ܕܘܟܬܐ ܕܪܡܐ ܗܘܐ
ܒܗ ܦܓܪܗ ܘܚܕ ܡܢ
13 ܐܪ̈ܓܠܐ. ܐܡܪ̈ܝܢ ܠܗ
ܗܢܘܢ ܡܠܐܟܐ ܐܢܬܬܐ
ܡܢܐ ܒܟܝܬܝ. ܘܠܡܢ

Jn xx 13 ܒܥܝܬܝ. ܐܡܪܐ ܠܗܘܢ
ܕܫܩܠܘܗܝ ܠܡܪܝ
ܘܠܐ ܝܕܥܐ ܐܢܐ
14 ܐܝܟܐ ܣܡܘܗܝ. ܘܟܕ ܐܡܪܬ
ܗܠܝܢ ܐܬܦܢܝܬ ܠܒܣܬܪܗ.
ܘܚܙܬܗ ܠܝܫܘܥ ܟܕ
ܩܐܡ. ܘܠܐ ܝܕܥܐ
15 ܗܘܬ ܕܝܫܘܥ ܗܘ. ܗܘ
ܕܝܢ ܐܡܪ ܠܗ ܐܢܬܬܐ
ܡܢܐ ܒܟܝܬܝ ܘܠܡܢ
ܒܥܝܬܝ. ܘܗܝ ܣܒܪܬ
ܠܗ ܕܓܢܢܐ ܗܘ.
ܐܡܪܐ ܠܗ ܡܪܝ ܐܢ
ܐܢܬ ܫܩܠܬܝܗܝ
ܐܡܪ ܠܝ ܐܝܟܐ
ܣܡܬܝܗܝ ܐܙܠ
16 ܐܫܩܘܠܝܗܝ ܗܝܕܝܢ
ܐܡܪ ܠܗ ܝܫܘܥ
ܡܪܝܡ ܘܐܫܬܘܕܥܬܗ
ܘܒܥܬ ܘܐܡܪܐ ܠܗ
ܪܒܘܠܝ. ܘܪܗܛܬ ܠܡܩܦܢ
ܠܘܬܗ ܕܬܬܩܪܒ ܠܗ
17 ܗܘ ܕܝܢ ܐܡܪ ܠܗ ܠܐ
ܬܬܩܪܒܝܢ ܠܝ ܠܐ ܥܕܟܝܠ
ܣܠܩܬ ܠܘܬ ܐܒܝ

fol. 158 v (= 132 v).

R. L. B.
F. C. B.

Jn xx 17 ܐܠܐ ܐܙܠܝ ܠܘܬ ܐܚ̈ܝ
ܘܐܡܪܝ ܠܗܘܢ ܕܗܐ
ܣܠܩܢܐ ܠܘܬ ܐܒܝ
ܘܐܒܘܟܘܢ ܘܠܘܬ
ܐܠܗܝ ܘܐܠܗܟܘܢ
18 ܘܐܬܬ ܡܪܝܡ
ܐܡܪܬ ܠܬܠܡܝܕܝܐ
ܕܚܙܬܗ ܠܡܪܢ ܘܐܠܝܢ
ܕܡܠܠ ܠܗ ܐܡܪܬ
ܠܗܘܢ ∘ ∘
19 ܘܒܗ ܒܝܘܡܐ ܗܘ
ܕܚܕ ܒܫܒܐ ܐܬܪ
ܕܗܘܘ ܬܠܡܝܕܝܐ ܘܐܚܝܕܝܢ
ܗܘܘ ܬܪܥܝܗܘܢ ܡܢ
ܕܚܝܠܬܐ ܕܝܗܘܕܝܐ.
ܐܬܐ ܝܫܘܥ ܘܩܡ
ܒܝܢܬܗܘܢ ܘܐܡܪ ܠܗܘܢ
20 ܫܠܡܐ ܥܡܟܘܢ ܘܟܕ
ܐܡܪ ܗܘܐ ܚܘܝ
ܐܢܘܢ ܐܝܕܘܗܝ
ܘܣܛܪܗ ܘܟܕ ܚܙܘܢܗ
21 ܬܠܡܝܕ̈ܝܐ ܚܕܝܘ ܬܘܒ
ܐܡܪ ܠܗܘܢ ܫܠܡܐ

Jn xx 21 ܥܡܟܘܢ. ܐܝܟܢܐ
ܕܫܕܪܢܝ ܐܒܝ ܡܫܕܪ
22 ܐܢܐ ܠܟܘܢ ܘܟܕ ܐܡܪ
ܗܠܝܢ ܢܦܚ ܒܐܦܝܗܘܢ
ܘܐܡܪ ܠܗܘܢ ܩܒܠܘ
23 ܪܘܚܐ ܩܕܝܫܬܐ ܕܡܢ
ܕܐܢܬܘܢ ܬܫܒܩܘܢ
ܠܗ ܚܛܗܘܗܝ ܢܫܬܒܩܘܢ
ܠܗ. ܘܡܢ ܕܐܢܬܘܢ
ܬܐܚܕܘܢ ܟܠܘܗܝ
ܐܚܝܕ ܗܘ ⁝ ∘ ∘ ∘
24 ܬܐܘܡܐ ܕܝܢ ܚܕ ܡܢ
ܬܪܥܣܪܬܐ ܠܐ ܗܘܐ
ܬܡܢ ܗܘܐ ܥܡ
ܐܚܪܢܐ ܟܕ ܐܬܐ
ܠܘܬܗܘܢ ܝܫܘܥ
25 ܐܡܪ̈ܝܢ ܠܗ ܐܬܐ
ܡܪܢ ܘܚܙܝܢܗ ܐܡܪ
ܠܗܘܢ ܐܠܐ ܚܙܝܐ
ܐ̈ܝܕܘܗܝ ܘܕܘܟܬ
ܩ̈ܒܥܐ ܗܠܝܢ ܘܡܩܒܥ
ܐܢܐ ܨ̈ܒܥܬܝ ܒܕܘܟܬܐ
ܘܡܩ⸢ܒܥ⸣ . ܐܝܕܝ
. . .   .

Jn xx 25 ܕܒܣܦܪܘܗ ܠܐ ܡܗܝܡܢ
ܐܢܐ ·܀· ·܀·
26 ܘܡܢ ܒܬܪ ܬܡܢܝܐ ܝܘܡܝܢ
ܠܚܕ ܒܫܒܐ ܐܚܪܢܐ
ܟܢܝܫܝܢ ܗܘܘ ܬܠܡܝܕܝܐ
ܐܟܚܕܐ ܒܒܝܬܐ
ܘܬܐܘܡܐ ܥܡܗܘܢ
ܘܬܪܥܐ ܐܚܝܕܝܢ ܗܘܘ
ܐܬܐ ܝܫܘܥ ܘܩܡ
ܒܝܢܬܗܘܢ ܘܐܡܪ
ܠܗܘܢ ܫܠܡܐ ܥܡܟܘܢ
27 ܗܝܕܝܢ ܐܡܪ
ܠܬܐܘܡܐ ܐܘܫܛ
ܨܒܥܟ ܘܚܙܝ ܐܝܕܝ
ܘܦܫܛ ܐܝܕܟ ܒܠ
ܦܓܪܝ ܘܠܐ ܬܗܘܐ
ܚܣܝܪ ܗܝܡܢܘܬܐ.
28 ܐܡܪ ܠܗ ܬܐܘܡܐ
29 ܡܪܝ ܘܐܠܗܝ ܐܡܪ
ܠܗ ܝܫܘܥ ܗܫܐ
ܕܚܙܝܬܢܝ ܗܝܡܢܬ
ܒܝ ܛܘܒܝܗܘܢ ܠܐܝܠܝܢ
ܕܠܐ ܚܙܘܢܝ ܘܗܝܡܢܘ

Jn xx 29 ܒܝ ·܀·
30 ܘܣܓܝܢ ܐܬܘܬܐ ܐ .
ܥܒܕ ܝܫܘܥ ܠܬܠܡܝܕܘܗܝ
ܐܝܠܝܢ ܕܠܐ ܟܬܝܒܢ
31 ܒܟܬܒܐ ܗܢܐ ܗܠܝܢ
ܕܝܢ ܕܐܬܟܬܒ
ܕܬܗܝܡܢܘܢ ܕܝܫܘܥ
ܡܫܝܚܐ ܗܘ ܒܪܗ
ܕܐܠܗܐ. ܘܬܗܝܡܢܘܢ
ܒܗ ܘܬܚܝܘܢ ܒܫܡܗ.

xxi 1 ܒܬܪ ܗܠܝܢ ܐܬܚܙܝ
ܝܫܘܥ ܠܬܠܡܝܕܘܗܝ
ܠܘܬ ܝܡܬܐ ܕܛܒܪܝܐ
ܐܬܚܙܝ ܠܗܘܢ ܕܝܢ
2 ܗܟܢܐ ܗܘ ܟܢܝܫܝܢ
ܗܘܘ. ܟܠܗܘܢ ܐܟܚܕܐ.
ܫܡܥܘܢ ܟܐܦܐ
ܘܬܐܘܡܐ ܘܢܬܢܐܝܠ
ܗܘ ܕܡܢ ܩܛܢܐ
ܕܓܠܝܠܐ. ܘܒܢܝ ܙܒܕܝ
ܘܬܪܝܢ ܐܚܪܢܝܢ ܡܢ

Jn xxi 2, 3
ܬܠܡܝܕܘܝ. ܐܡܪ ܠܗܘܢ
ܫܡܥܘܢ ܐܙܠ ܐܨܘܕ
ܢܘܢܐ. ܐܡܪܝܢ ܠܗ
ܐܦ ܐܢܚܢ ܐܙܠܝܢ
ܐܢܚܢ ܥܡܟ. ܘܢܦܩܘ
ܘܣܠܩܘ ܒܣܦܝܢܬܐ
ܘܒܗܘ ܠܠܝܐ ܡܕܡ
4 ܠܐ ܨܕܘ. ܘܟܕ ܢܓܗܬ
ܐܬܐ ܝܫܘܥ ܘܩܡ
ܥܠ ܓܝܦ ܝܡܬܐ.
ܘܬܠܡܝܕܘܗܝ ܠܐ
ܐܫܬܘܕܥܘ ܕܗܘ ܗܘ.
5 ܐܡܪ ܠܗܘܢ ܛܠܝܐ
ܠܡܐ ܐܝܬ ܠܟܘܢ
ܡܕܡ ܠܡܐܟܠ ܥܢܘ
6 ܐܡܪܝܢ ܠܗ ܠܐ ܐܡܪ
ܠܗܘܢ ܪܡܘ ܡܨܝܕܬܟܘܢ
ܡܢ ܓܒܗ ܕܝܡܝܢܐ
ܕܣܦܝܢܬܐ. ܘܬܫܟܚܘܢ
ܐܪܡܝܘ ܘܟܕ ܐܪܡܘ
ܐܝܟ ܕܐܡܪ ܠܗܘܢ
ܠܐ ܝܟܠܘ ܠܡܓܕܘܬܗ
ܠܡܨܝܕܬܐ ܠܣܓܝܐܘܬܐ

Jn xxi 6 ܘܠܐ ܐܫܟܚܘ ܡܢ
ܘܢܘܢܐ ܕܢܘܢܐ ܣܓܝܐܐ
7 ܐܡܪܬ. ܗܘܝܢ ܐܡܪ
ܬܠܡܝܕܐ ܗܘ ܕܪܚܡ
ܗܘܐ ܠܗ ܝܫܘܥ.
ܠܫܡܥܘܢ ܗܘ ܡܪܢ
ܗܘ. ܫܡܥܘܢ ܕܝܢ ܟܕ
ܫܡܥ ܕܡܪܢ ܗܘ. ܢܛܒ
ܒܣܝܬܘܢܗ ܚܫܠܐ
ܒܚܨܘܗܝ. ܘܢܦܠ
ܒܝܡܬܐ ܘܫܚܐ
8 ܗܘܐ ܘܐܬܐ ܡܛܠ
ܕܠܐ ܪܚܝܩܝܢ ܗܘܘ
ܡܢ ܝܒܫܐ ܐܠܐ ܐܝܟ
ܬܠܡܝܕܐ ܐܚܪܢ ܗܘܘ
ܒܣܦܝܢܬܐ ܟܕ ܢܓܕܝܢ
ܠܗ ܠܡܨܝܕܬܐ ܕܗ
9 ܘܟܕ ܣܠܩܘ ܠܝܒܫܐ
ܐܫܟܚܘ ܡܕܪܓܢܐ
ܕܓܘܡܪܐ ܕܢܘܪܐ
ܘܢܘܢܐ ܟܕ ܣܝܡ
ܥܠܝܗܘܢ ܘܠܚܡܐ
10 ܟܕ ܫܡܥ ܐܡܪ
ܠܗܘܢ ܝܫܘܥ ܐܝܬܘ

Jn xxi 10 ܡܢ ܗܠܘܢ ܢܘ̈ܢܐ
11 ܕܨܕܬܘܢ ܗܫܐ ܘܣܠܩ
ܫܡܥܘܢ ܘܢܓܕܗ
ܠܡܨܝܕܬܐ ܠܝܒܫܐ
ܟܕ ܡܠܝܐ ܘܐܫܟܚܘ
ܗܘܘ ܒܗ ܢܘ̈ܢܐ
ܪ̈ܘܪܒܐ ܡܐܐ
ܘܚܡ̈ܫܝܢ ܘܬܠܬܐ
ܘܒܗܢܐ ܣܓܝܐܐ
ܟܘܠܗ ܡܨܝܕܬܐ ܗܝ
12 ܠܐ ܐܨܛܪܝܬ ܐܡܪ
ܠܗܘܢ ܝܫܘܥ ܬܘ
ܐܫܬܪܘ. ܘܚܕ ܡܢ
ܬܠܡܝܕܘܗܝ ܠܐ
ܡܡܪܚ ܗܘܐ
ܠܡܫܐܠܬܗ ܕܡܢܘ
ܡܦܠܠ ܕܡܗܡܡܢܝܢ
13 ܗܘܐ ܕܗܘܐ ܘܢܣܒ
ܝܫܘܥ ܠܚܡܐ ܘܝܗܒ
ܘܒܪܟ ܟܠܗܘܢ
14 ܘܗܟܢ ܠܗܘܢ ܗܢܐ
ܗܘܐ ܕܬܠܬܐ ܙܒܢܝܢ
ܕܐܬܚܙܝ ܝܫܘܥ

Jn xxi 14 ܠܬܠܡܝܕܘܗܝ. ܒܬܪ
ܕܩܡ ܡܢ ܒܝܬ ܡܝܬܐ
15 ܘܟܕ ܠܚܡܘ ܐܡܪ
ܝܫܘܥ ܠܫܡܥܘܢ ܐܢܬ
ܫܡܥܘܢ ܒܪܗ ܕܝܘܢܢ
ܪܚܡ ܐܢܬ ܠܝ ܐܡܪ
ܠܗ ܐܝܢ ܡܪܝ ܐܡܪ
ܠܗ ܐܪܥܐ ܠܝ ܐܡܪ̈ܝ.
16 ܬܘܒ ܐܡܪ ܠܗ
ܝܫܘܥ ܐܢܬ ܫܡܥܘܢ
ܒܪܗ ܕܝܘܢܢ ܪܚܡ
ܐܢܬ ܠܝ ܦܠܓ
ܐܡܪ ܠܗ ܐܝܢ ܡܪܝ
ܐܡܪ ܠܗ ܐܪܥܝ
17 ܠܝ ܢ̈ܩܘܬܝ. ܬܘܒ
ܐܡܪ ܠܗ ܝܫܘܥ
ܫܡܥܘܢ ܒܪܗ ܕܝܘܢܢ
ܪܚܡ ܐܢܬ ܠܝ.
ܟܪܝܬ ܠܗ ܠܫܡܥܘܢ
ܥܠ ܕܬܠܬ ܙܒܢܝܢ
ܐܡܪ ܠܗ ܝܫܘܥ
ܗܟܬ ܐܡܪ ܠܗ
ܫܡܥܘܢ ܟܠ ܡܕܡ
ܝܕܥ ܐܢܬ ܕܪ̈ܚܡ

Jn xxi 17 ܐܢܐ ܠܟ ܡܚܒ
ܐܢܬ ܘܐܡܪ ܠܗ
ܐܪܥܝ ܠܝ ܥܪܒܝ·
18 ܐܡܝܢ ܐܡܝܪܢܐ ܕܟܕ
ܛܠܝܐ ܗܘܝܬ ܐܣܪ
ܗܘܝܬ ܚܨܝܟ
ܘܡܗܠܟ ܗܘܝܬ
ܠܐܝܟܐ ܕܨܒܐ ܐܢܬ
ܘܡܐ ܕܣܒܐܬ
ܬܪܫܘܛ ܐܝܕܝܟ
ܘܐܚܪܢ ܢܐܣܘܪ ܠܟ
ܚܨܝܟ ܘܝܕܒܪܝܟ
ܠܐܬܪ ܕܠܐ ܨܒܐ
19 ܐܢܬ. ܗܕܐ ܕܝܢ
ܐܡܪ ܕܒܐܝܢܐ ܡܘܬܐ
ܠ · · · ܫܒܚܘܢ
ܠܐܠܗܐ ܘܟܕ ܐܡܪ
ܗܠܝܢ ܐܡܪ ܠܫܡܥܘܢ
20 ܬܐ ܒܬܪܝ. ܐܬܦܢܝ
ܫܡܥܘܢ ܘܚܙܐ ܠܗܘ
ܠܬܠܡܝܕܐ ܕܪܚܡ
ܗܘܐ ܠܗ ܝܫܘܥ
ܕܐܬܐ ܒܬܪܗ

Jn xxi 20 ܗܘ ܕܢܦܠ ܥܠ
ܚܕܝܗ ܕܝܫܘܥ
ܒܐܚܫܡܝܬܐ ܘܐܡܪ
ܗܘܐ ܠܗ ܡܪܝ ܡܢܘ
21 ܡܫܠܡ ܠܟ. ܠܗܢܐ
ܟܕ ܚܙܝܗ̈ ܫܡܥܘܢ
ܕܐܬܐ ܒܬܪܗ ܐܡܪ
ܠܗ ܘܗܢܐ ܡܪܝ
22 ܡܢܐ ܐܡܪ ܠܗ ܝܫܘܥ
ܐܢ ܨܒܝܢܐ ܕܗܢܐ
ܢܩܘܐ ܒܕܡܐ ܕܐܬܐ
ܐܢܐ ܠܟ ܡܐ ܠܟ
ܕܗܫܐ ܐܢܬ ܬܐ
ܒܬܪܝ ○ ○

23 ܘܢܦܩܬ ܗܕܐ ܡܠܬܐ
ܒܝܬ ܬܠܡܝܕܐ ܕܗܘ
ܬܠܡܝܕܐ ܠܐ ܡܐܬ
ܝܫܘܥ ܕܝܢ ܠܐ ܗܘܐ
ܥܠ ܕܠܐ ܡܐܬ
ܐܡܪ ܗܘ ܐܠܐ
ܐܢ ܨܒܝܢܐ ܕܢܩܘܐ
ܒܕܡܐ ܕܐܬܐ
24 ܗܘܝܘ ܬܠܡܝܕܐ ܕܐܣܗܕ
ܥܠ ܗܠܝܢ ܘܟܬܒ

fol. 161 r (= 139 r). R. L. B.

Jn xxi 24 ܐܢ̈ܝܢ ܘܝܕܥܝܢ ܐܢܚܢܢ
ܕܫܪܝܪܐ ܗܝ ܣܗܕܘܬܗ܂
25 ܘܗܟ̈ܝܐܬܐ ܐܚܪ̈ܢܝܬܐ
ܕܥܒܕ ܝܫܘܥ ܕܐܠܘ
ܚܕܐ ܚܕܐ ܡܢܗܝܢ
ܡܬܟܬܒܢ ܗܘܝ
ܠܥܠܡܐ ܠܐ ܣܦܩ
ܗܘܐ ܠܗܝܢ ○ ○:○ ○

ܫܠܡ ܐܘܢܓܠܝܘܢ
ܕܡܦܪ̈ܫܐ ܐܪ̈ܒܥܐ
ܣܦܪ̈ܝܢ. ܫܘܒܚܐ
ܠܐܠܗܐ ܘܠܡܫܝܚܗ
ܘܠܪܘܚܗ ܩܕܝܫܬܐ
ܟܘܠ ܕܩܪܐ ܘܫܡܥ
ܘܢܛܪ ܘܥܒܕ ܢܨܠܐ
ܥܠ ܚܛܝܐ ܕܟܬܒ
ܐܠܗܐ ܒܪ̈ܚܡܘܗܝ
ܢܫܒܘܩ ܠܗ ܚܛܗܘܗܝ
ܒܬܪܥܘܗܝ ܕܠܥܠ̈ܡܐ
ܐܡܝܢ ܘܐܡܝܢ.

R. L. B.
F. C. B.

fol. 161 v (= 139 v).

www.ingramcontent.com/pod-product-compliance
Lightning Source LLC
Chambersburg PA
CBHW051118120726
47905CB00005B/1333